ABHANDLUNGEN ZUR SPRACHE UND LITERATUR

Herausgegeben von Richard Baum und Frank-Rutger Hausmann

unter Mitwirkung von Jürgen Grimm

41

Cornelia Klettke

DER POSTMODERNE MYTHENROMAN MICHEL TOURNIERS

am Beispiel des *Roi des Aulnes*

Romanistischer Verlag
Bonn 1991

Die Deutsche Bibliothek — CIP-Einheitsaufnahme

Klettke, Cornelia:
Der postmoderne Mythenroman Michel Tourniers am Beispiel des Roi des Aulnes / Cornelia Klettke. — Bonn : Romanistischer Verl., 1991
(Abhandlungen zur Sprache und Literatur ; 41)
Zugl.: Kiel, Univ., Diss., 1991
ISBN 3-924888-80-9
NE: GT

Romanistischer Verlag
Hochkreuzallee 46, 5300 Bonn 2

ISBN 3-924888-80-9
ISSN 0178-8515

O
AMATERALPHATER
A

«Il faut vivre sous le signe

d'une désinvolture panique;

ne rien prendre au sérieux;

tout prendre au tragique ...»*

* Zitiert nach J. Prasteau, in: *Le Figaro Littéraire* (28. Sept. 1970), p. 23. – Um diesen Satz, den man als ‚Zauberformel' der Tournierschen *écriture* umschreiben könnte, haben Tournier und Deleuze ein künstliches Spiel mit der Urheberschaft inszeniert.

Die vorliegende Arbeit ist von der Philosophischen Fakultät der Christian-Albrechts-Universität zu Kiel im Februar 1991 als Dissertation angenommen worden. All denen, die mich während des Entstehungsprozesses unterstützt haben, sei an dieser Stelle ausdrücklich gedankt. Mein besonderer Dank gilt meinen Lehrern, Prof. Dr. K. A. Blüher, Prof. Dr. Dr. h. c. K. A. Ott, Prof. Dr. K.-H. Schirmer und Prof. Dr. V. Kapp, für großzügige Förderung sowie dem Land Schleswig-Holstein für ein Promotionsstipendium. Mein herzlicher Dank gilt darüber hinaus Michel Tournier für seine freundschaftliche Kooperationsbereitschaft, Dr. R. Brabant für die eingehende Durchsicht der Entretiens und meiner Mutter für wertvolle Ratschläge und Anregungen. Danken möchte ich ferner Dipl.-Math. Christoph Mohr, der mit Gewissenhaftigkeit und großem Sachverstand den Computersatz erstellt hat, sowie den Herausgebern und dem Verleger dieser Reihe, insbesondere Prof. Dr. F.-R. Hausmann und Dr. J. Hillen.

Kiel, im Juli 1991

INHALTSVERZEICHNIS

Seite

VORWORT 9

ABKÜRZUNGEN 17

1. EINFÜHRUNG 19

2. THEORETISCHE GRUNDLAGEN 25

2.1. Situierung des Tournierschen Mythenromans im Kontext von Poststrukturalismus und Postmoderne 25

2.1.1. Die *mythécriture* als Zeichenprozeß 25

2.1.2. Bemerkungen zur Postmoderne 26

2.1.2.1. Zur Epistemologie Lyotards – zu Fiedlers Literaturprogramm – zu Jencks Architekturkonzept 26

2.1.2.2. Zum postmodernen Text: *écriture = ré-écriture* 30

2.1.3. Das Konzept einer universalen Intertextualität 32

2.2. Der *Roi des Aulnes* als *ré-écriture* heterogener Diskurse zum Mythos 35

2.2.1. Der Platonische Diskurs 35

2.2.1.1. Erkenntnistheoretische Funktion des Mythos (Platon) *vs.* erkenntnistheoretische Illusion (Tournier) 35

2.2.1.2. Hierarchische Ordnung der Ebenen *vs.* Auflösung der Hierarchie 36

2.2.1.3. Die Ambivalenz des Mythos: Bezauberung und Ernüchterung . 37

2.2.1.4. Der Mythos als Exaltation der historischen Realität 39

2.2.2. Der religionshistorische Diskurs (Eliade und andere) 41

2.2.2.1. Der Mythos als *histoire sacrée* – Zelebration der Riten – Mythische Elemente im Christentum 41

2.2.2.2. Die *ré-écriture* des mythischen Denkens im *Roi des Aulnes* . . . 44

2.2.2.2.1. Der Held Tiffauges als ‚*modèle exemplaire*' – Der Kode als Abbild einer mythischen Ordnung des Kosmos . . 44

2.2.2.2.2. Die Elemente einer differentiellen Imitation der Initiation – Die Überlagerung von Reminiszenzen an Mythos und christliche bzw. jüdische Religion, Legende und Märchen 46

2.2.2.2.3. Die *Bibel* als Prätext 50

Seite

2.2.3 Der Diskurs der strukturalen Anthropologie (Lévi-Strauss) 53
2.2.3.1. Die methodologische Konzeption 53
2.2.3.2. Das Konzept der strukturalen Mythenanalyse 55
2.2.3.2.1. Der mythische Diskurs als *bricolage* – Das strukturale Arrangement (Kaleidoskop-Metapher) 55
2.2.3.2.2. Die ‚Grammatik' des mythischen Diskurses 58
2.2.3.3. Affinität zwischen Mythos und Musik: Analogie der Strukturen 63
2.2.3.4. Die Übertragung von Konzepten der strukturalen Mythenanalyse auf das Textsystem des Mythenromans 66
2.2.3.4.1. Die Mytheme – Die Rekonstruktion einer mythischen Struktur im Rahmen eines synchronisch-diachronischen Bezugssystems 66
2.2.3.4.2. Intertextualität des Verfahrens der Repetition: Spiralstruktur – Präfigurationsstruktur – Initiationsstruktur 67
2.2.3.4.3. Das *système de la phorie*: als Imitation eines Kode zweiter Ordnung – als Imitation der Fugenstruktur .. 70
2.2.3.4.4. Elemente der Fugenkunst als Modelle für Textverfahren und Strukturbildung im *Roi des Aulnes*: Paradigmatische Zusammenstellung von Strukturmerkmalen 73
2.2.3.4.5. Die Dekonstruktion der strukturalen Konzeption von Lévi-Strauss in der Tournierschen *mythécriture* 81
2.2.4. Die Diskurse der Philosophie der Imagination und der Anthropologie des *Imaginaire* (Bachelard, Durand) 82
2.2.4.1. Der Mythos als „structure figurative" (Durand): Symbole, Archetypen, *schèmes* 82
2.2.4.2. Der Mythos als „histoire fondamentale" (Tournier) 87
2.2.4.2.1. Die ‚archetypische' Botschaft des Mythos der Phorie 87
2.2.4.2.2. Die Übersetzung der Mythos-Definition von Denis de Rougemont 88
2.2.4.3. Reminiszenzen an den Diskurs der Philosophie der Imagination (Bachelard): *cosmologie symbolique – exaltation – merveille* .. 89
2.2.4.4. Die „fonction fantastique" als Grundfunktion des menschlichen Geistes (Durand) 91
2.2.4.5. Bilanz der *ré-écriture* heterogener Sichtweisen des Mythos: Remythisierung – Entmystifizierung – Dekonstruktion 93

Seite

2.3. Theoretische Konzepte als Modelle der Textkonstitution 94

2.3.1. Die Theorie der Semiose oder die pragmatisch-empiristische Konzeption (Eco) und ihre Anwendung auf das Zeichensystem des Tournierschen Mythenromans 94

2.3.1.1. Zeichenverstehen als Prozeß unbegrenzter Interpretation 94

2.3.1.2. Der Kode der Phorie als enzyklopädische Kompetenz 96

2.3.1.3. Der symbolische Modus als Textmodalität des Tournierschen Mythenromans 97

2.3.2. Das Denken der Differenz in der poststrukturalistischen Konzeption Derridas und ihre Anwendung auf die Tourniersche *mythécriture* 99

2.3.2.1. Derridas Dekonstruktion des ‚mytho-logischen' Diskurses von Lévi-Strauss: Das Konzept der Dezentrierung 99

2.3.2.2. Das *écriture*-Konzept der *différance* 101

2.3.2.2.1. Die Dekonstruktion des Saussureschen Zeichenbegriffs und die differentielle Bestimmung des Sinns 101

2.3.2.2.2. Die Prinzipien der *différance*: *itérabilité – espacement – temporisation – mouvement génératif* 103

2.3.2.3. Die Strategie der Dekonstruktion: Die Prozeduren einer *écriture double* – Das Modell der Aufpfropfung – Die Selbstdekonstruktion des Textes 107

2.3.2.4. Der Tourniersche Mythenroman als *écriture* der *différance* ... 109

2.3.2.4.1. Die Dekonstruktion als Strategie der *lecture/(ré-)écriture* 109

2.3.2.4.2. Die *différance* als Grundkonzept des *système de la phorie* 110

2.3.2.5. Die kabbalistische Mystik: als Modell der Derridaschen Konzeption – als Modell einer potentiellen Lesart des *Roi des Aulnes* 112

2.3.2.6. Von der Lektüre als Erprobung semiotisch-strukturalistischer Konzepte und Verfahren zur Aufdeckung der *écriture double* .. 116

2.3.3. Das Tourniersche Ironiekonzept und die ironische Dimension der *mythécriture* 117

Seite

3. DIE MYTHISCHE STRUKTUR DES *ROI DES AULNES* 121

3.1. Das *système de la phorie*: Rekonstruktion – Dekonstruktion 121
3.1.1. Der Kode der Phorie: ‚phorische' Figuren und attributive Terme – Binarismus und Ambivalenz 121
3.1.2. Die Autoreflexivität des mythischen Zeichensystems 122
3.1.3. Die Segmentierung des mythischen Diskurses 124

3.2. Die ‚Erste Durchführung' oder ‚Exposition' mit ‚Zwischenspielen' 125
3.2.1. Die ‚Exposition' der Geschichte: Nestor und die Kinder von Saint-Christophe 125
3.2.1.1. Die Entfaltung von ‚Thema' und ‚Thema-Inversion' in der ‚Exposition' 125
3.2.1.2. Die metatextuelle Lesart der Phorie als Metapher für die ‚Schrift' 129
3.2.1.3. Der ambivalente Oger: Simulation und Dekonstruktion eines Läuterungsprozesses 129
3.2.2. ‚Zwischenspiele': Tiffauges in Paris 139
3.2.2.1. Die Entfaltung der Doppelnatur von *vocation ogresse* und *vocation phorique* 139
3.2.2.2. Der Zustand des *ennui*: Die Figuren der Dysphorie 143
3.2.2.3. Erste Experimente mit der Paidophorie: Die Euphorie 145
3.2.2.4. Varianten von ‚Thema' und ‚Thema-Inversion': Die intertextuellen Leitbilder Christophorus, androgyner Adam, Atlas – Weitere intertextuelle Modelle 149

3.3. Die ‚Zweite Durchführung': Tiffauges und die Tauben 157
3.3.1. Die Konstitution der Phasen der Geschichte: Die Figuren der ambivalenten und der ‚positiven' Colombophorie 157
3.3.2. Systematisierung der Strukturen der Geschichte: Repetitions- bzw. Präfigurationsstruktur – Handlungs- bzw. Vermittlungsstruktur 160

3.4. ‚Zwischenspiel': Tiffauges in Moorhof. Spielerische Vorwegnahmen der Romanendfigur: Drei Variationen des Schemas von Abstieg und Aufstieg . . . 165

3.5. Die ‚Dritte Durchführung': Tiffauges und die Hirsche – mit ‚Zwischenspielen' 170
3.5.1. Die Rekonstitution der Strukturen der Geschichte als Dekonstruktion . . 170
3.5.2. Die parodistische *mise en fiction* eines enzyklopädischen Prätextes am Beispiel der *Memoiren* von W. Frevert 171
3.5.3. Die Rekonstruktion der Strukturen der Geschichte: Tiffauges und Göring oder Variationen der Figuren der Phallo- und Koprophorie 173

Seite

3.5.4. Die ‚Einschachtelung' oder die *mise en abyme* der Geschichte auf der Tier-Ebene als *exaltation* des Systems 177

3.5.5. Die Verdichtung des Strukturgeflechts: Die ‚Dritte Durchführung' als ‚Krebs' – Überlagerung und Verschränkung von aus der Fuge übersetzten Strukturelementen 183

3.6. Die ‚Vierte Durchführung' mit ‚Zwischenspielen': Tiffauges und die Kinder .. 188

3.6.1. Der erste Teil der ‚Vierten Durchführung' 188

3.6.1.1. Die Repetition der ersten Phase der Geschichte oder die *exaltation* von *Jagd* und *Zucht* 188

3.6.1.2. Die Übersetzung des ‚braunen Kults' in das *système de la phorie*: Parodistische *exaltation* zur Entlarvung der zynischen *essence* . 193

3.6.1.2.1. Die *exaltation* des ‚braunen Kults' zum Zeichenkult . 193

3.6.1.2.2. Das Strukturmodell der Umkehrung 198

3.6.2. ‚Zwischenspiel' (1. Teil): Die ‚phorische' *exaltation* der Napola-Kinder. Inszenierungen einer symbolischen ‚Opferung' 201

3.6.3. ‚Zwischenspiel' (2. Teil): ‚Vorspiele' zur Entfaltung der Endfigur der Paraphorie. Die Figuren der Nekro- und Hämatophorie 211

3.6.4. Die ‚Coda' oder der zweite Teil der ‚Vierten Durchführung' 218

3.6.4.1. Die Figuren der Astrophorie I und II: Die Reprise von *Rettung* und *Pflege* 218

3.6.4.1.1. Die Figur der Astrophorie I: Die *exaltation* der Paidophorie ins Metaphysische 218

3.6.4.1.2. Die Figur der Astrophorie II: Die Verschiebung von der ‚phorischen' Einheit zur Trennung 223

3.6.4.2. Die Endfigur der Paraphorie oder die Figur des *néant* 225

3.6.4.2.1. Die Figur als Kreuzpunkt von Bahnen: Überlagerung der Spuren von Kreuzigung und Apokalypse 225

3.6.4.2.2. Die Phorie als Metapher eines anti-metaphysischen *écriture*-Konzepts 228

3.6.4.2.3. Die Dekonstruktion der ethischen Dimension des Systems: Der Stillstand des Mechanismus der Inversion 232

3.6.4.3. Die Endfigur der Astrophorie (III) oder die Figur des *absolu* .. 234

3.6.4.3.1. Die Figur des *absolu* als pseudo-erkenntnistheoretisches Modell: Die *exaltation* des Sterns zur *grille* für die ‚Offenbarung' – Der Stern als Erzeuger des *jeu des différences* 234

Seite

3.6.4.3.2. Die Dekonstruktion der Opposition der ‚phorischen' Figuren des *absolu* und des *néant* 240
3.6.4.3.3. Der Stern als Medium für die Erzeugung künstlicher Lichtreflexe: Metapher für die *écriture* 241
3.6.4.3.4. Metaphysische Lesarten als Sinnspuren des Sterns – Die Paradoxie von Vereinigung und Trennung 243
3.6.4.3.5. Die Dekonstruktion des Modells der Christophorus-Legende 248
3.6.4.3.6. Die Schlußfigur als Inszenierung des *comique cosmique* 251

4. EINZELUNTERSUCHUNGEN ZU POSTMODERNEN TEXTVERFAHREN IM *ROI DES AULNES* 255

4.1. Die *mythécriture* als *mise en fiction* musikalischer Vorbilder: Das Spiel mit den Elementen der Fugenstruktur 255

4.1.1. Der *Roi des Aulnes* als Übersetzung einer Fuge. Auswertung der Analyse-Ergebnisse 255

4.1.2. Die *Kunst der Fuge*: Modell *par excellence* für das *système de la phorie* als „grand effort" 263

4.2. Zur Intertextualität im *Roi des Aulnes* 266

4.2.1. Paradigmatische Zusammenstellung des *bricolage*-Materials 266

4.2.2. Aspekte und Techniken 272

5. SCHLUSS 277

5.1. Der *Roi des Aulnes* auf der Folie epistemologischer Modelle des Poststrukturalismus und der Postmoderne 277

5.2. Spezifika des Tournierschen Konzepts einer *mythécriture* 282

6. ENTRETIENS AVEC MICHEL TOURNIER 285

6.1. Un entretien avec Michel Tournier (9. Oktober 1984) 285

6.2. Une visite au Presbytère (5. April 1986) 294

7. BIBLIOGRAPHIE 309

ABKÜRZUNGEN

CB	*Le Coq de bruyère*
CS	*des clefs et des serrures*
GJ	*Gilles & Jeanne*
GMB	*Gaspard, Melchior & Balthazar*
M	*Les météores*
RA	*Le Roi des Aulnes*[1]
RM	*Les Rois Mages*
VLP	*Vendredi ou les limbes du Pacifique*
VP	*Le vent Paraclet*
VV	*Le vol du vampire*
VVS	*Vendredi ou la vie sauvage*

[1] Die Referenzen auf Seitenzahlen des *Roi des Aulnes* erfolgen in Haupt- und Nebentext ohne Sigle.

1. EINFÜHRUNG

Die vorliegende Arbeit versucht *pars pro toto* an einem einzelnen Roman die dem Tourniersschen Werk zugrundeliegende *écriture*-Konzeption aufzudecken, die sich erst auf dem Hintergrund der zeitgenössischen französischen Avantgarde-Philosophie deutlicher abzeichnet. Die bisherige Forschung ist charakterisiert durch die Widersprüchlichkeit und die Heterogenität von Deutungen. Das trifft sowohl auf die Stellungnahmen zum *Roi des Aulnes* als auch auf die zu den anderen Texten zu. Dies aber zeigt, wie notwendig es ist, das Œuvre Tourniers von einer höheren Warte aus, der der theoretischen Grundlagen, zu untersuchen, wonach sich diese Widersprüche als Konstituens eines spezifischen *écriture*-Konzepts enthüllen.

Eine solche Arbeit fehlt bisher. Abgesehen von ersten Ansätzen bei Davis[1], sind die bisherigen Untersuchungen theoretisch nicht reflektiert. Der für ein angemessenes Verständnis unerläßliche philosophiegeschichtliche Standort des Werkes ist noch nicht genügend beleuchtet worden. Zwar wurde der Einfluß der strukturalen Konzeption des Mythos von Lévi-Strauss auf Tournier bisher mehrfach hervorgehoben, wenn auch keineswegs systematisch untersucht[2]. Die wesentliche Frage aber nach dem Verhältnis der Reflexe von Strukturalismus und Poststrukturalismus in der *écriture* Tourniers ist in der Sekundärliteratur noch nicht aufgeworfen worden. Die Gemeinsamkeiten des Tournierschen Denkens mit dem

---

1 C. Davis (1988*a*/1988*b*); zu *GO* cf. auch L. R. Schehr (1987/88).

2 Cf. insbesondere A. Bouloumié: ihre *Thèse* (1985, ungedruckt) [Ergebnisse veröffentlicht in dem Aufsatz vom 1. und 15. September und 1. Oktober 1986] und die darauf basierende Tournier-Monographie (1988). Speziell zum Mythos des Ogers cf. den Aufsatz vom 1. Mai 1986. – Die Verdienste Bouloumiés liegen vorwiegend im Bereich der Quellenforschung (Schwerpunkte: Mythen des Ogers und des Androgyn), wobei sie sich auf die Arbeit von H. Rizk (1981) stützen konnte. Die Autorin konzentriert sich auf das Wiedererkennen von vorrangig ethnologischen bzw. religionshistorischen, z. T. auch psychologischen Einflüssen auf die Tournierschen Texte, während es uns darum geht, zu zeigen, wie die Prätexte in der *écriture* eine Transformation bzw. Transmutation erfahren, die sich aus den ihr eigenen Gesetzmäßigkeiten ergibt. Gewiß hat die Einflußforschung ihre Berechtigung, insofern als durch sie erst einmal die dem heutigen Leser großenteils fremde ethnologische Intertextualität des Tournierschen Romans aufgearbeitet wird. Die Grundthese Bouloumiés erscheint im Licht unserer Forschungen freilich fragwürdig. Aus hermeneutischer Sicht versteht sie pauschalierend den Tournierschen Roman insgesamt nicht nur, was die Thematik, sondern auch, was die *écriture*-Konzeption anbetrifft, als „quête de l'androgyne" im Sinne einer *Coincidentia oppositorum* [(1988), p. 234, 242, 248]. Eine solche vordergründige und undifferenzierte Betrachtung muß zwangsläufig zu einer Fehleinschätzung führen, da dabei das dem Tournierschen Roman zugrundeliegende texttheoretische Konzept nicht erkannt wird. Dieses bewirkt gerade die Dekonstruktion der vorgegebenen Mythen. Bouloumié verkennt auch vollkommen den Stellenwert der Ironie für den Tournierschen Text, die auch das Thema der Androgynie beeinflußt.

Poststrukturalismus sind bisher fast gänzlich unerforscht[3]. Die sich daran anschließende Problematik des Standortes der Tournierschen *écriture* innerhalb der Postmoderne bedarf dringend einer Erörterung[4]. Der Postmoderne-Begriff wird im Hinblick auf die Literatur kontrovers diskutiert. Er ist noch weitgehend ungesichert[5]. Die Debatte um die Postmoderne bewegt sich bisher vorwiegend im Vorfeld der literaturwissenschaftlichen Forschung[6]. Über eine paradigmatische Analyse der Strukturen Tournierscher Texte und der diesen zugrundeliegenden Verfahren hinaus will daher diese Arbeit einen Beitrag zur Erforschung des postmodernen Romans leisten.

Wenn auch in der Sekundärliteratur wiederholt hervorgehoben wurde, daß dem *Roi des Aulnes* eine strenge Komposition zugrunde liege[7], so ist doch die Struktur des Textes noch nirgends konsequent beschrieben worden[8]. Eine klar umrissene systematische Analyse des Romans muß das *système de la phorie* in den Mittelpunkt rücken, da es eine zentrale Bedeutung für die Entschlüsselung der Textbotschaft besitzt. Dies ist freilich nur durch eine Analyse auf der Basis der semiotisch-strukturalistischen Methode möglich, was umso zwingender erscheint, als wir es beim Tournierschen Roman mit einem Textsystem zu tun haben, das unter dem Einfluß der strukturalen Konzeption des Mythos von Lévi-Strauss steht. Die bisherigen Untersuchungen zu Tournier sind fast ausnahmslos hermeneutisch orientiert. Der erste, der nach einem Hinweis von White (1974) die semiotische Konzeption der Tournierschen Texte als Mythenerzählungen hervorhebt, ist Blüher (1985). Im Hinblick auf die Novelle begreift er in Anlehnung an Barthes und Eco mythisches Erzählen als Zeichenprozeß.

---

3 Auf Grund mangelnder Konsequenz bleibt das gedankliche Konzept von Davis im Hinblick auf die philosophische Standortbestimmung Tourniers im Ansatz stecken. Zur Begründung cf. infra, p. 281, Anm. 7.

4 Eine erste Stellungnahme dazu in dem Aufsatz von P. Bürger (1988) greift nicht. Zum einen läßt die hermeneutische Perspektive des Autors die Textverfahren unberücksichtigt. Zum anderen verraten die Ausführungen eine mangelhafte Kenntnis der Tournierschen Schriften und lassen eine genügende Einweihung in Tourniers Denken vermissen.

5 Nach Ansicht von P. Bürger betreffe die Veränderung innerhalb der Postmoderne weniger die Literatur selbst als den Diskurs über Literatur. Dieser „postmoderne Umgang" mit Literatur sei gekennzeichnet durch die „Tabuisierung des Wirklichkeitsbezugs" [ibid., p. 304 f.].

6 Cf. insbesondere L. Fiedler (1969), I. Hassan (1975 und 1980), U. Eco (1984), W. Welsch (1987 und 1988).

7 Hinweise finden sich z. B. bei J. Améry (1973), p. 74; C. Baroche (1980), p. 75; C. Davis (1988*a*), p. 10, und insbesondere bei A. Bouloumié (1985 und 1988).

8 Bouloumiés Beschreibung [(1988), Kap. V „Mythe et Structure", p. 73 – 81] geht hier nicht über eine Auflistung von einigen ähnlich lautenden Textstellen und eine summarische, keineswegs systematische Aufzählung von Strukturmerkmalen hinaus. Die Autorin greift ohne Beachtung des jeweiligen Kontextes Beispiele für Korrespondenzen heraus, die oft gerade nicht in ein und dasselbe Paradigma gehören, was beweist, daß die zugrundeliegende Systematik hier nicht erkannt wird.

Demgegenüber sind die bisherigen Ansätze zum Thema Mythos im Tournierschen Werk psychologisch bzw. phänomenologisch begründet[9]. Die Interpretation von Bouloumié steht, aufs Ganze gesehen, im Horizont der phänomenologischen Konzeption von Eliade[10]. Zwar bedient sich Bouloumié in ihrem Kapitel „Mythe et Structure" sporadisch, gleichsam klischeehaft auch einzelner Analysekriterien von Lévi-Strauss, jedoch steht dieser Abschnitt in keinem stringenten gedanklichen Bezug zum übrigen. Es fehlt ein Konzept, das auf einer Ebene der theoretischen Reflexion den strukturalistischen Diskurs zum Mythos überzeugend in die Interpretation einbindet. Das gilt auch für die gelegentlichen Rekurse der Autorin auf Bachelard oder G. Durand. Anstatt die Heterogenität der mythischen Intertextualität als Konstituens der Tournierschen *écriture* zu begreifen, wird in Bouloumiés Abhandlung eine alles umfassende synthetische Sicht unterstellt, die Autor und Werk gleichermaßen einbezieht. Diese auf das Werk und den Autor projizierte Perspektive erscheint erzwungen und künstlich vorgeblendet. Sie verstellt den Weg zum Textverständnis eher, als daß sie ihn aufzeigt.

Es ist das Anliegen dieser Arbeit, die Pluralität der Diskurse zum Mythos im Tournierschen Roman aufzudecken und als Merkmal seiner besonderen *écriture*-Konzeption zu enthüllen. Sie will zeigen, wie eine Deutung der Vielschichtigkeit gerecht werden kann, die sich aus der bisher noch unzureichend reflektierten epistemologischen Position Tourniers ergibt.

Neben der Erörterung der theoretischen Grundlagen bildet die Untersuchung der mythischen Struktur des *Roi des Aulnes* einen weiteren Schwerpunkt dieser Arbeit. Erst eine Analyse des Systems mit seinen Einheiten ermöglicht eine intersubjektiv nachvollziehbare Hypothese über den dem Roman zugrundeliegenden Kode. Im Hinblick auf die Bedeutung von Schlüsselbegriffen ist in der bisherigen Forschung eine gewisse Ratlosigkeit zu erkennen, was in der Mehrzahl zu Paraphrasen, zuweilen auch zu willkürlichen Aufpfropfungen geführt hat.

Eine ausführlichere Analyse des *Roi des Aulnes* erscheint auch erforderlich, um eine Reihe von vorschnellen Interpretationsklischees abzubauen. Das betrifft in erster Linie das Bild des Protagonisten. In der Sekundärliteratur verbreitet ist die Übertragung seiner ‚Weltsicht' und ‚Suche' auf den Autor[11], was, wie sich zeigen wird, abwegig ist. Das Spektrum der Deutungen bewegt sich zwischen den Extremen eines „alienated Everyman"[12] und eines Auserwählten. Im allgemeinen wird der Held Tiffauges illusionistisch betrachtet und psychologisiert. Zugleich erfährt er bei den nämlichen Autoren eine Idealisierung bzw.

---

9 Cf. z. B. D. Bougnoux (1970), A. Smith (1977), L. C. Jeffress (1981), H. Rizk (1981), P. Mignone (1983), I. Contival (1985).

10 Cf. dazu insbes. den ersten Teil ihres Buches (1988): „Roman et Mythe", Kap. I – IV.

11 Besonders ausgeprägt erscheint diese Auffassung bei C. Davis (1988*a*); cf. auch A. Fried (1984).

12 Diese paradoxe Formulierung bei L. C. Jeffress (1981), p. IV.

Glorifizierung[13], womit sich erneut ein Widerspruch auftut, dessen sich die Autoren offensichtlich nicht bewußt sind, was deutlich werden läßt, daß die bisherigen Interpretationen der Figur nicht hinreichen, da, wie wir meinen, die Reflexion bei dieser Erkenntnis der Widersprüchlichkeit erst anzusetzen hat. Auch die Projektion der Archetypologie Durands auf Tiffauges führt zu einer reduktionistischen Perspektive[14], die der Figur nur teilweise gerecht wird.

Ähnlich unbefriedigend bleibt die Forschung im Hinblick auf die Beurteilung des Romanendes. Zwar werden hier und da Stimmen der Verunsicherung laut[15]. Vorherrschend ist jedoch die Auffassung eines positiven Endes bei Unterstellung einer geschlossenen Struktur[16]. Eine von uns vorgenommene detaillierte Untersuchung des Romanendes soll demgegenüber dessen Problematik aufzeigen.

Eine sorgfältige Analyse der Struktur fördert auch die ironische Dimension zutage[17]. Die Imitation des intertextuellen Vorbilds trägt vorwiegend parodistische Züge, was sich auch auf dokumentarische Prätexte beziehen läßt. Gerade die Aufdeckung dieser Textverfahren ermöglicht es, im Zusammenhang mit einer differenzierten Analyse der Phorie gewisse den Autor kompromittierende Unterstellungen zu relativieren, die auf einer illusionistischen Auffassung des Werkes basieren und dem semiotisch autonomen Charakter des Textes nicht

---

13 So erscheint Tiffauges z. B. nach A. Bouloumié gekennzeichnet durch „une étrange innocence" [(1988), p. 45]; C. Baroche [(1980), p. 101 f.] hebt die Gutgläubigkeit und Naivität des Helden hervor, der in das Gute der Zeichen vertraue, weil er seinen Verstand ausgeschaltet habe; I. Contival [(1985), p. 335] spricht gar von einer „certaine grandeur dramatique" des Protagonisten; D. G. Bevan [(1986), p. 62] bezeichnet den Helden des Tournierschen Romans als ‚heroisch'; C. Davis [(1988*a*), p. 34 und 39] sieht Tiffauges als Sucher nach der Wahrheit bzw. nach einer moralischen Gewißheit. – Zu Tiffauges als einem auserwählten Menschen cf. auch M. A. Daly (1980).

14 Cf. hierzu insbesondere die Magisterarbeit von A. Smith (1977); cf. auch die Interpretation von I. Contival (1985), die sich ein wenig schwertut, den *Roi des Aulnes* in das Durandsche Schema zu zwängen.

15 Cf. M. A. Daly (1980), p. 170, und C. Davis (1988*a*), p. 30.

16 Zur These der *Coincidentia oppositorum* bzw. Androgynie cf. insbesondere A. Bouloumié (1985; 1. und 15. Sept. und 1. Okt. 1986; 1988); P. Mignone (1983); E. Brogniet (1982); zur Euphemisierung I. Contival (1985). Eine religiöse Lesart vertreten z. B. B. Cazelles und P. Johnson. Für sie „l'holocauste d'Abel marque la victoire, amère certes, de la rédemption apocalyptique" [(1975), p. 171]. Cf. auch A. Fried, die die Konzepte *phorie* und *copie de la copie* mit der Variante *proie de la proie* (*M*) aus christlich-religiöser Sicht auf die *Imitatio Christi* bezieht [(1984), insbes. p. 28 ff.]. – Fried sieht gedankliche Übereinstimmungen zwischen Tournier, Carl Friedrich v. Weizsäcker und Teilhard de Chardin [ibid., p. 46 ff.]. – Demgegenüber werden Offenheit bzw. Spielcharakter bereits in dem Aufsatz von A. Gramond (1980) registriert. Zweifel an der geschlossenen Struktur werden auch von M. Taat (1982) erhoben.

17 M. Taat (1982) gibt zwar einen ersten Hinweis auf diesen Aspekt, ohne eine nähere Untersuchung vorzunehmen.

Rechnung tragen[18]. Die im Text angelegten Strategien der Ironie konterkarieren die Fixierung politischer Standpunkte und halten den Leser auf Distanz. Als offenes Spiel verstanden, läßt er auch im Hinblick auf die historisch-politische Dimension divergierende Lesarten als vorstellbar erscheinen, von denen keine absolut widerlegbar ist.

Ziel dieser Arbeit ist es nicht zuletzt, anhand eines semiotischen Vorgehens eine Basis für die Einschätzung des Innovationswertes der der Tournierschen *écriture* zugrundeliegenden Textverfahren zu schaffen, der bisher gänzlich verkannt worden ist. Das Ergebnis unserer Untersuchungen wird zeigen, daß die auf eine Bemerkung des Autors in *Le vent Paraclet* (195) zurückgehende, allenthalben vertretene These, die Romane seien ‚formal' traditionell, auf dem insgesamt wenig fundamentierten Forschungsterrain gründet, das auch die Fehleinschätzung von Äußerungen des Autors in seinen theoretischen Schriften mit einschließt.

---

[18] Cf. hierzu insbesondere die Kritik an Tournier und am *Roi des Aulnes* bei J. Améry [(1973), p. 74 – 79] und S. Friedländer (1982); auch bei C. Davis [(1988*a*), p. 50 f. und 117] und den Streit um Tourniers Position gegenüber dem Nationalsozialismus, neu aufgeflammt im November 1989 in Frankreich im Anschluß an ein Interview Tourniers in *Newsweek* (vom 6. November 1989) [cf. Jürg Altwegg, „Der Dichter und die DDR", in: *Die Zeit* (2. Januar 1990), Nr. 1, p. 25].

2. THEORETISCHE GRUNDLAGEN

2.1. Situierung des Tournierschen Mythenromans im Kontext von Poststrukturalismus und Postmoderne

2.1.1. Die *mythécriture* als Zeichenprozeß

> «Nous savons maintenant qu'un texte n'est pas fait d'une ligne de mots, dégageant un sens unique, en quelque sorte théologique (qui serait le ‹message› de l'Auteur-Dieu), mais un espace à dimensions multiples, où se marient et se contestent des écritures variées, dont aucune n'est originelle: le texte est un tissu de citations issues des mille foyers de la culture. [...] il y a un lieu où cette multiplicité se rassemble, et ce lieu, ce n'est pas l'auteur, comme on l'a dit jusqu'à présent, c'est le lecteur: le lecteur est l'espace même où s'inscrivent, sans qu'aucune ne se perde, toutes les citations dont est faite une écriture; l'unité d'un texte n'est pas dans son origine, mais dans sa destination [...]»
>
> R. Barthes[1]

Barthes folgend, verstehen wir den Roman Tourniers als ein semiotisches intertextuelles Konstrukt, d. h. als einen reinen Zeichenprozeß im Sinne einer *‚ré-écriture'*[2]. Der Text ist ‚mythisch' zu nennen, insofern als er ein sekundäres sprachliches Zeichensystem darstellt, so wie es Barthes (1957) im Hinblick auf die modernen Mythen definiert[3], das im semiotischen Sinne als sprachlich autonom, d. h. unabhängig vom außersprachlichen Referenten, zu verstehen ist. Gleichwohl ist innerhalb dieses als autonom und ‚autoreflexiv' (Eco) aufzufassenden narrativen Textsystems eine referentiell-mimetische Ebene angelegt, bei der es sich jedoch – wie Blüher bereits für Tourniers Novellen erkannt hat – nicht um ein „referentielles Abbildungsverfahren" nach Art der Widerspiegelungsästhetik handelt, sondern um einen „ ‚semiotischen' Illusionismus", „der eine konventionalisierte, permanent in ihrer illusionsstiftenden Funktion in Frage gestellte sprachliche ‚Para-Realität' (Le Clézio) erzeugt"[4]. Wir haben es hier – in Übertragung eines von Blüher im Hinblick auf die Tourniersche Mythennovelle geprägten Begriffs – mit einem „kommunikationsästhetisch begründeten ‚mythischen Realismus' " zu tun,

---

[1] „La mort de l'auteur", in: *Mantéia* 5 (1968), p. 15 und 17; in engl. Übs. auch in: R. Barthes, *Image – Music – Text* (1977), p. 146 und 148.

[2] Zu diesem aus dem *écriture*-Verständnis der Gruppe *Tel Quel* hervorgegangenen Begriff cf. K. W. Hempfer (1976), p. 29, 51 ff., 93. – M. J. Worton [„Écrire et ré-écrire: Le projet de Tournier" (1986), p. 52 – 69] verwendet *ré-écriture* abweichend von *Tel Quel* im Sinne einer „écriture parabolique" [ibid., p. 67] aus einer von Heidegger und Ricœur beeinflußten hermeneutischen Sicht.

[3] Die erste Übertragung des Barthes'schen Begriffs auf Tournier findet sich bei Blüher, der ihn auf die von ihm sogenannte „Mythennovelle" anwendet [(1985), p. 258].

[4] K. A. Blüher, ibid., p. 273 und 259.

„der zum Erzählen [...] Textverfahren zur Produktion von mehrschichtigen Bedeutungsstrukturen einsetzt, die den Leser zu einer mehrfachen, sowohl referentiell-mimetischen, wie nicht-referentiellen ‚mythischen' Lektüre des Textes auffordern"[5].

Dieses *écriture*-Phänomen eines ‚mythischen Realismus' ist folglich gekennzeichnet durch einen pseudo-mimetischen mehrdeutigen Diskurs, der neben einer referentiell-mimetischen eine plurale ‚mythische', in jedem Falle offene Lektüre zuläßt.

Der Tourniersche Roman ist demnach auf zwei Ebenen lesbar, der referentiell-mimetischen und der ‚symbolischen' bzw. ‚mythischen', wobei diese Differenzierung freilich als ein idealtypisches Konstrukt zu betrachten ist. Die Analyse des *Roi des Aulnes* erweist, daß die Ebenen untrennbar miteinander verschmolzen sind, dergestalt daß die referentiell-mimetische Ebene, auf der nicht alle Ereignisse motiviert erscheinen, durch die ‚mythische' ergänzt wird[6].

Tourniers *mythécriture*[7] verweist auf plurale und divergierende, teils heterogene intertextuelle Diskurse zum Mythos. Sie sind philosophischer, anthropologischer, religionshistorischer und psychologischer Provenienz. Diese diversen Diskurse werden von Tournier ‚dekonstruiert'; er entwickelt aus ihnen ein neues ‚de-zentrales' und differentielles Gesamtkonzept in Gestalt seines postmodernen Mythenromans. Zum Verständnis der auf den Mythos bezogenen Intertextualität im Tournierschen Text halten wir es für erforderlich, diese Diskurse vorzustellen und in ihrer Relevanz für diesen zu erörtern.

2.1.2. Bemerkungen zur Postmoderne

2.1.2.1. Zur Epistemologie Lyotards – zu Fiedlers Literaturprogramm – zu Jencks Architekturkonzept

Für den ‚Postmoderne'-Begriff beziehen wir uns auf Lyotard, der diesen als erster epistemologisch begründet und damit für die vielfältigen Phänomene unserer Zeit, nicht zuletzt auch in Philosophie, Literatur und Kunst, einen Rahmen geschaffen hat[8]. Nach Lyotard ermöglicht der mit der Krise des metaphysischen Denkens einhergehende Verlust des Glaubens an

---

5 Ibid., p. 273.

6 Cf. dazu Tourniers eigene Auffassung: *Entretien Michel Tournier – Cornelia Klettke* (5. April 1986), infra, p. 305 f.

7 Zum Begriff cf. K. A. Blüher, ibid., p. 273.

8 J.-F. Lyotard, *La condition postmoderne* (1979), Untertitel: „Rapport sur le savoir". Weiterentwicklung seiner philosophischen Konzeption in *Le Différend* (1983). – Eine ausführliche Darstellung und Diskussion der Thesen Lyotards findet sich bei W. Welsch, *Unsere postmoderne Moderne* (1987) [insbes. Kap. I 8, Kap. VI, Kap. VIII], im Rahmen seiner Analyse postmoderner Phänomene aus der Perspektive der Philosophie.

die vereinheitlichend-verbindlichen ‚Metadiskurse' die Anerkennung der Vielzahl der Sprachspiele in ihrer irreduziblen Heterogenität („l'hétérogénéité des jeux de langage") und ihrer Inkommensurabilität[9]. Zum postmodernen Bewußtsein gehört nach Lyotard die unbedingte Anerkennung der Pluralität, die als grundlegend positiv zu sehen ist, und ihre konsequente Verteidigung gegen jeden Ausschließlichkeitsanspruch als Verabsolutierung eines Partikularen. Mit seiner Forderung der unaufhebbaren Differenz bzw. der Pluralität baut Lyotard, wie Welsch zwingend begründet, auf dem Denken der Poststrukturalisten auf[10]. Aus der Sicht von Welsch sind die von Foucault, Derrida und Deleuze entwickelten Konzepte als philosophische Positionen innerhalb der Postmoderne anzusehen, auch wenn dieser Begriff erst nachträglich auf sie projiziert worden ist[11].

Im Anschluß an Lyotard sieht Welsch die Postmoderne nicht als Anti-Moderne (wie Charles Jencks) oder als Trans-Moderne (wie z. B. Achille Bonito Oliva), sondern als „Einlösungsform" der Moderne an, in der die ehemaligen ästhetischen Errungenschaften einer elitären Avantgarde populär und alltäglich geworden seien[12]. In der nordamerikanischen Literaturdebatte der sechziger Jahre tritt Leslie Fiedler als einer der Wegbereiter einer neuen Sichtweise von Literatur auf, indem er mit seinem Konzept der ‚Grenzüberschreitung'[13] eine der industrialisierten Massengesellschaft gemäße Verbindung von Elite- und Massenkultur propagiert und dem Schriftsteller eine neue Rolle zuweist. Eco sagt über Fiedler:

> „Vuole semplicemente rompere la barriera che è stata eretta tra arte e piacevolezza. Intuisce che raggiungere un pubblico vasto e popolare i suoi sogni, significa forse oggi fare avanguardia"[14].

---

9 J.-F. Lyotard (1979), „Introduction", p. 7 – 9.

10 Zur Definition des ‚Poststrukturalismus' cf. W. Welsch: „[...] der Poststrukturalismus ist eben diejenige Strömung, die durch den Gedanken unaufhebbarer Differenz vom Strukturalismus – der jede Differenz auf Einheit hin überschreiten zu können glaubt – sich absetzt" [(1987), p. 141].

11 Welsch setzt den Beginn des Poststrukturalismus mit Foucaults *Les mots et les choses* (1966) an [cf. ibid., p. 140]. Was Welsch nicht erwähnt, was man jedoch auch berücksichtigen sollte, ist, daß alle Aufsätze von Derrida aus *L'écriture et la différence* (1967) bereits zwischen 1963 und 1966 entweder in Zeitschriften veröffentlicht oder als Vorträge gehalten worden sind. So ist der bedeutende Aufsatz „La structure, le signe et le jeu dans le discours des sciences humaines" zeitgleich mit Foucaults Buch. Schließlich ist nicht zu vergessen, daß auch die *Écrits* mit den Erkenntnissen des späten Lacan 1966 erschienen sind.

12 W. Welsch, ibid., p. 206.

13 Cf. dazu den bezeichnenderweise erstmals in der Zeitschrift *Playboy* veröffentlichten Aufsatz „Cross the Border – Close the Gap" (1969); zugänglich in der dt. Übs. „Überquert die Grenze, schließt den Graben!", in: *März-Mammut. März-Texte*, hg. v. Jörg Schröder, Herbstein ²1984, p. 673 – 697.

14 U. Eco, „Il post-moderno, l'ironia, il piacevole", in: (1984), p. 41.

Die Grenzüberschreitung bezieht Fiedler sowohl auf den Kritiker als auch auf das neue Selbstverständnis des Schriftstellers, den er aus dem Elfenbeinturm holen will. Sie ist aber auch konstitutiv für sein Literaturprogramm:

> „Die Kluft zu schließen, bedeutet auch, die Grenze zu überschreiten zwischen dem Wunderbaren und dem Wahrscheinlichen, dem Wirklichen und dem Mythischen, der bürgerlichen Welt mit Boudoir und Buchhaltung und dem Königreich, das man lange als das der Märchen zu bezeichnen pflegte, aber das schließlich in den Geruch der verrückten Phantasterei kam“[15].

Fiedlers Konzept zielt auf eine „Doppel- bzw. Mehrfachstruktur“ (Welsch), in der Heterogenes verbunden ist: Elitäres und Triviales, Mimetisches und Amimetisches, Vergangenes und Gegenwärtiges etc.

Ähnlich fordert in den siebziger Jahren Jencks, der den Begriff ‚Postmoderne‘ 1975 aus dem Literaturdiskurs auf die Architektur überträgt, mit seinem Terminus der ‚Doppelkodierung‘ eine Architektur, „welche die Elite und den Mann auf der Straße anspricht“[16]. Darüber hinausgehend bedeutet Doppelkodierung für Jencks ganz allgemein die Zusammenführung mindestens zweier differenter Bedeutungskodes (wie traditionell und modern, international und regional, konstruktivistisch und darstellend), was im Sinne der Pluralität auch zur ‚Mehrfachkodierung‘ führen kann. Sowohl in der bildenden Kunst als auch in der Literatur vereitelt die Mehrfachkodierung und eine dadurch bedingte Diskontinuität jedes „Einheitskonzept“. Ein sogenannter ‚Nomadismus‘[17] führt zu einer „Verkreuzung von Kodes“, das damit verbundene Zusammentreffen von Disparatem zu „irritierenden Kombinationen“. Es entstehen häufig „Hybridbildungen“[18], die an den Manierismus erinnern[19].

---

15 L. Fiedler, ibid., p. 691. – Cf. auch W. Welsch (1987), p. 16.

16 C. Jencks, *Die Sprache der postmodernen Architektur*. Die Entstehung einer alternativen Tradition (^{2}1980), p. 8.

17 Begriff von G. Deleuze/F. Guattari [(1976), p. 69], die von Nietzsches Ideal eines „geistigen Nomadentums“ inspiriert sind. Für die Kunstwissenschaft cf. Achille Bonito Oliva (1982), p. 63. – Auch bei Tournier findet sich dieser Gedanke in der Opposition Nomade *vs.* Seßhafter, die zum thematischen Standardrepertoire seiner mythischen Zeichensysteme gehört. Hierauf hat bereits C. Davis [(1988), p. 195 ff.] hingewiesen. Es ist kennzeichnend für die *écriture* Tourniers, daß hier derartige theoretische Konzepte im Sinne einer *mise en fiction* thematisch inszeniert werden.

18 Begriffe nach W. Welsch (1987), p. 25 und 323, 324.

19 Auf die Nähe von Postmoderne und Manierismus, letzterer sowohl als Stilepoche als auch als „categoria metastorica“ verstanden, weist auch Eco hin. – Für die zeitliche Einordnung der Postmoderne gibt es ebensowenig einen einhelligen Konsens wie für die Auffassung des Begriffs, der zu einem Passepartout geworden ist. Für Eco „il post-moderno non sia una tendenza circoscrivibile cronologicamente, ma una categoria spirituale, o meglio un *Kunstwollen*, un modo di operare. Potremmo dire che ogni epoca ha il proprio post-moderno, così come ogni epoca avrebbe il proprio manierismo“ [(1984), p. 38]. – Freilich zeigt die „postmoderne Moderne“ ein eigenes ganz spezifisches Profil, so wie Welsch es auf der Grundlage der Lyotardschen Philosophie entwickelt.

In der Postmoderne befreit man sich allgemein von dem in der Moderne herrschenden Innovationszwang. An die Stelle des Entdeckungswillens tritt das Spiel mit dem Überlieferten. Der Spiel-Gedanke gewinnt eine zentrale Bedeutung. Lyotard leitet die damit verbundene Problematik von den modernen Naturwissenschaften her:

> «Au niveau microphysique, une ‹meilleure› information, c'est-à-dire plus performante, ne peut pas être obtenue. La question n'est pas de connaître ce qu'est l'adversaire (la ‹nature›), elle est de savoir à quel jeu il joue»[20].

Da es in der Natur für den Menschen keinen vorhersehbaren, endgültig bestimmbaren Kode gibt, gestaltet sich das Verhältnis zwischen Naturwissenschaftler und Natur als ein offenes Spiel („jeu à information incomplète")[21]. Entgegen der allgemeinen Auffassung, nach der die Natur „un adversaire indifférent, mais non rusé" sei, sieht Lyotard die Tücke („la ruse") statt der Indifferenz im Spiel der Natur, der sich die Wissenschaft anzupassen habe, indem sie selber ständig die Spielstrategien variiert. Mit diesem Gedanken der Variation des Spiels bezieht sich Lyotard auf eine Erkenntnis des Mathematikers und Wahrscheinlichkeitstheoretikers Émile Borel:

> «[...] dans les jeux où la meilleure manière de jouer n'existe pas, on peut se demander s'il n'est pas possible, à défaut d'un code choisi une fois pour toutes, de jouer d'une manière avantageuse en variant son jeu»[22].

Der Gedanke Borels bildet die Grundlage der probabilistischen Konzeption der ‚Theorie der Spiele'[23], in der dem offenen Charakter des Spiels, für das sich kein invariantes Regelsystem aufstellen läßt, die Möglichkeit des ständigen Wechsels der Spielstrategien im Sinne der Entscheidung nach den Kriterien der Wahrscheinlichkeit entspricht. Wir erkennen in dieser Theorie den Gedanken der unaufhebbaren Differenz, die auf die Produktion von Brüchen, von Diskontinuität und damit von Offenheit – Lyotard spricht vom Unbekannten („l'inconnu") – abzielt[24]. Hierdurch ist nach Lyotard das ‚postmoderne Wissen' gekennzeichnet, was sich auch in der postmodernen Kunst widerspiegele.

---

20 J.-F. Lyotard (1979), p. 93.

21 Cf. R. Barthes über die *écriture*: «[...] il y aura toujours une marge d'indécision; [...] le sens sera précaire, révocable, réversible, le discours sera incomplet» [(1973), p. 10].

22 É. Borel in einer Veröffentlichung der Académie des sciences (Dez. 1921), zitiert bei J.-F. Lyotard, ibid., Anm. 196.

23 Lyotard [ibid.] verweist auf G. Th. Guilbaud, *Éléments de la théorie mathématique des jeux* (1968) und J. P. Séris, *La théorie des jeux* (1974).

24 Cf. ibid., p. 97, 103 – 108.

2.1.2.2. Zum postmodernen Text: *écriture – ré-écriture*

In der postmodernen *écriture*, wie sie insbesondere von Theoretikern der Tel-Quel-Gruppe, von Barthes und von Eco beschrieben wird, geht es nicht mehr um die Suche nach Erkenntnis der Wahrheit, sondern – von einem postmetaphysischen Standpunkt aus – um das ironische Spiel mit der Intertextualität. Im Zusammenhang damit steht die Wiederentdeckung der Handlung („il ritrovamento [...] dell' intreccio"), freilich ironisch gebrochen „sotto forma di citazione di altri intrecci"[25]. Daß auch Tournier seinen Umgang mit den Prätexten als *parodistisches* Spiel versteht, läßt er in Andeutungen erkennen[26]. Charakteristisch für den postmodernen Text ist der Rückgriff auf Mythen vielfältigster Art und unterschiedlichster Provenienz, so z. B. auf ethno-religiöse Mythen und auf Märchen – als Ausdruck kultureller Dezentrierung –, aber auch auf Mythen des Alltags und politische Mythen. Dahinter verbirgt sich als Konsequenz der Rezeption von Psychoanalyse und Tiefenpsychologie die Referenz auf das Zeichensystem des kollektiven Unbewußten. Der Rekurs auf Archetypisches bezieht auch die *Bibel* als Prätext mit ein. Auffallend häufig erscheint das Thema der Apokalypse, wobei das Heraufbeschwören apokalyptischer Visionen jedoch als ein semiotisches Spiel zu sehen ist (z. B. in Ecos *Il nome della rosa* und in Marquez' *Cien años de soledad*), und die Dekonstruktion der Apokalypse („Apokalypse der Apokalypse") aus einem postmetaphysischen Bewußtsein heraus (Derrida)[27].

Da der Akt des Lesens nicht mehr zur Entdeckung einer eindeutigen objektiven Wahrheit führt, tritt an die Stelle einer objektiven Interpretation die plurale Lektüre des Textes. Die ‚Strategie der Offenheit' von Seiten des Autors bewirkt eine Verunsicherung des Lesers, bedeutet andererseits jedoch einen Appell zum aktiven Lesen, wobei der Leser zum ‚Mitsender' wird, insofern als er Kodes auf die Botschaft projizieren kann, an die der Autor nicht gedacht hat (Eco). In diesem Sinne äußert sich auch Tournier in *Le vent Paraclet*:

> «Car la vraie critique doit être créatrice et ‹voir› dans l'œuvre des richesses qui y sont indiscutablement, mais que l'auteur n'y avait pas mises. Proposition paradoxale si l'on s'en tient à l'idée habituelle d'un auteur ‹créant› l'œuvre, c'est-à-dire la sortant de lui-même, comme une poupée gigogne en expulse une autre plus petite qui était dans son ventre. Mais elle prend au contraire tout son sens si l'on accepte le principe [...] d'une autogenèse de l'œuvre dont l'auteur ne serait lui-même que le sous-produit» (209 f.).

Im extremen Fall kann der Text so beschaffen sein, daß er dem Leser weniger zu einer Rekonstruktion von im Text angelegten Strukturen Veranlassung gibt, als ihn vielmehr dazu

---

[25] U. Eco (1984), p. 37.

[26] Cf. *VP* 195 f. – Tournier stellt dieses Spiel in ganz originaler Weise in den spezifischen Zusammenhang von *Imitation*, *Parodie* und *exaltation*, was unsere Untersuchung am Textbeispiel des *Roi des Aulnes* aufdecken wird.

[27] Cf. W. Welsch (1987), p. 147. – Welsch bezieht sich hier auf Derridas Text „D'un ton apocalyptique adopté naguère en philosophie" (1983).

auffordert, den Text selber zu produzieren. Die Auffassung des Textes als Spiel verändert grundlegend die Lesestrategie, indem er in radikalisierter Form wie bei den Rhizom-Theoretikern Deleuze und Guattari unter Berufung auf Foucault zur „boîte à outils“ wird[28], d. h. zum Experimentierfeld für den Leser, der sich nach seinem Belieben den Text für seine eigenen Zwecke dienstbar macht:

> «Dans un livre, il n'y a rien à comprendre, mais beaucoup à se servir. Rien à interpréter ni à signifier, mais beaucoup à expérimenter»[29].

Dieses Lektürekonzept, das in Fortentwicklung des Lévi-Strauss'schen *bricolage*-Gedankens bei den Poststrukturalisten zu einem dekonstruktiven Umgang mit dem Text führt, findet bis zu einem gewissen Grade eine Entsprechung in den Vorstellungen Tourniers:

> «[...] moi, je donne des jeux, et c'est à vous de jouer. Je vous donne des pièces, et puis, vous faites quelque chose avec»[30].

Diese Äußerung erscheint jedoch als ambivalent, wenn man sie einer im *Roi des Aulnes* enthaltenen Bemerkung des Protagonisten gegenüberstellt, der seine Aufgabe der schrittweisen Einweihung in einen Kode mit einem Puzzle vergleicht, das er allmählich zusammensetzt: «Encore une pièce à ajouter au grand puzzle que je compose patiemment» (140). Die Metapher des Puzzle scheint die Möglichkeit zu einer Rekonstruktion der Textstrukturen auch durch den Leser zu implizieren. Andererseits fordert der Autor mit seinem Text den Leser zum offenen Spiel mit dem Sinn heraus, was ihn auch zu einer dekonstruktiven Lektüre verleiten kann.

Die Postmoderne kennt wieder ein Vergnügen am Text, das in der Moderne als Konservativismus verurteilt worden war. Im Unterschied zum konservativen Leseverhalten geht es denn auch nicht um ein *emotional* begründetes ästhetisches Vergnügen, sondern um eine *intellektuelle* Freude am aktiven Umgang mit dem Text. Der ‚plaisir du texte‘ (Barthes) erwächst aus der durch die Ironie geschaffenen Distanz. Hinter der dekonstruktiven Haltung dem Text gegenüber steht bei Barthes, der sich hier auf Nietzsche beruft und sich zugleich durch Lacan und Derrida inspiriert zeigt, das Mißtrauen gegenüber Sprachklischees, die fälschlicherweise als ‚Wahrheit‘ angesehen werden („le stéréotype est la voie actuelle de la ‚vérité‘ [...]“. „La méfiance à l'égard du stéréotype [...] est un principe d'instabilité absolue, qui ne respecte rien (aucun contenu, aucun choix)“[31]). Das Verlassen der Stereotype bzw.

---

[28] G. Deleuze/F. Guattari (1976), p. 72.

[29] Ibid.

[30] *Entretien Michel Tournier – Cornelia Klettke* (5. April 1986), infra, p. 296.

[31] R. Barthes (1973), p. 69 f. – Cf. auch p. 47: «[...] nous sommes tous pris dans la vérité des langages, c'est-à-dire dans leur régionalité, entraînés dans la formidable rivalité qui règle leur voisinage. Car chaque parler (chaque fiction) combat pour l'hégémonie; s'il a le pouvoir pour lui, il s'étend partout [...], il devient *doxa*, nature. [...] Une impitoyable *topique* règle la vie du langage; le langage vient toujours de quelque lieu, il est *topos* guerrier».

die Abweichung vom Klischee verursacht eine ‚jouissance' („le plaisir du texte [...] est *atopique*"[32]).

Das Vergnügen ergibt sich aus dem Vorhandensein und dem Auffinden der „marge d'indécision" (10), der Randzonen im Text, wo der Sinn nicht eindeutig ist. Der Text wird als offenes Spiel verstanden und der Textsinn aus dem ironischen Abstand („un espace de la jouissance") dekonstruiert, wobei das Vergnügen nicht vorhersehbar ist:

> «[...] que les jeux ne soient pas faits, qu'il y ait un jeu»[33].

Da es kein „système centré", keinen festen Ankerplatz des Sinns gibt, sondern den „*intertexte*" als unendliche Textur („l'impossibilité de vivre hors du texte infini"[34]), besteht nur der Ausweg, jede klischeehaft erstarrte Bedeutung im Akt der Lektüre aufzureißen bzw. aufzubrechen. Aus diesem Bruch mit dem kulturellen Erbe ergibt sich das ästhetische Vergnügen als die im Nietzscheschen Sinne verstandene

> «[...] affirmation joyeuse du jeu du monde et de l'innocence du devenir, l'affirmation d'un monde de signes sans faute, sans vérité, sans origine, offert à une interprétation active»[35].

In dem Sinne erscheint bei Barthes der biblische Mythos der babylonischen Sprachverwirrung ins Positive gewendet. Er stellt keine Bestrafung mehr dar, sondern die Differenz bzw. Vielfalt der Sprachen erscheint als Möglichkeitsbedingung der ‚jouissance':

> «Alors le vieux mythe biblique se retourne, la confusion des langues n'est plus une punition, le sujet accède à la jouissance par la cohabitation des langages, *qui travaillent côte à côte*: le texte de plaisir, c'est Babel heureuse»[36].

2.1.3. Das Konzept einer universalen Intertextualität

Bei der Analyse der intertextuellen Bezüge im *Roi des Aulnes* gehen wir von dem weiten Konzept von Intertextualität[37] im Sinne des Poststrukturalismus aus, welches von Tournier beispielhaft verwirklicht wird. Kristeva kreiert in ihrem Konzept, das im übrigen unübersehbare Entsprechungen zur Derridaschen *différance* aufweist, einen Intertextualitätsbegriff,

---

[32] Ibid., p. 39. – Cf. die Lacansche Signifikantenkette *jouissance – jouir du sens – j'ouïs sens.*

[33] Ibid., p. 11.

[34] Ibid., p. 59.

[35] J. Derrida, „La structure, le signe et le jeu dans le discours des sciences humaines" (1966), in: id. (1967), p. 427.

[36] R. Barthes, ibid., p. 10.

[37] Zum ‚weiteren' bzw. ‚engeren' Konzept von Intertextualität cf. M. Pfister, „Konzepte der Intertextualität", in: U. Broich/M. Pfister (1985), p. 25.

der auf einer Verschiebung bzw. Uminterpretation des Bachtinschen Prinzips der ‚Dialogizität'[38] basiert. Intertextualität ist definiert als:

> «[...] inter-action textuelle qui se produit à l'intérieur d'un seul texte»[39].

Kristevas semiotischer Textbegriff impliziert eine radikale Entgrenzung auf alle kulturellen Zeichensysteme, auch die außersprachlichen[40], und gründet damit auf der den Poststrukturalisten gemeinsamen Vorstellung des *texte général* (Derrida) bzw. des *texte infini* (Barthes) als einer universalen Intertextualität, in der Autor und Leser gleichermaßen aufgehen. In einem Text ist das gesamte Universum der Texte in Spuren oder Anklängen präsent, wie Barthes' Metapher der „chambre d'échos" zeigt[41]:

> «l'intertexte n'est pas forcément un champ d'influences; c'est plûtot une musique de figures, de métaphores, de pensées-mots; c'est le signifiant comme sirène»[42].

Die Echos bzw. Reminiszenzen können von Seiten des Autors unbewußt in den Text einfließen; sie müssen also nicht unbedingt intendiert sein. Dieser Mechanismus wirkt auch im Rezipienten. Im Sinne dieses weiten Intertextualitätskonzeptes läßt sich also nicht nur die Unterscheidung zwischen bewußter bzw. intendierter und unbewußter bzw. nicht intendierter Intertextualität[43] als sekundär betrachten, sondern es erscheint auch unerheblich, ob Autor und Leser über das gleiche Textrepertoire verfügen.

Diese Auffassung kommt auch in metatextuellen Bemerkungen Tourniers zum Ausdruck. Danach gehört es gerade zum intentionalen Konzept des Autors, im Leser *unendliche* intertextuelle Reminiszenzen auszulösen, wobei es gar nicht darauf ankommt, ob der Autor

---

38 Cf. M. Pfister, ibid., p. 1 – 6.

39 J. Kristeva, „Narration et transformation" (1969*a*), p. 443. – Erstmals in „Problèmes de la structuration du texte" (1968). – Weiteres zur Intertextualität cf. id. (1969*b*), p. 113 und 145; id. (1970), p. 12 und 68 f.

40 Bachtin uminterpretierend, schreibt Kristeva: „[...] le texte dans l'histoire et dans la société, envisagée elles-mêmes comme textes que l'écrivain lit et dans lesquels il s'insère en les récrivant" [J. Kristeva (1969*b*), p. 144]. – Cf. auch R. Barthes, der in seiner Definition des ‚inter-texte' z. B. auch das Fernsehen mit einbezieht [(1973), p. 59]. – Cf. weiter G. Genette, der in seinen *Palimpsestes* die Bezüge zwischen literarischen Texten und Werken der bildenden Kunst bzw. der Musik als „hyperästhetische" Bezüge in seinem Intertextualitätsmodell berücksichtigt [(1982), p. 435].

41 R. Barthes (1975), p. 78.

42 Ibid., p. 148.

43 Cf. zu dieser Differenzierung insbesondere die Arbeiten von C. Schaar, W. Schmid und M. Riffaterre, auf die sich M. Pfister beruft [(1985), p. 23 f.].

an sie gedacht hat oder nicht[44]. Dabei sind die Vagheit und die Pluralität der intertextuellen Assoziationen der Geschichte beabsichtigt:

> «Il y a donc là[45] un phénomène de souvenir vague et insaisissable, exactement de ***réminiscence*** – laquelle selon Joubert est ‹comme l'ombre du souvenir›. Nous retrouvons ici notre fantôme.»

Was Tournier mit „fantôme“ meint, wird in einer anderen Äußerung deutlich, in der er den Text charakterisiert als:

> «hanté par une signification énigmatique comme une vieille demeure par un fantôme, et qui retentit indéfiniment d'échos, de réminiscences, de pressentiments»[46].

Dieser Vergleich, der sich interessanterweise wie eine Variation der Barthes'schen Metaphorik der ‚Echokammer' ausnimmt, zielt mit der *fantôme*-Metapher darüber hinaus auf den archetypischen Gehalt der Geschichte, der an irrationale Schichten im Leser appelliert und nur in den potentiell unendlichen intertextuellen Figurationen faßbar ist. Der Leser kann das rational nicht Erklärbare nur deshalb akzeptieren, weil es in ihm einen archetypischen Erinnerungsmechanismus („mécanisme archétypique“) auslöst, der die Geschichte für vielfältige, teils vage und halb verschüttete Reminiszenzen an altbekannte Geschichten ‚durchlässig' („translucide“) macht[47]. Diese ‚Durchlässigkeit' läßt sich auch für den *Roi des Aulnes* beobachten, in dem der ‚archetypische Mechanismus' von den Reminiszenzen an Märchen, Heiligenlegende und Mythologie bis zur biblischen Offenbarung führt. Es besteht kein Zweifel, daß die freien, zufälligen Sinnassoziationen des Autors wie des Lesers von Tournier intendiert sind, daß sie geradezu als ein wesentlicher Bestandteil seines *écriture*-Konzeptes als textkonstitutiv zu betrachten und damit auch für die Rezeption des Textes von konstitutiver Bedeutung sind. In diesem Sinne werden von uns Echos und Reminiszenzen, soweit sie uns aufgefallen sind, bei der Interpretation berücksichtigt.

---

44 Cf. *Entretien Michel Tournier – Cornelia Klettke* (5. April 1986), in dem sich herausstellte, daß Tournier einige intertextuelle Bezüge im *Roi des Aulnes* und in *Les météores* nicht bewußt waren, wobei er jedoch einräumte, daß sie sehr wohl unbewußt beim *écriture*-Prozeß mit im Spiel gewesen sein könnten.

45 Diese Aussage Tourniers aus *VV* 42 bezieht sich auf Perraults *Barbe-Bleue*-Märchen. Sie läßt sich aber auch auf den *Roi des Aulnes* applizieren.

46 M. Tournier, „L'art de la nouvelle“, in: *Sud* Nr. 30 (27. Sept. 1979).

47 Cf. *VV* 41 f.

2.2. Der *Roi des Aulnes* als *ré-écriture* heterogener Diskurse zum Mythos

2.2.1. Der Platonische Diskurs

2.2.1.1. Erkenntnistheoretische Funktion des Mythos (Platon) *vs.* erkenntnistheoretische Illusion (Tournier)

Die theoretischen Schriften Tourniers enthalten einige programmatische Aussagen über den Mythos[48]. Darin ist platonisches Gedankengut zu erkennen[49]. Tournier beginnt seine Ausführungen zu diesem Thema in *Le vent Paraclet* mit dem Kernsatz

> *«le mythe est une histoire fondamentale»*[50],

und er fügt hinzu:

> «Le mythe, c'est tout d'abord un édifice à plusieurs étages qui reproduisent tous le même schéma, mais à des niveaux d'abstraction croissante. [...] le mythe n'est qu'une histoire pour enfant [...]. Mais à un niveau supérieur, c'est toute une théorie de la connaissance, à un étage plus élevé encore cela devient morale, puis métaphysique, puis ontologie, etc., sans cesser d'être la même histoire» (*VP* 188).

Tournier verdeutlicht diesen Gedanken der Mehrschichtigkeit des Mythos als einer auf mehreren Ebenen lesbaren Geschichte am sogenannten Höhlengleichnis[51] von Platon[52]. Dabei löst er diese Geschichte freilich aus ihrem spezifischen philosophischen Kontext, wo sie dazu dient, einen rein erkenntnistheoretischen Sachverhalt zu beleuchten, um an ihr exemplarisch seine literaturtheoretischen Vorstellungen von den mythischen Bedeutungsstrukturen seiner Romane und Novellen zu entwickeln. Inwiefern platonischer Geist durch Tourniers Metapher von dem Haus mit mehreren Etagen hindurchschimmert, wird im folgenden skizziert werden.

Es ist zunächst wichtig zu betonen, daß im Sinne der Platonischen Unterscheidung zwischen den überlieferten Mythen (Mythologie) und den künstlerisch neu bearbeiteten (oder neu

---

48 Cf. *VP* 188 – 193 und *VV* 11 – 27.

49 Zu seinem Bildungsgang – seinem Philosophiestudium und seinen Lehrern – hat sich Tournier sowohl in seinen theoretischen Schriften als auch in Interviews immer wieder geäußert. Die Sekundärliteratur hat die biographischen Aspekte bereits zur Genüge aufgenommen, weshalb ich hier darauf verzichte. Es sei nur erwähnt, daß Tournier 1946 an der Sorbonne bei Raymond Bayer sein ‚Diplôme d'études supérieures' mit einer Arbeit über „L'intuition intellectuelle dans la philosophie de Platon" erworben hat [*VP* 89; F. Merllié (1988), p. 228].

50 Auf den tiefenpsychologischen Aspekt dieser These sowie weiterer in diesem Abschnitt zitierter metatextueller Äußerungen Tourniers zum Mythos gehen wir in einem späteren Kapitel ein.

51 Frz.: *Mythe* de la Caverne.

52 Die oben zitierten Äußerungen Tourniers sind in der Forschungsliteratur schon mehrfach angeführt, aber nicht ausführlich behandelt worden. Cf. z. B. A. Clavel (Juni – Juli 1977), p. 610; W. Jung (1987), p. 118.

erdichteten) Mythen das Höhlengleichnis als ein sogenannter Kunstmythos zu betrachten ist[53]. Als fiktive, unglaubwürdige Geschichte, als welche Platon ihn zunächst einschätzt, dienen seine „ungewöhnlichen“ oder „wunderbaren“ (ἀτόπους) „Bilder“ (εἰκόνα)[54] zum Ausdruck dessen, was sich dem logisch-diskursiven Denken entzieht. Er wird somit bedeutsam als Ergänzung des Logos, dessen Erkenntnismöglichkeiten im Hinblick auf kosmologische und metaphysische Fragen begrenzt sind. Insofern erhält der Mythos eine erkenntnistheoretische Funktion. Im Rückblick auf den im *Phaidon* entwickelten Mythos von der Unsterblichkeit der Seele läßt Platon Sokrates folgende Worte sprechen:

> „Daß sich nun dies alles gerade so verhalte, wie ich es auseinandergesetzt habe, das ziemt sich wohl einem vernünftigen Mann nicht zu behaupten; daß es jedoch, sei es nun diese oder eine ähnliche Bewandtnis haben muß mit unsern Seelen und ihren Wohnungen, wenn doch die Seele offenbar etwas Unsterbliches ist, dies, dünkt mich, zieme sich gar wohl und lohne auch zu wagen, daß man glaube, es verhalte sich so. Denn es ist ein schönes Wagnis, und man muß mit solcherlei gleichsam sich selbst besprechen (ἐπάδειν). Darum spinne ich auch schon so lange an der Erzählung (τὸν μῦθον)“[55].

Als schönes Wagnis verstanden, ist für Platon der Mythos letztlich eine Glaubenssache, dessen Wahrheitsgehalt zwar nur hypothetisch ist, der aber dennoch, sofern man sich darauf einläßt, ontologisch eine Aussagekraft zu besitzen scheint. Auch bei Platon umspannt also der Mythos die Dimensionalität von bildhafter Darstellung bis zur höchsten Abstraktionsstufe der Metaphysik. Die Bilder des Mythos haben eine *metaphorische* Bedeutung als Zeichen für rational nicht Faßbares. Dieser Gedanke Platons ist für den Mythos im Werk Tourniers allgemein und in besonderer Weise für den im *Roi des Aulnes* von höchster Bedeutung. Allerdings wird er, wie wir zeigen werden, in der Imitation in eine pseudo-erkenntnistheoretische Illusion dekonstruiert.

2.2.1.2. Hierarchische Ordnung der Ebenen *vs.* Auflösung der Hierarchie

Während vor allem in den Platonischen Kunstmythen die Bilder nur Mittel zum Zweck sind, haben sie im mythischen Schichtengebäude des Tournierschen Romans einen Eigenwert, und zwar insofern, als sie auf einer untersten Ebene lesbar sind und sich bei dieser Lektüre ein kohärentes, sinnträchtiges Ganzes ergibt. So wird im Verständnis Tourniers das Höhlengleichnis Platons in seiner Metapher vom Haus mit mehreren Etagen zunächst zu einer

---

[53] Der Kunstmythos ist typisch für Platons Ideenlehre: „Kunst, Wissenschaft und Metaphysik einen sich im Gewande des *Mythos*, der zwischen gleichnishaftem Bild und wissenschaftlichem Begriff schwebenden, in freier künstlerischer Darstellung an alte traditionelle Mythen anknüpfenden Darstellung [...]“ [Ernst von Aster ([17]1980), p. 65].

[54] Platon (1971), *Der Staat*, VII, 515 a.

[55] Platon (1977), *Phaidon*, 114 d. – ἐπάδω = ‚bezaubern‘ und ‚besprechen‘ im Sinne von ‚durch Zaubergesang, Zaubersprüche, Beschwörung heilen‘.

«histoire pour enfant, la description d'un guignol qui serait aussi théâtre d'ombres chinoises. [...] Ce rez-de-chaussée enfantin du mythe est l'une de ses caractéristiques essentielles, tout autant que son sommet métaphysique» (*VP* 188).

In der Tat kann die den Tournierschen Romanen zugrundeliegende Geschichte in fast allen Fällen auch von Kindern verstanden werden. Tournier beweist diese seine Theorie mit seinen Kinderversionen, die er zu zweien seiner Romane verfaßt hat[56]. Mit dem Kunstgriff der Weglassung der Reflexionsebene gelingt es ihm, Romane mit höchstem Abstraktionsniveau, die für Erwachsene bestimmt sind, zu Kinderbüchern umzuwandeln, in denen die Ebene der bildlichen Darstellung vorrangig ist. Dadurch daß ein und dieselbe Geschichte in zweierlei Versionen mit der Präferenz unterschiedlicher „Etagen" – nämlich zum einen als Kindergeschichte, zum anderen als Roman mit einem hohen intellektuellen Anspruchsniveau – präsentiert wird, zeigt Tournier, daß im Mythos beides vorgegeben ist[57]. Dabei dekonstruiert er auf originelle Weise die Platonische Konzeption, indem er die Gleichrangigkeit von unterster und oberster Ebene postuliert. Dies bedeutet einen Umsturz der Hierarchie der „Etagen" im Sinne einer Inversion[58], der mit einer Verschiebung verbunden ist, die mit der Tournierschen *mythécriture* etwas Neues entstehen läßt[59].

2.2.1.3. Die Ambivalenz des Mythos: Bezauberung und Ernüchterung

Schon Platon spricht von den Epen als „Zaubergesängen für die Seele" (ἐπῳδαὶ ταῖς ψυχαῖς)[60], und auch auf den Kunstmythos bezogen verwendet er das Verb ἐπᾴδειν (= ,be-

---

[56] Cf. *Vendredi ou la vie sauvage* zu *Vendredi ou les limbes du Pacifique* und *Les Rois Mages* zu *Gaspard, Melchior & Balthazar*. Die Geschichte des *Roi des Aulnes* eignet sich nach Auffassung des Autors nicht für ein Kinderbuch [cf. *Entretien Michel Tournier – Cornelia Klettke* (9. Oktober 1984)].

[57] Die Mehrschichtigkeit der Bedeutungsstrukturen gilt selbstverständlich auch für die Novellen [cf. dazu K. A. Blüher (1985), p. 273]. Als Beispiele seien hier genannt: *Pierrot ou les secrets de la nuit, Barbedor, La fugue du petit Poucet, Que ma joie demeure.*

[58] Hierauf weist bereits A. Clavel [(Juni – Juli 1977), p. 610] hin.

[59] Wie aus gewissen Textstellen hervorgeht, räumt auch Platon dem Mythos den Status einer Kindergeschichte ein. Damit ist freilich nicht der spezifisch Platonische Kunstmythos der Ideenlehre gemeint, sondern die mythologische Überlieferung. Im Zusammenhang mit dem Erziehungsauftrag des Dichters schreibt Platon [Platon (1977), *Gesetze*, II, 659 d; cf. auch Aristoteles, *Rhetorik* (1980), 1395 a und id., *Politika*; dt. *Politik und Staat der Athener* (1955), III, 1, 5, 1275 a] über die besondere Beziehung zwischen den Alten und den Kindern im Staat, wobei die Mythologie zu einem wichtigen Bindeglied wird. Die Alten erzählen den Kindern Geschichten, um sie auf angenehme Weise zu belehren. Das Erzählen dient damit einem doppelten Zweck im Hinblick auf beide Generationen: Es erfüllt den Erziehungsauftrag, und es ermöglicht die Aktivierung des Erfahrungsschatzes der Alten; zugleich vereint es Alter und Jugend in der wechselseitigen Freude am Erzählen und Zuhören und in der Bezauberung durch die Geschichte. Dem Dichter weist er die Aufgabe zu, sich „mit seiner schönen und rühmenswerten Sprache" in den Dienst dieses Erziehungsauftrages zu stellen [Platon (1977), *Gesetze*, II, 660 a].

[60] Platon (1977), *Gesetze*, II, 659 e.

zaubern'). Aufschlußreich im Hinblick auf Platons Verständnis von der Zauberkraft des Mythos sind die Schlußworte der *Politeia*:

> „Und diese Rede (μῦθος), o Glaukon, ist erhalten worden und nicht verloren gegangen und kann auch uns erhalten[61], wenn wir ihr folgen; und wir werden dann über den Fluß der Lethe gut hinüberkommen und unsere Seele nicht beflecken"[62].

Aus dem Glauben an den Mythos von der Unsterblichkeit der Seele gewinnt der Mensch die moralische Kraft zur Selbsterhöhung, und darin liegt die Faszination dieses Mythos, d. h. seine bezaubernde Wirkung. Moral, Metaphysik und Ontologie sind hier untrennbar miteinander verbunden.

Wennzwar der metaphysische Gehalt dieses Mythos für Tournier nicht mehr nachvollziehbar ist, so postuliert auch er die Unverzichtbarkeit der Mythen für den Menschen, freilich aus einem profanen tiefenpsychologischen Verständnis:

> «L'homme ne s'arrache à l'animalité que grâce à la mythologie. L'homme n'est qu'un animal mythologique. L'homme ne devient homme, n'acquiert un sexe, un cœur et une imagination d'homme que grâce au bruissement d'histoires, au kaléidoscope d'images qui entourent le petit enfant dès le berceau et l'accompagnent jusqu'au tombeau» (*VP* 191).

Die Mythen sind für den Menschen Lebenselixier, sie nähren seine Seele als „l'oxygène de l'âme" (*VP* 192) und konstituieren ihn – tiefenpsychologisch gesehen – auf metaphysischer, ontologischer und moralischer Ebene. Von diesem Blickpunkt aus sieht Tournier die Aufgabe der Schriftsteller:

> «Leur ambition vise à enrichir ou au moins à modifier ce ‹bruissement› mythologique, ce bain d'images dans lequel vivent leurs contemporains [...]» (*VP* 192).

Der Schriftsteller soll also die Mythen neu beleben, mehr noch, er soll den im kollektiven Gedächtnis gespeicherten Mythenschatz durch neu erfundene Geschichten bereichern[63]. Zwar ist der Mythos nach Tournier eine Geschichte, die jedermann bereits kennt (*VP* 189); er bedarf jedoch, um nicht zur Allegorie zu erstarren, der ständigen Neuschöpfung:

> «[...] les mythes – comme tout ce qui vit – ont besoin d'être irrigués et renouvelés sous peine de mort. Un mythe mort, cela s'appelle une allégorie. La fonction de l'écrivain est d'empêcher les mythes de devenir des allégories» (*VP* 193)[64].

Hinsichtlich des Wahrheitsgehalts der Mythen läßt Tournier keinen Zweifel an ihrem fiktiven Status als Geschichte:

---

61 ,erhalten' im Sinne von ,*retten*'. Im griechischen Text wird das Verb σώζειν gebraucht.

62 Platon (1971), *Der Staat*, X, 621 b – c.

63 Zu der Forderung, daß der Dichter selber Mythen erfinden solle, gibt es wiederum einen Anknüpfungspunkt bei Platon [(1974), *Phaidon*, 61 b].

64 Diesen Gedanken verdankt Tournier, wie er selber bezeugt (*VV* 403), Denis de Rougemont. Wir vertiefen diese Problematik im Zusammenhang mit Ecos ,symbolischem Modus'.

«Il reste que la notion même de mythe est frappée d'équivoque: un mythe, c'est à la fois une belle et profonde histoire incarnant l'une des aventures essentielles de l'homme, et un misérable mensonge débité par un débile mental, un ‹mythomane› justement» (*VV* 14)[65].

Auch Tournier hat also die *Ambivalenz des Mythos* im Blick, die schon bei Platon vorgezeichnet ist. Für Platon bedeutet, wie schon gesagt, der Mythos eine Faszination als Ergänzung des in seiner Erkenntnisfähigkeit begrenzten Logos. Er bleibt jedoch eine stete Herausforderung insofern, als er nicht beweisbar ist und keine letzte Gewißheit bieten kann. Albouy interpretiert die Schlußworte des Sokrates am Ende von Platons *Politeia* in folgender Weise:

«Le récit d'Er plaçait Socrate et Glaucon devant une réalité ni fausse ni certaine, souhaitable, crédible, non prouvée, bref, une ‹réalité› dont le statut est ambigu quant à sa vérité, quant à son être même. [...] Socrate et Glaucon y [à l'ambiguïté] sont voués à la fois par les bornes et par la vigueur de leurs facultés de connaissance (ni suffisantes, ni insuffisantes)»[66].

In seiner Ambivalenz bedeutet der Mythos nicht nur Faszination, sondern er fordert zugleich zu einer kritischen Distanzierung heraus. Sein spezifisches Charakteristikum besteht also in der Wechselwirkung von Anziehung und Abstoßung, von Bezauberung und Ernüchterung.

2.2.1.4. Der Mythos als Exaltation der historischen Realität

Der Gedanke der Ambivalenz des Mythos, von Albouy an dem Platonischen Beispiel entwikkelt, dient ihm als Voraussetzung dazu, um am Napoleon-Mythos, wie er sich in Balzacs *Le médecin de campagne* darstellt, die Aneignung der Geschichte durch den Menschen zu exemplifizieren. Die Verarbeitung geschichtlicher Phänomene führt im kollektiven Bewußtsein eines Volkes zur Bildung von Mythen. Diese ermöglichen eine Aneignung dessen, was sich dem rationalen Fassungsvermögen entzieht. Die Entfremdung des Menschen von seiner geschichtlichen Vergangenheit, die ihm aus vielerlei Gründen unverständlich erscheint, wird dadurch aufgehoben, daß die Historie zum Mythos umgewandelt wird.

«Le mythe constituerait donc une forme de pensée permettant d'appréhender une réalité mal connue ou peu connaissable, fascinante ou redoutable, voire inavouable. Il jouerait un rôle de compensation, analogue à celui du rêve, peut-être, soit qu'il permette à la pensée de s'élancer hors des limites de la raison, soit qu'il substitue à une réalité pénible une image qui la rende exaltante»[67].

Es schließt sich hier ein Kreis mit der Applikation dieses Gedankens auf den *Roi des Aulnes*. Auch in diesem Roman erfolgt die Bewältigung einer nicht nur schwer begreifbaren, sondern

---

65 A. Bouloumié unterliegt einem Irrtum, wenn sie in ihrer „Introduction" im Hinblick auf das Gesamtwerk Tourniers die These aufstellt: «Jamais Michel Tournier n'emploie le mot mythe au sens dégradé où il signifie ce qui est irréel, erroné ou mensonger» [(1988), p. 11].

66 P. Albouy (1970), p. 1060.

67 Ibid., p. 1061.

auch quälenden historischen Realität durch den Mythos, der zu einer Exaltation, d. h. Überhöhung der Wirklichkeit führt. Die Äußerung Tourniers «Dans mes livres, j'utilise la mythologie à des fins de fiction et d'exaltation»[68] bestätigt einerseits diesen Aspekt, deutet aber darauf hin, daß der für den *Roi des Aulnes* zweifellos wichtige Gedanke der Funktion des Mythos als Kompensation bei der Aneignung von Geschichte hier eine noch komplexere Ausformung erfährt, insofern als die auf Bachelard zurückgehende tiefenpsychologische Komponente der Ausweitung in eine kosmische Dimension mitwirkt. Der Begriff *exaltation*, dessen Rekurrenz besonders im mythischen Kontext der Initiation von Abel Tiffauges im Hinblick auf seine ‚Berufung' zur Zeichenentschlüsselung auffällt: «[...] il n'avait pas seulement vocation de déchiffrer les essences, mais aussi de les exalter, de porter toutes leurs vertus à incandescence» (282 f.), ist hier polyvalent und, wie wir später zeigen werden, nicht nur auf den ‚historischen' Horizont einzuengen.

Aus dem bisher Dargelegten erhellt, daß Tournier in mehrfacher Hinsicht in seinem Verständnis vom Mythos auf Platon basiert. Für die *infrastructure métaphysique* (*CS* 193) seiner Romane[69] spielt der Mythos als Bindeglied zwischen Philosophie und Literatur eine entscheidende Rolle: «Le passage de la métaphysique au roman devait m'être fourni par le mythe» (*VP* 188). Der intertextuelle Bezug auf den Platonischen Diskurs ist im *Roi des Aulnes* deutlich erkennbar, selbst angesichts der Überlagerung durch tiefenpsychologisch begründete Vorstellungen. Die Romananalyse wird zeigen, daß Tournier die Platonische Konzeption des Mythos im Rahmen seines Spiels mit den Prätexten aus einem semantischen Abstand heraus dekonstruiert und zugleich ironisch unterminiert. Dabei erfährt im Rahmen dieses Ironiekonzepts auch die Exaltation der historischen Realität durch den Mythos eine sukzessive Destruktion durch den Zynismus.

---

68 Michel Tournier, in: *Stratégies*, Paris (5. Mai 1980).

69 Tournier verweist für die Umsetzung von Philosophie in Literatur auf Sartre als sein großes Vorbild: «[...] le romancier Sartre [...] est un immigré de la littérature. Il n'est pas né dans le sérail, il débarque au pays des Lettres venant des régions métaphysiques, et apporte dans son baluchon Aristote, Spinoza et Hegel qu'il entend bien associer à ses œuvres littéraires, même s'il doit les y introduire en contrebande. Cela lui retire de son originalité substantielle, mais il y gagne une dimension supplémentaire. Sa gageure, c'est de faire servir sa formation philosophique à des fins littéraires, mais pour écrire, non des contes philosophiques à la Voltaire, mais des romans humains et sociaux à la manière de Zola [...]» (*VV* 314). – Cf. dazu W. Jung [(1987), p. 117], der in der philosophischen Dimension der Tournierschen Texte eine Beeinflussung des Autors durch Camus erkennt.

2.2.2. Der religionshistorische Diskurs (Eliade und andere)

2.2.2.1. Der Mythos als *histoire sacrée* – Zelebration der Riten – Mythische Elemente im Christentum

Für das Verständnis des Tournierschen Werkes spielen neben der auf den griechischen Rationalismus zurückgehenden traditionellen abendländischen Auffassung vom Mythos als einer fiktiven Geschichte – insbesondere den Reminiszenzen an Platon – die anthropologische und die religionshistorische Konzeption des Mythos eine wichtige Rolle. Es finden sich in den Romanen nicht nur verblüffende Anklänge an die mythische Weltsicht und an das Wirklichkeitsverständnis archaischer Gesellschaften, sondern auch eine Nachahmung der spezifischen Struktur des Mythos, wie sie Lévi-Strauss aufgezeigt hat. Tournier *spielt* mit den Strukturmerkmalen des Mythos und mit den Charakteristika des mythischen Denkens, ohne daß man den Text eindeutig darauf festlegen könnte[70]. Auch hier haben wir es nur mit vielfältigen mehr oder weniger flüchtigen Reminiszenzen zu tun, die sich reflexartig einstellen und wieder entschwinden. Die Zeichen sind voller Spuren von intertextuellen Erinnerungen, aber das Textsystem insgesamt ermöglicht keine eindeutige Lesart, so daß sich das Dekodierungsangebot des Autors als ‚Falle' erweist. Unsere Analyse des *Roi des Aulnes* wird zeigen, daß eine Betrachtung auf der Folie der strukturalen Mythenanalyse als eine hypothetische Lesart des Romans durchaus möglich ist.

Bevor wir jedoch aufzeigen, inwiefern die von Lévi-Strauss herausgestellten Strukturmerkmale des Mythos in der Organisation des Tournierschen Textes eine Entsprechung finden, wollen wir den Mythos bzw. das mythische Denken aus religionsphilosophischer Sicht beleuchten[71]. Nach Eliade ist der Mythos eine *histoire sacrée* im Sinne einer Hierophanie. Als Ursprungs- und Schöpfungsgeschichte stellt er das Handeln der Götter, Heroen und mythischen Ahnen der Menschheit am Anfang der Zeiten dar, durch das alles menschliche Sein und der Kosmos begründet werden. Mit seinen göttlichen und heroischen Gestalten

---

70 Die Tatsache, daß dieser Aspekt in der Forschung bisher vernachlässigt wurde, ist ein wesentlicher Grund für zahlreiche Fehleinschätzungen.

71 Im folgenden skizzieren wir einige Merkmale des ethno-religiösen Mythos aus der phänomenologischen Perspektive von Eliade nur, soweit sie für das Tourniersche Werk relevant erscheinen. Wir beziehen uns auf die Mythos-Definitionen insbesondere in M. Eliade (1963), p. 14 – 32 und p. 171 – 178; ferner auf id. (1984), p. 7 – 18. – Cf. auch E. Grassi (1957), R. Otto (1917) und K. Hübner (1985), insbes. p. 22 ff., 90 ff., 109 ff. – Zum Szenarium der Initiation cf. auch die auf den Erkenntnissen Eliades aufbauende Arbeit von S. Vierne (1973), die neben einer umfassenden und systematischen Beschreibung der religiösen Initiation eine Applikation der Initiation auf die Literatur und hier u. a. auf die französische und deutsche Romantik sowie schließlich auf *Vendredi ou les limbes du Pacifique* vornimmt. – Cf. auch A. Bouloumié [(1988), p. 165 – 183], deren Ausführungen über die Initiationsthematik im Tournierschen Roman auf Vierne basieren und die deren auf den *Vendredi*-Roman bezogene Interpretation unkritisch übernimmt.

offenbart der Mythos ‚beispielhafte Vorbilder', die Eliade *archétypes* nennt[72]. Diesen Begriff verwendet er synonym für *modèle exemplaire* und *paradigme*. Die im Mythos vorgefundenen Bilder sind demnach vorbildhafte Setzungen. Nur in der Nachahmung bzw. ‚Wiedererschaffung' dieser *archétypes* im Ritus gewinnt der Mensch eine Realität, erfährt das menschliche Sein gewissermaßen eine „metaphysische Bewertung"[73].

Der mythische Mensch wird geprägt nur durch die Offenbarungen von transzendenten Wahrheiten, „des actes des Êtres Surnaturels"[74]. Diese sind in Mythen gefaßt und überliefert. Durch den Mythos schafft sich der Mensch aus dem undurchdringlichen und undurchschaubaren Chaos einen geordneten und intelligiblen Kosmos, in den er sich integriert fühlt. Im mythischen Denken scheinen die Gegenstände der Natur, aber auch der Mensch, vom Göttlichen durchdrungen. Die Wirklichkeit wird zu einem verschlüsselten Zeichensystem, durch das übersinnliche Erscheinungen zu den Menschen sprechen. Nur die Mythen liefern den Schlüssel zum Verständnis der transzendenten Offenbarungen. Die wahrnehmbare Welt, die vorher *opaque* erschien, wird durch die Mythen *transparent*, bewahrt aber zugleich den Charakter des Geheimnisvollen[75].

Das Wissen um die mythischen Wahrheiten wird periodisch im Ritus reaktualisiert. Die Zelebration der Riten ist eine Nachahmung und regelmäßige Reiteration der Ursprungsereignisse, die immer wieder neu gelebt werden und durch die der Mensch eine *élévation* erfährt. Schrittweise wird er in die im Mythos geoffenbarten Geheimnisse eingeweiht. Die Riten bilden die Etappen dieser Initiation. – Mit dieser Seinserfahrung verbindet sich auch ein spezifisch mythisches Zeitverständnis, das zyklisch ist. Der mythische Mensch sieht die Zeit nicht in ihrer linearen Kontinuität und der damit verbundenen Irreversibilität der Ereignisse. Er konstituiert sich nicht durch die Geschichte, sondern durch den Mythos. Er überwindet die Vergänglichkeit des Seins durch die zyklische Partizipation an den im Ritus vergegenwärtigten Ursprungsereignissen, was ihm das Zeitgefühl der ewigen Gegenwart vermittelt.

---

72 Der Begriff *archétype* hat, wie Eliade selber betont [cf. M. Eliade im „Vorwort zur amerikanischen Ausgabe" von *Le mythe de l'éternel retour: Archétypes et répétition*; dt. Übs. (1984), p. 11 f.], eine andere Bedeutung als in der Tiefenpsychologie C. G. Jungs.

73 M. Eliade (1984), p. 7.

74 Id. (1963), p. 30.

75 Id. (1963), p. 174 f. – Nach W. F. Otto, dem sich auch E. Grassi anschließt, ist *Mythos* = ‚Wort' bei Homer und in der älteren griechischen Literatur zu verstehen als „das ‚Wort' als unmittelbares Zeugnis dessen, *was war, ist und sein wird, als Selbstoffenbarung des Seins in dem altehrwürdigen Sinn, der zwischen Wort und Sein nicht unterscheidet*" [E. Grassi (1957), p. 81, zitiert W. F. Otto]. Die Vorstellung einer ursprünglichen Einheit von Wort und Sache und die Sehnsucht nach ihrer Wiederherstellung durchziehen leitmotivartig das gesamte Romanwerk Tourniers (cf. insbesondere *Les météores* und *Gaspard, Melchior & Balthazar*), wenn man auch einschränkend sagen muß, daß sie nicht nur an dieser mythischen Lesart festzumachen sind.

Es ist unbestritten, daß mythische Elemente auch im Christentum zu finden sind[76]. Die Geschichte der Bibelexegese zeigt allerdings im Laufe der Jahrtausende Entwicklungslinien, die diese Optik bis in das 20. Jahrhundert hinein eingeschränkt haben. Die Sichtweise, ob man mythische Vorstellungen als solche in biblischen Texten anerkennt oder nicht, ist unter anderem auch abhängig von der Auswahl der jeweiligen Erzählschicht. Die ältesten Erzählschichten des Alten Testaments enthalten Bilder aus der mythischen Vorstellungswelt altorientalischer Kulturen (1. *Mos* 1–11), die in die jüdische integriert sind. Im religiösen Verständnis der Juden erfährt das mythische „Erfahrungssystem" eine Unterordnung unter den Moralkodex der jüdischen Glaubenslehre[77]. Auch im Neuen Testament sind Mythen (etwa aus Gnosis und jüdischer Apokalyptik) bzw. mythische Elemente aus Kulturen des Vorderen Orients zu erkennen.

Mit Hübner betrachten wir auch die Sakramente der Taufe und der Eucharistie als ‚mythische' Vorgänge, auf die wir hier eingehen, weil sie als intertextuelle Reminiszenzen für den *Roi des Aulnes* Bedeutung haben. Bei der Taufe wird

> „etwas Stoffliches, nämlich Wasser, durch einen besonderen Ritus gewissermaßen numinos aufgeladen und dringt als mythische Substanz in den Getauften ein. Die durch Christi Heilstat von der Erbsünde erlöste Substanz des Menschen reinigt buchstäblich von derjenigen Adams"[78].

Gleichzeitig dringt der Heilige Geist in den Getauften ein, wodurch wiederum die mythische Grundvorstellung von der „ideell-materiellen Einheit" zum Ausdruck kommt, wenn man in Betracht zieht, daß im Neuen Testament für ‚Geist' der Begriff *Pneuma* gebraucht wird. Im Griechischen bezeichnet *Pneuma* nicht nur ‚Geist', sondern auch ‚Hauch', ‚Atem', ‚Wind'. Wegen seines konkret-abstrakten Doppelsinns findet sich der Ausdruck in den archaischen Schriften der Griechen und noch bis in das vierte vorchristliche Jahrhundert für „jenes substantielle Eindringen, wodurch der Mensch des Gottes teilhaftig wird"[79]. Auch die Eucharistie enthält Mythisches, wie Hübner mit Hilfe seines Begriffs der ‚mythischen

---

[76] Diese grundlegende Tatsache wird heute weder von der (katholischen bzw. protestantischen) Theologie noch von der Religionswissenschaft bzw. von der Philosophie bestritten, obschon diskrepante Auffassungen in Einzelfragen bestehen. Im 2. Vatikanischen Konzil (1962 – 1965) hat die katholische Kirche hinsichtlich der Anerkennung von Mythen in der *Bibel* entscheidende Zugeständnisse gemacht. – Im folgenden werden einige wichtige Gesichtspunkte zu diesem Thema skizzenhaft aufgeführt in Anlehnung an K. Hübner (1985), p. 324 – 344, M. Eliade (1963), p. 197 – 207, U. Eco (1985), p. 218 – 226, und N. Frye (1984), p. 74 – 99.

[77] Cf. K. Hübner (1985), p. 344, der den Unterschied zwischen Religion und Mythos darin sieht, daß der Mythos „eine Weise der Welterklärung (Erfahrungssystem)" darstelle, während die Religion „nur eine *Anleitung zum rechten Leben*" sei. Diese bei Hübner auf die christliche Religion bezogene Definition läßt sich im Prinzip auch auf die jüdische übertragen.

[78] Ibid., p. 329.

[79] Ibid., p. 139.

Substanz‘ auf der Folie des griechischen Opfermahls zeigt[80]. Gemeinsam ist beiden die „*Kommunion* mit einer Gottheit“, die mystische Vereinigung und die Partizipation des Sterblichen an den göttlichen Kräften. Eliade sieht eine Übereinstimmung der christlichen Taufe und der Eucharistie zu archaischen Riten insofern, als auch die ersteren Kulthandlungen mit *structure initiatique* sind[81]. Es handelt sich hier wie dort im Prinzip um den gleichen Wirkungsmechanismus von symbolischem Tod und Wiedergeburt zu einem neuen ‚spirituellen‘ Sein, das den Initiierten von der Masse der ‚Profanen‘ unterscheidet. – Letztlich findet Eliade den Kategorien des mythischen Denkens analoge Vorstellungen im Christentum auch im Hinblick auf die Zeiterfahrung wieder. Parallel zur Heilsgeschichte, die sich in der Geschichtlichkeit vollzieht und linear verläuft, bewegt sich das Kirchenjahr in einem immerwährenden Kreislauf als „le temps liturgique“[82]. Der Christ erlangt das Heil nur durch die *Imitatio Christi* bei der regelmäßigen rituellen Repetition, die aus dieser Perspektive den Gläubigen gleichsam zum *contemporain* des *in illo tempore* geoffenbarten Geschehens werden läßt[83].

2.2.2.2. Die *ré-écriture* des mythischen Denkens im *Roi des Aulnes*

2.2.2.2.1. Der Held Tiffauges als ‚*modèle exemplaire*‘ – Der Kode als Abbild einer mythischen Ordnung des Kosmos

Die vorangehenden Ausführungen über den ethno-religiösen Mythos und das mythische Denken aus religionsphilosophischer bzw. philosophischer Sicht waren nötig, um auf dieser Folie entsprechende Reminiszenzen an Prätexte verdeutlichen zu können, die im Zeichensystem des *Roi des Aulnes* freilich dekonstruktiv verfremdet erscheinen[84]. Abel Tiffauges trägt Züge eines ‚Archetyps‘ (*modèle exemplaire*) im Eliadeschen Verständnis dieses Begriffs. Er präsentiert sich gleich zu Anfang in einem Eigenkommentar, mit dem dem Leser der semiotische Doppelstatus der Figur signalisiert wird, die auf der ‚mythischen‘ Ebene gelesen werden kann als eine Gestalt des Ursprungs, die teilhat an der Weltschöpfung:

---

[80] Gleichwohl sieht Hübner zwischen der Eucharistie und der Theoxenie „tiefgreifende Unterschiede im Einzelnen und Inhaltlichen“, die aber die prinzipielle Gemeinsamkeit nicht berühren [ibid., p. 189].

[81] Freilich denkt Eliade nicht an eine Entlehnung, sondern an eine Entsprechung [cf. (1959), p. 248 ff.].

[82] Id. (1963), p. 205. – Cf. auch id. (1957), p. 29 f.

[83] Die von Eliade hergestellte Analogie berechtigt jedoch nicht dazu, das *in illo tempore* der Heilsgeschichte mit dem „temps sacré des mythes“ gleichzusetzen, wie dies bei A. Bouloumié (1988) geschieht. Näheres dazu an gegebener Stelle.

[84] Dieser Aspekt einer *dekonstruktiven* Imitation ist bisher übersehen worden. Auch A. Bouloumié, deren Interpretation des Tournierschen Romans als „roman mythologique“ sich vorrangig an der Eliadeschen Mythoskonzeption orientiert, erkennt nicht den Abstand, der den Mythenroman Tourniers als literarisches Phänomen vom ethno-religiösen Mythos nach Eliade trennt.

> «Tu es un ogre, me disait parfois Rachel. Un Ogre? C'est-à-dire un monstre féerique, émergeant de la nuit des temps? Je crois, oui, à ma nature féerique, je veux dire à cette connivence secrète qui mêle en profondeur mon aventure personnelle au cours des choses, et lui permet de l'incliner dans son sens.
> Je crois aussi que je suis issu de la nuit des temps. [...] moi, j'étais là déjà, il y a mille ans, il y a cent mille ans. Quand la terre n'était encore qu'une boule de feu tournoyant dans un ciel d'hélium, l'âme qui la faisait flamber, qui la faisait tourner, c'était la mienne. Et d'ailleurs l'antiquité vertigineuse de mes origines suffit à expliquer mon pouvoir surnaturel: l'être et moi, nous cheminons depuis si longtemps côte à côte, nous sommes de si anciens compagnons que, sans nous affectionner particulièrement, mais en vertu d'une accoutumance réciproque aussi vieille que le monde, nous nous comprenons, nous n'avons rien à nous refuser» (13 f.).

Die Zeichen in diesem Zitat oszillieren; sie evozieren kaleidoskopartig intertextuelle Bilder nicht nur vom Märchenoger, sondern darüber hinaus von Weltschöpfungsmythen. Wir sehen hier bereits die dekonstruktive Verschiebung der ‚Archetyp'-Vorstellung Eliades durch den Status der Figur als intertextuelles Konstrukt. Eine Ursprungsgestalt als eine mögliche Identifikation der Figur ist nur in den vielfältigen phantomartigen Reminiszenzen an intertextuelle Geschichten faßbar. Die Dekonstruktion gilt ebenso für die Figur, sofern sie mit ihrem Handeln zugleich ‚Modelle' nachahmt, da es sich hierbei nicht nur um mythische Gestalten der Urzeit handelt – wie insbesondere den androgynen Adam –, sondern um eine *Vielzahl* von ‚Modellen' unterschiedlichster intertextueller Provenienz, so daß man geradezu von einer gleichsam seriellen Vervielfältigung des Eliadeschen ‚Modells' und seiner Nachahmung sprechen könnte. Auf der Folie dieser ‚Modelle' konzipiert, wird Abel Tiffauges jedoch als Held des Romans seinerseits wieder zum Vorbild für zukünftige Texte. Tournier selber läßt ihn als neuen „héros mythologique" (*VP* 189), wenn auch nur am Rande, in seinem nächsten Roman, *Les météores*, figurieren.

Der Autor imitiert im Zeichensystem des Textes die mythische Wirklichkeitserfahrung des archaischen Menschen, indem er seinen Helden in eine pseudo-mimetische Wirklichkeit stellt, die für diesen in der Verschlüsselung durch einen spezifischen Kode zu einer *réalité signifiante* (405) wird. Diese erscheint auf der ‚mythischen' Ebene des Textes als Nachahmung einer mythischen Offenbarung. Auf der referentiell-mimetischen Ebene wird ein Wahrnehmungs- bzw. Erkenntnisprozeß im ‚Inneren' der Figur simuliert, der in das Textsystem eingebettet als Simulation des *écriture*-Prozesses in Form der *Écrits sinistres* die Phasen der Zeichenentschlüsselung widerspiegelt. Der Kode als Organisationssystem der Zeichen stiftet eine Ordnung, die hypothetisch als Abbild einer mythischen Ordnung des Kosmos gelesen werden kann.

Die Nachahmung der mythischen Wirklichkeitserfahrung als einer „Durchdringung von Sterblichem mit Numinosem" (Hübner) kulminiert in der *‚phorischen' Vereinigung* von Tiffauges und Éphraïm als Evokation des Paares Christophorus – Christus. Damit verbindet sich auch eine Reminiszenz an die *naissance mystique* und darüber hinaus eine Erinnerung an die mythische Vorstellung der Verschmelzung von Mensch und Kosmos. Letztere wird unter anderem suggeriert durch das intertextuelle Vorbild des Atlas (135 f.). Auch in der ‚Apotheose' des Helden leuchtet die Spur der Vorstellung vom Durchdrungenwerden mit mythischer Substanz auf, wobei diese Nachahmung des mythischen Denkens wiederum ironisch gebrochen erscheint, wenn man bedenkt, daß das Wort *apothéose* erstmalig im Hinblick auf die Nachahmung einer *mythologischen* Figur, der des Atlas (136), erscheint.

2.2.2.2.2. Die Elemente einer differentiellen Imitation der Initiation – Die Überlagerung von Reminiszenzen an Mythos und christliche bzw. jüdische Religion, Legende und Märchen

Die Romanhandlung ist konzipiert als Initiationsweg des Protagonisten. Es handelt sich um eine ‚Einweihung' in ein Wissen bzw. in einen geheimen Kode, die sich in Etappen vollzieht. Dabei werden wir freilich nicht nur an ethno-religiöse Riten erinnert, sondern auch an die Initiationsreisen von Märchenhelden, an mittelalterliche Epen sowie an den Initiationsroman. Tournier selber verweist auf *Heinrich von Ofterdingen*, den er als „le plus pur modèle du roman initiatique" bezeichnet, und auf Thomas Manns Romane *Der Zauberberg* und *Dr. Faustus*[85]. Der *Roi des Aulnes* erscheint im Hinblick auf die Initiationsthematik so unspezifisch, allgemein und offen, daß die erwähnten Prätexte als potentielle Modelle alle gleich nah oder gleich entfernt zum Tournierschen Text stehen[86]. Der Held Abel Tiffauges erlangt sukzessive die Fähigkeit zur Entschlüsselung der Zeichen durch eine Reihe von Initiatoren. Die Rolle des magischen Mittlers spielt Nestor. Durch ihn empfängt Tiffauges in einem Akt magischer Übertragung von übernatürlichen Kräften (54 f.) seine Berufung zum Verstehen des geheimnisvollen Wissens. Mit seinen urzeitlichen Ursprüngen imitiert er den Initiator der archaischen Riten, der die ‚Êtres Surnaturels' inkarniert. Der Roman zeigt, wie wir sehen werden, Reminiszenzen an das Schema der Initiation mit seinen drei *Phasen* – der Vorbereitung (Phase des Wartens mit Reinigungsriten und Absonderung von der Gesellschaft), dem symbolischen Tod bzw. der Reise ins Jenseits und der mystischen Neugeburt –, aber auch an die *Stufen* der Initiation, d. h. die mehrfache Wiederholung des Schemas. Die Initiationsthematik erscheint gleichsam künstlich präsentiert. Zu ihrer Simulation bedient sich der Autor spielerisch des Kunstgriffs der Zeichenverrätselung, der Lichtmetaphorik (Kontrast

85 Zur zentralen Bedeutung der Initiation für das Denken Tourniers cf. *zur Initiation allgemein*: *VP*, Kap. „L'enfant coiffé", p. 19 ff. Dort Übertragung der Initiation auf die Zivilisationsgesellschaft, die den *freien* Umgang des Autors mit diesem Begriff auf der Grundlage seiner ethnologischen Studien zeigt. Ibid., p. 47 ff. *zum Märchen*. – *VV* 291 ff. *zu den Romanen Thomas Manns*. – *Zu Novalis*: Michel Tournier: „En marge du romantisme allemand – Les voyages initiatiques", in: *Le Monde* (19. Jan. 1977). Tournier stellt hier Marcel Brions Werk *L'Allemagne romantique*, Bd. 1: *Le voyage initiatique*, Paris: Albin Michel, 1977, vor.

86 A. Bouloumié, die bereits auf die genannten Werke hinweist, bewertet diese als spezifische Einflußquellen für die Initiationsstruktur der Tournierschen Romane [(1988), p. 180 f.] und verkennt damit das Prinzip der grundsätzlichen Offenheit auch im Hinblick auf die Initiationsthematik im Sinne einer radikal intertextuellen *écriture*.

Licht – Finsternis) sowie der Symbolik der sinnlichen Wahrnehmung. Das anfängliche Nicht-Wissen von Tiffauges wird symbolisch verdeutlicht durch ein zusätzliches Nicht-Sehen und Nicht-Hören. Das Merkmal der Kurzsichtigkeit könnte in seiner Mehrdeutigkeit u. a. als Reminiszenz an den symbolischen Tod und so als Initiationsprüfung gesehen werden bzw. die Prädestination des Helden für die *naissance mystique* symbolisieren. Es läßt sich aber auch als Alltagsmythos verstehen im Sinne der Flachheit der Wahrnehmung und der Beschränktheit der Einsichtsfähigkeit eines Jedermann. Diese Reminiszenzen leuchten auf in einem sentenzartig gefaßten Tagebucheintrag:

> «Tout est signe. Mais il faut une lumière ou un cri éclatant pour percer notre myopie ou notre surdité» (15).

Dieses Zitat – quasi ein erster Brückenschlag vom Anfang zum Ende des Romans – evoziert auch die Eliadesche Opposition *opaque vs. transparent*. Der anfänglichen ,Undurchsichtigkeit' steht am Ende die ,Transparenz' gegenüber, die im Sinne einer mystischen Illuminationserfahrung gedeutet werden kann, so wie sie das Ziel der Initiation darstellt, deren ,Wissen' ein metaphysisches, die „co-naissance au sacré" ist[87] (cf. auch den Namen *place de la Porte-des-Ternes* [15] als Ausgangspunkt der Initiationsreise des Helden).

Um zu zeigen, wie zahlreich im *Roi des Aulnes* die Reminiszenzen nicht nur an die Struktur der Initiation, sondern auch an ihre Riten, Techniken und Symbole sind, führen wir die folgende Beispielsammlung vor[88]:

Zur Phase der Vorbereitung

- Reminiszenzen an Reinigungsriten: ,Riten' der Defäkation, Haarschur der Kinder, ,Waschung'
- Absonderung von der Gesellschaft: Tiffauges' Bruch mit Rachel, Beginn der *Écrits sinistres*

Zur Phase der Reise in den Tod

- Reminiszenzen an Eintrittsriten und Initiationsprüfungen: Bewußtseinsverlust [Schamanen] (*angélique*); – Symplegaden, d. h. schwieriger Ein- bzw. Durchgang (*Porte-des-Ternes*, Nestor als ,Torhüter', Weg zur Atlas-Skulptur von Kaltenborn, Weg zur Behausung Lothars); – Kurzsichtigkeit, Brillenverlust, verbundene Augen der

---

87 S. Vierne [(1973), p. 68] nimmt einen Ausdruck von Claudel auf.

88 Im Hinblick auf die Systematik und die Auswahl der Kriterien basiert die Zusammenstellung auf den Forschungen von S. Vierne (1973). Näheres zum Schamanentum cf. M. Eliade (1951), zum Mithras-Kult F. Cumont (1913). – Die runden Klammern beziehen sich auf die Reminiszenzen im *Roi des Aulnes*. Sofern es sich um Riten und Symbole handelt, die für einen Kult spezifisch sind, haben wir dies in eckigen Klammern vermerkt, ansonsten sind die aufgeführten Riten mehr oder weniger universell verbreitet.

Moorleiche [germanisches Brauchtum[89]], Dunkelheit; – asketische Praktiken: durch Fasten (rituelles Mahl mit Nahrungstabus der Moorleiche, Eßorgie Nestors im Keller als negative Spiegelung), durch Wache (Hellmut), durch Schweigen (Tiffauges als „taciturne") und archaische Ekstasetechniken [z. B. bei Schamanen] (*eu-phorie* bzw. ‚*extase phorique*'), magische innere Hitze, die zur Trance führt [z. B. Schamanen] („brulûre", „extase", „heures fiévreuses" durch die ‚Bluttaufe' 545/547, ansatzweise durch die Kniewunde Pelsenaires); – Pferd als Toten und Seelen geleitendes Tier *par excellence* ist Mittel zur Herbeiführung der Ekstase, die die mystische Reise ermöglicht – es trägt ins Jenseits – [symbolisiert mystischen Tod des Schamanen[90]] (Tiffauges erhält Barbe-Bleue, der ihn in die Nazi-Welt initiiert, glückliche Stunden auf Barbe-Bleue, Verschmelzung mit dem Tierkörper), Pferdeopfer [Schamanen[91]] (Abschlachten der Abdeckerei-Pferde in Rominten); – Weg durch Tunnel bzw. Graben (Weg zur Hütte im ‚Canada'); – Prüfung durch die Elemente Wasser und Feuer (Durchquerung des Sees beim Fang Lothars, Feuer in der Kapelle des Collège, Tod Nestors, Flucht aus der brennenden Feste, Gang ins Moor); – Zerstückelung, Kochen, Auflösung des alten Körpers [Schamanen] (Tiffauges im Duschraum); – Tätowierung (Pelsenaire); – Besprengen mit Opferblut [Mithraskult] (‚Bluttaufe' Tiffauges' durch Arnim); – Aufenthalt in einer Hütte als Verschlungenwerden durch ein Ungeheuer (‚Canada'); – Sieg über das Ungeheuer (Tiffauges ‚bezwingt' den Elch als sein Double, Éphraïm bezwingt Behemoth als ein weiteres Double von Tiffauges); – ‚Totenauferweckung' (Exhumierung der Moorleichen, der Atlas-Skulptur: „exhumation par Tiffauges" 361)

- Zum Aspekt der Reise: geographische Richtung der Reise von West nach Ost; Reise in die drei Richtungen *Horizontale, Tiefe, Höhe* (*Erde* = Ostpreußen als Landschaft, *Hölle* = die Greuel im Nazi-Deutschland, die in der KZ-Erzählung gipfeln: KZ-Netz als „terre des ombres", „monde souterrain" 554, *Himmel* = aufgehender Stern)

Zur Phase der Neugeburt

- Embryologische Bilder: Tiffauges' von Nestor gehaltene Hand als „œuf"; im Moment der beginnenden *Écrits sinistres* bezeichnet als „œuf [...] éclos" 55 (= zweite Geburt von Tiffauges)
- Der magische Flug (Levitation) als Symbol der absoluten Befreiung von der *conditio humana*; damit verbunden Vogelsymbolik: Vogel als Seelenführer [z. B. Schamanen] („je m'envolerai dans les étoiles" 58; Tiffauges als Taubenzüchter; er läßt die schwarze Taube auffliegen)

---

[89] Bezeugt durch frühgeschichtliche Funde. Cf. A. Dieck (1965) und P. Glob (1966).

[90] M. Eliade (1951), Kap. XIII.

[91] Ibid., Kap. VI.

Weitere Symbole einer Initiation

- Verkleidung (‚Chlamys' aus Kinderhaaren), Einrollen in eine Tierhaut als Charakteristikum für den Initiationstod („cape en peau de mouton" 296 der zweiten Moorleiche)
- Samenkorn, das aufgeht (Kinderhaare als „épis" 500, 508)
- Honigschlucken [z. B. Mithras] (Tiffauges kostet das Ohrenschmalz der Kinder, bezeichnet als „miel [...] aussi doré que celui des abeilles" 524)

Weitere allgemeine Charakteristika der Initiation

- Der Novize erlernt eine Geheimsprache (Kode der Phorie und *Écrits sinistres*); – Einweihung durch Tiere in die Tiersprache, Nachahmung von Tierschreien, Gebrüll und Heulen [Schamanen] (Tiffauges' *brame*, Tiffauges hört den Elch an der Hütte, Tiffauges unterhält sich mit dem Elch: „ils se parlèrent" 286); – Kommunikation mit den Elementen [Schamanen] (Tiffauges im ‚Canada')
- Der Novize hat Führer bzw. geistige Väter (die Initiatoren von Tiffauges im Laufe des Romans)
- Endziel der Initiation: Vollkommenheit, Unsterblichkeit, Gottgleichheit („*apothéose*" von Tiffauges 136, 517); – Tod als ‚höchste' Stufe der Initiation
- Erlangen magischer Kräfte: Prophetie, Einfluß auf das Geschehen [Schamanen] (Tiffauges als „Herr von Tiefauge" 423, „connivence secrète" mit dem Weltgeschehen 13, übersinnliche Wahrnehmungsfähigkeiten für den Lauf des Schicksals 200 f.)
- Angst und heiliger Schauer vor der Initiation („frisson sacré" 55 von Tiffauges, als er seine Fähigkeit zur „écriture sinistre" gewahrt)

Die Auswahl zeigt, daß der *Roi des Aulnes* Reminiszenzen an die unterschiedlichsten Initiationslehren – archaische wie esoterische – enthält. Wir distanzieren uns jedoch ausdrücklich von der Absicht, die jeweils hier hypothetisch vorgeschlagene Lesart der einzelnen Beispiele verabsolutieren zu wollen. Die für den Roman charakteristische Offenheit im Sinne des Spiels der Differenzen trifft auch auf den Bereich der Initiationsthematik zu, was in der bisherigen Forschung zu unterschiedlichen Lesarten geführt hat[92]. Es besteht jedoch aus unserer Sicht die Gefahr einer Vereinseitigung, wenn es bei einer solchen Betrachtung zur Postulierung von Präferenzen kommt. So ist die Behauptung von Baroche abzulehnen, daß der *Roi des Aulnes* mehr von Bezügen auf den Mithraskult beherrscht sei als von Reminiszenzen an Christliches (p. 102). Anstelle eines Mehr oder Weniger wäre hier ein

92 Ansätze zu einer ‚schamanistischen' Lesart, die jedoch oberflächlich und unspezifisch im Hinblick auf direkte hypothetische Anknüpfungspunkte – so wie wir sie oben skizziert haben – bleibt, bei M. A. Daly (1980). Demgegenüber will C. Baroche im *Roi des Aulnes* Anspielungen auf die Alchimie und den Mithraskult erblicken (1980). Diese Lesart vertrat C. Baroche auch noch 1988 in einem Gespräch mit mir am Rande ihrer Autorenlesung in der Deutsch-Französischen Gesellschaft Schleswig-Holstein anläßlich der Kieler Woche.

Sowohl-als-auch angebracht. In der Tat ermöglicht die Polyvalenz der Zeichen den Bezug der Initiation auf das Schamanentum, auf den Mithraskult, aber auch, wie unsere Analyse zeigen wird, z. B. auf die griechischen Mysterien und die Alchimie. Der im Text selbst explizierte Bezug auf die Rosenkreuzer (107) ist ebenso unspezifisch wie alle anderen Reminiszenzen und nur als eine intertextuelle Spielerei zur Irritation des Lesers zu betrachten.

Was bisher in der Forschungsliteratur ebenfalls noch nicht hinreichend analysiert wurde, ist die Vermischung dieser Anklänge mit denen an jüdische und christliche Kultgebräuche. Auch Bouloumié sieht nicht die kunstvolle differentielle Überlagerung von Reminiszenzen an den mythischen Komplex einerseits mit der mythischen Zeitperspektive der beliebig wiederholbaren Rückkehr zum Ursprung und an die christliche Heilsgeschichte mit der eschatologischen Ausrichtung andererseits. Nach unserer Erkenntnis simulieren die Helden der Tournierschen Romane im Rahmen ihrer Initiation regelmäßig auch eine *Imitatio Christi.* Wenn Bouloumié den *Roi des Aulnes* auf der Folie der von Tournier am Beispiel der *Schneekönigin* von Andersen als Initiationsmechanismus des Märchens beschriebenen Prinzipien von *inversion maligne* und *inversion bénigne* (*VP* 49 ff.) als Initiationsreise eines Helden ins Böse beschreibt, übersieht sie, daß im Roman die Imitation der Märchenstruktur gebrochen ist angesichts der Tatsache, daß der Held selber als Oger dargestellt wird, während im Märchen der Oger stets nur in der Rolle des Widersachers auftritt. Hier überschneidet sich die Nachahmung des Märchens mit der der Christophorus-Legende als Geschichte der Konversion eines Ogers[93]. In ihr beobachten wir eine der Initiationsstruktur *analoge* Dreiphasigkeit: Dienen beim mächtigsten König ≙ der Vorbereitung; Dienen beim Teufel ≙ der symbolischen Reise in den Tod; Erlösung durch Christus ≙ der mystischen Neugeburt. Die auf ungezählten Reminiszenzen basierende Nachahmung der Initiationsthematik geht letztlich im kunstvollen Geflecht der intertextuellen *écriture* auf.

2.2.2.2.3. Die *Bibel* als Prätext

Für alle Tournierschen Werke, insbesondere auch für den *Roi des Aulnes*, stellt die *Bibel* einen wichtigen Prätext dar[94]. Tournier vollzieht in seinen Texten eine ‚Remythologisie-

[93] Was die Struktur des Romans anbetrifft, so zeigt sie im übrigen *eher* die Merkmale des Mythos als die des Märchens: Eine Anwendung der Proppschen Funktionen ergibt, daß eine Reihe von ihnen auf den *Roi des Aulnes* zutrifft, wenn diese auch zum Teil verdeckt erscheinen, zum Beispiel: zeitweilige Entfernung – Verbot – Verletzung des Verbots – Mangelsituation – Vermittlung – Abreise – Wegweisung – Kampf – Markierung (Kennzeichnung) – Aufhebung des Mangels – Rettung – Bestrafung.

[94] Cf. dazu Tourniers Aussage über seine Einschätzung der *Bibel* (besonders der Evangelien) als das wichtigste Buch (*VP* 235). – Das Verhältnis des Tournierschen Mythenromans zur *Bibel* ist bisher noch nicht beleuchtet worden. Die Notwendigkeit einer diesbezüglichen Untersuchung sieht auch D. G. Bevan [(1986), p. 14].

rung' oder besser ,Remythisierung' der *Bibel*. Erhellend ist im Hinblick hierauf eine theoretische Äußerung des Autors:

> «Je crois avoir le sens du sacré. C'est même plutôt le sens du profane qui me fait défaut. Je vis dans l'absolu, dans un monde totalement vertical où chaque être tel un arbre plonge au plus profond de la boue et du même mouvement s'élève au plus pur de l'éther. *Je suis incapable de désincarner le sacré et de le repousser dans le domaine de l'abstrait.* Un seul exemple: la météorologie. Parce que cette science étudie tout ce qui se passe dans le ciel, elle s'identifie pour moi avec la théologie. La pluie, c'est la manne fécondante, la grêle, la colère de Yahveh, l'arc-en-ciel, l'arche d'alliance, le vent la ruah biblique»[95].

Hier kommt ein mythisches Wirklichkeitsverständnis zum Ausdruck, das die *Bibel* mit einschließt. Danach ist alles Gegenständliche mit Heiligem durchdrungen („à mes yeux [...] tout est sacré, même la boue" *CS* 194). Im Hinblick auf die *Bibel* bedeutet dies eine Mythisierung des gesamten Kosmos. Demgegenüber sind im christlichen Verständnis der *Bibel* Naturerscheinungen nicht von vornherein identisch mit Gotteserscheinungen. Die Naturdeutung der *Bibel* ist von mythischen Vorstellungen bereinigt. So ist z. B. der von Jahwe beim Durchzug der Kinder Israel durch das Rote Meer geschickte Wind (ruah) (2. *Mos* 14,21) nur als Naturerscheinung aufzufassen. Aus christlicher Sicht handelt es sich hier nicht um eine Identität von Natur und Geist.

Tournier setzt sich über die kanonische Bibelexegese hinweg, indem er die *Bibel* originell interpretiert. Dabei berücksichtigt er alle Erzählschichten und greift darüber hinaus auch auf die Apokryphen und auf Exegeten verschiedener Richtungen (z. B. Gnostiker, Juden) sowie auf häretische Lehren (wie den Nestorianismus) zurück. Diese Interpretation der *Bibel* setzt ein postmodernes Verständnis dieses Textes voraus, so wie es von Eco entwickelt wird. Demzufolge gibt es keinen eindeutigen Sinn in den Texten der Heiligen Schrift, sondern sie sind offen und unendlich interpretierbar. Eco zieht die Heilige Schrift als Beispiel heran, um an ihr die semiosische Interpretation im *symbolischen Modus* zu demonstrieren[96]. Mit seinen Ausführungen läßt sich Tourniers freier Umgang mit der *Bibel* sprachphilosophisch untermauern. In seiner kritischen Auseinandersetzung mit der frühchristlichen und mittelalterlichen Bibelexegese stellt Eco die zwei gegenläufigen Richtungen dar, die im Rahmen der Theologie bestanden[97]: Während die eine bestrebt war, „der symbolischen und uncodierten Natur" der Heiligen Schrift in einer „freien Interpretation" Rechnung zu tragen[98], versuchte die andere den Schriftsinn durch die Festlegung auf einen „allegorischen Code" zu

---

95 M. Tournier, in: *Le Figaro Littéraire* (19. April 1978) [Hervorhebungen von uns]. Dieses Zitat spielt insbesondere für die Deutung von *Les météores* eine Rolle (cf. *M* 158).

96 U. Eco (1985), p. 218 ff.

97 Es ist hier nicht der Ort, dieses Problem in seiner historischen Entwicklung zu betrachten und auf die auch vorhandenen Bestrebungen zur Versöhnung dieser diskrepanten Auffassungen einzugehen.

98 Zitate U. Eco, ibid., p. 222. – Eco [p. 221] weist auf verschiedene (frühchristliche bzw. mittelalterliche) Kirchenväter hin, die „das Gefühl der unerschöpflichen Tiefe der Schriften" bezeugen.

kontrollieren[99]. Ursprünglich ist der reine Bibeltext also polyvalent. In der Formulierung Ecos „hatten die Bücher unendliche Lesarten"[100].

Eine von ihm zitierte Passage aus den Schriften des Scholastikers Gilbert von Stanford resumiert und interpretiert Eco wie folgt:

> „[...] daß keine Bedeutung der Schrift die anderen annulliert, selbst wenn sie unendlich sind, jede Bedeutung verstärkt vielmehr diesen immensen Vorrat an Bedeutungen, wo jeder findet, was er nach seinen interpretativen Fähigkeiten finden kann"[101].

Das hier Gesagte ist der unmittelbare Ansatzpunkt für das Verständnis von Tourniers Umgang mit biblischen Texten[102]. Indem er die *Bibel* im *symbolischen Modus* interpretiert, sprengt er den allegorischen Rahmen und restituiert durch seine Neuinterpretationen biblischer Texte ihre ursprüngliche symbolische Vieldeutigkeit. Darüber hinaus lassen sich Tourniers Neuerzählungen, in denen ein und dieselbe Geschichte der *Bibel* von Text zu Text in divergierender Interpretation dargestellt ist[103], aber auch als ‚differentiell' im Sinne des Derridaschen *écriture*-Konzepts der *différance* verstehen, des sinnproduktiven Unterschieds und Abstandes des Textes zum Text bzw. zur intertextuellen Tradition. Danach enthält der Text selbst keine eindeutige Wahrheit, sondern er wird aufgefaßt als ein „Spiel von Differenzen und Verschiebungen"[104], die sich aus der ständigen ‚Dekonstruktion' ergeben. So gesehen, liest Tournier die *Bibel* – und auch die Mythen – *dekonstruktiv* und eröffnet mit dieser Mehrfach-Lektüre auch dem Leser die ursprüngliche, im Text angelegte Multiplizität und Diversität der Perspektiven.

---

[99] „Die ersten Exegeten verstanden, daß die Schriften [...] alles sagen konnten, alles ist aber zu viel, denn jede Exegese muß nach einer übertragbaren Wahrheit Ausschau halten. Die Kirche ist die göttliche Institution, die die Wahrheit erklären soll, die sie selbst Analphabeten verständlich machen soll. Die symbolische Natur der Bücher muß deshalb gezähmt und reduziert werden [...]. Der *symbolische* Modus muß in einen *allegorischen* umgewandelt werden. Potentiell hatten die Schriften jede mögliche Bedeutung, tatsächlich konnte ihre Auslegung von einem Code bestimmt werden, weil der mannigfaltige Sinn des Textes auf ein handhabbares Format gebracht werden mußte. Aus diesem Grunde schlugen die ersten Kirchenväter die Theorie der allegorischen Schriftdeutung vor. Am Anfang gab es drei Sinnebenen: wörtlich, moralisch oder psychisch und mystisch oder pneumatisch. [...] Später gab es vier Sinnebenen (wörtlich, allegorisch, moralisch und anagogisch)" [U. Eco, ibid., p. 220].

[100] Ibid., p. 222.

[101] Ibid., p. 221.

[102] Tournier äußert sich selber zum unendlichen Schriftsinn der *Bibel*, allerdings nur im Hinblick auf die Gleichnisse in den Evangelien [*Entretien Michel Tournier - Cornelia Klettke* (5. April 1986), infra, p. 291: «La parabole a l'air d'avoir un sens évident, et, en fait, si vous cherchez, vous serez lancé dans une discussion infinie»].

[103] Cf. dazu die in Romanen und Novellen verstreuten Versionen von der Erschaffung Adams und Evas, dem Sündenfall und dem Bruderzwist zwischen Kain und Abel. – Cf. hierzu auch infra, p. 114 die Anm. 43.

[104] Cf. U. Eco in seiner Auseinandersetzung mit der Derridaschen Dekonstruktion [(1985), p. 226 – 230].

2.2.3. Der Diskurs der strukturalen Anthropologie (Lévi-Strauss)

2.2.3.1. Die methodologische Konzeption

«Mythifier consiste à temporaliser
une structure logique [...]»
J. Pouillon[105]

Da *Le Roi des Aulnes* als Mythenroman u. E. nicht zu entschlüsseln ist ohne Kenntnis der strukturalistischen Konzeption des ethno-religiösen Mythos nach Lévi-Strauss, sollen deren Grundzüge hier skizziert werden[106]. Unabhängig davon, inwieweit Tournier das Lévi-Strauss'sche Denken rezipiert hat, geht es uns in erster Linie darum, zu zeigen, daß sich die strukturale Methode der Mythenanalyse auch auf den Tournierschen Mythenroman anwenden läßt. Insofern als sie in den Mythen Gesetzmäßigkeiten aufdeckt, die in der Lage sind, das oberflächlich obskur und willkürlich Erscheinende auf eine tiefere Ordnung zurückzuführen, ist sie geeignet, auch im labyrinthischen Chaos des postmodernen Mythenromans von Tournier Strukturen erkennbar werden zu lassen.

Seinem kommunikationstheoretischen Ansatz gemäß faßt Lévi-Strauss Kultur als ein Ensemble von „symbolischen Systemen" (‚symbolisch' ist hier gleich ‚semiotisch') auf. Darunter subsumiert er in erster Linie Sprache, Eheregeln, wirtschaftliche Beziehungen, Kunst, Wissenschaft und Religion, wobei die Sprache als das am besten bekannte Zeichensystem als logisches Modell für die Erforschung der anderen dient. Ausgehend von der methodologischen Konzeption der strukturalen Linguistik überträgt er die im Bereich der Phonologie entwickelte Methode (Saussure und Prager Schule) zunächst auf die Analyse der Heiratsregeln. So bringt er in Analogie zur Phonologie auf der Grundlage von Ehe- und Verwandtschaftsregeln die Elemente der Verwandtschaft in den verschiedenen Gesellschaften in Systeme („systèmes de parenté") von Oppositionen, die auf der Differenz basieren. Es handelt sich also um die Applikation des der strukturalen Methode zugrundeliegenden binären Prinzips auf die Ethnologie.

---

105 (1980), p. 96.

106 Tournier beruft sich immer wieder auf C. Lévi-Strauss als seinen Lehrer. In *Le vol du vampire* widmet er ihm in dem Abschnitt „Bref portrait de cinq maîtres" als Hommage vier Textseiten (397 – 401), die jedoch im Hinblick auf unseren Gegenstand nicht ergiebig sind. Durch Lévi-Strauss wurde Tournier angeregt zu ethnologischen Studien im Musée de l'Homme, die später in seinem Roman *Vendredi ou les limbes du Pacifique* ihren Niederschlag gefunden haben. Man kann aber auch davon ausgehen, daß Tournier mit der strukturalen Methode bekannt gemacht wurde, die Lévi-Strauss im Bereich der Mythenforschung anwandte und für deren Entwicklung er bahnbrechend war. – Wie Tournier auf mein Befragen hin sagte [cf. mein Gespräch mit dem Autor vom 9. Okt. 1984, infra, p. 288], hat er von Lévi-Strauss *Tristes tropiques* (1955) und *Les Structures élémentaires de la parenté* (1949) gelesen. Demnach kannte er zwar die Anwendung der strukturalen Methode auf die Phänomene der Verwandtschaft, nicht aber auf die Mythen.

Nachdem er hinter der Oberfläche der unzusammenhängenden Vielfalt von Heiratsregeln zahlreicher Indianerstämme einige wenige einfache Prinzipien erkannt hat, auf Grund derer er eine diesen zugrundeliegende Tiefenstruktur aufdeckt, überträgt Lévi-Strauss später diese Methode auf die Erforschung der Mythen.

> «A partir de l'expérience ethnographique, il s'agit toujours de dresser un inventaire des enceintes mentales, de réduire des données apparemment arbitraires à un ordre, de rejoindre un niveau où une nécessité se révèle, immanente aux illusions de la liberté»[107].

Lévi-Strauss untersucht die Strukturgesetze des Mythos, wobei er die Inhalte der Erzählung in ein System von Oppositionen organisiert. Auf höherer Ebene entwickelt er sodann ein System von Transformationen von Mythos zu Mythos, welches erkennbar werden läßt, daß in den Mythen immer die gleichen grundlegenden Wege des Denkens beschritten werden. Worum es Lévi-Strauss letztlich geht, ist, zu einer besseren Kenntnis der Funktionsweise des menschlichen Geistes zu gelangen.

Die geistige Fähigkeit, zu strukturieren, sieht Lévi-Strauss als archetypisch an. Sie entspringt einer tieferen symbolischen Funktion („fonction symbolique"), die gleichzusetzen ist mit dem Unbewußten. Gegenüber dem Unterbewußtsein, das Lévi-Strauss als Speicher der persönlichen Geschichte und mithin als einen Aspekt des Gedächtnisses versteht, konzipiert er das Unbewußte als eine überindividuelle Instanz universell gültiger Gesetze, deren Funktion es ist, die individuellen Inhalte (Vorstellungen und Erinnerungen) zu strukturieren. Gemäß dieser Konzeption des Unbewußten als einer leeren Form kommt Lévi-Strauss zu der These, daß die Form des Mythos wichtiger sei als sein Inhalt[108]. Gerade hierin liegt der entscheidende Unterschied zu der Auffassung von C. G. Jung, für den das Unbewußte zwar auch ein symbolisches System darstellt, bei dem es jedoch vorrangig um die Inhalte geht, d. h. um die symbolisierten Dinge.

Nach Lévi-Strauss sind also die grundlegenden Phänomene des Geistes auf der Ebene des unbewußten Denkens angesiedelt. Damit wird eine methodologische, auf die Sprache bezogene Annahme von Saussure („[...] les sujets sont, dans une large mesure, inconscients des lois de la langue"[109]) zu einer philosophischen These entwickelt bei gleichzeitiger Verallgemeinerung. Wie die phonologischen Systeme und die Verwandtschaftssysteme werden letztlich alle gesellschaftlichen Kommunikationsformen und so auch die Mythen als Schöpfungen des unbewußten Denkens verstanden. Die Behauptung von Lévi-Strauss, daß nicht die Menschen in Mythen denken, sondern die Mythen sich in den Menschen ohne deren Wissen denken[110], daß also das mythische Denken bis zu einem hohen Grade subjekt-

---

[107] C. Lévi-Strauss (1964), p. 18.

[108] Id. (1958), p. 225.

[109] F. de Saussure (1964), p. 106.

[110] C. Lévi-Strauss (1964), p. 20.

unabhängig sei, begründet seine Annahme, daß das von ihm postulierte objektivierte Denken am besten in den Mythen zum Ausdruck komme[111]. Für Lévi-Strauss dient die Mythenanalyse letztlich der Erforschung der Grundstruktur jeder geistigen Tätigkeit („[...] les mythes signifient l'esprit“[112]), mithin der Grundstruktur jeder menschlichen Kommunikation. Wie Eco treffend bemerkt, wird hier das binäre Prinzip vom „Verfahrensinstrument“ zum „*Philosophischen Prinzip*“ erhoben[113].

Es bleibt ferner zu bedenken, daß für Lévi-Strauss der Begriff Struktur eine objektive, gleichsam „natürliche“ Gegebenheit darstellt. Der als philosophische Wahrheit postulierte Isomorphismus von Strukturen des Denkens und Strukturen der Objekte muß jedoch als eine Hypothese verstanden werden, da es nicht feststeht, ob die Strukturen objektiv die Natur des Gegenstandes bestimmen oder ob sie nicht vielmehr methodisch bedingt sind und also aus einer bestimmten Perspektive in das Objekt hineinprojiziert werden. Diese grundsätzliche Kritik an Lévi-Strauss durch Eco, der die Struktur nur als „hypothetisches Instrument“[114] betrachtet, erweist sich als relevant gerade auch im Hinblick auf den Tournierschen Mythenroman. Wenn wir auch die Methode der strukturalen Mythenanalyse auf diesen anwenden können, so muß der Begriff ‚Struktur‘ als operationale Hypothese verstanden werden. Der postmoderne Text widersetzt sich der Hypostasierung einer objektiv erkennbaren unveränderlichen Struktur.

2.2.3.2. Das Konzept der strukturalen Mythenanalyse

2.2.3.2.1. Der mythische Diskurs als *bricolage* – Das strukturale Arrangement (Kaleidoskop-Metapher)

Lévi-Strauss erkennt Intertextualität und strukturales Arrangement als die beiden entscheidenden Merkmale des mythischen Diskurses. Die Grundlage für sein Konzept bildet

---

[111] «Sans exclure que les sujets parlants, qui produisent et transmettent les mythes, puissent prendre conscience de leur structure et de leur mode d'opération, ce ne saurait être de façon normale, mais partiellement et par intermittence. Il en est des mythes comme du langage: le sujet qui appliquerait consciemment dans son discours les lois phonologiques et grammaticales, à supposer qu'il possède la science et la virtuosité nécessaires, n'en perdrait pas moins presque tout de suite le fil de ses idées. De la même façon, l'exercice et l'usage de la pensée mythique exigent que ses propriétés restent cachées; sinon on se mettrait dans la position du mythologue qui ne peut croire aux mythes, du fait qu'il s'emploie à les démonter» [ibid., p. 19 f.].

[112] Ibid., p. 346.

[113] Cf. die scharfsinnige Kritik von Eco am Strukturalismus von Lévi-Strauss (1972), p. 359 ff.

[114] Ibid., p. 417.

seine Definition des Mythos als ein sprachliches Zeichensystem[115] und die Auffassung des mythischen Denkens als *bricolage*[116], eine Metapher, die nichts anderes als die Intertextualität des mythischen Zeichens umschreibt. Die Bestandteile des Mythos sind vergleichbar den Materialien des Bastlers; in beiden Fällen werden schon verarbeitete Produkte „demontiert" und aus Überresten und Bruchstücken verschiedenartiger Provenienz neue strukturierte Gesamtheiten hergestellt. Im Falle des Mythos handelt es sich um die Zeichen als Elemente des Sprachsystems. Sie haben bereits in einem Diskurs gedient und einen Sinn besessen. Für den Mythos als kulturanthropologisches Phänomen gilt damit, was Blüher für die Mythennovelle auch Tourniers konstatiert hat, wenn er diese als einen „autonomen intertextuellen sekundären Zeichenprozeß" bezeichnet, „der hierbei auf bereits im gesellschaftlichen Diskurs bestehende primäre Zeichensysteme verweist"[117]. Die Beobachtung von Lévi-Strauss, daß bei diesem Zeichenprozeß im Mythos ehemalige Signifikate zu Signifikanten werden und umgekehrt, gewinnt Bedeutung auch für den Tournierschen Roman.

Die Intertextualität wird bei Lévi-Strauss dem strukturalen Gesetz des Mythos im Sinne der Hervorbringung eines „absoluten Objektes" untergeordnet. Zur Verdeutlichung dieser Vorstellung wählt Lévi-Strauss die Metapher des Kaleidoskops als eines Instruments, das mittels Abfällen und Bruchstücken strukturale Arrangements herstellt:

> «Cette logique opère un peu à la façon du kaléïdoscope: instrument qui contient aussi des bribes et des morceaux, au moyen desquels se réalisent des arrangements structuraux. Les fragments sont issus d'un procès de cassure et de destruction, en lui-même contingent, mais sous réserve que ses produits offrent entre eux certaines homologies: de taille, de vivacité de coloris, de transparence. Ils n'ont plus d'être propre, par rapport aux objets manufacturés qui parlaient un ‹discours› dont ils sont devenus les indéfinissables débris; mais, sous un autre rapport, ils doivent en avoir suffisamment pour participer utilement à la formation d'un être d'un nouveau type: cet être consiste en arrangements où, par le jeu des miroirs, des reflets équivalent à des objets, c'est-à-dire où des signes prennent rang de choses signifiées; ces arrangements actualisent des possibles, dont le nombre, même très élevé, n'est tout de même pas illimité puisqu'il est fonction des dispositions et des équilibres réalisables entre des corps dont le nombre est lui-même fini; enfin et surtout, ces arrangements, engendrés par la rencontre d'événements contingents (la giration de l'instrument par l'observateur) et

---

115 Diese semiotische Konzeption des Mythos nimmt Paul Valéry bereits vorweg, wenn er schreibt: «Mythe est le nom de tout ce qui n'existe et ne subsiste qu'ayant la parole pour cause» [„Petites lettres sur les mythes", in: *Œuvres*, Bd. I, p. 963 f.]. Cf. auch weitere Stellen: «Mythe est toute chose qui est inséparable du langage, et lui emprunte toutes ses vertus sans contrepartie» [*Cahiers* 21, p. 120] und «toute existence qui ne peut se passer du langage et s'évanouit avec un mot ou nom – est mythe» [*Cahiers* 23, p. 159]. Auf eine semiotische Konzeption des Mythos bei Valéry haben bereits verschiedentlich K. A. Blüher und auch J. Schmidt-Radefeldt hingewiesen. – Cf. auch R. Barthes' semiologische Untersuchung der ‚Mythen des Alltags': „*Le mythe est une parole*" (1957), p. 215.

116 Zur Mythos-Definition cf. insbes. die überarbeitete Fassung des ursprünglich 1955 in englischer Sprache erschienenen Aufsatzes „La structure des mythes", in: C. Lévi-Strauss (1958), p. 227 – 255; zum mythischen Denken als *bricolage* cf. (1962), Kap. I.

117 K. A. Blüher (1985), p. 258.

d'une loi (celle présidant à la construction du kaléïdoscope, qui correspond à l'élément invariant des contraintes dont nous parlions tout à l'heure), projettent des modèles d'intelligibilité en quelque sorte provisionnels, puisque chaque arrangement est exprimable sous forme de relations rigoureuses entre ses parties, et que ces relations n'ont d'autre contenu que l'arrangement lui-même, auquel, dans l'expérience de l'observateur, ne correspond aucun objet (bien qu'il se puisse que, par ce biais, certaines structures objectives soient révélées avant leur support empirique, comme, par exemple, celles des cristaux de neige ou de certains types de radiolaires et de diatomées, à l'observateur qui n'en aurait encore jamais vu)»[118].

Der Lévi-Strauss'sche Vergleich mit einem Kaleidoskop erscheint wie kein anderer geeignet, die strukturale Logik des Mythos augenfällig zu machen[119]. Er unterstreicht den semiotisch-autonomen Status des Mythos als eines von der Wirklichkeit unabhängigen sprachlichen Zeichensystems. Er kennzeichnet die spezifische Eigenart desselben, ein Strukturmodell *sui generis* zu sein, das den Menschen Antworten auf metaphysische, ontologische und erkenntnistheoretische Fragen zu geben vermag.

Vor diesem Hintergrund gewinnt der Lévi-Strauss'sche Analyseansatz seine tiefere Berechtigung. Der Weg zur Erkenntnis der Bedeutung des Mythos beginnt danach mit der Aufdeckung seines strukturalen Arrangements. Den Primat der strukturalen Analyse gegenüber anderen z. B. funktionalistischen oder psychologisch begründeten Verfahren verteidigt in pointierter Form sehr treffend J. Pouillon:

> «[...] l'analyse structurale, si elle n'est pas la seule possible, est néanmoins prioritaire. Autrement dit, c'est son caractère structuré qui fait qu'un mythe a du sens, et non l'inverse. L'analyse n'a donc pas pour but premier de découvrir ce ou ces sens; il lui faut d'abord chercher comment il peut en avoir un, démonter les mécanismes logiques qui le construisent. La structure n'est pas le sens du mythe mais ce qui le rend signifiant»[120].

Die Bedeutung des Mythos erschöpft sich nach dem Verständnis von Lévi-Strauss nicht im „Formalen", sondern es kann sehr wohl ein – freilich strukturalistisch definierter – „Sinn" erkannt werden, der sich erst aus den strukturalen Bezügen der Zeichen untereinander – ihren Äquivalenzen und Oppositionen – konstituiert. Nach Lévi-Strauss arbeitet der Mythos mit in einer Gesellschaft vorgefundenen Zeichensystemen. Diese fungieren jedoch lediglich als Grundmaterial und gewinnen in ihrer Anordnung und in ihrer Kombination im Mythos eine neue eigene Bedeutung.

---

118 C. Lévi-Strauss (1962), p. 49 f.

119 Es sei hier daran erinnert, daß die Kaleidoskop-Metapher auch im Kontext der Tournierschen Reflexion über den Mythos auftritt (*VP* 191).

120 J. Pouillon (1980), p. 93.

2.2.3.2.2. Die ‚Grammatik' des mythischen Diskurses

Wenden wir uns nun der Darstellung der Methode der strukturalen Mythenanalyse zu. Das Zeichensystem des Mythos transzendiert die Ebene der artikulierten Sprache. Zwar ist der Mythos auf Grund seines Sprachstatus mit Methoden zu analysieren, die den linguistischen analog sind; diese müssen aber der Komplexität des sprachlichen Gebildes angemessen sein, dessen „Substanz" „weder im Stil noch in der Erzählweise oder in der Syntax" liegt – wie Lévi-Strauss ausdrücklich hervorhebt –, sondern in der *Geschichte*:

> «La substance du mythe ne se trouve ni dans le style, ni dans le mode de narration, ni dans la syntaxe, mais dans *l'histoire* qui y est racontée. Le mythe est langage; mais un langage qui travaille à un niveau très élevé, et où le sens parvient, si l'on peut dire, à ***décoller*** du fondement linguistique sur lequel il a commencé par rouler»[121].

Ähnlich wie Barthes – allerdings in Anwendung auf die modernen Mythen des Alltags – den Mythos als ein „système sémiologique second" bezeichnet, d. h. als ein sekundäres Zeichensystem, das zwar auf dem primären sprachlichen aufbaut, dessen Einheiten jedoch auf höherer metalinguistischer Ebene anzusiedeln seien[122], definiert Lévi-Strauss den ethnoreligiösen Mythos als einen „*code du second ordre*":

> «[...] les mythes reposent [...] sur des codes du second ordre (les codes du premier ordre étant ceux en quoi consiste le langage)»[123].

Der Mythos stellt also analog der Sprache (*langue*) einen eigenen sekundären Kode dar. Zugleich mit seiner „Doppelstruktur" – der Mythos ist sowohl *langue* als auch *parole* – besitzt er auf einer dritten Ebene „denselben Charakter eines absoluten Objekts" („le même caractère d'objet absolu")[124], eines Gegenstandes – im Sinne eines autonomen, objektiv beschreibbaren Gebildes –, das in seiner Komplexität auch als solches einen Sprachstatus hat, der aber auf einer „höheren Ebene" – der des *discours* – angesiedelt werden muß.

Liegen dem Mythos also einerseits Strukturelemente zugrunde, die für jeden sprachlichen Ausdruck konstitutiv sind – Phoneme, Morpheme, Semanteme – und die mit linguistischen Methoden analysiert werden können, so wird er andererseits von strukturalen Einheiten konstituiert, die *jenseits* dessen liegen, was linguistisch erfaßbar ist.

> «Rapprocher le mythe du langage ne resout rien: le mythe fait partie intégrante de la langue; c'est par la parole qu'on le connaît, il relève du *discours*.

---

[121] C. Lévi-Strauss (1958), p. 232.

[122] Cf. dazu R. Barthes (1957), p. 221 f. – Es soll hier nur auf die grundlegende Übereinstimmung von Barthes und Lévi-Strauss hingewiesen werden, die darin besteht, daß die Botschaft des Mythos auf einem höheren Niveau als dem linguistischen dechiffriert werden muß. Ansonsten sind die Konzepte unterschiedlich.

[123] C. Lévi-Strauss (1964), p. 20.

[124] Ibid., p. 231.

Si nous voulons rendre compte des caractères spécifiques de la pensée mythique, nous devrons donc établir que *le mythe est simultanément dans le langage, et au delà*»[125].

Für die auf einer *meta*linguistischen Ebene liegenden „großen konstitutiven Einheiten" („grosses unités constitutives") prägt Lévi-Strauss den Begriff „mythèmes"[126]. Die größere Komplexität der Mytheme im Unterschied z. B. zu den Phonemen, die nach Jakobson als Bündel differentieller Elemente definiert sind, besteht darin, daß sie jeweils aus mehreren ganzen Sätzen, d. h. aus Beziehungen, konstituiert werden, die in einer Äquivalenzrelation zueinander stehen, weshalb sie als „Beziehungsbündel" („*paquets de relations*") bezeichnet werden[127]. Das Kriterium für die Äquivalenz ist ein gemeinsames Inhaltsmerkmal (analog den distinktiven Merkmalen, die das Phonem definieren)[128]. Die dem Mythos zugrundeliegende Struktur basiert also auf dem oppositiven und binären System von Beziehungsbündeln. Sinn, d. h. die Bedeutung des Mythos, entsteht erst aus der *Kombination* der Mytheme, nicht aus diesen selber.

Die an sich schon komplexe Gliederungseinheit des Mythems dient Lévi-Strauss dazu, Zusammenhänge von immer größerer Komplexität systematisch zu durchdringen und in ein straff organisiertes logisches System zu integrieren. So bildet er aus den Mythemen zunächst Oppositionspaare. Diese ordnet er in einem weiteren Schritt einander zu und stellt zwischen solchen Kombinationen von Oppositionspaaren *Homologie*relationen her[129], wodurch auf einer höheren Ebene wiederum Sinn erzeugt wird.

Lévi-Strauss gründet seine Methode auf der Erkenntnis der Zweidimensionalität des Mythos, der in besonderer Art die „Doppelnatur" von *langue* als einem „ahistorischen" System und *parole* als einem „historischen" zeigt. Diachronisch gelesen, d. h. in der linearen Abfolge der einzelnen Handlungen, läßt sich die Struktur des Mythos noch nicht erkennen. Erst durch die Überführung des Syntagmas der Erzählung in ein Paradigma, d. h. in ein System von Oppositionen, wird die Struktur des Mythos evident. Die tieferen Gesetzmäßigkeiten des Mythos treten also analog zur Sprache erst durch *Synchronisation* hervor. Bei diesem Verfahren werden aus dem mythischen Diskurs einander entsprechende Handlungseinheiten

---

125 Ibid., p. 230 [Hervorhebung von uns].

126 Ibid., p. 233.

127 Ibid., p. 233 f. – Cf. aus seiner Analyse des Ödipus-Mythos das folgende Beispiel für ein Mythem: Kadmos sucht seine Schwester. / Ödipus heiratet seine Mutter. / Antigone beerdigt ihren Bruder. [Ibid., p. 236].

128 Im Falle des zitierten Mythem-Beispiels handelt es sich um hypertrophierte Verwandtschaftsbeziehungen als gemeinsames Inhaltsmerkmal.

129 In seiner Analyse des Ödipus-Mythos stellt er eine Homologierelation zwischen den Verwandtschaftsbeziehungen und der Autochthonie her: Die „rapports de parenté surestimés" verhalten sich zu den „rapports de parenté sous-estimés ou dévalués" wie die „négation de l'autochtonie de l'homme" zur „persistance de l'autochtonie humaine" [ibid., p. 237 ff.].

herausgelöst, die, linear gelesen, nicht unmittelbar aufeinander folgen, und zu einem Beziehungsbündel kombiniert. Diesen Aspekt der diachronischen und synchronischen „Doppelstruktur“ veranschaulicht Lévi-Strauss in seinem Vergleich des Mythos mit einer *Orchesterpartitur*. Wie diese erst sinnvoll wird, wenn man sie nicht nur diachron liest, d. h. wie die Schrift Zeile auf Zeile von links nach rechts, sondern zugleich synchron, d. h. gleichsam in Spalten von oben nach unten, so ergibt sich nach der Konzeption von Lévi-Strauss auch für den Mythos die Bedeutung erst auf Grund einer zweidimensionalen Lektüre. Der Mythos wird diachron gelesen, aber erst synchron verstanden. Basiert in der Partitur die Zuordnung in der Vertikalen auf dem Prinzip der Harmonie, so beim Mythos auf dem der Äquivalenzen.

Die methodische Ähnlichkeit von Mythenanalyse und Musikverständnis formuliert Lévi-Strauss wie folgt:

> „Was den Aspekt der Ähnlichkeit betrifft, so vertrat ich die Ansicht, daß ein Mythos ebensowenig wie eine Musikpartitur als kontinuierliche Abfolge zu verstehen sei. Deshalb müßten wir, wenn wir versuchen, einen Mythos wie einen Roman oder eine Zeitung zu lesen, d. h. Zeile für Zeile, von links nach rechts, uns bewußt sein, daß wir den Mythos so nicht verstehen können. Wir müssen ihn statt dessen als ein Ganzes begreifen und gewahr werden, daß die eigentliche Bedeutung des Mythos nicht durch die Abfolge der Ereignisse, sondern – wenn ich so sagen darf – durch Ereignisbündel vermittelt wird, auch wenn diese Ereignisse an unterschiedlichen Stellen der Erzählung auftreten. Deshalb müssen wir den Mythos mehr oder weniger wie eine Orchesterpartitur lesen, nicht Notenlinie für Notenlinie, sondern in dem Bewußtsein, daß wir die ganze Seite zu erfassen haben und verstehen müssen, daß das, was in der ersten Notenlinie oben auf der Seite steht, nur dadurch seine Bedeutung erhält, daß wir es als wesentlichen Bestandteil dessen begreifen, was weiter unten auf der zweiten Notenlinie, der dritten Notenlinie und so fort steht. Wir dürfen also nicht nur von links nach rechts, sondern müssen gleichzeitig vertikal, von oben nach unten lesen. Wir müssen begreifen, daß jede Seite ein Ganzes ist. Und nur dann, wenn wir den Mythos wie eine Orchesterpartitur behandeln, Notenzeile für Notenzeile geschrieben, können wir ihn als Ganzes begreifen und die Bedeutung eines Mythos erschließen“[130].

Die Musik stellt für Lévi-Strauss also gleichsam das Vorbild bei der Entwicklung eines strukturalen Verfahrens zur Entschlüsselung des Mythos dar. Er bezieht sich dabei auf Richard Wagner als seinen Vorläufer:

> «Car, si l'on doit reconnaître en Wagner le père irrécusable de l'analyse structurale des mythes (et même des contes, e. g. *les Maîtres*), il est hautement révélateur que cette analyse ait été d'abord faite *en musique*. Quand donc nous suggérions que l'analyse des mythes était comparable à celle d'une grande partition, nous tirions seulement la conséquence logique de la découverte wagnérienne que la structure des mythes se dévoile au moyen d'une partition»[131].

---

[130] C. Lévi-Strauss in einem Radiovortrag über „Mythos und Musik“ (1980), p. 57 f. – Alle Zitate, die sich im folgenden auf dieses Buch beziehen, bringen wir auf deutsch, da es sich hier um einen bei Suhrkamp herausgegebenen Sammelband handelt, der nur in Deutschland erschienen ist.

[131] Id. (1964), p. 23. Cf. auch id. (1980), p. 229.

Im Zentrum des mythischen Denkens steht für Lévi-Strauss „la prise de conscience de certaines oppositions“[132]. Die Gegensätze, die logisch nicht überwindbar erscheinen, erfahren gleichwohl im Mythos eine Auflösung. Lévi-Strauss deckt in den Mythen die sogenannte ‚Vermittlungsstruktur‘ (*structure de médiation*) auf[133]. Diese basiert auf einer logischen Operation: Ein semantisches Oppositionspaar (z. B. „Tod“ und „Leben“) wird substituiert durch ein äquivalentes Begriffspaar (z. B. „Krieg“ und „Landwirtschaft“), wobei die Opposition auf eine andere Ebene transponiert wird, in diesem Falle von der ontologischen auf die anthropologische. Lévi-Strauss wendet diesen Kunstgriff an, um die Opposition auf ein Niveau zurückzuführen, das einen weiteren Term als Vermittler zwischen dem antithetischen Begriffspaar zuläßt. Es wird ein dritter Ausdruck gefunden, der einen Bedeutungszug mit beiden gemeinsam hat und so in Relation zu beiden steht, weshalb er die Rolle eines Vermittlers („médiateur“) übernehmen kann („Jagd“). Aus dieser „Dreiergruppe“, von Lévi-Strauss als „Erste Triade“ bezeichnet, wird in einem weiteren Schritt einer der beiden polaren Terme ausgefällt. Der verbleibende polare Term und der vermittelnde werden durch zwei äquivalente Ausdrücke (die einer anderen begrifflichen Kategorie angehören können) ersetzt. Zwischen diese beiden wird wiederum ein vermittelnder Term geschaltet, so daß eine neue Dreiergruppe (in der Terminologie von Lévi-Strauss die „Zweite Triade“) entsteht. Diese Operation kann fortgesetzt werden bis zur endgültigen Auflösung des im Mythos enthaltenen Widerspruchs. Die Triade basiert also auf dem der Linguistik entlehnten Prinzip der Zusammenordnung von Termen auf Grund *eines gemeinsamen Inhaltsmerkmals*, nicht indessen auf einer systematischen Klassifikation von Begriffen. Lévi-Strauss gibt also für die strukturale Mythenanalyse zwei Modelle vor: das auf den Mythemen basierende Homologiemodell und das auf der Substitution basierende Modell der Vermittlung. Lévi-Strauss konnte das Verfahren der Substitution den Transformationen von Propp (1928) entnehmen, dort also schon auf ein „sekundäres Zeichensystem“ bezogen.

Für Lévi-Strauss besteht der Mythos aus der Gesamtheit seiner Varianten[134]. Diese verschiedenen Fassungen ein und desselben Mythos werden bei der Analyse hinzugezogen und in das System überführt. So wird aus dem ursprünglich zweidimensionalen Schema ein *dreidimensionales*, da die Gesamtheit der Varianten eines Mythos eine eigene Dimension darstellt. Die Einbeziehung der Varianten dient dem Zweck, die einem Mythos innewohnenden Gesetzmäßigkeiten aufzuspüren. Lévi-Strauss entdeckt an dem mehrdimensionalen komplexen Gebilde eines Mythos und seiner Varianten einen ihm zugrundeliegenden logischen Mechanismus: das System der *Inversionen*. Reihen von Varianten mit mehr oder weniger „extremen“ Versionen (z. B. die Dualität in der Natur einer Gottheit: „la dualité qui appartient en propre à une même divinité: tantôt bienveillante, tantôt malveillante“) werden

---

[132] Id. (1958), p. 248.

[133] Ibid. – Zur Vermittlungsstruktur cf. auch (1960); hier zitiert nach (1975), p. 203.

[134] Hierzu und zum folgenden cf. id. (1958), p. 240 ff.

nach dem Prinzip der *Permutation* zu Gruppen geordnet. Eine von Lévi-Strauss entwickelte hypothetische Formel bildet ein Verfahren, durch Inversion der Terme und ihrer Relationen die Gegensätze des Gesamtgebildes aufzulösen.

In seiner *Morphologie* des russischen Zaubermärchens formuliert Propp bereits das „Gesetz der Permutation" als eine „spezifische Eigenschaft" desselben.[135] Danach steht neben einem „Prinzip der konstanten Kombinationsregeln" ein „Prinzip der Variationsfreiheit"[136], das zunächst nur auf die Handlungsträger bezogen wird, die innerhalb des Gesamtkorpus von Märchen austauschbar sind[137]. Propp trifft eine grundsätzliche Unterscheidung zwischen konstanten und variablen Größen. Im allgemeinen sind die „Funktionen", d. h. die Aktionen der handelnden Figuren, konstant. Auf diesem Hintergrund können Gegenstände und Eigenschaften wie Lebewesen funktionieren und auf der Basis der Identität der Funktionen permutiert werden[138]. Bei seiner Auseinandersetzung mit Propp erkennt Lévi-Strauss im Unterschied zu diesem, bezogen auf die Mythen und Märchen der nord- und südamerikanischen Indianer, daß nicht nur die Gestalten, sondern auch die Handlungen der Erzählungen permutierbar sind[139].

Zur Mythoskonzeption von Lévi-Strauss gehört nicht zuletzt seine Definition von der „Blätterstruktur" („structure feuilletée")[140]. Bei der Erklärung des Mythem-Begriffs hatten wir erkannt, daß die konstitutiven Einheiten Handlungen ausdrücken, die in einer Äquivalenzrelation zueinander stehen[141]. Die Mytheme bilden ein System von Oppositionen, das die Struktur der Geschichte darstellt. Es beruht auf dem binären Prinzip als logische Gesetzmäßigkeit. Zur Aufdeckung dieser *logischen* Struktur dient nach Lévi-Strauss die Wiederholung (Verdoppelung, Verdreifachung, Vervierfachung) der Geschichte.

> «La répétition a une fonction propre, qui est de rendre manifeste la structure du mythe»[142].

Der Mythos wird also konstituiert durch eine *Repetitionsstruktur*, die auf *Rekurrenzen* beruht. Der Begriff „Blätterstruktur" erklärt sich aus der Arbeitsmethode von Lévi-Strauss, der ein

---

135 V. Propp (1975), p. 15.

136 Ibid., p. 110: „[...] gerade durch Substitution der einzelnen Variationsmöglichkeiten vollzieht sich die Metamorphose des Märchens, die Abwandlung der Sujets."

137 Als Beispiel für eine Übertragung von Handlungsträgern führt Propp u. a. die Gestalt der Baba-Jaga (Hexe) an, die in den unterschiedlichsten Märchen und Sujets auftaucht [ibid., p. 15].

138 Cf. ibid., p. 82.

139 Cf. C. Lévi-Strauss (1960); hier zitiert nach (1975), p. 202 ff.

140 Id. (1958), p. 254.

141 Zur Veranschaulichung empfiehlt es sich, die Tabelle zum Ödipus-Mythos heranzuziehen [ibid., p. 236].

142 Ibid., p. 254.

kompliziertes System von Verzettelungen auf Karteikarten entwickelt hat. Die einzelnen ein Mythem konstituierenden Beziehungen figurieren dabei auf je einem Blatt der Kartei. Übereinandergelegt ergeben sie den synchronisch gelesenen Mythos, d. h. seine repetitive Struktur:

> «Tout mythe possède donc une structure feuilletée qui transparaît à la surface, si l'on peut dire, dans et par le procédé de répétition»[143].

Ausgehend von seiner Hypothese, daß es die Aufgabe des Mythos sei, „ein logisches Modell zur Auflösung eines Widerspruchs zu liefern", entwickelt Lévi-Strauss die Vorstellung, daß der Mythos auf Grund der ihm innewohnenden Wirkungsmechanismen (Vermittlung, Permutation und Inversion) einem kontinuierlichen Wachstum unterworfen sei. Theoretisch wird eine unendliche Anzahl von Blättern erzeugt („un nombre théoriquement infini de feuillets seront engendrés, chacun légèrement différent de celui qui précède"). Diese Entwicklung erfolgt „spiralenförmig":

> «Le mythe se développera comme en spirale, jusqu'à ce que l'impulsion intellectuelle qui lui a donné naissance soit épuisée. La *croissance* du mythe est donc continue, par opposition avec sa *structure* qui est discontinue»[144].

2.2.3.3. Affinität zwischen Mythos und Musik: Analogie der Strukturen

Nachdem wir im Vorangehenden die wichtigsten Strukturgesetze des ethno-religiösen Mythos nach dem Konzept von Lévi-Strauss beschrieben haben, kommen wir noch einmal auf den Aspekt der Affinität von Mythos und Musik zurück. Der Vergleich von Mythos und Musik durchzieht das gesamte Werk von Lévi-Strauss und bildet die Grundlage für seine Mythenanalyse. Für Lévi-Strauss stellt auch die Musik ein sprachliches Zeichensystem dar, das wie der Mythos die Ebene der artikulierten Sprache transzendiert. Er bezeichnet Musik und Mythos als „zwei von der Sprache gezeugte Schwestern", die jedoch „unterschiedliche Richtungen eingeschlagen" hätten, insofern als bei der einen das Lautliche die vorrangige Rolle spiele, bei der anderen dagegen die Bedeutung[145]. Ihrem Sprachstatus zufolge läßt sich auch die Musik nach dem diachronisch-synchronischen Bezugssystem organisieren. Dabei liegt eine spezifische Übereinstimmung von Musik und Mythos darin, daß sie durch diese zweidimensionale Zeitstruktur die Zeit zum Stillstand bringen:

> «[...] tout se passe comme si la musique et la mythologie n'avaient besoin du temps que pour lui infliger un démenti. L'une et l'autre sont, en effet, des machines à supprimer le temps. Au dessous des sons et des rythmes, la musique opère sur un terrain brut, qui est le temps physiologique de l'auditeur; temps irrémédiablement diachronique puisqu' irréver-

---

143 Ibid.

144 Ibid.

145 Id. (1980), p. 66 und 67. – Näheres dazu cf. auch ibid., p. 65.

sible, et dont elle transmute pourtant le segment qui fut consacré à l'écouter en une totalité synchronique et close sur elle-même. L'audition de l'œuvre musicale, du fait de l'organisation interne de celle-ci, a donc immobilisé le temps qui passe; comme une nappe soulevée par le vent, elle l'a rattrapé et replié. Si bien qu'en écoutant la musique et pendant que nous l'écoutons, nous accédons à une sorte d'immortalité.
On voit déjà comment la musique ressemble au mythe, qui, lui aussi, surmonte l'antinomie d'un temps historique et révolu, et d'une structure permanente»[146].

Im Rahmen seiner Konzeption versteht Lévi-Strauss Musik und Mythologie als Zeichensysteme, die in dem, der sie hört, gleichgeartete Denkvorgänge in Bewegung setzen, die auf geistigen Strukturen basieren, welche allen Menschen gemeinsam sind („des structures mentales communes"). Diese Intersubjektivität ist ihm Indiz dafür, daß sich diese Prozesse auf der Ebene des Unbewußten abspielen[147]. Ähnlich wie „sich" die Mythen in ihren Rezipienten „denken", „schafft sich" die Musik in ihren Zuhörern, wobei das Verhältnis von Sender und Empfänger invertiert erscheint. Lévi-Strauss sieht die Mythen und die musikalischen Schöpfungen als virtuelle Objekte an, von denen allein der „Schatten" aktuell ist (Aspekt der *parole*). Der Mensch wird über Annäherungen an Bewußtes, wie Partitur und aktualisierter Mythos, mit den unbewußten Wahrheiten konfrontiert (Aspekt der *langue*). Gleichzeitig mit der bewußten Wahrnehmung (= Dimension der Diachronie) vollzieht sich im Rezipienten die unbewußte Reorganisation (= Dimension der Synchronie)[148].

In der Musik findet Lévi-Strauss den Vorwurf für die Strukturgesetze, die er im Mythos erkennt. Nach seiner Sichtweise kam, als das mythische Denken mit dem Beginn des wissenschaftlichen Zeitalters in den Hintergrund trat, fast zeitgleich eine neue, bisher nicht dagewesene Art von Musik auf, die mit der Instrumentalmusik des Frühbarock (Frescobaldi) begann und sich in den „großen" Stilen vom 17. bis zum 19. Jahrhundert entfaltete. Als Hauptexponenten nennt Lévi-Strauss Bach, Mozart, Beethoven und Wagner[149]. In dieser Musik erkennt er die Organisationsprinzipien des Mythos wieder, auch wenn die kodierten Elemente unterschiedlicher Art sind:

«[...] au lieu d'*un schème codé* en sons, le mythe [...] propose *un schème codé* en images»[150].

In der vergleichbaren Struktur sieht Lévi-Strauss die Fortsetzung des mythischen Denkens. Einen besonderen Stellenwert räumt er dabei der Fuge ein:

«Or, il semble bien que le moment où musique et mythologie ont commencé d'apparaître comme des images retournées l'une de l'autre, coïncide avec l'invention de la fugue,

---

146 Id. (1964), p. 24.

147 Ibid., p. 35.

148 Ibid., p. 25 f.

149 Cf. id., (1980), p. 229; cf. auch p. 58 f. Hierauf bezieht sich das Folgende. Cf. auch das Kapitel „Finale" in id. (1971). – Es ist hier nicht der Ort, diese These zu diskutieren.

150 Id. (1971), p. 585 [Hervorhebung von uns].

c'est-à-dire une forme de composition qui, je l'ai plusieurs fois montré [...], existe pleinement constituée dans les mythes où, depuis toujours, la musique eût pu aller la chercher»[151].

Dieser Rekurs auf die Fuge ist für unseren Zusammenhang in besonderem Maße aufschlußreich, weil auch Michel Tournier in seinem *Roi des Aulnes* das Konzept der Fuge zugrundelegt. Da der Lévi-Strauss'sche Vergleich der Fuge mit dem Mythos angesichts der bestehenden Parallelen erhellend für die Entschlüsselung der mythischen Struktur des *Roi des Aulnes* ist, soll er hier ungekürzt angeführt werden:

„Es ist zum Beispiel auffallend, daß die Fuge, die zu Bachs Zeit ihre feste Form erhielt, den Verlauf bestimmter Mythen getreu wiederholt, in denen zwei Personen oder zwei Personengruppen vorkommen. Wir wollen einmal vereinfachend annehmen, daß die eine gut, die andere böse sei. Die Erzählung, wie sie der Mythos darstellt, ist die der einen Gruppe, die vor der anderen Gruppe zu fliehen und sich in Sicherheit zu bringen sucht; eine Gruppe wird also von einer anderen Gruppe gejagt, wobei einmal die Gruppe A die Gruppe B einholen, ein anderes Mal die Gruppe B entfliehen kann – ganz wie in einer Fuge. Wir nennen das auf französisch *le sujet et la réponse*. Die Antithese oder Antiphonie zieht sich durch die gesamte Erzählung hindurch, bis beide Gruppen nahezu vollständig vermischt und durcheinander gebracht sind – das entspricht der Stretta in der Fuge. Dann erfolgt eine abschließende Lösung oder ein abschließender Höhepunkt dieses Konfliktes durch die Vereinigung jener beiden Prinzipien, die den ganzen Mythos hindurch einander gegenüberstanden. Es konnte sich dabei um einen Konflikt zwischen den oberen und den unteren Mächten, zwischen Himmel und Erde, zwischen der Sonne und den unterirdischen Mächten oder ähnliches mehr gehandelt haben. Die mythische Lösung der Vereinigung ist struktural den Akkorden sehr ähnlich, die ein Musikstück abschließen und beenden, denn auch sie stellen eine Vereinigung von Extremen dar, die diesmal zusammengeführt werden. Es läßt sich überdies aufzeigen, daß es Mythen oder Gruppen von Mythen gibt, deren Aufbau dem einer Sonate oder einer Symphonie, eines Rondos, einer Tokkata oder dem einer anderen jener vielen Satzformen gleicht, die von der Musik nicht eigentlich entdeckt wurden, sondern die die Musik unbewußt der Struktur des Mythos entlehnt hat"[152].

Die von uns oben beschriebenen Strukturmerkmale des Mythos lassen sich in dieser skizzenhaften Darstellung der Entsprechungen von Fuge und Mythos wiederfinden. Auch in der Fuge geht es um die Ausgleichung eines Gegensatzes. Für die Vermittlung verfügt die Fuge über ein ganzes Repertoire von Verfahrensweisen (Umkehrung, Krebs, Augmentation, Diminuation, Permutation usw.), nicht zuletzt auch über den Mechanismus der Engführung, den Lévi-Strauss hier besonders hervorhebt. Demnach läge der Fuge eine dem Mythos analoge dichotomische Struktur zugrunde, und es wirkten in ihr dieselben bzw. vergleichbare formale Operationstypen der Vermittlung.

Sieht Lévi-Strauss einerseits im Mythos die Strukturen der Musik vorgeprägt, so dient ihm andererseits umgekehrt die Musik (vom Frühbarock bis zu Wagner) als theoretisches Vorbild

---

151 Ibid., p. 583.

152 Id. (1980), p. 62 f.

für seine Mythenanalyse. So ist sein Hauptwerk, die vergleichende Strukturanalyse der Indianermythen Südamerikas, statt nach Kapiteln nach musikalischen Satzformen gegliedert. Die Mythenanalyse erfolgt auf der Folie der jeweiligen Sätze:

> «[...] les formes musicales nous offraient la ressource d'une diversité déjà étalonnée par l'expérience, puisque la comparaison avec la sonate, la symphonie, la cantate, le prélude, la fugue, etc. permettait de vérifier aisément que s'étaient posés, en musique, des problèmes de construction analogues à ceux que soulevait l'analyse des mythes, et pour lesquels la musique avait déjà inventé des solutions»[153].

2.2.3.4. Die Übertragung von Konzepten der strukturalen Mythenanalyse auf das Textsystem des Mythenromans

2.2.3.4.1. Die Mytheme – Die Rekonstruktion einer mythischen Struktur im Rahmen eines synchronisch-diachronischen Bezugssystems

Auf der Folie der vorangehenden Darstellung über die Struktur des Mythos und dessen Affinität zur Musik werden wir im folgenden ansatzweise die Strukturprinzipien des *Roi des Aulnes* skizzieren, soweit sich diese aus der Konzeption von Lévi-Strauss herleiten lassen. Freilich handelt es sich nicht um eine direkte Abhängigkeit, sondern um eine freie Übertragung von Strukturprinzipien auf das literarische Zeichensystem Roman. Die Beleuchtung des *Roi des Aulnes* aus der Perspektive der Konzeption von Lévi-Strauss dient dazu, für den Roman im allgemeinen neuartige Verfahrensweisen an einem speziellen Beispiel aufzudecken. Dieselben Strukturen unbewußten Denkens, die Lévi-Strauss im Mythos analysiert, finden sich im Tournierschen Roman wieder. Der Text enthält Äquivalente zu allen für den Mythos erkannten Strukturprinzipien, die hier allerdings dekonstruktiv verwendet werden. Es läßt sich ein freier spielerischer Umgang mit den Strukturelementen erkennen. Gerade durch dieses Vorgehen werden die essentiellen Verfahren des Mythos bloßgelegt. Er fungiert damit gewissermaßen als ein intertextuelles Modell des Tournierschen Romans. Er liefert ihm spezifische, für die Narrativik neuartige Textverfahren, die in die postmoderne Gesamtkomposition des jeweiligen Werkes mit eingehen.

Bei der hier folgenden Darstellung klammern wir andere für die Struktur des Romans relevante Aspekte aus, denn nur indem wir einzelne Elemente des komplexen Ganzen herausfiltern und gesondert betrachten, können wir in der verwirrenden Vielfalt eine Orientierung finden. Die Beziehungen zwischen der Konzeption von Lévi-Strauss und dem Romanwerk Tourniers sind vielschichtig, vielfältig und differenziert. Die Erforschung dieser Zusammenhänge hat uns zu der Erkenntnis geführt, daß die Entschlüsselung der ‚Botschaft' des *Roi des Aulnes* erst durch eine Analyse möglich wird, die sich an dem von Lévi-Strauss entwickelten Konzept orientiert.

---

[153] Id. (1964), p. 23.

Dabei gehen wir von der Unterstellung aus, daß wie im Mythos die Mytheme auch im Mythenroman Tourniers die konstitutiven Einheiten der Geschichte darstellen. Aus der Analyse der Mytheme als Beziehungsbündel und ihrer Kombination ergibt sich aus dieser Perspektive eine mythische Tiefenstruktur.

Der *Roi des Aulnes* stellt den Leser vor ein ungewöhnliches Dekodierungsproblem, insofern als er angesichts seiner spezifischen Textstruktur *diachron* und *synchron* zugleich gelesen werden sollte. Zwar stellt der Roman eine in sich kohärente Geschichte dar, die aus bestimmten Etappen besteht. Diesen Etappen liegen aber Beziehungsschemata zugrunde, die sich wiederholen. Nicht nur die Sukzession der Geschichte spielt für die Sinnkonstitution eine Rolle, sondern auch die sich hinter ihr verbergende Wiederkehr von Gleichem. Der Tourniersche Roman kann nach dieser Konzeption analog einer Partitur gelesen werden, das heißt, sowohl linear von links nach rechts als auch synchron von oben nach unten. Er kann so in ein zweidimensionales System von Diachronie und Synchronie übertragen werden. Für den Mythos veranschaulicht Lévi-Strauss dieses Vorgehen auf folgende Weise:

> «Le mythe va être manipulé comme le serait une partition d'orchestre qu'un amateur pervers aurait transcrite, portée après portée, sous forme d'une série mélodique continue, et qu'on chercherait à restituer dans son arrangement initial»[154].

Wie der Hörer eines musikalischen Werkes zum richtigen Verständnis die wiederkehrenden Einheiten erkennen muß[155], so erschließt sich auch dem Rezipienten des Tournierschen Romans im Rahmen dieser Lesart die angenommene mythische Struktur erst dann, wenn er beständig das Nachfolgende mit dem Vorhergehenden konfrontiert. Indem er so Früheres und Späteres aufeinanderschichtet und zwischen diesen Schichten Äquivalenz- und Oppositionsrelationen herstellt, organisiert er den Text auf der Ebene der Tiefenstruktur. Das Lesen stellt sich so – wie der Verstehensprozeß von Musik und Mythos – als „eine Art ununterbrochene Rekonstruktion“[156] im Geiste des Rezipienten dar.

2.2.3.4.2. Intertextualität des Verfahrens der Repetition: Spiralstruktur – Präfigurationsstruktur – Initiationsstruktur

Die spezifische Ausformung der Repetitionsstruktur im Roman Tourniers läßt sich mit der Metapher der *Spirale* umschreiben. Dieses Bild impliziert neben der Idee des Schichtens die einer Repetition auf einer jeweils höheren Ebene. Es veranschaulicht das für den Tournierschen Text charakteristische kunstvolle System von Fortschreiten und Wiederkehren bei gleichzeitiger Steigerung und Vervollkommnung. Aus rezeptionstheoretischer Perspektive

---

[154] Id. (1958), p. 235.

[155] Lévi-Strauss verdeutlicht diesen Gedanken anhand der Leitmotivik bei Wagner. Als Beispiel wählt er das „Entsagungsmotiv“ im *Ring des Nibelungen* [(1980), p. 59 ff.].

[156] Id. (1980), p. 62.

ermöglicht die Spiralstruktur, wie wir bereits bei Lévi-Strauss gesehen haben, das synchronische Lesen des Textes, d. h. die Zuordnung von rekurrenten Einheiten. Das Bild der Spirale stützt den Gedanken der simultan mit dem Fortschreiten erfolgenden Rekonstruktion. Letztlich kann aber die *Spirale* auch als Modell für die Vermittlungsstruktur, d. h. die Ausgleichung der Gegensätze (Lévi-Strauss), angesehen werden.

Die Nachahmung des Lévi-Strauss'schen Konzepts wird jedoch überlagert von Reminiszenzen an die theologische Deutungsmethode der Typologie und an das Schema der Initiationsreisen. Diese Imitationen gleiten ineinander über und sind in einem so hohen Maße miteinander verwoben, daß sie schließlich untrennbar scheinen[157]. Auch hinsichtlich des Verfahrens der Repetition im Tournierschen Roman läßt sich eine *differentielle* Intertextualität konstatieren.

Tournier ‚verschachtelt' in den Rahmen der Repetitionsstruktur des Mythos nach der strukturalen Mythenanalyse von Lévi-Strauss die theologische Deutungsmethode der Typologie, wobei das Bild einer dieser nachgeahmten Präfiguration sehr deutlich hervortritt. In der Theologie bezeichnet *praefiguratio* „das zeitlich frühere Geschehen [...] als eine unvollkommen vorwegnehmende ‚Nachahmung' eines späteren Geschehens". Bezogen auf die *Bibel* wird die *praefiguratio* gleichgesetzt mit dem „typus" (= Personen, Institutionen und Geschehnisse des Alten Testaments), dem der „antitypus" (= Christus und die Geschehnisse des Neuen Testaments) gegenübersteht. Die theologische Deutungsmethode der Typologie „setzt [...] in der Zeit getrennte Geschehnisse, Personen und Institutionen nach dem Prinzip der Entsprechung und vergleichenden Unterscheidung derart in einen Sinnbezug der Steigerung, daß das frühere und spätere Geschehen sich wechselseitig bedeuten"[158]. Das Moment der Steigerung unterscheidet die Typologie von der reinen *imitatio*.

Tournier verwendet das Verb *préfigurer* ganz allgemein im Sinne von ‚vorwegnehmen'[159], indem er metatextuell erklärt, daß das ‚Turnierspiel' auf dem Pausenhof von Saint-Christophe, bezogen auf die Phorie, den gesamten Roman ‚präfiguriere' (*VP* 55). Der Autor deutet an diesem Beispiel in vager Form ein Verfahren an, das für seinen Roman von umfassender Bedeutung ist. Im Zusammenhang mit der Rolle, die die *Bibel* als Prätext des

---

157 Tournier selber betont einerseits die Vorrangigkeit der *Spirale* als Strukturmuster seines Romans, fühlt sich andererseits aber ebenso der Vorstellung des *Zyklus* im Sinne der ewigen Wiederkehr des Gleichen verpflichtet [cf. *Entretien Michel Tournier – Cornelia Klettke* (5. April 1986), infra, p. 297 f.].

158 M. Lurker (1979), Stichwort „Typologie", p. 597. – Ausführlicher dazu cf. insbes. L. Goppelt (1939/1969), E. Auerbach (1953), R. Bultmann (1950), G. v. Rad (1955), F. Ohly (1975).

159 Im Unterschied zum Deutschen, wo der Begriff ‚Präfiguration' und das Verb ‚praefigurieren' in ihrem Gebrauch als *termini technici* auf die Deutungsmethode der Typologie fixiert sind, haben diese Wörter im Französischen eine Verallgemeinerung erfahren. *Préfiguration* und *préfigurer* sind Wörter der gehobenen Schriftsprache. Das Substantiv bezeichnet ganz allgemein „ce qui présente tous les caractères d'un être, d'une chose à venir" (*Petit Robert*).

Roi des Aulnes spielt, werden mit dem Begriff der Präfiguration Reminiszenzen an das Deutungsschema der Typologie geweckt. Tournier umschreibt seine Sicht des Verhältnisses zwischen dem Alten und Neuen Testament mit einer Metapher, die allerdings mehrdeutig ist und sich auch als Reminiszenz an die allegorische Schriftdeutung verstehen ließe:

> «L'Ancien Testament a souvent les couleurs d'un rêve inachevé qui deviendra une réalité pleine dans le Nouveau»[160].

Die Analyse wird zeigen, daß der Roman aus einem kunstvollen System von Bezugnahmen zwischen Früherem und Späterem besteht, das im Hinblick auf die strukturelle Anlage eine Entsprechung zu den Parallelismen zwischen Altem Testament und Neuem Testament darzustellen scheint. Es kommt noch hinzu, daß tatsächlich Reminiszenzen an Parallelen zwischen Figuren bzw. Ereignissen des Alten und des Neuen Testaments erkannt werden können, die die Typologie in Beziehung zueinander setzt.

Wir beziehen uns beim Gebrauch des Begriffs *Präfiguration* im Hinblick auf den *Roi des Aulnes* insofern auf die Typologie, als wir darunter ganz allgemein intratextuelle Bezugnahmen zwischen Früherem und Späterem verstehen, die als Wiederholung und Steigerung zugleich erscheinen. Wir verwenden den Begriff *Präfigurationsstruktur* in einem semiotisch-strukturalistischen Verständnis und betrachten das Verfahren der Präfiguration im *Roi des Aulnes* als eine Wiederholungstechnik, die den Text im Großen wie im Detail strukturiert. Danach geht alles Vorhergehende im Nachfolgenden auf, bzw. im Nachfolgenden ist alles Vorangehende bereits im Keim enthalten. Wiederum handelt es sich jedoch – wie auch bei anderen Reminiszenzen – um eine freie spielerische Imitation eines Modells, insofern als sich das zweigliedrige Schema zu einem mehrgliedrigen vervielfältigt bzw. dekonstruiert. Das Prinzip der Präfiguration bewirkt, daß im Textverlauf die Zeichen, indem sie die Bedeutung ihrer Präfigurationen mit aufnehmen, immer mehr mit Bedeutung angereichert und also immer sinnträchtiger werden. Hier trifft sich die Präfiguration mit der Initiation. Wenn es bezogen auf den Romanhelden heißt:

> «Tiffauges avait toujours pensé que la valeur fatidique de chacune des étapes de son cheminement ne serait pleinement attestée que si, tout en étant dépassée et transcendée, elle se trouvait en même temps conservée dans l'étape suivante» (408),

so evoziert dieses Zitat sowohl den thematischen Aspekt der Initiationsreise als auch das Schema der Vorwegnahme. Aus der Repetitionsstruktur nach der Methode von Lévi-Strauss ‚schachtelt' sich neben der Struktur der Präfiguration die der Initiation gleichsam als deren ‚Zwilling' heraus. Wir erkennen hier ein für Tournier typisches Textverfahren in der autogenetischen Vervielfältigung von Strukturen, die sich zwar überlagern, aber nicht decken.

Die Initiation als ein Prozeß fortschreitender ‚Abtragung' von ‚Sinnschichten' wird von Tournier in *Gaspar, Melchior & Balthazar* metaphorisch mit dem Vorgang des Abpellens

---

160 „Michel Tournier s'explique", in: *Lire* Nr. 64 (Dez. 1980), p. 39.

einer Zwiebel verglichen[161]. Diese Metapher ist insofern aufschlußreich, als sie angesichts der Tatsache, daß die Zwiebel nur aus Häuten besteht und im Zentrum leer ist, im Hinblick auf die Initiationsstruktur den Aspekt der ironischen Unterminierung des Systems hervortreten läßt.

2.2.3.4.3. Das *système de la phorie*: als Imitation eines Kode zweiter Ordnung – als Imitation der Fugenstruktur

Mit dem bisher Dargestellten ist das Bezugsfeld des Tournierschen Romans zur Konzeption von Lévi-Strauss noch nicht voll ausgeleuchtet. Je mehr wir den Fokus ausschließlich auf den *Roi des Aulnes* richten, um so deutlicher treten erst die zentralen Bereiche einer Intertextualität hervor. Es zeigen sich verblüffende Ähnlichkeiten in der ‚Übersetzung' der Lévi-Strauss'schen Theorie und Methode der Mythenanalyse, die allerdings als fiktive *ré-écriture* eine eigene Prägung erfährt.

Die eingehende Analyse des *Roi des Aulnes* hat uns bestätigt, was in gelegentlichen Äußerungen Tourniers anklingt, nämlich daß in diesem Roman von Seiten des Autors nichts willkürlich ist. Dem Text liegt unseren Erkenntnissen nach eine straffe Organisation zugrunde. Er stellt ein bis ins einzelne strukturiertes ‚mythisches', d. h. sekundäres sprachliches Zeichensystem dar. Dieses Zeichensystem wird konstituiert durch die *Phorie*[162], der hier eine Doppelrolle zufällt. Sie ist Mythos als die erzählte Geschichte und gleichzeitig das dieser zugrundeliegende System[163]. Die Phorie läßt sich auch als ein in die Literatur ‚übersetzter' Kode zweiter Ordnung betrachten, wie ihn nach Lévi-Strauss der Mythos zur Grundlage hat. Der Kode der Phorie bildet ein Reservoir an paradigmatischen Elementen und syntaktischen Regeln für deren Kombination. Er konstituiert innerhalb des Romantextes eine besondere Ebene, den Meta-Text, mit einer ihm eigenen Sprache, der Metasprache. Dadurch liefert der Roman implizit das Modell zu seiner Beschreibung mit.

---

161 (*GMB* 229). Der Romanheld Taor spricht: «[...] il me semble que je m'enfonce dans une plantation d'oignons, car ici chaque chose, chaque animal, chaque homme possède un sens apparent, lequel en cache un second, lequel déchiffré, trahit la présence d'une troisième signification, et ainsi de suite.»

162 Der Begriff *phorie* wurde von Tournier selber in Analogie zu *eu-phorie* geprägt. Der Autor leitet den Begriff von gr. φορέω = ‚tragen' ab und definiert die *phorie* als ‚le portage' = ‚das Tragen'. Von *phorie* abgeleitet erscheint in Analogie zu *euphorique* = ‚euphorisch' auch das Adjektiv *phorique* = ‚phorisch' (z. B. in „vocation phorique", „extase phorique", „cité phorique", „héros phorique"). – Erste Erwähnung und Definition von *phorie* und *phorique* in *RA* 131 – 133. Zum Begriff *phorie* cf. auch *VP* 123 f.

163 Die Bezeichnung *système* im Hinblick auf die Phorie erscheint im Roman selbst (457). – Wir verstehen hier ‚System' im semiotisch-strukturalistischen Sinne nach dem Kriterium des Binarismus als ein „*System von Unterschieden*", das auf der Differenz beruht [U. Eco (1977), p. 84]. Beschrieben als ein „*Repertoire* von Einheiten [...], die sich durch binäre Ausschlüsse unterscheiden und zueinander in Opposition stehen", zeigt es dieselben Eigenschaften, die die Linguistik nach Saussure, der selbst bekanntlich immer nur vom „*système* de la langue" sprach, der Struktur zuschreibt [id. (1972), p. 61 f.].

Die Phorie ist also zugleich Thema des Romans und Organisationssystem des Textes. Ersteres erhellt auch aus Äußerungen des Autors:

> «[la] phorie [...] constitue le seul véritable sujet du roman»[164]

und einer weiteren Bemerkung, derzufolge er den Roman ursprünglich „La Phorie" nennen wollte[165]. Die ‚mythische' Botschaft des Romans ist auf kunstvolle Weise im Kode der Phorie verschlüsselt. Dabei erfahren die einzelnen Aspekte der Thematik erst allmählich im Textverlauf bzw. am Ende desselben eine ‚phorische' Formulierung. Die Phorie präsentiert sich als ein System zur Erzeugung ‚mythischer' Bedeutung. Es ist nicht von vornherein fertig, sondern wird allmählich entwickelt, besser gesagt, es entwickelt sich aus sich selbst und entfaltet sich gleichsam im Geiste des Lesers.

Wir betonen in aller Deutlichkeit, daß die hier auf dem Hintergrund der strukturalen Konzeption von Lévi-Strauss vorgenommene Darstellung der Phorie zwar durchaus ihre Berechtigung hat, daß sie aber nicht ausreicht, wenn wir die postmoderne Dimension ins Auge fassen. Wir werden weiter unten sehen, wie man, freilich immer vorausgesetzt, daß man die Phorie als System bzw. Kode anerkennt, auf der Grundlage von Ecos sprachphilosophischen Ausführungen zu einer im postmodernen Sinne adäquaten, semiotisch begründeten Beurteilung derselben gelangen kann, die über den Standpunkt von Lévi-Strauss hinausführt und damit weitere Perspektiven für das Verständnis des Tournierschen Textes eröffnet.

Die Phorie als Organisationssystem operiert mit Textverfahren, die Lévi-Strauss als Wirkungsmechanismen sowohl für den Mythos als auch für die Musik erkannt hat. Tournier entlehnt diese der Musik. In *Le vent Paraclet* deutet er die Parallelität zwischen dem *Roi des Aulnes* und der Fugenstruktur an, indem er gleichzeitig einen Einblick in den Entstehungsprozeß des Romans gibt:

> «Partant du thème phorique – simple comme le simple geste de poser un enfant sur son épaule – j'ai essayé d'édifier une architecture romanesque par un déploiement purement technique empruntant ses figures successives à une logique profonde. La phorie prend racine dans l'Adam archaïque, puis se développe, s'inverse, se déguise, se réfracte, s'exaspère – phorie, antiphorie, superphorie, hyperphorie, etc. – toujours couverte par le léger manteau de la psychologie et de l'histoire. Car les vrais ressorts du roman ne sont pas plus psychologiques et historiques que les pistons et les bielles des petites locomotives électriques des enfants ne font vraiment avancer la machine. C'est une énergie *sui generis* qui l'anime» (*VP* 129).

Die bewegende Kraft bei der Textkonstitution ist nach den Worten des Autors die „énergie *sui generis*", die herrührt aus der Nachahmung der Fugenstruktur. Es gilt im folgenden

---

164 M. Tournier in *VP* 124; cf. auch ibid., 55; ferner *Entretien Michel Tournier - Cornelia Klettke* (9. Okt. 1984), infra, p. 288.

165 Cf. ibid., infra, p. 288.

aufzuzeigen, wie das System der Phorie gleichsam, metaphorisch betrachtet, die Fugenstruktur nachschafft und wie darüber hinaus sich auf thematischer Ebene der der Fuge zugrundeliegende Gedanke der *Jagd* bzw. *Flucht* im *Roi des Aulnes* widerspiegelt[166].

Die Technik der Fuge und ihre Struktur haben für die Texterzeugung, d. h. beim Produktionsprozeß, als eine Art Inspirationsmodell gedient. Die Struktur des Romantextes kann aber nur bedingt mit der *einer* Fuge verglichen werden. Das musikalische Modell für den Roman ist komplexerer Natur. Tournier selber weist uns den Weg zu seinem Vorbild. Es ist die *Kunst der Fuge* von Johann Sebastian Bach, die ihn während der jahrelangen Arbeit am *Roi des Aulnes* begleitet hat:

> «[...] Reste le dessein général, l'ambition originelle. Là c'est une autre œuvre musicale qui m'a accompagné, la plus riche, la plus rigoureuse, la plus touchante qui fut jamais conçue de tête humaine et réalisée de main humaine, l'idéal insurpassable de toute création, qu'aucun créateur – quel que soit son mode d'expression – ne devrait quitter des yeux, je veux dire l'*Art de la fugue* de Jean-Sébastien Bach.
> [...] il n'envisage pas que cette œuvre soit jamais exécutée, et il la compose *in abstracto* sans aucune indication instrumentale. Il s'acharne sur cette prodigieuse architecture jusqu'à son dernier souffle [...]. Avec une application de bon écolier qui n'a pas eu trop de toute sa vie pour apprendre sa leçon, le vieux maître pose les quatre mesures de son sujet, courte et déchirante mélodie dont la simplicité diamantine va mystérieusement s'épanouir en corne d'abondance. Car aussitôt le grand art déploie sa magie et l'oeuvre s'édifie par développement, stretto, réponse, inversion, contre-sujet, coda, miroir, etc.» (*VP* 128).

Tournier zeigt sich beeindruckt von der Formstrenge und Komplexität dieses musikalischen Werkes, das, ausgehend von einem einfachen Thema, zu größtem Reichtum der Formen

166 Trotz der Bedeutung, die Tournier selbst diesem Aspekt seines Werkes beimißt, liegt noch keine fundierte Analyse zur Nachahmung der Fugenstruktur vor. – Oberflächlich inspiriert durch das musikalische Kryptogramm „BACH", konstruiert S. Petit in freier Übertragung auf den Roman ein von ihr sogenanntes, freilich nicht semiotisch begründetes, Strukturkonzept des *Roi des Aulnes* auf der Folie von acht verschiedenen „fugal themes", deren Anfangsbuchstaben, nacheinander gelesen, die Buchstaben des Namens „TOURNIER" ergeben: Tiffauges – the Ogre – the Unhold – Rominten – the Napola – Inversion – Éphraïm – the Roi des aulnes [(1986), p. 232 f.]. Dieses Programm erscheint, so originell und geistreich es sein mag, nicht zuletzt angesichts der willkürlichen Auswahl der Schlüsselwörter als beliebig auf den Text aufgepfropft und kann daher eher als Kuriosum denn als ein ernsthafter Versuch einer Strukturanalyse auf der Basis der Bachschen *Kunst der Fuge* gewertet werden. – Der Versuch A. Bouloumiés [(1988), p. 73 ff.], die sich auf einen unverbindlichen Vergleich von sporadisch der Fugenkunst entlehnten Begriffen – ohne nähere Analyse ihrer Bedeutung im musikalischen Kontext – mit Textstellen im *Roi des Aulnes* beschränkt, bleibt im Ansatz stecken, da eine sinnvolle Applikation der Operationstypen der Fuge auf den Roman von einer systematischen Explikation ihrer jeweiligen Bedeutung ausgehen muß und nur auf der Basis einer detaillierten und stringenten Analyse des Systems der Phorie [von Bouloumié nicht geleistet, cf. supra, p. 20 und Anm. 8] aufbauen kann. Das unsystematische Vorgehen Bouloumiés bringt nur zumeist willkürliche Einzelergebnisse hervor, die fehlerhaft und schief erscheinen: z. B. die irrige Analogsetzung der Antiphorie mit dem Krebsgang [ibid., p. 77 f.; dagegen unsere Definition, infra, p. 125 f.] oder den nur flüchtig angedeuteten und dabei falschen Vergleich des Romanendes mit der Stretta [ibid., p. 78; dagegen supra, p. 65, infra, p. 77, 80, 184, 187, 192, 261, 262].

entfaltet wird. Dieses Prinzip hat er im *Roi des Aulnes* umzusetzen versucht, wo er die einfache Gebärde, ein Kind auf die Schultern zu setzen, zum Grundstein seines differenzierten ‚phorischen' Gebäudes nimmt. Für die Terminologie ist festzuhalten, daß die ‚phorische' Gebärde („le simple geste de poser un enfant sur son épaule" = Phorie) sowie die Gebärden der Antiphorie, der Superphorie, der Hyperphorie usw. von Tournier als ***figures*** bezeichnet werden (*VP* 129). Wir übernehmen diesen Begriff in dieser speziellen Bedeutung für die ‚phorischen' Figuren, soweit sie spezifische Gebärden in einfacher oder kombinierter Form darstellen. Bereits mit dieser Bezeichnung stellt sich eine Parallele zur Fuge ein[167].

2.2.3.4.4. Elemente der Fugenkunst als Modelle für Textverfahren und Strukturbildung im *Roi des Aulnes*: Paradigmatische Zusammenstellung von Strukturmerkmalen

Die Analogien gehen aber noch weiter: Der *Roi des Aulnes* enthält Entsprechungen zu bzw. Reminiszenzen an alle wesentlichen Strukturelemente der Fuge. Diese bilden nach unserer hypothetischen Lesart, wie die Analyse zeigen wird, die Organisationsprinzipien des Romantextes. Durchdrungen von dem Geist der Polyphonie spielt der Autor frei mit den kontrapunktischen Mitteln und setzt so den von spezifischen Charakteristika geprägten Musiktypus in literarischen Text um[168]. Wenn man auch die eigenen Aussagen Tourniers dahingehend verstehen kann, daß er den Gesamtzyklus der Bachschen ***Kunst der Fuge*** als Modell im Sinn hatte, so drängt sich angesichts der Offenheit der Textkonzeption immer wieder auch der Vergleich mit einer einzelnen Fuge auf. Ein näheres Eingehen auf dieses

[167] Mit dem Begriff wird auch in der Musikwissenschaft in Anwendung auf die Fuge operiert, sowohl im Hinblick auf Klangelemente des Themas (Beispiel: ‚Figur des Schmerzes') als auch auf das Kopfthema der Fuge selber [G. Altmann (1981), p. 136]. – Die ‚phorische' Figur stellt im *Roi des Aulnes* die differentielle Einheit des Systems der Phorie dar. Es ergibt sich aus dieser Perspektive eine Verwendung des Begriffs ‚Figur' in dem Sinne, wie ihn Tournier selbst in Analogie zur Fuge geprägt hat. – Andererseits zeigt sich im Hinblick auf die generative Potenz der ‚phorischen' Figur eine verblüffende Übereinstimmung zu der von Barthes beschriebenen ‚Figur' als einer „scène de langage" [*Fragments d'un discours amoureux* (1977), p. 8], auch wenn auf den ersten Blick eine Diskrepanz darin zu bestehen scheint, daß es sich bei Barthes nicht wie in der Fuge um eine rhetorische Figur handelt, daß zwischen den ‚Figuren' Barthes' kein logischer Zusammenhang existiert und daß sie in kein größeres Ordnungssystem integriert sind: «Aucune logique ne lie les figures, ne détermine leur contiguïté: les figures sont hors syntagme, hors récit; [...] Le *dis-cursus* amoureux n'est pas dialectique; il tourne comme un calendrier perpétuel, une encyclopédie de la culture affective [...]» [ibid., p. 10]. Da die Nachahmung der Fugenstruktur jedoch dekonstruktiv ist, kann der von einem poststrukturalistischen Standpunkt aus geprägte Begriff von Barthes auch auf die ‚phorischen' Figuren angewendet werden, insofern als die Phorie ein offenes System darstellt, in dem die Dialektik dekonstruktiv in Frage gestellt wird.

[168] In dem Bericht von A. Heidick über ihre Begegnung mit Michel Tournier [„Wüstensohn im Bilderbabel des Westens", *Rheinischer Merkur/Christ und Welt* Nr. 25 (17. Juni 1988), p. 15] finden sich zwei Äußerungen des Autors, die noch einmal sein besonderes Verhältnis zur *Kunst der Fuge* von J. S. Bach beleuchten. Sie ist für ihn „Vorbild der Vorbilder", und er sagt: „Ich bin davon besessen. Ich kann sie Ihnen vorsingen, wenn Sie wollen. Wollen Sie?"

Problem behalten wir uns für die Analyse und deren Auswertung vor. Hier sollen zum besseren Verständnis in Kürze die wesentlichen Grundlagen der polyphonen Satztechnik und der Aufbau einer Fuge beschrieben und erläutert werden[169].

Der polyphone Satz ist horizontal gerichtet, d. h. die einzelnen Stimmen werden linear entwickelt. Damit verbindet sich das Charakteristikum der Selbständigkeit jeder einzelnen Stimme. Im Unterschied zu der vertikal orientierten Homophonie kommt es hier weniger auf den Zusammenklang der Stimmen an. Die Grundcharakteristika polyphoner Satztechnik sind *Kontrapunkt* und *Imitation*. Der Begriff ‚Kontrapunkt' bedeutet ursprünglich das „Gegeneinandersetzen von Tönen" (*punctus contra punctum*, Note gegen Note)[170] als Merkmal der Komposition mehrstimmiger Sätze. Diese unterliegt bestimmten, in der Lehre vom Kontrapunkt formulierten Regeln der Kombination der Stimmen, die immer darauf abzielen, auch bei der engen Beziehung der Stimmen untereinander der Einzelstimme ihre Selbständigkeit zu bewahren. Die kontrapunktische Mehrstimmigkeit verbindet sich also mit dem Gedanken der Eigenständigkeit der einzelnen Stimme. Wir heben diese Tatsache hervor im Hinblick auf die Analogie zu Tourniers Roman, in dem dieses Strukturmerkmal in übertragenem Sinne erkannt werden kann.

Der Begriff ‚Kontrapunkt' läßt sich weiter oder enger fassen. Er bezeichnet zum einen das Strukturprinzip der Polyphonie schlechthin. Im engeren Sinne ist der Kontrapunkt die „dem Thema oder der zugrunde gelegten Melodie gegenübergestellte Stimme"[171]. In der Fuge, in der die kontrapunktische Kompositionstechnik ihren Höhepunkt erreicht, bilden die mit dem Thema oder dessen Imitation als freie Gegenstimmen korrespondierenden Kontrapunkte gleichsam die Kontrastfolie, auf deren Hintergrund sich das Frage-Antwort-Spiel von Thema und Thema-Imitation entfaltet. Wir werden sehen, wie auch dieses Phänomen im *Roi des Aulnes* eine Entsprechung findet.

Der Begriff ‚Kontrapunkt' findet sich in der Bezeichnung ‚kontrapunktische Mittel' in übergeordneter Stellung auch über den Begriff der ‚Imitation'. Die Imitation ist wie der Kontrapunkt ein grundlegendes Strukturprinzip der polyphonen Satztechnik und damit vorrangig in der Reihe der kontrapunktischen Mittel. ‚Imitation' oder Nachahmung bezeichnet im strengen Sinne die „Wiederholung eines musikalischen Gedankens in einer anderen Stimme"[172]. In der Fuge finden wir sie in spezieller Ausformung und strenger Reglementierung.

---

[169] Nach G. Altmann (1981), U. Michels (1977) und (^{4}1987), F. W. Marpurg (1753).

[170] U. Michels (1977), p. 95.

[171] G. Altmann (1981), p. 113.

[172] Ibid., p. 120.

Obwohl keine Fuge der anderen gleicht, sollen hier einige Grundzüge ihres Aufbaus beschrieben werden, wobei die Applizierbarkeit der Strukturelemente und ihrer Kombinationen auf den Tournierschen Text das Auswahlkriterium bildet. Die Fuge beginnt mit dem Thema in der Grundgestalt (*Dux*). In einer einfachen dreistimmigen Fuge erfolgt danach in einer zweiten Stimme die Beantwortung des Themas durch den *Comes*. Es handelt sich dabei um eine genaue Wiederholung des Themas, das jedoch in eine andere Tonart (fast immer als Quintverschiebung) *transponiert* ist. Darauf erklingt das Thema in der dritten Stimme wieder in der Grundgestalt (Dux). In diesem Beispiel handelt es sich also um die Abfolge Dux – Comes – Dux. Das Thema ist damit durch alle drei Stimmen geführt. Man spricht von der ersten *Durchführung* oder *Exposition*. Während eine Stimme das Thema spielt, bilden die zwei anderen Stimmen freie kontrapunktische Gegenstimmen zu Dux oder Comes aus. Der von der ersten Stimme als Gegenstimme zum Comes ausgebildete Kontrapunkt wird *Kontrasubjekt* genannt. Es ist hervorzuheben, daß dieser Kontrapunkt eine „thematisch selbständige Gegenstimme" darstellt[173]. Diese Definition bildet für die Klassifizierung der Textsegmente im *Roi des Aulnes* und die Identifizierung des „contre-sujet"[174] im Romantext eine wesentliche Voraussetzung.

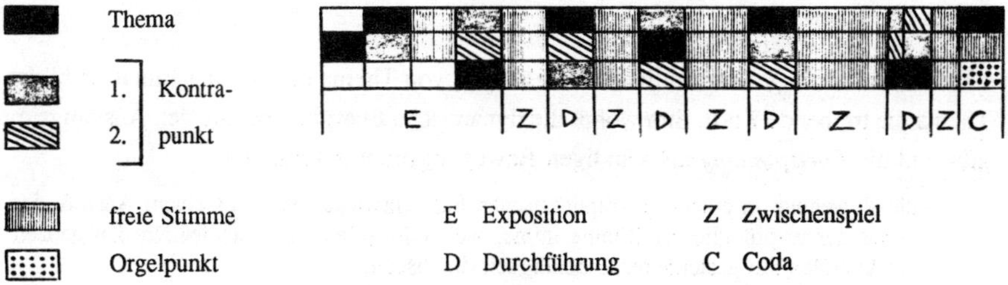

Schema einer Fuge[175]

[173] Ibid., p. 139.

[174] Bezeichnenderweise nennt Tournier in seinen theoretischen Erörterungen über die Konzeption des *Roi des Aulnes* auf der Folie der *Kunst der Fuge* von J. S. Bach den Begriff *„contre-sujet"* im Zusammenhang mit seiner Aufzählung der kontrapunktischen Mittel neben „inversion" und „miroir", *woraus hervorgeht, daß er wie in der Fuge zwischen Kontrasubjekt und Themainversion unterscheidet* (*VP* 128). Wir erkennen daraus, daß Tournier bei der Übertragung der musikalischen Form auf seinen Text durchaus die ganze Breite und Differenziertheit der strukturellen Elemente der Fuge im Blick hat.

[175] Frei nach U. Michels (1977), p. 116; entwickelt auf der Grundlage der Fuge II (c-moll) aus dem *Wohltemperierten Klavier I* von J. S. Bach.

In der Fuge folgen auf die Exposition noch mindestens zwei weitere Durchführungen, in denen Dux und Comes „den Tonartenkreis erweitern können“[176]. Die weitere Behandlung des Themas ist trotz gewisser Regeln in den verschiedenen Fugen unterschiedlich. In unserem Schema, das die Fuge II (c-moll) aus dem *Wohltemperierten Klavier I* von J. S. Bach zugrundelegt, erscheint das Thema in den weiteren Durchführungen jeweils nur in *einer* Stimme[177]. Wir haben dieses Beispiel gewählt, weil sich gerade hieran wiederum eine Parallele zur ‚mythischen‘ Struktur des *Roi des Aulnes* erkennen läßt.

Den Schlußteil der Fuge bildet zumeist die *Coda*, eine Art Bekräftigungsformel, in der das Thema ein letztes Mal, und zwar wie zu Beginn des Stückes in der Haupttonart (in unserem Beispiel also in c-moll) über einem Liegeton (dem *Orgelpunkt*) erklingt. Über dieser sich über mehrere Takte erstreckenden Konstante im Baß entfalten sich die anderen frei improvisierten Stimmen in reicher Kontrapunktik, bis sie schließlich alle zusammen mit dem Orgelpunkt in den Schlußakkord einklingen, womit die völlige Entspannung erreicht ist.

Die durch die strenge Verarbeitung des Themas gekennzeichneten Durchführungen alternieren mit episodenartigen *Zwischenspielen*, die freier gestaltet sind, dabei jedoch thematisches und kontrapunktisches Material enthalten. Wir werden dieses *Alternieren von Durchführung und Zwischenspiel* nachgeahmt im *Roi des Aulnes* wiederfinden und zum gegebenen Zeitpunkt weiter beurteilen.

Bei dem für die Fuge konstitutiven Wechselspiel von Thema und Thema-Imitation bildet das Thema die treibende Kraft. Ihm wohnt die dynamische Energie inne, die den Ausgangsimpuls gibt und die *Fortspinnung* als ständigen Bewegungsimpuls veranlaßt:

> „Alle Bewegung in einem kontrapunktischen Satz entwickelt sich aus einem Anstoß, der sich aus der ursprünglichen Stimme immer weiter fortpflanzt und schließlich den ganzen Linienkomplex mit gesteigerter Lebendigkeit durchsetzt.
> Ganz besonders gilt das für die Fuge, die aus einem Thema geboren wird, es durch alle Stimmen führt und zur vollen Entfaltung bringt, für die das Thema zur lebensnotwendigen inneren Struktur geworden ist“[178].

Entsprechendes läßt sich über den *Roi des Aulnes* sagen: Auch hier geht, wie sich zeigen wird, der entscheidende Impuls zur Strukturentfaltung von einem Thema, der Phorie, aus, das auf einer Vielzahl von Ebenen ‚durchgeführt‘ und so zur vollen Entfaltung gebracht wird.

In der Fuge bewirkt die Fortspinnung gleichsam die dramatische Spannung des *Wechselspiels von Jagd und Flucht*, bei dem eine Stimme die andere vorantreibt: Der Dux flieht vor dem

---

176 G. Altmann (1981), p. 138.

177 Dies muß jedoch keineswegs so sein. Cf. die Ausführungen und das Schema zum Aufbau der Fuge von G. Altmann, ibid., p. 139 f.

178 G. Altmann, ibid., p. 137; der erste Absatz in Anlehnung an E. Kurth.

Comes, der ihn jagt und seinerseits vor dem nächsten Dux flieht usf.[179]. Jede Stimme für sich strebt vorwärts. Da die ständige Wiederkehr des Themas in fast unveränderter Form für die Fuge eine Gesetzmäßigkeit bildet, unterscheiden sich die Stimmen voneinander nur durch die zeitliche Verschiebung. Jede Stimme vollführt „die gleiche Bewegung [...], aber zu verschiedener Zeit"[180].

Auf dem Prinzip der Imitation beruhen in der Fuge eine Reihe von kontrapunktischen Mitteln, die hier genannt und teils näher beschrieben werden sollen. Neben der *einfachen Imitation*, bei der der Comes die genaue Wiederholung des Dux – jedoch in einer anderen Stimme und bei Transposition in eine andere Tonart – darstellt (charakteristisch für die ‚einfache' Fuge), sind dies

– die *Umkehrung* des Themas = Spiegelung: der Comes erscheint als Spiegelbild des Dux.
  a) *Inversion* = Spiegelung an der Horizontalen, charakteristisch für die Gegenfuge,
  b) *Krebs* = Spiegelung an der Vertikalen: bewirkt Rückläufigkeit,
– die *Augmentation* = rhythmische Vergrößerung des Themas: die Verlängerung der Notenwerte bewirkt eine Verlangsamung des Fortschreitens,
– die *Diminuation* = rhythmische Verkleinerung des Themas: die Verkürzung der Notenwerte bewirkt eine Beschleunigung des Fortschreitens,
– die *Engführung* = ‚Ins-Wort-Fallen': sie bedeutet das Enger-Zusammenrücken von Dux und Comes und dient als Mittel der Steigerung,
– die *Permutation* = Stimmentausch, ermöglicht das Durchspielen des Themas durch alle Stimmen, bewirkt Verflechtung der Stimmen.

Zwei kontrapunktische Mittel sollen hier eine besondere Erwähnung finden, da sie – übertragen auf den *Roi des Aulnes* – für die Textkonstitution als Operationstypen von erstrangiger Bedeutung sind[181]: die *Inversion* bzw. *Spiegelung* und die *Permutation*. Wie wir dargelegt haben, werden die Inversion und die Permutation von Lévi-Strauss als entscheidende strukturbildende Prinzipien für den Mythos erkannt. Sie sind in vergleichbarer Funktion in der Fuge wirksam. Es erübrigt sich beinahe, zu betonen, wie sich hier ein Kreis von Analogien und Reminiszenzen zwischen dem Mythos, der Musik vom 17. bis zum 19. Jahrhundert und dem postmodernen Mythenroman Tourniers schließt.

Wir erkennen die Inversion als einen grundlegenden Mechanismus logischen Denkens. Im *Roi des Aulnes* bewirkt die aus dem Prinzip der binären Logik resultierende Inversion zunächst rein formal eine Umkehrung der Wertigkeiten von plus zu minus bzw. *vice versa*.

---

[179] Man vergleiche die Etymologie des Wortes *Fuge*, auch mit ‚Wechselgesang' übersetzt, das sich sowohl von *fugare* = ‚jagen' als auch von *fugere* = ‚fliehen' herleiten läßt [F. W. Marpurg (1753), Bd. I, p. 17].

[180] G. Altmann, ibid., p. 112.

[181] Sie stellen im übrigen grundlegende Textverfahren des gesamten Romanwerks von Tournier dar.

Sie kann aber zugleich, aufgeladen mit ethisch-moralischem Wertgehalt, in dem Oppositionspaar *inversion maligne* bzw. *inversion bénigne* mit dem System der Phorie ‚mythischen' Sinn erzeugen. Darauf, daß dieses Paar *inversion maligne – inversion bénigne* sich für Tournier aus der Notwendigkeit logischen Denkens ergeben hat und nicht etwa intertextuell auf theologischen Quellen beruht, deutet eine Äußerung des Autors selbst[182].

In der Kontrapunktlehre stellt die *Inversion* als Umkehrung des Themas oder als Umkehrung von Motiven eine *Spiegelung an der Horizontalen* dar. Zur Veranschaulichung wählen wir zwei Schemata aus der *Kunst der Fuge*:

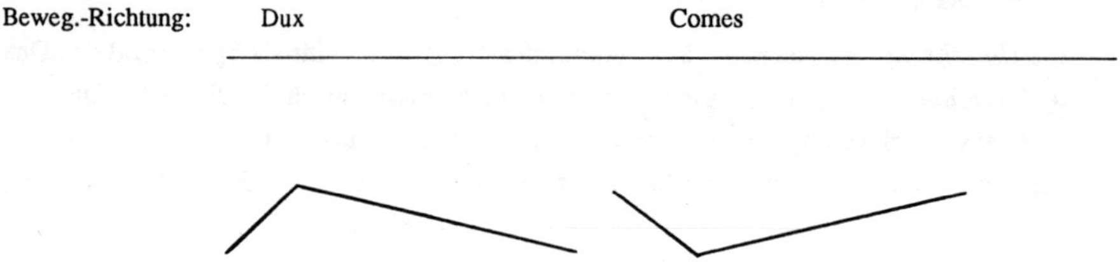

Schematische Darstellung einer Inversion:
Modell der *Gegenfuge* aus der *Kunst der Fuge*[183]

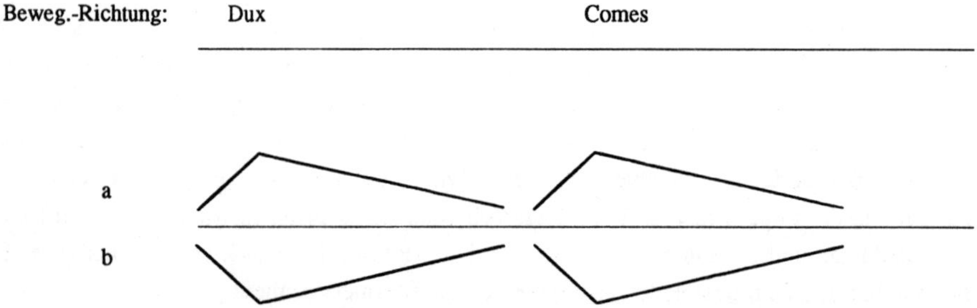

Modell der *Spiegelfuge* aus der *Kunst der Fuge*:
Die Fuge b entsteht aus der Fuge a durch totale Spiegelung[184]

---

182 Cf. Interview mit A. Bouloumié [(1988), p. 252].

183 Abbildung frei nach U. Michels (^{4}1987), p. 362.

184 Abbildung frei nach U. Michels, ibid.

An diesen Beispielen erkennt man, daß die gespiegelten Intervalle in umgekehrter Richtung verlaufen, und zwar wird eine *fallende* Tonsequenz zu einer ***steigenden***, eine ***steigende*** zu einer *fallenden*. Wir werden sehen, daß das System der Phorie dem musikalischen Modell ganz nahe kommt: Die Richtungsänderung aufwärts – abwärts und ***vice versa***, die wir in der Fuge beobachten, erscheint hier, mit Werthaftigkeit befrachtet, als ***negative bzw. positive Umkehrung des Themas***.

Neben den Spiegelungen an der Horizontalen (Inversion) kommen im *Roi des Aulnes* analog zu dem Modell der Fuge auch *Spiegelungen an der Vertikalen* vor (*Krebs*). In der Kontrapunktlehre entstehen bei dieser Art der Spiegelung Komplementärintervalle, wobei die Struktur erhalten bleibt.

Beweg.-Richtung: Dux Comes

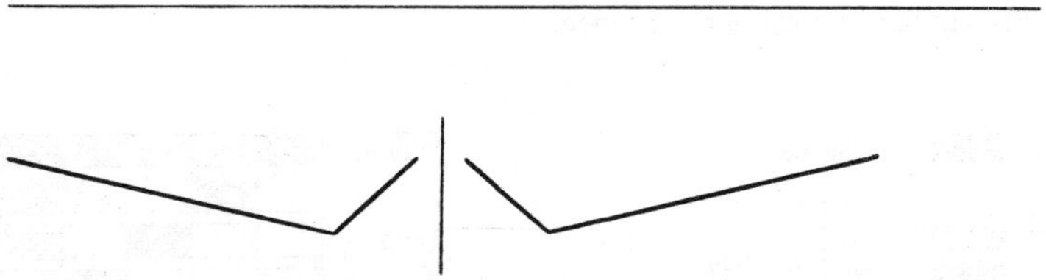

Krebs (Rücklauf)[185]

Die Komplementarität zeigt sich im *Roi des Aulnes* am sinnfälligsten am Beispiel der Zwillinge Haïo und Haro, die als ‚Spiegelzwillinge' (*jumeaux-miroirs* 452) konzipiert sind:

> «[...] il est indiscutable que la moitié gauche de Haro correspond à la moitié droite de Haïo, de même que sa moitié droite reproduit exactement la moitié gauche de son frère. Ce sont des *jumeaux-miroirs* superposables face à face, et non face à dos comme les autres» (452).

Neben diesen Umkehrungen finden sich im *Roi des Aulnes* Repetitionen des Thema auf einer jeweils anderen Ebene. Es handelt sich dabei um eine *einfache Imitation*. Die Analogie zur Fuge erhellt in diesem Falle aus einer metatextuellen Äußerung im Roman selber, die diese Wiederaufnahme metaphorisch als eine ‚Reprise' des Themas in anderen Stimmen bzw. Tonarten beschreibt:

> «[...] comme un thème musical repris par des instruments et à des octaves différents» (183).

Im Hinblick auf die Figuren ergeben sich aus den zwei verschiedenen Verfahren der *Spiegelung* und der (einfachen) *Imitation* zwei Arten von Doubles: das *gespiegelte Double* und das *kopierte Double*. Im ersten Fall stellt das Double die Spiegelung einer Figur, im zweiten eine (mehr oder weniger exakte) Kopie oder Imitation einer solchen auf einer

185 Frei nach U. Michels (1977), p. 118.

anderen Ebene dar. Wir beobachten hier eine Überlagerung einer Reminiszenz an das mythische Denken – ‚Nachahmung' der *in illo tempore* geoffenbarten ‚Vorbilder' – mit dem aus der Fugenkunst entlehnten formalen Prinzip der Imitation. Das Phänomen der Nachahmung ist im Roman intertextuell überkodiert und damit mehrdeutig; es verweist u. a. sowohl auf die ontologische Kategorie des ‚Archetyps' (nach Eliade) als auch auf rein formale Prinzipien.

Als kontrapunktisches Mittel in der Fuge bezeichnet die *Permutation* den Tausch der Stimmen und ermöglicht damit das Durchspielen sämtlicher Möglichkeiten. In der Durchführung bewirkt sie durch die sogenannte Durchimitierung des Themas durch alle Stimmen eine *Verflechtung* der letzteren. Neben anderen Verfahren (insbesondere der *Engführung*) trägt sie zur Verdichtung der Satzstruktur bei. In besonderer Ausprägung findet sich das Verfahren in der sogenannten ‚Permutationsfuge' als einer Sonderform der einfachen Fuge (sie enthält keine Zwischenspiele). Ihr Schema läßt in besonders anschaulicher Weise das Prinzip der Permutation erkennen:

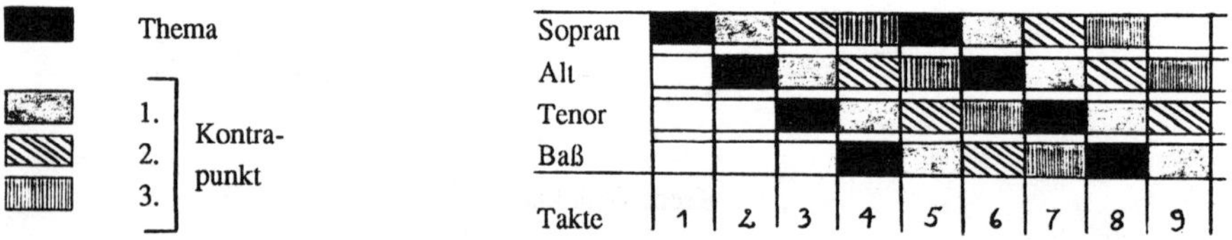

Permutationsfuge (J. S. Bach, *Kantate* BWV 182)[186]

Wie in der Fuge ermöglicht auch im Werk Tourniers die Permutation als Tauschverfahren ein ‚Durchspielen' von Möglichkeiten. Nicht nur indem Wertigkeiten von Termen vertauscht, sondern auch, indem Terme durch äquivalente Terme ersetzt werden, wird eine Vermittlung von Gegensätzen erreicht. Die Permutation wirkt in der Vermittlungsstruktur – zusammen mit dem *médiateur* (Lévi-Strauss) – bei der Auflösung des dem Mythos inhärenten Widerspruchs mit.

Die hier theoretisch beschriebenen Operationstypen der Inversion bzw. Spiegelung, der Permutation und der einfachen Imitation werden im Analyse- und Auswertungsteil an Beispielen nachgewiesen. In einer grenzüberschreitenden Amalgamierung von theoretischer Reflexion und narrativer Praxis werden die besprochenen Textverfahren im Roman selber explizit thematisiert. Es ist kurioserweise der Romanheld selber, der in seinen *Écrits sinistres* sein besonderes Interesse an den Verfahren der Inversion und der Permutation bekundet.

186 Abbildung frei nach U. Michels (1977), p. 116.

Nachdem er am Beispiel der Zwillinge Haïo und Haro die *vollkommene* Form der Spiegelung für sich entdeckt hat, äußert er sich dazu wie folgt:

> «J'ai toujours porté le plus grand intérêt aux opérations d'inversion, de permutation, de superposition [...]» (452).

Mit dem Begriff *superposition* ist zugleich auch das oben beschriebene Verfahren der Schichtung angesprochen, das auch für die Fugenkunst charakteristisch ist. Im Französischen wird der Terminus *superposition* zur Beschreibung der polyphonen Stimmführung gebraucht.

Die Fuge als musikalische Form und darüber hinaus die *Kunst der Fuge* von J. S. Bach liefern dem Roman nicht nur in formaler Hinsicht wichtige Modelle für die Strukturbildung, sondern sie spielen zugleich die Rolle einer *großen Metapher*. Neben der semiotischen Terminologie erscheint das Fugenvokabular als das adäquateste Mittel zur Beschreibung der Textstrukturen. Das trifft insbesondere auf die Figurenstruktur zu, zum einen auf Grund der nur bedingt vorhandenen Psychologisierung der Handlungsträger, die zudem auf unterschiedlichen Ebenen angesiedelt sind, zum anderen wegen des besonderen Status einer Reihe von Figuren, die nicht als Handlungsträger, sondern lediglich als intertextuelle Leitbilder fungieren.

2.2.3.4.5. Die Dekonstruktion der strukturalen Konzeption von Lévi-Strauss in der Tournierschen *mythécriture*

Die Übertragung der Fugenstruktur auf den *Roi des Aulnes* in der spezifischen Ambivalenz der Nachahmung der Struktur *einer* Fuge (als idealtypisches Konstrukt), die zugleich überschritten wird durch die ansatzweise Nachahmung der strukturellen Vielfalt einer weit komplexeren Einheit, des Zyklus der *Kunst der Fuge* von Bach, unterstützt die Sichtweise, den *Roi des Aulnes* nicht nur als die Übertragung des strukturalen Arrangements *eines* Mythos zu betrachten, sondern als Imitation einer komplexeren Einheit, gewissermaßen als ‚Metamythos', der in Ansätzen die Strukturen eines ganzen Mythenkreises enthält. So gesehen, läßt sich eine Beziehung zu der Grundidee in Lévi-Strauss' Spätwerk *Mythologiques* herstellen, die Vielfalt der Mythen zusammenzuschauen.

Gerade hierin wird nun aber ein Abstand zur strukturalen Mythenkonzeption von Lévi-Strauss erkennbar. Die inhaltliche Vielfalt läßt sich nicht in eine abgeschlossene transformationelle Struktur bannen. Innerhalb des komplexen polyvalenten Gebildes des Tournierschen Mythenromans ist, wie noch zu zeigen sein wird, eine bis zu einem hohen Grade *eindeutige* strukturale Bestimmung der Elemente nur innerhalb einer bestimmten Lesart möglich, für die man sich entscheidet. Die semantische Vieldeutigkeit des Textes eröffnet auch andere Möglichkeiten der Interpretation. Die formale Eindeutigkeit der Struktur ist einem pluralen Strukturgeflecht gewichen, in dem sich zwar kohärente, in sich stimmige Zusammenhänge aufzeigen lassen, die jedoch jeweils nur als hypothetisch, versuchsartig und perspektivisch betrachtet werden können. Die mythische Struktur des Tournierschen Romans ist offen. Die Lévi-Strauss'sche Vorstellung vom strukturalen Arrangement läßt sich daher nur modifiziert auf den Mythenroman Tourniers übertragen. Es liegen hier Verschiebungen und Differenzen zugrunde, die in die Postmoderne weisen und zeigen, daß der Roman eine kritische Distanz gegenüber Lévi-Strauss und seiner noch der Metaphysik verhafteten strukturalen Konzeption des Mythos impliziert.

Wir halten den auf den *Roi des Aulnes* angewandten hypothetischen Analyseversuch nach der strukturalen Methode für ein grundlegendes und unverzichtbares Experiment zur Erforschung der Romanstruktur, wobei wir gleichzeitig erkennen, daß diese ausschließliche Festlegung auf ein solches Modell zu einseitig ist und daß diese Methode in Anwendung auf den Mythenroman Tourniers nicht voll greift. Wir müssen also bei unserer Beurteilung über sie hinausgehen. Im Horizont der poststrukturalistischen Diskurse zeichnet sich eine Konzeption ab, die den Roman im Sinne der ‚Dekonstruktion' als ein bloßes *Spiel* mit der intertextuellen Vorgabe der mythischen Struktur erscheinen läßt.

2.2.4. Die Diskurse der Philosophie der Imagination und der Anthropologie des *Imaginaire* (Bachelard, Durand)

2.2.4.1. Der Mythos als „structure figurative" (Durand): Symbole, Archetypen, *schèmes*

«Imaginer, c'est donc
hausser le réel d'un ton.»
G. Bachelard[187]

Am Ende der allgemeinen Erörterungen über die Lévi-Strauss'sche Methode angelangt, sehen wir die Notwendigkeit, die Problematik des Mythos nunmehr anhand der Anthropologie des *Imaginaire* von G. Durand noch einmal kritisch aufzurollen und Grundlagen zu skizzieren, die es ermöglichen, den Roman Tourniers auch aus dieser Perspektive zu beleuchten, was für den Analysevorgang wiederum eine Horizonterweiterung bedeutet. Angesichts des starken Einflusses der Durandschen Konzeption auf die Deutungen des Tournierschen Werkes in der Sekundärliteratur[188] wollen wir versuchen, auf der Basis unserer semiotisch-strukturalistischen Auffassung des Mythos zu einer besseren Einschätzung dessen zu kommen, was die hermeneutisch begründete, auf der Tiefenpsychologie C. G. Jungs basierende und die

[187] (1943), p. 98.

[188] In diesen Beiträgen werden lediglich pauschal einige der von Durand entwickelten Kategorien appliziert, wobei der Kernpunkt seines Konzepts, die *schèmes*, so gut wie unberücksichtigt geblieben ist und eine theoretische Reflexion zu vermissen ist, so daß auch von daher ein Eingehen auf die theoretische Fundierung des Durandschen Konzepts gerechtfertigt erscheint.

Philosophie von Bachelard mit einbeziehende Sichtweise Durands an Wertvollem zum Tournier-Verständnis beitragen kann.

Der von Durand ebenfalls verwendete Begriff der „structure" – bei ihm häufig im Plural gebraucht – erhält eine von Lévi-Strauss abweichende Formulierung. Dem Lévi-Strauss'schen Strukturmodell, das Durand als „structuralisme formel" bezeichnet, stellt er seine Konzeption eines „structuralisme figuratif" gegenüber[189]. Durand wirft Lévi-Strauss reinen Formalismus vor, mit der Begründung, daß sich der Mythos nicht primär auf rein formale syntaktische Einheiten – gemeint sind die Mytheme – reduzieren lasse[190]. Der Mythem-Begriff wird von Durand nicht syntaktisch, sondern semantisch gefüllt. An die Stelle von „Beziehungsbündeln" setzt er „Bedeutungsbündel" („ ‚paquets' non de relations mais de significations"[191]), siedelt also die Bedeutung nicht erst auf der Ebene des Satzes, sondern schon auf der der Wörter, d. h. der „Symbole", an. Durands Symboldefinition[192] stimmt weitgehend überein mit der von Jung, auf den er sich u. a. bezieht. Für das Jungsche Symbol, d. h. den *Archetyp*, ist neben der Analogie zwischen Ausdruck und Inhalt die Unbestimmtheit des letzteren charakteristisch. Das Symbol ist offen („infiniment ouvert") und in seinen Deutungsmöglichkeiten unerschöpflich[193]. Es ist abzugrenzen gegenüber dem Zeichen und der Allegorie. Aus der Verknüpfung archetypischer bzw. symbolischer Bilder entsteht der „récit", den Durand „mythe" nennt[194]. Dessen Tiefenstruktur wird also determiniert durch die Archetypen.

Bei Durand zeigen sich gewisse Abweichungen von Jung, wenn auch mehr in der Terminologie als in der Sache. Durand umgeht den Begriff des kollektiven Unbewußten. An seine Stelle setzt er das *Imaginaire* als ein grundlegendes Merkmal des Menschen schlechthin, das

---

189 G. Durand [(1979, Kap. 3: „Les chats, les rats et les structuralistes", p. 85 – 114] entwirft eine Gegenanalyse zu der berühmten Gedicht-Analyse von R. Jakobson und C. Lévi-Strauss [„ ‚Les Chats' de Charles Baudelaire", in: *L'Homme*. Revue française d'anthropologie II/1 (1962), p. 5 – 21].

190 G. Durand (1969), p. 413 f. – Unsere Gegenposition zur Verteidigung der Auffassung von Lévi-Strauss werden wir weiter unten entwickeln.

191 Ibid., p. 412 f.

192 Cf. dazu insbes. (^{3}1976), p. 7 ff.; (1979), p. 17 ff. und (1969) „Introduction".

193 G. Durand (^{3}1976), p. 13. – Cf. auch C. G. Jung (^{2}1954) und (^{9}1960). – Zur Symboldefinition nach Jung cf. auch U. Eco (1985), p. 214 f. Eco sieht eine Übereinstimmung in der Auffassung des Jungschen Symbols mit dem von ihm entworfenen ‚symbolischen Modus' als eines semiotischen Phänomens.

194 G. Durand (1969), p. 410. – Durand definiert an dieser Stelle (411) seinen Mythen-Begriff wie folgt: «Ainsi le terme ‚mythe' recouvre pour nous aussi bien le mythe proprement dit, c'est-à-dire le récit légitimant telle ou telle foi religieuse ou magique, la légende et ses intimations explicatives, le conte populaire ou le récit romanesque. D'autre part nous n'avons pas à nous inquiéter immédiatement de la place du mythe par rapport au rituel. Nous voudrions simplement préciser la relation qui existe entre le récit mythique et les éléments sémantiques qu'il véhicule, le rapport entre l'archétypologie et la mythologie.»

beruht auf der Kraft der Imagination. Das *Imaginaire* wird im Sinne Durands konstituiert und strukturiert durch die Symbole (Archetypen)[195].

Dem Begriff „Archetyp" stellt Durand den der „schèmes" zur Seite:

> «Nous entendrons par mythe un système dynamique de symboles, d'archétypes, et de schèmes, *système dynamique qui, sous l'impulsion d'un schème,* tend à se composer en récit»[196].

Die archetypischen Vorstellungen sind zunächst statisch. Erst durch die *schèmes* als dynamische Kräfte geraten sie in Bewegung. Die *schèmes* sind ursächliche Wirkungsmechanismen. Sie erfüllen die Funktion von Bewegungsrastern und Ordnungsmustern, die die starren Bilder einander zuordnen und zueinander in Beziehung setzen[197]:

> «Ce sont ces schèmes qui forment le squelette dynamique, le canevas fonctionnel de l'imagination»

und

> «Le schème est une généralisation dynamique et affective de l'image, il constitue la factivité et la non-substantivité générale de l'imaginaire»[198].

Wir verdeutlichen die Bedeutung des Begriffs an einigen Beispielen[199]:

---

195 Der Archetyp-Begriff von Jung ist nicht mit dem von Eliade zu verwechseln. Jedoch entspringt für beide der Archetyp der Imagination. Eliade führt den Begriff *Imagination* auf seine etymologische Bedeutung zurück, wonach er gleichen Stammes mit *imago* = ‚Darstellung', ‚Nachahmung' und mit *imitari* = ‚nachahmen', ‚reproduzieren' ist. Demnach gründet sich die Nachahmung beispielhafter Vorbilder (*imagines*) auf die Imagination [(1952), p. 23 f.].

196 G. Durand (1969), p. 64. – Hervorhebungen von uns.

197 Durand hat diesen bei verschiedenen Philosophen vorkommenden und letztlich auf Kants *Kritik der reinen Vernunft* (A 140, B 179/180) zurückgehenden Begriff *schème* (= Schema) mit einer speziellen Bedeutung befrachtet, die nach seiner eigenen Aussage dem Begriff „symbole moteur" von Bachelard entspricht [ibid., p. 61]. – Die Einführung des Begriffes in die Denkpsychologie erfolgte bereits durch O. Külpe in seinem Aufsatz „Beiträge zu einer Psychologie des Denkens" (1905). Unter dem „antizipierten Schema" wird nach Külpe „eine zugleich dynamische wie systematisch ordnende Ursache im Denken" verstanden. Die Abhängigkeit Külpes von Kant ist unverkennbar. Durand distanziert sich allerdings von der Sichtweise der Würzburger Schule.

198 G. Durand (1969), p. 61.

199 Diese wenigen Proben sind der umfassenden tabellarischen Übersicht der anthropologischen Strukturen des *Imaginaire* („Classification isotopique des images") entnommen [ibid., p. 506 f.].

archétypes	*schème*: DISTINGUER
La Lumière ≠ Les Ténèbres	séparer ≠ mêler
Le Ciel ≠ L'Enfer Le Héros ≠ Le Monstre	monter ≠ chuter
Haut ≠ Bas L'Ange ≠ L'Animal	monter ≠ chuter

Nehmen wir als Grundlage einer Geschichte zum Beispiel das Oppositionspaar *Héros* und *Monstre* an. Diese beiden Archetypen lassen sich in Beziehung setzen durch das dem *schème* ‚DISTINGUER' untergeordnete Begriffspaar *monter ≠ chuter*, durch das sie in eine gegenläufige Bewegung versetzt werden. Das Beispiel zeigt, was Durand mit dem Begriff „structure figurative" meint. Beim Zusammenwirken von Archetypen und *schèmes* entstehen dynamische Bilder. Durand postuliert den Primat des verbalen *schème* („le primat du geste dynamique") gegenüber dem „matériau qui l'incarne"[200], also gegenüber den statischen Bildern. Diese sind als figurative Konkretisierungen sekundär.

Die obige Definition des „mythe" unterschied zwischen Archetypen und Symbolen. Gemeint sind hier die Symbole „stricto-sensu", die neben den Archetypen und den *schèmes* die dritte Kategorie der Symbole des von Durand sogenannten „appareil symbolique" (Begriff orientiert an Freuds „psychischem Apparat") konstituieren[201]:

- *schèmes* = „le niveau ‚verbal' "
- *archétypes* = „le niveau épithétique et substantif"
- *symboles stricto-sensu* = „le niveau ‚culturel' "

Während die ersten beiden universelle Gültigkeit besitzen, variieren die Symbole auf Grund ihrer sozio-kulturellen Motiviertheit. Die kulturspezifischen Symbole lassen sich den universellen Archetypen zuordnen: z. B. ist der *Drache* der Archetyp für „les symboles vampiriques ou dévorants" wie Sphinx, Chimäre, Gorgone, Skylla, Zerberus etc.[202]. Die verschiedenen Mythen entstammenden und in ihrer jeweiligen Physiognomie ganz unterschiedlichen Vorstellungen entspringenden Fabelwesen, die spezifischen, mehr oder weniger

200 Ibid., p. 142.

201 Cf. id. (1979), p. 19 ff.

202 Id. (1969), p. 104 ff.

genau bestimmbaren Örtlichkeiten zugeordnet werden, divergieren, oberflächenstrukturell gesehen, voneinander, weisen aber als Verkörperungen des Ungeheuers („monstre") übereinstimmend vampirische und menschenfresserische Merkmale auf. Durand erkennt, daß die verschiedenen Symbole im Archetyp konvergieren. Deshalb sind die diesen zugrundeliegenden Bilder gleichsam auf eine allgemeingültige Ebene zu projizieren als „symboles universalisables"[203].

Was Durand anstrebt, ist „une conception symbolique de l'imagination". Darunter versteht er

> «[...] une conception qui postule le sémantisme des images, le fait qu'elles ne sont pas des signes, mais contiennent matériellement en quelque sorte leur sens»[204].

Im Sinne dieser hermeneutischen Auffassung setzt sich Durand mit der von Barthes in *Mythologies* vertretenen Position auseinander[205]. Er grenzt seinen Begriff des Symbols von dem des linguistischen Zeichens folgendermaßen ab: Analogiebeziehung zwischen Signifikant und Signifikat anstelle des arbiträren Verhältnisses und aus ersterem resultierende Sinnbeladenheit; „sens figuré", Anthropomorphisierung und Fehlen der Trennung Subjekt – Objekt gegenüber „sens propre", Konzeptualität und Objektivität. Die Barthes'sche Definition des Mythos als eines „système sémiologique second" versucht Durand zu desavouieren mit der These, daß das Symbol nicht sekundär gegenüber dem begrifflichen Ausdruck sei, sondern daß gerade die Existenz der mit Bedeutung aufgeladenen Bilder („images") primär sei.

In der Konzeption von Durand ist das Symbol das konstituierende Strukturelement im „mythe": „l'atome de structure"[206]. Auf Grund seiner Bedeutungsträchtigkeit kommt ihm eine schöpferische Kraft zu („*Le sémantisme du symbole est créateur*" und „l'image est véhicule [...] de joie créatrice"[207]). In seiner Analyse zu „Les Chats" von Baudelaire formuliert Durand den Begriff „métalangage" abweichend von Lévi-Strauss und Barthes in der Anwendung auf seine Konzeption als „métalangage des symboles universalisables"[208]. Der entscheidende Unterschied zum semiotisch-strukturalistischen Vorgehen kommt in einer prägnanten Formulierung im Rahmen seiner Kritik an der Gedichtanalyse von Jakobson und Lévi-Strauss zum Ausdruck:

> «Les auteurs s'évertuent à faire passer l'essence syntactique et formelle du poème *avant* l'existence sémantique des images. Mais à aucun moment, ils n'arrivent à *dériver* le sens, un sens univoque, de la forme. C'est que, dans le domaine du sens, [...] c'est le sens ‹figuré›

---

203 Id. (1979), p. 96 ff.

204 Id. (1969), p. 60.

205 Zum Folgenden cf. G. Durand (1969), p. 457 ff.

206 Id. (1979), p. 113.

207 Id. (1969), p. 457.

208 Id. (1979), p. 96.

> qui est donné avant le sens propre. La langue ne fait que préciser le langage symbolique [...]. Un signe, un algorithme, une syntaxe ne sont que la dérivation expressive d'un symbole»[209].

Durand verkehrt mithin das Verhältnis von „Form“ und „Sinn“. Seine Ausführungen gipfeln in der polemischen und zugleich programmatischen Feststellung:

> «[...] je voulais substituer à ce structuralisme du non-sens un structuralisme du sens qui réconcilie figure et syntaxe, image et langue, symbole et structure. Pour cela il fallait admettre comme un axiome (et non un postulat) que le symbole était ‹l'atome de structure››»[210].

Mit dieser sehr zugespitzten These wird Durand der Lévi-Strauss'schen Konzeption keineswegs gerecht. Wir maßen uns hier jedoch nicht an, die Durandsche Sichtweise, die sicherlich auch ihre Berechtigung hat, zu desavouieren und die unterschiedlichen Auffassungen gegeneinander auszuspielen.

Wir sind indessen entschieden der Meinung, daß zur Dekodierung des Tournierschen Romans die semiotische Konzeption zu bevorzugen ist, da es uns verfehlt erscheint, bei der Analyse des Textes im Ansatz von der Referenz auf die Archetypen auszugehen, wie dies in einigen Beiträgen geschieht. Bei einem solchen Vorgehen, das in erster Linie Fremdes aufpfropft, kann es nur zu einer Reduktion der Botschaft auf die universellen psychologischen Denkmuster kommen, wobei im besonderen Text lediglich die allgemeinen invarianten Strukturen des *Imaginaire* aufgedeckt werden. Die Durandsche hermeneutische Methode erweist sich gerade im Hinblick auf einen Text wie den postmodernen Mythenroman Tourniers als ungeeignet. Die intertextuelle Referenz der Signifikanten auf das System der Archetypen ist differentiell. Erst eine Analyse der mythischen Struktur, d. h. der systematischen Organisation der Signifikanten, führt zur Erkenntnis der Ambivalenz.

Ferner erscheint es nicht angebracht, den semantischen Horizont des Tournierschen Textes auf eine tiefenpsychologisch begründet Symbolik einzuengen. Ein hermeneutischer Symbolbegriff erweist sich im übrigen in Anwendung auf den als semiotisches Konstrukt zu betrachtenden Text als nicht adäquat.

2.2.4.2. Der Mythos als „histoire fondamentale“ (Tournier)

2.2.4.2.1. Die ‚archetypische‘ Botschaft des Mythos der Phorie

Andererseits bietet die Durandsche Klassifizierung und Systematisierung der Bilder des *Imaginaire* eine wertvolle Grundlage für die Analyse der Mythenromane Tourniers, sofern diese intertextuell auf Signifikanten des kollektiven Unbewußten verweisen. Über die bisherigen

---

[209] Ibid., p. 94 f.

[210] Ibid., p. 113.

Erkenntnisse hinausgehend, wird unsere semiotisch begründete Analyse den Zusammenhang zwischen dem Thema des Romans, der Phorie, und den *schèmes* aufdecken. Man wird erkennen, daß die Tiefenstruktur des Systems der Phorie auf Prinzipien des *Imaginaire* zurückgeführt werden kann. Die Kombination der Zeichen unterliegt gewissen tiefenpsychologisch begründeten Zwängen. Es handelt sich bei diesen Kombinationen analog dem Zusammenwirken von Bildern und *schèmes* um systematische Zusammenhänge, die zum kollektiven vorrationalen Wissens- und Erfahrungsschatz der Menschheit gehören und somit wahr, aber rational nicht begründbar sind.

An dieses grundlegende Wissen im Menschen könnte Tournier gedacht haben, als er sein Konzept des Mythos als *„histoire fondamentale"* bezeichnete (*VP* 188)[211]. Über die Mythemanalyse enthüllt sich uns eine tiefere, rational nicht faßbare, gleichsam ‚archetypische Wahrheit' als ‚Botschaft' des Mythos der Phorie: nämlich die geheime Beziehung zwischen Antiphorie und Tod bzw. zwischen Phorie und Leben. Die Gebärde des Retters, das Aufheben und das Tragen, und das daraus resultierende ekstatische Aufstiegserlebnis erscheinen tiefenpsychologisch ebenso als Ausdruck ein und derselben aufwärtsstrebenden Kraft wie umgekehrt der Drang des Ungeheuers nach Vernichtung, seine Lust am Fallenlassen bzw. Töten und sein eigener Untergang als Manifestationen ein und derselben abwärtsgerichteten Bewegung.

2.2.4.2.2. Die Übersetzung der Mythos-Definition von Denis de Rougemont

So gesehen, löst der *Roi des Aulnes* auch die programmatische Definition des Mythos als einer „histoire fondamentale" ein, deren Spur uns zu der vielzitierten Mythos-Definition von Denis de Rougemont (*L'amour et l'Occident*)[212] führt, die im *Roi des Aulnes* eine geradezu beispielhafte Umsetzung erfährt:

> «On pourrait dire d'une manière générale qu'un mythe est une histoire, une fable symbolique, simple et frappante, résumant un nombre infini de situations plus ou moins analogues. Le mythe permet de saisir d'un coup d'œil certains types de *relations constantes*, et de les dégager du fouillis des apparences quotidiennes»[213].

---

[211] Wir fassen Tourniers „histoire fondamentale" hypothetisch zunächst als eine Geschichte auf, die universell gültige archetypische Wahrheiten enthält, obwohl dieser Begriff sicher nicht nur auf eine tiefenpsychologische Lesart festzulegen ist, sondern darüber hinaus auch philosophische Deutungen zuläßt.

[212] D. de Rougemont gehört zu den großen Vorbildern Tourniers, denen er in seinem „Bref portrait de cinq maîtres" neben Lévi-Strauss einen Abschnitt widmet (*VV* 401 – 403). Hierin bringt er die grundlegende Bedeutung von *L'amour et l'Occident* für sein eigenes künstlerisches Schaffen zum Ausdruck: «*L'Amour et l'Occident* après avoir été pour moi une révélation bouleversante est devenu l'un des piliers sur lesquels repose tout ce que j'écris» (402).

[213] D. de Rougemont (1939), p. 14.

Der Mythos der Phorie ist eine solche *einfache* Geschichte, deren eigentümliche Faszination darin besteht, eine Art von Beziehung („type de relation constante") darzustellen, die im kollektiven Erfahrungsschatz der Menschheit als eine grundlegende, gleichsam instinktive Wahrheit verankert ist, die einer rationalen Betrachtung jedoch nicht standhält:

> «[...] *le caractère le plus profond du mythe, c'est le pouvoir qu'il prend sur nous, généralement à notre insu.* [...] son énoncé désarme toute critique, réduit au silence la raison, ou tout au moins, la rend inefficace.» [...]
> «Ainsi se trouvent mises à l'abri de la critique certaines réalités humaines que nous sentons ou pressentons fondamentales. Le mythe *exprime* ces réalités, dans la mesure où notre instinct l'exige, mais il les *voile* aussi dans la mesure où le grand jour et la raison les menaceraient»[214].

Das Wiederentdecken und Neugestalten dieser tieferen vorrationalen Zusammenhänge psychischen Erlebens erscheint neben der Restitution der symbolischen Vieldeutigkeit (cf. 2.2.1.3.) als ein wesentlicher Aspekt der Neubelebung von Mythen, in der Tournier seine Aufgabe als Schriftsteller sieht.

2.2.4.3. Reminiszenzen an den Diskurs der Philosophie der Imagination (Bachelard): *cosmologie symbolique – exaltation – merveille*

Daß neben Lévi-Strauss und Denis de Rougemont als ‚Lehrmeister' auch Bachelard eine Schlüsselrolle für Tournier gespielt hat, beweisen Reminiszenzen in den Texten des Autors, die sich auf die Philosophie der Imagination zurückführen lassen[215].

Basierend auf der Tiefenpsychologie Jungs und angeregt vom Surrealismus, will Bachelard die Wirklichkeit aus dem *Imaginaire* verstanden wissen. Er erstrebt „une philosophie expliquant [...] le réel par l'imaginaire"[216]. Für Bachelard besitzt einzig und allein die Imagination die Kraft, metaphysische, rational nicht erfaßbare Wahrheiten zum Ausdruck zu bringen. Aus diesen Vorstellungen entwickelt er eine Philosophie der Imagination, in der das Phänomen der poetischen und künstlerischen Inspiration mit Hilfe der phänomenologischen Methode beleuchtet wird[217].

Bachelard stellt – wie schon Freud und Jung – einen Zusammenhang her zu den Bildern der alten, d. h. antiken Mythen. Er glaubt, in ihnen Traumprinzipien („principes oniriques") wiederzufinden, die an gewisse Themen unserer „Träumereien" erinnern[218]. Die in

---

214 Ibid., p. 15, 16.

215 Auf der Philosophie Bachelards gründet auch die philosophische Dimension des Mythos-Verständnisses von G. Durand.

216 G. Bachelard (1943), p. 98.

217 „La phénoménologie de l'imagination créatrice" [id. (1960), p. 12].

218 Id. (1943), p. 249.

Mythos, Legende[219] und Poesie verobjektivierten Traumbilder haben einen gemeinsamen Ursprung in einer geistigen Kraft des Menschen, die die Träume hervorbringt:

> «En moi rêve donc une force rêvante, une force qui a rêvé jadis, dans des temps très lointains, et qui revient ce soir s'animer dans une imagination disponible!»[220]

Gegenstand seiner phänomenologischen Untersuchung ist für Bachelard die „rêverie", in der im Unterschied zum Traum das Ichbewußtsein nicht ausgeschaltet ist. In der „Träumerei" dienen für Bachelard, der sich hier durch die Alchimie inspiriert zeigt, die vier Elemente als Ausgangspunkt, gewissermaßen als „Hormone"[221], einer Imagination, die das sinnlich Wahrnehmbare auf die Ebene einer „cosmologie imaginaire"[222] bzw. „cosmologie symbolique"[223] transzendiert und damit ins Metaphysische überhöht:

> «L'eau, la terre, le feu et l'air, et tous leurs dérivés poétiques ne sont que le lieu le plus commun de cet empire où l'imaginaire vient se greffer directement sur la sensation».

Die Zeichen werden in der Imagination mit Symbolsinn aufgeladen. Der Dichter wird zum Schöpfer eines aus Worten bestehenden Universums, das in sich autonom ist. Die Dichtung wird als „création" der „réalité" gegenübergestellt[224]. Der Dichter befindet sich im Besitz des „Verbe créateur de poésie", mit dem er „la nature parlée" hervorbringt. Diese wird im Reich des *Imaginaire* der *natura naturans*, ihrerseits Schöpferin der *natura naturata*, vorangestellt:

> «[...] la nature parlée éveille la nature naturante qui produit la nature naturée – qu'on écoute dans la nature parlante. Oui, comme l'ont dit tant de poètes, pour qui l'écoute la nature est parlante. Tout parle dans l'univers, mais c'est l'homme, le grand parlant, qui dit les premiers mots»[225].

In der Träumerei wird die Welt aus der Imagination neu erschaffen („monde recréé par la rêverie"[226]). Mit diesen Vorstellungen sucht Bachelard neben der von ihm angestrebten „psychologie" und „métaphysique de l'imagination"[227] auch den Weg zu einer „ontologie

---

219 Bachelard erkennt in zahlreichen Legenden „un noyau onirique" [ibid., p. 263].

220 Ibid., p. 252 f. – Das *Imaginaire* Bachelards basiert auf der Vorstellung, daß den archetypischen Bildern dynamische Kräfte – vergleichbar den Durandschen *schèmes* – innewohnen, die nach logischen Prinzipien („les lois de l'imaginaire") untereinander relationiert werden.

221 Ibid., p. 19.

222 Id. (1960), p. 173.

223 Begriff von G. Durand, ebenso das folgende Zitat über Bachelard [(^{3}1976), p. 76 f.].

224 G. Bachelard (1943), p. 258.

225 Ibid., p. 116.

226 Id. (1960), p. 172.

227 Id. (1943), p. 191; cf. auch p. 129.

de l'imagination"[228]. Indem der Dichter nicht das äußerlich Wahrnehmbare beschreibt, sondern die Welt aus der inneren Schau heraus erschafft, entsteht ein gleichsam feierlich überhöhtes Bild des Kosmos. In dieser „exaltation" sieht Bachelard die Aufgabe des Dichters:

> «[...] le poète – c'est sa fonction – doit nous donner les mondes de la merveille, ces mondes qui naissent d'une image cosmique exaltée»[229].

Dieses Bild wird vom Rezipienten aufgenommen, indem er es bewundernd nachvollzieht:

> «Le poète ne décrit plus, il exalte. Il faut le comprendre en suivant le dynamisme de son exaltation. On entre alors dans le monde en l'admirant. Le monde est constitué par l'ensemble de nos admirations. Et nous retrouvons toujours la maxime de notre critique admirative des poètes: Admire d'abord, tu comprendras ensuite»[230].

Wir haben bereits weiter oben im Hinblick auf das Verhältnis von Geschichte und Mythos auf die besondere Bedeutung der *exaltation* für Tournier hingewiesen (cf. 2.2.1.4.). Wir haben ferner bemerkt, daß sie auch für den Romanhelden des *Roi des Aulnes* eine entscheidende Rolle spielt. Der ‚phorische' Akt („le simple geste de poser un enfant sur son épaule"), den wir als Grundeinheit des Systems der Phorie bzw. in Analogie zur Fuge als „Figur" bezeichnet haben, stellt einen Akt der *exaltation par excellence* dar. Das Initialerlebnis von Abel Tiffauges wird mit folgenden Worten geschildert:

> «Les neuf chœurs des anges m'environnaient d'une gloire invisible et radieuse. L'air était plein d'encens et d'accords de harpes. Un fleuve de douceur coulait majestueusement dans mes veines» (130 f.).

Zu jeder Erfahrung der Phorie, die der Held macht, gehört die Bildlichkeit der *exaltation*, die im Laufe des Romans von Mal zu Mal an Fülle und Intensität gesteigert wird. In der *ré-écriture* Tourniers findet das von Bachelard auf die Lyrik bezogene poetologische Postulat eine ironische Inszenierung.

2.2.4.4. Die „fonction fantastique" als Grundfunktion des menschlichen Geistes (Durand)

Das Phänomen der Imagination, das Bachelard von der Dichtung her zu erfassen suchte, und das *Imaginaire*, das er in der Poesie erkannte und beschrieb, erfahren bei Durand eine Entgrenzung auf sämtliche Manifestationen der menschlichen Psyche[231]. Die Verallgemeinerung der Anthropologie des *Imaginaire* bedeutet gleichzeitig, daß Durand nicht mehr wie Bachelard zwischen einem rationalen Bewußtsein und anderen psychischen Phänomenen,

---

228 Id. (1960), p. 172.

229 Ibid., p. 175. – In *Le vent Paraclet* (209) spricht Tournier im Kontext der „célébration" als dem zweiten Aspekt des Kunstwerks auch von „émerveillement".

230 Ibid., p. 163.

231 Zu diesem und den folgenden Ausführungen cf. G. Durand (^{3}1976), insbes. Kap. IV.

insbesondere den unterbewußten Randzonen des *Imaginaire*, unterscheidet. Für ihn ist das rationale Denken nur *eine* Struktur unter anderen im alles umfassenden „univers imaginaire“:

> «Cette intégration de toute la psyché au sein d'une unique activité peut encore s'exprimer de deux façons. D'abord par le fait que le sens propre (qui conduit au concept et au signe adéquat) n'est qu'un cas particulier du sens figuré, c'est-à-dire n'est qu'un symbole restreint. Les syntaxes de la raison ne sont que des formalisations extrêmes d'une rhétorique baignant elle-même dans le consensus imaginaire général. Ensuite, d'une façon plus précise, il n'y a pas de coupure entre le rationnel et l'imaginaire, le rationalisme n'étant plus, parmi bien d'autres, qu'une structure polarisante particulière du champ des images.
> Dès lors, l'on peut assimiler la totalité du psychisme, dès qu'il décolle de l'immédiate sensation, à l'Imaginaire, et la pensée en sa totalité se trouve intégrée à la fonction symbolique»[232].

Anstelle des Begriffs „fonction symbolique“ für ‚Imagination‘ findet sich bei Durand auch der Ausdruck „fonction fantastique“[233]. In ihr erkennt er die ursprüngliche Funktion des menschlichen Geistes:

> «[...] elle est à la racine de tous les processus de la conscience, elle se révèle comme la marque originaire de l'Esprit»[234].

Die „fonction fantastique“ ist unverfälscht in den Mythen als den sogenannten archaischen Schöpfungen des menschlichen Geistes wirksam[235]. Ihr Hauptcharakteristikum ist die Euphemisierung. Das *Imaginaire* leistet als *intellectus sanctus* eine „transformation euphémique du monde“[236], indem es dem Menschen zur Läuterung verhilft. Durand verdeutlicht den Mechanismus der Euphemisierung am Beispiel des Mythos vom hundsköpfigen Christophorus, den er als Zeichen für den Tod deutet[237]. Damit wirkt das *Imaginaire* als

---

232 Ibid., p. 88.

233 Durand knüpft hier an die *thèse* von N. Lacroze *La fonction de l'imagination* (1938) an, wobei er sich jedoch von dessen Freudscher Auffassung der Imagination und des Symbols distanziert. – Die Bezeichnung „fantastique“ nach Novalis [id. (1969), p. 455 f.].

234 Ibid., p. 461.

235 Sie ist aber auch noch, freilich in verblaßter Form, im begrifflichen Denken der modernen Naturwissenschaften aufzuspüren. Es würde zu weit führen, diese ursprünglich aus Bachelards *La Formation de l'esprit scientifique* (1947) stammende These hier näher zu erörtern. Dieser zentrale Gedanke der Bachelardschen Philosophie hat im übrigen auch auf Tournier eingewirkt [cf. dazu *VP* 153 f.].

236 Zu diesem Zitat und den folgenden Ausführungen cf. insbes. G. Durand (1969), p. 499.

237 In Anlehnung an Marie Bonaparte versteht Durand die Konversion des ehemaligen „géant cynocéphale“ als „un symbole d'inversion sémantique“. Christophorus, *Zeichen des Todes selber*, wird hier durch Christus in ein Schutzzeichen gegen den Tod verwandelt. «C'est le Christ ‚porté‘ par la mort qui transforme et inverse le sens de la mort elle-même. Le Christ accompagne les mortels dans le voyage, s'astreint au même périlleux passage, et l'image du cynocéphale dompté, devenu christophore, inverse son sens, devient protectrice, talisman contre la violence de la mort [...]. Donc dans le mythe de saint Christophe [...], c'est la mort elle-même que l'on invoque contre la mort en une remarquable double négation religieuse. [...] Il existe donc par l'intercession du christophore une ‚bonne mort‘ qui n'est que passage, transition rassurante» [(1969), p. 231 f.].

metaphysische Kraft gegen Vergänglichkeit und Tod. Dadurch daß es zur Überwindung des Nichts führt, stiftet es recht eigentlich menschliches Sein. In der Sprache Durands wird das *Imaginaire* zur „marque d'une vocation ontologique". Die „fonction fantastique" sei nicht etwa Produkt einer Verdrängung des Todes. Gerade in dem Bemühen, zu einer Überwindung des Todes und damit zu einer Hoffnung für den Menschen zu gelangen, offenbart sich nach Durand das *Imaginaire* als Essenz des menschlichen Geistes:

> «La vocation de l'esprit est insubordination à l'existence et à la mort, et la fonction fantastique se manifeste comme le patron de cette révolte»[238].

2.2.4.5. Bilanz der *ré-écriture* heterogener Sichtweisen des Mythos: Remythisierung – Entmystifizierung – Dekonstruktion

Die Erörterung der theoretischen Grundlagen hat bisher gezeigt, daß in der *ré-écriture* des Tournierschen Mythenromans in bezug auf die Mythoskonzeption die Reflexe heterogener Auffassungen zusammentreffen, die im Text sowohl kontrastiv als auch komplementär als *remythisierende* und *entmystifizierende* Elemente wirken[239].

Wir haben bereits im Zusammenhang mit der Rolle, welche die *Bibel* als Prätext für den *Roi des Aulnes* spielt, hervorgehoben, daß im Tournierschen Roman eine *Remythisierung des Kosmos* erfolgt. Tournier beschreitet also hierin deutlich erkennbar den durch seinen Meister Bachelard vorgezeichneten Weg, denn das Aufladen der Zeichen mit Symbolsinn, wie es in der Bachelardschen „imagination cosmologique" geschieht, kann als Remythisierung angesehen werden. Im Tournierschen Werk entspricht die ‚Remythisierung' der Referenz der Zeichen auf die universellen Strukturen des *Imaginaire* („histoire fondamentale"). Sie läßt sich entschlüsseln nach den von Bachelard, Durand und Eliade entworfenen Denkmodellen und Vorstellungsmustern, denen zufolge das konstitutive Merkmal des menschlichen Geistes in den Bildern liegt, die die „Essenz" enthüllen.

Demgegenüber findet die ‚Entmystifizierung' bei Tournier ihren Niederschlag in den Organisationsprinzipien, auf denen die Geschichte beruht. Wir erkennen hinter diesen Symptomen einer Entmystifizierung das Lévi-Strauss'sche Konzept der Rückführung des Mythos auf die Gesetze logischen Denkens, dessen immer gleiche Strukturen gemäß seiner Überzeugung die Identität des menschlichen Geistes ausmachen. Die heterogenen Diskurse zum Mythos erfahren bei der ‚Übersetzung' in den Mythenroman eine ironische Unterminierung bzw. Dekonstruktion.

---

238 G. Durand (1969), p. 468.

239 Die Begriffe „*remythisation*" und „*démystification*" erscheinen bei Durand. Der Grundrichtung der „démystification" ordnet er neben Freud Lévi-Strauss, Nietzsche und Marx zu, der der „remythisation" dagegen Heidegger, Van der Leuw, Eliade und Bachelard [(^{3}1976), p. 110].

2.3. Theoretische Konzepte als Modelle der Textkonstitution

2.3.1. Die Theorie der Semiose oder die pragmatisch-empiristische Konzeption (Eco) und ihre Anwendung auf das Zeichensystem des Tournierschen Mythenromans

2.3.1.1. Zeichenverstehen als Prozeß unbegrenzter Interpretation

> «Le mythe n'est pas un rappel à l'ordre, mais bien plutôt un rappel au désordre. [...] Les grands mythes sont là [...] pour l'aider [l'homme] à dire non à une organisation étouffante. Bien loin d'assurer son assujettissement à l'ordre établi, ils le contestent, chacun selon un angle d'attaque qui lui est propre.»
>
> M. Tournier[240]

Um der postmodernen Dimension des Tournierschen Romans gerecht zu werden, reicht die strukturale Konzeption von Lévi-Strauss nicht aus. Es erscheint uns daher ein Rekurs auf die Semiotik von Eco geraten, zum einen, weil in seiner Zeichentheorie an die Stelle des klassischen Saussureschen Zeichenbegriffs ein an Peirce orientierter dynamischer Zeichenbegriff getreten ist, zum anderen, weil hier eine Konzeption des Strukturbegriffs entwickelt wird, die über die des ‚klassischen' Strukturalismus hinausgeht. Wenn wir die Analyse des Romans bis zu einem gewissen Grade an der semiotischen Theorie von Eco orientieren, so sind wir uns dessen bewußt, daß dies neben der methodischen bzw. methodologischen Ausrichtung zugleich eine philosophische Option im Sinne seiner pragmatisch-empiristischen Konzeption impliziert. Eine ausschließliche Einengung auf die sprachphilosophische Perspektive von Eco erscheint jedoch für den Tournierschen Roman zu einseitig. Es wird noch zu zeigen sein, daß der *Roi des Aulnes*, der im Klima der französischen Avantgarde der sechziger Jahre entstanden ist, deutlich Beziehungen zum Poststrukturalismus, insbesondere zu Foucault, Derrida und Deleuze sowie Barthes, erkennen läßt[241].

Nach Eco erscheint die traditionelle Konzeption des Zeichens, die sich auf der kodierten Äquivalenz und Identität von Signifikant und Signifikat gründet, fragwürdig, da ein Signifikant sich auf mehrere Signifikate beziehen kann. Die Einheit des Zeichens „löst sich oft auf in ein Geflecht ständig sich neu strukturierender Korrelationen“[242]. Zu dieser Ablehnung der Theorie von der Eindeutigkeit des Zeichens führt Eco sein pragmatischer

---

240 *VV* 35.

241 Es sei hier angemerkt, daß Foucault und Deleuze Studienkollegen von Tournier waren. Über seine geistigen Beziehungen zu seinem Freund Deleuze berichtet Tournier u. a. in *VP* 155 ff. – Cf. in diesem Zusammenhang seine Bemerkung, daß er am meisten von den Philosophen seiner eigenen Generation gelernt habe.

242 U. Eco (1977), p. 31.

Ansatzpunkt, nämlich die Anerkennung der semantischen Vieldeutigkeit des Zeichens auf Grund einer mehrdeutigen Zeichenverwendung.

Angesichts der Mehrdeutigkeit bzw. Offenheit der Zeichen im Tournierschen Text ziehen wir für deren Beurteilung die Theorie der Semiose heran, so wie sie von Eco in Anlehnung an Peirce entwickelt wird. Nach Eco besteht das Zeichen nicht aus einer ‚stabilen' Äquivalenz zwischen Ausdruck und Inhalt, sondern es ist ‚inferentieller Natur'. Eco sieht das Zeichenverstehen als einen Schlußfolgerungsprozeß mit ‚*interpretativem*' Charakter an[243]. Durch das Hinzutreten des ‚Interpretanten' zum ‚Zeichen' und seinem ‚Objekt' gestaltet sich die Semiose (im Peirceschen Sinne) als ein unendlicher und unbegrenzter Prozeß. Dieser unbegrenzte Interpretationsprozeß gehört also zur Definition des Zeichens selbst, er trifft den Kern des Zeichenbegriffs. Eco definiert den Interpretanten als

> „die in ihrem Wesen als kulturelle Einheit verstandene Bedeutung eines Signifikans, die durch ein anderes Signifikans aufgezeigt wird, um ihre Unabhängigkeit (als kulturelle Einheit) vom ersten Signifikans zu zeigen"[244].

An anderer Stelle bezeichnet er den Interpretanten auch als

> „jedes andere Zeichen oder jeden Zeichenkomplex (deren Ausdrucksform sich in jeder Ausdruckssubstanz realisieren kann), die in entsprechender Umgebung das erste Zeichen übersetzen"[245].

Das Signifikat eines Zeichens läßt sich demnach niemals direkt, sondern nur vermittels eines anderen Zeichens, das das erstere ‚übersetzt', erfassen. Die Semiose stellt sich damit als ein „Verweisen von Zeichen zu Zeichen"[246], als ein Akt beständiger Substitution von Zeichen dar. In diesem Interpretationsprozeß bedeutet jeder neue Interpretant eine Weiterentwicklung des Zeichens und einen Zuwachs an Erkenntnis.

Bei der Anwendung der semiosischen Interpretation auf den Tournierschen Text ergeben sich zunächst zwei Aspekte:

- Zum einen lassen sich die Zeichen im Text als Interpretanten im Hinblick auf die Phorie organisieren, wobei der Erkenntniszuwachs durch die semiosische Interpretation mit der Initiation in das System der Phorie zusammenfällt. Der Text läßt sich so auffassen, daß sich im Rahmen der – hypothetisch angenommenen – Repetitionsstruktur die Zeichen gegenseitig interpretieren.
- Zum anderen werden auf die Zeichen Interpretanten projiziert, die auf die intertextuelle Tradition referieren.

---

243 Id. (1985), p. 66 ff.

244 Id. (1972), p. 78.

245 Id. (1977), p. 171.

246 Id. (1972), p. 78.

2.3.1.2. Der Kode der Phorie als enzyklopädische Kompetenz

Im Rahmen seiner Erneuerung der Konzeption des Zeichens wird auch der Kode-Begriff von Eco neu definiert. Wenn Zeichen ‚inferentieller Natur' sind, dann kann auch der Kode, also der ‚Bezugsrahmen', die Regel, auf die wir sie beziehen, um sie zu dekodieren, nur als hypothetische Setzung verstanden werden. Der „Code-Erfindung" liegt der Mechanismus der Abduktion zugrunde. Abduktion wird von Eco definiert als das „versuchsweise und risikoreiche Aufspüren eines Systems von Signifikationsregeln, die es dem Zeichen erlauben, seine Bedeutung zu erlangen"[247]. In diesem Sinne ist die Phorie als ein Kode zu betrachten. Wir verstehen den *Kode der Phorie* als ein System von intratextuellen Signifikationsregeln, das den Bezugsrahmen für die semiosische Interpretation der Zeichen im *Roi des Aulnes* bildet. Unsere Erfindung dieses Kodes stellt nach Ecos Typologie einen Fall ‚kreativer' Abduktion dar, wie er u. a. für die Interpretation poetischer Texte charakteristisch ist. Hierbei muß „die Regel, die als Erklärung agiert, *ex novo* erfunden werden"[248]. Bei dem aus dem Tournierschen Text abduzierten Kode der Phorie handelt es sich um eine Hypothese, die sukzessive verifiziert werden muß.

Eco[249] gelangt zu der freilich als Hypothese vorgetragenen Vorstellung, daß das „Universum der Semiose" – also die Kultur – nach dem Modell eines Labyrinths strukturiert sei. Intendiert wird mit dieser Konzeption der semantischen Kompetenz als „enzyklopädisches Netz" ein bestimmter Typ von ‚Labyrinth', d. h. ein solches ohne ‚Ariadnefaden', dessen Eigenschaften mit denen des von Deleuze und Guattari vorgeschlagenen ‚Rhizoms' (1976) in etwa identisch sind[250]. Das „Universum der Semiose" ist nach Eco zentrumslos und offen. Es umfaßt mit der Vielfalt der Kulturen multiple, potentiell unendliche Interpretationen. Wenn es sich auch als Ganzes nicht in das Schema des Porphyrischen Baumes zwängen läßt, so enthält es gleichwohl Strukturen, die jedoch lokal sind und keine überzeitliche Geltung beanspruchen können.

Das Bild eines zentrumslosen ‚Labyrinths' oder ‚Netzes' läßt sich auf die Bedeutungsstruktur des Tournierschen Romans übertragen. Die labyrinthische Dimension ergibt sich aus der semantischen Offenheit der Zeichen. Der Text ist enzyklopädisch, d. h. offen und ‚dezentral'

---

247 Id. (1985), p. 68.

248 Ibid., p. 71.

249 Zum Folgenden cf. ibid., p. 12; zu den drei von Eco unterschiedenen Typen des Labyrinths p. 125 – 130.

250 Die von Eco als Typ 3 beschriebene Labyrinthart, das ‚Rhizom-Labyrinth', ist auf die Labyrinth-Metapher in Jorge Luis Borges' Erzählung *La Biblioteca de Babel* (1941) zurückzuführen. Eco weist die in seinem Roman *Il nome della rosa* (1980) dargestellte Bibliothek, – die man gewissermaßen als eine Replik auf Borges und als eine versteckte Abrechnung mit ihm (cf. die Figur Jorge de Burgos) verstehen kann –, dem zweiten Typ, dem Labyrinth als barock-manieristischem Irrgarten, zu, die Bedeutungsstruktur des Romans jedoch dem Typ 3 [U. Eco (1984), p. 32 f.].

im Hinblick auf die Interpretanten der Phorie. Keine der intertextuellen Varianten der Phorie steht eindeutig im Zentrum. Es ergeben sich plurale Verknüpfungsmöglichkeiten, die ein ‚Nomadisieren‘ des Sinns erzeugen. In Anlehnung an Ecos in seiner kritischen Auseinandersetzung mit dem Barthes'schen Kode-Begriff vorgenommene Gleichsetzung von (‚starkem‘) Kode mit ‚enzyklopädischer Kompetenz‘ können wir den Kode der Phorie im weiteren Sinne als ‚enzyklopädische Kompetenz‘ verstehen. So gesehen, ist auch die Regel labyrinthisch; sie „öffnet“, anstatt zu „schließen“, und „erlaubt neue Wege, neue Kombinationen innerhalb des Netzes“. Sie ist „Quelle eines Spiels“[251]. Wir sehen den Kode der Phorie als einen ‚offenen‘ (Bezugs-)Rahmen für ein (Bedeutungs-)Feld, das transparent ist und beim Durchblick immer neue Horizonte eröffnet. Mit diesem Prozeß der Horizontstiftung erweitert sich der Rahmen, d. h. der Kode der Phorie, ins Unendliche, so daß er letztlich mit der Enzyklopädie verschmilzt. Auf Grund seiner Offenheit läßt der Kode unendliche Interpretationen und damit eine *Mehrfachstrukturierung* des Romantextes zu. Der Kode der Phorie ist ein offenes Regelsystem, in das immer neue und immer mehr Bedeutungen einfließen können, ein Regelsystem, das ein freies und erfinderisches Spiel mit den Bedeutungen provoziert.

2.3.1.3. Der symbolische Modus als Textmodalität des Tournierschen Mythenromans

Auf der Grundlage der Theorie der Semiose unternimmt Eco von seinem pragmatischen Standpunkt aus eine Einordnung des Symbolbegriffs als semiotisches Phänomen in seine Konzeption, wobei er sich einerseits auf die Hegelsche Auffassung und auf Jungs Theorie der Symbole als Archetypen bezieht und andererseits abgrenzt von anderen semiotischen Theorien, in denen trotz signifikanter Unterschiede im einzelnen das Symbolische mit dem Semiotischen gleichgesetzt wird (insbesondere bei Lévi-Strauss und Lacan, de Saussure bzw. Peirce und Todorov).

Eco versteht das Symbol weder als eine „bestimmte Zeichensorte, die mit geheimnisvollen Qualitäten versehen ist“, noch als eine „bestimmte Art und Weise der Zeichenproduktion“, sondern als „eine Art und Weise, die Aspekte eines Textes herzustellen und zu interpretieren“[252]. Diese „Textmodalität“, die einer pragmatischen Entscheidung von Seiten des Autors und des Interpreten unterliegt und eine „symbolische Strategie“ des Textgebrauchs darstellt, bezeichnet Eco als ‚symbolischen Modus‘. Im symbolischen Modus wird auf der semantischen Ebene eine „neue Zeichenfunktion“ geschaffen[253], indem „ein gegebener Ausdruck mit einem *Inhaltsnebel* korreliert“[254]. „Der Inhalt des Symbols ist ein *Nebel*

---

[251] Ibid., p. 275.

[252] Ibid., p. 238 f.

[253] Ibid., p. 240.

[254] Ibid., p. 214.

möglicher Interpretationen, offen für eine semiosische Verschiebung von Interpretant zu Interpretant, das Symbol hat keinen autorisierten Interpretanten“[255]. Da das Symbol vage kodiert bzw. unkodiert ist, bietet eine interpretative Realisierung des symbolischen Modus mehr als die jedes anderen semiotischen Phänomens die Möglichkeit eines unendlichen Interpretationsprozesses. Andererseits reicht die semiosische Interpretation zur Charakterisierung des symbolischen Modus nicht aus, da die Bedeutung des Symbols weder vom Sender noch vom Empfänger klar und eindeutig umrissen werden kann. Darin unterscheidet sich nach Eco das Symbol von solchen semiotischen Phänomenen, die zwar auch neben der wörtlichen eine zweite ‚indirekte‘ Bedeutung haben, die jedoch genau kodiert ist und daher vom Empfänger auf Grund gewisser Regeln entsprechend genau entschlüsselt werden kann. Im Unterschied zur Metapher kann aber das Symbol immer auch im eigentlichen Sinn verstanden werden, so daß entsprechend, was Eco als sein Hauptcharakteristikum ansieht, „der Text auf der wörtlichen oder figurativen Ebene mit Sinn versehen bleibt“[256], wenn er nicht im symbolischen Modus gelesen wird. Im symbolischen Modus jedoch kann das Symbol unendliche Lesarten hervorbringen, ohne jemals eine endgültige Dekodierung zu erfahren, weil es im Bezugsrahmen der gesamten enzyklopädischen Kompetenz kreativ abduziert werden kann.

Entsprechend dieser Auffassung lassen sich die Zeichen im *Roi des Aulnes* beurteilen. Im Tournierschen Mythenroman ist ein symbolischer Modus angelegt[257]. Die Zeichen können wörtlich genommen werden. Man kann sich jedoch darüber hinaus zu einer interpretativen Realisierung des symbolischen Modus entschließen, was hier angezeigt erscheint, um das enzyklopädische Bedeutungspotential des Textes erfassen zu können. Es ist möglich, die Eigenschaften gewisser Zeichen (z. B. des Sterns, der Taube, des Hirsches, des Elchs etc.) als Eigenschaften von etwas anderem zu verstehen, auch wenn dieses andere ein ‚Inhaltsnebel‘ ist und diverse Interpretanten hat.

Tournier dekonstruiert in seiner *mythécriture* traditionelle Symbole, die bereits in kulturellen Kodes festgeschrieben sind und damit in Gefahr stehen, im ‚allegorischen Modus‘ zu erstarren[258], und gibt ihnen damit ihre unkodierte Natur zurück. Die von ihm aus der

---

[255] Ibid., p. 237.

[256] Ibid., p. 240.

[257] Tournier weist an vielen Stellen des Romans, vor allem in den *Écrits sinistres*, den Weg in die Richtung des symbolischen Modus. Hervorzuheben ist hier auch das Claudel-Zitat, das durch seine Stellung als Motto zu Kap. III besonders akzentuiert ist: «Tout ce qui passe est promu à la dignité d'expression, tout ce qui se passe est promu à la dignité de signification. Tout est symbole ou parabole» (248). Vgl. auch dasselbe Zitat in Paraphrasierung (166). Weitere intertextuelle Evokationen bezogen auf das Symbol (z. B. in Baudelaires *Correspondances*) sind erkennbar.

[258] Cf. dazu die Ausführungen Ecos über die allegorische Interpretation der Heiligen Schrift [(1985), p. 220 ff.]. – Albouy hebt die Zusammengehörigkeit von Symbol und Mythos im Hinblick auf ihre Vieldeutigkeit und Überdeterminiertheit hervor, wobei er auch auf den Unterschied zur Allegorie verweist, die dem Mythos weniger nahestehe [(1969), p. 7 f.]. – Cf. auch Tournier über Mythos und Allegorie (supra 2.2.1.3.).

intertextuellen Tradition übernommenen Symbole erscheinen als solche zunächst überkodiert. Im Zeichensystem des Romans sind sie jedoch umfunktioniert, so daß sie im symbolischen Modus als vage kodierte oder unkodierte Symbole mit erfinderischer Potenz ‚arbeiten', wobei in ihnen die Vielfalt traditioneller Bedeutungen als differentielles Moment mitschwingt.

2.3.2. Das Denken der Differenz in der poststrukturalistischen Konzeption Derridas und ihre Anwendung auf die Tourniersche *mythécriture*

2.3.2.1. Derridas Dekonstruktion des ‚mytho-logischen' Diskurses von Lévi-Strauss: Das Konzept der Dezentrierung

Die Überlegung, daß der *Roi des Aulnes* sich nicht in einer ‚endgültigen' Struktur (Eco) fassen läßt, daß er keine ‚theologische' Offenbarung einer Wahrheit (Barthes) enthält, daß eine vielleicht vorhandene Einheit nur differentiell erscheint, führt uns zu dem philosophischen Diskurs von Derrida, der gedanklich bei der strukturalen Mythenanalyse von Lévi-Strauss ansetzt, diese aber in seinem kritischen Verfahren der ‚Dekonstruktion' in Frage stellt.

Lévi-Strauss hält bis in sein Spätwerk an der strukturalen Einheit des Mythos fest[259], auch wenn er konzediert, daß diese Einheit nur „virtuell", „tendenziell" und „projektiv" sei und sich höchstens als Phänomen in der Vorstellung des Lesers bzw. des Mythenforschers herstelle („A supposer qu'il [le mythe] possède une unité, celle-ci n'apparaîtra qu'en retrait ou au delà du texte. En mettant les choses au mieux, elle s'établira dans l'esprit du lecteur"). Die Organisation der Mythen in einer formal identischen transformationellen Struktur, in der sich zwar die Inhalte verändern können, das System der Werte aber, denen diese Inhalte zugeordnet werden, invariant ist, erscheint jedoch nach Lévi-Strauss notwendig; denn sonst würde sich der Mythos in der Verwirrung der Gegensätze („la confusion des contraires") auflösen. Lévi-Strauss ist sich also einerseits durchaus über die semantische Heterogenität und die Divergenz der mythischen Themen und Sequenzen („la divergence des séquences et des thèmes") im klaren; diese läßt jedoch andererseits die formale Identität der Struktur unangetastet[260]. Die Vielfalt der Bedeutungen tangiert nicht die Einheit des Systems.

---

[259] Cf. zu den folgenden Ausführungen die „Ouvertüre" der *Mythologiques*: C. Lévi-Strauss (1964), p. 13 f.

[260] Ebendies ging auch bereits aus seinem Aufsatz „La structure des mythes" hervor: Die leichte Differenz, die die Blätter voneinander unterscheidet, auf denen die Struktur des Mythos aufgezeichnet ist („un nombre théoriquement infini de feuillets seront engendrés, chacun légèrement différent de celui qui précède" [(1958), p. 254]), stellt nicht das „logische Modell" in Frage, das auch in den heterogensten Mythenerzählungen identisch bleibt.

Genau hier setzt Derrida bei seiner Dekonstruktion dieses Strukturbegriffs an[261]. Er radikalisiert vom hermeneutischen Standpunkt aus die Auffassung von Lévi-Strauss, wonach die Mythen ohne strukturales Arrangement keine Einheit besitzen, dahingehend, daß er das Fehlen der Einheit zum Ausgangspunkt neuer Schlüsse macht. Wenn den Mythen eine Einheit fehlt, dann ist ihre Struktur a-zentrisch; folglich muß auch der ‚strukturelle' Diskurs über die Mythen – „le discours *mytho-logique*" – zentrumslos sein[262]. Was dieser Argumentation zugrunde liegt und worauf Derrida abzielt, ist sein Konzept der Dezentrierung („décentrement"), worunter eine Struktur zu verstehen ist, der ein Zentrum, eine Begründung, ein strukturierendes und dabei selbst außerstrukturelles Prinzip fehlt.

Derrida gründet seine Beweisführung auf das Argument, daß sich in der Geschichte des Abendlandes die Sinn-Zentren in einer Abfolge substituiert haben, insofern als Name und Gestalt für das höchste Prinzip einem ständigen Wechsel unterworfen waren. Allen Bezeichnungen gemeinsam ist die Bestimmung des Seins als Präsenz. Ausgehend von dem ontologischen Ansatz der Seinsbestimmung und basierend auf der Dialektik von Anwesenheit und Abwesenheit (Heidegger), die das Denken als ‚Denken der Differenz' formuliert, vollzieht Derrida den Schritt zur Überwindung der Metaphysik. An die Stelle des Heideggerschen ‚Ursprungsortes' für das Sein tritt bei Derrida ein Nicht-Ort, ein ‚οὐ τόπος'. Das Zentrum, die zeitlose Präsenz eines strukturierenden Prinzips, stellt für ihn eine metaphysische Illusion, eine Utopie, dar. Es wird aufgelöst und verwandelt sich in den ‚οὐ τόπος', gedacht als das Feld einer ständigen Substitution von Zeichen, die einen ursprünglichen Mangel ‚supplementieren' im doppelten Sinne von ersetzen und ergänzen:

> «[...] Dès lors on a dû sans doute commencer à penser qu'il n'y avait pas de centre, que le centre ne pouvait être pensé dans la forme d'un étant-présent, que le centre n'avait pas de lieu naturel, qu'il n'était pas un lieu fixe mais une fonction, une sorte de non-lieu dans lequel se jouaient à l'infini des substitutions de signes. C'est alors le moment où le langage envahit le champ problematique universel; c'est alors le moment où, en l'absence de centre ou d'origine, tout devient discours – à condition de s'entendre sur ce mot – c'est-à-dire système dans lequel le signifié central, originaire ou transcendantal, n'est jamais absolument présent hors d'un système de différences. L'absence de signifié transcendantal étend à l'infini le champ et le jeu de la signification»[263].

Das Konzept der Dezentrierung denkt in radikalisierter Form die ‚Strukturalität der Struktur', worunter Derrida unsere ‚Verstrickung' ins Geschehen der Strukturierung versteht; d. h., es gibt für uns keine Instanz außerhalb des Prozesses der Strukturierung, keinen ‚transzendentalen' Sinn. Die Struktur ist nicht mehr der Ort eines ‚begründeten' Spiels von Zeichen; das

---

[261] Das Folgende bezieht sich auf den wichtigen von J. Derrida 1966 gehaltenen Vortrag „La structure, le signe et le jeu dans le discours des sciences humaines", in: (1967), p. 409 – 428.

[262] Ibid., p. 420.

[263] Ibid., p. 411.

Feld der Substitutionen ist unendlich, nicht in seiner Ausdehnung, sondern, weil in ihm ein Zentrum fehlt, das das Spiel der Substitutionen aufhält und begründet.

2.3.2.2. Das *écriture*-Konzept der *différance*

2.3.2.2.1. Die Dekonstruktion des Saussureschen Zeichenbegriffs und die differentielle Bestimmung des Sinns

Derrida knüpft an das Saussuresche Gesetz der differentiellen Wertbestimmung an[264]. Er bezieht sich auf den Satz „dans la langue il n'y a que des différences“[265], was bedeutet, daß Signifikant und Signifikat als die beiden Ordnungen der *langue* für sich genommen Werte darstellen, die auf der Differenz gründen. Bei Saussure ist dieses „jeu de différences“ auf die Reihe der Laute und die Reihe der Vorstellungen begrenzt. Das Zeichen hingegen als Kombination von Signifikant und Signifikat stellt keinen nur negativ oder differentiell bestimmbaren Wert mehr dar, sondern einen positiven Term, d. h., es besitzt eine semantische Identität, einen endgültig fixierten und identifizierbaren Sinn. Es ist Bestandteil eines synchron geschlossenen Systems, in dem die Differenzen zwischen Werten in fest gefügte und geordnete Oppositionen zwischen Termen verwandelt sind, wobei die Einheit des Systems auf dem Kollektivbewußtsein der Sprachteilnehmer beruht.

Das „jeu de différences“ wird bei Derrida bis in die letzte Konsequenz fortgetrieben und dabei ein vermeintlicher, möglicherweise vorhandener Widerspruch in Saussures Theorie[266] beseitigt. Aus Derridas Sicht erscheint die Einheit des Zeichens als nachträglich konstruiert gegenüber einer ursprünglichen Differentialität. Er betrachtet die semantische Identität des Zeichens als idealisierend; sie ist für ihn Ausdruck einer Metaphysik der Präsenz. Derrida dekonstruiert den Zeichenbegriff Saussures, indem er ihn von den letzten ‚metaphysischen' Implikationen zu befreien sucht. Das „jeu de différences“ wird auf das Zeichen selber ausgedehnt, dessen Sinn nur differentiell zu fassen ist, d. h., daß das Zeichen nur *ex negativo* und in der Abgrenzung zu allen anderen Zeichen zu bestimmen ist. Aus dem Spiel mit den Differenzen könnten sich für die Sinnbestimmung prinzipiell unendliche Möglichkeiten ergeben. Unter dieser Voraussetzung gerät auch die Vorstellung ins Wanken, daß bei der Kommunikation der vom Sender enkodierte Sinn vom Empfänger entsprechend genau dekodiert werden könnte[267].

---

[264] Cf. zum Folgenden das Gespräch von J. Derrida mit J. Kristeva „Sémiologie et grammatologie“ von 1968, in: J. Derrida (1972*c*).

[265] F. de Saussure, *Cours*, Kap. IV, § 4, 166.

[266] Cf. S. Weber, „Closure and Exclusion“, in: *Diacritics* (1980), p. 37 ff.

[267] J. Derrida (1972*c*), p. 34 f.

Auf der Basis des Prinzips der Differenz entwickelt Derrida ein neues *écriture*-Konzept, das er „*différance*“ nennt:

> «Ce principe nous dicte non seulement de ne pas privilégier une substance – ici la substance phonique, dite temporelle – en en excluant une autre – par exemple la substance graphique, dite spatiale – mais même de considérer tout procès de signification comme un jeu formel de différences. C'est-à-dire de traces.
> Pourquoi de traces? [...] Il s'agit de produire un nouveau concept d'écriture. On peut l'appeler *gramme* ou *différance*. Le jeu des différences suppose en effet des synthèses et des renvois qui interdisent qu'à aucun moment, en aucun sens, un élément simple soit *présent* en lui-même et ne renvoie qu'à lui-même. Que ce soit dans l'ordre du discours parlé ou du discours écrit, aucun élément ne peut fonctionner comme signe sans renvoyer à un autre élément qui lui-même n'est pas simplement présent. Cet enchaînement fait que chaque ‹élément› – phonème ou graphème – se constitue à partir de la trace en lui des autres éléments de la chaîne ou du système. Cet enchaînement, ce tissu, est le *texte* qui ne se produit que dans la transformation d'un autre texte. Rien, ni dans les éléments ni dans le système, n'est nulle part ni jamais simplement présent ou absent. Il n'y a, de part en part, que des différences et des traces de traces»[268].

In der radikal differentistischen Denkweise Derridas gibt es keine zeitlose Präsenz des Sinns. Dieser ist weder präsent noch absent; er ist der potentielle *Verweis* eines Elements auf sämtliche anderen Elemente des Systems. Diesen Sinnverweis im Zeichen nennt Derrida „trace“. Das Zeichen, das er in der Rolle des ‚Verweisens‘ sieht, wird von ihm als „marque“ bezeichnet. Die Zeichen sind mit Sinnspuren behaftet, die nichts weiter sind als Erinnerungen und Erinnerungen von Erinnerungen, von denen das Spiel der Differenzen immer neue Impulse erhält.

Ähnlich hatte bereits Lacan die Saussuresche Vorstellung von der semantischen Identität des Zeichens aufgebrochen, wenn er, ausgehend von der Idee des Vorhandenseins einer Schranke („barre“) zwischen *signifiant* und *signifié* den eigentlichen Sinn für nicht faßbar hält und die Sprache als „chaîne signifiante“ definiert, unterhalb derer der Sinn von *signifiant* zu *signifiant* (von Signans zu Signans) unendlich gleitet[269]. Offensichtlich hat diese auf der Freudschen Traumdeutung basierende Vorstellung der Verschiebung des Sinns das Derridasche *différance*-Konzept als einer „Weiter-und-weiter-Bewegung von Signans zu Signans“ (Eco[270]) inspiriert. Die Vorstellung von einer Verschiebung des Sinns findet sich auch bei Peirce, und zwar als Bestandteil des Zeichenbegriffs. Das semiotische Konzept divergiert jedoch, wie Eco mehrfach andeutet[271], grundlegend von den durch die Heideggersche Ontologie beein-

268 Ibid., p. 37 f.

269 «D'où on *peut dire* que c'est dans la chaîne du signifiant que le sens *insiste*, mais qu'aucun des éléments de la chaîne ne *consiste* dans la signification dont il est capable au moment même.
La notion d'un glissement incessant du signifié sous le signifiant s'impose donc [...]» [J. Lacan (1966), p. 502 f.].

270 U. Eco (1985), p. 228.

271 Ibid., p. 44 f. und 228 f.

flußten Vorstellungen Lacans und Derridas, wobei zu bemerken ist, daß hier auch die Nietzsche-Rezeption eine Rolle spielt.

Wie das Zeichen, so gründet der Text auf der Differenz. Er stellt für Derrida ein „système" von „marques" dar, das er auch mit der Metapher „tissu" beschreibt. Auf der Ebene des Diskurses funktioniert das „jeu systématique des différences"[272], welches gleichzusetzen ist mit dem Text, aufgrund von ‚Verweisen' („renvois") und ‚Zusammentreffen' („synthèses"), die eine ‚Verkettung' („enchaînement") – eben den Text – bilden. Wie der Begriff der Differenz, von Derrida als unhintergehbares bzw. nicht reduzierbares Grundgeschehen gefaßt, so erscheint im Kontext des Derridaschen Diskurses auch der Begriff der Synthese dekonstruiert, insofern als damit nicht mehr die Verschmelzung zu einer Einheit bzw. die Aufhebung des Gegensatzes gemeint ist, sondern die Akkumulation von Differentem, sogar Heterogenem und Inkompatiblem.

2.3.2.2.2. Die Prinzipien der *différance*: *itérabilité – espacement – temporisation – mouvement génératif*

Das neue *écriture*-Konzept, die *différance*, beinhaltet verschiedene Differenz-Prinzipien, die das *jeu* ermöglichen: die ‚Wiederholbarkeit' („l'itérabilité"), die ‚Verräumlichung' („l'espacement"), die ‚Zeitigung' („la temporisation") und den generativen Impuls („le mouvement génératif"). Diese zusammengenommen bewirken die „transformations systématiques et réglées"[273] von Text zu Text.

Als Voraussetzung für das Differenz-Prinzip der ‚Wiederholbarkeit' räumt Derrida eine gewisse Konstanz des Zeichens ein, die er als „*restance* non-présente"[274] bezeichnet. Die Struktur der „restance" impliziert jedoch gleichzeitig die Veränderung bzw. Verwandlung und schließt damit jede absolute „permanence" aus[275]. In seiner Erwiderung auf John R. Searles Kritik in *Glyph 1* schreibt Derrida:

> «L'itérabilité suppose une restance minimale (comme une idéalisation minimale quoique limitée) pour que l'identité soit répétable et identifiable *dans*, *à travers* et même *en vue* de l'altération. Car la structure de l'itération, autre trait décisif, implique *à la fois* identité et différence. L'itération la plus ‹pure› – mais elle n'est jamais pure – comporte *en elle-même* l'écart d'une différence qui la constitue en itération. L'itérabilité d'un élément divise a priori

---

[272] J. Derrida (1972*c*), p. 38.

[273] J. Derrida, ibid., p. 39.

[274] J. Derrida, „Limited Inc", in: *Glyph 2* (1977), p. 187. Dort von Samuel Weber ins Englische übertragen. Das französische Original ist nicht veröffentlicht. Es hat als eine von Derrida korrigierte Umbruchfassung Manfred Frank vorgelegen, der in seinem Buch *Was ist Neostrukturalismus?* (1983) die Zitate Derridas in der Originalsprache bringt [M. Frank (1983), p. 48, Anm. 3]. Unsere Seitenzahlen beziehen sich im folgenden auf die bei Frank zitierten Stellen.

[275] J. Derrida (1977), engl. Ü., p. 191; frz.: p. 26 [M. Frank (1983), p. 99].

sa propre identité, sans compter que cette identité ne peut *se déterminer*, se délimiter que dans un rapport différentiel avec d'autres éléments et porte la marque de cette différence. C'est parce que l'itérabilité est différentielle, à l'intérieur de chaque ‹élément› et entre les ‹éléments›, parce qu'elle fracture chaque élément en le constituant, parce qu'elle le marque d'une brisure articulatoire, que la restance, pourtant indispensable, n'est jamais celle d'une présence pleine: c'est une structure différentielle échappant à la présence ou à l'opposition (simple ou dialectique) de la présence et de l'absence, opposition dont l'idée de permanence est tributaire. C'est pourquoi, ‹restance non présente›, la marque n'est pas le contraire de l'effacement de la marque. Comme (la) trace, elle n'est ni présente ni absente. C'est qu'elle est *remarquable*, même si on ne le remarque pas [de fait]. [...] Elle est l'itérabilité même, le remarquable de la marque, passant entre le *re-* du répété et le *re-* du répétant, traversant et transformant la répétition»[276].

Im Denken Derridas impliziert die Struktur der Wiederholung immer zugleich Identität und Differenz, d. h., jede Repetition bedeutet eine Transformation. Entscheidend ist hier, daß die Differentialität nicht nur das Verhältnis des Zeichens zu anderen Elementen des Systems betrifft, sondern das Zeichen selber, das durch die Wiederholung gleichsam von sich selbst ‚abgespalten' ist, insofern als sich sowohl seine Bedeutungsränder verschieben können als auch sein Kern sich verändern kann.

Die Bildung des Wortes *différance* ist eine Substantivierung der Partizipialform von *différer*. Nach Derrida impliziert der Begriff neben dem Zustandsmoment einer ‚passiven' Differenz als schon gegebene bedingende Voraussetzung eine zugleich ‚aktive' Komponente, den „Akt des Unterscheidens, der Differenzen erst erzeugt"[277]. Derrida gebraucht, selbst die *différance* als *écriture* praktizierend, in seiner ihm eigenen Schreibweise, in der – wie sich zeigen läßt – der Sinn gleitet und sich von Begriff zu Begriff unmerklich verschiebt, nahezu synonym für *différance* den Begriff *espacement*, mit welchem er die zugleich aktive und passive Erzeugung von „Intervallen" (nahezu synonym zu *différences*) meint[278]:

«La différance, c'est le jeu systématique des différences, des traces de différences, de l'*espacement* par lequel les éléments se rapportent les uns aux autres. Cet espacement est la production, à la fois active et passive (le *a* de la *différance* indique cette indécision par rapport à l'activité et à la passivité, ce qui ne se laisse pas encore commander et distribuer

---

276 J. Derrida (1977), engl. Ü., p. 190; frz.: p. 24 f. [M. Frank (1983), p. 99 f.].

277 J. Culler (1988), p. 108.

278 Culler [ibid.] faßt diese in der Derridaschen *écriture* zu beobachtende Verschiebung des Sinns in der *chaîne signifiante* nicht scharf genug ins Auge, wenn er den Begriff *espacement* mit *différance* gleichsetzt, was nicht ganz zutrifft, weil *espacement* nur als *Teil*aspekt von *différance* aufzufassen ist. Wenn Culler bei seiner Analyse der Derridaschen Dekonstruktion richtig feststellt, daß „der Text seine eigenen Bezeichnungsprozesse beschreibt" [ibid., p. 154], so erliegt er an dieser Stelle selbst einer Täuschung im Hinblick auf die Selbstdekonstruktion im Derridaschen Diskurs [cf. infra], indem er hier mit einer ‚logozentrischen' Erwartungshaltung an die differentielle Definitionspraxis von Derrida herangeht, wo die gleichgesetzten Begriffe keine Äquivalente mehr darstellen.

par cette opposition), des intervalles sans lesquelles les termes ‹pleins› ne signifieraient pas, ne fonctionneraient pas»[279].

Die Verräumlichung ist untrennbar mit der Zeitigung (*temporisation*) verbunden:

«C'est pourquoi le *a* de la *différance* rappelle aussi que l'espacement est *temporisation*, détour, délai par lequel l'intuition, la perception, la consommation, en un mot le rapport au présent, la référence à une réalité présente, à un *étant*, sont toujours *différés*. Différés en raison même du principe de différence qui veut qu'un élément ne fonctionne et ne signifie, ne prenne ou ne donne ‹sens› qu'en renvoyant à un autre élément passé ou à venir, dans une économie des traces»[280].

Das räumlich Auseinanderliegende, der räumliche Abstand von Text zu Text, erscheint durch die ‚aktive' Komponente der *différance* (*différer* = verzögern, aufschieben) zugleich als ein zeitlicher (cf. das Nebeneinander von „détour" und „délai"). Die *temporisation*, welche gleichermaßen Unterschiedensein, Aufschub (= Differenz) und Aufschieben bzw. Verschieben (= Unterscheiden) impliziert, bewirkt, daß die Präsenz immer aufgeschoben, daß der Sinn immer nur der Abstand bzw. Unterschied zu allem Vergangenen und Künftigen ist.

Das ‚Unterscheiden' im aktiven Verständnis erwächst aus einem der *différance* eigenen generativen Impuls (*mouvement génératif*), welcher die Erzeugung von Differenzen bewirkt, was zur *transformation systématique* führt:

«L'activité ou la productivité connotées par le *a* de la *différance* renvoient au mouvement génératif dans le jeu des différences. Celles-ci ne sont pas tombées du ciel et elles ne sont pas inscrites une fois pour toutes dans un système clos, dans une structure statique qu'une opération synchronique et taxinomique pourrait épuiser. Les différences sont les effets de transformations et de ce point de vue le thème de la différance est incompatible avec le motif statique, synchronique, taxinomique, anhistorique, etc., du concept de *structure*. Mais il va de soi que ce motif n'est pas le seul à définir la structure et que la production des différences, la différance, n'est pas a-structurale: elle produit des transformations systématiques et réglées pouvant, jusqu'à un certain point, donner lieu à une science structurale»[281].

Mit dem *jeu systématique des différences* tritt an die Stelle der statischen überzeitlichen Struktur die Vorstellung eines unbegründeten, unbegrenzten Spiels, das zwar offen, jedoch nicht willkürlich ist, da es eine ihm eigene Systematik, die Differentialität, enthält, die auf der Unhintergehbarkeit der Differenz beruht. Dementsprechend erscheint der Lévi-Strauss'sche Begriff der Transformation hier dekonstruiert, insofern als diese die formale

---

279 J. Derrida (1972*c*), p. 38 f. – Den Begriff *espacement* entnimmt Derrida in dekonstruktiver Lesart dem folgenden Zitat aus Mallarmés „Préface" zu *Un coup de dés*, das Derrida seinem Buch *L'écriture et la différence* (1967) als Motto voranstellt: «le tout sans nouveauté qu'un espacement de la lecture».

280 Id. (1972*c*), p. 40.

281 Ibid., p. 39.

Identität der Struktur nicht unangetastet läßt; die *transformations systématiques* bei Derrida vollziehen sich vielmehr nach den Regeln des differentiellen ‚Systems'.

Das *jeu systématique des différences* ist ein Spiel mit unbegrenzten Möglichkeiten[282]. Es beruht auf der Vorstellung Derridas von der *dissémination* des Sinns. Der Sinn ist in Bahnen gestreut. Das *jeu* besteht darin, der „aventure *séminale* de la trace"[283] zu folgen. Es vollzieht sich als ein Gleiten in den Bahnen der Sinnspuren (*traces*), wobei der der *différance* innewohnende *mouvement génératif* diesen die generative Kraft von Samenspuren verleiht. (Die *dissémination* wird von Derrida metaphorisch mit der Verstreuung von Sperma gleichgesetzt. Derrida spielt mit der nur zufälligen lautlichen Ähnlichkeit von *sème* und *semen.*) Die Regelhaftigkeit dieses Spiels liegt in einer auf der Differenz gründenden notwendigen Verschiebung von Sinn; es besitzt damit eine gewisse innere, im Unbewußten gründende Logik. Bahnen von Sinnspuren können sich kreuzen, so daß an den Treffpunkten (*synthèses*) Verknüpfungen möglich sind.

Die sich hier andeutende Struktur erinnert an das von Deleuze und Guattari beschriebene Rhizom (1976) als einem azentrischen und ‚nomadischen' System mit transversalen Verbindungslinien und Knoten[284]. Die Metapher bezieht sich auf den in der Botanik beschriebenen Wurzelstock gewisser Kräuterarten, für die es keine regelmäßigen Bauarten gibt. Als *écriture*- bzw. *lecture*-Konzept intendiert das Rhizom eine radikalisierte Multiplizität, in der die Einheit nur noch als Subtrahend der Vielheit (n–1) zugelassen ist und das im Hinblick auf die Lesestrategien eindeutig im revolutionären Sinne handlungsorientiert ist. Auf den *Roi des Aulnes* läßt sich das Rhizom in seiner von den Autoren geforderten Radikalität nicht ohne weiteres applizieren. Sofern man jedoch unter ‚rhizomatisch' bzw. ‚nomadisch' die Eigenschaften einer Struktur versteht, die nicht geschlossen ist und in der es keinen Stillstand gibt, sondern eine ständige Bewegung und Verschiebung der Bedeutung ohne Anfang und Ende und ohne Zentrum, läßt sich die Rhizom-Metapher in gemäßigtem Verständnis durchaus auf die Bedeutungsstruktur des Tournierschen Romans anwenden, ähnlich wie dies auch bei Eco in bezug auf seinen Roman *Il nome della rosa* (1980) geschieht[285].

---

282 In diesem Zusammenhang ist zu erwähnen, daß Derrida selber in seinen Texten auffallend häufig den Potentialis gebraucht.

283 J. Derrida (1967), p. 427.

284 Ein zusammenfassender Überblick über die Charakteristika der rhizomatischen Struktur, die in etwa denen des Ecoschen Labyrinths (Typ 3) als Modell für eine Enzyklopädie entsprechen, findet sich in U. Eco (1985), p. 126 f.

285 U. Eco, *Postille a ‚Il nome della rosa'* (1984), p. 32 f.

2.3.2.3. Die Strategie der Dekonstruktion: Die Prozeduren einer *écriture double* – Das Modell der Aufpfropfung – Die Selbstdekonstruktion des Textes

Derrida seinerseits hat bereits vor Deleuze und Guattari mit der von uns schon mehrfach erwähnten Dekonstruktion eine eigene „*stratégie générale*"[286] entwickelt[287]. Es sei vorausgeschickt, daß Derrida die Philosophie im Anschluß an eine Feststellung von Valéry[288], deren Nähe zu Nietzsche unverkennbar ist, als eine „besondere literarische Gattung" versteht, die demnach eine „rhetorische Organisation" aufweist, die es zu untersuchen gilt[289]. Die Dekonstruktion gründet zwar in der Philosophie, besitzt aber eine pragmatische Komponente. In Derridas Schriften bezieht sich der Begriff sowohl auf die philosophische Position als auch auf das Philosophieren selbst, die philosophische Praxis. Ebenso meint Dekonstruktion politische und ganz allgemein intellektuelle Strategien. Als ein bestimmter Modus der Lektüre verstanden, ist in dieser Strategie auch die spezifische dekonstruktive Interpretationsmethode innerhalb der poststrukturalistischen Literaturtheorie angelegt. So ist die von Derrida als ein spezielles Analyseverfahren zur Aufdeckung von rhetorischen Verfahrensweisen bzw. der Bedingungen und Voraussetzungen, auf denen philosophische Diskurse beruhen, bezeichnete Dekonstruktion zu einem Passepartout für alle Bereiche der menschlichen Kommunikation geworden. Das Ziel der Dekonstruktion ist nach Derrida das In-Frage-Stellen ererbter Kodes und gesellschaftlich normierter Wertmaßstäbe[290].

Derridas philosophische Strategie intendiert die Umkehrung bzw. Verschiebung (*renversement, déplacement*) der Begriffshierarchien, philosophischer Kategorien und schließlich philosophischer Systeme sowie deren Auflösung und In-Frage-Stellung als „philosophische Versuche der Beherrschung"[291]. Derrida wendet sich gegen Konsens und Konvention, da diese immer Ausschließungen bedeuten und er demgegenüber dem durch die Norm Unter-

---

286 J. Derrida (1972*c*), p. 56.

287 Zur Dekonstruktion cf. die Analyse von J. Culler (1988), der die folgenden Ausführungen entscheidende Anregungen verdanken.

288 Die Stelle bei Valéry lautet: «*Si donc l'on ne tient aucun compte de nos habitudes de pensée* pour se réduire à ce que montre un regard actuel sur l'état des choses de l'esprit, on observe facilement que la philosophie, définie par son œuvre qui est *œuvre écrite*, est objectivement un genre littéraire particulier, caractérisé par certains sujets et par la fréquence de certains termes et de certaines formes. Ce genre si particulier de travail mental et de production verbale prétend toutefois à une situation suprême par la généralité de ses visées et de ses formules; mais comme il est destitué de toute vérification extérieure, qu'il n'aboutit à l'institution d'aucun *pouvoir*, que cette généralité même qu'il invoque ne peut ni ne doit être considérée comme transitoire, comme moyen ni comme expression de résultats vérifiables, il faut bien que nous le rangions non trop loin de la poésie ...» [*Œuvres* (1957), Bd. I, p. 1255 f.].

289 J. Derrida, *Marges* (1972*b*), „*Qual Quelle*. Les sources de Valéry", Vortrag von 1971, p. 348 f. – Cf. auch J. Culler (1988), p. 201 f.

290 J. Derrida, in: „The Conflict of Faculties" (1982).

291 J. Culler (1988), p. 95.

drückten zur Sprache verhelfen will. Nach Derrida muß die Dekonstruktion in zwei Phasen erfolgen, die des *renversement* und die des *écart*:

> «Il faut donc avancer un double geste, selon une unité à la fois systématique et comme d'elle-même écartée, une écriture dédoublée, c'est-à-dire d'elle-même multipliée, ce que j'ai appelé, dans ‹la double séance›, une *double science*»[292].

In der ersten Phase darf man sich nicht mit der Neutralisierung des Gegensatzes zufriedengeben[293]. Um effektiv in das Feld der Gegensätze eingreifen zu können, ist der Umsturz der Hierarchie erforderlich. Der Praktiker der Dekonstruktion „arbeitet innerhalb eines Begriffssystems, aber in der Absicht, es aufzubrechen"[294]. Während er sich in der ersten Phase noch im Inneren des dekonstruierten Systems bewegt, muß er in einer zweiten Phase darüber hinausgehen, indem er den Abstand zwischen dem invertierten System und einem neu entstandenen Konzept offenlegt. Derrida bezeichnet diese Schreibweise als eine „écriture double, justement, stratifiée, décalée et décalante"[295].

Als eine Strategie der Unterminierung von traditionellen philosophischen Begriffen und Voraussetzungen entwirft Derrida das Modell der ‚Aufpfropfung' (*greffe*)[296]. In Anlehnung an die Botanik versteht er darunter Eingriffe und Einfügungen (*interventions, insertions, incisions, entailles, suppléments*). So wird bei der spezifischen Form der ‚paläonymischen Aufpfropfung' alten Namen eine neue Bedeutung aufgepfropft, die deren Inhalt verschiebt[297]. Mit den verschiedenen Verfahren der Aufpfropfung wird durch die Sprengung traditioneller Denkgewohnheiten und die Schaffung neuer Beziehungen ein unendliches Spiel mit dem Sinn erzeugt.

Wenn Dekonstruktion bedeutet, daß die vom Text aufgestellten Begriffe und Systeme zugleich unterminiert werden, indem die rhetorischen Verfahrensweisen des Textes bzw. die Grundlagen, auf denen die philosophische Beweisführung beruht, aufgedeckt werden, dann dekonstruiert sich der philosophische Text selbst, d. h., er enthält seine eigene Dekonstruktion. Derrida praktiziert dieses Verfahren in seinen Texten, die eine Dimension der

---

292 J. Derrida (1972*c*), p. 56.

293 Es handelt sich hier um eine Anspielung auf die Hegelsche Aufhebung, der Derrida die *différance* entgegensetzt: «S'il y avait une définition de la différance, ce serait justement la limite, l'interruption, la destruction de la relève hégélienne *partout* où elle opère» [J. Derrida, ibid., p. 55].

294 J. Culler (1988), ibid.

295 J. Derrida, ibid., p. 57.

296 Derrida bezieht sich hier ausdrücklich auf Gedanken Bachelards aus *L'eau et les rêves*, der *„greffe"* versteht als „un concept essentiel pour comprendre la psychologie humaine [...]", „le signe humain, le signe nécessaire pour spécifier l'imagination humaine" [J. Derrida, in: „La double séance" (1972*a*), p. 230, Anm. 15; Veröffentlichung der ersten Fassung dieses Textes bereits 1970 in *Tel Quel*].

297 Cf. dazu das Gespräch von J. Derrida und J.-L. Houdebine [in (1972*c*), p. 96], wo er sein Verständnis der ‚Paläonymie' im Zusammenhang mit der Ablehnung der Determination durch einen teleologisch-eschatologischen Horizont darlegt.

‚Selbstreferenz‘ (Culler) enthalten, insofern als sie zugleich eine Beschreibung der in ihnen angelegten philosophischen Strategien bzw. rhetorischen Verfahrensweisen darstellen.

2.3.2.4. Der Tourniersche Mythenroman als *écriture* der *différance*

2.3.2.4.1. Die Dekonstruktion als Strategie der *lecture/(ré-)écriture*

Wir haben hier verschiedene Aspekte aus Derridas Schriften skizziert, indem wir die Auswahl und die Akzentuierung ausschließlich im Hinblick auf eine mögliche Applikation auf den Tournierschen Roman getroffen haben. Es wird zu zeigen sein, inwieweit das *écriture*-Konzept Derridas in Tourniers Texten zu erkennen ist.

Zweifellos spielt das Konzept der dezentralen Struktur auf Grund eines unendlichen *jeu des différences* eine entscheidende Rolle für die Tourniersche Textkonstitution. Das Aufbrechen von Begriffen, der Umsturz von Denkgewohnheiten, von philosophischen Begriffshierarchien und Systemen (Platon, Spinoza, Leibniz, Kant, Hegel), die Verkehrung von sozialen, politischen und ethischen Normen sowie die Verschiebung von traditionellen Deutungen tradierter Texte (z. B. von Defoes *Robinson Crusoe*, Goethes *Erlkönig*, der Christophorus-Legende, der *Bibel* etc.) zeigen die zentrale Bedeutung der Dekonstruktion für das Denken Tourniers. Für diesen stellt der Text keine Autorität mehr dar, die zu respektieren sei. Der Autor selber propagiert eine dekonstruktive Lektüre seiner *écriture*:

> «Moi, j'ai de vagues idées, mais la véritable interprétation, c'est à vous de la donner. Moi, je n'interprète pas mes propres livres. Je donne une histoire, *et on en fait ce qu'on veut.* J'insiste beaucoup là-dessus, notamment enfin, sur la façon dont j'ai commencé ma carrière avec *Vendredi. Vendredi* est une interprétation de Daniel Defoe. De toutes les versions qui ont été faites, les nouvelles versions qui ont été faites de *Robinson Crusoé*, la mienne est la plus fidèle. [...] Mais, jamais Daniel Defoe n'aurait pu imaginer ce que moi, j'y ai vu, dans son roman: par exemple, une exaltation de l'amour d'un homme avec la terre; une exaltation du dialogue entre un blanc et un noir. Voilà ce qui était inimaginable pour Daniel Defoe. Et, cependant, je n'ai pas changé grand-chose à son histoire. Alors voyez, moi, je suis lecteur de Daniel Defoe, vous, vous êtes lectrice de Michel Tournier, et je pense qu'il vous faut faire la même chose; c'est-à-dire *être aussi fidèle que possible à la lettre et aussi infidèle que possible à l'esprit*»[298].

Mit dieser Aussage bezeugt Tournier einerseits seine eigene dekonstruktive Lektüre als Verfahren der Textproduktion (Aufpfropfung neuer Bedeutungen auf tradierte Texte), sowie er andererseits zur Dekonstruktion im interpretatorischen Umgang mit seinen Texten nicht nur stimuliert, sondern sogar herausfordert, in dem Sinne, daß man nicht umhin kann, sie ihrerseits zum Gegenstand eines *jeu systématique des différences* zu machen.

---

[298] *Entretien Michel Tournier – Cornelia Klettke* (5. April 1986), infra, p. 294 [Hervorhebungen von uns].

Bezogen auf den *Roi des Aulnes* wird also zum einen zu zeigen sein, inwiefern die *mythécriture* als dekonstruktive Lektüre von Prätexten anzusehen ist, zum anderen ein *lecture*-Konzept zu entwickeln sein, das mit den Methoden der Verschiebung und der Aufpfropfung Strukturmodelle, Denksysteme und andere Kodes auf dem Text ‚ausprobiert'. Die Prozedur unserer Textuntersuchung wird zeigen, daß jeder Versuch einer Analyse zwingend zur Dekonstruktion der *mythécriture* führen muß[299].

2.3.2.4.2. Die *différance* als Grundkonzept des *système de la phorie*

Bei dem Problem der Beurteilung der Phorie wird nunmehr unter dem Aspekt einer Anbindung an das *écriture*-Konzept Derridas und die Strategie der Dekonstruktion im Hinblick auf den Reflex des strukturalen Diskurses von Lévi-Strauss im Mythenroman Tourniers eine Einschränkung notwendig. Das System der Phorie läßt sich als ein *differentielles System* betrachten, das nur scheinbar begründet, in Wirklichkeit jedoch unbegründet ist, da die Phorie keine semantische Identität besitzt. Eine strukturale, auf dem binären Prinzip beruhende Einheit wird nur spielerisch simuliert; die mythische Struktur läßt keine eindeutige, endgültige bzw. objektive Interpretation als Botschaft der Phorie zu. Andererseits scheint es jedoch, als seien der Freiheit und Unbegrenztheit des *jeu des différences* Schranken gesetzt, da es durch den – freilich nur hypothetisch abduzierbaren – Kode *reguliert* wird, der eine Ordnung simuliert. Der Kode als eine im Text angelegte, intersubjektiv nachvollziehbare und somit potentiell konventionalisierbare Struktur gibt sich den Anschein einer im Text enthaltenen ‚Wahrheit'. In Wirklichkeit zeichnet sich mit dem Text das Sowohl-als-auch eines ambivalenten Gebildes ab, das bestehende, herkömmliche Strukturen oder Systeme in sich aufnimmt, diese aber von innen her aushöhlt, ironisch unterminiert und zum Scheitern verurteilt, im Sinne einer *écriture double – dédoublée – décalée – décalante*, die den Anschein des Wiedererkennens von bekannten Strukturen erweckt („Mes livres doivent être reconnus – relus – dès la première lecture" *VP* 189), sich jedoch zugleich als etwas Fremdes und Neues erweist und damit entzieht. Die Ambivalenz der *écriture double* besteht also in der Imitation als Verschiebung.

Auch in der Repetitionsstruktur wirkt die *différance* als differenzierendes Prinzip, indem es zu einer Sinnverschiebung zwischen Präfiguration und Repetition bzw. zu einer Transformation kommt. Als Beispiel sei hier die Sinndiskrepanz zwischen der ersten Vorwegnahme des Romanendes (Kap. III) und seiner repetitiven Einlösung (Kap. VI) erwähnt. Die Transformation läßt die Differentialität der mythischen Struktur transparent werden, die sich so nie als mit sich selbst identisches Gebilde fixieren läßt. Durch die Sinnverschiebung kommt es zu Widersprüchen in der Bedeutungsstruktur der Geschichte. Sie ist mit aus-

---

[299] Wir halten uns bei dem Verständnis der Dekonstruktion als Interpretationsmethode literarischer Texte an die Vorgaben bei Derrida und sehen davon ab, auf die Weiterentwicklung des Derridaschen Konzepts in der poststrukturalistischen amerikanischen Literaturkritik (de Man) einzugehen.

schlaggebend für die grundlegende Ambivalenz der mythischen Botschaft. Andererseits liegt aber eine Einheitlichkeit der Struktur insofern vor, als bei der Verschiebung des Sinns der Stellenwert ein und desselben Elements in den verschiedenen Repetitionen immer derselbe ist. Die Repetitionen lassen sich daher – bei Akzeptanz des Kodes – auch als ein synchron geschlossenes System mit Äquivalenzen und Oppositionen analysieren. Eine Analyse, die im Sinne des Ecoschen Strukturbegriffs von synchron geschlossenen Systemen ausgeht, ist eine notwendige Grundlage zur Erarbeitung der in der *mythécriture* nachgeahmten Strukturmodelle. Sie dient ihrerseits als Folie für die Verdeutlichung des *jeu des différences* und die Offenlegung der Dekonstruktion.

Besonders erhellend für das Zeichen und seine Funktionsweise in der *écriture* Tourniers erscheint die Derridasche Vorstellung der *dissémination.* Dieses Phänomen beruht auf dem Differenzprinzip des *mouvement génératif.* Der Tourniersche Text erweist sich als „agencement machinique" (Deleuze/Guattari) und ist als solcher mit einer virtuell unendlichen generativen Kraft zur Erzeugung von disseminatorischem Sinn begabt. Die Zeichen sind trügerische Fallen, die anlocken mit dem scheinbaren Versprechen einer Offenbarung von Sinn. Man glaubt, in ihnen einen Stillstand der Sinnsuche und einen Fixpunkt – die Identität des Sinns – finden zu können. Sie tragen jedoch nur Spuren von Sinn und stürzen den Leser so in ein Labyrinth von inter- und intratextuellen Spiegelungen – Echos und Reminiszenzen –, die sich ins Unendliche fortpflanzen. Dabei kommt es auch zu Überlagerungen bzw. Akkumulationen von Sinnspuren unterschiedlicher Provenienz (*synthèses*) – z. B. aus Mythos, Märchen, Legende, *Bibel* – in ein und demselben Zeichen an Knotenpunkten des Systems. Dieses *mise en abyme*-Spiel der Reminiszenzen erlaubt immer andersartige Möglichkeiten der Kombination. Derrida weist aber immer wieder ausdrücklich darauf hin, daß dieses Spiel mit den Möglichkeiten als ein *geregeltes* zu verstehen ist. Die Supplementarität, die den Akt der von Derrida als Einheit betrachteten *lecture/écriture* konstituiert, darf keine willkürliche Hinzufügung darstellen. Sie darf sich nur vollziehen, indem sie dem System der dem Spiel innewohnenden Kräfte Rechnung trägt, d. h., indem sie dem *jeu des différences* freien Lauf läßt.

> «Le supplément de lecture ou d'écriture doit être rigoureusement prescrit mais par la nécessité d'un *jeu,* signe auquel il faut accorder le système de tous ses pouvoirs»[300].

Der Vorwurf der Beliebigkeit bzw. der *In*differenz, den auch Postmoderne-Theoretiker von Format wie Charles Jencks und Jean-François Lyotard strikt ablehnen (cf. die Polemik zwischen ihnen, in der sie sich gegenseitig Beliebigkeit vorwerfen), trifft also ebensowenig auf Derrida zu, wie auch Welsch betont[301]. Gesteigerte Vielfalt ist nicht gleichzusetzen

---

300 J. Derrida, „La pharmacie de Platon", in: (1972*a*), p. 72; Veröffentlichung der ersten Version dieses Aufsatzes 1968 in *Tel Quel.*

301 W. Welsch (1987), p. 145.

mit Beliebigkeit, obgleich letztere als Gefahr natürlich – insbesondere bei den Nachahmern Derridas – stets präsent ist.

2.3.2.5. Die kabbalistische Mystik: als Modell der Derridaschen Konzeption – als Modell einer potentiellen Lesart des *Roi des Aulnes*

Eco, der sich kritisch mit der Derridaschen Praxis der Dekonstruktion auseinandersetzt[302], zeigt, daß diese Lektüremethode als Variante eines symbolischen Modus durch die jüdische Mystik der Kabbala inspiriert ist. Es lohnt sich, das von Eco angeführte Werk von G. Scholem[303] etwas genauer unter die Lupe zu nehmen, da wir in der kabbalistischen Mystik in der Tat das Modell für Derridas Konzeption erkennen können, freilich als eine radikal säkularisierte und atheistische Variante[304].

Das *écriture*-Konzept der *différance* und die Strategie der Dekonstruktion zeigen auffallende Parallelen zu den Grundzügen des kabbalistischen Verständnisses der Tora und Reminiszenzen an die mystische Methode ihrer Lektüre. Für die Kabbalisten besitzt der Text der Tora keine kodierte Bedeutung. Er stellt keine eindeutige Wahrheit dar. Als „Schlüssel zur Offenbarung" verstanden, die als solche absolut und bedeutungslos ist, wird das Wort der tradierten Tora in der mystischen Exegese „aufgeschlossen" und durch eine neue Lektüre dergestalt verwandelt, daß es „*unendlich* sinnerfüllt" wird. Scholem betont immer wieder den „Schlüsselcharakter" der Tora bzw. der mystischen Exegese:

> „Das Wort, das höchste Autorität beansprucht, wird aufgeschlossen, es öffnet sich und kommt der Erfahrung des Mystikers entgegen. Es gibt den Weg in ein unendlich Inneres frei, in dem sich immer neue Schichten des Sinnes enthüllen"[305].

In diesem „revolutionären" mystischen Verständnis wird die Tora relativiert. In einem Teil der kabbalistischen Überlieferung wird das „Prinzip der Relativierung" bezogen auf „die als Absolutum betrachtete Tora in ihren verschiedenen Manifestationen in verschiedenen Geschichtsperioden" (Paradies, Sünde und Exil, messianische Erlösung)[306]. Dieser Gedanke wird ausgebreitet im Zusammenhang mit einem Erklärungsversuch, „weshalb die Torarolle für den synagogalen Gebrauch nach rabbinischer Vorschrift ohne Vokale und ohne Interpunktion geschrieben sein muß" und verstanden als ein „Hinweis"[307]

---

302 U. Eco (1985), „Die kabbalistische Drift", p. 226 – 230.

303 G. Scholem, *Zur Kabbala und ihrer Symbolik* (1960); hier zitiert nach (1973).

304 Culler hat bei seiner Beschreibung der Derridaschen Dekonstruktion diesen Aspekt nicht im Blick. Seine Analyse ist daher gelegentlich unscharf. Dadurch daß er die Dinge nicht ins richtige Licht rückt, kommt er im Detail des öfteren zu vagen Aussagen.

305 G. Scholem (1973), p. 21 f.

306 Ibid., p. 105.

307 Ibid., p. 101.

„auf den Zustand der Tora, wie sie vor Gottes Antlitz existierte und bevor sie an die niederen Sphären weitergegeben wurde. *Denn es gab vor Ihm eine Anzahl Buchstaben, die nicht zu Wörtern vereinigt waren, wie es jetzt der Fall ist, weil die eigentliche jeweilige Anordnung der Wörter sich nach der Art und Weise richten würde, wie diese untere Welt sich verhielte.* Wegen der Sünde Adams ordnete Gott die Buchstaben vor ihm zu Wörtern an, welche den Tod und andere irdische Gegenstände [...] beschreiben. Ohne Sünde hätte es aber auch keinen Tod gegeben. Dieselben Buchstaben wären zu Wörtern vereinigt worden, die eine andere Geschichte erzählt hätten. Daher enthält die Torarolle keine Vokale, keine Interpunktion und keine Akzente, als Hinweis auf die Tora, die *ursprünglich einen Haufen ungeordneter Buchstaben* bildete. Die ursprüngliche Absicht Gottes wird aber offenbar werden, wenn der Messias kommen wird, der den Tod für immer verschlingen wird, so daß es keine weitere Anwendungsmöglichkeit mehr für Dinge in der Tora geben wird, die mit Tod, Unreinheit und dergleichen zu tun haben. Denn dann wird Gott die gegenwärtige Buchstabenkombination, die die Wörter unserer jetzigen Tora bilden, aufheben und wird die Buchstaben zu anderen Wörtern neu zusammenstellen, woraus dann neue Sätze sich ergeben werden, die von anderen Dingen reden"[308].

Scholem zitiert ein weiteres, dieser Theorie ähnliches Zeugnis aus der chassidischen Tradition:

„In der Tat ist es wahr, daß die heilige Tora ursprünglich nur in einem *unzusammenhängenden Durcheinander von Buchstaben* geschaffen wurde. Das heißt, daß alle Buchstaben der Tora von den ersten Worten der Genesis bis zum Schluß des Deuteronomiums damals noch nicht zu jenen Wortverbindungen kombiniert waren, wie wir sie jetzt dort lesen, wie etwa ‚im Anfang schuf' oder ‚gehe aus von deinem Lande' und dergleichen. Vielmehr waren all diese Worte noch nicht vorhanden, denn die Vorgänge in der Schöpfung, von denen sie berichten, waren noch nicht eingetreten"[309].

Der Gedanke der unendlichen Lesarten und der Differenz findet sich auch in einer kabbalistischen Lehre, in der die Tora nicht mehr im Schöpfungsablauf gesehen wird, sondern in kosmischen Zeitaltern (Äonen)[310]. In dieser Theorie spielt die „Idee von unsichtbaren Teilen der Tora, die dereinst sichtbar werden würden"[311], eine besondere Rolle. Diese Vorstellung kehrt später auch bei den chassidischen Mystikern wieder:

„Aber es verhält sich so, daß auch das Weiße, die Spatien der Torarolle, aus Buchstaben besteht, nur daß wir sie nicht wie das Schwarze der Buchstaben zu lesen verstehen. In der messianischen Zeit aber wird Gott auch das Weiße an der Tora, dessen Buchstaben jetzt für uns unsichtbar geworden sind, offenbaren, und das ist mit der Rede von der ‚neuen Tora' gemeint"[312].

---

308 Aus einem Fragment, das zitiert wird in einem Buch des Rabbi Elijahu Kohen Ittamari aus Smyrna [G. Scholem, ibid., p. 101 f. – In Auszügen findet sich dieses Zitat aus Scholem auch bei U. Eco, ibid., p. 227].

309 G. Scholem, ibid., p. 103 f.

310 Diese Lehre geht auf den unbekannten Verfasser eines um 1250 in Katalonien erschienenen Buches *Temuna* zurück [ibid., p. 105].

311 Ibid., p. 111.

312 Scholem zitiert den Rabbi Levi Isaak von Berditschew [ibid., p. 111. – Cf. auch U. Eco, ibid., p. 229].

Für die Kabbalisten ergibt sich durch die Möglichkeiten der freien Kombination und der Permutation der Textelemente die Unbegrenztheit des Sinns. Ist der Text als göttliche Botschaft im Ganzen bedeutungslos, so sind aber seine Buchstaben und Namen „bedeutungsschwanger" (Scholem). Sie sind „nicht nur konventionelle Mittel zur Kommunikation", sondern darüber hinaus Energiezentren, die mit einer unerschöpflichen Kraft zur Sinnerzeugung aufgeladen sind[313]. Als Ausdruck der göttlichen Kraftentfaltung erscheint die doppelte Symbolik des Lichtes und der göttlichen Sprache, die sich in den Buchstaben der Heiligen Schrift manifestiert. Mit der Idee vom „verborgenen Urlicht der Schöpfung, [...] das Gott in die Tora eingeschlossen hat", verbindet sich die Vorstellung, daß der Meditierende „über die Schrift einen Strahl (erhascht), ‚Licht vom unerschöpften Lichte' "[314]. „In jedem Worte scheinen viele Lichter"[315].

In der Theorie des spanischen Kabbalisten Josef Gikatilla wird in Anlehnung an die Auffassung von der Ur-Tora als Name Gottes die Tora als eine „Explikation und ein Kommentar zum Tetragrammaton JHWH" verstanden[316]. Gikatilla faßt die Tora als ein *Gewebe*, einen „Textus", aus den Beinamen und Namen Gottes auf, die sich alle herleiten aus dem Eigennamen Gottes, dem Tetragrammaton JHWH, das in das Gewebe „in verborgener und indirekter Weise eingewebt ist" als Zeichen der Verborgenheit des Wirkens der göttlichen Kraft[317].

Die Bezeichnung der Tora als einer „Struktur, deren Grundelement, aus dem sie sich aufbaut, das Tetragrammaton ist" (ibid.), erinnert an Lévi-Strauss' Vorstellung vom Ur-Kode als Ursprung der absoluten Struktur. Die transformationelle Struktur enthält offenbar eine Reminiszenz an diese Auffassung der Tora: Vom verborgenen Namen JHWH ausgehend, entwickelt sich das strukturelle Gebilde durch ständige Permutation und Kombination der Grundelemente (des Eigennamens und der Beinamen Gottes) bis zur Gestalt der jetzigen Tora. Andererseits kann vom Eingeweihten durch dieselben Verfahren umgekehrt vom Text ausgehend der Ursprung rekonstruiert werden. Permutation und Kombination kehren in den strukturalen Gesetzen von Lévi-Strauss wieder, die es erlauben, durch Transformation zu immer tieferen Strukturen fortzuschreiten bis zum von Lévi-Strauss postulierten verborgenen Ur-Kode.

Die kabbalistische Vorstellung der Tora als Gewebe oder Struktur bildet offenbar die Folie sowohl für den Strukturalismus von Lévi-Strauss als auch für den Poststrukturalismus von

---

313 G. Scholem, ibid., p. 54. – Cf. auch U. Eco, ibid., p. 226.

314 G. Scholem, ibid., p. 87.

315 *Sohar* III, 202 a [G. Scholem, ibid., p. 86; U. Eco, ibid., p. 227]. Der Titel „Sohar" als Hauptwerk der Kabbala bedeutet ‚Lichtglanz'.

316 G. Scholem zitiert Gikatilla [ibid., p. 61].

317 Ibid., p. 62 f.

Derrida, aber auch für die Konzeption von Lacan[318]. Bei Derrida findet sich eine Anspielung auf das Tetragrammaton im Zusammenhang mit einer Erklärung seines *écart*-Begriffs in der scheinbar aus zufälligen Buchstaben- oder Signifikantenverschiebungen bestehenden Zeichenkette „écart, carré, carrure, carte[319], charte, quatre, etc.“[320]. Bei diesem differentiellen Spiel der Verschiebung, in dem der Sinn von *écart* zu *quatre* gleitet, offenbart sich, wie Derrida den kabbalistischen Gott in sein Schriftkonzept ‚übersetzt‘ und wie in der Praxis der Dekonstruktion der revolutionäre Strang der mystischen Exegese in radikal säkularisierter Form fortwirkt. An die Stelle Gottes als das Unendliche, der in der Heiligen Schrift als schöpferische Potenz wirkt, was auch in der jüdischen mythischen Vorstellung vom „Weltensamen“ (Scholem) zum Ausdruck kommt, tritt das *écriture*-Konzept von einer ursprünglichen, unhintergehbaren *différance*, bezeichnenderweise auch *gramme* genannt, das als Differenzprinzip das unendliche sinnerzeugende *jeu des différences* hervorbringt. Reminiszenzen an die Merkmale der kabbalistischen Gottesauffassung erscheinen insbesondere in den Vorstellungen Derridas vom *mouvement génératif* und von der *dissémination* als Ausdruck der Befruchtung durch die generative Kraft und der Fortzeugung ins Unendliche.

Das kabbalistische Verständnis des Textes als Gewebe (Textus) findet sich bei Derrida jeder metaphysischen Ursprungsvorstellung entkleidet wieder (*enchaînement*), wobei an die Stelle Gottes das Spiel tritt: „Der Ursprung hat ausgespielt“ („*l'origine a joué*“[321]). An die Stelle der Offenbarung des bedeutungslosen und zugleich bedeutungsschwangeren Gotteswortes tritt das säkularisierte unendliche *jeu des différences* als *texte général*.

Die Idee vom Schlüsselcharakter der Tora und von der mystischen Exegese als einer neuen Lektüre, die den eindeutigen Sinn ‚aufschließt‘ und in eine unendliche Sinnfülle verwandelt, wobei sie ihre eigenen Vorstellungen in den Text hineinprojiziert, kehrt wieder im dekonstruktiven Umgang mit dem Text, der, selber gleichsam bedeutungslos, unendliche Lesarten zuläßt: „eine Maschine mit vielen Leseköpfen“ (Derrida). Eine Anspielung auf den Schlüssel taucht in einer *chaîne signifiante* Derridas auf, bezeichnenderweise wieder zusammen mit der Zahl Vier und dem Bild vom Geflecht bzw. Gewebe: *„carrefour, quadrifurcum, grille, claie,*

---

[318] Cf. auch U. Eco [ibid., p. 229 f.], der darauf hinweist, daß Lacan mit der Autonomie des Symbolischen den Anstoß zur „kabbalistischen Drift“ gegeben habe. – Auch der Gedanke eines ursprünglichen Mangels bei Lacan, der von H. Lang (1986) an das Differenzdenken von Heidegger angeschlossen wird, könnte unseres Erachtens zugleich eine Reminiszenz an die Spatien der Torarolle darstellen. – Cf. infra, Anm. 325.

[319] Cf. G. Deleuze/F. Guattari (1976). Dort findet sich *carte* als Metapher für das Rhizom.

[320] J. Derrida (1972*c*), p. 58.

[321] J. Derrida, „Ellipse“, in (1967), p. 431. – In diesem Aufsatz setzt sich Derrida mit wesentlichen Aspekten der kabbalistischen Lehre auseinander, die er in sein atheologisches Konzept zu ‚übersetzen‘ trachtet.

clé, etc."[322]. Es ist offensichtlich, daß es hier um den Sinn geht, der aus vier Bahnen heraus (eine Anspielung auf die vier Buchstaben des Tetragrammatons?) sich unendlich fortzeugt. *Grille*, *claie* und *clé* erscheinen als drei variierende Träger des Sinns. Es läßt sich hier – wie zufällig? – eine Querverbindung zu Tourniers System der Phorie herstellen, in dem sich der getragene *clé* in die *grille de déchiffrement* als Trägerin der ‚Offenbarung' (Judenstern des Éphraïm) verwandelt[323].

2.3.2.6. Von der Lektüre als Erprobung semiotisch-strukturalistischer Konzepte und Verfahren zur Aufdeckung der *écriture double*

Für das Verständnis der *mythécriture* Tourniers erscheint es angezeigt, das Konzept der *différance* hinsichtlich seiner Applizierbarkeit auf den Tournierschen Text im Bezugsfeld des Strukturalismus von Lévi-Strauss und seinem noch der Metaphysik verhafteten Einheitspostulat zu sehen. In der Tat läßt sich der Roman nach dem Konzept der strukturalen Mythenanalyse untersuchen, wenn auch die erarbeitete Struktur nur als Hypothese aufgefaßt werden kann, die zum Scheitern verurteilt ist. Die Struktur der Mythen, so wie sie Lévi-Strauss beschreibt, wird im Roman in verblüffender Weise nachgeahmt, aber zugleich verschoben. Tournier bedient sich der Operationstypen zu einer neuen Art von intertextuellem *bricolage*, dem postmodernen Mythenroman, der durch ein unendliches Spiel von Differenzen bzw. intertextuellen Reminiszenzen charakterisiert ist und eine Transformation der Struktur des Mythos darstellt, die dekonstruktiv verschoben erscheint.

Parallel zu der Erprobung von Verfahren der strukturalen Mythenanalyse nach Lévi-Strauss inszenieren wir den Versuch, die Botschaft des Romans mit Hilfe eines semiosischen Interpretationsverfahrens (Eco) zu entschlüsseln. Unsere Hypothese lautet: Im *Roi des Aulnes* ist ein Kode abduzierbar, auch wenn die Botschaft als solche unkodiert ist und aus einem ‚Inhaltsnebel' besteht. Wir unterstellen, daß im Text ein symbolischer Modus als Strategie angelegt ist. Bei diesem Verfahren verfolgen wir mit dem Kode, der sich nach den Bedingungen des Kontextes richtet, eine Verschiebung von Interpretant zu Interpretant, die jedoch immer um die Dekodierung der Botschaft kreist. Mit Hilfe dieses Verfahrens läßt sich ein möglicher Weg zum Textverstehen aufzeigen, der verifizierbar und intersubjektiv nachvollziehbar ist. Der Weg mündet jedoch an einer Schranke[324].

---

[322] Id. (1972*c*), p. 95.

[323] Über die Möglichkeit einer mystischen Lesart des *Roi des Aulnes* im Sinne der Kabbalistik wird an anderer Stelle noch zu reden sein (cf. 3.6.4.3.1. und 3.6.4.3.3.).

[324] Trotz gewisser Entsprechungen erweist sich der von Eco als semiotisches Gegenstück zur Derridaschen Strategie entwickelte symbolische Modus als inkompatibel mit der Dekonstruktion, von Eco auch als „radikale kabbalistische Option" bezeichnet [(1985), p. 228]. Eco leistet mit diesem Konzept *seinen* Beitrag zu der in *Glyph* ausgetragenen Kontroverse zwischen dem amerikanischen Pragmatiker Searle und Derrida. Die Kontroverse Identität *vs.* Differenz beschäftigt auch Ecos letzten Roman *Il*

Der Umgang mit dem Tournierschen Text gestaltet sich als ein nicht enden wollendes versuchsweises Ausprobieren von Kodes auf der Botschaft, als eine ständig erneuerte Aufpfropfung von intertextuellen Lesarten, als ein ‚Wiedererkennen' von Strukturen, die hypothetisch auf den Text projiziert werden, um alsdann im Zuge einer ständigen Weiterbewegung des Denkens in Frage gestellt, überholt, verworfen und durch neue ‚supplementiert' zu werden. Indem der Leser zum unendlichen differentiellen Spiel mit dem Text provoziert wird, wird er unwiderstehlich in die Dekonstruktion mit einbezogen, der er sich nicht entziehen kann.

2.3.3. Das Tourniersche Ironiekonzept und die ironische Dimension der *mythécriture*

«Dieu a tout fait de rien,
mais le rien perce.»

P. Valéry

Vor Eintritt in die Analyse erweist es sich als notwendig, den Blick auf die *ironische* Dimension der Tournierschen *mythécriture* zu richten. Eine Untersuchung des Romans muß begleitet werden von der Einsicht in das Ironiekonzept des Autors. Die ironische Färbung beeinflußt gewissermaßen wie ein Filter vor einer Linse die Optik entscheidend. Sie trägt dazu bei, den Romankosmos in ein übliche Sehgewohnheiten verfremdendes Licht zu tauchen. Damit wird einmal mehr die Geschlossenheit, Kohärenz und Ordnung, die das *système de la phorie* auf den ersten Blick suggeriert, als scheinbar entlarvt. Der Leser sollte sich nicht zu sehr in Sicherheit wiegen und vor den *Trick-Effekten*, die der Autor in sein Spiel einbringt, auf der Hut sein.

Das spezifische Tourniersche Verfahren, mit dem scheinbar kohärente und geschlossene Strukturen und gesicherte Wahrheiten in Frage gestellt werden, ist der *humour blanc*. Es dient dem Autor als Instrument einer Metaphysikkritik. Gegenüber dem *humour rose*, mit dem Tournier an Bergson anknüpft, als einem „rire de société" (*VP* 197), einem Lachen mit sozialkritischer Funktion, und dem *humour noir* besitzt der *humour blanc* für Tournier eine Dimension „plus proprement métaphysique ou cosmique" (*VP* 198). Bei seiner Definition des *humour blanc* gleitet der Autor von „métaphysique" über „cosmique" zu „comique" und gelangt zu der begrifflichen Kombination „comique cosmique", die er wie folgt definiert:

> «[...] il y a un comique cosmique: celui qui accompagne l'émergence de l'absolu au milieu du tissu de relativités où nous vivons. C'est le rire de Dieu. Car nous nous dissimulons le néant qui nous entoure, mais il perce parfois la toile peinte de notre vie, comme un récif la surface des eaux» (*VP* 198).

---

pendolo di Foucault (1988), der so auch als eine Auseinandersetzung mit dem französischen Poststrukturalismus gelesen werden kann.

Mit diesem Bild umschreibt Tournier den von ihm sogenannten *rire blanc*, den er versteht als die Reaktion auf die Erfahrung des Nichts, gleichsam des „*blanc*“[325] als Lücke im Netz der Relativitäten:

> «L'homme qui rit blanc vient d'entrevoir l'abîme entre les mailles desserrées des choses» (*VP* 199).

Der *rire blanc* wird zur Losung für die wenigen Menschen – Tournier verweist hier explizit auf Nietzsche und Valéry (*VP* 199 f.) –, die die grundlose Leere hinter den Dingen erkennen:

> «Lorsque les lattes disjointes de la passerelle où chemine l'humanité s'entrouvrent sur le vide sans fond, la plupart des hommes ne voient rien, mais certains autres voient le rien. Ceux-ci regardent sans trembler à leurs pieds et chantent gaiement que le roi est nu. Le rire blanc est leur cri de ralliement» (*VP* 199).

Die von Tournier sogenannte ‚metaphysische‘ Dimension ist also in Wahrheit eine *metaphysikkritische*. Sie enthält Reminiszenzen an Sartre und situiert Tournier im Horizont des Poststrukturalismus. Der Begriff *métaphysique* wird hier dekonstruktiv verwendet, was in der Tournier-Forschung bisher gänzlich übersehen wurde; gerade hieraus resultieren zahlreiche Mißverständnisse. Der *humour blanc*, der als ‚metaphysisch‘ bezeichnet wird, entlarvt durch Ironie jedes metaphysische Konzept als relativ im Sinne einer „métaphysique de l'ironie“ (*VP* 200), wie sie Tournier bei Valéry erkennt. Hinter der *mythécriture* Tourniers steht der philosophische Standpunkt, daß die Wahrheit des Absoluten das Nichts, die Abwesenheit (*blanc*), sei. Tournier geht bei der Definition des *absolu* von der Etymologie aus: „ce qui n'a pas de rapport, pas de relation“ (*VP* 298). Das Absolute, das nach Heidegger und Lacan sprachlich nicht faßbar ist, steht in der *écriture* Tourniers gewissermaßen zwischen den Zeilen als *rire blanc*:

> «[...] l'absolu ne surgit pas sans qu'éclate un certain rire» (*VP* 201).
>
> «[...] l'approche de l'absolu se signale par le rire» (*VP* 153).

Wie unsere Analyse zeigen wird, wird die Ironie im Roman nicht auktorial expliziert. Nach dem Verfahren des *humour blanc* werden grelle Szenen unvermittelt präsentiert, in denen Grauen und Komik so verschmolzen sind, daß der Leser sich nur durch ein kaltes Lachen von der Wirkung befreien kann[326]. An solchen Kristallisationspunkten der *écriture* wird der Leser vom Autor, der hier mit Auslassungen arbeitet, allein gelassen. Der *humour blanc* wirkt in den ‚blancs‘ der Textur. Deren Auffinden bleibt der Sensibilität des Lesers überlassen. Insofern findet der oben skizzierte philosophische Standpunkt Tourniers wohl eine Entsprechung im Text. Wir möchten aber nicht dahingehend mißverstanden werden, behaupten zu wollen, daß die Ironie im Zeichensystem des Textes nicht versprachlicht sei.

---

325 Auf die Ambiguität von *blanc* als Bezeichnung für die Farbe und die Leerstelle, das Nichts, weist bereits K. Fergusson [(1986), p. 80 f.] hin.

326 Eine Beschreibung dieses Lachens und seine metaphorische Gleichsetzung mit einer Winterlandschaft findet sich in der Novelle *La jeune fille et la mort* (*CB* 180).

Sie wird durch verschiedene vorwiegend parodistische Mittel erreicht. Der Leser, der sich gegenüber der pseudo-illusionistischen Darstellung in Sicherheit wiegen möchte, wird auf Distanz gehalten und verunsichert durch eine groteske Deformation, die die Initiation des Protagonisten in das Heilige beständig parodiert.

Daß der *mythécriture* des *Roi des Aulnes* ein Ironiekonzept zugrunde liegt, wird gleich zu Anfang des Romans im Text signalisiert. An einer scheinbar nebensächlichen Stelle, die der Leser nur allzu leicht als episodisch zu vernachlässigen geneigt sein könnte, enthüllt sich gleichsam programmatisch der ,ironische Geist' des *Roi des Aulnes*, gespiegelt in der Figur der Rachel:

> «J'aurais pu être rebuté par son esprit cynique, une certaine vue dissolvante des choses, une manière de prurit cérébral qui la fait toujours vivre dans la crainte de l'ennui, mais son sens de la drôlerie, son adresse à déceler le côté profondément absurde des gens et des situations, une gaieté tonique qu'elle sait faire jaillir de la grisaille de la vie avaient une influence bienfaisante sur mon naturel volontiers atrabilaire» (19).

Demnach verbirgt sich hinter dem *humour blanc* mehr als nur ironisches Spiel; er erreicht seine Aufgipfelung im Zynismus. Die ironische Dimension ist recht eigentlich eine ,kynische'[327]. Tournier knüpft mit dem Kynismus offenbar auch an Diogenes von Sinope an[328], gleichsam im Sinne eines „Neo-Kynismus", wie ihn die Postmoderne kennt[329].

Die Analyse wird zeigen, wie die allmähliche Entfaltung des *système de la phorie* einhergeht mit seiner Dekonstruktion auf Grund einer ironischen Unterminierung desselben, die den Binarismus zersprengt. Die Ironie ist insofern konstitutiv für die *mythécriture* Tourniers, als sie eine ständige Infragestellung der metaphysischen Inhalte bewirkt.

---

327 Nicht von ungefähr wird der „esprit cynique" mit Rachel assoziiert. Es handelt sich hier um eine Anspielung auf den „humour juif qui illustre le plus fréquemment le comique particulier surgissant au moment où tout un échafaudage de conventions relatives s'effondre sous un coup d'œil absolu" (*VP* 201).

328 Der Autor verweist auf Diogenes im Zusammenhang mit seiner Berufung auf Bachelard, der als „esprit sarcastique et antisystématique" ihm das Lachen als einen „trait fondamental de l'entreprise philosophique" offenbart habe (*VP* 152, 154). – Cf. auch die diversen Anspielungen auf den Kynismus in *Les météores*, insbesondere in der schamlosen Pose des Hundes Sam – einer ,Imitation' des Diogenes –, der das ,Vorbild' für die Figur Alexandre abgibt (223 ff.). – Eine Affinität Tourniers zu den griechischen Kynikern bemerkt auch A. Clavel [(Juni – Juli 1977), p. 613 f.]. Unter diesem Aspekt läßt sich u. a. der Weg des Tournierschen Romanhelden in Beziehung setzen zum stufenweisen *Regressus*, den der kynische Philosoph bis hin zur Barbarei durchläuft.

329 P. Sloterdijk, *Über die Kritik der zynischen Vernunft* (1983), p. 371.

3. DIE MYTHISCHE STRUKTUR DES *ROI DES AULNES*

3.1. Das *système de la phorie*: Rekonstruktion – Dekonstruktion

3.1.1. Der Kode der Phorie: ‚phorische' Figuren und attributive Terme – Binarismus und Ambivalenz

Im System der Phorie unterscheiden wir zwei Arten von Zeichen, das Träger-Zeichen und das getragene Zeichen. Alle Zeichen können im Text zum Träger-Zeichen oder zum getragenen Zeichen werden. Aus ihrer Kombination ergibt sich als nächst größere Einheit des Systems die ‚phorische' Figur. Sowohl die Generierung der Figuren als auch ihre syntagmatische Verknüpfung erfolgen nach bestimmten formal-logischen Prinzipien, die der Fugenkunst analog sind: Auf der Basis einer Grundfigur der Phorie entstehen die Figuren durch *Inversion* oder *Spiegelung* (Antiphorie, Paraphorie), durch *Augmentation* (Hyperphorie, Superphorie) oder *Diminuation*, durch *Permutation*, und zwar zum einen der ‚phorischen' Terme bei der Transposition der Figur auf eine andere Zeichenebene (z. B. *Semio*phorie der Tauben > *Dory*phorie der Kinder) bzw. zum anderen der Wertigkeit eines ‚phorischen' Terms (ambivalenter Oger > positiver Oger). Als *Fortspinnung* aus einer Keimzelle, dem *Thema* der Phorie, erwächst so ein ungeahnter Reichtum an Figuren. Der Roman läßt im kollektiven Gedächtnis gespeicherte ‚Bilder' des Tragens aus der im weitesten Sinne abendländischen Kulturtradition zu intertextuellen Modellen für das System werden, wobei er die ‚phorische' Kodierung auf sämtliche Ebenen kosmischen Seins (die mineralische, pflanzliche, tierische, menschliche, astrale), die vier Elemente und die unterschiedlichsten Wissensbereiche ausdehnt. Im System der Phorie erfährt auch das Triviale eine ‚phorische' Kodierung. Scheinbar insignifikante Zeichen, wie etwa das Gummiband, das sich um einen Finger wickelt (46), oder der Name des Platzes, an dem Tiffauges wohnt, die „place de la Porte-des-Ternes", enthüllen sich als Komponenten einer ‚phorischen' Figur. Die gesamte Wirklichkeit wird in eine *„réalité signifiante"* (405) verwandelt, in der alles mit ‚mythischem' Sinn aufgeladen erscheint.

Die Fülle der ‚phorischen' Figuren läßt sich nach dem jeweils von ihnen getragenen Zeichen ordnen und so auf ein überschaubares Repertoire zurückführen, wobei eine solche Systematisierung jedoch lediglich einen hypothetischen Stellenwert beanspruchen kann. Die klassifizierten Figuren erhellen sämtlich auf dem Hintergrund intertextueller Modelle, von denen sie jedoch durch einen deutlichen Sinnabstand getrennt sind. Die ‚phorischen' Figuren scheinen sich einer eindeutigen Wertbestimmung unterwerfen und zu Oppositionspaaren ordnen zu lassen; die Konstruktion von Oppositionen geht jedoch einher mit deren Dekonstruktion, so daß sich der Binarismus als Pseudo-Binarismus entlarvt.

Den kontextuellen Rahmen einer ‚phorischen' Figur bilden die attributiven Terme (wie *monde clos, milieu ouvert, brame, euphorie* bzw. *extase phorique, euphorie cadente, poids de lumière, poids mort, angélique*), die diese semantisch näher bestimmen. Das Repertoire dieser ebenfalls mit intertextuellen Sinnspuren behafteten Zeichen bildet sich erst allmählich heraus. Mit diesen lassen sich in Entsprechung zu den ‚phorischen' Figuren Oppositionen konstruieren. Dabei wird sogar die Illusion vom Vorhandensein komplementär distribuierter Varianten geweckt, d. h. von solchen, die nicht in der gleichen ‚phorischen' Umgebung vorkommen können bzw. umgekehrt an eine bestimmte ‚phorische' Umgebung gebunden sind (wie die Relationen *monde clos* – Antiphorie; *milieu ouvert* – Paidophorie). Aber auch hier erweisen sich die Zuordnungen als nicht eindeutig und keineswegs starr, scheitert – wie sich zeigen wird – der Versuch der Strukturbildung an der unaufhebbaren Ambivalenz aller ‚phorischen' Relationen.

Der Romantext generiert auf metatextueller Ebene eine Art ‚Lexikon der Phorie'. Dieses ist fragmentarisch, weil nicht für alle ‚phorischen' Figuren auch Begriffe vorgegeben sind, wenn sich auch einige durch Angaben in *Le vent Paraclet* ergänzen lassen. Es ist offen im Hinblick auf die Zuordnung der Begriffe zu den ‚phorischen' Figuren und hinsichtlich der Distribution der attributiven Terme. Für das im Text angelegte System wird vom Protagonisten metatextuell die Metapher „puzzle" ins Spiel gebracht:

> «Encore une pièce à ajouter au grand puzzle que je compose patiemment» (140).

Der Held, der in seinen *Écrits sinistres* die Rolle des Ich-Erzählers mit der des impliziten Autors verbindet, insofern als er die Textverfahren expliziert, simuliert hier das erkennende Subjekt, das sich in einem erkenntnistheoretischen Prozeß befindet. Durch die Puzzle-Metapher wird das System der Phorie als ein prä-etabliertes und durch ein erkennendes Subjekt rekonstruierbares vorgetäuscht. Der Begriff „puzzle" erweist sich jedoch – wie wir sehen werden – als irreführend, da die Rekonstruktion niemals ganz gelingen kann. Es handelt sich um die *Imitation* eines Puzzle, mit der dieser Begriff zugleich eine Dekonstruktion erfährt.

3.1.2. Die Autoreflexivität des mythischen Zeichensystems

Verglichen mit den anderen Romanen Tourniers macht sich der *Roi des Aulnes* in besonderem Maße als ein Zeichensystem selbst bewußt. Es geht um die Entzifferung von Zeichen bzw. um die Einweihung in einen Kode. Schon für Nestor liegt – wie später für Tiffauges – gerade in der „lecture des signes" (48) der eigentliche ‚Auftrag' der Initiation. In seinen *Écrits sinistres* schreibt der Protagonist retrospektiv über seinen ‚Vorläufer':

> «Sa face cachée, que je fus seul à soupçonner, c'était les *signes, le déchiffrement des signes.* C'était là la grande affaire de sa vie [...]

Les signes, le déchiffrement des signes ... De quels signes s'agissait-il? Que révélait leur déchiffrement? [...] Sans doute Nestor n'avait-il fait que quelques pas dans ce sens, mais ma seule ambition est précisément de mettre mes pieds dans sa trace, et peut-être de progresser un peu plus avant qu'il n'avait fait, grâce au temps plus long qui m'est accordé et aussi à l'inspiration qui émane de son ombre» (40).

Im mythischen Diskurs des *Roi des Aulnes* ist eine Zeichendimension enthalten, deren Vokabular verwirrend viele Spuren trägt. Diese ist den ganzen Roman hindurch präsent als eine Art meta-mythische Ebene, auf der sich das mythische Zeichensystem selbst reflektiert. Die folgende Textstelle zeigt besonders deutlich das irritierende Spiel des Autors mit den intertextuellen Echos:

«Il est certain que cet extraordinaire ballet, ces figures sans cesse formées, puis effacées et reconstituées doivent avoir un sens. Lequel? Groupes, combinaisons, ensembles, compositions, éclatements, tout est signe ici, comme ailleurs, davantage qu'ailleurs. Mais signe de quoi? C'est mon éternelle question dans ce monde semé d'hiéroglyphes dont je n'ai pas la clé» (151 f.).

Der Autor bedient sich hier wie andernorts eines Begriffsrepertoires, das an die deutsche Romantik erinnert. Das Spiel mit Ausdrücken wie „figure", „hiéroglyphe" und „chiffre" (140) weckt Reminiszenzen z. B. an die „Figuren" „jener großen Chiffernschrift" als Metapher für die Natur in *Die Lehrlinge zu Sais* von Novalis[1]. Hinsichtlich der Begriffe „hiéroglyphe" und „chiffre" wird die Fährte der Romantik jedoch verwischt durch andere Spuren, von denen eine zum Beispiel zu Ernst Jünger führt[2], was die Unverbindlichkeit des Spiels zeigt, so daß es als aussichtslos erscheinen muß, hier alle Spuren erkennen und verfolgen zu wollen.

Über das primär naturphilosophische Vokabular hinaus entwickelt der mythische Diskurs des *Roi des Aulnes* – wie wir sehen werden – eine eigene ‚Zeichentheorie', deren Kern ein Modell zur Entschlüsselung des mythischen Zeichens darstellt. Es handelt sich dabei um die Simulation einer ‚epistemologischen' Dimension, in der die sukzessive Einsicht des Helden in Gesetze und Prinzipien der Erkenntnisgewinnung im Laufe seiner Initiation als Prozeß vorgetäuscht wird. Auch diese ‚erkenntnistheoretische' Lesart wird sich dekonstruieren, da die am Begriffsvokabular der Zeichenentschlüsselung haftenden Spuren permanent oszillieren und den Blick in Sinnbahnen lenken, die andere Lesarten, eine ‚mystische' oder eine ‚semiotische', provozieren.

Die höchste Stufe der Autoreflexivität des mythischen Zeichensystems stellt das System der Phorie als Selbstthematisierung der *écriture* dar, insofern als man die ‚phorischen' Figuren als Metaphern für die Schrift lesen kann. Spielerisch wird ein Konzept entworfen, das den

1 J. J. White weist auf die Reminiszenzen im *Roi des Aulnes* an *Die Lehrlinge zu Sais* hin und führt zu den Begriffen „Hieroglyphe", „Hieroglyphenschrift", „Ziffer" weitere Textstellen von Tieck, Wackenroder, Philipp Otto Runge und Friedrich Schlegel an [(1974), p. 236 ff.].

2 Zur Rezeption von Ernst Jünger, den Tournier zu seinen besonderen Vorbildern zählt, cf. *VV* 404 ff.

immerwährenden Kreislauf der Entfaltung und der Dekonstruktion als ,Essenz' der *écriture* nachahmt.

3.1.3. Die Segmentierung des mythischen Diskurses

Der Roman läßt theoretisch drei Gliederungssysteme zu:

1) Gegenüberstellung von Kapitel I als Exposition und II – VI
2) Gegenüberstellung der Kapitel I – III und IV – VI
3) Untersuchung in der Abfolge der Kapitel

Für die erste Möglichkeit spricht, daß im ersten Kapitel als Exposition sämtliche Aspekte des Themas bereits im Keim präfiguriert erscheinen. Dieses Gliederungsmodell entspräche der Vorgehensweise des Autors bei der Abfassung des Romans:

> «L'un des secrets consiste à écrire la fin du roman avant le début [...] Je procède ensuite à un découpage rigoureux. Le livre se compose toujours de deux versants séparés au milieu par une crise (la déclaration de guerre dans *Le Roi des Aulnes*). Pour obtenir les correspondances, il suffit de travailler simultanément à chacun de ces versants. Je n'hésite pas, s'il le faut, à écrire à reculons»[3].

Die Gliederung in zwei gleich lange Hälften wäre zu rechtfertigen, dadurch daß mit dem Moorleichenfund und dem Diskurs des Professors über die Bedeutung der Moorleichen im Zentrum des Romans, das auch durch die Kapiteleinteilung als Mitte markiert ist (296 zu 581 Seiten Gesamtlänge), nicht nur die gesamte Thematik, sondern auch alle Elemente der Geschichte präfiguriert sind. – Wir entscheiden uns für die dritte Möglichkeit, da sich das komplexe Geflecht der sich überlagernden Strukturen der Repetition, der Initiation bzw. Präfiguration, der Vermittlung und der Fuge nur offenlegen läßt, wenn man die mehrmaligen Repetitionen der Geschichte aufzeigt, die sich in etwa mit den Kapiteln decken. Nur so ist es auch möglich, das System der Phorie zu beschreiben, das sich erst allmählich im Modus der Repetition entfaltet und konstituiert.

Es ist noch anzumerken, daß die Untersuchung des ersten Kapitels in zwei Abschnitte entsprechend den zwei Zeitebenen, Vorgeschichte des Protagonisten und Paris-Phase, untergliedert wird.

---

3 M. Tournier, „Je suis comme la pie voleuse", Interview mit J.-L. de Rambures, *Le Monde* (23. Nov. 1970); wiederabgedruckt in: J.-L. de Rambures (1978), p. 166.

3.2. Die ‚Erste Durchführung' oder ‚Exposition' mit ‚Zwischenspielen'

3.2.1. Die ‚Exposition' der Geschichte: Nestor und die Kinder von Saint-Christophe

3.2.1.1. Die Entfaltung von ‚Thema' und ‚Thema-Inversion' in der ‚Exposition'

Die Figur der Stigmatophorie

Den ‚Auftakt' der ‚Exposition' bildet der ‚Ritus' der Tätowierung (26 ff.), mit dem der Mitschüler Pelsenaire durch die vom Kind Abel vorgenommene geheime Operation der ‚Einritzung' des pfeildurchbohrten, blutenden Herzens mit dem enigmatischen Begleitsatz „*AT pour la vie*" (das Kürzel *AT* soll für „*A toi*" – „Athée" – „Abel Tiffauges" stehen 27) zu einem vieldeutigen Zeichen-Träger ‚geweiht' wird. Wir bezeichnen diese ‚phorische' Variante als Stigmatophorie. Dieses Ereignis bildet den Beginn für ein Verhältnis von ‚Herrschaft' und ‚Knechtschaft' zwischen den beiden Kindern, in dem die Hegelsche Dialektik nachgeahmt und gleichsam übersetzt erscheint. Ausgehend von einer ‚Knecht'-Pose macht sich der Schüler Abel durch die ‚Stigmatisierung' seines Kameraden zu dessen ‚Beherrscher'.

Die Figuren der Paido- und Antiphorie

Noch deutlicher leuchtet die Spur Hegels in der nächstfolgenden Szene, dem ‚Ritus' des Reiterspiels (28 f.), auf. Sie erscheint für uns von besonderem Interesse, weil es in ihr erstmalig zu einer ‚phorischen' Formulierung des Kontrasts von ‚Thema' und ‚Thema-Inversion' kommt, wobei sich obendrein die ‚phorischen' Figuren des Romananfangs und -endes zwillinghaft ineinander spiegeln. Es stehen sich zwei gegensätzliche ‚phorische' Figuren gegenüber, die in der vorhergehenden komplexeren enthalten sind und gleichsam nacheinander aus ihr heraus generiert erscheinen. Das zarte und schwächliche Kind Abel muß den starken und kräftigen Pelsenaire tragen, der rittlings und in Herrschergebärde auf ihm wie auf einem Pferd reitet und ihn dazu zwingt, das Gras der Wiese zu essen (womit auch die Gleichsetzung von Tiffauges mit dem Pferd vorformuliert wird). Der ‚Ritus' findet vor der Statue des heiligen Christophorus statt. Die Szene inszeniert erneut die Dialektik von Herr und Knecht – so wie sie in Hegels sogenanntem *System der Sittlichkeit* ausgebreitet wird –, die hier die Grundlage für die im Text suggerierte Lesart der Christophorus-Legende bildet: Die Konversion des Heiligen erscheint auf der Folie der Systematik Hegels als ‚Umkehrung' von ‚Herrschaft' in ‚Knechtschaft'. Die ‚phorische' Gebärde der auf dem Rasen spielenden Kinder zeigt den kleinen Tiffauges in der den bekehrten Riesen imitierenden Pose der Unterwürfigkeit, der seinerseits als Statue bereits eine Imitation des Legenden-Modells darstellt. Dabei gerät mit dem Schwachen als Träger des Starken diese Imitation der Imitation zur Inversion, im Sinne der Fuge als Spiegelung an der Horizontalen verstanden. Sie ist Ausdruck von Herrschaft, Unterwerfung, ja mehr noch, von brutaler Unterdrückung.

Wir haben es bereits mit einer ersten Präfiguration von *Antiphorie*[4] zu tun, dem Fallenlassen als Gegenteil des Tragens. Wir ordnen ihr die Erzählfunktion *Vernichtung* zu. Die Tendenz zur willkürlichen Vernichtung, zum Mord, ist in dieser Szene ansatzweise schon erkennbar: Pelsenaire *wirft* Abel auf die Wiese. Als Gegenteil der Antiphorie definieren wir die *Paidophorie*[5], der wir die Erzählfunktion *Rettung* zuordnen. Das distinktive semantische Merkmal des Oppositionspaares Paidophorie – Antiphorie ist die Körperkraft. Als Formeln halten wir fest:

Paidophorie: Ein Starker trägt einen Schwachen.
Antiphorie: Ein Schwacher trägt einen Starken.

Wir sehen, wie sich in der ‚Exposition' aus einem intertextuellen Thema heraus, der Christophorie, als dessen Inversion – vergleichbar dem Comes der Fuge – in einer kleinen, anscheinend episodenhaften Szene bereits der dem Mythos zugrundeliegende Gegensatz entwickelt. Es ergeben sich in Anlehnung an das Strukturmodell von Lévi-Strauss die Mytheme *Phorie+* (M I) und *Phorie–* (M II), denen die Mytheme *Leben* (M III) und *Tod* (M IV) entsprechen. Es läßt sich das folgende *Homologiemodell* konstruieren:

$$\begin{array}{l} \text{M I} \\ \text{M II} \end{array} \quad \frac{\textit{Phorie+}}{\textit{Phorie–}} \;\hat{=}\; \frac{\textit{Leben}}{\textit{Tod}} \quad \begin{array}{l} \text{M III} \\ \text{M IV} \end{array}$$

(lies: *Phorie+* verhält sich zu *Phorie–* wie *Leben* zu *Tod*)

In den oppositiven ‚phorischen' Figuren leuchten dabei diverse und heterogene Reminiszenzen an Hegels *System der Sittlichkeit* auf, die jedoch nicht mehr als spielerische und flüchtige Reflexe darstellen, die sich nicht deutlich fixieren lassen. So vermischen sich in der Antiphorie Reminiszenzen an Begriffe wie „Bezwingung", „Herrschaft", „Unterjochung", „Unterdrückung" und „Mord", die freilich bei Hegel definitorisch voneinander unterschieden werden[6]. Es wird sich zeigen, daß sich das System der Phorie insgesamt als ironisch-dekonstruktive Transposition zentraler Elemente des Hegelschen Systems lesen läßt[7]. Ferner

---

4 Begriff bei Tournier, *VP* 129. – Als Adjektiv („acte *antiphorique*") auch in *RA* 549.

5 Begriff intertextuell nach der Inschrift auf dem Sockel einer Herkules-Statue im Louvre – *Héraklès Pédéphore* – (Kopie aus dem Vatikanischen Museum) (*RA* 142). Tournier bildet aus gr. παιδοφόρος zu παιδοφορέω = ‚Knaben oder Kinder tragen oder führen, wegführen' den französischen Neologismus *pédophore* = ‚porteur-emporteur d'enfant' (cf. *VP* 308, Anm. zu p. 124).

6 Cf. dazu G. W. F. Hegel, *System der Sittlichkeit* (1967), Teil 2: „Das Negative oder die Freiheit oder das Verbrechen", p. 39 ff.

7 C. Davis [(1988*a*), p. 58] sieht zwar die Ambivalenz der Phorie als „both mastery and servitude", nicht aber die Dekonstruktion der Hegelschen Dialektik in der *écriture* des *Roi des Aulnes*. Davis kommt zu seinem Fehlurteil, weil er nicht erkennt, wie Tournier folgerichtig nach seinem in *VP* 195 f. angedeuteten Verfahren der Imitation als Parodie zunächst mit einer verblüffend genauen Nachahmung seines Vorbilds beginnt, die erst in den die *exaltation* herbeiführenden Repetitionen verschoben wird. Bezeichnenderweise beruft sich Tournier hier auf Werke Maurice Ravels, wie *La*

zeichnet sich bereits ab, daß uns die Phorie in ein Labyrinth von intertextuellen Figuren des Tragens führt, die durch Spiegelung auseinander hervorgehen und von denen keine ursprünglich ist.

Die Fortentwicklung der Figur der Stigmatophorie: Der Geschlagene und der Verletzte

Pelsenaire und der kleine Abel sind erste Interpretanten des für die Geschichte konstitutiven Gegensatzes *starkes vs. schwaches* Opfer, hier auf der Ebene der Kinder durchgespielt. Pelsenaire steht für Kraft und Schönheit des Körpers (25 f.), die mit einer gewissen geistigen Beschränktheit gepaart sind. Damit erscheint er als eine erste Präfiguration nicht nur der Jungmannen, sondern auch Raufeisens (schlichte Persönlichkeit, Quadratschädel, ausdrucksloses Gesicht, sturer Blick). Durch seine Schlichtheit besitzt er keine Abwehrkräfte gegen die Macht des Bösen, deren Ambivalenz darin liegt, daß der Verführte sowohl Täter als auch Opfer werden kann. Im Gegensatz zu dem körperbestimmten Pelsenaire sind Gestalt und Auftreten des kleinen Abel Ausdruck eines völligen Defizits im Bereich des Körperlichen (25). Er ist nicht nur schwächlich, sondern auch häßlich und unterentwickelt und damit schon von seinem Äußeren her die Inkarnation des Victim; als solches also eine erste Vorwegnahme Éphraïms.

Der erste Teil der Initiation des Kindes Abel in die Phorie ist denn auch gekennzeichnet durch die Erfahrung des Leidens als ‚Sklave' von Pelsenaire, seinem ersten Initiator, der ihn zur Phorie zwingt, die für ihn Leiden bedeutet. Sein Leiden erreicht einen Höhepunkt, als er *ad colaphum* (46 – 50) verurteilt wird. Der Weg zu der gefürchteten Bestrafung beginnt mit einem Abstieg, der in die Gosse führt und die Erfahrung von Nacht und Tod mit sich bringt. Das Gefühl der Vernichtung kulminiert in dem stummen Schrei des Kindes als Ausdruck einer Revolte gegen das Nichts[8]. – Mit der *Colaphus*-Szene, die sich vor einem Gemälde mit dem dornengekrönten und geschlagenen Christus abspielt, wird der intertextuelle Bezug zur Passion Christi evoziert und das unschuldig leidende Kind in die Nähe des intertextuellen Modells gerückt. Gleichzeitig scheint wie in einer *mise en abyme* eine Reminiszenz an den alttestamentarischen Abel auf.

Eine dritte und letzte Etappe unschuldigen Leidens und unverdienter Bestrafung bedeutet für das Kind Abel die Affäre mit der Eierhandgranate (86 – 91) am Ende seiner Initiationsphase in Saint-Christophe und damit seiner Kindheit. Indem das Kind hier die Strafe für den eigentlich Schuldigen, Nestor, erdulden muß, erscheint es präfigurativ als ‚Opfer' des Ogers.

Valse und *Boléro*, für die ebenfalls der Zusammenhang von Wiederholung, Parodie und *exaltation* charakteristisch ist. – Zu Tourniers Verfahren, das im Analyseteil schrittweise aufgedeckt wird, cf. supra, p. 30, Anm. 26.

8 Zum Schrei als Ausdruck der Revolte cf. Tourniers Bestätigung dieser Sicht in *Entretien Michel Tournier – Cornelia Klettke* (5. April 1986), infra, p. 301 f.

Die Äquivalenzrelation *stark vs. schwach* $\hat{=}$ *Unterdrücker vs. Unterdrückter* bzw. *Täter vs. Opfer* hält jedoch einer näheren Prüfung nicht stand. Das ‚starke' Kind agiert nicht nur als ‚Täter', wie die Szene des Kampfspiels zeigt, die Pelsenaire als Verletzten und ‚Gefallenen' vorführt (30). Andererseits verbirgt sich hinter dem anscheinend so ‚schwachen' und bedauernswerten kleinen Abel bereits im Keim der Vampir im späteren Oger Tiffauges, worauf sein Lecken der Kniewunde Pelsenaires (30 f.), aber auch schon das diesem aufgeprägte blutende Herz und nicht zuletzt – bei näherem Hinsehen – die Physiognomie des Kindes selbst hindeuten. Der Gegensatz stark *vs.* schwach fällt also einer ironischen Dekonstruktion anheim, die einerseits die ‚lammhafte Unschuld' des kleinen Abel, zum anderen aber die ‚stählerne' Härte, Stärke und Unverwundbarkeit seines Kontrahenten in Frage stellt, wie es später im Hinblick auf das Idealbild des Hitlerjungen geschieht (414). – Die Vorgeschichte zeigt bereits die Bestimmung zum Leiden als Schicksal des Kindes überhaupt. Sie betrifft gleichermaßen das ‚schwache' und auch das ‚starke' Kind, das die Kraftprobe und die kämpferische Auseinandersetzung sucht und sich damit unbedacht Gefahren aussetzt. Mit dem (nicht ausgeführten) Backenstreich und der Kniewunde erhalten wir zwei neue Varianten der Figur der Stigmatophorie.

Die Fortentwicklung der Figur der Paidophorie: Das Kind als Schützling des Ogers

Die *Colaphus*-Affäre simuliert mit dem verdeckten Eingreifen Nestors als Retter des Kindes präfigurativ den Umschwung von der *inversion maligne* zur *inversion bénigne*. Hinter der ‚physischen' Errettung scheint sich hier bereits erstmals eine ‚meta-physische', die Erlösung, als eine mögliche Botschaft des Romanendes abzuzeichnen. Der enigmatische und vieldeutige Satz

> «Il faut parfois atteindre le fond de la nuit pour voir enfin une lueur d'espoir percer le ciel noir» (46)

ist reich an Reminiszenzen an Christliches wie an die Struktur der Initiation. In ihm erscheint der Roman als Initiationsweg bzw. das Ende in einer Kurzformel verschlüsselt: Der ‚Aufstieg zum Licht' – im Anschluß an den ‚Abstieg in die Finsternis' (Gosse) – ist nur über das Leiden („l'escalier du supplice" 48) möglich, wie es sich am intertextuellen Vorbild Christi zeigt. Der Satz simuliert präfigurativ den Umschwung der Erfahrung des Vernichtetwerdens (symbolischer Tod) in die Errettung, wobei im Kind Abel präfigurativ die doppelte Erfahrung des Kindes Éphraïm als Opfer und des Ogers Tiffauges als Retter in der Astrophorie angelegt erscheint. Die Metapher der „lueur d'espoir" ist eine frühe Präfiguration des Sterns, der am Ende am schwarzen Himmel aufleuchtet (581). Bezeichnenderweise ereignet sich die *Colaphus*-Szene kurz vor Weihnachten, wodurch der intertextuelle Bezug zum Stern von Bethlehem – hier Vorzeichen der Ankunft des Kindes als Erlöser – suggeriert wird.

3.2.1.2. Die metatextuelle Lesart der Phorie als Metapher für die ‚Schrift'

Über die referentiell-mimetische Lesart des *ad colaphum* als disziplinarischer Akt und die Interpretation dieser Szene im symbolischen Modus hinaus impliziert dieses Zeichen als solches einen Dekodierungshinweis, der einen Rückschluß auf das Tourniersche *écriture*-Konzept zuläßt. Derrida stellt seinem Aufsatz „La pharmacie de Platon"[9] als Motto die Abschnitte zu den Stichwörtern *Kolaphos* und *Kolaptô* aus einem altgriechisch-französischen Wörterbuch voran. Ausgehend von den Begriffen ‚Ohrfeige' bzw. ‚Backenstreich' breitet sich über die Bedeutungen für das Verb ein Bedeutungsfeld aus, das die Tätigkeit der Vögel (durch ‚Picken' und ‚Hacken' ‚ausgraben', ‚aushöhlen', ‚aufritzen'), den ‚Hufschlag' des Pferdes[10] und das ‚Einritzen' von Zeichen (*gramma*) in ‚Baumrinde' umfaßt und mit γλύφω (‚aushöhlen', ‚kratzen', ‚einkerben') verwandt ist. Aus den von Derrida zitierten Bedeutungen des Wortes *kolaptô* ergibt sich die Reihe *entamer – entailler – graver – inscription – creuser – gratter*, bei der es sich um eine „Familie" (Derrida) handelt, welche disseminatorisch die ‚Spur' als ‚Lücke' beschreibt und damit eine Version von *gramme* oder *différance* ist.

Im *Roi des Aulnes* verbirgt sich eine Anspielung auf die ‚Einritzung' in der Tätowierung Pelsenaires. Mit dem Kind als vieldeutigem Zeichen-Träger, der bereits im Keim die differentielle thematische Vielfalt des Romans enthält, verbildlicht die Figur der Stigmatophorie meta-*phorisch* das Wirkprinzip der *différance*. Als intertextuelle Figur des ‚Geohrfeigten' kehrt das Zeichen ‚Einritzen' mit der *Colaphus*-Szene als flüchtiger Reflex wieder. Auch die Initialfigur, der Lichtreflex auf der Hand des die ersten Seiten seiner *Écrits sinistres* verfassenden Tiffauges (15), erscheint als eine versteckte Anspielung auf das Entspringen der Musenquelle Hippokrene durch den *Hufschlag* des Pegasus. Dieser klingt am Romanende noch einmal an im *Hufschlag* des Barbe-Bleue in der Astrophorie I („la glace du chemin éclatait en étoiles sous le martèlement tranquille de ses fers" 551).

Wir erkennen, daß die Phorie eine metatextuelle Lesart als Metapher für die ‚Schrift' impliziert. Aber auch hier läßt sich wie überall kaum mehr ausmachen als ein spielerisch-unverbindlicher Reflex des intertextuellen *écriture*-Konzepts von Derrida.

3.2.1.3. Der ambivalente Oger: Simulation und Dekonstruktion eines Läuterungsprozesses

Nestor, Abels zweiter Initiator, ist durch den Besitz der *Schlüssel* auch auf der ‚mythischen' Ebene mehrfach kodiert. Das Zeichen *clé* verweist zum einen auf Nestors Schlüsselfunktion als Initiator in die Phorie und läßt ihn zudem auf der Folie des mythologischen Janus

---

9 J. Derrida (1972*a*), p. 69 – 198. – Erstveröffentlichung in *Tel Quel*, Nr. 32 und 33 (1968).

10 Das *Handwörterbuch der griechischen Sprache* (1847) von F. Passow verweist unter dem Stichwort κολάπτω zusätzlich auf „Pegasos, der mit seinem Huf die Hippokrene aufschlägt".

erscheinen, nicht nur auf Grund der Torhüterfunktion, sondern auch wegen der Doppelgesichtigkeit als Oger und Retter. Der intertextuelle Name Nestor konnotiert darüber hinaus sowohl die Vorwegnahme – Nestor als der Älteste und der Weise – als auch die Wiederkehr (gr. νόστος = ‚Rückkehr') bzw. Fortsetzung, die er in seinem Zögling Tiffauges erfahren wird[11].

Nestor wird als *ogre* eingeführt (22), der intertextuell mehrdeutig ist, wobei diese Mehrdeutigkeit von Tournier intendiert ist (*VP* 117 f., 120): Das Zeichen *Oger* verweist sowohl auf den universalen Archetyp, der den Gestalten zahlreicher Mythen und Märchen zugrunde liegt[12], als auch auf die besondere Figur in *Le Petit Poucet* von Perrault (der *ogre* 1697 erstmals schriftlich erwähnt und definiert als „homme sauvage qui mangeoit les petits enfans"[13]) sowie im speziellen Verständnis Tourniers auf einen bestimmten Menschentyp, dessen literarische Vorbilder Gargantua und Pantagruel darstellen[14]. Für Tournier ist der Oger ein Märchenwesen („monstre féerique" 13) von riesenhaftem Wuchs und großer Kraft. Er hat schlechte Augen, dafür aber einen ausgeprägten Geruchssinn, der ihn seine Beute, die aus frischem Fleisch (Tiere, Kinder) besteht, schon von fern wittern läßt. Im weiteren Sinne versteht Tournier unter *ogre* einen ‚analen' Menschentyp, der gekennzeichnet ist durch die „prédominance de la fonction digestive" im Unterschied zum ‚genitalen' oder ‚phallischen' Typ (literarisches Vorbild Don Juan) (*VP* 117 f.).

Durch Verschiebung der Interpretanten erfährt das intertextuelle Vorbild des Ogers im *Roi des Aulnes* eine Dekonstruktion. Es entsteht eine Interpretantenkette, die ausgehend von „monstre féerique" (13) über „être monstrueux" zu „adulte nain", „bébé géant" (36) und über „gros", „obèse", „redoutable par sa masse" (37) zum Silen – „bajoues", „ventre rond", „large

---

[11] C. Baroche [(1980), p. 83] und S. Petit (1986), die sich dieser Sicht anschließt und sie weiterentwickelt, beziehen den Namen Nestor auf die von den Christen als häretisch verurteilte Lehre des Patriarchen Nestorius und interpretieren Nestor als Träger des Kindes auf dem Hintergrund der Vorstellung von Jesus als Träger des göttlichen Wortes (Theophoros) [S. Petit, ibid., p. 235]. Für Petit, die diese Lesart konsequent durchführt, korrespondiert demzufolge in der Romanendszene auch Tiffauges mit Jesus und der so gut wie körperlose Éphraïm mit dem göttlichen Wort der Nestorianischen Doktrin (p. 244). Wenn auch Reminiszenzen an den Nestorianischen Glauben im *Roi des Aulnes* wie in anderen Romanen Tourniers durchaus gegeben sein mögen, so ist doch die verabsolutierende These Petits, die in der Vorstellung von Jesus als dem Träger des göttlichen Wortes die zentrale thematische Grundlage für die Phorie im Roman sieht, die sich metaphorisch in dem Rekurs auf die Christophorus-Legende verbildlicht finde (p. 235, 243), abzulehnen. Eine solche, auf den ersten Blick vielleicht einleuchtende oder gar verführerische Deutung verfehlt die Quintessenz der Tournierschen *écriture*.

[12] Zu den intertextuellen Merkmalen des Ogers und zu seiner Darstellung in den Werken Tourniers cf. die *Thèse de 3e cycle* von H. Rizk (1981), p. 8 – 192, und die *Thèse de doctorat* von A. Bouloumié (1984/85), p. 16 – 198. – Eine detaillierte Zusammenstellung der intertextuellen Merkmale findet sich bei H. Rizk, ibid., p. 9 – 13.

[13] H. Dontenville (1986), p. 134.

[14] M. Tournier, in: „Portrait d'un ogre", *Le Nouvel Observateur* (30. Nov. 1970). – Cf. auch *VP* 117 f.

croupe“ (40) – gleitet: „offrandes alimentaires“ der Kinder (40) und die fortgesetzt wird über „sage hindou“ bis zum „bouddha méditatif“ (95): Defäkationszeremonie („trône“), wobei die Vorbilder sich gegenseitig dekonstruieren. Wir erkennen zwei weitere Permutationen der intertextuellen Vorbilder für Nestor, wobei die „trilogie ingestion – digestion – défécation“ (40) und ein „appétit hors du commun“ (39) ebenso zum Äquivalenzbereich der Verschiebung gehören. Das Bild des Silen wird aber seinerseits dekonstruiert durch das Nestor zugeschriebene Merkmal des „sexe minuscule“ (95), so auch der Buddha durch den Kontext der Defäkation. Die Kurzsichtigkeit führt Nestor – wie später Tiffauges – auf der Folie der intertextuellen Vorbilder von Orion („le chasseur géant et aveugle“), dem Zyklopen und dem sagenhaften Krieger Colin le Maillard wegen des verstärkten Geruchssinnes zur Ähnlichkeit mit dem Märchenoger aus *Le Petit Poucet* (*VP* 117).

Nestors Freßsucht ist die negative Kehrseite einer ‚metaphysischen‘ ‚Sehnsucht‘, die – zunächst diffus und vage – ebenfalls an wechselnden intertextuellen Vorbildern verbildlicht wird. Am Anfang dieser Kette steht das Gyroskop als Nestors „jouet cosmique“ (60). Nestor in der Rolle des Lehrmeisters gegenüber dem Kind Abel bedient sich zu dessen Instruktion eines Spielzeugs, das eine Imitation des von Léon Foucault zur Demonstration der Erdrotation erfundenen Gyroskops darstellt. Das Modell der Erde bietet sich in seiner Drehbewegung *tanzend* dar (viermalige Wiederholung von „danser“ bzw. „danse“ 58 ff.) auf dem Spielzeugträger Eiffelturm, so daß sich eine ‚phorische‘ Figur im Miniaturformat ergibt, die Reminiszenzen an intertextuelle ‚phorische‘ Bilder erweckt – z. B. an die Vorstellung des Riesen Christophorus aus der Legende, die Erdkugel auf seinen Schultern zu tragen (71) – und die kosmische Bilder der Astrophorie präfiguriert. Mit der Evokation von Ruhepunkt und kreisender Bewegung klingt hier spielerisch der Gedanke der Suche nach dem Absoluten an. Als „clé de l'absolu“ (59) ist das Gyroskop Zeichen einer ‚Sehnsucht‘ nach Überwindung des Erdverhaftetseins. Nestor ergreift das Kreiselinstrument als einen „point d'appui quand les choses tournent trop mal“ (61), der ihn mit seinem Beharrungsvermögen der Kreisbewegung der Erde entkommen zu lassen scheint. Diese paradoxe Vorstellung, sich damit der Erdrotation entziehen zu können, entpuppt sich als metaphysische Illusion. Das Gyroskop Nestors präfiguriert das kosmische Bild der Astrophorie I mit dem Polarstern, aber auch das der Astrophorie III mit dem sich drehenden Stern über Tiffauges. – Auch das Wolfsgeheul des Bram aus dem Roman Curwoods als ein weiteres intertextuelles Vorbild Nestors ist ein Zeichen für die ‚Sehnsucht‘ des Ogers nach Überwindung des Nichts (63). – Dieses Gefühl gewinnt ein klareres Profil, als er die Geschichte des heiligen Christophorus für sich entdeckt:

> «Christophe à la recherche du maître absolu le trouva dans la personne d'un jeune garçon» (72).

Als Zeichen seiner Identifikation mit diesem ‚mythischen‘ Modell zeichnet er einen Christophorus, dem er seine Züge verleiht, als Träger des Collège mit allen seinen Kindern (72). Nestors ‚metaphysische‘ ‚Sehnsucht‘ nimmt Gestalt an in der ‚phorischen‘ Figur der *Christophorie*. Das gegensätzliche Streben nach Vernichtung des Kindes einerseits und

Schutz des Kindes andererseits ist also im Keim in der Figur Nestors angelegt und konstituiert die Zwiespältigkeit seines Wesens.

Diese Doppelgesichtigkeit kommt in seinem Verhältnis zu den Kindern des Collège zum Ausdruck. Dabei beruht Nestors Macht jedoch nicht nur auf seiner Körperkraft, sondern auch auf der unwiderstehlichen *Magie* des Märchenogers (*VP* 118), für die die Kinder besonders empfänglich sind. Ihr erliegt auch der kleine Abel:

> «[...] la présence de Nestor donnait à toutes choses un air de magie d'une irrésistible emprise. Je ne crois pas que les enfants aient un sens esthétique très développé. On ferait d'étranges découvertes, je pense, si l'on s'avisait d'enquêter parmi eux pour savoir ce qu'ils entendent par *beau* et *laid*. Mais la plupart sont sensibles au prestige de la force, et plus encore à celui d'une force secrète, magique, celle qui sait peser sur les points faibles de la grise réalité pour la faire céder par pans entiers et l'obliger à livrer les trésors qu'elle cache. Nestor avait ce don au plus haut point et il me tenait sous un charme [...] puissant [...]» (98).

Durch Nestors dekonstruktive ‚Interpretation' der Phorie des heiligen Christophorus scheint erneut die ebenfalls differentielle Hegel-Imitation hindurch. Bei der Beschreibung des Tragens des Christuskindes durch den Fluß vermischen sich die gegensätzlichen Begriffe „rapt", „enlèvement", „emport", „possession" und „service", „soumission", „esclavage", „abnégation" (nach *RA* 85 f./*VP* 125):

> «[...] il [Nestor] reprochait aux bons pères – pasteurs de jeunes garçons par profession pourtant – d'ignorer qu'un enfant n'est beau que dans la mesure où il est *possédé*, et qu'il n'est possédé que dans la mesure où il est *servi*. L'Enfant Jésus sur les épaules de Christophe est à la fois porté et emporté. C'est là tout son rayonnement. Il est enlevé de vive force, et très humblement et péniblement soutenu au-dessus des flots grondants. Et toute la gloire de Christophe est d'être à la fois bête de somme et ostensoir. Dans la traversée du fleuve, il y a du rapt et de la corvée» (85 f.).

Die Begriffe „rapt" und „corvée" erinnern an die dialektische „Umkehrung" des „Raubs" in die „Unterwerfung" und die „Knechtschaft" des „Beraubenden" bzw., umfassender gesehen, an die „absolute Notwendigkeit" der „Verknüpfung" von „Verbrechen" und „rächender Gerechtigkeit" bei Hegel[15]. Das Zitat *spielt* mit der auf der Grundlage Hegels vorgenommenen systematischen Betrachtung des Legendengeschehens als Abfolge der Stadien ‚Herrschaft' und ‚Knechtschaft', negative Phorie des potentiellen Vernichters und positive Phorie des Bekehrten, die zugleich suggeriert und ironisch unterminiert wird. Der Akt der Christophorie wird zur unauflöslichen Paradoxie von ‚Herrschaft' und ‚Knechtschaft', ‚Vernichtung' und ‚Rettung' dekonstruiert, was auch aus einem Zitat aus *Le vent Paraclet* erhellt:

> «[...] la bonne phorie, la phorie blanche et salvatrice, n'a pas toujours cet aspect triomphant et athlétique. Son héros, le géant Christophe, s'humilie comme une bête de somme sous le poids des voyageurs auxquels il fait traverser à gué le fleuve qu'il a choisi. C'est qu'il y a de l'abnégation dans la phorie. Mais c'est une abnégation équivoque, secrètement possédée

15 G. W. F. Hegel (1967), p. 45 f., 41.

par l'inversion maligne-bénigne, cette mystérieuse opération qui sans rien changer apparemment à la nature d'une chose, d'un être, d'un acte retourne sa *valeur*, met du plus où il y avait du moins, et du moins où il y avait du plus. Ainsi le bon géant qui se fait bête de somme pour sauver un petit enfant est-il tout proche de l'homme-de-proie qui dévore les enfants. Qui porte l'enfant, l'emporte. Qui le sert humblement, le serre criminellement. Bref l'ombre de saint Christophe, porteur et sauveur d'enfant, c'est le Roi des aulnes, emporteur et assassin d'enfant.

Tout le mystère et la profondeur de la phorie se trouvent dans cette ambiguïté. Servir et asservir, aimer et tuer» (*VP* 125).[16]

Der Gegensatz von ‚gutem' und ‚bösem' Tragen, von Christo- und Antiphorie, den der Anfang der ‚Exposition' gleichsam inszenierte, erscheint damit nivelliert. Die Christophorie wird in sich zwiespältig („abnégation équivoque"), die Konversion in ein Zwielicht gerückt. Das Fortschreiten von der ‚Negation' zur ‚Aufhebung der Negation' geschieht nur *scheinbar*. Der feste Grund der Dialektik entzieht sich erneut. Nestors ‚Interpretation' der Heiligenlegende enthüllt sich als die ironisch gebrochene Perspektive des Märchenogers. Es deutet sich hier bereits ein gewisser blasphemischer Zug an. Sofern sie als Simulation von Zweiphasigkeit angesehen werden kann, nennen wir die Christophorie der ersten Phase *ambivalente*, die der zweiten Phase ‚*positive*' Christophorie.

Als Herrscher über das Collège macht Nestor die Entdeckung der *densité d'atmosphère* nach dem intertextuellen Modell des „Nautilus" von Jules Verne[17], die hier dekonstruktiv auf die Anhäufung von Kindern in einem „espace clos" übertragen ist. Je enger der Raum, desto höher die Konzentration, je weiter der Raum, desto geringer ist sie. Im Extremfall kommt es zu „phénomènes de condensation" (76) wie im nächtlichen Schlafsaal der Kinder (92 f.). In dieser Szene erreicht die Herrschaft des Ogers Nestor über die Kinder ihren Höhepunkt, zugleich aber stößt sie auf ihre Grenzen („[...] le sommeil est une fausse victoire" 92), denn sein auf die *Körper* der Kinder gerichtetes Besitzstreben findet mit ihrem Schlaf nur eine unvollkommene Befriedigung.

Wiederum leuchtet reflexartig die Spur des Hegelschen „Systems der Sittlichkeit" auf, die sich hier mit der des Märchenogers überschneidet. Es vermischen sich Reminiszenzen an Begriffe Hegels wie „Raub", „Unterwerfung", „Herrschaft und Knechtschaft" mit solchen wie „Bedürfnis", „Genuß", „Begierde", „Arbeit", „Besitzergreifung" und „Besitz". Die Kinder assoziieren nicht nur den ‚Raub', das ‚Diebesgut' oder die ‚Siegestrophäe', sondern imitieren in zynisch-verfremdender Applikation der Hegelschen Systematik auch das „Objekt" des „rein sinnlichen" „Genusses" („Eßbares, Trinkbares"). Dieser „Genuß" bedeutet nach Hegel die „absolute Vernichtung des Objektes" durch das „Subjekt", da ersteres allein durch das natürliche „Bedürfnis" des letzteren bestimmt ist, welches damit „eine völlige Indifferenz [...]

---

16 Tournier bezeichnet dies zwar als „dialectique", gebraucht diesen Begriff hier jedoch eindeutig dekonstruktiv.

17 *Entretien Michel Tournier – Cornelia Klettke* (5. April 1986), infra, p. 299.

für das Sittliche" zeigt[18]. Die angestrebte „absolute Vernichtung" der Kinder durch den Oger ist mit ihrem Schlaf jedoch nicht erreicht. Die Reminiszenz an den kulinarischen „Genuß" wird in der Romanszene überlagert und dabei konterkariert durch die Assoziation an die „Arbeit", die durch die „Differenz der Begierde und des Genusses" bestimmt ist[19], so daß es zu einer dekonstruktiven Verschmelzung der beiden Begriffe kommt: Nestors kulinarischer „Genuß" der Kinder bleibt, in ironisch-sarkastischem Nachvollzug des philosophischen Modells gleichsam „aufgeschoben", „er wird ideell, oder ein Verhältnis" (ibid.), wie es ähnlich am Romanende auch Tiffauges' „Genuß" der drei Aufgespießten sein wird. Die „natürliche Sittlichkeit" (Hegel) erscheint hier in ironischer Übertreibung zur Triebnatur des menschenfresserischen Märchenriesen ‚exaltiert' – ein Beispiel für die Tourniersche Strategie der ‚Überzeichnung' als Vergrößerung von psychischen Verhaltensweisen bzw. als ihre Übersteigerung ins Monströse.

Während die anderen Kinder des Collège aus Nestors Perspektive als anonymes Kollektiv erscheinen (cf. *densité* in der Schlafsaalszene), kristallisiert sich im Falle des kleinen Abel eine gleichsam paradigmatische Beziehung zu einem einzelnen Kind heraus, die mit einem Akt der Rettung eröffnet wird (*ad colaphum*), dem ein weiteres Zeichen der Protektion folgt, mit dem das Fahrrad als permutative Variante zum Pferd ins Spiel gebracht wird (Nestor schenkt Abel das Fahrrad Marke ‚Alkyone' zum Ausflug am Palmsonntag 50 f.). Die Phase der Protektion ist jedoch paradoxerweise durch Herrschaft gekennzeichnet.

Eine scheinbare Wende nimmt das Verhältnis erst, als mit dem ‚Turnierspiel' auf dem Pausenhof (75 – 78) nach dem Modell einer Szene aus Alain-Fourniers *Le grand Meaulnes*[20] Nestor mit Abel zum erstenmal die Erfahrung der *Phorie* macht. Dabei wandelt sich durch das Zerbrechen seiner Brillengläser Nestors Rolle gezwungenermaßen vom ‚Herrn' zum ‚Knecht' des Kindes. Erstmals erscheint hier Nestor in der Position des Schwachen, Unterworfenen und Besiegten, der der Führung des Kindes bedarf, um im Kampf nicht zu unterliegen[21]. Unter der Regie des Kindes hingegen wirken Nestor und Abel monströs, sind sie von gigantischer Kraft. Nestor realisiert mit diesem Akt des Tragens bereits die Christophorie mit ihren scheinbar zwei Phasen: der ambivalenten Christophorie und der ‚positiven' Christophorie[22]. Die Szene präfiguriert bereits die Episode Rinderknecht (565 ff.) und bis ins Detail hinein Elemente der Fluchtszene von Tiffauges und Éphraïm aus der Feste Kaltenborn am Romanende. Hier sind entsprechend dem Textverfahren der Präfiguration in

---

[18] G. W. F. Hegel, ibid., p. 11, 12.

[19] Ibid., p. 13.

[20] Alain-Fournier, *Le grand Meaulnes*, II. Teil, 3. Kap. „Le Bohémien à l'école". Zu Tourniers Rechtfertigung des intertextuellen Bezugs dieser Szene, der bis in den Wortlaut hineingeht, cf. *VP* 55.

[21] Cf. G. W. F. Hegel zu den Begriffen „Kampf" und „Krieg", ibid., p. 50 ff.

[22] Tournier selber hebt die zentrale Bedeutung dieser Szene für die Thematik des Romans – nämlich als Präfiguration entscheidender Aspekte der Phorie – hervor (*VP* 55).

einer Szene auf der Ebene der Exposition der Geschichte *mehrere* Szenen der Endfassung derselben zugleich enthalten. Die Übereinstimmung dieser Initialszene der Paidophorie mit der Endszene der Astrophorie geht bis in den Wortlaut hinein:

> «Le choc fut terrible. Les lunettes de Nestor volèrent en éclats. ‹Je n'y vois plus rien, me dit-il en lâchant mes mains, guide-moi!› Je lui pris les oreilles et tentai de le diriger en tirant du côté où je voulais qu'il allât, comme on fait le mors d'un cheval» (77).
>
> «Une explosion qui fit vaciller la terrasse pulvérisa la chapelle, et une grêle de pierrailles et de tuiles mitrailla Tiffauges et Éphraïm.
> – Éphraïm, dit Tiffauges, je n'ai plus mes lunettes. Je ne vois presque plus rien. Guide-moi!
> – Ce n'est rien, Cheval d'Israël, je vais te prendre par les oreilles, et te guider!» (578)

Mit diesem Akt der Paidophorie erfährt Nestor zum erstenmal in präfigurativer Form die ekstatische Beglückung des ‚positiven' Tragens, die *euphorie* bzw. *extase phorique* (131 ff.), die jedoch nur insoweit dargestellt erscheint, als sie sich in seinem Äußeren widerspiegelt[23]. Ihr Gegenstück bildet die *euphorie cadente* (82), die Lust am Fallenlassen, wie sie das legendäre Vorbild des baron des Adrets in der von Nestor erzählten Geschichte zeigt (80 ff.). Der Ausspruch des Barons

> «‹Je ne savais pas qu'un homme qui tombe fût une chose si belle›» (81)

stellt gleichsam eine negative Spiegelung der Äußerung Nestors dar:

> «Je ne savais pas, petit Fauges[24], que porter un enfant fût une chose si belle» (78).

Damit scheinen hier in zwei aufeinanderfolgenden Sequenzen der Vorgeschichte Thema und Thema-Inversion in variierter Form erneut auf. Wir bezeichnen die *euphorie* im folgenden als *Euphorie+*, die *euphorie cadente* als *Euphorie–*.

Nestors Eindringen in die Geheimnisse der Phorie geht jedoch noch weiter. Der Vorfall mit der Eierhandgranate (88 ff.) präfiguriert bereits die beiden oppositiven ‚phorischen' Endfiguren des Romans, die Paraphorie und die Astrophorie:

– der Brand in der Kapelle mit seiner Gefährdung der Kinder als Präfiguration der *Paraphorie* (= Vernichtung von Kindern durch Waffen) und

---

23 Da das gesamte erste Kapitel aus der Perspektive des Ich-Erzählers Abel Tiffauges dargestellt erscheint, wird uns das ‚Wesen' Nestors nur von außen, d. h. in seiner perspektivischen Brechung durch die beiden Ich-Instanzen des Kindes bzw. des Erwachsenen Tiffauges der Paris-Phase vorgeführt. Es ist dieser erzähltechnische Kunstgriff, mit dem Tournier in der Exposition den Komplementäreffekt der simultanen Präsenz der Phorie zum einen in einer ersten Präfiguration der Geschichte (Nestor) und zum anderen in ihren ersten Anfängen (aus der Perspektive des noch am Anfang seiner Initiation stehenden Protagonisten) erreicht.

24 Wir erkennen als Paradebeispiel einer differentiellen Verschiebung – bezogen auf den Namen des Protagonisten – die Signifikantenkette *Tiffauges – petit Fauges – faune – faunelet* (171) – *Tiefauge – Herr von Tiefauge – Triefauge* (406 f.). – Im Zusammenhang mit der Verschiebung von *Tiffauges* zu *Tiefauge* gebraucht der Autor den Begriff „altération", der auf Derridas Differenzprinzip der *itérabilité* verweist.

- das faszinierte Lauschen Nestors, der über der Predigt des Pater Superior (Thema: Anekdote des Alfonse d'Albuquerque und Christophorus-Legende) die Überwachung des mit dem Zünden der gefährlichen Munition beauftragten Mitschülers vergißt, als Präfiguration der *Astrophorie II* (= Tiffauges vernachlässigt die Jungmannen um Éphraïms willen).

Die intertextuelle Permutation zwischen Christophorus und Albuquerque unterstützt noch den Gedanken der Reziprozität der Rettung in der ‚positiven' Christophorie. Wir präzisieren nunmehr unsere Formel:

Christophorie+:
Ein Erwachsener rettet ein Kind
und wird dadurch selber errettet (erlöst).

Die Reziprozität der Rettung sowie der Aspekt der Unschuld als Äquivalenzbereich des ‚phorischen' Aktes der beiden Vorbilder wird in der Predigt des Paters besonders hervorgehoben:

> «[...] c'est que le conquistador, comme le saint ont puisé leur destin à la même source, c'est, qu'indépendamment l'un de l'autre, ils ont accompli le même geste: se mettre sous la protection de l'enfant qu'ils protégeaient en même temps, se sauver en sauvant, assumer un poids, charger leurs épaules, mais un poids de lumière, une charge d'innocence!» (89)

Die intertextuelle Permutation verschiebt jedoch den Sinn der Errettung dergestalt, daß sie sich nicht eindeutig auf die ‚Erlösung' als Inhalt fixieren läßt, da es sich bei dem Modell Albuquerque primär um die Rettung von Leib und Leben handelt. Die in der Predigt interpretierten Geschichten der beiden Vorbilder präfigurieren zwei Stufen der Astrophorie:

- die Rettung Éphraïms aus dem Schloß (Modell Albuquerque, 576: wörtliche Wiederholung des Predigtzitates von 88),
- der Gang ins Moor als ‚Erlösung' (Modell Christophorus).

Mit seinem plötzlichen Verschwinden im Beichtstuhl (91) zeigt sich Nestor ein weiteres Mal in seiner sado-masochistischen Zwiespältigkeit zum einen, weil er so den ‚unschuldigen' kleinen Abel für sich leiden läßt (99), zum anderen, weil ihm dieses Verschwinden die Inszenierung der späteren ‚Rettung' des Kindes durch den Brand der Schule (analog der Rettung von Éphraïm vor den Nazis durch die Zerstörung der Feste) ermöglicht. Hinter dem schillernden und mehrdeutigen Akt von Nestors Verschwinden verbirgt sich auch eine versteckte Anspielung auf Hegels „böses Gewissen", das bestimmt ist als „ideale Umkehrung" im Unterschied zur „realen Umkehrung" durch die „rächende Gerechtigkeit". Es ist das „Bewußtsein" des „Verbrechers" von „dieser seiner eigenen Vernichtung", ein „ideelles Vernichtetsein", das nach äußerlicher Befriedigung drängt und sich erst dann vollendet, wenn es die „Realität der rächenden Gerechtigkeit" herbeigeführt hat[25]. Mit dem Akt seines Verschwindens im Beichtstuhl, der zwar einerseits ein Ausweichen vor der Bestrafung, zugleich aber ein fatales Sich-ihr-Ausliefern darstellt, imitiert Nestor diesen „Trieb des Gewissens" (Hegel), der seine letzte „Versöhnung" in dem selbstinszenierten Tod des Ogers im Keller der Anstalt findet.

Nach dem Vorfall mit der Eierhandgranate kommt es in drei aufeinanderfolgenden Szenen zu einer letzten nächtlichen Begegnung des kleinen Abel mit Nestor. Die Schlafsaalszene gipfelt in der ‚Defäkationszeremonie' (94 – 97), die wiederum ambivalent ist, insofern als sie nicht nur als Kulthandlung des Ogers erscheint und dessen Macht demonstriert („trône" für Abort; das Kind Abel als ‚Knecht'), sondern zugleich als durch das Kind vollzogener symbolischer ‚Weiheakt' des Ogers zur Christophorie+ (Papierblätter mit der Geschichte von Albuquerque dienen als Toilettenpapier; Abels ‚Dienst' wird zum „office" [97] pervertiert). Die Furcht des Kindes vor dem Oger verwandelt sich durch den Anblick seines Hinterteils in Liebe:

> «Il y avait une grande naïveté dans cette double demi-lune déformée par des bourrelets de graisse venus de toutes parts, mieux, quelque chose qui paraissait à première vue tout étranger au personnage de Nestor: de la bonté. Jusqu'alors j'avais été écrasé par le prestige de Nestor et par son pouvoir, sensible à sa protection, touché par les attentions dont il me comblait. C'est en voyant ses fesses que je me mis pour la permière fois à l'aimer, parce qu'elles me révélaient ce qu'il y avait en lui de désarmé, de gauchement vulnérable» (94).

Es enthüllt sich dem Kind an diesem Körperteil die andere scheinbar *gute* Seite des Ogers, die seine Berufung zur ‚positiven' Christophorie ahnen läßt. Aus dieser Sicht gewinnt die Defäkation die symbolische Bedeutung eines Reinigungsrituals. Sie ist nach Nestors Interpretation Entleerung von *Omega* (95), dem Erdhaften im Körper, das gekennzeichnet ist durch die *Tendenz des Fallens*, wobei es zugleich von der Erde gleichsam angezogen wird. In dieser Szene scheinen mit der Betrachtung und Deutung der Exkremente Reminiszenzen an Weissagungsriten auf und damit an die seherischen Fähigkeiten des intertextuellen Ogers (cf. auch die allerdings nicht unwidersprochene These von einer etymologischen Verwandtschaft der Wörter *ogre* und lt. *augur*[26]). Als mittelalterliche Feste gedeutet, erscheinen Nestors Exkremente als ein erstes präfiguratives Zeichen für Schloß Kaltenborn. Der Defäkationsakt präfiguriert die späteren Reinigungsrituale von Tiffauges. Darüber hinaus wird mit den verbildlichten Exkrementen – welch zynische Metapher! – vorwegnehmend die Überwindung seiner Phase als Oger von Kaltenborn simuliert. Auch für Nestor erscheint diese Szene schon als die Vorbereitung einer ‚Konversion' und damit als Auftakt zu seinem Ende.

---

25 G. W. F. Hegel (1967), p. 41, 42.

26 Nach G. Körting, *Lateinisch-romanisches Wörterbuch* (^{3}1907); cf. auch A. Bouloumié (1988), p. 62; ausführlicher dazu id., „Le mythe de l'ogre dans la littérature", in: *École des Lettres* (1. Mai 1986), p. 27. Dort auch Résumé der kontroversen Positionen zur Etymologie von *ogre*.

Es ist jedoch nicht zu übersehen, daß es sich hier um die parodistische Imitation einer Konversion und damit um ein Beispiel für die stete Dekonstruktion der metaphysischen Dimension handelt. Darauf deutet die den para-zeremoniellen Akt einleitende Textpassage:

> «Il verrouilla la porte et ouvrit toute grande la fenêtre. Les toits et les clochers de la ville se détachaient comme dessinés à l'encre de Chine sur le ciel phosphorescent. [...] Nestor eut une profonde inspiration: ‹La condensation, dit-il, est pleine de mystères troublants parce qu'elle est vie, mais tout de même la pureté a du bon. Pureté égale néant. Elle a pour nous une séduction irrésistible parce que nous sommes tous fils du néant.› Puis il se tourna vers moi avec une soudaine exaltation: ‹N'est-ce pas admirable, s'écria-t-il, cette pauvre porte de sapin que retient un verrou de quatre sous sépare l'être du néant!›» (93 f.).

Die parodistische Imitation ist hier verknüpft mit dem *humour blanc*, der an dieser Stelle in der Konfrontation von *monde clos* und *milieu ouvert* wirkt. Der *humour blanc* erfährt gleichsam eine Verbildlichung mit dem offenen Fenster, durch das das ‚Absolute' („le néant") scheint. Über eine reflexartig aufleuchtende Reminiszenz an Sartre schiebt sich dekonstruktiv ein Gedanke Heideggers:

> „Indem aber eine Welt sich öffnet, kommt die Erde zum Ragen. Sie zeigt sich als das alles Tragende, als das in sein Gesetz Geborgene und ständig Sichverschließende"[27].

Was in der Romanpassage bildlich übertragen gleichsam „im Offenen ragt" (Heidegger 51), sind die Exkremente des Ogers als Präfiguration der drei aufgespießten Jungmannen (ihrerseits Spiegelbild der drei aufgespießten Tauben) auf der Brüstung von Schloß Kaltenborn, Ergebnis der Vernichtungsgier des Ogers, der in dieser präfigurativen Spiegelung sein letztes ‚Mahl' bereits verzehrt und verdaut hat. Das Klosett verbildlicht die „Erde [...] als das alles Tragende" und das Fallen als das Streben nach unten die Gravitationskraft der Erde als ihr „Gesetz". Als verriegelter *monde clos* schließlich, der hier zugleich Anspielung auf die leitmotivische Kette *porte – serrure – clé – grille de déchiffrement* ist, stellt das Klosett die parodistische Imitation der „Erde" als das „Sichverschließende" dar. Mit der provokatorischen Reduktion des Menschen auf das Körperliche und die tote Materie als Getragenem entlarvt sich ein Zynismus, der seine Aufgipfelung am Romanende in der Aufspießszene als blasphemische Anspielung auf Golgatha (578) erfährt. Der para-sakrale Akt der Pseudo-Konversion Nestors öffnet sich auf die Perspektive des ‚Nichts', was den *rire blanc* provoziert, durch den an dieser Stelle des Textes der antimetaphysische Aspekt der Phorie gleichsam aufscheint und somit das System, das in der ‚Konversion' zur Christophorie gipfelt, erneut gleichzeitig unterminiert wird.

Die auf die Entleerung folgende Eßszene (97 f.) als Mahl des Ogers präfiguriert als negative Spiegelung das rituelle Mahl der Moorleichen in der Mitte sowie das des Kindes Éphraïm am Ende des Romans. Die Szene enthält drei Elemente, die bei den letzteren rekurrieren: das Motiv des Mahls, den Gang in die Erde, der zugleich ein Weg in die Dunkelheit ist (im Falle

---

[27] M. Heidegger, „Die Wahrheit und die Kunst" (1935/36), in: (1977), p. 50 f.

Nestors der nächtlich dunkle Keller: „c'était la nuit noire" 97). Mit der Eßszene setzt sich die Unterminierung des Systems fort. Als Mahl des Ogers stellt sie eine erneute Demonstration seiner uneingeschränkten ‚Herrschaft' dar und führt damit zu einer Irritation des Lesers, insofern als sie dem durch die Defäkationszeremonie suggerierten Eindruck eines Eintritts Nestors in eine neue ‚positive' Phase widerspricht. Die Reminiszenz an den Legendenhelden, die mit der vorhergehenden Szene reflexartig aufschien, entgleitet wieder. Sie dekonstruiert sich in das ‚Phantombild' des Märchenogers, den Nestor hier zu imitieren scheint.

Obschon die genauen Umstände von Nestors Tod im Dunkeln bleiben, deuten alle Textsignale darauf hin, daß es sich hier nicht um ein Mißgeschick handelt, sondern daß Nestor den Brand bewußt provoziert hat (cf. 103), gleichsam im Sinne eines „Angriffs auf sich"[28] als Objektivation seines schlechten ‚Gewissens'. Durch den Brand rettet er unter Einsatz seines Lebens den kleinen Abel in letzter Minute vor dem Conseil de Discipline. Nestor rettet also zweimal das Kind Abel, wobei jedoch die erste Rettung eine Phase der ‚Herrschaft' des Ogers einleitet, während die zweite spielerisch den Gedanken an seine ‚Unterwerfung' nahelegt (Präfiguration der Astrophorie III). Nestor sühnt mit seinem eigenen Tod an einem Kind stellvertretend seine Schuld gegenüber allen Kindern. Sein Tod ist Strafe[29] und Selbstopfer zugleich. Die Imitation Hegels („rächende Gerechtigkeit") und die der Christophorus-Legende überlagern sich. Die Textsignale scheinen sich zu einer metaphysischen bzw. moralischen Lesart zu ordnen, die jedoch einen ironischen Akzent trägt, insofern als sie spielerisch nachgeahmt bzw. vorgeführt wird. Die *mythécriture* ist eine *Leerform*, in der das vervielfältigte Echo einer differentiellen intertextuellen Sinngebung nachklingt. Die Vorgeschichte enthält also bereits im Keim das gesamte thematische Potential bzw. die Geschichte des Romans, weshalb wir sie – in Analogie zur Fuge – als ‚Erste Durchführung' bezeichnen.

3.2.2. ‚Zwischenspiele': Tiffauges in Paris

3.2.2.1. Die Entfaltung der Doppelnatur von *vocation ogresse* und *vocation phorique*

Der Tod Nestors markiert das Ende von Abels Kindheit. Wie sich aus mehreren Angaben schließen läßt, ist er zu diesem Zeitpunkt zwölfjährig. An die Stelle einer ‚normalen' Pubertät

28 G. W. F. Hegel (1967), p. 42.

29 Cf. „[...] le châtiment qui venait de frapper Saint-Christophe" (103). Diese Bemerkung ist mehrdeutig. Sie läßt sich beziehen auf das Lehrpersonal der Anstalt, das durch den Brand für die ungerechte Behandlung des kleinen Abel bestraft wird, verweist aber insbesondere auf Nestor, der hier Christophorus nachahmt.

tritt die Verwandlung zum Oger, in dem Nestor ‚wiederaufersteht'[30], wobei die Imitatio zugleich eine Überbietung des Vorbilds darstellt, was sich an den spezifischen Merkmalen des Ogers zeigt: überdurchschnittliche Größe, Kolossalgewicht, rapide abnehmende Sehkraft, überwältigende Freßgier, gerichtet auf ‚Frisches' und ‚Rohes' (Fleisch, Fisch, Milch, hier auch symbolhaft zu verstehen und daher polyvalent), aber auch auf ‚Verdorbenes' (geronnenes Blut)[31] (womit dekonstruktiv auf die von Lévi-Strauss explizierte Homologierelation von *cru – cuit : frais – pourri* angespielt wird), sexuelle Infantilität („sexe d'enfant impubère", „microgénitomorphe" 110), Sterilität („les monstres ne se reproduisent pas" 14; cf. auch die von Rachel zur Charakteristik von Tiffauges entwickelte Interpretantenkette „portefaix" – „bête de somme" – „percheron"[32] – „mulet" 114), magische Fähigkeiten (Tiffauges als Lenker des Weltgeschehens 13; *VP* 118) und seherische Begabung, die angesichts der beschränkten intellektuellen Kräfte des Ogers hier als eine gleichsam instinktive ‚Schicksalsahnung' erscheint.

Tiffauges' Gier auf Tierfleisch gipfelt im Verzehr des rohen und ungewürzten Pferdefleisches – Zeichen des „idéal de la cruauté absolue" (111) und damit einer Regression auf die Stufe des archaischen ‚Wilden' –, was jedoch zugleich seine Selbstvernichtung (Abel Tiffauges = Pferd) in der paradoxen Verschränkung von Vernichtung und Selbstvernichtung vorwegnimmt.

Liebe ist für Tiffauges gleichbedeutend mit dem Akt der Nahrungsaufnahme:

> «Quand je dis ‹j'aime la viande, j'aime le sang, j'aime la chair›, c'est le verbe aimer qui importe seul. Je suis tout amour. J'aime manger de la viande parce que j'aime les bêtes. Je crois même que je pourrais égorger de mes mains, et manger avec un affectueux appétit, un animal que j'aurais élevé et qui aurait partagé ma vie. Je le mangerais même avec un goût plus éclairé, plus approfondi que je ne fais d'une viande anonyme, impersonnelle» (112) (Vorausdeutung auf das Taubenmahl).

Der Held sieht darin eine Übereinstimmung mit der Eucharistie:

> «[...] l'assimilation de l'amour à l'acte alimentaire n'a rien d'avilissant, puisque aussi bien c'est à une pareille assimilation que recourent nombre de religions, et la chrétienne au premier chef avec l'eucharistie» (22).

Es handelt sich hier um eine Perversion bzw. negative Spiegelung, da im Falle des Ogermahls rein körperliche Kräfte inkorporiert werden. Neben dem Bezug zum Märchenoger Perraults („il sentait la chair fraîche ..." 304) führt jedoch im Sinne Derridas die Spur des

---

[30] In der Tat läßt sich eine Reminiszenz an das Symbol des Phönix aufzeigen, wie dies bereits bei C. Baroche geschieht: «Nestor est mort. Tiffauges naît de ses cendres [...]» [(1980), p. 93].

[31] Daß im Hinblick auf den Oger auch das ‚Verdorbene' eine Rolle spielt, zeigt sich auf einer höheren Präfigurationsstufe an den Wildschweinen, die hier die ‚Aasfresser' repräsentieren (312).

[32] Cf. das Spiel mit den Signifikanten *perche – percheron*. Es evoziert einen Zusammenhang zwischen der Sterilität und der vegetativen Vermehrung: „floraison de la perche" (72); „perche soudain fleurie et chargée de fruits" (524).

häufig gebrauchten Zeichens „fraîcheur" („la *fraîcheur* qui représente pour moi la valeur majeure" 149; cf. auch 150, 158) zu Baudelaires Gedicht *Correspondances* („Il est des parfums frais comme des chairs d'enfants") und damit zurück zum Christuskind. Wir erkennen darin gleichsam eine Rückspiegelung mit dekonstruktiver Verschiebung. Der intertextuelle Bezug zu dem zitierten Gedicht wird deutlich in einer Tagebuchnotiz von Tiffauges:

> «Communié ce matin avec des *transports secrets* dans une chapelle latérale [...]. *Fraîcheur revigorante de la chair pantelante de l'Enfant Jésus* sous le voile transparent de la sèche petite hostie de pain azyme [...]» (207) [Hervorhebungen von uns].

Die hier von uns hervorgehobenen Stellen deuten als dekonstruktive Reminiszenz an den Baudelaire-Text auf die Ambivalenz zwischen Oger und Heiligem durch Vermischung der Gegensätze. – Das pervertierte Verständnis des Ogers von Liebe bezieht auch die Geliebte Rachel mit ein, für die Tiffauges nur gleichsam ‚anthropophage' ‚Regungen' empfinden kann („Tu me ravales au niveau du bifteck" 21), die – Höhepunkt der ironischen Dekonstruktion – von ihr erwidert werden: Die kleine ‚Ziege' als Opfer des ‚Wolfes' (sarkastische Anspielung auf *La chèvre de M. Seguin*) wird ihrerseits zur ‚Wölfin' invertiert (20 f.).

Als Kehrseite der *vocation ogresse* zeigt sich in der Figur des Protagonisten die *vocation phorique*, die sich von seiner Kindheit her abzeichnet: Besuch des Collège *Saint-Christophe*, Beruf des Automechanikers, der ihn zum Betreuer des „instrument porteur d'homme, anthropophore, *phorique* par excellence" (133) werden läßt, und damit Fortsetzung der „patronage du géant Porte-Christ" (56), „place de la Porte-des-Ternes" (15) als Ausgangspunkt seiner Initiationsreise in die Phorie (‚porte' als polyvalentes Zeichen der Eröffnung, des Neubeginns, der Doppelgesichtigkeit; ‚Ternes' als Zeichen für Undurchsichtigkeit des Geschicks) (Cf. auch supra, p. 47). Die Inkompatibilität der Bestandteile der in der ‚Selbstreflexion' des Protagonisten geprägten Begriffskombinationen *vocation ogresse* und *vocation phorique*, die sich bei näherem Zusehen als Nonsens erweisen, entlarvt die ironische Dimension, mit der sich der Modus einer psychologisierenden Interpretation dekonstruiert.

Was uns zunächst als Attribut des Ogers galt, erscheint zugleich als Merkmal des zur Phorie ‚Berufenen': Die instinktive ‚Vorausahnung' der Zukunft bezieht sich auch auf seine ‚Berufung' zum Träger. – Bei vergleichsweise langen und dünnen Beinen sind Kraft und Gewicht des Riesen im Rückgrat konzentriert. Er besitzt den Körperbau eines Lastträgers, wobei das Gigantische seiner ‚phorischen' Potenz in dem Hochheben von Autos (113 f.) zum Ausdruck kommt (Vorwegnahme der Superphorie). Besonders deutlich zeigt sich die Ambivalenz Oger – Träger im Merkmal der übergroßen Hände („mains prédatrices, assassines, mais aussi serviables, porteuses, caressantes" *VP* 117; „pinces d'étrangleur" – Liebe seiner Hände zu Schuhen als Ausdruck ihres Bedauerns, keine Füße zu sein 78, 80; Schuhe verweisen auf Hufe). Die Figur Tiffauges besitzt also, physiognomisch gesehen, zugleich die Anlagen des Ogers und des Trägers, so daß die intertextuelle Folie in der

Imitation in den Bereich der Ambivalenz verschoben erscheint. In seiner Ambivalenz imitiert Tiffauges den Helden des Mythos, hier als Vermittler zwischen den oppositiven Polen der Phorie.

Das Medium, in dem sich Tiffauges seiner doppelten ‚Berufung' zum Oger und zur Phorie sukzessive bewußt wird, sind die *Écrits sinistres*. Sie sind mit der linken Hand geschrieben (cf. frz. *senestre* < lt. *sinister*) und stellen eine linkische, unbeholfene und ungewohnte Schrift dar. Die „écriture sinistre" läßt etwas hervortreten, was bisher hinter der sozialen Maske der „écriture adroite" verborgen geblieben war (55). Nach C. G. Jung ist „die linke Seite (sinister!) [...] die dunkle, unbewußte". Sie „ist auch die des Herzens, aus dem nicht nur die Liebe, sondern gerade mit dieser auch die bösen Gedanken kommen, d. h. die moralischen Widersprüche der menschlichen Natur, die sich am deutlichsten im Affektleben ausdrücken"[33]. Die *Écrits sinistres* sind, so verstanden, Emanation dieses Unbewußten und Instinkthaften in Tiffauges, das sich als Ahnung einer *zwiespältigen* ‚phorischen' ‚Bestimmung' manifestiert. *Sinistre* ist damit nicht auf eine rein negative Bedeutung festzulegen und erscheint hier dekonstruiert. Gleichwohl umfaßt der Begriff in seiner Polyvalenz auch hier das Böse, Bedrohliche, Unheilvolle bzw. Todbringende. Er ist auch Ausdruck einer *inversion maligne* und verweist auf die „rächende Gerechtigkeit" Hegels wie auf die christliche Symbolik der Verdammnis.

Ähnlich mehrdeutig und befrachtet mit differenten intertextuellen Reminiszenzen erscheint der Begriff *inversion maligne*. Zunächst ist darunter die Verkehrung der Werte zu verstehen, die als Werk des Teufels bezeichnet wird:

> «Satan, maître du monde, aidé par ses cohortes de gouvernants, magistrats, prélats, généraux et policiers présente un miroir à la face de Dieu. Et par son opération, la droite devient gauche, la gauche devient droite, le bien est appelé mal et le mal est appelé bien» (123).

Tournier verdeutlicht sein Verständnis von der Verkehrung von Gut in Böse auf der Folie des Zauberspiegels aus Andersens *Schneekönigin*:

> «Le Diable a fait un miroir. Déformant, bien entendu. Pire que cela: inversant. Tout ce qui s'y reflète de beau devient hideux. Tout ce qui y paraît de mauvais semble irrésistiblement séduisant» (*VP* 50).

Hier klingt ein weiteres Mal das Motiv der Verführungsgewalt des Bösen an. Entsprechend dem Gedanken der Verknüpfung der *inversion* mit der Initiation des Kay erscheinen auch die *Écrits sinistres* als Ausdruck einer Initiationsphase der Prüfung: Initiation des Helden ins Böse (bezeichnenderweise erfolgt die Wiederaufnahme des Tagebuchs bei Tiffauges' Eintritt in die Phase der ‚Knechtschaft' unter den Nazis). In den *Écrits sinistres* wird die *inversion maligne* bei ihrer ersten Erwähnung mit der Kriegspropaganda der Nazis assoziiert, die als infernalische Wertinversion erscheint (105 f.). Sie gipfelt im Krieg als dem „mal absolu", als

---

33 C. G. Jung, *Die Psychologie der Übertragung* (1946), p. 79 f.

„l'objet d'un culte satanique“ (124), der damit von vornherein in eine trans-historische *mythische* Perspektive gerückt wird, aus der heraus er als Ausdruck der Herrschaft des Teufels erscheint. Als Gegenpol der *inversion maligne* definiert Tiffauges die *inversion bénigne*, auch *divine* genannt (122), die sich als Sieg Gottes über den Teufel enthüllt:

> «Elle consiste à rétablir le sens des valeurs que l'inversion maligne a précédemment retourné» (123).

Während die *inversion maligne* zunächst unabhängig von der Phorie eingeführt wird, löst die *inversion bénigne* die *Euphorie+* aus.

3.2.2.2. Der Zustand des *ennui*: Die Figuren der Dysphorie

Die Paris-Phase zeigt Tiffauges zunächst im Zustand des „ennui“ (127 f., 73) als Reaktion auf die Erfahrung der Nichtigkeit und Sinnlosigkeit des Seins:

> «Le désespoir se donne irrésistiblement comme seule réponse authentique au non-sens de la vie. Toute autre attitude – passée ou future – paraît relever de l'ébriété. La vie n'est tolérable qu'en état d'ébriété. Ébriété alcoolique, amoureuse, religieuse. Créature de néant, l'homme ne peut affronter l'inconcevable tribulation qui lui advient – ces quelques années d'être – qu'on se saoulant la gueule» (128).

Als Mittel zur Überwindung dieser „états de dépression“ (128) dienen ihm zwei ‚Riten‘. Bei dem ersten, dem *brame*, handelt es sich um eine Körpergebärde, bei der Tiffauges mit weit nach hinten zurückgeworfenem Haupt einen Laut ausstößt:

> «comme un rot profond et prolongé qui semble monter de mes entrailles et qui fait longuement vibrer mon cou. En lui s'exhale tout l'ennui de vivre et toute l'angoisse de mourir» (73).

Der *brame* ist gleichzeitig eine Geste der Verzweiflung und eine Art ‚Ritus‘ zu ihrer Überwindung (73). Tiffauges imitiert hiermit die Gebärde des von Nestor zitierten Bram aus dem Curwood-Roman (63). Der *brame* des Ogers ist polyvalent. Als Lustschrei des Vernichters (Wolfsgeheul) erscheint er zugleich als Schrei der Verzweiflung (Erfahrung des Nichts) und Ausdruck einer metaphysischen Sehnsucht. Der *brame* verweist ebenfalls auf den Brunftschrei der Hirsche, woran auch die Art der Gebärde und des Lautes erinnern. Tiffauges selber stellt diesen Bezug an späterer Stelle her (125 f.). Hier deutet sich bereits eine Identifikation der Figur mit dem Hirsch als Zeichen für Christus an. Die Gebärde des *brame* ähnelt, wie Tournier selber bestätigt, auch einer bestimmten gymnastischen Übung der Taoisten[34], um den Weg des Atems durch den Körper zu verlängern in der Absicht, ein hohes Alter zu erreichen (symbolisch gesehen, die Unsterblichkeit). Über die Doppeldeutigkeit von *Pneuma* (Atem, Geist) weist der *brame* bereits auf die Sehnsucht nach Astrophorie

---

[34] Cf. *Entretien Michel Tournier – Cornelia Klettke* (5. April 1986), infra, p. 301 f. Eine Beschreibung dieser Praktik findet sich in *M* 540 f.

(= ‚Pneumatophorie') voraus. Wir erkennen in der Beschreibung dieser grotesken Gebärde mit ihren Assoziationen ein Beispiel für den *humour blanc*.

Der *brame* stellt eine Variante des den Roman durchziehenden Schrei-Motivs dar. Dabei sehen wir bereits seine doppelte Ausprägung als *brame* des Kindes (cf. den stummen Schrei des kleinen Abel in der Gosse) und des Ogers[35].

Während der *brame* als aufstrebende Gebärde als Ausdruck der Sehnsucht nach Erlösung erscheint, spiegelt der zweite ‚Ritus', das *shampooing-chiottes*, in freilich ebenso ironisch gebrochener Form Tiffauges' Bedürfnis nach Reinigung und Erneuerung in einem symbolischen Tod als Strafe: Die „douche froide et dure" der Wasserspülung fällt wie ein „couperet de guillotine" auf Tiffauges' Nacken.

Eine weitere Erfahrung des Fallens bedeutet für Tiffauges auch die *angélique*, Anfälle von Atemnot („angoisse respiratoire" 115), bei denen er den Druck einer unsichtbaren, gleichsam übernatürlichen Kraft auf seiner Brust verspürt, die ihm wie die Faust seines Schutzengels erscheint (daher der Ausdruck *angélique* als Abkürzung von *„oppression angélique"* 115). Als ‚Stigma' der *angélique* erscheint die trichterförmige Vertiefung in Tiffauges' Brust („entonnoir sternal" 114). Sie präfiguriert seinen Tod als ‚Pneumaverlust', wobei *entonnoir* auf die ewige Verdammnis verweist. Er erklärt sie mit folgender Geschichte, die durch intertextuelle Evokationen überkodiert ist:

> «Je voulais faire quelque chose de défendu. Il [mon ange gardien] prétendait m'en empêcher. Nous nous sommes disputés. J'ai tenté de le gifler. Il m'a contré d'un coup de poing en pleine poitrine. Un coup de poing d'ange. Un poing plus dur et plus lourd que le marbre. Un poing de bronze. Je suis tombé à la renverse suffocant. Si le coup avait été purement *matériel*, il m'aurait tué. Mais c'était un coup angélique, tout enveloppé des plumes blanches de l'esprit, comme d'un gant de boxe en duvet spirituel. Je me suis relevé. Mais depuis, j'ai cette marque, ce défoncement de ma poitrine de part et d'autre duquel mes muscles pectoraux saillent comme des boules dures et noueuses, comme des petits seins arides et désespérés» (114 f.).

Es überlagern sich hier Reminiszenzen an den Sündenfall und an die Mythen vom Sturz Luzifers und auch der Titanen (Sturz als Strafe für eine verbotene Tat, Kampf mit dem Engel, Versuch des Widersachers, ihn zu ohrfeigen, und sein Fall auf den Rücken). Die Vorstellung vom Schutzengel erscheint damit dekonstruiert durch die Evokation des Racheengels, der die Superbia gegenüber der höchsten Gottheit bestraft.

---

[35] Tournier bezeichnet sowohl den Schrei des Ogers als auch den des Kindes als *brame* [*Entretien Michel Tournier – Cornelia Klettke* (5. April 1986), infra, p. 301].

Bezeichnet die *angélique* zunächst die „grande angoisse dyspnéique qui me fait lutter sur le sol contre une étreinte invisible et meurtrière“ (116), so kann sie sich jedoch auch ins Positive verkehren und präfiguriert dann wiederum die ‚Pneumatophorie‘:

> «[...] la profonde et bienheureuse aspiration par laquelle le ciel tout entier plein de vols d'hirondelles et d'accords de harpe plonge directement dans mes poumons sa racine bifurquée» (116).

Wurde sie in negativer Ausformung (*angélique–*) als *Fall* erfahren, so bezeichnet ihre positive Inversion (*angélique+*) gleichsam eine Erfahrung des *Aufstiegs*.

Allerdings überwiegt beim Tiffauges der Paris-Phase die Erfahrung der *angélique–*. Sie kulminiert in einem besonders hartnäckigen Anfall von Erstickung, der Obsessionen vom Tod durch Ertrinken und durch „ensevelissement sous le sable, sous la terre, dans la boue ...“ (144) hervorruft. Hier reicht selbst ein doppelter *brame* nicht mehr aus, um das ‚psychische‘ Gleichgewicht des Ogers Tiffauges wiederherzustellen. Diese Visionen deuten erstmals auf den Untergang im Moor voraus, der hier auch auf der Folie des literarischen Mythos vom Don Juan erscheint. Tiffauges sieht für sich ein Ende nach dem Modell des Höllentodes von Don Juan voraus, mit dem er sich auch sonst identifiziert (Dekonstruktion des Gegensatzes Oger – Don Juan):

> «[...] je ne doute pas qu'une nuit un visiteur sculpté dans de la pierre tombale viendra frapper à ma porte de son poing de marbre, et qu'il prendra la main que je lui tendrai et m'entraînera avec lui dans les ténèbres dont nul ne revient» (150).

Die Vorstellung des *ange gardien* leitet also zum Kommandeur als Richter über. Das Eigentümliche ist jedoch, daß die Marmorstatue Tiffauges' eigene Züge trägt (150), mithin auch die Reminiszenz an die Objektivation des „bösen Gewissens“ (Hegel) enthält. Auch in dieser dunklen Vorahnung bedeutet sein Tod einen ‚Strafvollzug‘ an sich selber: Die übernatürliche Macht des Rächers erscheint in die schuldhafte Figur selbst verlegt („l'homme de pierre est en moi“ 150 f.) als Zeichen für den Richter und Gerichteten zugleich. Als Imitation des „Negierenden“ trägt der Oger Tiffauges gleichzeitig sein eigenes „Negiertwerden“ in sich.

Der Vorahnung des Höllentodes steht die des Emporfliegens zu den Sternen („je m'envolerai dans les étoiles“ 58) gegenüber. Tiffauges' ‚Schicksalsvorahnung‘ umfaßt also die entgegengesetzten Erfahrungen von Fall und Aufstieg und präfiguriert damit die Endsituation des Romans.

3.2.2.3. Erste Experimente mit der Paidophorie: Die Euphorie

Eine neue Etappe in der Initiation des Protagonisten bedeutet seine Entdeckung der *Paidophorie*, die durch drei einschneidende Erlebnisse eingeleitet wird: das Tragen Jeannots, Étiennes und des *faunelet*. Im ersten und dritten Fall handelt es sich um ein verletztes und unschuldig leidendes Kind (Verwundung am Kopf und am Knie – erstere als Präfiguration der Enthauptung Hellmuts, letztere als ‚Echo' der Kniewunde Pelsenaires –) und damit um eine weitere Präfiguration des Kindes als Wundenträger nach dem ‚Vorbild' Christi (Stigmatophorie).

Das Tragen des bewußtlosen Jeannot versetzt Tiffauges in eine bisher nicht gekannte rauschhafte Ekstase, die ihm wie eine „bénédiction tombée du ciel" (130) erscheint. Die Paidophorie bewirkt einen Zustand der *Euphorie+*, die hier gleichsam als positive Inversion der Ejakulation erfahren wird:

> «[...] la vague de béatitude [...] m'a recouvert tout entier, irrigant mes couches les plus profondes, mes extrémités les plus lointaines. Ce n'était pas une titillation égrillarde et limitée, c'était une hilarité unanime de tout mon être» (132).

Der Ausdruck *euphorie* wird von Tiffauges auf seine ‚phorische' Bedeutung zurückgeführt (εὐφορέω = ‚gut tragen', im übertragenen Sinne auch ‚fruchtbar sein'):

> «L'euphorique est celui qui se porte lui-même avec bonheur, qui se porte bien. Mais il serait encore plus littéral de dire qu'il *porte* simplement avec bonheur» (132 f.).

Das Tragen des Kindes als eine Last, mit der sich Tiffauges belädt, ruft bei ihm ein Gefühl des Leichtwerdens hervor (cf. das Adjektiv εὔφορος = ‚leicht/bequem zu tragen', ‚leicht'):

> «[...] c'est par un sentiment de légèreté, d'allègement, de joie ailée que mon ‹extase phorique› se définit le mieux. Une manière de lévitation, provoquée par une pesanteur aggravée! Étonnant paradoxe! Le mot *inversion* se présente aussitôt sous ma plume. Il y a eu en quelque sorte changement de signe: le plus est devenu moins, et réciproquement. Inversion bénigne, bénéfique, divine ...» (133).

Die *Euphorie+* permutiert die *angélique+*. Das negative Pendant der Euphorie als Last, die den Oger Tiffauges beschwert („états de dépression"; „l'impossibilité de continuer à exister pesait assez lourdement sur ma carcasse" 74) und die die *angélique–* variiert, bezeichnen wir als ‚Dysphorie' (nach δυσφορέω = ‚unerträglich finden', ‚sich übel befinden'; das Adjektiv δύσφορος = ‚schwer zu tragen', ‚schwer an Last', ‚unerträglich').

Bei der Paidophorie Jeannots und des *faunelet* erscheint der Akt des Tragens hinsichtlich des Verhaltens von Tiffauges jedoch in einem zwiespältigen Licht: Der Oger in ihm weidet sich am Blut bzw. am Fleisch der offenen Wunde (Reminiszenzen an den Vampir). Mitleid und Schutzgebärde verbinden sich mit der sadistischen Freude am Leiden des Opfers, was besonders in der Szene mit dem ‚kleinen Faun' hervortritt (172). Hier wird auch deutlich die ‚Zweiphasigkeit' der Christophorie suggeriert: Tiffauges erscheint zunächst als Unterdrücker und erst dann als Retter und Helfer.

Beim Tragen des Kindes Étienne im Louvre (142 f.) handelt es sich um die Imitation intertextueller ‚phorischer' Posen. Étienne stellt eine Variation des schwachen, häßlichen und unterentwickelten Kindes (cf. den kleinen Abel) dar, dessen Matrix hier um das Merkmal der geistigen Frühreife (141) bereichert ist: Präfiguration Éphraïms.

Die Paidophorie Jeannots als Initialereignis weckt Tiffauges' Interesse an Kindern. Es beginnt die Phase seiner Jagd auf Photos und Schreie von Schulkindern. Sowohl das Photographieren als auch die Tonbandaufnahmen stellen metonymisch-präfigurative Formen der Jagd auf Kinder (als ‚Oger von Kaltenborn') dar:

> «Ne disposant pas des pouvoirs despotiques qui m'assureraient la possession des enfants dont j'ai décidé de me saisir, j'use du piège photographique – et je me hâte de préciser qu'il ne s'agit nullement d'un pis-aller» (168).

Es handelt sich um eine visuelle bzw. akustische, gleichsam stellvertretende Aneignung des Körpers der Kinder durch die Körpersinne des Ogers. Während Tiffauges mit dem Photo nur das Äußere des Kindes erbeutet (167), raubt er mit dem Schrei, der intertextuell auf Stockhausens *Gesang der Jünglinge* verweist (*VP* 126 f.), die „essence même de l'enfant sous sa forme sonore" (157). Der Begriff ‚essence' steht im System des Romans als Zeichen für das Kind als Opfer. Die Berufung dazu wird hier präfiguriert.

Wiederum deutet sich mit der stellvertretenden ‚Besitzergreifung' der Kinder durch Schreie und Photos eine parodistische Applikation eines Hegelschen Begriffs an: Schreie und Photos imitieren jene „ideale Bestimmung" des „Objekts" „durch die Begierde", als welche die „Besitzergreifung" definiert ist[36]. In Tiffauges' phototechnischen Manipulationen klingt darüber hinaus das ironisch-verfremdete Echo von Hegels Definition des „Besitzes" nach:

> „der *Besitz* des Produkts oder die Möglichkeit, es als ein [für sich Reelles] sowohl durch eine erste Beziehung seiner Materie nach, als durch die zweite der Vernichtung seiner Form und der Formgebung durch das Subjekt, – zu vernichten, und zum Genusse, der aber ganz ideell bleibt, überzugehen" (ibid.).

Mit ihrem ‚Besitz' in Form von Photos und Schreien bleibt der „Genuß" der Kinder für den Oger gleichsam „ideell".

Das Aufnehmen ihrer Schreie und Bilder erscheint als eine metonymische Form der *Klaustration* („claustration" 146) *der Kinder*. Besonders deutlich bringt dies die Photographie zum Ausdruck: „Mettre des enfants en cage ... Mon âme ogresse y trouverait son compte" (152). Durch den Akt des Photographierens werden die Kinder metonymisch aus ihrer ursprünglichen Freiheit in einen *monde clos* (Dekonstruktion des Descartesschen Begriffs), die Kamera, überführt, in dem sie als Bild (Negativ) dem Oger uneingeschränkt verfügbar sind und sich beliebig manipulieren lassen (176 f.). Photographieren und Bandaufnahme präfigurieren damit eine für den Roman konstitutive rekurrente Handlungssequenz: *Jagd* → *Zucht* in bewußter intertextueller Imitation der Phasen der Menschheitsgeschichte (Jäger und

---

[36] G. W. F. Hegel (1967), p. 13.

Sammler – Ackerbauer und Viehzüchter) (184 f.). Das Aufnehmen der Schreie und Photos stellt zugleich eine metonymische Form der Paidophorie dar. Tiffauges ‚trägt' Photoapparat und Tonband und damit die im *monde clos* gefangenen Bilder und Schreie der Kinder. *Monde clos* und Paidophorie überlagern sich. Es handelt sich hier um eine präfigurative Variante von ‚Superphorie', die Tiffauges als ‚Abbild' des Atlas der Feste von Kaltenborn vorwegnimmt.

Im Anschluß an Nestors Entdeckung der *densité d'atmosphère* erkennt Tiffauges weitere Vorzüge des *monde clos*: den Kinderschrei (präfiguriert in der Vorgeschichte) und in dekonstruktiver Applikation einer Grundregel Descartes' die Befriedigung des Strebens nach *totalité*, *exhaustion* und *dénombrement entier* (147 f.) (bereits bei Nestor angelegt). Die Vollständigkeit steigert die *densité* bis zur *saturation atmosphérique* (140). Sie kann so einen der Euphorie analogen Zustand der Ekstase herbeiführen[37]. Auf die Permutation der *angélique+* durch die *euphorie+* folgt die der *euphorie* durch die *saturation*. Die Vermischung der Begriffe von Hegel, Descartes und Verne führt hier zu einem differentiellen Spiel der Reminiszenzen.

Durch die *saturation* wird die Phorie im *monde clos* genaugenommen überflüssig. Als ihren eigentlichen Wirkungsbereich vermutet Tiffauges daher den *milieu ouvert*:

> «La claustration collégiale – celle de l'‹internat›, si bien nommé – rendait inutile la phorie, sinon comme un exercice profitable en prévision d'un éventuel avenir de plein air. Ainsi la phorie correspondrait à un milieu ouvert, de densité très faible, semblable en cela au masque à oxygène que les aviateurs doivent chausser pour s'envoler à haute altitude» (146).

In diesen Bemerkungen erkennen wir im Ansatz Beziehungen zwischen der Phorie und ihrem ‚milieu'. Es läßt sich die Korrespondenzrelation

Phorie $\hat{=}$ *milieu ouvert*

ableiten, der die Kontrastrelation

Phorie $\neq$ *monde clos*

entspricht. Das Zitat zeigt, wie die *écriture* in ein und derselben Denkbewegung – hier der ‚Reflexion' des Protagonisten im Potentialis – einerseits die Illusion von eindeutigen Relationen erzeugt, sie jedoch andererseits zugleich dekonstruiert: Die Koexistenz von Phorie und *monde clos* ist also ebenfalls denkbar und wird später auf der Handlungsebene realisiert.

Die Entwicklung der Paidophorie vollzieht sich in der Paris-Phase umgekehrt zu der Vorgeschichte. Während dort das Interesse des Ogers Nestor von der undifferenzierten Masse der Kinder zum einzelnen Kind fortschreitet, verläuft es hier gewissermaßen im ‚Krebsgang'. Die ‚Opfer' proliferieren von drei einzelnen Kindern zur Vielheit, wobei der negative Aspekt des

---

[37] Erste Beispiele: „atmosphère saturée de beauté" im Louvre (140); ansatzweise auch der Zusammenstoß Tiffauges' mit einem dichten Schwarm von Schulkindern in einer engen Passage (146 f.).

Ogers Tiffauges stärker hervortritt. Mit den parodistisch wirkenden ‚phorischen' Praktiken als „mode de consommation" (167) ist nicht nur eine Steigerung, sondern eine neue Etappe der Paidophorie erreicht, die symbolisch zugleich als ‚Paidophagie' erscheint. Mit dieser verlagert sich seine ‚Begierde' von der körperlich-sinnlichen Ebene – Tiffauges ißt kein Tierfleisch mehr – präfigurativ auf eine ‚höhere', gleichsam ‚spirituelle' Ebene:

> «Tout se passe comme si le contact des enfants apaisait ma faim de façon plus subtile et comme spirituelle, une faim qui aurait évolué du même coup vers une forme plus raffinée, plus proche du cœur que de l'estomac ...» (183)

Mit seinem Besuch der Messe zum Tag der ‚Unschuldigen Kinder' tritt ein weiteres intertextuelles Modell in den Gesichtskreis des Helden, von dem er sich zugleich distanziert. Tiffauges beweint den Kindermord von Herodes (158) und assoziiert ihn mit den von ihm aufgenommenen Kinderschreien, was ihn ein schweres Schuldgefühl empfinden läßt, das er an anderer Stelle auch im Hinblick auf das Photographieren zum Ausdruck bringt („[...] la joie forte et coupable [...]" 152). Es handelt sich um eine pseudo-pathetische Pose, die nicht der Ironie entbehrt, in der erneut das „böse Gewissen" als „ideelles Vernichtetsein" oder „ideelle Selbstaufhebung" anklingt.

3.2.2.4. Varianten von ‚Thema' und ‚Thema-Inversion': Die intertextuellen Leitbilder Christophorus, androgyner Adam, Atlas – Weitere intertextuelle Modelle

Unter der Vielzahl der im ersten Kapitel evozierten intertextuellen Vorbilder der Phorie nehmen der androgyne Adam und Atlas neben dem heiligen Christophorus eine besondere Stellung als Variationen von ‚Thema' und ‚Thema-Inversion' ein.

Beinahe unmittelbar auf die erstmalige Evokation des Themas (mit der Statue des heiligen Christophorus) folgt die einer weiteren Variante. Bei der Reflexion über die Genesis-Stelle von der Erschaffung Adams stößt Tiffauges auf einen Widerspruch, der ihn zu einer freien Auslegung der Bibelstelle veranlaßt:

> «*Dieu créa l'homme à son image, il* le *créa à l'image de Dieu, il* les *créa mâle et femelle. Et Dieu les bénit, et il leur dit: ‹Soyez féconds, croissez, multipliez, remplissez la terre et soumettez-la ...›* Ce soudain passage du singulier au pluriel est proprement inintelligible, d'autant plus que la création de la femme à partir d'une côte d'Adam n'intervient que beaucoup plus tard, au chapitre II de la Genèse. Tout s'éclaire au contraire si l'on maintient le singulier dans la phrase que je cite. *Dieu créa l'homme à son image, c'est-à-dire mâle et femelle à la fois. Il lui dit: ‹Crois, multiplie›*, etc. Plus tard, il constate que la solitude impliquée par l'hermaphrodisme n'est pas bonne. Il plonge Adam dans le sommeil, et il lui retire, non une côte, mais son ‹côté›, son flanc, c'est-à-dire ses parties sexuelles feminines dont il fait un être indépendant» (33 f.).

Es handelt sich hier um eine der Tournierschen Versionen des Mythos vom androgynen Adam[38], die differentiell sind. Tournier erzählt diesen Mythos immer wieder neu, wobei er seine eigenen Erzählmotive ständig verschiebt (z. B. wird einmal der Androgyn von Gott gespalten wegen seiner Perfektion und seines daraus resultierenden prometheischen Stolzes, ein anderes Mal wegen seiner Einsamkeit als Hermaphrodit). Die Neuerzählungen sind nicht eindeutig auf ein Vorbild festzulegen. Es ergeben sich vielerlei intertextuelle Reminiszenzen, aber die Vorbilder erscheinen jedesmal dekonstruiert: Einmal sind die Reminiszenzen an Platons Mythos vom Kugelmenschen vorherrschend (Erzählung der Genesis auf der Folie der *Symposion*-Stelle)[39], ein anderes Mal fühlt man sich an die Gnostik erinnert (das Essen vom verbotenen Baum bringt einen Zuwachs an Erkenntnis, cf. *Le Petit Poucet*), aber auch an die *Midraschim*. Hier findet sich die Verschiebung von *côte* zu *côté* [40], die bei Tournier freilich variiert wird. Die Stelle im *Roi des Aulnes* enthält schließlich auch eine Reminiszenz an die Bibelauslegung des Johannes Scotus Eriugena und dessen Übersetzungen der Werke des Maximus Confessor und des Gregor von Nyssa[41], wonach in der *Bibel* durch den Singular die ursprüngliche Einheit vor dem Sündenfall ausgedrückt werde[42].

Tournier übersetzt im *Roi des Aulnes* den Mythos vom androgynen Adam in den Kode der Phorie. Die Androgynie Adams erscheint nicht nur als die Integration der weiblichen Geschlechtsteile in den männlichen Körper, so daß der Androgyn die ‚Frau' gewissermaßen in sich trägt, sondern gleichzeitig damit wird Adam auch zum Träger des ‚Kindes', das sich in der von ihm getragenen Gebärmutter entwickelt. Adam erscheint hier als

---

38 Zum Mythos vom androgynen Adam und seiner Tradition bis in die Gegenwart cf. M. Eliade (1962), insbes. p. 124 ff. – Die Vorstellung vom androgynen Adam findet sich unter den Autoren der deutschen Romantik (insbes. bei Franz von Baader), der auf Jakob Böhme zurückgeht. – Zum 20. Jahrhundert cf. u. a. auch die Auseinandersetzungen C. G. Jungs mit dieser Vorstellung [*Die Psychologie der Übertragung* (1946) und *Mysterium Coniunctionis* (1971)]. Weitere Literaturangaben bei A. Bouloumié (1988), p. 157 – 164, die sich mit den Einflüssen dieses Mythos auf Tourniers Werk auseinandersetzt.

39 In dem Artikel „Des éclairs dans la nuit du cœur", *Les Nouvelles Littéraires* (26. Nov. 1970); auch als Vorwort zu *Mythologies* von Pierre Yves Trémois, Paris: Michèle Broutta, 1970 (Collection œuvres graphiques contemporaines), Text vollständig zitiert bei Bouloumié (1988), p. 157 – 159. – Wenn Bouloumié sich wundert, daß in der ansonsten getreuen Nacherzählung von Platons Mythos die Zuordnungen von Erde und Mond verkehrt sind, so handelt es sich hier ganz nach Art Tournierscher Textverfahren um eine Permutation bzw. spielerische Dekonstruktion einer Platonischen Opposition.

40 M. Eliade (1962), p. 129.

41 Auf diese Parallele weist bereits A. Bouloumié hin (1988), p. 161.

42 Die von A. Bouloumié vermeintlich erkannte „progression" [ibid., p.163] in den Tournierschen Versionen des Mythos vom androgynen Adam ist eine Täuschung. Auf der Suche nach einer Entwicklung in einem Denken, das differentiell ist, verwickelt Bouloumié sich schließlich in Widersprüche, weil sie die Tourniersche Taktik nicht erkennt, die gerade darin besteht, Widersprüche zu produzieren.

«[...] homme porte-femme devenu de surcroît porte-enfant, chargé et surchargé, comme ces poupées gigognes emboîtées les unes dans les autres!» (35)[43].

Es handelt sich bei dieser nicht der Komik entbehrenden ‚phorischen' Figur um eine gesteigerte, gleichsam ‚augmentierte' Variationsform des Systems, die wir als *Hyperphorie* bezeichnen wollen[44]. Durch die Verdopplung der Phorie kommt es zu einer Vermehrung der Last, die jedoch nicht als ein Zustand der Qual, sondern als ein solcher rauschhafter Ekstase und der Perfektion erfahren wird (35). Der Sündenfall liegt nicht in dem Genuß des Apfels vom Baum der Erkenntnis, sondern in der ‚Aufspaltung' dieses androgynen Urmenschen. Die ‚section' ist ‚sexion'[45]; sie bedeutet die Erschaffung des geschlechtlichen Seins. Der ‚Fall' in die Geschlechtlichkeit erscheint also als das Zerbrechen der übergeschlechtlichen *Ein*heit, hier jedoch nicht nur in die *Zwei*heit von Mann und Frau, sondern in die *Drei*heit von Mann, Frau und Kind.

«Car s'il y a dans la Genèse une *chute de l'homme*, ce n'est pas dans l'épisode de la pomme – qui marque une promotion au contraire, l'accession à la connaissance du bien et du mal – mais dans cette dislocation qui brisa en trois l'Adam originel, faisant choir de l'homme la femme, puis l'enfant, créant d'un coup ces trois malheureux [...]» (35).

Die Geschlechtlichkeit wird als *Fall* empfunden, weil mit ihr Alter und Tod ins Spiel kommen. Die Vorstellung des androgynen Adam ist für Tiffauges Vor-Bild in doppelter Hinsicht: Er trägt sie in sich gleichsam als ein simuliertes ‚Urbild' der Erinnerung und zugleich als ein bestimmendes Leitbild für die Zukunft:

«[...] elle [l'image] me touche, elle m'éveille à je ne sais quelle nostalgie atavique d'une vie surhumaine, placée par sa plénitude même au-dessus des vicissitudes du temps et du vieillissement» (35).

Hier klingt auch der Gedanke der Totalität an[46]. Der paradiesische Zustand wird jedoch selbst in ein Zwielicht gerückt – einerseits ‚phorische' Perfektion, andererseits Einsamkeit, d. h. Mangelzustand des Hermaphroditen –, wodurch die Vorstellung von der Restitution des Androgyn als Endziel des Helden von vornherein dekonstruiert wird.

---

43 Die Darstellung Adams als „*homme – femme – enfant*" findet sich bei Tournier auch andernorts [cf. dazu seine Neuerzählung der Erschaffung Adams und des Sündenfalls, zitiert bei Bouloumié (1988); ferner auch die Mythennovelle *La famille Adam*, in: *CB* (1978)], wobei die erwähnten drei Tournierschen Fassungen wiederum in gewissen Punkten divergieren.

44 Cf. *VP* 129. Tournier läßt allerdings offen, welche Variante der Phorie er darunter verstanden wissen will.

45 A. Bouloumié (1988), p. 160.

46 Nach M. Eliade ist die Androgynie „la formule par excellence de la totalité" [(1962), p. 137]. J. Chevalier/A. Gheerbrant , die Eliade hierin folgen, sprechen von einem „*signe de totalité*" [(^{2}1982), „Androgyne", p. 40]. Die Verschmelzung von Männlichem und Weiblichem steht zeichenhaft für eine im weitesten Sinne umfassende Bedeutung, die *Coincidentia oppositorum* [nach Eliade (1962), p. 98, der auf Nikolaus von Kues rekurriert]. Danach bezeichnet die Androgynie nicht nur die geschlechtliche Undifferenziertheit, sondern einen Zustand vollkommenen Seins, der Einheit – des Ungeschiedenen, Ungeschaffenen –, in dem die Fülle des Seienden nur virtuell besteht.

Auch die Geschichte des mythologischen Atlas wird durch Tiffauges, der hier eine Auseinandersetzung mit einem Prätext in Gestalt eines Lexikonartikels simuliert, auf die Phorie appliziert und dabei leicht verschoben. In seiner Vision vermischen sich die Reminiszenzen an Atlas mit denen an Christophorus:

> «Il soutenait de ses épaules les étoiles et la lune, les constellations et la Voie lactée, les nébuleuses, les comètes, les soleils en fusion. Et sa tête plongeant dans les espaces sidéraux se confondait avec les astres. On va changer tout cela. Au lieu de l'infini bleu et or qui le couronnait et le bénissait à la fois, on le charge du globe terrestre, bloc de boue opaque qui lui ploie la nuque et lui oblitère la vue. Et voici le héros avili, déchu, le phore est devenu fort, les amours pondérées sont devenues onéreuses» (135 f.).

Das Tragen der Erde anstatt des Himmels erscheint als *inversion maligne* (135). Es dokumentiert den Zustand des Gefallenseins. Die Inversion besteht also in der Verwandlung des an den Gaben des Himmels teilhabenden Trägers („vrai phore" 135) in einen reinen Kraftprotz und Lastenträger („fort"), wobei sich hier das Bild des Atlas als Erdträger mit dem des Lastträgers der Pariser Markthallen überlagert, das seinerseits eine Reminiszenz an Zolas *Ventre de Paris* darstellt (134 f.). Entsprechend dem im Text vorgegebenen *astrophore* (= *Astrophoros*) nennen wir den Träger der Erde *Geophoros* und unterscheiden die Phasen *Astro-* und *Geophorie*. Als ihre Merkmale halten wir fest:

ASTROPHORIE	GEOPHORIE
Tragen des gestirnten Himmels („infini bleu et or") durchsichtig	Tragen der Erde („bloc de boue") undurchsichtig
LICHT ≙ GEIST	KÖRPERMASSE
Last, die erhöht/erhebt Segen/Krönung/Apotheose	Last, die erdrückt/nach unten zieht Erniedrigung/Zustand des Gefallenseins
Erleuchtung (Verschmelzung des Kopfes mit den Sternen)	*Erblindung* (Kopf nach unten gedrückt, unter der Körpermasse ‚begraben')
Träger = ‚phore'	Träger = ‚fort'

Neben den ‚phorischen' Figuren des Christophorus und des androgynen Adam erscheint Atlas Astrophoros als ein drittes bestimmendes Leitbild für die Initiation von Tiffauges:

> «[...] plus j'y pense, plus il me semble qu'Atlas uranophore, Atlas astrophore est le héros mythologique vers lequel devrait tendre ma vie pour trouver en lui finalement son aboutissement et son apothéose. Quoi que je porte à l'avenir, de quelque fardeau précieux et sacré que mes épaules soient chargées et bénies, ma fin triomphale ce sera, si Dieu le veut, de marcher sur la terre avec posée sur ma nuque une étoile plus radieuse et plus dorée que celle des rois mages ...» (136).

Wir erkennen, wie durch die sukzessive Permutation von Christophorus, androgynem Adam und Atlas Astrophoros, die vom Helden nacheinander jeweils als *das* definitive Leitbild angeführt werden, eine Irritation des Lesers hervorgerufen wird und die Komplexität des differentiellen Spiels der Reminiszenzen zunimmt. – Wie die drei variierenden Leitbilder der Phorie im Roman zueinander in Beziehung gesetzt werden und wie sie sich ergänzen, deutet die folgende Tabelle an, die freilich mit hypothetischen Interpretanten arbeitet:

	CHRISTOPHORUS	ANDROGYNER ADAM	ATLAS
1) Getragenes Zeichen	Christuskind	Frau und Kind	gestirnter Himmel und Erde
2) Phasen des Tragens	I menschenfresserischer Riese (Antiphorie) II Heiliger (Christophorie)	I ‚Ur'-Adam (Hyperphorie) II Gefallener Adam (Superphorie, Phallophorie–) III ‚Neuer' Adam (Hyperphorie)	I Astrophoros II Geophoros = gefallener Atlas III Astrophoros
3) Aspekte der Trägerschaft	Konversion vom beutegierigen, besitzergreifenden ‚bösen' Träger = Antiträger (oder Vernichter) zum demütig dienenden ‚guten' Träger durch die höhere Macht Christi	ursprünglich übergeschlechtliche Einheit; Zerfall in die Dreiheit Mann – Frau – Kind. Ziel: Wiedererlangen der Übergeschlechtlichkeit	ursprünglich Zustand der Erleuchtung (Apotheose); negative Inversion: Zustand der Blindheit. Ziel: Wiedererlangen der Lichtnatur

Die ehemalige Hyperphorie wird durch den ‚Fall' in die Geschlechtlichkeit auch zur Phallophorie (Begriffe *phallophore* und *phallophorique* cf. *RA*, auch *M*). Der Phallus hat im System der Phorie eine negative Wertigkeit. – Der Erlkönig als ein viertes Leitbild wird in der Exposition des Romans noch nicht expliziert.

GRUPPE A

INTERTEXTUELLE MUSTER DER FIGUR DER *PAIDOPHORIE*[47]

INTERTEXTUELLE ZEICHEN	MOTIV BZW. MERKMALE DES ‚PHORISCHEN' AKTS	
HERAKLES – TELEPHOS	*Motiv*:	Herakles trägt seinen Sohn (hier als Kinder*freund*)
	Träger:	Zeichen für Körperkraft im Dienste des Guten „Überwinder des Todes"[48]
HERMES – BACCHUSKNABE	*Motiv*:	Hermes trägt die neugeborenen Götterkinder zu ihren Ammen Zeichen der liebenden Hingabe an das Kind, des Dienstes am Kind
	Träger:	Zeichen für Hermaphrodismus und Vereinigung der Gegensätze
	Getragener:	s. unter „Satyr – Dionysosknabe"
SATYR – DIONYSOSKNABE	*Motiv*:	rauschhafte Ekstase durch das Kind (Euphorie); ‚phorische' Vereinigung hier als *sinnliche* Rauscherfahrung
	Getragener:	Zeichen für körperlich-animalische Fruchtbarkeit Auferstehung[49]
	Träger:	Zeichen für Triebhaftigkeit
HEKTOR – TROÏLOS	*Motiv*:	Rettung des verletzten bzw. leidenden Kindes
	Träger:	Zeichen für Körperkraft im Dienste des Guten
RASPUTIN – ALEKSEJ	*Motiv*:	Heilung des kranken bzw. leidenden Kindes
	Träger:	hier als Vertreter der *inversion bénigne* (= Frieden), für die er zum Märtyrer wird (Dekonstruktion des historischen Rasputin)

[47] Die Tabelle bezieht sich nur auf das erste Kapitel.

[48] M. Lurker (^{4}1988), p. 284.

[49] M. Lurker, ibid., p. 142.

GRUPPE B

INTERTEXTUELLE MUSTER DER FIGUREN DER *ANTI-* UND *PARAPHORIE*

INTERTEXTUELLE ZEICHEN	MOTIV BZW. MERKMALE DES ‚ANTI'-/‚PARAPHORISCHEN' AKTS	
DAVID	*Motiv*:	Herrschaft, Besitz, Macht
	Antiträger:	Typ, der sich auszeichnet durch (141 f.): – ‚Draufgängertum' – körperliche Schönheit, aber geistige Beschränktheit – kritik- und distanzlose Anpassung an die gesellschaftlich sanktionierten Normsysteme und daher – prädestiniert zur Verführung durch die Machthaber der Gesellschaft [intertextuelles Vorbild für Pelsenaire, für Raufeisen und die Jungmannen]
WEIDMANN	*Antiträger*:	– siebenfacher Mörder (186) – Name verweist auf *Jagd* (= Vernichtung) [präfiguriert Göring] Typ, der sich auszeichnet durch: – riesenhafte Größe und Gewicht – Einsamkeit gegenüber der Gesellschaft, die ihn ächtet [intertextuelles Vorbild bzw. negative Spiegelung von Abel Tiffauges[50]] Bei Hinrichtung Inversion von Schwarz in Weiß (als Präfiguration der *inversion bénigne*): der ehemalige Vernichter wird zum Opfer bzw. Märtyrer einer ‚blutrünstigen' Gesellschaft (190) (Dekonstruktion des historischen Weidmann)
BARON DES ADRETS	*Motiv*:	*euphorie cadente* (= rauschhafte Ekstase des Fallenlassens), verursacht durch das Schauspiel des Sterbens der in die aufgestellten Lanzen fallenden Menschen (= Paraphorie) [intertextuelles Vorbild der Nazis]

50 «[...] le destin s'acharne à le rapprocher de moi» (184); [Madame Eugénie:] «Mais, monsieur Tiffauges, c'est qu'il vous ressemble! Ma parole, ou dirait votre frère! Mais c'est vous, monsieur Tiffauges, c'est tout à fait vous!» (190) – Weidmann teilt mit Tiffauges die Merkmale: Riesenhaftigkeit (gleiche Größe und Gewicht 155), Linkshändigkeit (184), Einsamkeit (189), dasselbe Geburtsdatum (164).

Neben den komplexeren Leitbildern der Phorie werden im ersten Kapitel mit den auf die antike Mythologie referierenden, jedoch ihrerseits bereits Kopien darstellenden Statuen aus dem Louvre (138 – 144) weitere Vorbilder für Paidophorie evoziert, bei denen die Prägung als ‚phorisches' Paar bereits intertextuell vorgegeben ist. Im Falle Rasputin, der als „grand héros phorique de notre temps" (192) apostrophiert wird, findet die ‚phorische' Kodierung erst im Roman statt. Dieser Gruppe stehen mit dem David von Reni sowie mit dem Baron des Adrets und Weidmann historisch-legendäre Vorbilder von Anti- bzw. Paraphorie gegenüber. Die intertextuellen ‚phorischen' Paare variieren Thema-Elemente. Sie bilden im Textsystem Vorbilder für die Romanfiguren, die in ein Spannungsverhältnis von Korrespondenzen und Kontrasten zu ihnen treten. Mit ihren Merkmalen präfigurieren sie nahezu vollständig das Paradigma der Paidophorie. Weidmann und David erscheinen mit komplexeren Merkmalbündeln als ausgeprägtere Muster eines bestimmten ‚phorischen' Typs.

In allen Fällen der Gruppe A handelt es sich um Paare, deren ‚phorische' Relation dem Typ „Ein Starker trägt einen Schwachen" bzw. „Ein Erwachsener trägt ein Kind" zugeordnet werden kann. Das Motiv für den ‚phorischen' Akt ist hier einmal der Wunsch, aus einer Gefahr zu *retten*, zum anderen der, von einem körperlichen Leiden zu *heilen*. Im Falle des Paares Satyr – Dionysosknabe (143) ist die Phorie Ausdruck einer durch das Kind provozierten *rauschhaften Ekstase*; damit kann diese ‚phorische' Figur als ein Vorbild für die *euphorie* angesehen werden[51]. Der Dionysosknabe erscheint ebenso wie der *faunelet* – dessen Name als ‚phorischer' Partner von Tiffauges eine intertextuelle Reminiszenz evoziert – als Vorbild für Éphraïm: Allen drei Kindern gemein ist die Variation des Motivs *Fruchtbarkeit* (Befruchtung bzw. Frucht)[52], wobei es sich im Fall Éphraïm jedoch zugleich um einen Akt vergeistigter Befruchtung handelt (cf. den Stern, ferner den Vergleich Éphraïms mit einem „foyer ardent, pour profiter du rayonnement de sa foi prophétique" 568). Darauf deutet auch die Evokation der archaischen Louvre-Statue des Apollon von Paros hin, von der Tiffauges sagt: „J'imagine ce que deviendrait ma vie si ce dieu se trouvait chez moi, possédé jour et nuit" (139) und die so gewissermaßen als ein weiteres Vorbild für Éphraïm erscheint[53]. Neben dem Vorbild des Dionysos hat die *euphorie* damit ein Vorbild in Apollon

---

51 Eine andere Lesart wäre z. B. die Reminiszenz an die schamanistische Ekstase (cf. supra, p. 48).

52 *Dionysos* = Gott der Fruchtbarkeit; auch *Faunus* trägt den Beinamen Inuus = ‚der Befruchtende'; *Éphraïm* = hebr. ‚Doppelfrucht'. – Éphraïm zeigt noch weitere Ähnlichkeiten mit dem intertextuellen Faunus. Dieser ist ein zwiespältiger Gott: „Wegen seiner Weissagungen war er geschätzt, noch mehr aber wegen seines koboldhaften Wesens gefürchtet" [M. Lurker (1984), „Faunus", cf. auch *Der Kleine Pauly* (1979), „Faunus"]. Dieselben zwiespältigen Eigenschaften treten später auch an Éphraïm hervor („sa foi prophétique" 568; „son rire de farfadet" 567).

53 Cf. die *Licht*natur Apollons, seine Verehrung als Helios und seinen Beinamen ‚der Glänzende'. – Apollon wird die Überwindung der „amorphe[n] Urgewalt erinnyen- und drachenhafter Wesen" zugeschrieben [*Der Kleine Pauly* (1979), p. 444]. Entsprechendes gilt für Éphraïm als ‚Überwinder' Behemoths. – Wenn sich Tiffauges diesen Gott als seinen ständigen Begleiter vorstellt, so ist diese Äußerung doppeldeutig. Zum einen deutet sie auf das *Kind*, also den ‚phorischen' Partner von Tif-

als Zeichen der Erleuchtung, Vergeistigung und Reinigung, womit dekonstruktiv auf den Gegensatz appollinisch – dionysisch angespielt wird. Die Ambivalenz, die in Éphraïm als Zeichen für Fruchtbarkeit und Licht zum Ausdruck kommt, läßt sich auch in der Bildlichkeit der Christophorus-Legende erkennen: Palme und Licht des Eremiten. Die Louvre-Statuen sind ein besonders erhellendes Beispiel für das Nomadentum der Semiose im Text des *Roi des Aulnes*. Die Bezüge zwischen den intertextuellen Vorbildern und den Romanfiguren befinden sich in einem ständigen Prozeß der Permutation und der Verschiebung.

3.3. Die ‚Zweite Durchführung': Tiffauges und die Tauben

3.3.1. Die Konstitution der Phasen der Geschichte: Die Figuren der ambivalenten und der ‚positiven' Colombophorie

«La substance pure est un être volant:
il faut l'aider à déployer ses ailes.»
G. Bachelard[54]

Mit den Tauben als ‚phorischen' Partnern von Tiffauges erscheint das ‚Thema' gleichsam wie in eine andere ‚Tonart' transponiert. Nach der reichen permutativen Entfaltung in Vorgeschichte und Paris-Phase wird es nun nur auf einer Ebene durchgespielt, so daß auf eine Phase der Expansion eine solche der Konzentration folgt. Das Taubenkapitel erscheint nach der Vorgeschichte wie eine erste Repetition der Geschichte, wobei diese eine genauere Durchstrukturierung bis zum Ende hin erfährt. Man kann dieses Kapitel in Analogie zur Fuge als ‚Zweite Durchführung' bezeichnen.

Tiffauges' erster Initiator ist hier Bertold, ein passionierter Brieftaubenzüchter im militärischen Dienst. Die Selektionskriterien der Militär-Brieftauben präfigurieren die der Jungmannen (weit überdurchschnittliche Intelligenz, makelloser, vollkommen athletischer Körperbau als Garant für Kraft, Widerstandsfähigkeit und Durchhaltevermögen 219, 221). Als

---

fauges, zum anderen auf Tiffauges selber: In seiner Eigenschaft als „Gott der Jugend", dem die Jünglinge „ihre langen Haare [opferten], wenn sie in die Mannbarkeit überwechselten" [Bauer/Dümotz (³1987), p. 137] – cf. später Tiffauges' ‚Haarschur' der Jungmannen –, erscheint Apollon als Vorbild von Tiffauges. Ebenfalls in seiner Rolle als *Hyperboräer*, der alljährlich im Herbst von seiner Geburtsinsel Delos nach Norden zieht, um im Frühling wieder in den Süden zurückzukehren [ibid., p. 138]: Echo im Titel des dritten Romankapitels, der sich auf Tiffauges bezieht (seine Reise in den Norden: Ostpreußen), aber auch auf den blinden Elch ‚Unhold' als ein Double von Tiffauges (bei ihm wiederholt sich dieselbe Pendelbewegung zwischen Norden [Winter] und Süden [Frühling] 285). – Der Reminiszenz Éphraïms an Apollon widerspricht nicht die an Christus, denn die „Darstellungen Apollons [...] beeinflußten das Bild Christi, besonders im 4. Jh." [M. Lurker (⁴1988), p. 44].

54 *L'air et les songes* (1943), p. 300.

lebendige Zeichen-Träger („porte-signes vivants" 237), wobei ‚Zeichen' für militärische Nachrichten steht, erfahren sie eine ‚phorische' Kodierung als Figur der ‚Semiophorie' (wie wir sie bezeichnen möchten). Dem vom Instinkt geleiteten Oger Tiffauges liegen ‚mythisch' gesehen die gleichsam in Fleisch und Blut geschriebenen Zeichen (Stigmatophorie) mehr als die abstrakten Zeichen des Morsealphabets, die nicht mit schicksalhafter Bedeutung befrachtet sind, wie die folgende Äußerung zeigt, die freilich in ihrem übersteigerten Pathos wiederum zugleich ironisch wirkt:

> «[...] ils lui demeuraient étrangers, car, dépourvus de l'élément vivant, chaleureux et sanguin qui était pour lui comme la signature de l'être, ils flottaient dans une sphère abstraite, contemplative et gratuite. Il attendait avec confiance et patience cette union du signe et de la chair qui était pour lui la fin dernière des choses, et singulièrement de cette guerre» (216).

Tiffauges entwickelt sich sehr bald zum Spezialisten in Züchtungsfragen (perfekte Kenntnis der Selektionskriterien, der Gefiederfarben [cf. später Haare der Jungmannen]); vor allem versteht er es hervorragend, die Tiere zu greifen und festzuhalten (220 f.). Er brilliert hier in ‚Colombophorie'[55], die seiner doppelten „vocation" (227) zum Oger und zur Phorie entspricht.

Je nach Wertigkeit seiner Colombophorie läßt sich Tiffauges' Wirken als Militär-Brieftaubenpfleger in zwei Phasen gliedern, die in allen hier aufgeführten Elementen in Kaltenborn ihre repetitive Entsprechung finden.

1. Ambivalente Colombophorie

Sie ist gekennzeichnet durch die Einheiten *Jagd* und *Zucht*: Von offizieller Seite zur Requisition der Tauben aus privatem Besitz ermächtigt, durchkämmt Tiffauges das Land auf der Suche nach den Tieren, die ihm von ihrem Besitzer brieflich angezeigt wurden (220). Dabei werden seine Ausflüge sehr bald von reinen Pflichtübungen zu „chasses passionnées" nach den Tauben und diese zu „des petits êtres chéris et convoités" (223). Die zur Zucht auserwählten Tiere werden sodann in den *monde clos* (= hier Taubenhaus) überführt, wo sie von Tiffauges auf ihre militärische Mission vorbereitet werden. Wir erkennen eine Repetition einer Handlungssequenz, die uns in Vorform bereits in der Paris-Phase begegnete. Die Einheiten *Jagd* und *Zucht* sind durch einen Akt der Phorie verbunden (Tiffauges bemächtigt sich der Tauben mit Hilfe eines Spezialhandgriffs), der noch eine ‚Augmentation' erfährt: Er legt die erbeuteten Tauben in einen Weidenkorb und befördert diesen im Lieferwagen zum Taubenschlag = Superphorie (cf. Paris: Überlagerung Phorie – *monde clos* in der Superphorie).

---

[55] Wir prägen diesen Begriff in Anlehnung an die im Text auftauchenden Wörter „colombophilie" und „colombocidie".

Die Colombophorie des Züchters Tiffauges ist ambivalent. Er ergreift Besitz von der Taube (cf. die Wortwahl: „saisir", „posséder", „emporter", „impératif prédateur", „proie" 220, 223, 229, 230), um sie militärischen Zwecken dienstbar zu machen. Entsprechend zweckgerichtet erscheint die Zucht im *monde clos*, dessen Merkmale hier rekurrieren und zugleich bereichert sind (Hochpäppeln der Tiere mit besonders reichhaltiger und nahrhafter Verpflegung – Tiffauges als *pater nutritor* –, Vereinigung einer großen Anzahl von Tauben auf engstem Raum – *densité* –, Registrieren und Numerieren der Tiere, Koexistenz von Phorie und *densité* – Greifen, Festhalten und Tragen sind unabdingbar für zahlreiche Manipulationen an den Tieren –, flüchtige Anspielung auf die beiden Varianten der Ekstase durch Phorie [*euphorie*] bzw. durch *saturation atmosphérique* 230).

Schon bald erlischt das Interesse Tiffauges' an den „offres spontanées". Seine ‚Begierde' richtet sich auf die von ihren Besitzern im Verborgenen gehaltenen Tauben: „parce qu'étant les plus aimés ils devaient être aussi les plus désirables" (223), womit er das Prinzip der Auslese der Tüchtigsten seinen ogerhaften Bedürfnissen anpaßt und pervertiert. Die Perversion der Selektionsidee erfährt ihre Aufgipfelung in der Sammlung Unruh, für die Tiffauges ein besonders lebhaftes, wenngleich mit Mißbehagen vermischtes Interesse bekundet, was auf eine gewisse Distanz deutet, eine ‚innere' Einstellung, die sich später gegenüber den Rassenforschungen der Nazis wiederholt. Bei den Experimenten Unruhs, der hier als eine neue Variante des Ogers erscheint und Blättchen präfiguriert, verbindet sich der wissenschaftliche Erkenntnisdrang des Genetikers (cf. auch dessen Namen, der im übrigen auch an das Gurren der Tauben erinnert) mit der Freude des Sammlers an außergewöhnlichen Exemplaren. Das Züchten, das ursprünglich nur dem Studium des Verhaltens einzelner Erbmerkmale über mehrere Generationen galt, entartet zu gewissenlosen genetischen Manipulationen an den Tieren zum Zwecke der künstlichen Erzeugung neuer exotischer Exemplare und damit allein der Befriedigung der extravaganten Gelüste des Professors. Das Ergebnis dieser tierquälerischen Experimente stellt – neben zum Teil nicht mehr lebensfähigen Mißgeburten – eine Sammlung von „des exemplaires de races pures et rares, soigneusement sélectionnés" (225) dar, die ebenso exotisch wie ansatzweise mißgestaltet sind.

Mit der Beschlagnahmung der drei erlesensten Tauben der Mme. Unruh als präfigurative Varianten von Haro, Haïo und Lothar erreicht die Phase der Jagd ihren Höhe- und Endpunkt. Das Einfangen der Silbertaube – Präfiguration der Verfolgung Lothars – kostet Tiffauges zwar mehr Anstrengung und Mühe als das aller anderen Tiere zuvor, doch siegt auch diesmal wieder sein unbeugsamer und gleichsam magischer „impératif prédateur", dem sich der ‚majestätische' Vogel letztlich ‚freiwillig' unterwirft (229). Im „impératif prédateur" überlagern sich die Reminiszenzen an das Kantsche Sittengesetz, das der Akt der Colombophorie des Ogers als parodistisch verfremdetes pervers-monströses Zerrbild widerspiegelt, sowie an die Definition des „Raubs" bei Hegel. Tiffauges' Beschlagnahmung der drei Tauben scheint sich einerseits durch den Ermächtigungsbefehl im Bereich der Legitimität zu bewegen, rückt jedoch zugleich ins Zwielicht einer „Vernichtung der Indifferenz des Anerkennens“ und damit einer „Verletzung des Rechts“. Sie erfüllt die Bestimmung des „Raubs“ als „Subsumtion eines Besitzes, der Eigentum ist, unter die Begierde eines anderen“[56]. Mit der Anspielung auf den „Raub“ klingt eine ganze Begriffsfolge des Hegelschen Systems an – „Raub“, „Gewalt“, „Bezwingung“ und „Knechtschaft“, die wiederum in der dialektischen Umkehrung des Verhältnisses mündet (ibid., p. 46). Dabei erfahren im Falle des Einfangens der Silbertaube „Gewalt“ und „Bezwingung“ eine Permutation durch die freilich ironisch pervertierte Evokation der durch den kategorischen Imperativ bestätigten Willensfreiheit. Anders verhält es sich im Falle der Repetition dieses ‚phorischen‘ Aktes auf der Ebene der Kinder: Lothar versucht verzweifelt, sich dem Oger Tiffauges zu widersetzen (468 f.). Auf der Folie Hegels leuchtet hier der Reflex der *Erlkönig*-Ballade Goethes auf: „Und bist du nicht willig, so brauch' ich Gewalt“ (cf. infra, zu Kap. V).

2. ‚Positive‘ Colombophorie

Die folgende Episode mit der kleinen schwarzen Taube simuliert den Eintritt in eine neue Phase der Colombophorie. An die Stelle der erbarmungslosen Jagd auf eine begehrenswerte Beute ist die barmherzige Rettung eines Notleidenden und Hilfebedürftigen getreten. Es folgt die hingebungsvolle Pflege im *monde clos* (230): Tiffauges als *pater nutritor* (präfiguriert die Phase der Astrophorie mit Éphraïm). An die Stelle der Zucht tritt die zweckfreie, selbstlose Pflege, die einzig auf die Rettung und das Wohlergehen des Tieres abzielt, an die Stelle der Herrschaft die der Unterwerfung unter die Bedürfnisse eines Schwachen und Hilfebedürftigen. Von der bloßen Jagd auf eine undifferenzierte Gesamtheit von Tauben über die der Dreiheit bis zur Einheit ist eine sukzessive Steigerung des Schwierigkeitsgrades der ‚Initiationsprüfungen‘ zu erkennen.

3.3.2. Systematisierung der Strukturen der Geschichte: Repetitions- bzw. Präfigurationsstruktur – Handlungs- bzw. Vermittlungsstruktur

Das Taubenkapitel stellt die erste Stufe einer *Entfaltung der Geschichte* dar:

- Variation der zwei Phasen der Paidophorie Nestors unter Einbeziehung der über das Nestorsche Wissen hinausgehenden Erkenntnisse der Paidophorie von Tiffauges aus der Paris-Phase (Folge *Jagd – Zucht*, *Dreiheit* der getragenen Kinder).
- Verbindung der Einheiten *Jagd – Zucht / Rettung – Pflege* jedesmal durch einen Akt der Phorie.

Das Nacheinander der Sequenzen *Jagd – Zucht* (Figur der ambivalenten Phorie) und *Rettung – Pflege* (Figur der ‚positiven‘ Phorie) präfiguriert auf der Ebene der Tauben die

[56] G. W. F. Hegel (1967), p. 44, 45.

konstitutiven Phasen der Paidophorie als Herrschaft und Knechtschaft in Kaltenborn (Kap. V und VI). Die Präfiguration betrifft dabei nicht nur die Funktionen, sondern auch die Merkmale der ‚phorischen‘ Partner von Tiffauges, die sich später bis ins Detail bei den Kindern wiederfinden. Wir fassen die im Hinblick auf die Repetitionsstruktur relevanten Merkmale der Tauben zusammen, auf die sich Tiffauges' Phorie richtet:

Phase I: *Jagd – Zucht*

1. physisch und geistig hervorragende Opfer *allgemein* (Kriterium: Tüchtigkeit)
2. *drei* seltene exotische Opfer (Kriterien: Monstrosität und schwere Erringbarkeit)

Phase II: *Rettung – Pflege*

3. *ein* physisch schwaches, krankes, unansehnliches, dafür aber geistig frühreifes Opfer, gezeichnet durch die Erfahrung des Leidens (Kriterien: Ausgestoßensein, Hilflosigkeit, Schwäche und Leiden)

Im Hinblick auf das Ende der Geschichte halten wir für die Konstitution der Präfigurationsstruktur folgende Funktionen fest:

- *Vernichtung* (Töten, Aufspießen und Braten) der drei monströsen Zuchttauben auf Geheiß von Puyjalon (A); gespiegelt in der Endfigur der Paraphorie (Aufspießszene)
- Tiffauges *rettet* zum *zweiten* Mal die schwarze Taube bei seiner Flucht aus dem Gasthaus (B); gespiegelt in den Figuren der Astrophorie II/III
- ‚*Bestrafung*‘ Puyjalons, des Initiators der *colombocidie*, seiner Begleiter und des ‚Taubenräubers‘ Tiffauges (Gefangennahme) (C); gespiegelt im Ende Raufeisens, verschoben zur Erblindung Tiffauges'
- Tiffauges *rettet* zum *dritten* Mal die schwarze Taube, die in die Freiheit entschwindet (D)[57]; gespiegelt im Gang ins Moor
- ‚*Bestrafung*‘ von Tiffauges für den Akt der Befreiung (Fußtritt der Deutschen) (E); gespiegelt im Romanende als der Inszenierung einer ‚Erlösung‘ von Tiffauges
- ‚*Belohnung*‘ von Tiffauges (Taubenmahl) (F); gespiegelt im Romanende als der Inszenierung einer ‚Verdammnis‘ von Tiffauges

Die Reihe der Funktionen läßt sich auf die Paare *Rettung – Vernichtung* und *Belohnung – Bestrafung* reduzieren.

Mit der Gefangennahme der ‚Tauben*mörder*‘ und des ‚Tauben*räubers*‘ vermischen sich – auf der Folie der parodistischen Imitation der Hegelschen Dialektik gesehen – die Reminiszenzen an die Umkehrung des „Mords“ in die „Rache“ (Vernichtung des „Mörders“) (Weiteres

[57] Tiffauges' dreimalige Rettung der kleinen schwarzen Taube hat eine präfigurative Spiegelung in den Akten der Rettung und Protektion des Kindes Abel durch Nestor: 1. Rettung vor dem *ad colaphum* (das Bild der aus dem Nest gefallenen Taube spiegelt das des kleinen Abel in der Gosse; Variationen des ‚Fallens‘); 2. Geschenk des Fahrrades (Variante der Rettung); 3. Rettung vor dem Conseil de Discipline.

hierzu cf. unter Kap. VI) und an die Umkehrung des „Raubs“ und der „Herrschaft“ in die „Knechtschaft“ des „Beraubenden“[58]. Tiffauges’ Gefangenschaft simuliert aus dieser Sicht die ‚Bestrafung‘ für sein negatives ‚räuberisches‘ Verhältnis zu den Tauben (präfiguriert in seiner Gefangenschaft in Paris, die zwar im Hinblick auf die Anschuldigung der Vergewaltigung des Mädchens Martine vordergründig als unverdient erscheint, dahinter jedoch den Gedanken an die ‚Bestrafung‘ für den heimlichen ‚Raub‘ von Kinderschreien und -photos suggeriert).

Das Aufspießen und Rösten der drei Zuchttauben, das entsprechend seiner repetitiven Variante am Romanende vor einem ‚apokalyptischen‘ Hintergrund geschieht (‚Exodus‘ der Franzosen, Einmarsch der Deutschen), interpretiert diese als einen barbarischen Akt des Kannibalismus und damit der Regression in den Zustand archaischer ‚Wildheit‘. Puyjalon erscheint als erster ‚Nachahmer‘ der Paraphorie des baron des Adrets und – als Handlungsträger in der Geschichte – als erster Repräsentant des rein negativen Ogers, dessen Bestimmung das Vernichten ist. Im Unterschied zu diesem hat Tiffauges die Tiere zwar erbeutet und gezüchtet, er tötet sie jedoch nicht. Bezeichnenderweise erfolgt ihre Vernichtung in einem Moment, in dem er sich gerade nicht um sie kümmern kann. Auch dieses Motiv, präfiguriert bei Nestor, wiederholt sich am Romanende.

Die Ambivalenz des Ogers Tiffauges zeigt sich deutlich auch im Taubenmahl, das als höchste Steigerung der Colombophorie angesehen werden kann. Als solche stellt es eine Art ‚positive‘ Spiegelung der ‚Figur des Aufspießens‘ (Paraphorie) dar und verschiebt das geplante und vereitelte Mahl Puyjalons in den Bereich der Ambivalenz. Als ein gleichsam para-sakraler ‚Ritus der Huldigung‘ an die Tauben („[...] l’ingestion dévote et silencieuse de la dépouille des trois petits soldats égorgés revêtirait un caractère presque religieux, et serait en tout cas le meilleur hommage qui pouvait leur être rendu“ 238) erweckt Tiffauges’ Taubenmahl Reminiszenzen an die Eucharistie. Der Text suggeriert mit der Wortwahl die Vorstellung einer symbolischen Vereinigung mit den ‚Geopferten‘ („le sacrifice des pigeons“ 252) auf ‚spiritueller Ebene‘:

> «Les [...] rôtis lui permirent non seulement de ne pas souffrir de la faim [...], mais aussi de nourrir son âme en la faisant intimement communier avec les seules créatures qu’il eût aimées depuis six mois» (243).

So gesehen, transponiert der Kontext das Zeichen Taube von der referentiell-mimetischen Ebene, wo es als Objekt der Züchtung und als Nachrichtenträger figuriert, auf die ‚mythische‘. Als vieldeutiges intertextuelles Symbol löst es beim Leser einen semiosischen Interpretationsprozeß aus, der versucht, es in den Kontext der Eucharistie einzupassen, die hier verschoben erscheint (Tauben anstelle von Brot und Wein).

---

[58] Zur Umkehrung von Mord und Raub cf. G. W. F. Hegel (1967), p. 46, 49 f.

Andererseits nimmt – ebenfalls auf der ‚mythischen' Ebene – der Verzehr der drei Tauben Züge eines ‚Ogermahls' an. Über ein Stadium der Ersatzbefriedigung (Hören und Sehen in Paris) gelangt Tiffauges im *monde clos* der Tauben zu einer Befriedigung seines Geruchssinns und über den Tastsinn zu einem körperlichen Kontakt mit seinen ‚Opfern', bis mit der Einverleibung derselben die Imitation des Vorbilds Märchenoger ihren Höhepunkt erreicht, wobei ein bis ins Absurde übersteigerter Geruchssinn („Il s'était persuadé qu'il s'agissait du pigeon d'argent. Question de poids sans doute, mais aussi un certain goût non sans affinité avec l'odeur habituelle de l'oiseau vivant" 243) die Reminiszenz an das Märchenmotiv verstärkt und gleichzeitig die para-sakrale ‚Stimmung' des Helden ironisch verfremdet erscheinen läßt. Angesichts der Monstrosität dieser drei Tauben, die normalerweise nicht zum Verzehr bestimmt waren, erfährt die Perversion im Roman eine erste *exaltation*.

MODELL DER HANDLUNGSSTRUKTUR DER GESCHICHTE

		Adressant und Subjekt	Funktionen	Adressat und Objekt
1	*Phorie–* MYTHEM II	*negativer Oger* 1) Kollektiv 2) Dreiheit[60] 3) Einzelner	VERNICHTUNG *Jagd – Zucht – Vernichtung –* [*Mahl*][61] bzw. *Zucht – Jagd – Vernichtung – Mahl*	*Opfer des Ogers* 1) Kollektiv[59] 2) Dreiheit 3) Einzelner als Mittelfigur der Dreiheit[62]
2	*Phorie±*	*ambivalenter Oger* 1) Dreiheit[63] 2) Einzelner	JAGD *Jagd – Zucht* bzw. [*Zucht*] *– Jagd*	*Opfer des Ogers* 1) Kollektiv 2) Dreiheit 3) Einzelner als Mittelfigur der Dreiheit
3	*Phorie+* MYTHEM I	*‚konvertierter' Oger* Einzelner	RETTUNG *Erste Rettung* (*Rettung – Pflege*) *Zweite Rettung* *Dritte Rettung*	*Schützling des ‚konvertierten' Ogers* Einzelner

59 Bei den Brieftauben noch nicht ausgeführt.

60 Puyjalon mit zwei Offizieren im Gasthaus in Erwartung des Taubenmahls (238).

61 Auf der Ebene der Tauben vereitelt; auf der Ebene der Kinder nur metonymisch vollzogen (durch Augen, Ohren).

62 Zutreffend für die Silbertaube und Lothar; der Hirsch Candélabre tritt ohne Begleitfiguren auf.

63 Die Dreiheit manifestiert sich im Roman erstmals als Dreiheit der Oger in der Vorgeschichte (Nestor und seine Gehilfen Champdavoine und Lutigneaux 43), bevor sie auf die Seite der Opfer gespiegelt wird.

Dem obigen Modell zufolge läßt sich die Handlung der Geschichte in drei Sequenzen strukturieren, *Vernichtung*, *Rettung* und *Vermittlung*. Während die Sequenz der *Vernichtung* erst in der zweiten Repetition der Geschichte voll entfaltet wird (cf. infra, p. 174), ist die der *Rettung* bereits im Taubenkapitel in ihren Phasen ausgeprägt: *Erste Rettung* (*Rettung – Pflege*) – *Zweite Rettung – Dritte Rettung*. Die Sequenz der *Vermittlung* besteht aus der ambivalenten Funktionsfolge *Jagd – Zucht*, die später durch die Folge *Rettung – Pflege* als ihr ‚positives' Pendant substituiert erscheint.

Bei dem Versuch, auf der Folie der Anregungen von Lévi-Strauss (cf. supra, p. 61) den dem Mythos innewohnenden Widerspruch mit Hilfe logischer Operationen aufzulösen, haben wir für den *Roi des Aulnes* ein *Modell der Vermittlung* konstruiert, das für uns jedoch nur den Wert einer vorläufigen Arbeitshypothese besitzt.

MODELL DER VERMITTLUNGSSTRUKTUR

Ausgangspaar	*Erste Triade*	*Zweite Triade*	*Dritte Triade*	*Vierte Triade*	
LEBEN					
	Rettung				
		Christophorus			
			Paidophoros+		
				Astrophoros (Tiffauges) Astrophoros (Éphraïm)	STERN
			Kind		
		Tiffauges als Oger±			
	Jagd				
			Paidophoros±		
		Erlkönig			
	Vernichtung				
TOD					

Wenn wir davon ausgehen, daß dem Mythos der Phorie eine Tiefenstruktur zugrunde liegt, und wenn wir als den diese bestimmenden fundamentalen Gegensatz die antithetischen Terme *Leben* (M III) und *Tod* (M IV) annehmen, so zeigt das Modell die Stufen bzw. die Schritte, die zu seiner Auflösung führen. Aus dem Ausgangspaar ergeben sich die Funktionen *Rettung* und *Vernichtung*, die auf der Ebene der Handlung äquivalente Terme zu *Leben* und *Tod* bilden. In ihnen als den konträren Triebfedern der Handlung erscheint das handlungsdynamische Potential des Mythos angelegt. Die Verlagerung des Ausgangspaares auf die Handlungsebene stellt bereits einen ersten Schritt auf dem Weg zur Vermittlung dar. Ein weiterer ergibt sich aus der Interpolation eines *mittleren* Terms, der Funktion *Jagd*, wobei die Auswahl desselben nach dem Kriterium des gemeinsamen Bedeutungszugs aller drei Terme erfolgt. *Rettung – Jagd – Vernichtung* bilden die erste Triade des Modells. Durch Ausfällen der Funktion *Vernichtung* lassen sich in einem weiteren Schritt die Terme *Rettung – Jagd* durch die Terme *Christophorus – Erlkönig* substituieren, wobei sich durch Einschalten eines mittleren Terms, *Tiffauges als Oger±*, die zweite Triade ergibt. Die dritte Triade entsteht durch Eliminierung des polaren Terms *Erlkönig* und durch Interpolation des Terms *Kind* als Mittler. In der vierten Triade scheint mit dem Ausfällen des ambivalenten Ogers und dem Einsetzen des mittleren Terms *Stern* der unüberwindbare Gegensatz des Mythos aufgelöst.

Soweit der *Roi des Aulnes* als Mythenroman auf der Imitation der von Lévi-Strauss beschriebenen Struktur der Mythen beruht, muß der Vermittlungsstruktur eine zentrale Rolle zuerkannt werden. In der Tat ergeben sich aus dem vorliegenden Modell wesentliche Erkenntnisse für die Stellung der Zeichen im System, die wir für unsere Analyse nutzbar machen. Die Untersuchung des Romanendes wird jedoch erweisen, daß die von Lévi-Strauss für den Mythos erkannte Überwindung der Gegensätze im Tournierschen Mythenroman zwar als Illusion vorgetäuscht, tatsächlich aber nicht eingelöst wird.

Die erste Repetition der Geschichte auf der Ebene der Tauben präfiguriert die gesamte Vermittlungsstruktur, wobei die *Astro*phorie (von Éphraïm bzw. mittelbar von Tiffauges) in der unspezifischen *Semio*phorie der Tauben (bzw. mittelbar von Tiffauges in der Pose der Colombophorie) keimhaft enthalten ist.

3.4. ,Zwischenspiel': Tiffauges in Moorhof

Spielerische Vorwegnahmen der Romanendfigur: Drei Variationen des Schemas von Abstieg und Aufstieg

Das dritte Kapitel stellt eine Vorwegnahme der Romanendfigur (Astrophorie III) dar, die hier – spielerisch und ,augmentativ' – erst allmählich Konturen gewinnt. Als variierende Vorbereitung des Romanendes erscheint dieses Kapitel gegenüber dem vorhergehenden erneut als eine Expansion. Über den *Elch* als Zwischenglied erfolgt eine Transposition des ,Themas' auf die Ebene Mensch (*Moorleichen-Duo*). Das Thema verbirgt sich – maskiert und bis zur Unkenntlichkeit verfremdet – hinter diesen, die bereits jedes für sich die Figur der Astrophorie III mit ihren zwei Phasen präfigurieren. Auf der Folie der Fugenstruktur betrachtet, zeigt das dritte Kapitel den Charakter eines ,Zwischenspiels': Es stellt keine ,Durchführung' der Geschichte, sondern nur eine Variation über ein Element derselben dar. Zudem bezeichnet es eine Phase der ,Ruhe', sowohl referentiell-mimetisch als auch ,mythisch' gesehen (Tiffauges fühlt sich in Ostpreußen an einem sicheren Ort und zugleich am ,Ziel seiner Reise' angelangt; die lineare historische Zeit tritt zurück gegenüber einer ,mythischen' Zeiterfahrung, die bis in die Urzeiten zurückreicht). Im Unterschied zum Zwischenspiel in der Fuge hat das dritte Kapitel jedoch keinen untergeordneten, sondern einen zentralen Stellenwert für den Roman und ist damit ein Beispiel für die Überlagerung verschiedener Strukturmuster im Textsystem. Wie sich zeigen wird, schließt sich mit der ersten Hälfte des Romans ein Kreis, indem sich zugleich ein neuer öffnet. Die Vorstellung von ,Ende' und ,Neuanfang' wird hier in Variationen durchgespielt. Die Kreisstruktur der Repetition und die Spiralstruktur der Präfiguration bzw. Initiation überlagern die Fugenstruktur, wobei sich das Ende des Kapitels als ‚Schnittpunkt' der Kreise darstellt.

Tiffauges' erste Phase in Ostpreußen steht als Präfiguration seines Moortodes im Zeichen einer schrittweisen Initiation in die *Erde*. In Moorhof entwickelt Tiffauges als erste Reaktion auf die neue Umgebung eine intime Beziehung zur ostpreußischen Erde. Die ihm zugewiesene Arbeit – das Ausheben von Gräben – entspricht seinem inneren Drang nach dem *Eindringen* in die sumpfige Erde dieses Landes, „cette terre noire et gorgée d'eau" (256), die er zu lieben beginnt und der er sich zugehörig fühlt:

> «Il défonçait le sol et creusait jusqu'à l'eau avec une vigueur que n'expliquait pas seulement sa force physique.
> [...] il lui plaisait d'entrer ainsi de vive force dans le gras et l'intime d'un pays qu'il commençait à aimer» (261).
> «Tiffauges avait le sentiment très vif qu'un lien d'appartenance l'unissait à cette terre» (263).

Diese Zugehörigkeit bedeutet jedoch Abhängigkeit, Knechtschaft und deutet damit voraus auf die *inversion bénigne*, den ‚positiven' Teil der Astrophorie III, als Befreiung vom Erdverhaftetsein:

> «Pour commencer – et pour longtemps peut-être – il en [la terre] était prisonnier, et il se devait de la servir de tout son corps, de tout son cœur. Mais ce ne serait qu'une période probatoire, des fiançailles en somme, et après, par une de ces inversions radicales qui articulaient sa vie, il en deviendrait le maître» (263).

Höchster Ausdruck der intimen Beziehung zur Erde ist die „grande béatitude fécale" (263) in freier Natur. Der Akt der Defäkation erscheint als negative Spiegelung (an der Horizontalen: Steigen → Fallen) eines sakralen Ritus der Opferung (cf. Sitz der Verrichtung als „autel" 265), bei dem der Gedanke an eine Vereinigung mit der Erde (*unio tellurica*) suggeriert wird. Die ‚Opferung' ist dabei Ausdruck einer gleichsam ‚analen' Fruchtbarkeit als Gegenstück einer ‚spirituellen' Fruchtbarkeit. Der Akt der Defäkation stellt eine neue Variation des ‚Kults um Omega' dar, der nicht nur Kult des Ogers ist, sondern als symbolische Reinigung zugleich darüber hinausweist. Wir erkennen in ihm eine weitere zaghafte Anspielung auf das Schema *Abstieg – Aufstieg*, das noch mehrere Variationen erfährt.

Der Weg zum Elch verläuft ebenfalls nach dem Schema Abstieg (unter die Erde) – Aufstieg (auf die Erde): Tiffauges gelangt erst über eine „ruelle souterraine" (265) zur Hütte im „Canada" als der Stätte dieser Begegnung. Tiffauges' „Canada" imitiert die Landschaft des Curwood-Romans als Ort einer existentiell-kosmischen Erfahrung: Jagdtrieb und Vernichtungsdrang des Tiermenschen gepaart mit einer metaphysischen Sehnsucht nach Erlösung, die sich in dem kontrastreichen Schrei des Bram entlädt (63 f.). Die Hütte als Zentrum des „Canada" bildet den Gegenpol zur Atmosphäre menschlicher Dichte im Kriegsgefangenenlager und ist Zeichen für das Wiederanknüpfen einer Elementarbeziehung zu Natur und Kosmos. Wir haben es hier mit einer neuen Variation des Kontrasts *monde clos – milieu ouvert* zu tun. Die Hütte steht zeichenhaft für die älteste Zivilisationsstufe der Menschheit. Tiffauges, der hier das Leben eines Trappers nach dem Modell des Bram imitiert, evoziert zugleich die Reminiszenz an den steinzeitlichen Jäger und erscheint damit gleichsam auf die vorgeschichtliche Zeitstufe der Moorleichen zurückversetzt. Mit dem Fallenstellen und dem Töten, Enthäuten und Rösten der jungen Hasen klingt auf der Tierebene erneut die Figur der Paraphorie an, wobei die getöteten Hasen als Interpretanten des Paradigmas *Opfer* das Hasenmassaker im vierten Kapitel präfigurieren. Das Zeichen Hase löst zudem wie das der Taube einen Interpretationsprozeß im symbolischen Modus aus.

Über diese Deutungen hinaus stellt die Hütte aber auch eine Reminiszenz an archaische Initiationsriten dar. Hinzu gesellen sich der Wald und der unterirdische enge Schlauch, die zusammen einen Komplex bilden, in dem jedes Zeichen im Sinne von Eliade die Reminiszenz an die Vorstellung von symbolischem Tod und symbolischer Neugeburt evoziert. Als intertextuelles Symbol der Initiation erscheint die Hütte nicht nur als Ort eines symbolischen Todes (Zermalmtwerden im Bauch des verschlingenden Ungeheuers), sondern zugleich eines *regressus ad uterum* (Bauch als ernährender und erzeugender Schoß). Ähnlich deutet auch der als „boyau étroit“ (266) bezeichnete unterirdische Pfad die doppelte Symbolik des Verdautwerdens in den Gedärmen des Ungeheuers und des Eindringens in den Schoß der Erdmutter an. Als Reminiszenz an den Busch, der nicht nur Ort des Initiationstodes ist, sondern zugleich die Entstehung eines neuen Seins ermöglicht, erscheint auch der Wald als ambivalentes Zeichen.

Unterirdischer Pfad, Wald und Hütte bereiten als Orte des Durchgangs eine noch wichtigere ‚Initiationsprüfung‘ vor, die Begegnung Tiffauges’ mit dem Elch Unhold, der an der Tür der Hütte erscheint. Die Symbole des „Canada“ simulieren die Phase eines symbolischen Todes bzw. die Vorbereitung zu einem neuen ‚Sein‘, das sich Tiffauges präfigurativ im Zeichen des Elchs als einem symbolischen Double seiner ‚Zukunft‘ offenbart. Die Blindheit des Elchs weist bereits auf Tiffauges’ Erblindung am Romanende als erste Stufe seines Ganges ins Moor voraus. Der Elch präfiguriert – in maskierter Form freilich – die Figur der Astrophorie III. Mit seinem Geweih, das auf die Hirsche (Kap. IV) vorausweist, verkörpert er, wie wir noch sehen werden, eine Variante der Astrophorie, die ins Positive invertierte Phallophorie. Mit dem Elch, der beschrieben wird als „une bête à demi fabuleuse, qui paraissait sortir des grandes forêts hercyniennes de la préhistoire“ (276), begegnet Tiffauges ein Zug- und Reittier der archaischsten Stufe der Kulturgeschichte, das nicht nur wesentlich älter ist als das Pferd, sondern auch als Hirsch und Rentier. Als Zeuge der Ursprünge verkörpert er mit seiner urtümlichen Gestalt zugleich Archetypisches und bestätigt damit in Tiffauges die

> «étrange conviction qu’il avait toujours eue de posséder des origines immémoriales, une racine en quelque sorte qui plongeait au plus profond de la nuit des temps» (276).

Vom Elch als „incarnation la plus pure“ (288) der Landschaft und der Atmosphäre des „Elchwaldes“ gleitet die Bedeutung zum Moor:

> «[...] sol plus sablonneux et plus mouvant si possible que tous ceux qu'il avait connus depuis son arrivée en Prusse-Orientale, dissolution générale de la terre dans l'eau et du ciel dans des horizons délavés [...]» (288).

Die Permutation des Elchs durch das Moor eröffnet eine neue Dimension seiner Symbolbedeutung für den Roman. An anderer Stelle bezeichnet Tournier das „schwere morastige Wasser“, das auf Grund seiner eigentümlichen Stofflichkeit als *materia prima* betrachtet wird, als „Alpha und Omega des Lebens“. Er beruft sich auf Bachelard, nach dem „die Worte *Materie*, *Mutter* und *Meer* dieselbe indoeuropäische Wurzel haben sollen“[64]. Als Wegweiser des Moortodes symbolisiert der Elch, der, wie wir noch sehen werden, selber ein Zeichen für die Vereinigung von Alpha und Omega darstellt, im Kontext des Zeichensystems die Doppelbedeutung des *regressus ad uterum* als Ende und Neuanfang zugleich.

Der Elch verbindet die Gegensätze, wie insbesondere Anfang und Ende, Vorzeit und Gegenwart, Oben und Unten sowie Mineralisches bzw. Vegetabiles einerseits und Animalisches andererseits, weshalb er die Rolle des *Mittlers* spielt. Als ‚Wegweiser‘ für Tiffauges wird er permutiert durch die Moorleiche mit der Augenbinde[65], in der dem Protagonisten ein neues und gleichsam ‚endgültiges‘ präfiguratives Vorbild seiner ‚Zukunft‘ begegnet. Mit dem Stern auf der Binde wird hier ein erstes Mal – in freilich modifizierter Form – die Figur der *Astrophorie* ‚angestimmt‘. Die erste Moorleiche präfiguriert Tiffauges als Astrophoros und darüber hinaus die zweite Phase seines Ganges ins Moor. Die „promesses de bonheur futur“ (267), die der Zeichenkomplex „Canada“ für Tiffauges seit jeher bereithält, finden also erst mit dem Anblick der sterntragenden Moorleiche ihren ‚letztgültigen‘ präfigurativen Bezugspol.

Die Folge *Abstieg – Aufstieg*, die auch für den Weg zum Elch kennzeichnend war, erscheint in doppelter Spiegelung in dem ‚Weg‘ der Moorleichen: einmal als Parallelisierung mit dem Weg Christi (Passion und Auferstehung 294), zum anderen als Entsprechung zum ‚Weg‘ der Nazis. Die Ausgrabung der Leichen könnte metonymisch für ihre vergangenheitsorientierte Ideologie stehen. Das Eindringen in die Erde bedeutet ‚mythisch‘ gesehen eine Regression zu den Ursprüngen, die jedoch in diesem Falle identisch mit der Entfesselung des Bösen

---

64 Michel Tournier, „Wenn die Hitze erst drinsitzt“ [aus dem Arles-Tagebuch], in: *Merian Provence* (1986), Heft 7, 26. Jg., p. 37 (Übs. H. Waller). – Die Verwandtschaft von *mater* und *materia* im Lateinischen hebt bereits Jung hervor [cf. *Symbole der Wandlung* (^{4}1952)].

65 Für die Moorleichen I und II des Romans gibt es bei den katalogisierten Funden kein *identisches* Vorbild. Wir haben es hier also nicht mit einer Referenz auf ein spezielles, verifizierbares prähistorisches Objekt zu tun. Gleichwohl hat sich Tournier offensichtlich von einzelnen Fundmerkmalen inspirieren lassen. Cf. dazu A. Dieck, *Die europäischen Moorleichenfunde* (1965) und P. Glob, *Die Schläfer im Moor*, a. d. Dän. (1966). Das erste Werk enthält eine vollständige Übersicht über alle nord- und mitteleuropäischen Moorleichen-Funde einschließlich Objektbeschreibung und Zeittafeln.

ist. Vom Blickpunkt der Entsprechung mit den Nazis aus bildet der ,Weg' der Moorleichen die negative Inversion zum Weg Christi. Im ,Diskurs' des Nazi-Archäologen Keil wird die erste Moorleiche von vornherein in ein Zwielicht gerückt (291 – 295). In dieser Rede wird ihr Bild durch Permutation unmerklich verschoben: vom germanischen König mit dem Profil eines Raubvogels über den Germanen als Jäger und Fischer (Reminiszenz an den Oger als Jäger und Fleischesser), über den ,Bekehrten' („collation rituelle", „communion", „sacrifice suprême") zum Vergleich (als germanischer „rite analogue") mit dem Abendmahl und der Passion Christi (Reminiszenz an die Bekehrung des heidnischen Menschenfressers zum Christophorus, aber auch an die Erlösung des ,gefallenen' Menschen schlechthin) und schließlich über den Fundort „Erlenwald" zum Erlkönig in Goethes Gedicht. Wir erkennen hier ein Beispiel für eine *inversion maligne*, eine Verschiebung, wie sie für die Nazis nach ihrer ,mythischen' Stilisierung als Ebenbilder des Teufels typisch ist: Permutation des Bildes Christi durch das des Erlkönigs und damit Verkehrung von Gut in Böse.

Auch mit der Beschreibung der zweiten Moorleiche werden Reminiszenzen an Christus suggeriert. Das Fehlen des Körpers erinnert an das leere Grab Christi. Die Bezeichnungen für das Kleidungsstück („cape en peau de mouton" bzw. „pèlerine de berger" 296) lassen sich im Kontext des Zeichensystems als Anspielungen auf das Leichentuch Christi und den ,Guten Hirten' bzw. das Opferlamm deuten. Das leere Kleidungsstück figuriert als Bild für die Lücke, in die im Sinne des Nomadisierens des Sinns wechselnde Sinnspuren eintreten können.

Der Gang ins Moor und das Ambiente der Moorleichen erscheinen durch eine ,mythische' Symbolik überkodiert. Die Zeichen sind letztlich wenig spezifisch. Die Bildlichkeit des Abstiegs läßt vielleicht auch eine Erinnerungsspur an die in den Apokryphen dargestellte ,Höllenfahrt Christi', seinen Aufenthalt im Limbus, aufleuchten[66]. Bei der Interpretation der Moorleichenepisode driftet die Vorstellung vom Religiösen ins Mythische, wobei die Spuren in verschiedene Richtungen weisen und eine Verschiebung vom *regressus ad uterum* bis zum *descensus ad inferos* möglich ist. Demgegenüber konkretisiert sich bis zur Romanmitte die mit der Lichtsymbolik verbundene Bildlichkeit des Aufstiegs von der anfänglichen „lueur d'espoir" (46) über „*Ex Oriente Lux*" (250) bis zum Stern der Moorleiche.

Mit dem dritten Kapitel als Vorwegnahme des Romanendes vollzieht sich die Vervollständigung der Strukturen der Geschichte. Im Hinblick auf die Vermittlungsstruktur präfiguriert es die vermittelnden Zeichen des Kindes und des Sterns.

---

66 Daß Tournier dieser Mythos nicht nur bekannt ist, sondern daß er ihn immer wieder und auch heute noch beschäftigt, stellte sich am Rande unserer zweiten Unterredung mit dem Autor heraus (5. April 1986).

3.5. Die ‚Dritte Durchführung': Tiffauges und die Hirsche – mit ‚Zwischenspielen'

3.5.1. Die Rekonstitution der Strukturen der Geschichte als Dekonstruktion

Wie die folgenden Ausführungen zeigen werden, enthält das vierte Kapitel – wenn auch in verkappter Form – eine zweite Repetition der Geschichte, bei der diesmal statt der Tauben die Hirsche als ‚phorische' Partner des Ogers erscheinen. Unter dem Aspekt der Nachahmung der Struktur einer einzelnen Fuge läßt sich diese Sequenz als ‚Dritte Durchführung' ansehen. Sie reicht noch in das *fünfte* Kapitel hinein, wo sie sich mit der ‚*Vierten* Durchführung' überschneidet. In der ‚*Dritten* Durchführung' wird die Geschichte im ‚Krebsgang' durchgespielt, gewissermaßen als ‚Rücklauf', der der folgenden ‚*Vierten* Durchführung' gleichsam zuwiderläuft. An dieser Stelle des Textsystems erreicht die artifizielle strukturelle Konzeption im Sinne der Fuge ihren Höhepunkt an Virtuosität: Es kommt im ersten Teil des fünften Kapitels auf Grund der Parallelführung zu einer Überlagerung und Verschränkung der ‚Dritten' und ‚Vierten Durchführung', was eine strukturelle Verdichtung und eine Erhöhung des Spannungs- und Energiepotentials zur Vorbereitung des finalen Dénouements bewirkt.

Eine Besonderheit des vierten Kapitels stellt die ‚Augmentation' im Bereich der Thema-Inversion (Antiphorie bzw. Vernichtung) dar. Dadurch daß sowohl zum ambivalenten als auch zum negativen Oger sowie zu deren Opfern Doubles auf der Tier-Ebene hinzutreten, kommt es zu einem Anschwellen: Tiffauges/Barbe-Bleue; Göring/Löwe, Wildschweine, Auerochsen; als Opfer Hirsche/Hasen, Pferde. Elemente des Themas werden verdoppelt, sogar verdreifacht und dabei spielerisch ausgeschmückt, was an das Zwischenspiel in der Fuge erinnert. Die ‚Dritte Durchführung' ist, sofern sie sich auf das vierte Kapitel erstreckt, eingebettet in ‚Zwischenspiel'-Sequenzen und wird auch gelegentlich von diesen durchbrochen, so daß es zu einer Vermischung der beiden der Fuge entlehnten Strukturelemente kommt.

Charakteristisch für die ‚Dritte Durchführung' ist außerdem die Fragmentierung der Strukturen der Geschichte. Es überlagern sich ein anscheinend bekannter Anfang mit den Funktionen *Jagd* und *Zucht*, hier allerdings in invertierter Reihenfolge, also gleichsam im ‚Krebsgang' (*Zucht – Jagd*), mit der auf Grundstrukturen reduzierten Restsequenz der Geschichte ebenfalls im ‚Krebsgang' und den ‚Augmentationen' im Ambivalenz- und Negativbereich als Ergänzungen und Ausschmückungen. Es ergibt sich ein Höchstmaß an Verwicklungen, Ursache für eine Irritation des Lesers, der zwar Bekanntes antrifft, das aber nach Art des Kaleidoskops fragmentiert und neu zusammengesetzt ist. Die mit der ersten Repetition der Geschichte (Taubenkapitel) entfaltete Struktur als ein Orientierungsraster für den Leser wird wieder entzogen.

3.5.2. Die parodistische *mise en fiction* eines enzyklopädischen Prätextes am Beispiel der *Memoiren* von W. Frevert

Den entscheidenden Prätext für das vierte Kapitel bilden die in dem Buch *Rominten* (1957) niedergelegten Memoiren von W. Frevert[67], des letzten Oberforstmeisters der Rominter Heide, dessen Fachbücher Generationen von Förstern als Ausbildungsgrundlage dienten. Da das Ausmaß der Referenzen des Romans auf die Frevert-Memoiren bisher noch nicht erkannt ist, geschweige denn, daß diese im einzelnen herausgearbeitet worden wären, wollen wir hier kurz eine globale Zusammenstellung derselben vornehmen, um daran exemplarisch zu zeigen, wie Tournier mit enzyklopädischen Prätexten verfährt.

Die Monographie von Frevert stellt die Grundlage dar für die Bemerkungen Tourniers über Hege und Züchtung von Hirschen, Auerochsen und Wildschweinen. Die Beschreibungen der Örtlichkeiten Romintens erscheinen durch die Ausführungen Freverts über die Geschichte des Jagdreviers und vor allem durch die zahlreichen Abbildungen der Gebäude inspiriert. Ferner gehen beinahe alle Geschichten über Göring auf Anekdoten zurück, die Frevert in dem Kapitel „Der Jägerhof und seine Gäste" erzählt. Schließlich verbirgt sich hinter der Romanfigur des namentlich nicht gekennzeichneten „Oberforstmeisters", dem Tiffauges im „Canada" begegnet und der ihn nach Rominten holt, kein anderer als der historische Frevert, Autor der intertextuellen Grundlage Tourniers und somit der Gewährsmann für die scheinbare Authentizität seiner Schilderungen.

Man muß jedoch auf der Hut sein; denn hinter der Fülle von Eigennamen, dem Fachvokabular, den Zahlen und sonstigen Fakten, die die Lektüre dieses Kapitels erschweren und die in der Sekundärliteratur als lästige ‚Belehrungen' des Lesers durch den Autor aufgefaßt worden sind, verbergen sich eine Reihe von Übertreibungen und sonstigen Verfälschungen, durch die eine ironisch-kritische Distanz gegenüber dem Dargestellten geschaffen wird. So sind z. B. der Name Otto Essig sowie der Titel seiner angeblich in Göttingen vorgelegten Habilitationsschrift (334), wie sich leicht nachweisen läßt, erfunden. Im Falle der Hirsche spielt der Autor mit authentischen Namen und Gestalten, die er mit Phantasienamen und -figuren vermischt: Der Hirsch „Raufbold", der im Roman für von Brauchitsch bestimmt ist (323 f.), ist zwar als kapitaler Rominter Hirsch belegt (Frevert, p. 83 und Abb. 55), figuriert aber nicht im Zusammenhang der Brauchitsch-Jagd (Frevert, p. 211 f.). Bei der Jagd des Professors Otto Essig aus Göttingen (340 ff.) – bei Frevert nur erwähnt als „Professor G." [sic!] (Frevert, p. 212 ff.) – erscheint anstelle des für den Gast vorgesehenen „guten Gästehirsches", „Rekrut", der „cerf-mulet" als Erfindung Tourniers und anstelle des versehentlich erlegten Hochkapitälers „Theoderich" der „Candélabre", wiederum eine Phantasiegestalt, dessen Name an den hochkapitalen „Fackelhirsch" (cf. Frevert, p. 84 und Abb. 48) erinnert (und der aber

[67] Tournier verweist in *VP* (111 f.) auf dieses Buch. Wir zitieren im folgenden nach der 8. Aufl. von 1989.

zugleich den schwarzen Hirsch aus Flauberts Novelle *La légende de saint Julien l'Hospitalier* evoziert). Die Nadlerpunktzahl des Candélabre (344) ist im übrigen ins Phantastische übertrieben.

An einer scheinbar informativen Passage wie der über die Rekordhirsche einer internationalen Ausstellung (*RA* 336; cf. Frevert, p. 79) läßt sich das fatale Verwirrspiel mit den enzyklopädischen Fakten besonders deutlich demonstrieren, hier erreicht durch die Permutation von Geweihberechnungsformeln (Nadlerformel für Madrider Formel), von Ausstellungsorten (Budapest für Düsseldorf) und Hirschnamen (mythisch konnotierter Phantasiename „Osiris" [!] für „Matador" als den stärksten Hirsch, der jemals in Rominten hervorgebracht wurde). Das Beispiel Frevert bestätigt also einmal mehr eine Gesetzmäßigkeit der intertextuellen *écriture* Tourniers: Der historisch-fachwissenschaftliche Prätext stellt nur scheinbar eine ‚Quelle' dar. Ihr Authentizitätswert ist rein simulatorisch. Das Imitat erweist sich erneut als parodistisches Zerrbild seines Modells[68].

Auch der Prätext Frevert wird von Tournier als *bricolage*-Material behandelt, das von ihm in neuer Weise arrangiert wird. Besonders anschaulich zeigt dies die Behandlung der Anekdoten über Göring. Als Mittel seines *jeu de texte* dienen dem Autor die Umstellung bzw. der Austausch, aber auch die Auslassung von Textsegmenten aus den von Frevert in nüchternlapidarem Stil berichtartig vorgetragenen Anekdoten[69]. Übertreibungen und romaneske Ausschmückungen bewirken zum einen die Verzerrung der Figur der Vorlage ins Lächerliche, zum andern ihre Stilisierung ins Mythische: Der Tourniersche Göring wirkt monströs, so daß sich zum Teil das Bild der Vorlage und das der Imitation als entgegengesetzt gegenüberstehen[70]. Der Göring des *Roi des Aulnes* kann mithin nicht illusionistisch gesehen

68 Zum humoristischen Aspekt enzyklopädischer Passagen in seinen Romanen cf. die Äußerung Tourniers in dem Interview „Une logique contre vents et marées" mit A. Poirson [(Juni – Juli 1977), p. 47]: «L'humour, j'espère en mettre partout, y compris dans la parodie, mais aussi ailleurs. Par exemple, l'aspect encyclopédique de certaines pages de mes romans est en même temps humoristique, car ce sont presque toujours des sciences loufoques.» – Cf. auch den Rekurs des Autors auf *Bouvard et Pécuchet* in dem Interview „Je suis comme la pie voleuse" mit J.-L. de Rambures [(23. Nov. 1970), in: (1978), p. 163].

69 Das eindrucksvollste Beispiel für ein Neuarrangement ist das ‚Löwenmahl' (322). Tournier verschmilzt hier die Gegenwart des Frevertschen Jagdhundes am Eßtisch Görings mit der Anekdote vom Göring-Löwen, der entfernt werden mußte: „[...] er konnte es nicht vertragen, wenn sich ein Mensch bückte und ihm den ‚Spiegel' zukehrte. Die dicken menschlichen Keulen schienen seine raubtierhaften Instinkte so zu reizen, daß er, alle gute Erziehung vergessend, herzhaft hineinzubeißen pflegte" [W. Frevert (^{8}1989), p. 215 f.].

70 Herausragendes Beispiel für Übertreibungen ist die Szene vom ‚Blutbad in der Schlucht' (328 f.), wo Göring fünfzehn Hirsche tötet. Cf. demgegenüber W. Frevert [ibid., p. 220] und zu den Reaktionen Görings [ibid., p. 213 und 214]. – Es handelt sich hier um die Nachahmung einer Jagdszene aus Flauberts Novelle *La légende de saint Julien l'Hospitalier* (cf. infra). Ein diesbezüglicher Hinweis von Tournier findet sich in dem Interview mit J.-L. de Rambures [(23. Nov. 1970), in: (1978), p. 163].

werden. Das Modell ist, zur Romanfigur verwandelt, in das semiotisch-autonome Textsystem eingebunden. Die Figur, die ein Zeichen im System der Phorie darstellt, unterliegt daher nur ästhetischen Kriterien, so daß ein politisches Credo hier nicht erwartet werden darf.

3.5.3. Die Rekonstruktion der Strukturen der Geschichte: Tiffauges und Göring oder Variationen der Figuren der Phallo- und Koprophorie

Mit dem vierten Kapitel beginnt für Tiffauges die ‚Lehrzeit' bei den Nazis – mythisch gesehen die ‚Lehrzeit' beim ‚Teufel' selbst (Reminiszenz an die Christophorus-Legende) –, die sich in verschiedenen Stufen vollzieht, wobei der ‚Lehrling' zum ‚Meister', der ‚Knecht' zum ‚Herrn' wird. Tiffauges imitiert schließlich die Nazis; aber diese Imitation wird zur Parodie.

Ort seiner Initiation ist mit Rominten ein großes *Wald*gebiet. Tiffauges wird hier in die Jagd, insbesondere die *Hirsch*jagd eingeweiht. Das Wohnen im Wald – präfiguriert im „Canada" von Moorhof –, die Jagd und der Umstieg vom Automobil auf den Pferdewagen im Innern des Naturschutzgebietes sind Umstände, durch die das Motiv des „pèlerinage dans le passé" (314) fortgesponnen wird. Dieser archaischen Regressionserfahrung entsprechen auch die Tiere, denen Tiffauges in Rominten begegnet.

Die Hirschjagd erfolgt wie die Brieftaubenzucht nach züchterischen Kriterien (Auslese der Tüchtigsten)[71], die in variierender Form die rassiologischen Auslesekriterien der Jungmannen präfigurieren, wie überhaupt die Jagd auf den Hirsch sinnträchtig erst auf der Folie der Jagd auf das Kind wird. Was bei der Zucht der Militär-Brieftauben nur ansatzweise oder indirekt erkennbar ist, tritt bei den Hirschen ganz deutlich hervor: Die Zucht bzw. Hege der Tiere erfolgt ausschließlich im Hinblick auf eine spätere Vernichtung, für die als Zeitpunkt der Höhepunkt ihrer Entwicklung ausgewählt wird. Dem entspricht die Verschiebung des *monde clos* vom Raum der Zucht zum Raum der Jagd und der Vernichtung: ‚Blutbad' der Hirsche in der Schlucht, angezettelt von Göring.Tiffauges' Aufgaben in Rominten bewegen sich im Bereich der *Zucht* (Fütterung der Hirsche: Rekurrenz des *pater nutritor*-Motivs) und *Jagd*, letztere zunächst in der metonymischen Vorform der Suche nach Mausergeweihen, die er mit Hilfe von Hunden aufspürt. Mit dieser ‚phorischen' Tätigkeit, die er mit einer „passion grandissante" (319) verrichtet, klingt hier erneut in variierter Form die Figur der ‚positiv' invertierten Phallophorie an, allerdings im Kontext der *inversion maligne* (Jagd, Vernichtung): Tiffauges wird symbolisch zum Geweih-Träger. Seine Initiation in die Jagd erfährt eine Steigerung durch die Teilnahme an den Hirschjagden – freilich in der Rolle des

---

71 Die Kriterien für die Auslese des Rotwilds bei der Zucht entnimmt Tournier W. Frevert (^{8}1989), p. 30 – 78: z. B. Gewichtsberechnungen, Abwurfstatistiken, Bewertungen des Geweihs [1. Aufl. 1957].

Helfers –, zu welchem Zweck er ein eigenes Pferd erhält (352), und schließlich an der großen Hasenjagd, bei der Tiffauges als Treiber eingesetzt ist. Im Hinblick auf die Struktur der Geschichte ist festzuhalten, daß die Funktionen *Zucht – Jagd* auch diesmal Tiffauges attribuiert sind, bei dem sich bezeichnenderweise die Jagd wie bei den Tauben in eine Figur der Phorie verwandelt (hier ambivalente Phallophorie in der Inversion). Demgegenüber treten in Verbindung mit den Nazis die Funktionen *Jagd* und *Vernichtung* zusammen. Die vollständige Handlungskette lautet:

Zucht – Jagd – Vernichtung – Mahl,

die wir als *Sequenz der Vernichtung* bezeichnen.

Die Handlungsfolge *Jagd – Vernichtung* (*– Mahl*) wird im Laufe des Kapitels mehrfach wiederholt und bis zur Vernichtung eines riesigen Kollektivs gesteigert, wobei Hermann Göring als der Hauptakteur erscheint: Jagd für von Brauchitsch, ‚Blutbad' in der Schlucht, Jagd für Otto Essig, Hasentreibjagd des Gauleiters Erich Koch mit Göring als „roi de la chasse" (357). Während die Vernichtung des Hirschkollektivs zur ‚Durchführung' zu rechnen ist, stellt die des Hasenkollektivs als Verdoppelung bzw. ‚Augmentation' des ersteren einen Teil des ‚Zwischenspiels' dar. Sie erscheint gewissermaßen als ‚Transposition' in eine andere ‚Tonart': Permutation Hirsch → Hase (als ein weiterer Interpretant für Christus). Durch die Handlungsfolge *Jagd – Vernichtung* (*– Mahl*) erscheinen hier Göring und in seinem Umfeld auch andere Nazis als negative Oger gekennzeichnet. Damit unterscheiden sie sich deutlich von Tiffauges, der durch die als Sequenz der Vermittlung definierte Folge *Zucht – Jagd* in seiner bisherigen Rolle als ambivalenter Oger bestätigt wird.

Göring verkörpert den Typ des Antiträgers in hervorstechender Weise. Bei dem von ihm angezettelten ‚Blutbad' in der Schlucht (328 f.), das bereits die Vision der von Éphraïm beschriebenen Gaskammern des KZ Auschwitz präfiguriert, handelt es sich um eine Szene, die die Figuren der Anti- und Paraphorie ins Monströse steigert: Göring zielt wahllos auf die eingekesselten und ihm dadurch wehrlos ausgelieferten Tiere. Die Reaktionen der Tiere sind: Fallen, auf bereits ‚Gefallene' Treten, (beim Versuch, am steilen Rand der Böschung hochzuklettern:) auf andere Fallen und diese dabei mit zu Fall bringen. Göring versetzt dieses Schauspiel des Sterbens in die ekstatische Erregung der *euphorie cadente*[72]. Die Antiphorie

---

72 Alle Motive des ‚Blutbades' sind bereits in der Jagdszene aus Flauberts *La légende de saint Julien l'Hospitalier* (1877) vorgeprägt, die hier bei einigen Umstellungen in der Abfolge des Dargestellten bis in die Wortwahl hinein imitiert wird. Vorgegeben ist auch die antiphorische Bildlichkeit („Les cerfs [...] montaient les uns par-dessus les autres; et leurs corps avec leurs ramures emmêlées faisaient un large monticule [...]" [G. Flaubert (1952), p. 631]), wobei allerdings eine Entsprechung zur Aufhäufung der toten Tierkörper in der Romanstelle fehlt. An die Stelle des „monticule" schiebt sich in der Imitation ein *blanc*, in den die Reminiszenz an die Gaskammern eintritt. – Görings sadistische Freude am ‚Fallenlassen' („des rires et des gloussements heureux" 328) bildet ein Echo auf Juliens „plaisir" [ibid.], so daß sich das intertextuelle Vorbild für die *euphorie cadente* vom baron des Adrets zum Jäger Julien nach der Darstellung Flauberts verschiebt. Die gedrängte, verdichtete und aufs

Görings erreicht ihren Höhepunkt mit der Hasentreibjagd. Göring läßt sich hier in triumphierender Pose – „le ventre bombé, le bâton de maréchal levé dans la main droite“ (357) – (Präfiguration der Antiphorie-Szene Raufeisens 548 f.) inmitten des Panoramas der zwölfhundert hingestreckten Hasen, das die Assoziation an ein Schlachtfeld von gefallenen Soldaten erweckt, für die Presse photographieren. Es handelt sich um eine ironisch-sarkastische Imitation des Ausgangs der Kesselschlachten um Stalingrad mit der Kapitulation der deutschen 6. Armee unter dem Generalfeldmarschall Paulus. In der verharmlosenden Gleichsetzung der Menschen mit den Hasen liegt eine bewußte Provokation, mit der die hier erfolgende Reduktion des Menschen auf den Körper sichtbar gemacht wird. Der Vergleich ist in seiner Ungeheuerlichkeit unerträglich, wirkt aber zugleich grotesk. Das Lachen fungiert als Entladungsmechanismus und ist Beispiel für den *rire blanc* angesichts der Nichtigkeit des Seins.

Mit dem dekonstruierten ‚mythischen‘ Göring des *Roi des Aulnes* rekurrieren die entscheidenden Merkmale des Märchenogers: sadistische Freude am Töten von Tieren, Vorliebe für frisches Fleisch, Gefräßigkeit, vorgeführt in der burlesken Szene des ‚Löwenmahls‘, in der sich Göring und sein Löwe ein halbes Wildschwein teilen (322). Der Löwe erscheint als Double Görings auf der Tier-Ebene. Als Inkarnation der Kraft und der Herrschaft wird er jedoch zugleich von Göring übertroffen, der hier Herkules – in der Doppelrolle als Bezwinger des nemeischen Löwen und des erymanthischen Ebers – nachahmt, worauf der Gestus des Schwenkens der Wildschweinkeule als „massue d'Hercule“ (322) über dem Kopf des Löwen hindeutet. Die sich überlagernden Reminiszenzen an zwei Heldentaten des antiken Halbgottes geraten in der Imitation des ‚Jagdgottes‘ der Nazis zur Parodie; der Akteur selber zum grotesken Zerrbild seines Modells. Wiederum handelt es sich um das Textverfahren zur Erzeugung von Komik durch das Aufreißen einer Diskrepanz zwischen Vorbild und Imitation (*VP* 195 f.).

Der von Tournier geschaffene Oger Göring übertrifft in allen seinen Merkmalen Tiffauges an Monstrosität und an Perversität. Letzteres wird besonders deutlich in seiner „vocation

---

Wesentliche verknappte Darstellung Flauberts erfährt in ihrer Imitation eine spielerisch-variierende ‚Augmentation‘ durch epische Ausschmückungen, die der *exaltation* der ‚Quintessenz‘ des Geschehens, d. h. der Enthüllung seiner Monstrosität dienen. Die Steigerung und Intensivierung des Geschehens werden auch hervorgerufen durch kunstvoll ineinander verschränkte Verdoppelungen gegenüber der Vorlage:

A	«L'espoir d'un pareil carnage, pendant quelques minutes, *le suffoqua de plaisir*.»	«[...] *il eut le souffle coupé* lorsqu'un ancien chaudron de laie lui permit de s'agenouiller et d'examiner le fond du ravin à la jumelle.»
B	«Julien visait, tirait; et les flèches tombaient comme les rayons d'une pluie d'orage» (G. Flaubert, ibid.)	«Le grand veneur épaulait, tirait, la douille s'éjectait et tombait en tournoyant à ses pieds. Il regardait, visait, tirait encore, *avec des rires et des gloussements heureux*» (*RA* 328).

[Hervorhebungen von uns].

Das Bild der verdoppelten Imitation von A und B zeigt eine chiastische Struktur: ABBA.

coprologique" (332), die eine Reminiszenz an den Geruchssinn des Märchenogers darstellt, der hier wiederum ins Groteske übersteigert und parodiert wird. Gegenüber Tiffauges bzw. Nestor, bei denen das Interesse an den eigenen Exkrementen ambivalent erscheint, da der Defäkationsakt auch als Reinigung gedeutet werden kann, steht Görings Interesse am Kot seiner Opfer in einseitig negativem Licht. Es gipfelt in einer Figur der Phorie, die wir als *Koprophorie* bezeichnen wollen (präfiguriert im Ambivalenzbereich durch Tiffauges im Taubenschlag: „couvert de fientes et de plumes" 230). Auch der Antiphoriker Göring zeigt sich also als Träger. Die Koprophorie enthüllt sich freilich als eine pervertierte bzw. negativ invertierte Form der Phorie. Wir können als Formel für sie festhalten:

Koprophorie = Tragen der unbelebten Materie (*Omega*) und damit dessen, was nach unten strebt bzw. die Tendenz hat, zu *fallen* (Aufheben des Kots metonymisch für das Tragen des toten Körpers).

Die Koprophorie stellt eine Variante der Paraphorie dar.

Die Anti- bzw. Paraphorie wird auf der Tier-Ebene noch von zwei weiteren Doubles von Göring verkörpert, den Wildschweinen und den Auerochsen, die die Groteske des Göring-Bildes steigern. Mit dem Auerochsen, der eine Radfahrerpatrouille anfällt, ihre Fahrräder zerstampft, um sie sich dann wie eine Siegestrophäe auf seine Hörner zu spießen (316), klingt in präfigurativer Form ein weiteres Mal die Figur der Paraphorie an[73]. Das Fahrrad, das nach Tiffauges den technischen Träger des Kindes *par excellence* darstellt (146, 171), steht hier metonymisch für das aufgespießte Kind.

Die Wildschweine, die dieselben Eigenschaften wie der negative Oger Göring zeigen (311), teilen mit ihm auch das Merkmal der Koprophilie (312). Die Koprophorie Görings wird bei ihnen zur Koprophagie gesteigert, zu der als ‚Aufgipfelung' die Nekrophagie hinzutritt[74]. Sie kann als eine negative Inversion des ‚Taubenmahls' von Tiffauges mit seinen Anspielungen auf die Eucharistie gesehen werden.

Das von Göring zelebrierte ‚Aufbrechen' der Geschlechtsorgane bei den erlegten Hirschen (329)[75] wird dekonstruktiv als ein Akt sexueller Aneignung dargestellt[76]. Dies gilt auch

---

73 Es ist interessant zu sehen, wie Tournier diesen bei W. Frevert mitgeteilten Vorfall [(^{8}1989), p. 17] zu einer Figur der Phorie stilisiert.

74 Kopro- bzw. Nekrophagie stellen ein durchgängiges Motiv der Tournierschen Romane dar: Cf. *VLP* und insb. *M*, wo der Begriff („passion [...] coprophage" 221) selber auftaucht.

75 Die Informationen über diesen und andere uralte Jagdgebräuche wird Tournier dem in Fachkreisen als Standardwerk anerkannten Buch *Das jagdliche Brauchtum* (^{1}1936) [wir zitieren im folgenden aus der 6. Aufl. von 1952] von W. Frevert entnommen haben, in dem sich auch eine Abbildung des gebückten Jägers beim ‚Aufbrechen' (Abb. 24, p. 102) findet, die für die Darstellung Görings in eben dieser charakteristischen Pose als Inspirationsmodell gedient haben könnte.

für die Inbesitznahme der als Fruchtbarkeitssymbol anzusehenden Jagdtrophäe, die in der verfremdenden Deutung Tourniers zum *Raub* des Ogers wird (331) (*invertierte Phallophorie–*). Beide Akte interpretieren aus psychoanalytischer Sicht die Jagd auf den Hirsch als Kompensationsreaktion des Ogers, der seine sexuelle Impotenz durch die Kastration seines getöteten Opfers überwindet. Auch Göring erscheint also wie zuvor Tiffauges in der Figur der invertierten Phallophorie (Geweih-Tragen). Wir sehen also bereits, wie der thematische Gegensatz in dieser Parodie in den ‚phorischen' Varianten von invertierter *Phallophorie* und *Koprophorie* anklingt, wie er jedoch zugleich aufgelöst wird, dadurch daß die beiden Imitationsformen der Phorie nicht nur zueinander im Kontrast stehen, sondern auch miteinander korrespondieren.

3.5.4. Die ‚Einschachtelung' oder die *mise en abyme* der Geschichte auf der Tier-Ebene als *exaltation* des Systems

Der thematische Gegensatz erfährt eine Ausweitung in den wissenschaftliche Diskurse imitierenden und die Fachleute karikierenden Darstellungen über die ‚phorische' Bedeutung von Hirsch („Ange Phallophore" 331) und Pferd („animal phorique par excellence" 312) in Gestalt von zwischenspielartigen Exkursen. Die im Text angelegte konsequente Übertragung der ‚phorischen' Kodierung auf die Tiere muß zwangsläufig – zumal in der Repetition – zu einer Outrierung des *système de la phorie* führen, wobei überdeutlich die enge Verquickung von *exaltation* und Parodie hervortritt. Die Bezeichnung „Ange Phallophore" bezieht sich auch auf das Geweih des Hirsches. Dieses entspricht – seitenverkehrt – der Anlage der Hoden (331). Das parodistische Moment der *écriture* zeigt sich hier, indem spielerisch zwei Formelemente der Fuge – Inversion und Krebs, gleichsam zu einer hybriden Kombination vereinigt – in Überblendung auf den Hirsch gespiegelt werden. Das Geweih stellt die spiegelbildliche, und das heißt hier *‚positive' Inversion* des Phallus dar (Anspielung auf den Gegensatz *inversion maligne/bénigne*):

> «[...] alors que la virilité génitale honteusement tapie au creux le plus bas et le plus reculé du corps, tire la bête vers la terre, la ramure, son expression sublimée et érigée en plein ciel, l'enveloppe d'un rayonnement qui en impose même à l'ardeur aveugle des plus jeunes» (337 f.).

Als eine sublimierte Form des Phallus verleiht das Geweih dem Hirsch eine Art „rayonnement spirituel" (337). Das Wort ‚Phallus' wird damit in seiner ursprünglichen Bedeutung

---

[76] Cf. dazu M. Tournier selber in „Portrait d'un ogre", *Le Nouvel Observateur* (30. Nov. 1970): «Göring est l'ogre fastueux, nourri de venaisons, tuant lui-même les cerfs, avec les côtés impuissants de l'ogre. Quand il a tué un cerf il lui arrache les testicules comme font les chasseurs qui croient, de façon puérile, que si on ne le fait pas, la viande sera mauvaise. En fait, il s'agit d'un véritable acte d'appropriation sexuelle comme aussi le fait de conserver les bois des cerfs qui sont l'efflorescence de ses testicules».

dekonstruiert und mit einer positiven Wertung konnotiert als Zeichen einer gleichsam ‚geistigen' Fruchtbarkeit in Übertragung der Lichtsymbolik auf das Geweih. Das Geweih läßt den Hirsch als ‚positiven' Träger, *Phallophorus+*, erscheinen.

Demgegenüber ist der ‚Schlüssel' zur ‚phorischen Essenz' des Pferdes sein voluminöses Hinterteil (353), in dem sich seine ganze Kraft konzentriert. Die Vorstellung gleitet von der ‚phorischen Berufung' des Pferdes über die metonymische Reduktion des Tierkörpers auf die *croupe*, über die ‚Vollkommenheit' seiner Defäkation zum „Ange Anal" (353) und schließlich zu dem Schlüsselbegriff, dem Zeichen *Oméga*. Die ironische Distanz gegenüber dieser konstruierten ‚phorischen' Systematik zeigt sich besonders in den Euphemisierungen „Génie de la Défécation" und „Ange Anal", die den zynisch-blasphemischen Charakter dieser Perversion ausdrücken.

Der Hirsch dagegen, auch *Alpha* genannt (354), ist ganz dominiert durch das Geweih als das von ihm *Getragene* und den Bereich von Kopf und Hals als Zentrum seiner Kraft. Er besitzt demgegenüber eine „croupe [...] maigre et fuyante" (350). Man ist versucht, folgende Interpretantenkette zu bilden: *Hirsch – Alpha – Geweih – Fruchtbarkeit – Geist – Licht – Christus* etc. Pferd und Hirsch, *Alpha* und *Omega*, verhalten sich also zueinander wie ‚Körper' und ‚Geist', wobei jedoch eine eindeutige Äquivalenzrelation nicht herzustellen ist, da man die Interpretanten für Alpha und Omega immerfort verschieben kann. Der Hirsch ist genaugenommen nur ‚Geist'-*Träger*, oder anders gesagt, er repräsentiert den vom Geist determinierten und das heißt *spiritualisierten* Körper. Als hypothetische Formel für die *Phallophorie+* als Variante der Astrophorie halten wir fest:

invertierte Phallophorie+ = Tragen des Geweihs (*Alpha*) als der ‚positiven'
Inversion des Phallus *erhebt* bzw. spiritualisiert

Der Gegensatz „rayonnement spirituel" (337) *versus* „rayonnement de l'Ange Anal" (353) läßt sich also im Hinblick auf das Getragene auf die Oppositionspaare und die diesen zugrundeliegenden dynamischen Kräfte des *Imaginaire Oben – Unten, Aufstieg – Abstieg, Aufstreben – Fallen* zurückführen. Das Pferd (*Omega*) erscheint als Koprophoros zunächst als negative Inversion des Hirsches (*Alpha*) als Phallophoros (+). Es drängt sich hiermit das Bild der Spiegelung an der Horizontalen im Sinne der Fuge auf. Der ironische Grundton verleiht dem Arrangement mit seinen Reminiszenzen an psychologische und musikalische Systeme den Charakter eines unverbindlichen Spiels.

Auf Grund seiner Fähigkeit zur Reinigung kann das Pferd auch in das Licht eines ‚positiven' Trägers geraten. Das folgende Schema skizziert den Weg der ‚Konversion' des ambivalenten Ogers zum ‚Geist'-Träger, durchgespielt auf der Tier-Ebene anhand der Permutation Pferd – Hirsch. Das Pferd erscheint als ‚Mittler' zwischen Koprophorie und Phallophorie+.

Pferd	——————	Hirsch
Koprophoros		*Phallophoros+*
Tragen von OMEGA		Tragen von ALPHA
Determination durch den ‚KÖRPER‘		Determination durch den ‚GEIST‘

OMEGA 1	trägt →	OMEGA 2	reinigt sich von →	OMEGA	trägt →	ALPHA
{ Kruppe = Körper }		{Kot}		{Kot}		{Geist}

Wie sich aus einer ‚Reflexion‘ des Protagonisten ableiten läßt, pervertiert die Jagd des Pferdes auf den Hirsch das Pferd, dessen eigentliche ‚Berufung‘ gerade das Tragen und damit das Dienen ist, zum Anti-Träger (Herrscher und Vernichter); sie stellt aber auch eine Perversion des Hirsches dar, insofern als sie diesen, dem als Phallophoros+ *par excellence* die Herrschaft gebührte, zur Beute bzw. zum Opfer werden läßt (353 f.). Damit begegnet uns hier die *inversion maligne* auf der Tier-Ebene.

Demgegenüber interpretiert das Pferd als Double von Tiffauges/Nestor den *ambivalenten* Oger als Träger und akzentuiert damit seine ‚positive‘ Seite. Der Hirsch figuriert nicht nur als Opfer des Ogers, sondern kann als ‚positiver‘ Träger auch für den ‚konvertierten‘ Oger bzw. den Oger als Träger von Alpha und damit für den ‚konvertierten‘ Tiffauges stehen, den er hier präfiguriert. Darauf, daß der Hirsch auf Grund seiner ambivalenten Position im System der Phorie auch als eine permutative Variante von Tiffauges aufgefaßt werden kann, deutet auch Tiffauges' *brame* als Reminiszenz an das Röhren des Hirsches.

Seine recht eigentliche präfigurative Verkörperung auf der Tier-Ebene erfährt der Oger als Träger von Alpha jedoch durch den Elch. Dieser vereinigt die Eigenschaften des Hirsches mit denen des Pferdes (275). Prädominant erscheint auch bei ihm wie beim Hirsch der Bereich des Alpha, wobei er den Hirsch durch die Mächtigkeit seines Geweihs (275), aber auch durch die Stärke von Kopf und Hals noch übertrifft. Sein Hinterteil ist dagegen knochig und nicht fleischig wie das des Pferdes. Die Beschreibung der Figur des Elches enthält zugleich karikierende Elemente:

> «Il était à la fois imposant et pitoyable, avec son garrot bosselé de deux mètres de haut, dominant la courte encolure, l'énorme tête aux oreilles d'âne et aux bois lourds et grossiers, et la croupe osseuse soutenue par de longues échasses maigres et défectueuses» (277).

Der Elch, der an einem kardinalen Punkt, nämlich unmittelbar vor der Moorleichenepisode, im arithmetischen Mittelpunkt des Romans erscheint, wird als Repräsentant des „Ursprungs der Zeiten“ zugleich zum Zeichen der Synthese von Alpha und Omega, die sich damit als älter enthüllt als ihre Dissoziation. „Ursprung“ wird also gleichbedeutend mit Wiedervereinigung der Gegensätze. Als präfiguratives Double bzw. Wegweiser von Tiffauges ist seine Botschaft mit der einer Regression zum Ursprung zugleich die einer Reintegration der Gegensätze zur primordialen Einheit am Ende seiner Reise. Der Elch ist ein Vehikel, mit dem einerseits die Bedeutung der *Coincidentia oppositorum* durch das System der Phorie suggeriert, andererseits jedoch die Interpretation des Romanendes als Vereinigung der Gegensätze ironisch dekonstruiert und damit das Pathos unterminiert wird.

Eine Reihe von Merkmalen kennzeichnen den Elch als Double von Tiffauges/Nestor. Es sind dies insbesondere (275 – 277 und 285 f.): Riesenhaftigkeit und Monstrosität; Körperfülle; Muskelkraft; gebieterischer Hunger; Betteln um Nahrung, „insistance brutale", mit der er Angst macht, erinnert an Tiffauges als „Oger von Kaltenborn"; Fütterung durch Tiffauges, als Opferung bezeichnet, erinnert an das Speiseopfer für Nestor; Qualifikation als „gauche" („silhouette *gauche* et pesante"); schwarze Farbe seines Fells (cf. Haare und Teint von Tiffauges); *brame*; die Qualifikation „disgrâce" (rekurriert später in bezug auf Tiffauges 517); Einzelgängertum und Vereinsamung, erscheint als ein Ausgestoßener, von der Gesellschaft Verdammter und Geächteter; Blindheit, durch die sich Tiffauges von vornherein dem Tier „nahe" fühlt; intertextueller Name: „Unhold" = seit germanischer Zeit belegter Teufels- und Hexenname; er erscheint nur äußerlich, d. h. aus der Perspektive der Gesellschaft, als böse, weshalb er von ihr mißverstanden wird. Tiffauges ‚fühlt' diese Übereinstimmung sofort und zeigt ihm gegenüber ein besonderes Verständnis („Il était beau et doux, fort et sans malice et [...] le monde était méchant et perfide" 286 – Echo auf den Selbstkommentar von Tiffauges: „Je suis un géant doux, inoffensif, assoiffé de tendresse, qui tend ses grandes mains, jointes en forme de berceau" 207).

Diejenigen Merkmale, die das Ogerhafte des Elchs ausmachen, finden sich in leicht variierter Form auch bei Barbe-Bleue wieder, wie die folgende Übersicht zeigt. Das Pferd Barbe-Bleue erscheint in besonderem Maße als ein Double von Tiffauges. Die Zeichen, die es charakterisieren, entsprechen den Tiffauges zugeordneten Signifikanten bis ins Detail, so daß es buchstäblich als seine *Kopie* auf der Tier-Ebene angesehen werden kann. Als parodistische Imitation zweier intertextueller Vorbilder, des Gilles de Rais und der Märchengestalt Perraults (ihrerseits basierend auf der Legende des bretonischen Frauenmörders Comorre), wird Barbe-Bleue, der mit allen seinen Merkmalen eine Übersteigerung von Tiffauges darstellt, seinerseits zum in seiner Monstrosität grotesken Vorbild des Protagonisten. Indem er die Permutation von Mensch und Tier durch die Proliferation von intertextuellen Reminiszenzen auf die Spitze treibt, läßt der Autor dieses Grundverfahren von Mythos und Märchen ironisch gebrochen erscheinen.

ÜBERSICHT DER MERKMALÄQUIVALENZEN VON BARBE-BLEUE UND UNHOLD ALS DOUBLES VON ABEL TIFFAUGES

	BARBE-BLEUE	UNHOLD
Riesenhaftigkeit	„géant" (355)/„gigantesque" (346)	„géant" (277, 286)/„monstre" (275)
Körperfülle und -schwere	„Il doit peser ses mille deux cents livres" (347)	„la masse"/„silhouette [...] pesante" (276)
Körperkraft durch ausgebildete Muskeln	„bosselé de muscles" (346)	„la masse [...] de muscles" (276)
Schwarze Farbe des Fells	„robe d'ébène moirée" (347) / „couleur de nuit" (459)	„masse noire et velue" (286)
Intertextueller Name: Evokationen des Teufels	evoziert legendäre Gestalten des Gilles de Rais = Kindermörder[77], Barbe-Bleue = Frauenmörder	evoziert germanische Teufelsvorstellungen
Schrecken der Bevölkerung	zusammen mit Tiffauges als „Oger von Kaltenborn": „Attentat des 20. Juli" auf Tiffauges/ Barbe-Bleue (459 f.)	„insistance brutale", mit der „il vient mendier à manger auprès des passants" (285): Oberforstmeister befürchtet deshalb, daß man ihn abschießt
Nomade	spiegelt den ‚Nomaden' Tiffauges: cf. auch seine Verwendung als Mittel der Fortbewegung bzw. des Transports	flüchtig und unstet

Barbe-Bleue bereitet bereits den Erlkönig vor (cf. auch die ‚königliche' Pose, die Tiffauges auf seinem sich entleerenden Pferd einnimmt 356). Durch die aufgezeigten intertextuellen Permutationen ergibt sich die Interpretantenkette *Tiffauges – Unhold – Barbe-Bleue – Erlkönig*, die das Wechselspiel von Reminiszenzen an französische zu solchen an germanische Ogergestalten erkennen läßt, die sich ineinander spiegeln und ineinander übergehen. Die leichte Verschiebung der Interpretanten in dieser Bahn bewirkt einmal mehr, daß die Dichte und Verflechtung der Struktur beständig zunimmt.

Zum Überfluß ‚zeugt' die Vermischung von Mensch und Tier, gewissermaßen als seitliche ‚Abzweigung' des Geflechts, das Bild des Zentauren (353) als therio-anthropomorphes Hybridwesen. In seiner Imitation stellt das Paar Barbe-Bleue/Tiffauges die Identifikation des Menschen mit den tierischen Instinkten dar[78]. Die Evokation des Zentauren hat ihr Gegen-

[77] In seiner *ré-écriture* der Geschichte von Gilles de Rais *Gille et Jeanne* (1983) verleiht Tournier dieser intertextuellen Gestalt deutlich erkennbar die Züge des Teufels. – Ein Vergleich des Protagonisten des *Roi des Aulnes* mit dem der Erzählung bzw. des Plots der beiden Texte wäre lohnend.

[78] Cf. dazu J. Chevalier/A. Gheerbrant (^{2}1982), „Centaures", p. 188 f., aber auch „Pégase", p. 737.

stück in der Anspielung auf die flügeltragende Gestalt des Pegasus, ein weiteres intertextuelles Vorbild der Euphorie+. Ebenso wie der Elch erscheint auch Pegasus als Wegweiser für Tiffauges. Seine Botschaft vom Anfang des Romans wird durch die des Elchs als Zeichen der *Coincidentia oppositorum* in seinem Zentrum variiert. Ist der Ausgangspunkt für den Protagonisten die Tierhaftigkeit, so steht diesem präfigurativen, die geistige Erhöhung des Menschen symbolisierenden Zeichen zufolge am Ende seines Weges die Sublimierung der Triebhaftigkeit[79].

---

[79] Cf. dazu J. Chevalier/A. Gheerbrant (^{2}1982), „Cheval", p. 225, „Pégase", p. 737. Aber auch der *Zentaur* kann zur „Figur der Sublimierung" werden. Als solche erweist er sich im *Sternzeichen des Schützen*:
«[...] la puissance ignée [...] devient celle [la force] des décantations spirituelles, des illuminations de l'esprit, des montées intérieures, par lesquelles l'instinct et l'ego se dépassent dans une transcendance, vers un surhumain. C'est une figure de sublimation qui représente ce signe: un centaure aux quatre sabots plantés au sol et qui se dresse devant le ciel, un arc bandé en mains et orientant sa flèche en direction des étoiles. Tableau d'une créature pleine et qui campe sa vie dans la plus large ouverture à l'univers. On le dit toutefois correspondre au signe Jupiter, principe de cohésion et d'unification, fondant dans l'unité globale d'une large synthèse le terrestre et le céleste, l'humain et le divin, la matière et l'esprit, l'inconscient et le supraconscient ... [...] à la souche du type sagittairien, on discerne un Moi en expansion ou en intensité, qui cherche ses propres limites et aspire à les dépasser, et cela sous la poussée d'une sorte d'instinct de l'envergure ou de la grandeur. D'où une aspiration à une certaine élévation ou dimension qu'il recherche dans un transport, lequel peut être élan de participation, d'assimilation idéale à la vie collective, ou au contraire révolte stimulante contre une puissance à dominer, sinon simple inflation du moi qui se perd en ivresse de grandeur ...»
«La flèche, à quoi s'assimile le sagittaire, fait la synthèse dynamique de l'homme volant vers sa transformation, par la connaissance, d'être animal en être spiritualisé» [J. Chevalier/A. Gheerbrant (^{2}1982), „Sagittaire" p. 841].
Bei G. Durand [(1969), p. 149] heißt es über den Schützen: «Quant au signe zodiacal du ‹Sagittaire›, les occultistes lui attribuent toujours le sens d'un dépassement, d'une sublimation de la nature animale exprimée par la flèche aussi bien que par la double nature du centaure sagittaire, ‹émergence de l'humain à partir de l'animal›, et les cabbalistes assimilent la constellation du Sagittaire à la lettre hébraïque *vau*, laquelle [...] se rapporte ‹à la lumière, à l'éclat, à la limpidité› ». [Man vergleiche Tiffauges als Astrophoros!] –
Dies ist in zweierlei Hinsicht bemerkenswert. Zum einen, weil Tournier selber im Zeichen des Schützen geboren ist, eine Tatsache, die – wie er mir sagte – für ihn von großer Bedeutung sei. Zum anderen, weil – ebenfalls seinen Worten zufolge – neben der *Charakterologie* die *Astrologie* ein intertextuelles Bezugssystem für die Konzeption seiner Figuren bilde [cf. *Entretien Michel Tournier – Cornelia Klettke* (9. Okt. 1984)]: «Il n'y a pas de psychologie dans mes romans. Mes personnages sont donc, au fond, des personnalités qui sont d'un seul bloc et qui relèvent plus de la caractérologie et de l'astrologie. Alors, il y a la caractérologie, il y a le zodiaque. Il est évident que je suis Sagittaire. Ça compte beaucoup pour moi. Le Sagittaire est un cheval d'un côté, une *croupe de cheval*, et un tireur à l'arc, de l'autre. Très important pour moi ...»
Die Astrologie gehört für Tournier zum intertextuellen *bricolage*-Material, mit dem er spielt. Abgesehen von der Referenz auf die ‚Zwillinge' in *Les météores*, ist es bezeichnenderweise das Bild des ‚Schützen' mit seinen beiden Charakteristika, der Pferdekruppe und dem Bogenschützen, das er immer wieder aufgreift: Sind die Elemente in *Vendredi ou les limbes du Pacifique* auf zwei Figuren verteilt – Robinson/Pferdekruppe, Vendredi/Bogenschütze – [*Entretien Michel Tournier – Cornelia Klettke* (9. Okt. 1984)], so erscheint im *Roi des Aulnes* Tournier zufolge mit Tiffauges alias Barbe-Bleue nur das Motiv der Pferdekruppe [*Entretien Michel Tournier – Cornelia Klettke* (5. April 1986)]. Der Bogenschütze als Figur des Aufstrebens ist hier durch den Hirsch permutiert. Zum Sternbild des ‚Schützen' cf. auch *Gilles et Jeanne* und la *Vie de saint Sébastien* (in Arbeit befindlich lt. *Entretien Michel Tournier - Cornelia Klettke* vom 5. April 1986).

Offensichtlich spielt der Autor nur mit der Vorstellung von Pegasus als Symbol für die den Menschen erhebende *imagination sublimée*[80], indem er die mythologische Figur ironisch verfremdet präsentiert. Beim Verfassen der ersten Seiten seiner *Écrits sinistres* huscht das geflügelte Roß als flüchtiger Reflex einer Leuchtreklame in der Dunkelheit der Nacht über die Hände von Tiffauges:

> «Dessiné au néon dans le ciel humide et noir, le cheval ailé de *Mobilgas* jette un reflet sur mes mains, et s'évanouit aussitôt» (15).

Dieses Bild umschreibt gleichsam programmatisch die für die *mythécriture* des *Roi des Aulnes* charakteristische Technik zur Erzeugung von Reminiszenzen. Das Zeichen *par excellence* der dichterischen Inspiration wird über die ironische Dekonstruktion zum Alltagsmythos (Leuchtreklame) im Sinne des Tournierschen *écriture*-Konzepts umfunktioniert.

3.5.5. Die Verdichtung des Strukturgeflechts: Die ‚Dritte Durchführung' als ‚Krebs' – Überlagerung und Verschränkung von aus der Fuge übersetzten Strukturelementen

Die ‚Dritte Durchführung', die – wie bereits hervorgehoben – über das vierte Kapitel hinaus in das beginnende fünfte Kapitel hineinreicht, zeigt mit dem Kapiteleinschnitt insofern eine Zäsur, als sich die Jagd Tiffauges' auf den Hirsch, die sich zunächst nur im Ambivalenzbereich bewegte, nunmehr bis zur Vernichtung steigert. Mit der Tötung einer undifferenzierten Vielheit von Hirschen durch die Jungmannen (unter der Leitung von Tiffauges 465) wird die invertierte Phallophorie– Görings imitiert. Gleichwohl zeigt sich schon hier wie später bei der Vernichtung der Jungmannen der Unterschied zwischen Tiffauges und den Nazis: Der Protagonist ist niemals *eindeutig* als Vernichter zu fassen.

Dem „Oger von Kaltenborn" sind neben Barbe-Bleue als weitere Verfolger elf Dobermänner zugesellt. Mit der schwarzen Farbe ihres Fells (459) und der Unerbittlichkeit ihres Verfolgungsdrangs spiegeln auch sie Merkmale von Tiffauges wider und erscheinen darüber hinaus als eine Art Projektion gewisser Wunschträume von ihm: Wie die Finger der Hand aneinandergereiht (466), stellen sie gleichsam die ‚Verlängerung' seiner eigenen ‚sinistren' Hände dar, die nach der Beute greifen (cf. ihre *Elf*zahl als Reminiszenz an die Unglückszahl in der christlichen Symbolik), wecken aber auch die Reminiszenz an den Pfeil des jagenden Zentauren, der als Verfolger des Hirsches ein beliebtes Motiv der christlichen Ikonographie darstellt. Auch wenn Merkmalübereinstimmungen vorliegen, sind die Hunde keine permutierbaren Doubles von Tiffauges, sondern nur eine Ergänzung zum Pferd, gewissermaßen als Ausdruck einer ‚Augmentation'.

---

80 Cf. P. Diel, *Le symbolisme de la mythologie grecque*, Préface von G. Bachelard (^{2}1966), p. 86 f.

Tiffauges' Jagd auf den Hirsch führt von der Jagd auf die Vielheit zur Jagd auf die Dreiheit (466 ff.). Das Trio der Hirsche erscheint ebenso symmetrisch gebildet wie das der Tauben und der Kinder. Und ähnlich wie zuvor die Silbertaube und später Lothar, so hebt sich der mittlere Hirsch von seinen beiden ‚identischen' Begleitern als der edlere ab. Tiffauges' Jagd auf das Hirsch-Trio spiegelt die vorangehende Jagd des „Ogers von Kaltenborn" auf die drei Kinder Haro, Haïo und Lothar, die wir zur ‚Vierten Durchführung' zählen. Wir beobachten hier anhand der Permutation der Terme Hirsch – Kind eine Verschränkung der ‚Dritten' und ‚Vierten Durchführung'. Diese Verflechtung wird noch verdichtet dadurch, daß die Jagd auf die Mittelfigur des Hirsch-Trios, die wir als Candélabre II bezeichnen wollen (Wiederaufnahme des Motivs der Verfolgung des Candélabre, nunmehr durch Tiffauges), mit der Jagd auf den verschwundenen Lothar verschmilzt.

Aus der Perspektive der Imitation der Fugenstruktur erscheint die Permutation Kinder – Hirsche – Kind gleichsam wie eine Vertauschung der ‚Stimmen', die mit der ‚Metamorphose' des Hirsches in das Kind Lothar (470) in einer Art ‚Engführung' gipfelt: Einsatz des Themas in einer neuen Stimme, noch bevor die alte es beendet hat. Diese ‚Stretta' bewirkt zusammen mit einer ‚Tempoakzeleration' eine Spannungssteigerung. Zudem bietet die Sequenz der Eroberung Lothars als eine weitere Reminiszenz an das musikalische Vorbild das zentrale Beispiel für das Wechselspiel von *Flucht* und *Jagd*. Bezeichnenderweise wird an dieser herausragenden Stelle des Textes als Spannungshöhepunkt die Bildlichkeit der Goetheschen *Erlkönig*-Ballade evoziert, und zwar in der Brechung durch die ‚phorische' Perspektive von Tiffauges als „Oger von Kaltenborn" (*Écrits sinistres*-Eintrag 469).

Die Jagd von Tiffauges auf den Hirsch/Lothar enthält darüber hinaus Reminiszenzen an die christliche Ikonographie. Spielt der Hirsch auf Christus an, so erinnern das blau-schwarze Pferd und die schwarzen Hunde an Symbole für den Teufel, die Hölle und den Tod. Die Jagd auf den Hirsch erscheint damit mythisch als Ausdruck der Herrschaft des Teufels. Sie weckt Reminiszenzen an die Verfolgung des Hirsches in der Legende vom heiligen Julian nach Jacobus a Voragine. Die Verwandlungsszene erinnert zudem an die Bekehrungslegenden der Heiligen Eustachius und Hubertus mit ihren Attributen Pferd und Hund[81]. Diesen erscheint der gekreuzigte Christus im Strahlenglanz im Geweih eines Hirsches. Die ‚phorische'

[81] Eine explizite Anspielung auf den Hl. Hubertus findet sich im Text mit der Erwähnung der intertextuellen Hubertus-Kapelle und dem Bronzehirsch von Richard Friese in Rominten (308). Cf. dazu die Abbildungen 1 und 10 in W. Frevert (^{8}1989). – Die Übereinstimmungen der Romanszene mit den Legenden der Heiligen Eustachius und Hubertus sind bisher von der Forschung übersehen worden. Die Anknüpfung der Szene an die Verwandlung des Aktaion [cf. Bouloumié (1985), p. 30 f.] erscheint erzwungen, um nicht zu sagen abwegig. Denn abgesehen davon, daß die Verwandlung in diesem antiken Mythos in die genau entgegengesetzte Richtung verläuft (Mensch → Hirsch und nicht Hirsch → Mensch), ist es hier der Jäger selbst, an dem sie sich vollzieht. Darüber hinaus steht der Grund für die Verwandlung (Strafe für das Belauschen der Göttin Artemis im Bade) in keinerlei Beziehung zu den Umständen der Romanszene.

Bildlichkeit der Verwandlungsszene stellt eine symmetrische Entsprechung der Bekehrungsszene dar:

Hirsch – Geweih – Christus : Baum – Krone – Kind.

Hirsch und Baum erscheinen als permutierbare Terme. Dies wird auch an anderer Stelle des Textes durch das differentielle Spiel *Candélabre – arbre vivant* (326) suggeriert. Die Identifizierung von Hirsch und lebendem Baum findet sich vorgeprägt in der Symboltradition: Hirsch als Baum des Lebens auf Grund seines hohen Geweihs, das sich periodisch erneuert[82]. Die Geweihstangen stellen die Verbindung zur Sphäre des Göttlichen her (cf. den Sonnenhirsch im altnordischen *Sonnenlied* [*Sólarljóð*]), so daß der Hirsch wie der Baum als Mittler zwischen Himmel und Erde erscheint.

Die Verwandlungsszene bestätigt den Eindruck der weiter oben bereits explizierten Ambivalenz des Hirsches im System der Phorie als Zeichen für das Opfer und den ‚konvertierten' Träger: Er ist hier zugleich Double für das Kind (Lothar)/Christus sowie auch Double für den Träger des Kindes (Tiffauges)/Christophorus. Mit den Reminiszenzen der Verwandlungsszene an die Bekehrungen der Heiligen Eustachius, Hubertus und Christophorus leuchtet auf der negativen Folie der Eroberung Lothars – als freilich verfremdete Imitation der *Erlkönig*-Handlung – zugleich das Gegenbild der ‚positiven' Inversion des Trägers am Romanende auf. In der Verwandlungsszene kreuzen sich weitere Sinnspuren. Das differentielle Spiel der Reminiszenzen an Legendenszenen führt vom „Du verfolgst mich!" bzw. „Maudit!" des Jägers Julian (Jacobus a Voragine/Flaubert) über das „Warum verfolgst du mich?" des Jägers Placidus (Eustachius) zum Damaskus des Saulus (Paulus) (später explizit intertextuelles Vorbild der Bluttaufenszene 544 f.). In einer weiteren Bahn ergibt sich die ‚Träger'-Kette: *Fackelhirsch* = intertextuelles Vorbild: Hochkapitäler aus Rominten[83] – *Candélabre* = Hirschfigur des Romans – *candélabre* = Metapher für das ‚phorische' Paar Rasputin/Zarewitsch (192) – *chandelier* = Vergleich für Hirschfigur bzw. Geweih[84] – *Fackelträger* = Eremit der Christophorus-Legende – *Luzifer* = Inversion des Teufels zum Lichtträger – *arbre vivant* (326) – *perche soudain fleurie* (524). Der Sinn gleitet ebenfalls in der Bahn des Erscheinens und Verschwindens des Opfers als ‚Echos' auf die Epiphanien Christi in den Legenden: mysteriöses *Verschwinden* Lothars (464) – *Erscheinen* des Candélabre II und der ihn flankierenden Hirschkühe – *Verschwinden* der Hirschkühe – *Verschwinden* des Candélabre II – *Erscheinen* Lothars in der Astgabel des Baums (468); weitere intratextuelle ‚Echos': Verschwinden der schwarzen Taube (242), Erscheinen und Verschwinden des

82 J. Chevalier/A. Gheerbrant (^{2}1982), p. 195 ff.

83 Nach W. Frevert (^{8}1989) wurde der Fackelhirsch 1940 von Hermann Göring erlegt (Abb. 48, p. 80 f.; cf. auch p. 84).

84 Vergleich bezogen auf die Mittelfigur des Hirsch-Trios beim Durchschwimmen des Sees auf der Flucht vor Tiffauges (467); daher in unserem System ‚Candélabre II' genannt. – Die Fluchtszene durch das Wasser bildet ein ‚Echo' zur Christophorus-Legende.

Candélabre (326 f.), ,Verschwinden' Éphraïms am Romanende (581). Die ,Stretta' bildet einen entscheidenden Knotenpunkt im Labyrinth der Reminiszenzen, an dem sich wie in einer *mise en abyme* der Blick in eine Unendlichkeit von flüchtigen Reflexen eröffnet.

Den eigentlichen Kern der ,Dritten Durchführung' bildet die auf zentrale Handlungseinheiten reduzierte antizipierende Spiegelung der ,Vierten Durchführung' und der ,Coda' im ,Krebsgang', die freilich im Sinne einer im Text nur potentiell angelegten Lesart zu verstehen ist. Wie bei der Imitation der anderen Strukturelemente der Fuge, so *spielt* der Autor auch hier nur mit dem Formelement ,Krebs', so daß dessen Projektion auf den Text nur gebrochen möglich ist.

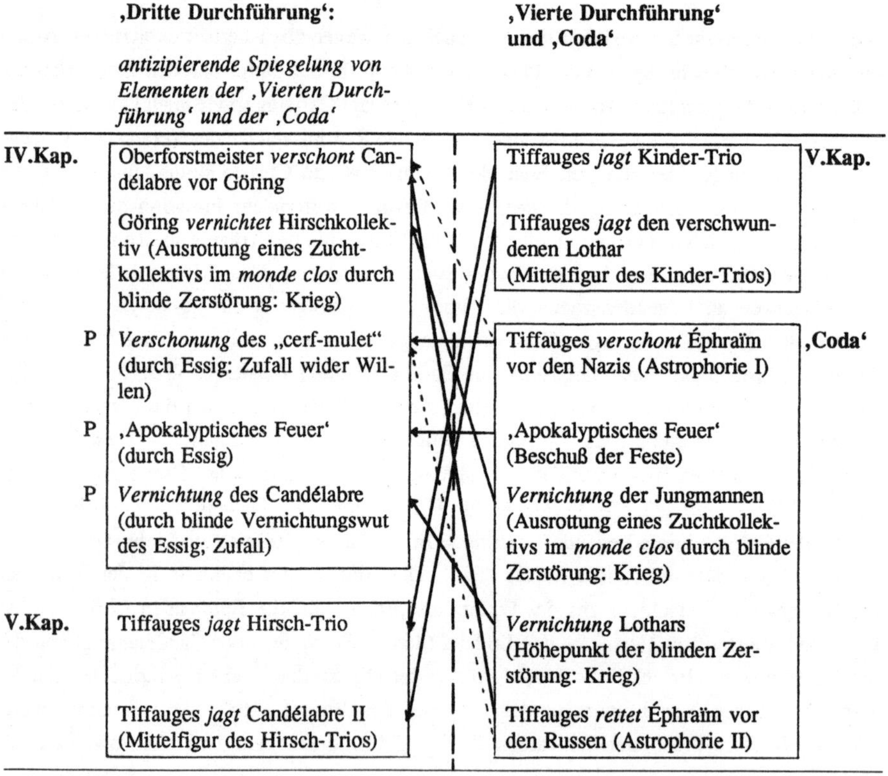

P = Parodie

Das Schema zeigt, wie trotz Irritationen durch Umstellungen bzw. leichte Verschiebungen und einige Ambivalenzen in der Zuordnung, die ein symmetrisches Bild verhindern, die meisten Handlungen der ,Dritten Durchführung' gegenüber ihren Äquivalenten in der ,Vierten' in umgekehrter Reihenfolge ablaufen: So steht die Abfolge /*Jagd* auf eine

{Dreiheit}/ → /*Jagd* auf einen {einzelnen}/, die in der ‚Vierten Durchführung' relativ am Anfang auftritt, in der ‚Dritten Durchführung' ganz am Ende. Die auf zwei Ebenen sozusagen in zwei ‚Tonarten' durchgeführte Sequenz der Jagd bildet die Drehachse der Verknüpfung der beiden ‚Durchführungen', die hier kunstvoll miteinander verschränkt sind. Daß diese zugleich, wie oben ausgeführt, als ‚Stretta' erscheint, zeigt, wie der Autor dekonstruktiv bei der Imitation des Aufbaus der Fuge verfährt, indem er gleichsam wie bei einem doppelt belichteten Photo die Bilder, hier die Strukturelemente, übereinanderschiebt.

Ein weiteres Beispiel für Rücklauf im Sinne der Imitation der ‚Krebsstruktur' ist darin zu erkennen, daß die ‚Dritte Durchführung' mit der variierenden Präfiguration von zentralen Einheiten aus der ‚Coda' beginnt, deren Reihenfolge im einzelnen in spielerischer Manier leicht vertauscht erscheint: (Vorläufige) *Verschonung* – Variante der Funktion der *Rettung* – eines einzelnen Opfers, Vernichtung des Kollektivs. Wiederum ist die Überlagerung von Strukturelementen zu beobachten, insofern als die ‚Coda' zugleich als Ende der ‚Vierten Durchführung' angesehen werden kann. Der globale Eindruck des Rücklaufs ergibt sich letztlich durch die entgegengesetzte Stellung der beiden Sequenzen der Jagd (ambivalente Phorie) einerseits und der Einheiten der Vernichtung einer Vielheit (negative Phorie) bzw. der Rettung eines einzelnen (‚positive' Phorie) andererseits im Handlungskontinuum der ‚Dritten' und ‚Vierten Durchführung'.

Der Beschuß der Feste Kaltenborn findet eine variierende Vorwegnahme in der durch Essig veranstalteten, den Wald erschütternden „fusillade ininterrompue" (341), die Reminiszenzen an die Szene der Explosion der Kapelle (578) enthält. Das Schema der Korrespondenzen ergibt die identische Position dieser Handlung in beiden ‚Durchführungen' entsprechend der ‚Krebsstruktur'. Das Paar *Candélabre – cerf-mulet* spiegelt den Gegensatz *starkes vs. schwaches* Opfer, der hier in den Variationsformen schön *vs.* häßlich, fruchtbar *vs.* unfruchtbar, edles Zuchtexemplar *vs.* Ausschuß erscheint. Zugleich wird die Opposition *Candélabre – cerf-mulet* dekonstruiert durch die Offenheit des präfigurativen Zeichens *Candélabre*, das sowohl für Éphraïm als auch für Lothar stehen kann. Dabei werden im Hinblick auf die Kinder die Merkmalbündel der Opposition fragmentiert und neu distribuiert. Mit dem *cerf-mulet* als Karikatur eines Hirsches, die den Zuchtgedanken der Nazis parodiert, und der Figur des Essig als Karikatur eines Jägers (cf. die Namenwahl!) wird einmal mehr die parodistische Färbung der ‚Dritten Durchführung' sichtbar. Dieser Effekt besteht wiederum im Aufreißen eines Abstands, der den pseudo-pathetischen Ernst der End-‚Durchführung' durch ihre verfremdende Spiegelung in der präfigurativen Imitation konterkariert.

Mit der Stilisierung der Phorie zu einem para-wissenschaftlichen Kode zur Klassifizierung der Tiere erfährt das System eine erste Übersteigerung ins Absurde. Im Modus der Repetition findet durch die Permutation Mensch – Tier eine *exaltation* des Systems statt, die dessen Quintessenz überdeutlich hervortreten läßt. Die Phorie wird auch als ‚epistemologisches' Prinzip *ad absurdum* geführt: Sie mündet in der Aufdeckung des Nonsens.

3.6. Die ‚Vierte Durchführung' mit ‚Zwischenspielen': Tiffauges und die Kinder

3.6.1. Der erste Teil der ‚Vierten Durchführung'

3.6.1.1. Die Repetition der ersten Phase der Geschichte oder die *exaltation* von *Jagd* und *Zucht*

Bei der dritten Repetition der Geschichte im fünften und sechsten Kapitel handelt es sich im Sinne der Fugenstruktur gleichsam um die letzte ‚Durchführung', bei der das ‚Thema' in die ‚Ausgangstonart' (Kinder anstelle von Tauben und Hirschen) ‚zurücktransponiert' ist. Diese letzte ‚Durchführung' wird unterbrochen durch ein ‚Zwischenspiel' (496 – 549), das zur ‚Coda' überleitet, die sich, wie wir bereits angedeutet haben, mit dem Ende der ‚Durchführung' überlagert. Es läßt sich also von einer Imitation der Struktur des Fugenendes (Abfolge: Durchführung, Zwischenspiel, Coda) sprechen, auch wenn diese durch die Überlagerung der Elemente zugleich dekonstruktiv ist. Die ‚Vierte Durchführung' stellt eine Imitation der ‚Zweiten Durchführung' (Tauben) dar, in der die vorgegebenen Strukturen nunmehr voll entfaltet werden. Die Geschichte erscheint ergänzt und angereichert durch Elemente aus dem ‚Zwischenspiel' des dritten Kapitels als Präfiguration des Romanendes und aus der ‚Dritten Durchführung' (Kap. IV).

Die zentrale Referenzgrundlage für die Kapitel V und VI stellt die von H.-J. Gamm in *Der braune Kult* (1962) vorgetragene Deutung des Nationalsozialismus dar, die hier eine ‚phorische' Umsetzung erfährt. Tournier läßt sich anregen von dem bei Gamm beschriebenen Rückgriff der Nazis auf den „Ordensgedanken" und die damit verbundene „Entlehnung von Zügen des Deutschen Ritterordens" (Gamm, p. 77, 78). Auch hier kommt es wie im Rominten-Kapitel zu einer Vermischung von Authentischem mit Fiktivem, wenn Tournier z. B. angesichts der bei Gamm erwähnten Tatsache, daß auch an den sogenannten „Nationalpolitischen Erziehungsanstalten" die „Ordenspraxis" geübt wurde, die Napola des *Roi des Aulnes* in einer historisch nicht belegbaren Burg der alten Ordensritter ansiedelt[85]. Der

---

[85] Der Name „Kaltenborn" für die fiktive Feste des Romans bildet ein ironisch-sarkastisches Echo zu dem bei Gamm beschriebenen, vom Reichsführer SS Himmler gegründeten „Institut *Lebensborn*". Es handelt sich um einen Verein, der „rassisch und erbbiologisch wertvolle kinderreiche Familien unterstützt, rassisch und erbbiologisch wertvolle werdende Mütter betreut" [Gamm zitiert aus nationalsozialistischen Schriften, ibid., p. 212, Anm. 38 zu p. 144]. Die vom Autor zusammengetragenen Angaben über diese Institution lassen eine Sicht von Zeugung, Gebären und Aufzucht von Kindern erkennen, die ausschließlich ideologisch auf die „Pflege" des Blutes [ibid., p. 143] ausgerichtet ist. Maßnahmen des „Lebensborn", wie die Werbung beim Bund Deutscher Mädchen und im Weiblichen Arbeitsdienst „unter der Parole, dem Führer ein Kind zu schenken" und der „organisierte Kindesraub", der „aus rassischen Gründen" von dieser Organisation betrieben wurde in dem Bestreben, alles ‚gute' Blut – auch das nicht-deutscher Familien – an sich zu ziehen [ibid., p. 147 und 212], haben ihren Reflex in der Darstellung des *Roi des Aulnes*. Es erscheint daher durchaus plausibel, daß Tournier diese Institution bei der Benennung seiner Feste als intertextuelles Modell gedient hat und daß die Reminiszenz daran als ironischer Reflex im Spiel der Differenzen

„Ordensgedanke" der Nazis findet seine Imitation in den Erziehungspraktiken der Figur des Stefan Raufeisen als Anstaltsleiter (Abk. „Alei"), dessen Name mit der Reminiszenz an den Märtyrer und der parodistischen Evokation vom Draufgängertum die beiden Aspekte des Mythos vom ‚Helden' im Sinne der Ideologie der Nazis enthält. Wir werden an Beispielen zeigen, wie das von Gamm erforschte Phänomen des „braunen Kults" als Wirkungsmechanismus einer gezielten Beeinflussung der Massen in das System der Phorie umgesetzt wird, wo er eine zentrale Rolle spielt als Mechanismus, der die *inversion maligne* als finale Umkehrung einleitet.

Im fünften Kapitel setzt sich die ‚Initiation' von Tiffauges in die Nazi-Ideologie, die im Roman freilich nur als imitatives Abbild erscheint, auf gleichsam höchster Ebene fort, wobei er allmählich vom ‚Knecht' zum ‚Herrn' ‚heranreift'. In Kaltenborn erfährt Tiffauges eine Einweihung in die *Zucht* der ‚Kinder', d. h. der Jungmannen der Napola. Wenn die zwölf- bis sechzehnjährigen Jugendlichen im Text durchweg als ‚Kinder' apostrophiert werden, so verbirgt sich dahinter die durch Rousseau inspirierte Auffassung des Autors von der Dauer der Kindheit[86]. Im System der Phorie sind nur die Kinder als Getragene relevant.

Tiffauges' Verhältnis zu den Kindern der Napola ist zunächst nur mittelbar ‚phorisch'. Mit dem Heranschaffen und Schleppen von Nahrung für die Jungmannen im Vorfeld der Feste, womit hier das *pater-nutritor*-Motiv in neuer Variation erscheint, erfährt die Figur der *Trophophorie* (Begriff von uns) als Imitation des Modells der „forts" der Pariser Markthallen, die als Konstante in allen Kapiteln zu beobachten ist, gleichzeitig mit ihrer Explikation durch

---

intendiert ist. Cf. demgegenüber den abenteuerlichen, gewissermaßen dekonstruktiven etymologischen Erklärungsversuch des Namens „Kaltenborn" bei I. Contival [(1985), p. 341 f.], die unter Verweis auf die vorindoeuropäische Wurzel *Kal* oder *Kar* = ‚Stein' und engl. *born* = ‚geboren' zu der Schlußfolgerung gelangt, daß *Kaltenborn* möglicherweise „naissance en la pierre" bedeute.

86 Für Tournier, der sich hierin von der gängigen Lehrmeinung der Pädagogen absetzt, die nach seinen Worten den Zwölfjährigen schon als einen „préadolescent" (*VV* 180 –183) bezeichnen, ist der Junge dieses Alters vielmehr noch ein Knabe auf dem Höhepunkt der Kindheit, der erst hier seine volle Reife erlangt, weshalb Tournier für ihn auch den Begriff des „enfant adulte" prägt. Nach Tournier kommt es darauf an, diesen „état de grâce" so lange wie möglich auszudehnen, denn was auf ihn folge, sei eine Art Absturz oder Fall: „L'enfant épanoui est voué fatalement à une décrépitude qui s'appelle la puberté" (182). – Entsprechend dauert bei dem Protagonisten der Novelle *Que ma joie demeure* die Kindheit bis zum sechzehnten Lebensjahr an. Erst in diesem Alter treten bei ihm die Anzeichen der Pubertät in Erscheinung. Damit kann sich nach Tournier das Ende der Kindheit beim Jungen vom zwölften bis zum sechzehnten Lebensjahr hinauszögern. Bezeichnenderweise tritt Tiffauges nur mit den *Kindern* unter den Jungmannen in unmittelbaren Kontakt: Als Assistent Blättchens hat er es nur mit den Neuankömmlingen und also den Zwölfjährigen zu tun, ebenso später, als er umherzieht, um selber neue Rekruten einzufangen; die Phase seiner ‚Herrschaft' über die Jungmannen der Napola beginnt erst, nachdem die ältesten unter ihnen, die Sechzehn- bis Achtzehnjährigen, die Feste verlassen haben (428). Und wenn sich gegen Ende des Krieges durch das Auffüllen dieser Lücke mit Neulingen (wie dem zwölfjährigen Lothar und den Zwillingen) das Durchschnittsalter der Zöglinge nach unten hin verschiebt, steht Tiffauges im Tournierschen Sinne zum Schluß tatsächlich als ‚Herrscher' über eine Schar von Kindern da.

den Helden im Rahmen der Pseudo-Reflexion in den *Écrits sinistres* (378) ihre endgültige Ausformung auf der Ebene der ‚Endzeichen'.

Die Einweihung Tiffauges' in die *Zucht* der ‚Kinder' geht mit seinem ‚Aufstieg' zum ‚Gehilfen' des „SS-Sturmbannführers Professor Dr. Blättchen" in ein neues Stadium über. In den *monde clos* der Kinder vorgedrungen, wird Tiffauges durch diesen ‚Rassenforscher' in die Auslesekriterien und -verfahren für die ‚Elitezüchtung' der Nazis initiiert. Die Selektion und Ausbildung der Kinder als spätere militärische Elite bildet gleichsam das ‚Echo' zur Zucht und Ausbildung der Militär-Brieftauben für den ‚Drôle de Guerre', aber auch zur Zucht der Hirsche, wobei die präfigurativen Modelle aus dem Tierreich einen ironischen Abstand zu ihrer ‚Imitation' auf der Ebene der Kinder schaffen.

Im Text werden bei freilich leichten Verschiebungen Korrespondenzen hergestellt nicht nur im Hinblick auf rassiologische Ausleseprinzipien, sondern auch hinsichtlich der Arbeitsmethoden: z. B. Registrierung der Tauben/der anthropologischen Merkmale der Kinder auf einer „fiche raciologique" (389) (cf. den Namen ‚Blättchen' als parodistische Anspielung auf seine Tätigkeit); Messungen und Berechnungen der Hirschgeweihe und -körper durch Otto Essig/anthropometrische Untersuchungen Otto Blättchens an den Köpfen und Körpern der Kinder. Die Ausweitung der im Text angelegten Korrespondenzen auf ‚qualitative' Kriterien (Farbe und Schönheit der Hirschgeweihe 336/Gesichtsausdruck, Gangart und ‚rassenspezifischer' Körpergeruch der Kinder 391) – als Anspielung auf das subjektive Moment der Auslese – führt in ironischer Übertreibung zum „flair raciologique" Blättchens als parodistische Reminiszenz an den Märchenoger (Präfigurationen: Geruchssinn und Koprophorie von Tiffauges im Taubenschlag und von Göring in Rominten). Eine spiegelbildliche Entsprechung, die den ironischen Abstand zu den ins Phantastische gesteigerten Züchtungsprojekten deutlich hervorhebt, zeigt sich in der Anspielung auf die Rückzüchtung einer in Europa ausgestorbenen Tierart (Auerochsen) einerseits und der von Blättchen angestrebten Züchtung eines neuen Menschentyps, des ‚Herrenmenschen' („homme sans égal qui dominera le monde" 388), andererseits. Beide verbindet Kraft und Draufgängertum. Die Parodie erreicht einen Höhepunkt durch die Rückführung des projektierten „*Homo Aureus*" auf das Modell von kleinen *Gold*fischen (388). Der NS-Mythos von der ‚Herrenrasse' wird so dekonstruiert und ironisch unterminiert. In den Zusammenhang von ‚Rassenveredelung' gehören aber auch die exotischen Zuchttauben Unruhs, die angesichts ihrer ansatzweise teratologischen Deformation den Gedanken an Überzüchtung nahelegen. Die tierquälerischen genetischen Experimente Unruhs an den Tauben finden ihr ins Unerträgliche gesteigertes ‚Echo' in Blättchens ‚Erforschung' des „*Homo Judaeus Bolchevicus*" (387), wobei das Sortiment von Reagenzgläsern mit Köpfen das ‚anthropomorphe' Gegenstück zu der Sammlung von ausgestopften Tauben darstellt. Hier leuchtet in grellen Farben eine Reminiszenz an den Zynismus der Nazis auf.

Mit der Abreise Blättchens tritt Tiffauges in Kaltenborn in eine neue Phase als ‚Herr' über ein „Reich" von Kindern ein und befindet sich damit nunmehr endlich im Besitz des „clés du royaume pour lequel il était né" (429). Die Phase der ‚Herrschaft' ist wiederum gekennzeichnet durch die Handlungsfolge *Jagd – Zucht*, wobei wie auf der Ebene der Tauben die Jagd zunächst auf eine ‚Vielheit', sodann auf eine ‚Dreiheit' und schließlich auf ein einzelnes Opfer, die Mittelfigur des Trios, gerichtet ist. Bei den drei Kindern, den Zwillingen Haro und Haïo und dem Albino Lothar, die mit einer großen Anzahl von Merkmalen die drei Zuchttauben ‚kopieren', kommt es zu einer ‚Verfälschung' der Selektionsidee der Nazis, insofern als an die Stelle der Tüchtigkeit als rassiologischem Auslesekriterium die auf genetisch bedingte Anomalien gegründete Extravaganz als ihre Perversion tritt.

Tiffauges dekonstruiert die Züchtungskriterien und -verfahren der Nazis: Die Merkmale der Zwillinge stehen im krassen Gegensatz zu dem, worauf es Blättchen ankam (‚nordische' Rasse, außergewöhnliche Intelligenz, athletischer Körperbau, Widerstandsfähigkeit, Draufgängertum). Mit ihrer Fettleibigkeit, Weichlichkeit, Schwerfälligkeit und Plumpheit entsprechen sie dagegen im besonderen Maße den ‚kulinarischen' Ansprüchen des Ogers. In dem Albinismus Lothars, der neben der Eineiigkeit der Zwillinge eine weitere Spielart des Motivs der ‚Monstrosität' darstellt, verbirgt sich gleichzeitig die Reminiszenz an die soziohistorische Stellung des Albinos, die ähnlich wie die der Zwillinge in ihrer Ambivalenz von der Tötung und Aussetzung über die Gleichgültigkeit bis zur Verehrung reicht. Die Idee der ‚Züchtung' gipfelt damit in der Monstrosität, wodurch sie gewissermaßen *ad absurdum* geführt wird. Mit dem Albino Lothar als der begehrtesten Jagdbeute des Ogers Tiffauges, dessen ‚Fang' die größte ‚Prüfung' in dieser Phase seiner ‚Initiation' darstellt (cf. auch den ‚Fundort' „Bärenwinkel" als Parodie des Initiationsszenariums), erfährt der Höhepunkt der Jagd zugleich eine Dekonstruktion.

Die Parodie der Nazis gründet sich in diesem Kapitel also auf drei Aspekte der Imitation. Neben der Nachahmung der Nazis durch Tiffauges, die durch die gleichzeitige Reminiszenz an die Gelüste des Märchenogers ironisch gebrochen ist, erweist sich das ‚mythische' Wiederholungsschema (Zucht der Kinder auf der Folie der Tauben- und Hirschzucht) als Mechanismus zur Erzeugung von Ironie. Zudem sind die Romanfiguren der Kapitel V und VI, sofern sie Nazi-Typen imitieren, im Falle Blättchens mehr oder weniger karikaturistisch gezeichnet, im Falle Raufeisens als makabres Zerrbild dargestellt, das zeichenhaft den Zynismus und die Grausamkeit der Nazis verkörpert.

Im Hinblick auf die mythische Struktur entspricht das fünfte Kapitel, bis zur Phase der Vorbereitung auf die ‚Opferung' gesehen, dem zweiten nicht nur in den der Funktion der *Zucht*, sondern auch in den der *Jagd* im einzelnen zugeordneten konstitutiven Merkmalen und darüber hinaus in der Rekurrenz der Folge *Jagd – Zucht*. Aber auch der dort wie eine Art Gelenkstück die Funktionen *Jagd* und *Zucht* miteinander verknüpfende Akt der *Phorie* findet hier seine Entsprechung, wie die Szene der ‚Eroberung' Lothars zeigt. Verglichen mit dem

Einfangen der Silbertaube, die Tiffauges in einem ‚phorischen‘ Akt vom Baum herunterholt, kommt es hier sogar zu einer Verdoppelung des Aktes der Phorie. Denn Tiffauges muß sich, um den im Baum sitzenden Lothar greifen zu können, erst auf sein Pferd stellen. Das Kind im Arm, reitet er dann zur Feste zurück. Anläßlich dieser beim ‚Raub‘ Lothars entstandenen dreigliedrigen ‚phorischen‘ Figur expliziert Tiffauges in seinem ‚Tagebuch‘ erstmalig diese Gliederungseinheit des Systems, die bereits mehrmals präfigurativ aktualisiert wurde, als *Superphorie* (469). Er definiert diese ‚phorische‘ Figur, indem er vom ‚Raub‘ Lothars zur Goetheschen Ballade gleitet, die er dekonstruktiv interpretiert. Ist es im Balladen-Text die magische Berührung eines übernatürlichen Wesens, die dem Kind den Tod bringt, so verwandelt sich dieses Geschehen in der auf der spielerischen Imitation der Begriffe und Relationen des Hegelschen „Systems der Sittlichkeit“ basierenden Perspektive des Ogers Tiffauges in einen ‚Raub‘ des Kindes. Sind in der Ballade der Akt der ‚Superphorie‘ (Pferd/Reiter/Kind) und die magische Berührung unterschiedlichen Figuren – einer eindeutig positiven und einer eindeutig negativen – zugeordnet, so kommt es im Spiegel des Tiffauges'schen ‚Tagebuchs‘ zu einer Dekonstruktion bzw. Auflösung des Gegensatzes Vater – Erlkönig, die in der Ambivalenz der Romanszene verschmolzen erscheinen. Die Bildlichkeit der *Erlkönig*-Ballade stellt also das eigentliche intertextuelle Vorbild der Figur der Superphorie dar:

> «[...] c'est la charte même de la phorie qu'elle élève à la troisième puissance. C'est le mythe latin de Christophe-Albuquerque porté à un paroxysme d'incandescence par la magie hyperboréenne» (469).

In Anlehnung an die Terminologie der Fuge definieren wir nunmehr die *Superphorie* als ‚Augmentation‘ des ‚Themas‘, bei der es zu drei- und mehrgliedrigen ‚phorischen‘ Figuren kommen kann[87].

Wir erinnern uns, daß, auf der Imitationsgrundlage der Fuge gesehen, der ‚Raub‘ Lothars in die ‚Stretta‘ fällt. Die Figur der Superphorie, die hier erstmalig, von metonymischen Vorformen (z. B. Auto/Tiffauges/Fotoapparat/Kinderaufnahmen) abgesehen, voll entfaltet in der Form der Paidophorie auftritt, repräsentiert eine Dekonstruktion des Gegensatzes von ‚Thema‘ und ‚Thema-Inversion‘. Zwar rückt die Reminiszenz an den Erlkönig die Figur der Superphorie in das Licht der ‚Thema-Inversion‘. Zugleich evoziert sie aber auch die Reminiszenz an den androgynen Adam vom Romananfang, d. h. die Figur der Hyperphorie, deren negative Inversion sie zu inszenieren scheint. Tiffauges läßt sich hier nicht eindeutig

---

87 Im Falle des Transports der erbeuteten Zuchttauben in den *monde clos* beobachten wir eine viergliedrige Figur (Tiffauges/Weidenkorb/Taube/Zeichen bzw. Lieferwagen/Weidenkorb/Taube/ Zeichen). Weitere Beispiele aus dem Taubenkapitel zeigen, wie Tournier durch beliebiges Hinzufügen bzw. Weglassen die Figur der Superphorie ständig variiert. Auf der Fahrt von Erstein bis Girmont, die mit der Gefangennahme durch die Deutschen endet, haben wir sogar ein Beispiel für eine fünfgliedrige ‚superphorische‘ Figur (Auto/Tiffauges/Weidenkorb/vier Tauben/ Zeichen 233), die dann eine sukzessive ‚Diminuation‘ erfährt.

auf ein rein negatives Bild festlegen, sondern er oszilliert gleichsam auf der Folie des differentiellen Spiels der intertextuellen Vorbilder. Agiert er im Sinne des Mythos als ‚Mittler' zwischen den Gegensätzen, oder aber entzieht er sich im Sinne einer Dekonstruktion der Struktur des Mythos der Gegensätzlichkeit?

Die Figuren der Superphorie und der Hyperphorie scheinen sich gegenseitig zu dekonstruieren, insofern als sie keinen logischen Gegensatz bilden, sondern lediglich differentiell sind. Beide sind mehrgliedrig, wobei jedoch die Hyperphorie nach dem Modell der „poupées gigognes" (35) auf dem Prinzip der ‚Schachtelung' basiert, während man das der Superphorie zugrundeliegende Prinzip als ‚Schichtung' bzw. ‚Superposition' bezeichnen könnte. Allerdings impliziert diese Unterscheidung auch die Reminiszenz an die archetypische Vorstellung der Opposition Verschmelzung *versus* Trennung im Sinne der Durandschen Polarität von „régime diurne" (*schème* ‚DISTINGUER') *versus* „régime nocturne" (*schèmes* ‚RELIER' und ‚CONFONDRE'). Durand ordnet den Androgyn dem *schème* ‚RELIER' zu, den „Animal gigogne" dem *schème* ‚CONFONDRE'[88]. Die Tourniersche Vision eines dreigliedrigen Androgyn im *Roi des Aulnes* vermischt also dekonstruktiv die bei Durand unterschiedenen Vorstellungen der *Coincidentia oppositorum* (Androgyn) und der Verdoppelung bzw. Verkleinerung oder ‚Gulliverisierung' („L'Animal gigogne"). – Gleichzeitig spiegelt das Nebeneinander von Super- und Hyperphorie reminiszenzartig die Konfrontation des Zustandes paradiesischen Seins mit dem Zustand des Gefallenseins.

3.6.1.2. Die Übersetzung des ‚braunen Kults' in das *système de la phorie*: Parodistische *exaltation* zur Entlarvung der zynischen *essence*

3.6.1.2.1. Die *exaltation* des ‚braunen Kults' zum Zeichenkult

Die ‚phorischen' Figuren Anti- und Paraphorie erfahren ihre ‚endgültige' Formulierung in den Kapiteln V und VI durch die Nazis. Raufeisen imitiert die Umsetzung der von ihnen propagierten und speziell von Hitler geforderten Pädagogik der Härte[89], deren Ergebnis eine „gewalttätige, herrische, unerschrockene, grausame", athletisch geschulte Jugend sein sollte. Hitlers Programmatik, hinter der die Utopie vom „Gottmenschen" steht, gipfelt in der Forderung nach einer „heroischen Jugend", die nicht nur „Schmerzen" zu „ertragen" lernt, sondern auch „in den schwierigsten Proben die Todesfurcht [zu] besiegen". Die damit einhergehende „Absage an den Geist" (Gamm) und die Beschwörung des „freien, herrlichen Raubtiers" (Hitler) schimmert durch die Darstellung der Kinder hindurch, insofern als sie den

[88] Cf. die tabellarische Übersicht bei G. Durand (1969), p. 506 f.

[89] Das Folgende nach einem in *Der Schulungsbrief* Nr. 5 (1940) veröffentlichten Hitlerwort, zitiert bei H.-J. Gamm (1962), p. 19. Cf. auch die Ausführungen Gamms ibid.

Gegensatz Körper *vs.* Geist repräsentieren, der seine ‚endgültige' Formulierung in der Opposition Jungmannen[90] *vs.* Éphraïm erfährt.

Die im Romantext imitativ vorgeführte Pädagogik der Härte verdichtet sich zeichenhaft in den Antiphorie-Szenen Raufeisens. Die Mutprobe[91] findet einen – freilich parodistischen – ‚phorischen' Reflex in der halsbrecherischen Szene des Morgenexerzitiums (I) (Jungmannen als Träger von schweren Balken 427), einem Beispiel für Antiphorie als Präfiguration einer weiteren Szene, dem Morgenexerzitium (II) – letzte ‚Zwischenspielsequenz' vor Beginn der ‚Coda' – als „acte antiphorique par excellence", mit dem diese Figur ‚vollendet' wird (Raufeisen in zynischer Siegerpose auf den Körpern der liegenden Jungmannen stehend 549). Diese imitieren den bedingungslosen Gehorsam und die höchste Opferbereitschaft für den ‚Führer', eine Reminiszenz an zentrale ‚Tugenden' im Kodex des „braunen Ordens" (Gamm).

Auch die Begeisterung der Nationalsozialisten für den „heroischen Tod"[92] findet ihr Echo im Roman, bezogen auf die Hitler-Jungen aus Kiel im Porträt Raufeisens („Quelle joie, quel appétit de sacrifice" 421) und auf die Zeremonie der Sonnenwendfeier („[...] sacrifices futurs que la jeunesse allemande consentira dans l'enthousiasme à la patrie" 443). Sie wird überlagert von biblischen Evokationen (Vergleich des Feuersprungs der Jungmannen mit dem Kindermord von Herodes 444 und Bezeichnung des deutschen Knaben als „agneau pascal tendre et pur" 414, beides in den *Écrits sinistres*), womit die Anspielungen auf den pseudoreligiösen ‚braunen Kult' durch Gegenbilder aus der christlichen Religion kritisch unterminiert werden.

Die Ausführungen Gamms machen deutlich, wie weit die Analogien zwischen christlicher Religion und ‚braunem Kult' gehen, so daß dieser gleichsam als eine Ersatzreligion verstanden werden kann. In ihr finden sich, wie Gamm im einzelnen aufzeigt, zentrale Elemente des christlichen Glaubens und der Kirche wieder: von der Reliquie über das Glaubensbekenntnis bis zum Märtyrertod, vom Golgatha (Marsch auf die Feldherrnhalle) und der Erlösung bis zur Apokalypse (in der Vorstellung vom „Endsieg"). Der Gedanke dieser Analogie kommt im Romantext bereits im ‚Diskurs' des Nazi-Professors über den Moorleichenfund – hier allerdings parodiert – zum Ausdruck (Erlösertod Christi – Tod des ‚Erlkönigs'). Die Begleitung der Reminiszenzen an den ‚braunen Kult' durch solche an Jüdisch-Christliches durchzieht die Kapitel V und VI und enthüllt sich als ein Verfahren, das dazu dient, auf der Folie der religiösen Bilder die der para-religiösen politischen Ideologie als

90 Ein Echo auf das „freie herrliche Raubtier" findet sich in der Bezeichnung der Napola als „cette cage d'enfants-fauves" (382).

91 Zu Mutproben in der Napola cf. H. Ueberhorst (^{2}1980), p. 92 [1. Aufl. 1969]. – Im Hinblick auf die Darstellung der Napola, ihre Erziehungsmethoden und Festrituale, wie z. B. die Sonnenwendfeier, vermischt Tournier Authentisches mit Fiktivem, wobei er sich an Ueberhorst und Gamm inspiriert.

92 Cf. H.-J. Gamm (1962), p. 151 f., der Zeugnisse dafür aus *Der Schulungsbrief* Nr. 11 (1936), p. 414 ff., anführt.

infernalische Umkehrungen zu entlarven. Wenn schließlich die Nazis im Roman Reminiszenzen an Teufel und Antichrist erwecken und auf diese Weise mythisiert werden, so erscheint, wenn man Gamm folgt, ihre Mythisierung *als solche* in der Ideologie selber vorgeprägt, und der Autor vollzieht gleichsam nur eine Inversion ihrer Wertigkeit durch eine ‚Doppelbelichtung', indem er hinter dem Bild des ‚Führers' das des Teufels aufscheinen läßt. Nach Gamm läßt der „braune Führerkult" Hitler als „Stifter der arischen Religion" und in dieser Eigenschaft als einen von Gott „Gesandten" erscheinen. Als solcher wird er zur „Rettergestalt" hochstilisiert und zum „Mittler" zwischen Gott und den Menschen und nimmt damit, wie Gamm herausstellt, einen Christus analogen Platz ein[93]. Das von Gamm ausgesuchte Titelbild seines Buches, Hitler auf dem Nürnberger Reichsparteitag 1935 in exponierter Stellung vor einer monumentalen Kulisse, ist für Gamm ein treffendes Beispiel für die Apotheose des ‚Führers'. Die Bildlichkeit dieser Szene und ihre Deutung durch Gamm[94] findet ein Echo in einer Romanpassage, dem Appellritual von Tiffauges (505 ff.), einer parodistischen Imitation des „Führerkults", die sich in einer weiteren Figur der Antiphorie ausdrückt (cf. infra, p. 203 f.). Das Appellritual könnte aber auch an Hitlers effektvollen Auftritt im „Lichtdom" auf der Zeppelinwiese (*RA* 477; nahezu wörtlich nach Gamm, p. 55) zum Reichsparteitag von 1937 erinnern, der ihn in der Sicht Gamms als „großen Magier", als modernen „Schamanen" erscheinen läßt, als „Hohenpriester", der im „Gottestempel" die „Andacht" zelebriert und von oben herab dem Volk den „Segen" spendet (p. 53 ff.).

Bei der Beschreibung der Aktivitäten Raufeisens expliziert Tiffauges neben der der Antiphorie auch erstmalig die bereits mehrfach präfigurierte Figur der *Paraphorie*: „Une nouvelle pièce vient de s'ajouter à mon système" (457). Indem Raufeisen nach der Abreise der sechzehn- bis achtzehnjährigen Jungmannen die Napola mit Waffen ausrüsten läßt, verwandelt sich – unter dem Einfluß der *inversion maligne* – Paidophorie in Paraphorie, wobei die erstere durch die letztere eine Perversion ins Monströse erfährt:

> «[...] la phorie qui définit l'idéal de la relation entre adulte et enfant s'instaure monstrueusement entre l'enfant et le jouet adulte. Le jouet n'est plus *porté* par l'enfant – traîné, poussé, culbuté, roulé, comme le veut sa vocation d'objet fictif, livré aux petites mains destructrices de l'enfant. C'est l'enfant qui est porté par le jouet – englouti dans le char, enfermé dans l'habitacle de l'avion, prisonnier de la tourelle pivotante des mitrailleuses couplées» (456).

An die Stelle des ‚phorischen' Paares $\frac{\text{Kind}}{\text{Erwachsener}}$ tritt das Paar $\frac{\text{Kind}}{\text{Waffe}}$, so daß sich das scheinbare Tragen als Fallenlassen bzw. als Akt der Vernichtung (cf. Antiphorie) enthüllt, da die Kinder der verführerischen Macht des Kriegsgeräts erliegen, das zum harmlosen Spiel einzuladen scheint. Allerdings handelt es sich bei dieser Figur nur um eine von mehreren Varianten von Paraphorie, wie Tiffauges selber betont (457). Die sich gewissermaßen

---

93 Cf. ibid., insbes. Kap. II „Führerkult" und Kap. III „Die Fahne"; Zitate p. 52 f., 56, 33, 42, 39.

94 Ibid., p. 42.

unmerklich vollziehende Verschiebung von Paido- zu Paraphorie hat ihr freilich von Tournier verfälschtes intertextuelles Vorbild in der Doppeldeutigkeit der *Erlkönig*-Ballade, so wie sie auf der Grundlage der dekonstruktiven Auslegung durch den ambivalenten Oger Tiffauges („porteur"/„emporteur" *VP* 125) erscheint: Als Träger des *toten* Kindes verschmilzt das Bild des beschützenden Vaters mit dem des ‚raubenden' Erlkönigs. Aber auch als Gestus magischer Verführung stellt die Paraphorie Raufeisens eine Reminiszenz an den ‚hyperboräischen' Oger Erlkönig dar, denn ähnlich wie die Waffen die Kinder faszinieren, die sie als Spielzeuge betrachten, so lockt der Erlkönig mit dem Angebot: „Gar schöne Spiele spiel' ich mit dir".

Das Vorangehende läßt bereits erkennen, daß der Leitgedanke der Verführung im Roman, auch bezogen auf den Nationalsozialismus, eine ‚phorische' Kodierung erfährt. Tiffauges beschreibt die unwiderstehliche Faszination, die von einer Militärparade auf die Zivilbevölkerung ausgeht:

> «Le phénomène n'est encore qu'à l'état naissant dans l'autre moitié de la foule, celle des civils dont l'écume irrégulière et multicolore s'accumule en désordre sur les trottoirs et sous les arbres. Pourtant le suc digestif du gros serpent vert parvient en effluves puissants jusqu'aux petits êtres provisoirement libres encore. Cette musique triste et obsédante, le piétinement sourd des légions en marche, les travées régulièrement soulevées par la même houle, les étendards à croix gammées qui se caressent soyeusement sous la brise – tout ce rituel d'envoûtement agit en profondeur sur leur système nerveux, et paralyse leur libre arbitre. Une douceur mortelle les prend aux tripes, mouille leur regard, les immobilise par une fascination exquise et vénéneuse qui s'appelle: le patriotisme. *Ein Volk, ein Reich, ein Führer*» (393 f.).

In dieser Textstelle, die an einen Passus bei Gamm (p. 18) erinnert, scheint der Grundgedanke des ‚braunen Kults' auf, die gezielte Beeinflussung der Massen, die auf einem bestimmten Mechanismus beruht, dem Ausschalten des Verstandes durch ein Einwirken auf tiefere, unkontrollierbare Schichten des Bewußtseins, das Nervensystem und die Eingeweide, was zur Entfesselung von unbewußten Trieben und Sehnsüchten führt. Die von Gamm aufgeführten Elemente dieser Beeinflussungsstrategie, die „Umsetzung der Parole in Bewegung" (der „Rhythmus der Marschkolonne"), die „gesungene Ideologie" sowie der Gedanke der Absorption des Individuums durch das Kollektiv, das allein für die Nazis zählte, finden ihr Echo in der Textpassage des Romans[95]. Und auch hier drängt sich reflexartig das Bild des Erlkönigs auf, der sein Opfer mit dem Versprechen von Gesang und Tanz ködert. Mit diesem Brückenschlag, den Tournier in *Le vent Paraclet* expliziert – „[...] cette tradition du garçon-proie va trouver dans l'Allemagne nazie son prolongement et son épanouissement"

---

[95] Die Reminiszenzen an die Gamm-Stelle gehen bis in die Bildlichkeit hinein: cf. „mille-pattes géant déroulant ses anneaux feldgrau sur la chaussée" (393) und „diesen kollektiven Tausendfüßler, diesen Heerwurm, der sich singend dahinwälzte"; die Metaphorik der Verdauung bei Tournier erinnert an Gamms Bemerkung: „Ideologie ist unendlich schwer wieder auszuscheiden" (Gamm, p. 18).

(120) –, glaubt der Autor in das ‚Herzstück' deutschen Geistes auf der Folie nordisch-germanischer Tradition zu zielen. So läßt er seine Figur des Nazi-Archäologen Keil sagen:

> «Et là je ne puis manquer de songer à Goethe, le plus grand poète de langue allemande, et à son œuvre la plus illustre et la plus mystérieuse à la fois, cette ballade du *Roi des Aulnes*. Elle chante à nos oreilles allemandes, elle berce nos cœurs allemands, c'est en vérité la quintessence de l'âme allemande» (294 f.).

Auch in *Le vent Paraclet* bezeichnet Tournier die *Erlkönig*-Ballade als „*le* poème allemand par excellence, le symbole même de l'Allemagne" (118), freilich aus der Perspektive der Franzosen gesehen.

Die vorrangige Bedeutung, die nach Gamm dem „Fahnensymbol" im ‚braunen Kult' als „zentralem Zeichen" (p. 43) und als seiner „beherrschenden Mitte" (p. 45) zukommt, findet ihre Entsprechung im *Roi des Aulnes*, wo die Fahne bzw. das Emblem die Schlüsselrolle im System der Phorie einnimmt (cf. 480, 495):

$$\frac{\text{drapeau}}{\text{porte-drapeau}} \mathrel{\hat{=}} \frac{\text{clé}}{\text{serrure (als Träger)}}$$

Tourniers Gedanke, daß die NS-Propaganda in erster Linie auf den ‚Petit Poucet' abziele, findet ihre Bestätigung bei Gamm. Dieser deutet an, wie die Fahne begeisterte Aufnahme gerade bei der Jugend fand und wie schon von zehnjährigen Kindern die makabren Fahnenlieder gesungen wurden (p. 43, 49): z. B. „Wir Jungen tragen die Fahne zum Sturme der Jugend vor ..." (Eberhard Wolfgang Möller) und „Unsere Fahne flattert uns voran" (Baldur von Schirach) mit den wiederholten Beschwörungen der Jugend[96].

Im pseudo-referentiellen ‚phorischen' Zeichensystem des *Roi des Aulnes* wird das Nazi-Regime zum Ergebnis der Herrschaft der Zeichen schlechthin stilisiert:

> «– La vérité, c'est que dès son origine, le IIIe Reich est le produit des symboles eux-mêmes qui mènent souverainement le jeu» (476).

Der Fahnenkult der Nazis, so wie ihn Gamm beschreibt, in dessen Mittelpunkt die sogenannte „Blutfahne" steht (vom Kommandeur, durch den hindurch man Gamm sprechen zu hören meint, als „la relique la plus sacrée du parti nazi" 477 bezeichnet; wörtlich bei Gamm, p. 142), wird in der visionären Verlängerung durch die Perspektive des Romans zum ‚Zeichenkult' schlechthin und durch diese Überspitzung in seiner monströsen ‚Essenz' entlarvt. Das Zeichen als Fahne, Wappen, Abzeichen, Uniform, Waffe etc. wird zum Mittel der Verführung *par excellence*. Es verkörpert die *Para*phorie, den Schein, die Lüge und entpuppt sich als Blendwerk des Teufels. Gegenüber dem Zeichen erscheint der Mensch nebensächlich („l'homme est accessoire" 476) und nur auf die Funktion des Trägers reduziert. Dies wird deutlich in der Evokation des Rituals zum Reichsparteitag vom 10. Sep-

96 Lieder zitiert bei H.-J. Gamm (1962), p. 44 f. und 48 f.

tember 1937 (cf. Gamm, p. 51 ff. und die Abbildungen 1 und 2) durch den Kommandeur, wobei der nächtliche Hintergrund die Reduktion des einzelnen zum Menschen*material* noch begünstigt:

> «[...] l'on voit défiler des armées entières, dont chaque homme est un porte-drapeau, et qui ne sont que des *armées de drapeaux*, une vaste mer, houleuse et creusée par le vent, d'étendards, d'enseignes, de bannières, d'emblèmes et d'oriflammes. La nuit, les torchères achèvent cette apothéose, car leur lumière embrase les hampes, les étamines et les figures de bronze qui les couronnent, et noient dans les ténèbres de la terre la masse humaine, vouée à une fin obscure» (477).

Der ‚braune Kult' wird im *Roi des Aulnes* im Spiegel des Ogers zu einem ‚phorischen' Phänomen. Diese Kodierung ist im Fahnenkult selbst vorgegeben, in dem sich die braune Ideologie wesenhaft verdichtet.

3.6.1.2.2. Das Strukturmodell der Umkehrung

Die hier skizzierte neue Variante der Semiophorie (cf. die Tauben), die, wie wir bereits andeuteten, als Paraphorie zu verstehen ist, wird als solche in den Ausführungen des Kommandeurs expliziert, wobei dieser ihren Wirkungsmechanismus analysiert und ihre volle Bedeutung enthüllt. Danach gipfelt der „Symbolmechanismus" in dem Zusammentreffen von Phorie, *inversion maligne* und *saturation*, das gleichbedeutend wird mit der ‚Apokalypse', d. h. der Offenbarung der ‚Wahrheit':

> «[...] l'*union de ces trois figures en une seule* [...] *est synonyme d'apocalypse*. Car il y a un moment effrayant où le signe n'accepte plus d'être porté par une créature, comme un étendard est porté par un soldat. Il acquiert son autonomie, il échappe à la chose symbolisée, et, ce qui est redoutable, *il la prend lui-même en charge*. Alors malheur à elle! Rappelez-vous la Passion de Jésus. De longues heures, Jésus a porté sa croix. Puis c'est sa croix qui l'a porté. Alors le voile du temple s'est déchiré et le soleil s'est éteint. Lorsque le symbole dévore la chose symbolisée, lorsque le crucifère devient crucifié, lorsqu'une inversion maligne bouleverse la phorie, la fin des temps est proche. Parce qu'alors, le symbole n'étant plus lesté par rien devient maître du ciel. Il prolifère, envahit tout, se brise en mille significations qui ne signifient plus rien du tout. Avez-vous lu l'Apocalypse de saint Jean? On y voit des scènes terribles et grandioses qui embrasent le ciel, des animaux fantastiques, des étoiles, des glaives, des couronnes, des constellations, un formidable désordre d'archanges, de sceptres, de trônes et de soleils. Et tout cela est symbole, tout cela est chiffre, indiscutablement. Mais ne cherchez pas à comprendre, c'est-à-dire à trouver pour chaque signe la chose à laquelle il renvoie. Car ces symboles sont diaboles: ils ne symbolisent plus rien. Et de leur saturation naît la fin du monde» (473 f.).

Die Proliferation der Zeichen kulminiert in einem Zustand der ‚Sättigung', in dem durch die *inversion maligne* die ‚diabolische' Umkehrung der Phorie in Paraphorie erfolgt und somit der Scheincharakter dieses Tragens entlarvt wird. Das Zeichen verselbständigt sich vom ehemals Getragenen zum Träger, der den Menschen ‚verschlingt':

> «Qui pèche par les symboles sera puni par eux!» (472)
> «Le *symbole* bafoué devient *diabole*» (473).

Diese Pseudo-Sentenzen des Kommandeurs evozieren in parodistischer Verzerrung die in Anspielung auf den Fahneneid beschwörende Liedzeile „[...] wer die Fahne, die Fahne beleidigt, der sei vermaledeit“[97]. Wiederum werden hier mit dem bereits erwähnten Verfahren der ‚Doppelbelichtung‘ auf der Folie des para-religiösen Kults der Nazis – freilich verschoben – biblische Reminiszenzen geweckt: „[...] wenn jemand mit dem Schwert tötet, der muß mit dem Schwert getötet werden“ (*Offb* 13,10); „Denn wer das Schwert nimmt, der soll durchs Schwert umkommen“ (*Matth* 26,52). Mit der Perversion des braunen Fahnenkults wird somit gleichzeitig der Tötungsmechanismus der Paraphorie ins Spiel gebracht. Durch die Evokation der Apokalypse als Gericht und Bestrafung wird die dem Nazikult anhaftende ästhetische Dimension durch eine moralische überblendet, wobei diese jedoch nicht mehr als eine *mise en abyme* intertextueller Reminiszenzen darstellt[98]. So enthüllt sich die ‚Doppelbelichtung‘ als ein Verfahren, durch das die Illusion der Konstitution einer moralischen Ebene im Roman geweckt wird.

Die Reflexion über die Dimension der Zeichen im System der Phorie ist mit den ‚Denkanleitungen‘ des Kommandeurs für Tiffauges in eine neue Phase eingetreten. Aus der von ihm entwickelten ‚Theorie‘ des mythischen Zeichens (cf. 473) läßt sich ein in ‚phorische‘ Terme übersetztes Strukturmodell der Umkehrung herauskristallisieren, das zugleich banal und fundamental (archetypisch) erscheint. Es stellt als *inversion maligne* den Mechanismus der Opferung dar, zu dessen Vorbild die Passion Christi stilisiert wird (cf. auch 493):

$$\left\{ \frac{\text{Zeichen}}{\text{Träger}} \times \frac{\text{Träger}}{\text{Zeichen}} \right\} \hat{=} \left\{ \frac{\text{Kreuz}}{\text{Kreuzträger } (\textit{crucifère})} \times \frac{\text{Gekreuzigter } (\textit{crucifié})}{\text{Kreuz}} \right\}$$

Diese Doppelfigur der Paraphorie entzieht sich jedoch einer eindeutigen Formulierung. Sie ist offen, insofern als die die ‚phorischen‘ Paare konstituierenden Signifikanten permutiert werden. Der dem System innewohnende Wirkmechanismus generiert im Sinne des *mouvement génératif* (Derrida) eine Gleitkette gleichsam als ‚Fortspinnung‘ des Ausgangsmodells,

---

97 Ibid., p. 44 f., cf. auch den Kommentar zum Liedtext.

98 Cf. den von J. Améry gegen den *Roi des Aulnes* erhobenen Vorwurf der „Ästhetisierung der Barbarei“ (1973) und die Widerlegung der Thesen Amérys bei M. S. Fischer [(1977), p. 22 ff., insbes. p. 37], der Améry „beabsichtigte Sinnentstellung“ durch „unsauberes Zitieren“ und „Nichtberücksichtigung des Kontextes“ nachweist [ibid., p. 27, 37]. Die Erkenntnisse unserer Untersuchung bestätigen, vertiefen und ergänzen die knappen Andeutungen Fischers. – Andererseits ist jedoch zu bedenken, daß sich wie alle anderen metaphysischen Inhalte auch die Vorstellung der Apokalypse – wie wir noch zeigen werden – im Roman im post-metaphysischen Horizont selbst dekonstruiert. Mit seinem Vorwurf des Fehlens des moralischen Aspektes und seiner Applikation des Nietzsche-Ausspruchs, „daß das Leben nur als ästhetisches Phänomen gerechtfertigt sei“, auf den *Roi des Aulnes* hat Améry, von einer höheren Warte aus gesehen, durchaus das richtige Gespür für die Einschätzung der *mythécriture* Tourniers bewiesen.

durch die dieses eine Transposition von Ebene zu Ebene erfährt, bis es seine ‚endgültige' Formulierung im Bild der drei aufgespießten Kinder (577) als Figur der Paraphorie *par excellence* erreicht. Als Glieder dieser Kette werden ‚phorische' Paare evoziert, die zunächst die Vorstellung der Inversion nur suggestiv vorwegnehmen und ein Beziehungsgeflecht schaffen: *signe – créature; étendard – soldat; drapeau – porte-drapeau/homme; vêtements* (der Jungmannen)/*clés du corps – corps; Seitengewehre – petits Porte-Glaive* (Haïo, Haro, Lothar). An dieser Stelle der Entwicklung vollzieht sich mit der Einführung der ‚phorischen' Figur der Doryphorie[99] – freilich präfigurativ – unmerklich der Übergang zur Verselbständigung des Zeichens, indem die Waffen, die Seitengewehre, mit den *épées titanesques* als überlebensgroßes Emblem verglichen werden (488), das als „diabole", d. h. Zeichen der Trennung, die Kinder später vernichtet. Einen Schritt weiter geht die „pyramide" des Kindertrios (491 ff.), die als Turnfigur das Emblem von Kaltenborn abbildet, wobei sie zugleich die Endfigur der Paraphorie, allerdings mit einer spielerischen Reminiszenz an die Inversion in der Fuge (Spiegelung an der Horizontalen) durch die Mittelfigur des Trios im Handstand, vorwegnimmt. Die „pyramide" zeigt das Kindertrio bereits als Emblem*inhalt*. Die letzte permutative Variante als Vorstufe der Endfigur, mit der die Schwelle zur ‚Opferung' der Kinder erreicht ist, bildet das ‚phorische' Paar $\frac{\textit{corps d'un enfant}}{\textit{bicyclette}}$ (495).

Anhand dieser Figur zieht Tiffauges in einer abschließenden ‚Reflexion' über die ‚Theorie' der ‚phorischen' Zeichen das Fazit aus den ‚Lehren' des Kommandeurs. Dabei werden die Zeichen ein weiteres Mal permutiert:

> «La bicyclette qui n'a aucune vertu sur la personne des adultes agit sur le corps d'un enfant comme une grille de déchiffrement: elle isole son essence et amorce son élucidation. Cela illustre doublement certains propos assez obscurs du Kommandeur. D'abord parce que l'expérience de la bicyclette met en évidence la *vocation héraldique* de l'enfant, vocation redoutable si elle implique un achèvement sacrificiel. Ensuite parce que je comprends mieux maintenant la différence entre la *clé* qui ne nous livre qu'un sens particulier de l'essence, et la *grille* qui en prend totalement possession, et l'offre illuminée à notre intuition. Différence d'ordre phorique, puisque la clé est portée par son essence – comme la serrure porte sa clé –, tandis que c'est la grille qui porte son essence, comme les barreaux de fer incandescents portent le corps du martyr. Reste à comprendre maintenant le passage de la clé à la grille que le Kommandeur a défini comme l'inversion maligne opérant le passage du crucifère au crucifié» (495 f.).

Aus diesem ‚Diskurs' läßt sich eine neue Variante des Strukturmodells der Umkehrung herauskristallisieren, die eine Transposition auf eine höhere Abstraktionsebene impliziert:

---

[99] Unter *Doryphorie* nach gr. δορυ-φόρος = ‚Lanzenträger' verstehen wir das Tragen der Lanzen, des Schwerts, im weiteren Sinne der Waffen überhaupt (cf. auch die aufgestellten Lanzen des baron des Adrets 81). Der Begriff „doryphore" wird von Tournier selber angeführt (*VP* 124).

$$\left\{ \frac{\textit{clé}}{\begin{array}{c}\textit{essence}\\ (\textit{serrure})\end{array}} \times \frac{\textit{essence}}{\begin{array}{c}\textit{grille}\\ \textit{de déchiffrement}\end{array}} \right\} \triangleq \left\{ \frac{\text{Kreuz}}{\begin{array}{c}\text{Kreuzträger}\\ (\textit{crucifère})\end{array}} \times \frac{\begin{array}{c}\textit{corps du martyr}\\ (\textit{crucifié})\end{array}}{\begin{array}{c}\textit{barreaux}\\ \textit{de fer}\end{array}} \right\}$$

In diesem Modell, in dessen Terminologie u. a. Reminiszenzen an die Erkenntnistheorie Spinozas und an die Kabbala mitschwingen, so daß es gleichsam die ‚erkenntnistheoretische Dimension' des Systems der Phorie simuliert, tritt zur Umkehrung die Verschiebung (*clé* > *grille*) hinzu. Als freilich parodistisches Vehikel für die ‚Erkenntnis' dieses Mechanismus dient dem Oger Tiffauges das Zeichen Fahrrad, weil dieses aus seiner ‚phorischen' Sicht ebenso vollkommen Besitz vom Kind ergreift wie die *grille* von der *essence*. Auf höchster Ebene enthüllt sich damit in der obigen Strukturformel der dem System der Phorie innewohnende Wirkungsmechanismus als imitatives Abbild der Strategie der Dekonstruktion. Als solches wird er zum geeigneten Medium, um den ‚braunen Kult' als ‚phorisches' Phänomen *ad absurdum* zu führen. Der para-religiöse Fahnenkult („[...] die Fahne führt uns in die Ewigkeit! Ja, die Fahne ist mehr als der Tod!"[100]) wird so mit der zynischen Figur der Paraphorie in seinem Nihilismus entlarvt.

Das Kind in der Rolle des ‚Waffenträgers' wird ausgelöscht, indem es zum Embleminhalt pervertiert wird. Es ist Opfer der souveränen Herrschaft der Zeichen. Die ins Leere („néant" 577) starrenden toten Kinderkörper bilden die Erfüllung der „*vocation héraldique* de l'enfant" (495), die ihre Vollendung im Opfer als Perversion der Phorie findet.

3.6.2. ‚Zwischenspiel' (1. Teil): Die ‚phorische' *exaltation* der Napola-Kinder. Inszenierungen einer symbolischen ‚Opferung'

> «[...] complètement rouge comme un géant tout couvert de sang, il semblait, avec sa tête qui se renversait, chanceler sous le poids de son ivresse.»
>
> G. Flaubert[101]

Den letzten Teil des fünften Kapitels bilden die ‚Riten' zur Vorbereitung auf die ‚Opferung', die sich auf der Folie der Fugenstruktur als erster Teil eines ‚Zwischenspiels' betrachten lassen, das im sechsten Kapitel fortgesetzt wird. Diese kapitelübergreifende Sequenz unterbricht den Ablauf der Geschichte – so wie er im Taubenkapitel mit den Funktionspaaren *Jagd – Zucht* und *Rettung – Pflege* vorgegeben ist – und bildet eine Art Überleitung zu ihrem letzten Teil. Dieses ‚Zwischenspiel' knüpft an das erste (Tiffauges in Paris) an, indem

---

100 Zeile aus dem Hitlerjugend-Lied, zitiert bei H.-J. Gamm (1962), p. 48 f.

101 G. Flaubert, *Salammbô* (1951), p. 949.

‚phorische' Figuren wiederaufgenommen werden und eine *exaltation* erfahren, insbesondere Stigmatophorie, *angélique+*, *euphorie* und Pneumatophorie.

Unser Vorschlag, die Handlungen des ‚Zwischenspiels' in seinem ersten Teil als ‚Riten' zur Vorbereitung auf die ‚Opferung' zu lesen, gründet sich zunächst auf Textsignale, die entsprechende Reminiszenzen suggerieren, wie z. B. „la tonte", „l'onction", „leurs ablutions" etc. Unsere Sicht findet sich bestätigt durch eine Stellungnahme des Autors zu unserem Vorschlag:

> «J'aime beaucoup le côté préparatoire au sacrifice, la préparation rituelle. C'est vrai que l'animal sacrifié doit être préparé, purifié, etc.»[102]

Allen sogenannten ‚Riten' gemeinsam ist eine ‚phorische' Bildstruktur. Sie stellen eine Perversion von alltäglichen Handlungen in der Napola dar. Durch ihre Perversion in ‚phorischen' Gebärden stilisiert Tiffauges die Praktiken der Nazis ins Mythische und führt so Schritt für Schritt entsprechend seiner *vocation* (282 f.) jene *exaltation* herbei, durch die allmählich die ‚Essenz' des Treibens der Nazis in das grellste Licht gerückt und damit ‚überhöht' wird, so daß schließlich die ‚phorischen' Riten zum Widerschein der KZ-Praktiken (Haarschur, Appell, Vergasung) werden. Die Betrachtung der ‚Riten' ermöglicht einen Erkenntnisfortschritt in der Bewertung der Position von Tiffauges im System der Phorie.

Die von Tiffauges veranlaßte „tonte générale" (498 ff.) des Kollektivs der Jungmannen, die bezeichnenderweise mit einem Abstieg (Keller) einhergeht, stellt eine Gebärde der Antiphorie dar (Fallenlassen der Haare), die allerdings durch die pseudo-pathetisch stilisierte Manifestation eines ‚inneren' Widerstrebens gegenüber der Maßnahme relativiert erscheint. Die Haarschur evoziert Praktiken des Opferkults, das Abschneiden der Stirnhaare beim antiken Tieropfer, womit die Perversion des Kindes zum ‚Opfertier' bekräftigt wird, die auch durch den Vergleich der Kinder mit „moutons" (510) und die Bezeichnung ihrer Haare als „cette laine plus tendre, mais non moins musquée que de l'agneline brute" (511 f.) zum Ausdruck kommt. Unübersehbar ist hier die Spur, die zu der von Flaubert in *Salammbô* (1862) dargestellten Opferszene für den Moloch[103] führt, wo den zu opfernden Kindern vom Oberpriester eine Haarsträhne von der Stirn gerissen wird. Andererseits stellt sich über den Tiervergleich eine Reminiszenz an das Jesaja-Wort über den Messias ein vom „Lamm, das zur Schlachtbank geführt wird"[104] und vom „Schaf, das verstummt vor seinem Scherer" (*Jes* 53,7), das im Neuen Testament auf Christus bezogen wird (*Joh* 1,29; *AG* 8,32). Das Erziehungsideal des unbedingten Gehorsams erfährt durch die ‚Überblendung' mit dem

---

[102] *Entretien Michel Tournier – Cornelia Klettke* (5. April 1986), infra, p. 297.

[103] G. Flaubert, ibid., p. 947. – Auf Reminiszenzen des *Roi des Aulnes* an *Salammbô* weist Tournier in „Je suis comme la pie voleuse" [Interview mit J.-L. de Rambures (23. Nov. 1970), in: (1978), p. 163] hin.

[104] Cf. auch die Bezeichnung für den Einzug der ältesten Jungmannen: „Les grands qu'on envoie la semaine prochaine à l'égorgeoir [...]" (427).

biblischen Bild vom Schlachtopfer eine *exaltation*, die den zynischen Mechanismus des Kadavergehorsams entlarvt.

Auch die Doppelbedeutung von *épi* = ‚Haarbüschel' und ‚Ähre' löst einen Interpretationsprozeß im symbolischen Modus aus, da mit dem Begriff ‚Ähre' Reminiszenzen an die Symbolik der Fruchtbarkeit, von Tod und Wiedergeburt geweckt werden. ‚Haare' und ‚Ähre' setzen das Spiel mit den intertextuellen Symbolen von Fruchtbarkeit und Auferstehungshoffnung fort: *Taubenflaum – Geweih – Ähre – Kinderhaare*. Der Vergleich der geschorenen Köpfe mit einem „champ d'épis et d'éteules dorés" (508) und die Bezeichnung der gefallenen Haare als „moisson" (499) scheint inspiriert durch die Strophe eines Fahnenliedes: „Denn mögen wir auch fallen – wie ein Dom steht unser Staat. Ein Volk hat hundert Ernten und geht hundertmal zur Saat"[105]. Die para-religiös verbrämte verbrecherische Bereitschaft zum Massenopfer der Jugend wird mit dem ‚Ritus' der Haarschur in ihrem Zynismus grell beleuchtet.

Auf die Antiphorie der Haarschur folgt mit dem von Tiffauges veranlaßten Füllen der Haare in Säcke ein ‚phorischer' Akt, der sich als Figur metonymischer Paidophorie lesen läßt. Die Haare werden so gleichsam zur Reliquie, womit sich eine Reminiszenz an die Verehrung der Haarsträhne im Heiligenkult einstellt.

Mit einem „rituel" zur „[...] démonstration pleine, entière, circulaire, de quatre cents individualités enfermées entre des murs étroits et absolument disponibles" (508) invertiert bzw. pervertiert Tiffauges ein gewöhnliches Napola-Exerzitium (das Feststellen der Zahl der Abwesenden) zur präfigurativen Simulation eines gigantischen Opferrituals für den Oger. Die Szene wirkt wie eine Übersetzung des in *Salammbô* dargestellten Opferrituals für den Moloch, der als eherner Koloß über den Opfern thronend die Folie für den ‚Riesen' Tiffauges bildet. Die Bildlichkeit der Szene (Tiffauges an der Brüstung der Schloßterrasse mit den drei Emblemschwertern, unter ihm das Kollektiv der im geschlossenen Hof versammelten Kinder) zeigt den Protagonisten in der Pose der Antiphorie: Er erscheint metaphorisch von den Kindern getragen. In dieser Kombination von Antiphorie und *densité* – in ihrer *saturation* (cf. supra, p. 148) – ist die *densité* zum integrierenden Bestandteil der negativen ‚phorischen' Figur geworden.

Die ‚hymnischen' Gesänge der Kinder kontrastieren mit ihren Schreien in der dem ‚Appell' vorausgehenden Szene, eine Überlagerung von Reminiszenzen, nicht nur an den heiligen Hymnus der Baalpriester und die Schreie der Opfer, sondern auch an Stockhausens *Gesang der Jünglinge im Feuerofen* als Interpretation der biblischen Geschichte von den drei Männern im Feuerofen (*Dan* 3):

[105] Lied: „Nun laßt die Fahnen fliegen ..." (Hans Baumann), zitiert bei H.-J. Gamm (1962), p. 47.

«Les enfants jouent librement dans la cour que domine la terrasse aux trois épées. Moi, j'attends, *recueilli*, dans *la chapelle* dont les vitraux font chatoyer les derniers rayons du couchant. Je me laisse *bercer* par *cette symphonie de cris*, d'appels et d'exclamations qui *monte* vers moi *comme un encens sonore*, et qui, par-delà mes expériences de Neuilly, me transporte jusqu'au collège Saint-Christophe» (505) [Hervorhebungen von uns].

Tiffauges' ‚Andacht' in der ‚Kapelle' über den zu ihm aufsteigenden Schreien der Kinder wird gleichsam zur ‚Opferzeremonie', der Protagonist zum ‚Priester', der das ‚Opfer' der Knaben/Jünglinge ‚zelebriert', dessen ‚Essenz' die Stimmen darstellen. Der zynische Vergleich der Schreie mit dem Weihrauch – traditionell Zeichen für das aufsteigende Gebet (cf. den senkrecht aufsteigenden Weihrauch für den Moloch) – imitiert Stockhausens Kinderschreie, die an die Stelle des Lobpreises von Erwachsenen getreten sind[106]. Freilich handelt es sich bei Stockhausen um die elektronische Vervielfältigung eines einzelnen Schreies, eine ‚Superposition', die im *Roi des Aulnes* mit dem Leitmotiv des Schreies nachgeahmt wird.

Der mit den von den Jungmannen gesungenen Liedern[107] evozierte „Ostlandkult", nach Gamms Systematik ein Bestandteil des „Vaterlands- und Bodenkults" (Kap. IV), wird im *Roi des Aulnes* in seiner grausigen ‚Essenz' als ‚Opferkult' entlarvt. Mit der Permutation der „Türme der Burg von Sankt Marien" durch die *„tours de Kaltenborn"* (507, erstes Lied) wird die fiktive Feste des Romans als angeblicher Sitz der Schwertbrüder-Tradition in einer gleichsam synkretistischen Akkumulation historischer Reminiszenzen zugleich zum Wahrzeichen der Deutsch-Ordens-Ritter und damit überkodiert. Einmal mehr zeigt sich an dieser Stelle, wie stark sich Tournier an Gamm ausrichtet, wenn er dessen Gedanken von der „Illusion" der Nazis, „Vollender der ordensritterlichen Aufgaben zu sein" (Gamm, p. 74), in seinen Text umsetzt, wo er Kaltenborn zum Ort *par excellence* für die Perversion dieser Illusion werden läßt.

Auch im ‚Appellritual' erfährt also der sich in Liedern ausdrückende ‚braune Kult' eine ‚Doppelbelichtung' durch Biblisches. Bei der Entflechtung der Vernetzung der intertextuellen Reminiszenzen ergeben sich zwei Bahnen: Zum einen leuchtet hinter Tiffauges reflexartig Hitler bei den Reichsparteitagen vor dem versammelten Volk (*densité* und *saturation*) auf, eine Bahn, die zu Nebukadnezar, dem grausamen Judenfeind, führt, so daß sich ‚Feuerofen' und ‚KZ' überlagern und die schließlich mündet in der *exaltation* des Ogers zur heidnischen Gottheit in der Imitation des Molochs. Zum anderen schließt sich, historisch gesehen, ein Kreis durch die Evokation prominenter mittelalterlicher Gestalten des Deutschen Ordens und des Schwertbrüder-Ordens im Zerrspiegel ihres „Vollenders".

---

106 Tournier über Karlheinz Stockhausens *Gesang der Jünglinge im Feuerofen* als musikalische Inspirationsquelle für den *Roi des Aulnes* in *VP* 126 ff.

107 „Die Faust geballt um den Lanzenschaft ..." von Eberhard Marschall („Le poing serré sur la lance ..." *RA* 506 f.) und „In den Ostwind hebt die Fahnen ..." von Hans Baumann („Dressez les étendards dans le vent d'est ..." *RA* 509), zitiert bei H.-J. Gamm (1962), p. 74 und 68 f.

Tiffauges' ‚Haarbad' (511 ff.) im ehemaligen Goldfischbecken Blättchens erscheint als Fortsetzung der Perversion der Haarschur und stellt in der Reihe der ‚Riten' die Perversion der Elitezüchtung dar: goldblonde Kinderhaare anstelle der Goldfische als Zeichen einer ‚Opferung', womit durch Tiffauges im ‚Haarbett' die ‚Essenz' der Züchtung ‚exaltiert' wird. Hier wie auch schon im ‚Appellritual' wird nicht mehr die Vorbereitung, sondern bereits der Vollzug der ‚Opferung' symbolisiert.

Auch dieser ‚Ritus' zeigt eine ‚phorische' Bildstruktur: Metonymische Anti- und Paidophorie sowie *densité* erscheinen miteinander verschmolzen. Tiffauges liegt zugleich *auf* und *unter* den Haaren der Kinder, die er, zu einer homogenen Masse geformt, in die Arme schließt. Die ‚phorische' Zelebration der Kinderhaare als eine neue Art ‚phorischer' Kommunion mit den Kindern als Kollektiv gipfelt in einem Zustand der Euphorie, die als *euphorie phorique* und *cadente* zugleich erscheint (cf. die oxymorische, pseudo-pathetische Exklamation von Tiffauges „Joie, pleurs, pleurs de joie!" 512). Ein ‚Initiationsfortschritt' dieser ‚phorischen' Figur gegenüber der des ‚Appells' liegt in ihrer Ambivalenz, die darin begründet ist, daß zum ‚Opfer' der Kinder (Antiphorie) das ‚Selbstopfer' von Tiffauges als Geste der Paidophorie in metonymischer Präfiguration hinzutritt.

Mit der Metapher „nid" für den mit Haaren gefüllten „vivier" wird die Reminiszenz an die Neugeburt erweckt; ebenso mit der durch das Zeichen „vivier" ausgelösten Assoziation an *piscina* = ‚Fischteich' als ursprüngliche Bezeichnung für das Taufbecken. Das Bild des ‚Haarbades', das Tiffauges und die Kinder symbolisch zu ‚Täuflingen' stilisiert, parodiert die Züchtungsidee der Nazis auf der Folie einer christlichen Kulthandlung. Als Imitation einer sakralen Pose erscheint es jedoch zugleich selber grotesk und zynisch.

Der ‚Ritus' der ‚Salbung' (513 ff.) wird eingeleitet durch einen Akt der Paidophorie: Tiffauges fängt einen im Sturz begriffenen Jungmannen auf, dessen Lippen bluten. Im Hinblick auf das Kind als ‚Zeichenträger' hat damit im System der Phorie eine Verschiebung von der Doryphorie zur Stigmatophorie stattgefunden, womit wiederum ein Schritt in der Initiation des Kindes vollzogen ist:

clé:	Waffe > Wunde
essence:	Kind

Die dreigliedrige ‚phorische' Figur Tiffauges/Kind/Wunde als Variante der Superphorie (Paidophorie plus Stigmatophorie), präfiguriert in ‚superphorischen' Akten des ersten ‚Zwischenspiels' (Tiffauges/Jeannot bzw. *faunelet*), erscheint ambivalent. Zwar bewahrt Tiffauges das Kind vor dem Fall, aber die Evokation des Raubvogels, der die Beute krallt, und die Fluchtreaktion des Kindes rücken den Akt wiederum ins Zwielicht. Die Euphorie bricht sich in der ‚Selbstdarstellung' Tiffauges' im Spiegel der psycho-physischen Abläufe im ‚Inneren' des „busard" (513).

Das folgende ‚Zeremoniell', das die ambivalente Paidophorie durch die ‚Salbung' des ‚Wundenträgers' ersetzt, erweckt vieldeutige Reminiszenzen zunächst an den bereits in den alten Kulturen verbreiteten Weiheritus, insbesondere jedoch auf Grund gewisser Textsignale an christliche Sakramente: die Taufe (2 *Kor* 1,21; 1 *Joh* 2,27)[108] und die Letzte Ölung (Krankensalbung) (*Jak* 5,14.15; *Mk* 6,13) sowie an die Weihe des Krankenöls am Gründonnerstag durch den Bischof[109]. Die Anspielung auf die frühchristliche Salbung vor dem Taufbad wird dadurch nahegelegt, daß auf den in Frage stehenden ‚Ritus' im Text unmittelbar der der ‚Waschung' folgt. Die Reminiszenz an die Krankensalbung wird ausgelöst durch die ‚Salbung' des Mundes der Kinder, wobei deren ‚Demutsgebärde' die Bußgesinnung bei der Spendung des Sakraments der *extrema unctio* imitiert. Der Ritus der Weihe des Krankenöls wird evoziert durch die ‚bischöfliche' Geste von Tiffauges („Ma main gauche s'élève, l'index et le majeur unis, [...], ma Sinistre, ma Géniale, mon Épiscopale [...]" 514) und durch die mythische Stilisierung des Zeitpunktes als ‚Vorabend' (= Gründonnerstag) in der Zusammenschau mit dem Endgeschehen der ‚Opferung'.

Die ‚Salbung' durch Tiffauges pervertiert jedoch die christliche Symbolik. Dadurch daß sie mit der *linken* Hand – der des Ogers – vollzogen wird, verliert sie ihren ursprünglichen Sinn als Gebärde der Segnung. Das Auflegen der Salbe macht den ‚Wundenträger' zum Träger der ‚Weihe' zum Untergang, zum Nichts. Als pseudo-sakraler ‚Ritus' Tiffauges' erweckt damit die ‚Salbung' eine Reminiszenz an die Antiphorie bzw. die Paraphorie des Erlkönigs („dans un geste bénisseur et royal" 514). Mit der Beschreibung dieser Szene in den *Écrits sinistres*[110] entwirft sich Tiffauges gleichsam selbst als ‚Zyniker', wobei sich hinter der ‚Maske' des Heiligen der Oger verbirgt, durch den der christliche ‚Ritus' zum perversen Zerrbild gerät. Und genau darin liegt die Ambivalenz dieses ‚phorischen' Aktes, der zum Paradoxon wird in der Verknüpfung von Sakralem, metaphysischer Illusion und Nihilismus.

Der ‚Ritus' der ‚Waschung' (515 ff.) – eine Perversion des morgendlichen Duschens der Jungmannen – kreist um die Symbolik von Tod und Wiedergeburt. Zugleich evoziert die Szene durch das Einpferchen aller („tous en bloc" 515) in den viel zu kleinen Duschraum die Vision der Gaskammer als Ort kollektiver Vernichtung. Mit der Übersteigerung einer

---

108 Zur Salbung als Ritus der Taufe cf. M. Lurker (^{4}1988), Stichwort „Taufe", p. 718.

109 „[...] die *Salbungen* geschehen an Augen, Ohren, Mund, Händen, evtl. Füßen (in Notfällen nur an der Stirn) entsprechend den vom Bischof bei der Weihe des Krankenöls am Gründonnerstag gesprochenen Worten: ‚Durch diese hl. Salbung und seine mildreiche Barmherzigkeit verzeihe Dir der Herr, was Du durch Sehen, Hören, Riechen, Schmecken, Reden, Berühren, Gehen gesündigt hast' " [ibid., Stichwort „Sakrament", p. 618].

110 «Ma main gauche s'élève, l'index et le majeur unis, dans un geste bénisseur et royal. Bientôt d'ailleurs, elle ne bouge même plus, ma Sinistre, ma Géniale, mon Épiscopale, ma Consignataire de vérités apocalyptiques: ce sont eux qui s'inclinent vers elle, cueillant au passage un peu de saint chrême, en viatique nocturne, comme des suppliants baisent la statue miraculeuse d'un saint patron» (514 f.).

alltäglichen Napola-Verrichtung ins Monströse erfährt die *densité* im *monde clos* der Napola ihren stärksten Konzentrationsgrad. Hinzu kommt die Figur der ,positiven' Paidophorie (Tiffauges unter den Kindern), deren Gegenstück die Gaskammer als ,Figur der Antiphorie' bildet (die Stärksten über den Schwächeren). Die ,Waschung' stellt damit auch den Höhepunkt der Koexistenz von Phorie und *densité* im *monde clos* der Napola dar. Wie bei den anderen ,Riten' führt Tiffauges eine *exaltation* der Nazis herbei, die mit der *inversion maligne* der Duschszene in der Gaskammer die ,Essenz' der Greuel von Auschwitz (559) im grellsten Licht beleuchtet.

Mit seiner ,phorischen' Gebärde als höchster Ausdruck freiwilliger Unterwerfung (der Oger läßt die Kinder auf sich herumtrampeln, seinen Körper zermalmen 516) inszeniert Tiffauges sein symbolisches ,Selbstopfer', so daß sich mehr noch als bisher auch in dieser Szene Vorbereitung und Antizipation der ,Opferung' der Napola-Kinder und der ,Selbstopferung' von Tiffauges am Romanende überlagern. Die Metapher vom Kessel – „Tous ces enfants bouillent dans un chaudron géant avant d'être mangés, mais je m'y suis jeté par amour, et je cuis avec eux" (516) – schafft in pseudo-pathetischer Übertreibung eine ähnlich ironische Distanz wie das Fischbecken Blättchens als Ort des ,Haarbads'. Das Bild spiegelt das ,Selbstbildnis' von Nestor als Träger des Collège, indem es wie dieses die ironisch-sarkastische Imitation der Liebestat des heiligen Christophorus darstellt, der anstelle eines einzelnen Kindes ein Kollektiv trägt.

Die Duschszene enthält, im symbolischen Modus gelesen, sowohl unspezifische Reminiszenzen ganz allgemeiner Art an sakrale Bäder oder Waschungen, worauf auch die Bezeichnung der Szene als „leurs ablutions" (516) hindeutet, als auch spezifische Anspielungen an das Sakrament der Taufe[111]. Alle Reinigungsriten basieren auf der archetypischen Symbolik des Wassers als Anfang und Ende, in dem die Formen gelöst sind, was in der Duschszene spielerisch anklingt („[...] remous de vapeur ardente qui noie toutes choses dans des ténèbres laiteuses. Les corps s'y dissolvent et en émergent brusquement [...]" 516). Bezogen auf Tiffauges wird die Symbolik der Reinigung bzw. von Tod und Wiedergeburt durch Begriffe wie „une assomption glorieuse", „la résurrection de la chair", „une chair transfigurée" und „la guérir de sa disgrâce" (517) evoziert, über die sich die Verbindung zur Taufe herstellen läßt. Denn als „Geburt aus Wasser und Geist" (cf. *Joh* 3,3 ff.) verleiht die Taufe dem Menschen einen Auferstehungsleib (= *soma pneumatikon*) *in spe* (cf. *Paulus, Röm* 8,11).

Die Vorwegnahme der ,Auferstehung' ,erlebt' Tiffauges in der Erfahrung der *angélique+* (als permutative Variante der *euphorie+*) als Auswirkung der ,positiven' Paidophorie:

---

[111] Die ,phorische' Kodierung der Taufe wird bereits in der Paris-Phase präfiguriert. Cf. dazu Tiffauges' ,Deutung' einer Kindtaufe als „un petit mariage phorique entre un adulte et un enfant" (174).

«[...] une angélique cuite à l'étuvée, et affectée du coup d'un *changement de signe*: ce n'est plus l'oppression qui me précipitait dans un abîme d'angoisse, c'est une assomption glorieuse sur des tourbillons de nuées immaculées qui serait d'une inspiration fade, vaguement sulpicienne, n'étaient les chocs sourds et véhéments de mon cœur dilaté contre mes côtes, ce tam-tam dramatique qui rythme les fastes de mon apothéose» (517).

Auf der Folie der Reminiszenzen an die Taufe imitiert die *angélique+* demnach die Durchdringung mit Pneuma, weshalb sie auch als Pneumatophorie bezeichnet werden könnte, womit Tiffauges die Rolle des Pneumatophoros[112] spielt.

Die Pneumatophorie enthüllt sich jedoch als nur scheinbar metaphysisch. Die ‚Konversion' des Ogers erscheint simuliert, wenn man den ironischen Unterton des Textes mit berücksichtigt. Der Oger pervertiert hier den pseudo-sakralen Akt der ‚Reinigungszeremonie' mit der *angélique* zum ‚Verjüngungsbad' des Fleisches:

«Je songe à la résurrection de la chair que nous promet la religion, mais d'une chair transfigurée, au plus haut degré de sa fraîcheur et de sa jeunesse. Et je déploie toute ma peau brune et souillée d'adulte, je tends mon visage bistre et buriné à ces jets de vapeur bouillants, j'enfouis ma figure noire et ravinée dans cette fleur de farine, je l'offre à ces houppettes de chair vive pour la guérir de sa disgrâce!» (517)

Die Vorstellung der Wiedergeburt wird im Spiegel des perversen Helden Tiffauges[113] entmystifiziert und auf das Körperliche reduziert. Darauf deutet auch, daß es die Körper der Kinder sind, die ihm das ‚Gefühl' der ‚Wiedergeburt' vermitteln. Eine ironische Relativierung der ‚Reinigungsszene' ergibt sich auch auf der Folie ihrer präfigurativen ‚Echos', der ‚Defäkationszeremonie' Nestors und vor allem des *shampooing-chiottes* des Tiffauges der Paris-Phase. Wir beobachten erneut das Zusammenwirken von Imitation (oder Repetition), *exaltation* und Parodie.

Die ‚Zelebration' des pseudo-religiösen Aktes enthüllt sich also als eine Parodie, was die Selbstdekonstruktion der ‚positiven' Paidophorie bewirkt. Der Gegensatz zum ‚Appellritual' als Kombination von *densité* und Antiphorie, den die Szene der ‚Waschung' als Verbindung von *densité* und ‚positiver' Phorie zunächst darstellt, existiert nur scheinbar und dekonstruiert sich selbst. Auch im ‚Ritus' der ‚Waschung' bleibt die Figur Tiffauges, im Beziehungsgeflecht des Textes gesehen, ambivalent.

In der Szene vom „hypnodrome" (I) (517 ff.) wird eine aus der Not geborene Maßnahme (Zusammenrücken aller Betten im großen Rittersaal aus Brennstoffmangel) zum ‚Opferritual' des Ogers stilisiert. Es handelt sich um die gespielte Antizipation eines ‚Schlachtgeschehens' und die Vorwegnahme der ‚Totenwache', wobei der erste Teil der Szene die Imitation eines

---

[112] Der Ausdruck „pneumatophore" erscheint in *Les météores*, wo er zusammen mit dem des „sarcophore" ein semantisches Oppositionspaar bildet. Tournier beruft sich hier auf Athanasius, nach dem „Dieu s'est fait sarcophore pour que l'homme puisse devenir pneumatophore" (155).

[113] Zu Tiffauges als einem Perversen cf. *VP* 122.

ritterlichen Kampfspiels – Hippodrom > ‚Hypnodrom' – nach den Modellen der Exposition darstellt (‚Turnierspiel' 75 ff., präfiguriert in ‚Kampfszene' 29 f.), der zweite Teil die eines Schlachtfelds (also ‚Echo' auf die Schlafsaalszene Nestors mit der „condensation idéale" und der ‚Inspektion' der Schläfer 91 ff.).

Die Szene gipfelt in der Phorie des schlafenden Zwillingspaares Haïo und Haro durch Tiffauges. Über die Reminiszenz an das mythische Zwillingspaar Hypnos und Thanatos gleitet die Vorstellung von der Paidophorie zur Nekrophorie (= Tragen des toten Kindes)[114], die hier präfigurativ simuliert wird (cf. das spätere Tragen des toten Hellmut), wobei Tiffauges erstmalig ebenfalls präfigurativ die ‚Erfahrung' des „*poids mort*" (521) macht, der im pseudo-referentiellen System der Phorie vom Oger als ungleich schwerer erfahren wird als das Lebendgewicht[115]. Die Ambivalenz des Tragens, das für den Oger Wollust und Last bedeutet, wird hier konnotiert mit der Evokation von Schuld und Tod. Das Tragen erscheint durch die simulatorische Vorwegnahme der ‚Erfahrung' des Totgewichtes als ein erzwungener Akt der ‚Unterwerfung', der als ‚Imitation' des Todes als Verdammnis angesehen werden kann, eine Szene, die dem Leser als Gipfel der Ironie in der Brechung durch den übertrieben pathetischen ‚Diskurs' von Tiffauges vorgeführt wird.

Andererseits evoziert die ‚Inszenierung' dieser nächtlichen Szene durch Tiffauges die Reminiszenz an eine Art ‚Todesengel' („J'allais de l'un à l'autre, ailé de tendresse et foulant à peine l'hypnodrome" 521), der als ‚Dämon' den Kindern gleichsam ‚magisch' das Stigma des Todes aufprägt. Gleichzeitig suggerieren die beschriebenen affektivischen Regungen Tiffauges' seine ‚höhere Berufung' zum liebenden, hingebungsvollen Diener der Kinder. Mit der Hypnodrom-Szene als Ort eines ‚Wettrennens' in den Tod erfährt die ‚Essenz' der Napola-Kinder ihre letzte ‚Erhellung', d. h. ihre höchste *exaltation*, und es bedarf nur noch der *inversion maligne* zu ihrer Vernichtung:

> «La leçon de ce soir est d'une évidence effrayante. Toutes les essences que j'ai dévoilées et portées à incandescence peuvent demain, ce soir même, *changer de signe* et brûler d'un feu d'autant plus infernal que je les aurai plus magnifiquement exaltées» (520).

Der ‚Ritus' des ‚Honigschluckens' (524), dessen Erwähnung in den *Écrits sinistres* den Abschluß der Sequenz der Vorbereitung auf die ‚Opferung' bildet, beruht auf der euphemistischen Vertauschung von Honig und Ohrenschmalz („Le miel que sécrète le fond de leurs oreilles aussi doré que celui des abeilles [...]"). Tournier spielt mit dem Honigsymbol und referiert damit auf ein verbreitetes Kultsymbol, dem lebenserhaltende Kräfte zugeschrieben werden und das deshalb zur Heilung und zur Abwehr von Dämonen verwendet wurde. Es weckt Reminiszenzen sowohl ganz allgemein an Initiationsriten als auch an christliche

---

114 Cf. altgr. νεκρο-φόρος = ‚Leichenträger'. Wir prägen *Nekrophorie* in Analogie zu der bei Tournier erwähnten Nekrophilie. Cf. *VP* 122: „épisode Arnim".

115 Die Opposition Lebendgewicht *vs.* Totgewicht erscheint erstmalig bei den Hirschen.

Vorstellungen in der Eucharistie. Als Symbol der Initiation z. B. in den eleusischen Mysterien, im Mithraskult und auch bei den Hopi-Indianern bewirkt der Honig als Speise oder Salbungsmittel die Reinigung bzw. die mystische Erkenntnis des Neophyten, der bereits eine höhere Initiationsstufe erreicht hat (eleusische Mysterien)[116]. In der *Bibel* bedeutet der Genuß von Honig die Teilhabe an der ewigen Seligkeit. Die Patristen bedienen sich verschiedener mit dem Honig verbundener Bilder für Christus. Auf Augustinus z. B. geht das vom „Bienenkorb Christi" zurück als Metapher für die Kirche, die den Gläubigen den „süßen Honig Christi" spendet, d. h. die Speise des ewigen Lebens[117].

Mit Tiffauges' ‚Ritus' des ‚Honigschluckens' ergibt sich eine neue Variante metonymischer Paidophorie, die als Zeichen ‚phorischer' ‚Kommunion' des Ogers mit seinen ‚Opfern' ähnlich wie das Taubenmahl Reminiszenzen an die Eucharistie enthält[118]. Der ‚Ritus' läßt reminiszenzartig die Idee der Christophorie aufleuchten[119] und könnte als symbolische Vorwegnahme der Romanendfigur (Astrophorie III) gesehen werden. Indem jedoch der Oger statt des süßen Honigs das bittere Ohrenschmalz der ‚Todgeweihten' schluckt, wird – im symbolischen Modus gelesen – die „süße Seligkeit" (Lurker, ibid.) des ewigen Lebens zum Tod als ewige Verdammnis invertiert. Tiffauges erscheint, so gesehen, in dieser Endfigur des fünften Kapitels als ein im Sinne der Fuge *gespiegelter* ‚Christophorus' und so gleichsam als ‚Gegenbild' zur Astrophorie III. Die Nachahmung der Figur der Christophorie gerät hier im ‚Spiegel' des Ogers zur parodistischen Inversion, signalisiert mit der ironisch-sarkastischen Evokation des Ohrenschmalzes als Zeichen für den sich in der Blasphemie des Ogers ausdrückenden Nihilismus, das den pseudo-sakralen Reflexen des ‚phorischen' Aktes desillusionierend gegenübersteht.

Die verschiedenen ‚phorischen' Figuren der ‚Riten' sind heterogen, variieren jedoch auf immer neue Weise die Ambivalenz von Tiffauges. Er gleitet zwischen den entgegengesetzten Polen der Phorie hin und her, ohne jedoch jemals mit einem derselben identisch zu werden. Das zeigt auch der Abstand, der seine ‚Riten' trotz der Analogien von den ‚antiphorischen' Praktiken der Nazis trennt.

---

[116] Zum Honig als universales Initiationssymbol cf. J. Chevalier/A. Gheerbrant (^{2}1982), Stichwort „Miel", p. 632 ff. – Zum Honig als christliches Symbol cf. M. Lurker (^{3}1987), Stichwort „Honig", p. 182 f., und id. (^{4}1988), Stichwort „Kultsymbol", p. 402 f.

[117] Cf. M. Lurker (^{3}1987), p. 183.

[118] Der Verzehr von gebratenem Fisch und Honigwabe, mit dem sich Christus bei seinem letzten Mahl vor der Himmelfahrt seinen Jüngern gegenüber als der Auferstandene ausweist (*Lk* 24,42), ähnelt dem von Brot und Wein bei der Eucharistie [E. Droulers (1949), Stichwort „Miel"].

[119] H.-F. Rosenfeld [(1937), p. 425] stellt für das späte Mittelalter eine Beziehung zwischen der Eucharistie und dem Christophorus-Bild her.

3.6.3. ‚Zwischenspiel' (2. Teil): ‚Vorspiele' zur Entfaltung der Endfigur der Paraphorie. Die Figuren der Nekro- und Hämatophorie

Mit dem sechsten Kapitel, in dem unter dem Aspekt der Nachahmung der Fugenstruktur zunächst das ‚Zwischenspiel' fortgesetzt wird, tritt das Geschehen durch die *inversion maligne* der Phorie in die Phase der ‚Opferung' ein. Der zweite Teil des ‚Zwischenspiels' ‚präludiert' in einer Serie von präfigurativen Varianten die Endfigur der Paraphorie: das aufgespießte Militärpferd, der plattgewalzte menschliche Körper in der Eisdecke der Straße, der von der Totenbahre bzw. von Tiffauges getragene enthauptete Hellmut, die Explosion Arnims bzw. seine Transformation in den „manteau de pourpre" (545) von Tiffauges. Die konstitutiven semantischen Merkmale der Endfigur erscheinen dabei in spielerischer ‚Dissemination' auf mehrere ‚Vor'-Figuren verteilt: Das aufgespießte Pferd präfiguriert die Tötungsart, in Anknüpfung an die ‚Zweite Durchführung' zunächst auf der Tier-Ebene (Pferd als ‚Mittler' zwischen Tauben und Kindern), und bei gleichzeitiger Inversion, d. h. Spiegelung an der Horizontalen (‚Opfer' des Aufspießens ist hier der Oger anstelle seiner ‚Beute'). Der plattgewalzte menschliche Körper evoziert reflexartig das Motiv des Menschen bzw. des Kindes als ‚Embleminhalt' als Ergebnis der Umkehrung der Zeichen. Die Unfälle der beiden Jungmannen schließlich variieren den Aspekt der sich verselbständigenden Waffe als Wirkungsmechanismus der Paraphorie.

Mit Tiffauges' ‚Totenwache' in der Schloßkapelle an der Bahre des enthaupteten Hellmut von Bibersee (537 ff.; „veillée auprès de la dépouille de Hellmut" 540) erreicht die ‚phorische' *exaltation* alias Dekonstruktion der „braunen Metaphysik" (Gamm, p. 151 ff.), in deren Zentrum die mystifizierende Vorstellung vom „heroischen Tod" steht, einen ersten Höhepunkt: Der ‚Heldentod' ‚erhellt' in seiner gleichsam zynischen ‚Essenz' als Reduktion des Kindes, dessen Name bereits die freilich ironisch gebrochene Imitation von Heldentum konnotiert, auf die tote Materie, das Nichts, das an die Stelle der schwülstigen Phrasen von Auferstehung und Unsterblichkeit tritt, wie sie in den im Romantext zitierten Liedern zum Ausdruck kommen („C'était l'essence de l'être tombée du ciel comme un aérolithe, et appelée à se fondre dans la terre" 538). Die Figur des von der Bahre getragenen kindlichen Leichnams ‚exaltiert' als imaginäres ‚phorisches' Abbild des Gekreuzigten, aber auch des enthaupteten Täufers als dessen Vorläufer (cf. die ‚Vorläufer'-Rolle von Hellmut und die Evokation des Wassers in dem Namen „Bibersee"), den Vollzug der *inversion maligne* als Verwandlung von Stigmatophorie in Nekrophorie. Das ‚Stigma' („l'horrible plaie qui couvre l'emplacement du cou" 539) entfaltet seine gleichsam magisch-diabolische Wirkkraft mit einer Proliferation bis zur totalen Absorption seines Trägers, was noch drastischer in der Verwandlung des Kindes Arnim in einen „brouillard de globules rouges" (544) zum Ausdruck kommt:

$$\left\{\frac{\textit{clé:}\quad \text{Wunde}}{\textit{essence:}\quad \text{Kind}}\right\} \chi \left\{\frac{\textit{essence:}\quad \text{totes Kind}}{\textit{grille:}\quad \text{Bahre}}\right\}$$

Stigmatophorie > *Nekrophorie*

Mit Tiffauges als Träger des toten Kindes erfährt der braune Toten- bzw. ‚Märtyrerkult'[120] seine ‚phorische' Perversion. Die ‚phorische' Pose des ambivalenten Ogers bildet die Keimzelle einer *mise en abyme* von Reminiszenzen, in denen die widersprüchlichen Reflexe des Heiligen und des Ogers untrennbar vermischt sind. So gehen die Reminiszenzen an den Erlkönig (als Nekrophoros), den Vampir (Betrachtung der offenen Wunde), aber auch an Herodes (Enthauptung Johannes des Täufers) einher mit dem zynisch-blasphemischen Reflex der Figur der Pietà, die Tiffauges hier zu imitieren scheint. Die Erinnerung an den perversen Lustrausch des Blutsaugers und an den Tanz der Salome bricht sich in der an die Totenklage Mariens, die im differentiellen Spiel der Reflexe zur Reminiszenz an die Totenandacht der Mathilde de La Mole in *Le rouge et le noir* hinübergeleitet – ihrerseits wiederum ‚Imitation' der Marguerite de Navarre –, aus deren Verehrung des abgeschlagenen Hauptes in der Inversion durch Tiffauges die zynische ‚Anbetung' des hauptlosen Körpers geworden ist.

Als buchstäblich ‚reiner' Körper verweist das Zeichen Hellmut, im symbolischen Modus gelesen, auf den Körper als Manifestation der Materie im Gegensatz zum Kopf als Manifestation des Geistes[121], vorgeführt mit Éphraïm[122], der damit zum Kontrastbild Hellmuts wird. Die traditionelle Dichotomie von Körper und Geist wird an dieser Stelle thematisiert in einer ‚Meditation' des Ogers:

> «J'ai toujours soupçonné la tête de n'être qu'un petit ballon gonflé d'esprit (*spiritus*, vent) qui soulève le corps, le tient en position verticale, et lui retire du même coup la plus grande partie de son poids. Par la tête, le corps est spiritualisé, désincarné, éludé. Décapité au contraire, il tombe sur le sol, soudain rendu à une incarnation formidable, doué d'une pesanteur inouïe» (538 f.).

Die deutliche Überzeichnung, in der das Paar Hellmut – Éphraïm den Gegensatz Körper – Geist evoziert, entlarvt dessen Konstruktcharakter und bildet so das ironische Signal zu einer DEkonstruktION.

---

120 Der Totenkult ist im *Roi des Aulnes* präsent durch die Evokation der Gedenkfeiern für die ‚Märtyrer' der ‚Bewegung' Albert Leo Schlageter (433 ff.) und Herbert Norkus (414 ff.) sowie mit der Erwähnung des alljährlichen ‚Marsches auf die Feldherrnhalle' (bezeichnet als „jeu de la Passion au Moyen Âge" *RA* 477; cf. Gamm „*Passionsspiel*", p. 141).

121 Zur Symbolik von Kopf und Körper cf. J. Chevalier/A. Gheerbrant (^{2}1982), p. 943, Stichwort „Tête".

122 Éphraïm erscheint auf Grund seiner Physiognomie als Zeichen für den Geist. Dies wird deutlich, wenn man ihn auf der Folie seines präfigurativen Doubles, der Moorleiche II („petit bagnard"), betrachtet, von der nur noch der *Kopf* übriggeblieben ist. Cf. auch die Charakterisierungen Éphraïms: „si incroyablement léger, comme s'il n'y avait rien dans le ballot de tissus grossiers d'où sortait sa tête" (551); „l'enfant – si mince, si diaphane" (580).

Dem künstlichen Paar Hellmut (Körper) – Éphraïm (Geist) entspricht im System der Phorie das Paar Sarkophorie[123] – Pneumatophorie. So gesehen, entsteht im Rahmen der Imitation der Fuge das Tragen Éphraïms als Figur der Pneumatophorie aus der Inversion (Spiegelung von unten nach oben) des Tragens von Hellmut als Figur der Sarkophorie. Im Sinne der *exaltation* bringt erst die Nekrophorie die Sarkophorie als deren ‚Essenz' hervor – in der Kette *Stigmatophorie–Nekrophorie–Sarkophorie* –, ebenso wie andererseits die Pneumatophorie die ‚Essenz' der Paidophorie ‚erhellt'. Die ‚phorischen' Figuren Nekro- und Sarkophorie einerseits sowie Paido- und Pneumatophorie andererseits lassen sich als permutative Varianten zueinander in Beziehung setzen.

Komplementär zu dem ‚Oppositionspaar' Nekrophorie *vs.* Paidophorie steht der Kontrast *poids mort vs. poids vif*:

> «Aussitôt malgré ma force, et bien que je m'y attendisse, j'ai chancelé sous la charge. J'affirme solennellement que ce corps sans tête pesait le triple ou le quadruple de son poids vif» (539).

Tiffauges' Nekrophorie ist gekennzeichent durch eine Anhäufung von Paradoxien. Im Akt der Nekrophorie verwandelt sich Leichtigkeit in Schwere (= Totgewicht), während umgekehrt im Akt der Paidophorie die Schwere des Lebendgewichts in Tiffauges ein Gefühl des Leichtwerdens auslöst[124], das über die Definitionskette „légèreté" – „allègement" – „joie ailée" – „lévitation" (133) in der Anspielung auf die Levitationserfahrung als Reminiszenz z. B. an das Schamanentum mündet. Zu dem Paradox der Verkehrung der Wertigkeiten von *poids mort* und *poids vif* tritt ein weiteres hinzu. Tiffauges' Erfahrung des *poids mort* als ‚Qual' der ‚Last', die zu Boden drückt, geht einher mit dem ‚Gefühl' eines ‚Aufstiegs':

> «Quant à l'extase phorique, elle m'a emporté dans un ciel noir qu'ébranlait de seconde en seconde la pulsation des canons de l'Apocalypse» (539).

Es handelt sich bei dieser Variante der „extase phorique" um die Perversion der Aufstiegserfahrung, die in einer paradoxen Vertauschung der Richtungen eigentlich ein ‚Abstieg' ist, womit die starre metaphysische Opposition von Oben *vs.* Unten mit den Konnotationen Hell *vs.* Dunkel, Gut *vs.* Böse vermischt bzw. aufgelöst wird. Der Begriff „Apocalypse" steht hier, zu einer sinnentleerten Metapher herabgesunken, post-metaphysisch als Zeichen für das Nichts, den Tod.

Wir erkennen in der durch den *poids mort* bewirkten „extase phorique" die *inversion maligne* der *euphorie–* oder *cadente*, wobei die diabolische Ekstase des ‚Fallenlassens' zu einer Art ‚Lust' am ‚Fallen' transformiert erscheint. Die Figur der Nekrophorie ‚exaltiert' also die

---

[123] Zum Begriff *sarcophore* bei Tournier cf. supra, Anm. 112. – In Anlehnung daran prägen wir *Sarkophorie* (nach gr. σάρξ) als Tragen des Fleisches, des Leibes, des Körpers mit der Reminiszenz an die Bedeutung des Wortes im Neuen Testament als Ausdruck für das Sterbliche, Ungöttliche, Sündhafte.

[124] Beispiele: *euphorie+* des Tragens von Jeannot und *angélique+* der Szene der ‚Waschung'.

‚Essenz' der *euphorie cadente*, der ‚fleischlichen Lust', als ‚Aufstieg' in das Nichts, d. h. als ‚Lust' an der ‚Qual'. In ihrer Ambivalenz ist die Nekrophorie Zeichen für die sado-masochistische Verschränkung von ‚Lust' und ‚Qual', von ‚Fallenlassen' und ‚Fallen', eine paradoxe Verstrickung, die rational nicht zu entwirren ist.

Tiffauges' ‚Bluttaufe' durch den beim Tragen einer Tellermine explodierenden Jungmann Arnim le Souabe („ce farouche baptême" 544) entlarvt und ‚erhellt' in grellstem Licht die ogerhafte und vampiristische ‚Essenz' des „Blutmythus" (Rosenberg)[125]. Es drängt sich der Eindruck auf, daß Tournier hier durch eine Textstelle bei Gamm inspiriert wurde:

> „[...] So konnten Worte wie Blut und Rasse zu Schlüsselbegriffen der Ideologie werden. Unaufhörlich prägte man sie der Bevölkerung ein. Schon auf dem Dolch der Hitlerjugend, den der Pimpf mit 10 Jahren erhielt, war die wenig kindgemäße Parole ‚Blut und Ehre' eingraviert. Unter diesem Leitspruch sollte die Jugend von ‚Gefühlsduselei' unbeeinträchtigt aufwachsen, das ‚freie herrliche Raubtier' (Hitler) in ihr wieder durchbrechen. Und das Raubtier sollte mit Blut aufgefüttert werden" (Gamm, p. 129).

Indem Gamm die Hitler-Metapher von der Erziehung der nationalsozialistischen Jugend zum „Raubtier" mit dem „Blutmythus" verbindet, prägt er selber eine neue Metapher, die die Assoziation der Hitlerjungen mit kleinen Vampiren geradezu aufdrängt. Die ‚phorische' Figur des mit dem Blut des Kindes wie mit einem ‚Mantel' umhüllten Tiffauges als ‚Roi des Aulnes' erinnert als ins Monströse gesteigertes ‚Echo' an das Gammsche Bild, das im Sinne des Wirkungsmechanismus der *inversion maligne* eine *exaltation* erfahren hat. Wie bereits an anderen Stellen – wenn auch weniger deutlich – klingt hier die bildreiche Sprache Gamms durch die Darstellung Tourniers hindurch.

In der sich ergebenden Doppelfigur der Paraphorie besteht der Mechanismus der Umkehrung in der ‚Transformation' der Waffe zum Oger, Vampir – Erlkönig – ‚Führer', der hier gleichsam seinen eigenen ‚Zögling' ‚verschlingt':

{ Waffe (*symbole*)	} X {	‚Blutmantel' }
Napola-Zögling: *mit Blut aufgefüttertes Raubtier*		Vampir – Erlkönig – ‚Führer' (*diabole*)
Doryphorie	>	*Hämatophorie*

Die neu entstandene Variante des Systems bezeichnen wir als Figur des ‚Bluttragens' (Hämatophorie).

Die Figur der Hämatophorie setzt mit ihren widersprüchlichen und disparaten intertextuellen Reminiszenzen an Heidnisches und Christliches zugleich als zwiefache ‚Inszenierung' – der ‚Krönungszeremonie' des Erlkönigs einerseits, hinter der hier das doppelte Vorbild der

[125] Cf. H.-J. Gamm (1962), Kap. VII: „Der braune Blutkult", p. 127 ff.; zum Begriff „Blutmythus" cf. insbes. das Zitat aus A. Rosenbergs *Der Mythus des 20. Jahrhunderts* (1930), ibid., p. 127 f.

Baalpriester („Nourris par les viandes des holocaustes, vêtus de pourpre comme des rois et portant des couronnes à triple étage [...]") und des Moloch („complètement rouge comme un géant tout couvert de sang [...]"[126]) aufscheint, und des Konversionserlebnisses von Heiligen (Paulus und Christophorus) andererseits – die Reihe der ‚phorischen' Paradoxien fort. Tiffauges in der Pose der Hämatophorie imitiert die gegensätzlichen Gebärden von uneingeschränkter Herrschaft und totaler Unterwerfung, die in paradoxer Weise miteinander verschränkt erscheinen und Konnotationen von Lust und Qual, Schuld und Sühne, Sünde und Tod enthalten („Un manteau de pourpre a pesé d'un poids intolérable sur mes épaules, attestant ma dignité de Roi des Aulnes" 545). Entsprechend evoziert der „manteau de pourpre" sowohl den Krönungsmantel als ‚Insignie' der Macht als auch das Büßergewand als Zeichen der Demut. Die nachahmende Pose nimmt wie im Gestus des Zeigens die parodistischen Züge eines simulatorischen, rein demonstrativen Aktes an.

Mit der Explosionsszene als freilich ironisch-sarkastischer Imitation des Damaskus-Erlebnisses erreicht im Reflex des ‚Tagebuchs' das pseudo-sakrale ‚erhabene' Pathos des Ogers seine letzte Steigerung in der Nachahmung eines ‚hymnischen Preises':

> «Un grand soleil rouge s'est levé tout à coup devant ma face. Et ce soleil était un enfant.
> Un ouragan vermeil m'a jeté dans la poussière, comme Saul sur le chemin de Damas, foudroyé par la lumière. Et cet ouragan était un jeune garçon.
> Un cyclone écarlate a enfoncé ma figure dans la terre, comme la majesté de la grâce ordinante cloue au sol le jeune lévite. Et ce cyclone était un petit homme de Kaltenborn» (544 f.).

Die „lueur blanche" (544), in die sich der Jungmann durch die Explosion verwandelt, imitiert die mystische Lichterfahrung des Saulus, wobei in zynisch-blasphemischer Perversion Licht durch Blut substituiert wird, womit die Epiphanie Christi zum ‚Höllenspektakel' invertiert erscheint. Die Reminiszenz an die mystische Lichterfahrung bricht sich im Reflex des vampiristischen Blutrauschs. Die Figur der Hämatophorie ‚ragt' ins ‚Nichts'.

Die ‚mystische' Auflösung des Kindes in die „lueur blanche" als Imitation des von Saulus erfahrenen göttlichen Lichts ‚exaltiert' die pseudo-mystische Dimension des Rosenbergschen „Blutmythus", demzufolge der „Adel [...] der mystischen ehrbewußten Seele" darin bestand, daß sie „in einem noch nie gesehenen breiten Strome über Deutschlands Grenzen sich zum Opfer brachte" (nach Gamm, p. 127). Aus dem „Eins mit sich selbst", wie es Rosenberg unter Berufung auf Meister Eckehart verkündet (nach Gamm, p. 128), wird in der ‚phorischen' Dekonstruktion durch den Oger Tiffauges das ‚Einswerden' mit dem Nichts.

Der „poids intolérable" (545) des Jungmannen, dessen Leichtigkeit soeben noch Ursache seines Unglücks war (543), – eine variierende und intensivierende Wiederaufnahme des *poids mort* der Nekrophorie – stellt zwar unverkennbar eine Anspielung auf die Konversion des

126 G. Flaubert, *Salammbô* (1951), p. 946, 949.

Christophorus in der Erzählung nach Jacobus a Voragine dar[127], ist aber hier vermischt mit der von Saulus im Licht erfahrenen göttlichen Kraft, die den späteren Apostel zur Unterwerfung zwingt. Die Kratophanie (Eliade 1957) erscheint jedoch zur Überflutung mit den Kräften des Bösen pervertiert. Dies ‚erhellt', wenn man den ‚Eintrag' der ‚Bluttaufe' auf der Folie des darauffolgenden über den Aufenthalt in der Krankenstation liest (545 ff.), in dem der bigotte, pseudo-pathetische Ton der nüchternen ‚Selbstreflexion' des Ogers gewichen ist, der hier seine ‚Selbsterkenntnis' inszeniert. Diese Textstelle entlarvt die Ohnmacht Tiffauges' nach der Explosion als Rausch des Blutes; freilich wiederum nur indirekt im Spiegel der Szene vom Lecken der Kniewunde Pelsenaires (30 ff.), auf die sich die gesamte ‚Reflexion' bezieht[128]. Als *exaltation* einer Entfesselung der Kräfte des Bösen brandmarkt die Figur der Hämatophorie den Irrglauben der Rosenbergschen These, wonach der „Mythus des Blutes" „dunkle, satanische Kräfte" banne (zitiert nach Gamm, p. 127), als Lüge.

In der Reihe Hellmut – Arnim – Éphraïm bildet Arnim das Zwischenglied zwischen *poids mort* (Hellmut) und *poids de lumière* bzw. „charge d'innocence" (89) (Éphraïm). Die ‚Transformation' Arnims zur „lueur blanche" simuliert vorwegnehmend die Verwandlung des Kindes zum *poids de lumière*, entpuppt sich jedoch als dessen infernalische Spiegelung – im Sinne der Fuge als Inversion an der Horizontalen.

Hämatophorie und Astrophorie, Arn*im* und Éphra*ïm*, bilden ein weiteres künstliches Oppositionspaar des Systems im Hinblick auf den Gegensatz Blut *vs.* Licht. Diese Zeichen interpretieren die Fruchtbarkeit, die sich im Falle des Judenkindes als die ‚wahre' enthüllt, während in dem Arnims das Blut als Signum einer ‚falschen', in ihr Gegenteil verkehrten ‚Fruchtbarkeit', d. h. des Todes, erscheint. Der „Blutmythus", der die Nazis mythisch mit den germanischen Vorfahren verbindet – man vergegenwärtige sich hierzu die durch die Namenwahl suggerierte Assoziation an den Cheruskerfürsten (*Arnim – Armin – Arminius*) –, führt zur Selbstausrottung des deutschen Volkes. Damit wird der von Rosenberg proklamierte Glaube an die Fruchtbarkeit des „neuen Mythus" (cf. Gamm, p. 128) dekonstruiert. Der Name *Arnim* stellt auch eine versteckte Anspielung auf Achim von Arnim und seinen Patriotismus in der Zeit der Nationalen Erhebung dar. Man fühlt sich erinnert an ein Lied wie

---

[127] Cf. *RA*, p. 71, „poids intolérable" als wörtliche Übersetzung zu „pondere intolerabili" aus Jacobus a Voragine, *Legenda aurea* [in der von uns benutzten Ausgabe (1988), p. 62].

[128] Die Ausdrücke „brûlure", „fulguration", „fièvre" (546 f.), mit denen Tiffauges die ‚Erfahrung' der Berührung seiner Lippen mit der Wunde Pelsenaires beschreibt, erinnern an die Zustände magischer Hitze und inneren Feuers, als die im mythischen Erleben zahlreicher Völker die Kratophanie erfahren wird [cf. M. Eliade (1957), p. 181 – 185]. Eliade gebraucht Ausdrücke wie „très vive chaleur", „chaleur magique", „brûlure", „feu", „fièvre". An die Stelle spiritueller Ekstase beim Schamanen, Jogi, aber auch beim Heiligen ist jedoch hier eine solche rein körperlich-sinnlicher Art als Ausdruck der negativen Inversion einer Kratophanie getreten („brûlure de plaisir" 547).

„Husarenglaube"[129] aus *Des Knaben Wunderhorn* (1806 – 1808), das wie ein Echo auf die oben zitierten Nazi-Lieder anmutet. Der Tod der Romanfiguren Hellmut und Arnim erscheint wie eine ironisch-sarkastische Inszenierung des Liedinhaltes.

Die Figur der Hämatophorie simuliert den entscheidenden Wendepunkt in der ‚Entwicklung' von Tiffauges, den Umschwung von der Phase der ‚Herrschaft' (ambivalente Phorie) zu der der ‚Knechtschaft' (‚positive' Phorie bzw. Astrophorie):

> «Venant après ma veillée auprès de Hellmut, ce farouche baptême a fait de moi un autre homme» (544).

Der Eindruck, daß dieses Kapitel für Tiffauges nunmehr endgültig abgeschlossen sei, wird auch dadurch suggeriert, daß seine ‚Bewußtwerdung' als Oger in der nachfolgenden ‚Reflexion', abgesehen von einem kleinen Nachtrag, den eigentlichen Abschluß der *Écrits sinistres* bildet. Gleichzeitig erfährt der Leser jedoch eine Verunsicherung, insofern als dieselbe ‚Betrachtung' die ‚Wandlung' aus der Perspektive des Ogers gleichsam wieder zurücknimmt. In der Tat wird sich zeigen, daß Tiffauges bis zum Schluß ambivalent bleibt. Die ‚Konversion' gerät so in ein Zwielicht, das geschlossene System ins Wanken. Der

---

129 „Es ist nichts lust'ger auf der Welt
Und auch nichts so geschwind
Als wir Husaren in dem Feld,
Wenn wir beim Schlachten sind.
Wenn's blitzt und kracht dem Donner gleich,
Wir schießen rosenrot,
Wenn's Blut uns in die Augen läuft,
Sind wir sternhagelvoll.

Da heißt's: Husaren insgemein,
Schlagt die Pistolen an,
Greift durch, den Säbel in der Hand
Haut durch den nächsten Mann.
Wenn ihr das Fransche nicht versteht,
So macht es euch bequem,
Das Reden ihm sogleich vergeht,
Wie ihr den Kopf abmäht.

Wenngleich mein treuer Kamerad
Muß bleiben in dem Streit,
Husaren fragen nicht danach,
Sind auch dazu bereit;
Der Leib verweset in der Gruft,
Der Rock bleibt in der Welt,
Die Seele schwingt sich durch die Luft
Ins blaue Himmelszelt."

„Husarenglaube". Fliegendes Blatt aus dem letzten Kriege mit Frankreich, in: L. A. v. Arnim und C. Brentano, *Des Knaben Wunderhorn*, 1. Teil, hg. v. Karl Bode. Leipzig, o. J., p. 27.

entscheidende Satz „[...] ce farouche baptême a fait de moi un autre homme“ erscheint als pseudo-illusionistische Inszenierung, da ein echter Gefühlsinhalt fehlt. Er ist Leerformel, bloße Lektüreanweisung für den Leser, die sich als ‚Falle‘ entlarvt. So erklärt sich, daß die ‚Konversion‘ in der Forschung immer wieder ernstgenommen worden ist. Der Satz imitiert die entscheidende Feststellung über Julien Sorel („Après leur départ, Julien n'était plus le même homme“[130]). Diese Anspielung auf einen Roman des 19. Jahrhunderts täuscht einen psychologischen Illusionismus vor und erweckt Klischeevorstellungen, die aber für die Interpretation nicht mehr ‚greifen‘. Dieser Aspekt ist bisher übersehen worden.

Die Figur der Hämatophorie simuliert die ‚Konversion‘ des ‚Helden‘ als *mise en abyme* von differentiellen intertextuellen Reminiszenzen. Von Saulus/Paulus führt die Spur zu Reprobus/Christophorus, zu Eustachius alias Hubertus bis hin zur Bluttaufe der christlichen Märtyrer, die in Tiffauges' „farouche baptême“ im Blut des Kindes eine ironisch-sarkastische Perversion erfährt.

Zur Leerhandlung pervertiert, durch die das Nichts hindurchscheint, ‚reißt‘ die ‚Konversion‘ eine ‚Lücke‘ in die ‚Textur‘ und provoziert so den *rire blanc*. Die Zwangsläufigkeit der Abfolge ambivalente Phorie → positive Phorie = Erlösung wird dekonstruiert. Der scheinbar feste Boden des kohärenten geschlossenen Systems entzieht sich und erweist sich als brüchig. Die ‚Bluttaufe‘ bildet insofern einen entscheidenden Kristallisationspunkt für die ironische Unterminierung des *système de la phorie* als Konstituens der *mythécriture* Tourniers.

3.6.4. Die ‚Coda‘ oder der zweite Teil der ‚Vierten Durchführung‘

3.6.4.1. Die Figuren der Astrophorie I und II: Die Reprise von *Rettung* und *Pflege*

3.6.4.1.1. Die Figur der Astrophorie I: Die *exaltation* der Paidophorie ins Metaphysische

Der auch als ‚Coda‘ zu betrachtende[131] zweite Teil der ‚Vierten Durchführung‘ inszeniert als ‚augmentierende‘ Imitation der Phase der ‚positiven‘ Colombophorie aus der ‚Zweiten Durchführung‘ die sukzessive ‚Unterwerfung‘ von Tiffauges, die sich in drei ‚phorischen‘ Figuren, Varianten der Astrophorie, manifestiert. Wir werden im folgenden aufzeigen, wie sich die bisher unterstellten Lesarten des Romanendes als Synthese oder als *Coincidentia oppositorum* als gleichsam sirenenhaft-verführerische *Reflexe* von Identität auf der Folie einer unaufhebbaren Differenz erweisen bzw. wie sich hinter dem suggerierten Scheinbild der Aufhebung bzw. des Zusammenfalls der Gegensätze ihre Dekonstruktion verbirgt.

---

[130] Stendhal, *Le rouge et le noir* (1952), p. 689.

[131] Zur Phase der Astrophorie als Imitation der Coda in der Fuge cf. infra, p. 259 f.

Tiffauges' erste Astrophorie (550 ff.) simuliert den Auftakt zu einer neuen Phase mit der Verwandlung der ‚phorischen' Gebärde vom Akt der ‚Besitzergreifung' und des ‚Raubs' einer allein durch die ‚Begierde' des Ogers bestimmten und der Vernichtung durch ihn geweihten Beute (Jungmannen) in einen Akt der selbstlosen und unterwürfigen Rettung eines Hilfebedürftigen und Notleidenden (Éphraïm).

> «Une heure plus tard en effet, la claire nuit hyperboréenne l'environnait de ses scintillements et de ses mystères. Barbe-Bleue avançait d'un pas paisible et régulier, et la glace du chemin éclatait en étoiles sous le martèlement tranquille de ses fers. Ce n'était plus la chevauchée tumultueuse qui ramenait Tiffauges à Kaltenborn après une chasse fructueuse, serrant dans ses mains une proie blonde et fraîche. Il n'était pas porté par l'ivresse phorique habituelle qui lui arrachait des rugissements et des rires hagards. Sur sa tête, le grand bestiaire sidéral tournait lentement dans le cirque du ciel autour de l'étoile polaire. La Grande Ourse et son Chariot, la Girafe et le Lynx, le Bélier et le Dauphin, l'Aigle et le Taureau se mêlaient à des créatures sacrées et fantastiques, la Licorne et la Vierge, Pégase et les Gémeaux. Tiffauges cheminait avec une lenteur solennelle, sentant confusément qu'il inaugurait une ère absolument nouvelle en accomplissant sa première astrophorie. Sous son grand manteau, l'enfant Porte-Étoile remuait parfois les lèvres, prononçant des mots dans une langue inconnue» (551 f.).

Die Bezeichnung *Astrophorie* für diese neue Variante des Systems ergibt sich zunächst ganz trivial aus der referentiell-mimetischen Lesart (Éphraïm trägt als Judenkind einen Davidstern). Auf ‚mythischer' Ebene erzeugt die Figur der Astrophorie I ein differentielles Spiel von intertextuellen Reflexen, wobei sich die ‚Vorbilder', mit denen Tiffauges bzw. Barbe-Bleue hier vorübergehend scheinbar identisch werden, ständig verschieben. Der Sternenhimmel evoziert den mythologischen Atlas, aber auch den konvertierten Riesen, der in ikonographischen Darstellungen anstelle des Kindes zuweilen auch einen Himmelsglobus trägt[132]. Barbe-Bleues Hufschlag erinnert an den des Pegasus beim Hervorbringen der Musenquelle. Schließlich – und hierauf muß sich unser Augenmerk richten – zeigt die Figur der Astrophorie I unübersehbare Anklänge an die *Erlkönig*-Ballade („la claire nuit hyperboréenne" als Echo auf „Wer reitet so spät durch Nacht und Wind"; das Murmeln des in den Mantel eingehüllten kranken Éphraïm als Echo auf „das ächzende Kind"[133]) sowie an deren Imitation im ‚Raub' Lothars als Figur der Paraphorie. Die Astrophorie I nimmt damit eine Beziehung zur ‚Stretta' auf, als deren Gegenbild sie auf den ersten Blick erscheinen könnte. Dadurch daß die bei oberflächlicher Betrachtung rein ‚positiv' erscheinende erste ‚phorische' Figur der ‚Coda' jedoch durchsetzt ist mit den Echos an das Balladengeschehen, rückt sie selbst ins Zwielicht. Das Bild der Astrophorie I evoziert den Erlkönig als „l'ombre de saint Christophe" und zeigt damit, wie die von Tournier theoretisch-programmatisch vorgebrachte These von der Phorie als „abnégation équivoque, secrètement possédée par l'inversion maligne – bénigne" (*VP* 125) eine praktische Einlösung in der *écriture* des Romans findet.

---

[132] Cf. *Lexikon der christlichen Ikonographie* (1973), Stichwort „Christophorus", p. 502.

[133] Cf. auch die späteren Fieberphantasien Éphraïms („[...] il tombait dans des sommeils coupés de cauchemars et de luttes contre des adversaires invisibles" 553).

Der starre, eindeutig fixierbare Gegensatz zwischen ‚gutem' und ‚bösem' Tragen hat sich in die Ambivalenz aufgelöst, erzeugt durch das differentielle Spiel unsteter Reflexe. Die Dekonstruktion von Gegensätzen umfaßt auch die Beziehung der Astrophorie I zur Paraphorie in der ‚Stretta', die auf der gemeinsamen Basis der Ambivalenz mehrdeutig bzw. differentiell erscheint.

Die Figur der Astrophorie I stellt eine gesteigerte Form der Superphorie dar. Sie erscheint im engeren Sinne viergliedrig, erfährt aber eine Überhöhung durch den gestirnten Himmel. Als Strukturformel halten wir fest:

<table>
<tr><td></td><td></td><td>Polarstern
Gestirnter Himmel
- - - - - - - - - -</td></tr>
<tr><td>Astrophorie
―――――
Paidophorie</td><td>oder</td><td>{ Stern
leidendes Kind
Oger± }</td></tr>
<tr><td></td><td></td><td>Pferd</td></tr>
</table>

Figur der Astrophorie I (Rettung im *milieu ouvert*)

Die Inszenierung des Sternenhimmels mit seinen vielfältigen mythologischen Anklängen ‚exaltiert' mit der Evokation des Polarsterns als Angelpunkt des Alls – metaphorisch in der Vorstellung vieler Völker als Himmelspfeiler oder Nabel der Welt betrachtet – Tiffauges symbolisch schließlich zum Träger dieses als „centre absolu" angesehenen Fixpunktes des Universums[134]. Die ‚phorische' Verbindung zu diesem letzten ‚Getragenen' ist jedoch nicht mehr physisch. Die ‚phorische' Pose des Protagonisten hat an diesem Punkt die Grenze ins Metaphysische überschritten. Das Bild des sich um den Polarstern drehenden Tierkreises spiegelt präfigurativ die *exaltation* der Astrophorie am Romanende, in der der Häftlingsstern in unauflöslicher Verschränkung von Pseudo-Illusionismus und Phantastik gleichsam zum Himmelskörper transformiert erscheint. Zugleich wird bereits eine dekonstruktive Differenz der beiden ‚phorischen' Figuren sichtbar, insofern als anstelle des symbolisch als Zentrum des Universums kodierten *Fix*sterns in der Romanendfigur nur noch ein imaginierter *sich bewegender* Himmelskörper – „une étoile d'or à six branches qui tournait lentement dans le ciel noir" (581) – über Tiffauges sichtbar ist.

Die Phase der Astrophorie ist entsprechend ihrer Vorwegnahme auf der Ebene der Tauben durch die Funktionsfolge *Rettung – Pflege* gekennzeichnet. Auf den Akt der Rettung folgt die Pflege des Kindes im *monde clos*: Tiffauges gibt sich alle erdenkliche Mühe, seinen Schützling zu ernähren. (Éphraïm leidet unter Ruhr und ‚imitiert' so das Taubenjunge mit Verstopfung und Durchfall). Ort der Pflege ist dabei ein spezieller *monde clos* im *monde clos* („un petit galetas clos" 552; Echo zu „une sorte de nid dans une case isolée et fermée" 230),

[134] Zur Symbolik des Polarsterns cf. J. Chevalier/A. Gheerbrant (^{2}1982), p. 418 ff.

so daß im Sinne einer erneuten Dekonstruktion der reinen Positivität der Ort der Pflege mit dem der *Zucht* koexistiert.

Die ,Coda' spiegelt mit dem Paar *Tiffauges – Éphraïm* nicht nur das Verhältnis *Tiffauges – schwarze Taube* aus der ,Zweiten Durchführung', sondern auch das Verhältnis *Nestor – Kind Abel* aus der ,Exposition' und schließlich auch das *Duo der Moorleichen* aus dem ,Zweiten Zwischenspiel' im Zentrum des Romans. Alle vier Paare simulieren die ,Umkehrung' von ,Herrschaft' in ,Knechtschaft' als Imitation der Hegelschen Aufhebung der Negation, die sich im Falle Nestor – Kind Abel als dekonstruktiv entlarvt hatte (Fortbestehen der Ambivalenz des Ogers in der Phase seiner Protektion). Entsprechend scheinen die ,Opfer' in allen vier Varianten[135] nicht mehr allein durch die ,Begierde' des Ogers bestimmt, sondern sie spiegeln – jedenfalls dem Anschein nach – die ,Selbstverleugnung' („abnégation") desselben als Reminiszenz an die Hegelsche „Vernichtung des Subjektiven" in der „absoluten Sittlichkeit" als „absoluter Identität" des „Subjekts" mit dem „Objekt"[136]. Aber auch hier durchkreuzt der kleine Abel wiederum die intertextuell vorgegebene Systematik durch die Reminiszenz seiner Physiognomie an den Vampir, die das Ogerhafte und nicht das Sittliche in Nestor herausfordern muß und damit motiviert, warum er gerade dieses Kind als seinen Nachfolger auswählt. Die gleiche ironisch-dekonstruktive Assoziation an den Oger erweckt bei näherem Zuschauen auch das ach so hilflose und schwache Taubenjunge, das mit seinem „bec démesuré qu'il tendait ouvert à tout venant" (231) zugleich unersättlich erscheint. Schließlich verunsichert auch Éphraïm durch sein koboldhaftes Benehmen („son rire de farfadet" 567).

---

[135] Zu den gemeinsamen Merkmalen von schwarzer Taube, zweiter Moorleiche und Éphraïm cf. die Übersicht.

[136] G. W. F. Hegel (1967), p. 55.

ÜBERSICHT DER MERKMALÄQUIVALENZEN DER DOUBLES DES KINDES ABEL

	Kap. II SCHWARZE TAUBE	Kap. III MOORLEICHE II	Kap. VI ÉPHRAÏM
Körper als leere Hülle	„un pigeonneau à demi mort de faim" (230) „il demeura chétif" (231) „bec démesuré" (231)	*nur Kopf*: „corps [...] entièrement résorbé" Schultern mit einer „cape" bedeckt, die innen hohl ist (296)	„si incroyablement léger, comme s'il n'y avait rien dans le ballot de tissus grossiers d'où sortait sa tête" (551)
Farbe Schwarz dominierend für Äußeres	„son plumage noir" (231)	„Sa couleur se distinguait si peu de la tourbe" (295)	„ses grands yeux noirs" (553)
Kindliches Gesicht als Spiegel der frühzeitigen Erfahrung des Leidens; physische Schwäche vs. geistige Frühreife	„dans ses yeux le reflet d'une intelligence désabusée, approfondie par l'expérience précoce de la solitude et du malheur" (231) „rejeton trop précoce" (230)	„un petit visage émacié, puéril et triste" (295) „la petite tête de bagnard chétif et morose" (297)	„son mince visage [...] dévoré par ses grands yeux noirs" (553) „cet enfant [...] dont la débilité physique contrastait avec la précocité mentale" (552)
Trennung von den leiblichen Eltern, an deren Stelle der Oger als Initiator tritt	„sans doute tombé du nid" (230)	getrennter Fund der Moorleichen	von den Eltern auf grausame Weise in frühestem Alter getrennt
‚Knechtschaft' bzw. ‚Unterdrückung'		„air de prisonnier, de bagnard même" (296)	KZ-Häftling
Kopfbedeckung		„un bonnet formé de trois pièces de tissus grossièrement cousues" (295)	„coiffé d'un bonnet formé de trois pièces de feutre cousues ensemble" (551)
Körper mit Schafshaut umhüllt[137]		„une sorte de cape en peau de mouton" (296)	„un corps caché [...] sous une vieille cape de berger" (550)[138]

137 Dieses Merkmal enthält vieldeutige Reminiszenzen an archaische Initiations- bzw. Bestattungsriten [cf. M. Eliade (1957), p. 245], an das Lamm und den Guten Hirten bzw. an dessen „Urbild", den Hermes Kriophoros [G. Heinz-Mohr, Stichwort „Hirt"], der auch als antikes Pendant des Christophorus angesehen wird.

138 Diese Entsprechung bezieht sich zwar auf das tote geschlechtlose Judenwesen, das Tiffauges unmittelbar vor Éphraïm am Wegesrand findet. Dieses läßt sich jedoch auf Grund gewisser rudimentärer Gemeinsamkeiten als ein präfiguratives Double speziell von Éphraïm auffassen, mit dem im Sinne einer Steigerung dessen Fund eingeleitet wird.

3.6.4.1.2. Die Figur der Astrophorie II: Die Verschiebung von der ‚phorischen' Einheit zur Trennung

Die *Pflege* des Kindes im *monde clos* kristallisiert sich in einer weiteren ‚phorischen' Figur (Tiffauges trägt seinen Schützling regelmäßig auf dem Dachboden der Feste spazieren 565), die wir als Astrophorie II bezeichnen. Sie stellt gegenüber der Astrophorie I eine ‚Diminuation' dar:

$$\frac{\text{Astrophorie}}{\text{Paidophorie}} \quad \text{oder} \quad \left\{ \frac{\dfrac{\text{Stern}}{\text{leidendes Kind}}}{\text{Oger}\pm} \right\}$$

Figur der Astrophorie II (Pflege im *monde clos*)

Die durch den Wegfall des Pferdes bewirkte Reduktion wird ermöglicht durch die Permutierbarkeit von Tiffauges und Barbe-Bleue als seinem Double. Die ‚Transformation' des Protagonisten in ein ‚Pferd', die der ‚Initiationsweg' von Anfang an vorzeichnet, vollendet sich mit der Ablösung von Barbe-Bleue. Mit der ‚Transformation' gleitet die Bedeutung von Tiffauges zu „Cheval d'Israël" (565) und zu Behemoth (566 f.). Es leuchtet mit dieser Verschiebung eine Reminiszenz an die jüdische Apokalyptik auf, in der Behemoth als Tier der Endzeit erscheint. Die von Éphraïm ‚psalmodierten' *Hiob*-Verse (40,15–24) lassen erkennen, daß sich die Darstellung des Pferdes als Träger *par excellence* im Romantext an der Beschreibung des alttestamentarischen Behemoth orientiert und damit intertextuell ist[139]. Dieses Fabelwesen steht für Körperfülle und -kraft, worauf schon sein Name verweist (*Behemoth* = hebr. ‚Groß-' oder ‚Riesentier' als Plural von *behema* = ‚Tier'). Es ist also das Tier schlechthin, zu dem die Darstellung des Pferdes im *Roi des Aulnes* ‚exaltiert' wird.

Daß im Kontext der Evokation der Apokalypse am Romanende die Referenz auf das archaische Monstrum des Alten Testaments erscheint, ist wiederum typisch für das indirekte Darstellungsverfahren der *mise en abyme*, die hier Anfang und Ende der Schöpfung ineinander spiegelt. Tiffauges' Imitation Behemoths ist eine Anspielung auf dessen Symbolik als Inkarnation der Sündhaftigkeit als Stigma des gefallenen Menschen, die der charismatischen Kraft Gottes bedarf, um sich zu erheben (verkörpert durch Éphraïm „plus habité encore que lui-même par la force du destin" 567). Zugleich wird hiermit die Phorie im Sinne des differentiellen Spiels um eine jüdische Lesart bereichert. Mit der Permutation des inter-

---

[139] Weitere Reminiszenzen an die *Hiob*-Stelle im Roman: Das Kind Abel wird von Pelsenaire dazu gezwungen, das Gras der Wiese zu essen (29); Echo zu „Siehe da den Behemoth, den ich neben dir gemacht habe; er frißt Gras wie ein Ochse" (*Hiob* 40,15; *RA* 567). – „Je sais maintenant ce que sera ma fin: elle sera la victoire définitive de l'homme de pierre qui est en moi [...]" (150 f.); Echo zu „Sein Herz ist so hart wie ein Stein und so fest wie ein unterer Mühlstein" (*Hiob* 41,16 über Leviathan).

textuellen Paares Christophorus – Christus durch das Paar Behemoth – Éphraïm erscheint die Reminiszenz an Christliches zu der an Jüdisches verschoben. Als ‚Knecht' des Judenkindes wird der Oger zum ‚Vollender' der jüdischen Offenbarung.

Die Figur der Astrophorie II kulminiert in dem Zusammenstoß des Reiterpaares mit dem SS-Mann Rinderknecht (565 ff.). Die ‚phorische' Pose enthält zahlreiche Reminiszenzen an die Konversion des Christophorus und an die Erlösertat Christi: Unterwerfung Tiffauges' unter den Willen des Kindes, das durch seinen bewußt provozierten Fall Tiffauges davor bewahrt, zum Mörder zu werden, eine Reminiszenz an die Rettung vor der ewigen Verdammnis; – Éphraïms Fall und Schrei als Zeichen einer Revolte gegen die ‚böse' Tat und der Bereitschaft zum Selbstopfer für das ‚Gute'; – der Akt der Unterwerfung als Erfahrung des Riesen, daß die Kraft des ‚Guten' die des ‚Bösen' übertrifft. Bezeichnenderweise findet diese Unterwerfung jedoch nicht im ‚phorischen' Akt selbst, sondern in der *Negation* desselben statt (Éphraïm kündigt Tiffauges die ‚phorische' Gemeinschaft auf), womit sich das Geschehen gegenüber dem Legendenvorbild verschoben hat. Die ‚Knechtschaft' von Tiffauges als Simulation der Aufhebung ist nicht mehr gekoppelt an die Phorie als Zeichen der Verschmelzung, sondern sie entsteht aus der Trennung der ‚phorischen' Partner (auch eine Reminiszenz an den getrennten Fund der Moorleichen). Damit enthüllen sich sowohl die ‚Spur' der Christophorus-Legende als auch die ‚Spur' der Synthese im Sinne Hegels als ‚Lücke'. In der Astrophorie II gipfelt so gesehen die Nachahmung des Legendenmodells in der Bewußtmachung des ‚Aufgeschobenseins'. Die Phorie hat an dieser Stelle eine Grenze erreicht. Alles, was jenseits des ‚phorischen' Rausches als einer rein physischen, dem Viszeralen entspringenden Erfahrung liegt, fällt als Reminiszenz an *Meta*-physisches in die ‚Leerstelle'.

Auch in der Astrophorie II ist die Phorie ambivalent. Im ‚phorischen' Akt vermischen sich die Impulse zum Mord mit denen zum Schutz des Kindes und der Rache für die Verbrechen der Nazis (Tiffauges als Handlanger einer höheren ‚rächenden Gerechtigkeit'). Das Paar Tiffauges – Rinderknecht, das permutierbar wird durch die Verschiebung zu ‚Kinderknecht', zeigt simulatorisch das Dienen in seiner Dialektik zwischen Gut und Böse. Als der ‚falsche' Kinderknecht erfährt Rinderknecht in dieser Szene stellvertretend für die Nazis als Unterdrücker der Jungmannen gleichsam präfigurativ eine Bestrafung. Der Vollzug derselben wird hier durch Éphraïm dem jüdischen Gott als Instanz der ‚rächenden Gerechtigkeit' übertragen:

> «– Béhémoth, ne le tue pas! répétait-il entre ses sanglots. Les soldats de l'Éternel vont venir délivrer le peuple d'Israël, mais toi, ne tue pas, non, ne tue pas!» (566)

Éphraïm manifestiert sich als Mittler Jehovas, so daß die Evokation Christi durch die Reminiszenz an den jüdischen Messias dekonstruiert bzw. überlagert wird.

3.6.4.2. Die Endfigur der Paraphorie oder die Figur des *néant*

3.6.4.2.1. Die Figur als Kreuzpunkt von Bahnen: Überlagerung der Spuren von Kreuzigung und Apokalypse

Die Figur der Paraphorie vollendet sich mit der Aufspießszene (574 ff.), die gegenüber ihrer Vorwegnahme auf der Ebene der Tauben zur Barbarei verschoben erscheint (Tauben : *cuit* :: Kinder : *cru*). Mit dem Einsatz der als Waffen-Träger ausgerüsteten Kinder zum ‚Endkampf' ist auf Grund der Proliferation der Zeichen der höchste Grad der ‚Sättigung' innerhalb des *monde clos* erreicht, so daß die Zeichen-Träger die Herrschaft über die Zeichen verlieren, wobei eine Umkehrung der Relation Träger – Getragenes erfolgt, mit der die Paraphorie in ihrer ‚Essenz' ‚erhellt', die jedoch nur eine Schein-‚Essenz' ist.

Die Figur der drei Aufgespießten weckt Reminiszenzen an die Passion Christi. Referentiell-mimetisch, d. h. historisch gesehen, fällt das Geschehen in die Osterzeit, wobei sich die Zeitangabe im Roman jedoch auf den jüdischen Kalender bezieht (Nacht des 15. Nissan 565, 573), so daß sich die Reminiszenz an die Kreuzigung zu der an das Passah verschiebt. Hinzu treten die Anspielungen auf die Apokalypse, die so unspezifisch sind, daß man sie nicht ausschließlich auf die christliche Lesart beziehen kann. Es überlagern sich auch hier die Bahnen mit den Spuren von Jüdischem und Christlichem, deren Dissemination an dieser Stelle des Textes eine besondere Dichte erreicht[140].

[140] Anspielungen auf die *Offb.* durchziehen den ganzen Roman. Wir beschränken uns hier auf Beispiele aus Kap. VI: *großer Wind* („Une tempête de vent et de pluie balaya tout le pays [...], soulevant en vagues furieuses les eaux des lacs dégelés, noyant sous des inondations les rues des villages situés dans les bas-fonds" 568; präfigurativ: „[...] la haute fenêtre de la salle d'armes vola en éclats sous la poussée d'une bourrasque de fin du monde" 413); – *Brand* und *Rauch* (Brand der Gebäude Romintens 562, Brand der Stadt Lyck 564, Rauch bzw. Brand im Innern der Festung: „Dans l'un des greniers, un stock de matelas dégageait une fumée grasse et suffocante qui traînait sur le sol" 572; „[...] l'aile gauche des combles n'était plus qu'un brasier", 574; „les bâtiments incendiés" 579; „[...] Schlangenfliess éclairé a giorno par les maisons qui brûlaient comme des torches, en lançant haut dans le ciel des colonnes de fumée enluminées de flammèches" 579); – *Finsternis* („Les étoiles s'étaient éteintes, et le puéril golgotha se dressait sur un ciel noir" 578), auch Reminiszenz an die Kreuzigung; – *Erdbeben* und *Hagel* („un tremblement de terre secoua le plancher [...], et une grêle de plâtras tomba du plafond" 573; „Une explosion qui fit vaciller la terrasse pulvérisa la chapelle, et une grêle de pierrailles et de tuiles mitrailla Tiffauges et Éphraïm" 578), Erdbeben auch Reminiszenz an die Kreuzigung; – *Feuer* („larmes de feu au-dessus des arbres" 578); – *Blut* („[...] un poing fermé dans le ciel noir. Il se serre, et il en sourd des gouttes de sang" 578). –
Auf apokalyptische Symbole verweisen ferner die Vergleiche der Jungmannen mit der Mahd (→ *Ernte*) und mit dem Lamm; der Stern (→ *Morgenstern*), Behemoth, „alpha et oméga", „clé", „candélabre" (→ *Leuchter*), der Reiter, „Taureau" und „Aigle" aus der Sternkonstellation der Astrophorie I als Reminiszenz an die *vier Sternbilder*. – Zu Lothar als Imitation des apokalyptischen Christus cf. infra.

Als Zentralgestalt der Dreiergruppe auf den Gekreuzigten hindeutend, imitiert Lothar in zynischer Verzerrung zugleich den apokalyptischen Christus[141]:

> «[...] est-ce qu'il n'est pas dit dans les livres saints que sa tête et ses cheveux étaient blancs comme neige, ses yeux comme une flamme de feu, ses pieds semblables à de l'airain rougi dans une fournaise, et qu'une épée à deux tranchants sortait de sa bouche?» (578)

Die Albinomerkmale Lothars enthüllen sich als Reminiszenz an die Augen- und Haarfarbe des Christus der Offenbarung, die durch sie dekonstruiert werden. Das symbolisch dem aus der Dreiergruppe der „chevaliers du Christ des Deux Épées" (362, 486) besonders herausragenden fiktiven Schloßerbauer, Hermann von Kaltenborn, attribuierte mittlere Schwert des gigantischen Schloßemblems wird durch die Aufspießung Lothars mit der Reminiszenz an das zweischneidige Schwert des Jüngsten Gerichtes überkodiert. Gleichzeitig damit wird die ‚Essenz' des nationalsozialistischen Ordensgedankens auf der Folie der mittelalterlichen Ordensritterschaft ‚exaltiert'. Der aus der Historie übernommene Name und das Abzeichen des Schwertbrüderordens erfahren im Text eine Verfremdung[142], die dazu beiträgt, die Verquickung von Kreuzigungsgeschehen und Apokalypse zu suggerieren. Die rote Farbe des Emblemschwertes der Schwertbrüder wird zur *Spur* des von der Wunde herabgetropften erkalteten Blutes dekonstruiert (577), die wiederum auf die Apokalypse verweist („ses pieds semblables à de l'airain rougi dans une fournaise").

---

[141] Die Darstellung Lothars basiert insgesamt auf der freilich dekonstruktiven ‚Imitation' Christi, worauf eine Reihe von Textsignalen hindeutet:
- sein Geburtsdatum (der 19. Dezember): Nähe zu Christi Geburt; zusätzlich Spiel mit dem Geburtstag des Autors
- die Szene seiner Jagd: Das von Tiffauges verfolgte Hirsch-Trio, dessen Mittelfigur sich in den Baum plus Lothar verwandelt, enthüllt sich auf der Folie des Romanendes als Präfiguration des „puéril golgotha"; das Erscheinen des Kindes in der Krone des Baumes als Reminiszenz an die Epiphanie des Gekreuzigten in den Legenden des Eustachius bzw. Hubertus
- seine Bezeichnung als „vivante et fragile colonne" (485): „colonne" kann als Symbol den „Baum des Lebens" substituieren, der wiederum für Christus steht bzw. für die ‚Mittlerschaft zwischen Himmel und Erde' [J. Chevalier/A. Gheerbrant (^{2}1982), „Colonne", p. 270 f.]. Cf. auch die Kette *cerf – Candélabre – arbre vivant – vivante et fragile colonne – croix – Lothar*
- Anspielungen auf Christus im Namen *Lothar* (cf. dazu infra).

[142] Dekonstruktion der historischen Bezeichnung *Fratres Milicie Christi de Livonia* zu „chevaliers du Christ des Deux Épées en Livonie" (362) und des Abzeichens des Ordens – gleicharmiges rotes Kreuz über senkrechtem rotem Schwert auf weißem Mantel (nach der Tracht des Bischofs von Riga, Albert I. von Buxhoeveden) – zu „deux épées de drap rouge posées sur le côté gauche de leur habit blanc" (ibid.). – F. Benninghoven [(1965), Tafel 32, Abb. 63 – 65] weist auf Grund mittelalterlicher Quellen nach, daß die im 16. Jahrhundert von Johannes Renner im Bremer Manuskript seiner livländischen Historien angefertigten Handzeichnungen falsch sind. Diese zeigen als Ordensemblem zwei gekreuzte Schwerter. Die Frage, ob Tournier von diesen in dem Standardwerk von Benninghoven reproduzierten Zeichnungen (cf. Abb., p. 227) angeregt worden ist, ist bisher noch offen.

Die Meister Wenno (links) und Volkwin (rechts), Handzeichnungen Johann Renners im Bremer Manuskript seiner livländischen Historien, vermutlich nach Vorbildern der Meistergalerie auf Schloß Wenden in Livland.

Abzeichen und Tracht sind falsch; auch an Porträtähnlichkeit kann nicht gedacht werden. Man hatte im 16. Jahrhundert keine wirklichkeitstreuen Vorstellungen vom Schwertbrüderorden mehr.

Ritterbruder des Schwertbrüderordens.

Darstellung des baltischen Porträtmalers Theodor Kraus (geb. 10.12.1866), gemalt für das Dommuseum zu Riga. Die Rekonstruktion der Ordenstracht entspricht dem Quellenbefund, mit Ausnahme des Waffenrocks, den man sich weiß vorstellen muß. Im Kampf trug der Ritter Lanze und Topfhelm.

Auszug aus: F. Benninghoven, *Der Orden der Schwertbrüder* (1965), Taf. 32, Abb. 63 – 65.

Im Kontext der Endfigur der Paraphorie ist das Zeichen *Lothar* Kreuzpunkt zahlreicher nicht nur auf das Christliche zu beschränkender Spuren. Die ‚Imitation' Christi – Transformation des ‚Opfers' zum ‚Richter' – vermischt sich mit der Reminiszenz an die Systematik Hegels: Lothar als vorgeblendetes ‚Sinnbild' der „Rache", definiert als „Umkehrung dessen, was der Mörder gesetzt hat"[143]. Diese Umkehrung wird jedoch zusammen mit der Überlagerung von ‚Passion' und ‚Jüngstem Gericht' zur Ambivalenz von ‚Mord' und ‚rächender Gerechtigkeit' dekonstruiert. Hinzu treten mit der Spur der Bestrafung auch die Reminiszenzen an das Sühneopfer der Erstgeburt der Ägypter (2 *Mos* 12,29; *RA* 526) und an den Kindermord zu Bethlehem. Die Verschonung Éphraïms erweist sich als intertextuell.

3.6.4.2.2. Die Phorie als Metapher eines anti-metaphysischen *écriture*-Konzepts

Die Überlagerung von ‚Kreuzigung' und ‚Apokalypse' verdichtet sich besonders in dem Satz

> «Ils étaient l*à* tous les trois, H*aïo*, H*aro* et L*o*th*a*r, les deux jum*eau*x roux *encadran*t *en* c*o*mp*a*gn*on*s fidèles l'*enfan*t *au*x cheveux bl*an*cs, percés d'*o*még*a en a*lph*a*, les yeux gr*an*ds ouverts sur le né*an*t, et l*a* pointe des épées faisait *à* ch*a*cun d'eux une blessure différ*en*te» (577),

der ein Echo zu dem enigmatischen Ausspruch Nestors vom Romananfang „Il faudrait réunir d'un trait alpha et oméga" (63) bildet. Mit der Anspielung auf das Bibelwort „Ich bin das A und das O, der Erste und der Letzte, der Anfang und das Ende" (*Offb* 22,13; 21,6) wird der in der Offenbarung formulierte Gedanke der Wiedervereinigung von Anfang und Ende durch Christus, d. h. der Aufhebung der Zeit in der Ewigkeit suggeriert und zugleich dekonstruiert.

In dem oben zitierten Satz kristallisiert sich in besonderer Weise die Symbolik dieser ‚phorischen' Figur, die schon in den unteren Ebenen der Mikrostruktur angelegt ist. So verdichtet sich, phonologisch betrachtet, die Anspielung auf A und O in der ersten Satzhälfte zu einer auffallenden Akkumulation von *a*- und *o*-Lauten, die auch die Nasale einschließt, unter Zurückdrängung der übrigen Vokale. Die Anordnung der *a*- und *o*-Laute zeigt Ansätze zu diversen Prinzipien, wie Alternieren, Reihung, Spiegelung etc. Dieses Vokalspiel gipfelt in der Wendung „percés d'oméga en alpha", die auch syntaktisch hervorgehoben ist, indem sie das Zentrum des Satzes und gleichsam seinen *Angelpunkt* bildet.

Phonologisch besonders signifikant sind die Namen des Kindertrios. Das Spiel mit den Vokalen *a* und *o* erscheint bei den Spiegelzwillingen in identischer, bei Lothar dagegen in invertierter Reihenfolge. Es ergibt sich die Vokalkette *a – o – o –:– a – a – o*, die eine Permutation von *a* und *o* an einer Spiegelachse zeigt. Damit wird der Gedanke der Austauschbarkeit der gegensätzlichen Zeichen A und O nahegelegt. In den Namen der Spiegelzwillinge scheinen sich die Zeichen *r* und *ï* spiegelbildlich zu entsprechen, so daß das *ï* den Eindruck erweckt, durch Spiegelung des *r* entstanden zu sein. Das diakritische Zeichen

---

[143] G. W. F. Hegel (1967), p. 49.

akzentuiert zudem die Trennung von *a* und *o*. Diese wird auch ausgedrückt in dem *th* in Lothar, das als Anspielung auf den Tod (*Theta* als Sigel für ‚Thanatos‘[144]) angesehen werden kann. Angesichts der Tatsache, daß auf gewissen Kruzifixbildern auch die Buchstaben *A* und *O* figurieren, stellt sich mit dem Namen Lothar schon auf der graphischen bzw. phonologischen Ebene die doppelte Reminiszenz an den Gekreuzigten und den Christus der Offenbarung ein[145]. Diese besondere Stellung von Lothar als ‚Imitation‘ des allumfassenden Christus wird auch dadurch noch bekräftigt, daß die Buchstaben der Namen seiner beiden Begleiter in seinem Namen aufgehen.

Die Meta-*pher* „percés d'oméga en alpha“, die wir auf syntaktischer Ebene als Angelpunkt des Satzes bezeichnet hatten, bildet symbolisch die Drehscheibe für die Verschiebung, den ‚Auf-riß‘ der Öffnung ins Nichts („les yeux grands ouverts sur le néant“), der über die „blessure“ in der Differenz mündet. Der Riß wird auch syntaktisch markiert durch eine Zäsur, den Beginn eines selbständigen Satzes („et la pointe des épées [...]“), der paradoxerweise mit einem sprachlichen Bindeglied, der Konjunktion *et*, eingeleitet wird, das gleichsam ironisch über den Abgrund hinwegtänzelt. Auf Grund der Textsignale auf der semantischen Ebene *encadrant – blancs – percés – oméga – alpha – ouverts – néant – pointe des épées – blessure – différente* ergibt sich auf der Symbolebene die Kette *Umriß* (cadre) – *Lücke – Schwert – Aufriß – Kreuz – Öffnung – Nichts – Wunde – Differenz*. Hinter der Figur der drei Aufgespießten verbirgt sich mit der Anspielung auf die Stigmatophorie, die wir als die ‚phorische‘ Figur *par excellence* der *écriture* des *Roi des Aulnes* ansehen, das Bild des Einritzens der Spuren in die Lücke.

Die ‚phorische‘ Formel „percés d'oméga en alpha“ verschiebt die Bedeutung von A und O in doppelter Weise: Zum einen wird durch die Phorie die Richtung von der Horizontalen in die Vertikale verlagert. Die dekonstruktive Anwendung von A und O macht mit der Transposition dieser Kategorien die mit der historischen Dimension einhergehende ontologische bewußt: Anfang – Ende → Körper – Geist[146]. Zum anderen wird, wie schon auf der

144 Cf. G. Heinz-Mohr (^{5}1979), „Kreuz“, p. 166.

145 Das Spiel mit den Zeichen <*a*> und <*o*> durchzieht wie eine Art Konstante für die Namenbildung der Figuren das gesamte Werk Tourniers. Ein weiteres Beispiel im *Roi des Aulnes* bildet *A*rnim le S*o*u*a*be. Aus den anderen Romanen cf. And*oa*r (*VLP*); Isabelle D*ao*ud*a*l, die Vorarbeiterin der ourdisseuses, die symbolisch für die Verbindung stehen (*M*); T*ao*r als Protagonist von *GMB*, wo <a> und <o> zusammen mit *T* erscheinen als Reminiszenz an gr. Tau als Zeichen für das Kreuz; cf. auch den Namen Lucien G*a*gner*o*n in der Novelle *Le nain rouge*. Mit Hilfe dieses Spiels suggeriert der Autor bereits auf der Ebene der Schriftzeichen die Thematik von Trennung und Vereinigung. – A. Bouloumié, die in ihrem Kapitel über die Namen im Werk Tourniers [(1988), p. 41 ff.] ausschließlich von der Etymologie ausgeht, ist dieser graphisch-phonologische Aspekt gänzlich entgangen.

146 Tournier bezieht die Kategorien A und O auch auf Adam und Christus. Cf. *Entretien Michel Tournier – Cornelia Klettke* (5. April 1986), infra, p. 303 f.

phonologischen Ebene gezeigt werden konnte, die Reihenfolge von A und O permutiert. Aus den Entsprechungen zu A und O ergeben sich zwei Ketten:

Omega – Anfang – Ende – Adam – Körper;
Alpha – Ende – Anfang – Christus – Geist.

Die mit der ‚phorischen' Formel „percés d'oméga en alpha" ausgelösten Verschiebungen lassen diese zu einer Meta-pher des Auf-risses werden, die auf dekonstruktive Weise den Heideggerschen „Streit" bzw. „Riß" zwischen „Erde" (Φύσις) und „Welt" verbildlicht. Indem Tournier das Schwert als ein intertextuelles Symbol der Trennung (Durand 1960) zur Metapher des Aufrisses macht, pervertiert er den Heideggerschen ‚Riß' als „das einheitliche Gezüge von Aufriß und Grundriß, Durch- und Umriß"[147]. Das Schwert entlarvt sich als zynisches Instrument der Verbindung („trait") von Alpha und Omega. Darauf weisen nicht nur die sich ins Nichts öffnenden Augen der Kinder, sondern auch der geöffnete Mund Lothars hin, mit dem einmal mehr die Bildlichkeit von Lücke und Trennung variiert wird: „Il ouvrait la bouche et serrait les dents sur la pointe de l'épée qui les disjoignait" (577). Der Satz „Il faudrait réunir d'un trait alpha et oméga" findet in der Figur der drei Aufgespießten seine zynische Antwort.

Bei genauerem Hinsehen entpuppt sich die Endfigur der Paraphorie als die ‚Übersetzung' einer Heidegger-Passage über die Idee von Kunst und Wahrheit. Dadurch daß Tournier die Heideggersche Metaphorik wörtlich und konkret nimmt, gerät das Abbild im Romantext zur Persiflage des philosophischen Modells:

> „Der Streit ist kein Riß als das Aufreißen einer bloßen Kluft, sondern der Streit ist die Innigkeit des Sichzugehörens der Streitenden. Dieser Riß reißt die Gegenwendigen in die Herkunft ihrer Einheit aus dem einigen Grunde zusammen. Er ist Grundriß. Er ist Auf-riß, der die Grundzüge des Aufgehens der Lichtung des Seienden zeichnet. Dieser Riß läßt die Gegenwendigen nicht auseinanderbersten, er bringt das Gegenwendige von Maß und Grenze in den einigen Umriß.
> Die Wahrheit richtet sich als Streit in ein hervorzubringendes Seiendes nur so ein, daß der Streit in diesem Seienden eröffnet, d. h. dieses selbst in den Riß gebracht wird. Der Riß ist das einheitliche Gezüge von Aufriß und Grundriß, Durch- und Umriß. Die Wahrheit richtet sich im Seienden ein, so zwar, daß dieses selbst das Offene der Wahrheit besetzt. Dieses Besetzen aber kann nur so geschehen, daß sich das Hervorzubringende, der Riß, dem Sichverschließenden, das im Offenen ragt, anvertraut. Der Riß muß sich in die ziehende Schwere des Steins, in die stumme Härte des Holzes, in die dunkle Glut der Farben zurückstellen. Indem die Erde den Riß in sich zurücknimmt, wird der Riß erst in das Offene her-gestellt und so in das gestellt, d. h. gesetzt, was als Sichverschließendes und Behütendes ins Offene ragt.
> Der in den Riß gebrachte und so in die Erde zurückgestellte und damit festgestellte Streit ist die *Gestalt*. Geschaffensein des Werkes heißt: Festgestelltsein der Wahrheit in die Gestalt. Sie ist das Gefüge, als welches der Riß sich fügt. Der gefügte Riß ist die Fuge des

[147] M. Heidegger, „Die Wahrheit und die Kunst", in (1977), p. 51.

Scheinens der Wahrheit. Was hier Gestalt heißt, ist stets aus *jenem* Stellen und Ge-stell zu denken, als welches das *Werk* west, insofern es sich auf- und herstellt"[148].

„Aufriß", „Grundriß", „Durchriß" und „Umriß" werden verbildlicht durch das Schwert, das die drei Kinder im wörtlichen Sinne aufreißt. Das „Sichverschließende", dem sich der „Riß" „anvertraut", sind die drei Leichen, die Figur der Paraphorie die „Gestalt". Diese erscheint als eine zynische Inszenierung der metaphysischen Symbolik, die hier auf das rein Körperliche reduziert wird[149]. Zwar imitiert die ‚phorische' Figur als Abbild der „Gestalt" den „gefügten Riß"; dieser ist jedoch nicht mehr „die Fuge des Scheinens der Wahrheit", sondern die Lücke (*blanc*), die statt des „Seienden" das Nichts aufscheinen läßt. Das System der Phorie ‚exaltiert' bzw. dekonstruiert mit der Endfigur der Paraphorie die Heideggersche „Gestalt" zur *Figur des Nichts* schlechthin. Das „Ge-stell" der drei aufgespießten Leichen dekonstruiert meta-*phorisch* die Heideggersche Bestimmung der Kunst als das „Sich-ins-Werk-Setzen der Wahrheit des Seienden". Die Phorie entlarvt sich als Meta-pher eines aus der Dekonstruktion Heideggers hervorgehenden anti-metaphysischen *écriture*-Konzepts.

Es ist bemerkenswert, daß sich in der Derridaschen *écriture* (acht Jahre *nach* dem Erscheinen des *Roi des Aulnes*) bei der Reflexion über dieselbe Heidegger-Stelle metaphorisch auch die Assoziation an das Kreuz einstellt:

> «Plus tard, ailleurs, attirer tout ce discours sur les traits tirés, l'attirer du côté où se croisent les deux ‚familles', celle de *Riss* (*Aufriss*, l'entame, *Umriss*, le contour, le cadre, l'esquisse, *Grundriss*, le plan, le précis, etc.) et celle de *Zug*, de *Ziehen*, *Entziehen*, *Gezüge* (trait, tirer, attirer, retirer, le contrat qui rassemble tous les traits: ‹*Der Riss ist das einheitliche Gezüge von Aufriss und Grundriss, Durch- und Umriss*› [...])»[150].

Die Figur der drei Aufgespießten könnte gleichsam als Metapher der *Kreuz-ung* der beiden „Familien" von „Riß" und „Zug" erscheinen.

Das Schwert der Apokalypse und das Kreuz enthüllen sich als ‚Spuren' in der ‚Lücke'. Der *trait* ist zur *trace* verschoben. Die Figur der drei Aufgespießten als inszenierte Pose läßt Christus nicht „anwesen"[151]; hinter Lothar verbirgt sich keine göttliche Wahrheit, sondern eine Leere, in der das differentielle Spiel der ‚Spuren' stattfindet. Die ‚Apokalypse' offenbart

---

148 Ibid.

149 Cf. die *exaltation* der Kreuzesverehrung zum ‚Kult' von *corps – sarcophore – charogne – ordures ménagères* (*OMS*) – etc., die einen zentralen Aspekt in *Les météores* bildet, der verknüpft wird mit dem Lebensweg des „oncle scandaleux" Alexandre. Beispiele: die körperliche Vereinigung des Priesters Koussek mit der vom Kreuz abgenommenen Christusfigur; das Eindringen des „Abfalls" in die Stadt am Tag des Fronleichnamsfestes; Alexandre als „reposoir" des „Abfalls"; die Invasion der toten Hunde auf die Müllhalde.

150 J. Derrida (1978), p. 222.

151 Über das „Anwesen" Gottes im Kunstwerk cf. M. Heidegger, „Das Werk und die Wahrheit", in: (1977), p. 29.

sich als Simulation der Offenbarung einer ‚Essenz'. Sie ist zur Leerformel geworden, ebenso wie der philosophisch befrachtete Begriff der *essence*, der im Kontext des semiotischen Konstrukts als Zeichen nur noch *Spuren* von Bedeutung trägt. Die *exaltation* der ‚Essenz' mündet im Nihilismus. Das System der Phorie zeitigt mit der Endfigur der Paraphorie ein Paradox, indem der Träger, das Schwert, das Getragene zerstört. Mit dem Schwert als *grille* zur Entzifferung der *essence* und als *trait* der Vereinigung ist dem System die metaphysische Grundlage *ent-zogen*. Die durch das Schwert aufgerissene ‚Lücke' provoziert mit dem Sichtbarwerden des Nichts den *rire blanc*. Die Figur der drei Aufgespießten stellt das zentrale Beispiel für das Textverfahren des *humour blanc* dar.

3.6.4.2.3. Die Dekonstruktion der ethischen Dimension des Systems: Der Stillstand des Mechanismus der Inversion

Gleichzeitig mit dem Zusammenbruch der metaphysischen vollzieht sich mit der Endfigur der Paraphorie auch die Dekonstruktion der ethischen Dimension des Systems der Phorie. Diese erhellt, wenn wir Tiffauges als ‚Katalysator' der Phorie in Beziehung setzen zu dieser Figur. Dabei tritt einmal mehr die Ambivalenz des Protagonisten hervor. Auf der Ebene der heraldischen Zeichen wird durch den Kommandeur die Endfigur der Paraphorie nicht nur vorweggenommen, sondern zugleich in einer gleichsam ‚superphorischen' ‚Augmentation' mit dem Helden verbunden:

> «Que diriez-vous si je vous faisais chevalier attaché à ma maison avec un blason rappelant le mien, selon l'usage, par exemple d'*argent à trois pages de gueule dressés en pal*? Ah, ah, ah! D'ailleurs, c'est bien vous, je crois, qui avez recruté ces garçons? [...] Voyez un peu, mon pauvre Tiffauges, avec mes *trois pages de gueule dressés en pal* j'allais vous donner les armes d'un ogre! Ah, ah, ah!» (492 f.)

Nicht nur die Endfigur der Paraphorie scheint im Spiegel des ‚Diskurses' des Kommandeurs antizipiert, sondern auch der durch sie ausgelöste *rire blanc* wird hier fiktiv inszeniert. Mit der Figur der drei Aufgespießten ‚offenbart' sich Tiffauges am Romanende der ‚Sinn' der enigmatischen ‚Botschaft' des Kommandeurs („*D'argent à trois pages de gueule dressés en pal, au chef de sable,* murmura Tiffauges" 578). Sie enthüllt sich gewissermaßen als eine freilich variierende ‚Imitation' einer auf der Ebene der Heraldik vorgeprägten ‚phorischen' Figur. Die Bezeichnung „manteau de pourpre" (577) als Metapher für das Blut unter den Leichen ist ‚Echo' auf das ‚Krönungsgewand' des Roi des Aulnes in der Figur der Hämatophorie, so daß die Figur der drei Aufgespießten metaphorisch zum monströsen Emblem des Ogers Tiffauges ‚exaltiert' wird. Gleichzeitig enthüllt sich der „manteau de pourpre" als permutative Variante des „manteau d'innocence" (89) vom Romananfang, dessen Reminiszenz sich hier reflexartig einstellt mit *dem* Tiffauges, der in dieser Szene mit dem auf seinen Schultern hockenden Éphraïm die Modelle Christophorus und Albuquerque imitiert und damit die Konversion simuliert.

Auch die Reaktion auf den Schrei der drei Aufgespießten läßt Tiffauges ambivalent erscheinen. Der Schrei evoziert in Tiffauges die Vision seines letzten präfigurativen Doubles bzw. Vor-Bildes, der Moorleiche:

> «[...] ce fut le visage apaisé et désincarné du Roi des Aulnes, enseveli sous son linceul de tourbe, qui se présenta à son esprit, comme l'ultime recours, l'ultime retraite» (575).

Der Sinn der Wörter „apaisé" und „désincarné" als Attribute des im Moor ruhenden „Erlkönigs" ist keineswegs so eindeutig positiv, wie er vielleicht auf den ersten Blick erscheinen mag, wenn man sie in ihrem Kontext betrachtet, und das heißt in Beziehung setzt zu den Todesschreien der drei Kinder. Beide Attribute kennzeichnen die Moorleiche auch als Oger, der erst mit dem grausamen Tod der Opfer, signalisiert durch den Schrei, ‚beschwichtigt' erscheint. Das Wort „désincarné" verweist auf den Vampir als Geist eines Toten, der nur leere Hülle ist. Die Moorleiche, deren ‚Konversion' suggeriert wird, bleibt letzten Endes ambivalent. Ihr Aussehen rückt sie ins Zwielicht von Spiritualisierung – ein für die Aufnahme von ‚Pneuma' von ‚Omega' entleerter bzw. gereinigter Körper – und Vampirismus. Die Ambivalenz kommt auch in den Körpermerkmalen zum Ausdruck („la délicatesse des mains et des pieds, la finesse du visage" 291; „le visage émacié et spiritualisé" 292 einerseits; „ce profil d'oiseau de proie" 291 andererseits). Es ist, als ob die auf den ersten Blick so harmlos erscheinende Moorleiche das gigantische Kindesopfer gefordert hätte, als ob erst mit dem Massaker des Trios ihr Blutdurst endgültig gestillt wäre. Mit seiner Vision sieht sich Tiffauges gewissermaßen im Spiegel des Ogers, der erst mit den Schreien der Kinder befriedigt ist, dafür aber den Gang ins Moor tun muß. Mit der Figur der drei Aufgespießten haben sich die geheimsten Wünsche des ‚teuflischen' Tiffauges erfüllt. Durch die Reaktion, die der Schrei als Zeichen der „idealen Bestimmung" des Opfers durch die ‚Begierde' des Ogers[152] im Protagonisten auslöst, wird die Aufspießszene symbolisch zum Mahl des Ogers, der mit den drei monströsen Kindern seine ‚begehrteste' Beute, wenn auch nicht ‚real', so doch ‚ideell' verschlingt. Andererseits ist das Bild Tiffauges' von der Moorleiche nicht auf die negative Bedeutung zu fixieren. Die Modelle des Ogers und des konvertierten Ogers, des Erlkönigs und des Christophorus, fallen im ‚Katalysator' Tiffauges zusammen und werden permutierbar.

Mit der Endfigur der Paraphorie hat die *inversion maligne* ihren Kulminationspunkt erreicht. Der Moment der *exaltation* des ‚Bösen' bezeichnet jedoch zugleich den Umschlag zur Herrschaft des ‚Guten', simuliert in der Reminiszenz an das Jüngste Gericht. Die Verkehrung der Werte (nach dem Modell des ‚Zauberspiegels' aus der *Schneekönigin*) und ihre Wiederherstellung fallen an diesem Punkt zusammen. Der Mechanismus der Inversion, befrachtet mit den Wertkategorien *maligne* und *bénigne*, ahmt zwar die Hegelsche Dialektik von Negation (Vernichtung) und Negation der Negation (Vernichtung des Vernichters) nach, erfährt jedoch an diesem entscheidenden Punkt seinen endgültigen Stillstand. An die Stelle

---

[152] Cf. G. W. F. Hegel (1967), p. 10.

einer Synthese ist die unauflösliche Zwiespältigkeit der Phorie des ambivalenten Ogers getreten gemäß der von Tournier in *Le vent Paraclet* beschriebenen „abnégation équivoque, secrètement possédée par l'inversion maligne – bénigne" (125). Die Echos von ‚Negation' und ‚Aufhebung' werden damit ununterscheidbar, die moralischen Kategorien Gut und Böse permutierbar. So gesehen, erscheinen die Operationen der Inversion als ein Spiel, das mit seinen unendlichen Reminiszenzen – unter denen die Hegelsche Dialektik, die Struktur der Initiation, der Operationstyp von Mythos und Musik nur einige bilden – im universalen Intertext aufgeht[153]. Die von Tournier für die Phorie geprägte Formel *„inversion maligne – bénigne"* stellt im Hinblick auf den Inversionsmechanismus insofern ein Paradox dar, als dieser gewissermaßen in eine Waagestellung und somit in eine Nullposition gelangt ist, was seiner Aufhebung gleichkommt. Die Endfigur der Paraphorie, in der der apokalyptische Christus nurmehr als Reminiszenz erscheint, repräsentiert aus dieser Sicht und im Spiegel des Protagonisten auch die Nivellierung der moralischen Werte.

3.6.4.3. Die Endfigur der Astrophorie (III) oder die Figur des *absolu*

3.6.4.3.1. Die Figur des *absolu* als pseudo-erkenntnistheoretisches Modell: Die *exaltation* des Sterns zur *grille* für die ‚Offenbarung' – Der Stern als Erzeuger des *jeu des différences*

«[...] rien n'existe que sur un fond supposé d'absence.»

J. Lacan

„Ich sage euch: man muss noch Chaos in sich haben, um einen tanzenden Stern gebären zu können."

F. Nietzsche[154]

Der Roman gipfelt in einer letzten ‚phorischen' Figur, der Astrophorie III, die gleichsam den ‚Schlußakkord' bildet: Tiffauges trägt auf seinen Schultern Éphraïm, „l'enfant Porte-Étoile" (552), ins Moor. Mit dieser Figur, die die Konversion des Helden simuliert, ersteht im Sinne des ‚Binarismus' des Systems ein Gegenbild zur Endfigur der Paraphorie. Diese Opposition wird sich jedoch als ein Konstrukt enthüllen. In der Endfigur der Astrophorie, die auf der *inversion bénigne* beruht, wirkt zugleich die Negation fort, so daß auch hier spiegelbildlich zur Endfigur der Paraphorie der Gegensatz von Gut und Böse unterminiert erscheint.

Die Astrophorie III erweist sich als ein enigmatisches Gebilde von unauflöslichen Widersprüchen. Schon auf der referentiell-mimetischen Ebene ergibt sich kein eindeutiges Bild, da der Handlungsablauf nur skizzenhaft angedeutet wird, die auf Wirkliches referierenden

153 Cf. dazu Tournier: «L'inversion maligne, c'est une idée si simple et si fondamentale que je ne saurais vraiment pas vous dire d'où je la tiens. Lucifer, image inverse de Dieu, les messes noires, *la Reine des Neiges* d'Andersen, etc.» [im Interview mit A. Bouloumié (1988), p. 252].

154 J. Lacan, *Écrits* (1966), p. 392; F. Nietzsche, *Also sprach Zarathustra* (1980), p. 19.

Textsignale äußerst sparsam und immer zugleich mit Spuren von Reminiszenzen behaftet sind, die auf Mythisches verweisen, so daß die Ebenen untrennbar miteinander vermischt erscheinen. Der *Gang ins Moor*, der als Zeichen die referentiell-mimetische Bedeutung des physischen Todes evoziert, erweist sich letztlich nur als leere ‚Sinnfalle', die den Leser zu Hypothesen verlockt, die der Text weder veri- noch falsifiziert. Diese Offenheit des Romanendes bestätigt auch Tournier: «Je ne peux même pas vous dire s'ils vont s'en sortir vivants ou s'ils vont mourir tous les deux»[155]. Noch weniger als der *Gang ins Moor* ist das Zeichen *Stern* mit wirklichkeitsmimetischen Spuren behaftet:

> «Quand il leva pour la dernière fois la tête vers Éphraïm, il ne vit qu'une étoile d'or à six branches qui tournait lentement dans le ciel noir» (581).

Textsignale, die sich auch auf dieser Ebene ausdeuten lassen, sind die Sechszackigkeit und allenfalls die goldene Farbe. Daß der Autor bei dieser Szene von der konkreten Vorstellung des von Éphraïm getragenen textilen Abzeichens ausgeht, zeigt seine Antwort auf unsere Frage nach der Bedeutung des Sterns:

> «Alors, je peux vous dire d'abord que l'étoile va de soi, puisque les Juifs des camps de concentration avaient une étoile [...] Et une étoile à six branches»[156].

Der schäbige gelbe Häftlingsstern, seinerseits intertextuelles Zeichen, wird in der *mythécriture* Tourniers durch das Wirken des *mouvement génératif* zum Ausgangspunkt einer *mise en abyme* unendlicher Reminiszenzen.

Die Astrophorie III ist neben den erwähnten Zeichen charakterisiert durch wenige flüchtige Textsignale, die den Leser in ein Labyrinth von Reminiszenzen hineinlocken, wie die Grundfigur der Paidophorie, die Erblindung von Tiffauges und seine Unterwerfung unter das Kind („Guide-moi!" 578), den ‚Abstieg' ins Moor mit dem Druck von oben, dem Sog von unten und dem Widerstand der zähflüssigen Masse gegen Brust und Bauch sowie dem Verschwinden des Kindes. Die Figur der Astrophorie III ist nicht fest umrissen, sondern sie erscheint als ein Gebilde von mehr oder weniger heterogenen Spuren, deren Streuung in dieser Endsequenz ihre äußerste Konzentration erreicht und die im unendlichen Austausch der Zeichen zu immer neuen Spuren führen.

Die Figur der Astrophorie III stellt im Hinblick auf die ‚phorische' Struktur gegenüber ihrer Vorgängerin, der Astrophorie II, eine letzte ‚Diminuation' dar. Das Verschwinden Éphraïms bewirkt im System eine Reduktion der Astrophorie von der Drei- zur Zweigliedrigkeit.

---

[155] *Entretien Michel Tournier – Cornelia Klettke* (5. April 1986), infra, p. 295.

[156] Ibid., p. 294.

$$\left\{ \begin{array}{c} \textit{étoile à six branches} \\ \hline \textit{Éphraïm} \\ \hline \textit{Tiffauges} \\ \hline \textit{Barbe-Bleue} \end{array} \right\} > \left\{ \begin{array}{c} \textit{étoile à six branches} \\ \hline \textit{Éphraïm} \\ \hline \textit{Tiffauges – Béhémoth} \\ \textit{– Cheval d'Israël} \end{array} \right\} > \left\{ \begin{array}{c} \textit{étoile à six branches} \\ \hline \\ \hline \textit{Tiffauges – Béhémoth} \\ \textit{– Cheval d'Israël} \end{array} \right\}$$

Astrophorie I Astrophorie II Astrophorie III

Die zweigliedrige Figur, Tiffauges – Stern, erscheint auf der Folie der Moorleiche mit der Sternbinde über den Augen als ihrem präfigurativen intratextuellen Modell. Das Kind als Träger des Sterns wird permutiert durch den Stern, der den ‚Endterminus' des Zeichensystems bildet. Als ehemals getragenes Zeichen erfährt damit der Stern in der Astrophorie III eine ähnliche Verselbständigung wie in der Endfigur der Paraphorie das Schwert als ehemals getragenes Zeichen der Jungmannen (Doryphorie): Wie dieses in der *inversion maligne* vom Seitengewehr zum monströsen Schloßemblem emporwucherte, so erfolgt in der *inversion bénigne* die *exaltation* des ehemals schäbigen textilen Abzeichens des Sträflingskindes zum goldenen sich bewegenden Himmelsgestirn. In beiden Fällen findet die Transformation eines Träger-Zeichens in ein getragenes Zeichen bzw. die ‚Absorption' des menschlichen Trägers durch das sich verselbständigende Zeichen statt. Während jedoch in der Endfigur der Paraphorie die Zeichen als Träger, d. h. die Mordwaffen, die lebenden Kinder vernichten und der Sterblichkeit anheimgeben, erscheint in der Endfigur der Astrophorie das Zeichen Stern, das – ein Wunder simulierend – an die Stelle des verschwundenen Éphraïm tritt, als Hoffnungsträger für das Leben („lueur d'espoir" 46). Die Doppelfiguren der Paraphorie und der Astrophorie stehen spiegelbildlich zueinander. Sie zeigen beide, wie die Verselbständigung der Emblemzeichen zu einer *Absenz* des Menschen führt, d. h. den ‚Aufriß' einer Lücke. Analog zur Figur des *néant* bezeichnen wir die Astrophorie III als Figur des *absolu*:

$$\left\{ \frac{\textit{Seitengewehre}}{\textit{Haro – Lothar – Haïo}} \times \frac{\textit{Kinderleichen}}{\textit{Schwertemblem}} \right\} \mathrel{\hat{=}} \left\{ \frac{\textit{Häftlingsstern}}{\textit{Éphraïm}} \times \frac{\begin{array}{c}\textit{Abwesenheit} \\ \textit{Éphraïms}\end{array}}{\begin{array}{c}\textit{étoile d'or} \\ \textit{à six branches}\end{array}} \right\}$$

Figur des *néant* Figur des *absolu*

An die Stelle des Schwertemblems ist in der letzten Inversion der Stern als *grille* zur Entzifferung der *essence* getreten. Als ‚Endterminus' des Systems fällt dem Stern simulatorisch die Funktion der *exaltation* der *essence* zu:

$$\left\{\frac{\textit{clé:}\ \text{étoile à six branches}}{\textit{essence:}\ \text{Éphraïm}}\right\} \times \left\{\frac{\textit{essence:}\ \text{absence > absolu}}{\textit{grille:}\ \text{étoile à six branches > signe absolu alpha-oméga}}\right\}$$

Nach der Logik des Systems muß als letztes Träger-Zeichen der Stern jenen von Nestor gesuchten „signe absolu alpha-oméga“ (92) verkörpern. Er simuliert im Sinne einer pseudo-erkenntnistheoretischen Lesart den Raster für die Entzifferung des ‚Absoluten‘.

Die Spuren Spinozistischen Denkens sind hier unverkennbar[157]. Mit dem Begriff des „absolu“ leuchtet eine Reminiszenz an die dritte Gattung der Erkenntnis nach dem System der *Ethik* auf. Danach ist die Erkenntnis der letzten Ursache der Dinge nicht mit Hilfe des Verstandes erreichbar, da dieser begrenzt ist. Es bedarf vielmehr zu ihrer Erkenntnis einer noch höheren Einsicht, die Spinoza *scientia intuitiva* nennt[158]. Auf diese Art der Erkenntnis wird mit dem Begriff „intuition“ im *Roi des Aulnes* präfigurativ vorausdeutend angespielt in Tiffauges' Auswertung der ‚Lehren‘ des Kommandeurs zur Entschlüsselung des ‚phorischen‘ Zeichens:

> «[...] je comprends mieux maintenant la différence entre la *clé* qui ne nous livre qu'un sens particulier de l'essence, et la *grille* qui en prend totalement possession, et l'offre illuminée à notre intuition» (495).

Das Zitat enthält gleichzeitig Reminiszenzen an die zweite Gattung der Erkenntnis, latent auch an die erste: Der Ausdruck „en prend totalement possession“ rückt dekonstruktiv die „grille“ wiederum in das Zwielicht des besitzergreifenden Ogers („Je me suis approché des grilles qui séparent la cour de Sainte-Croix du trottoir, puis à travers les barreaux, j'ai pris une rafale de photos, avec la joie forte et coupable du chasseur qui tirerait les bêtes d'un parc zoologique dans leurs cages“ 152). Die Nachahmung des dreistufigen Erkenntnismodells im *Roi des Aulnes* ist dekonstruktiv, da sich die Reminiszenzen an die erste und die zweite Gattung im gesamten ‚Initiationsweg‘ von Tiffauges überlagern, obzwar gleichzeitig eine fortschreitende Höherentwicklung des Helden vorgetäuscht wird. Während nach Spinoza auf der untersten Ebene, der der *imaginatio* und *opinio*, noch keine Einsicht in die Ursachen möglich ist (cf. Tiffauges: „C'est mon éternelle question dans ce monde semé d'hiéroglyphes

---

157 Cf. dazu die verschiedenen Stellungnahmen Tourniers zur *Ethik* Spinozas, in denen er dieser einen zentralen Platz in seinem Denken einräumt, insbesondere in *Le vent Paraclet*: «[...] L'*Éthique* est à mes yeux le livre le plus important qui existe après les Évangiles, et [...] sa leçon est très profondément inscrite dans mon esprit». Andererseits weiß Tournier sehr wohl, daß das dreistufige Schema der Erkenntnis auf allgemeinen klassischen religiösen und philosophischen Grundvorstellungen aufbaut. In dekonstruktiver Applikation Spinozas sieht er im alltäglichen Leben einen Reflex von dessen Metaphysik („un lointain équivalent“) (*VP* 235 f.). – Zu den Reminiszenzen des *Roi des Aulnes* an die *Ethik* Spinozas liegen außer einem Hinweis bei D. G. Bevan [(1986), p. 14, 52], der sich auf die Bemerkungen Tourniers in dieser Textstelle beruft, noch keine weiteren Stellungnahmen vor.

158 B. v. Spinoza, *Ethik*, II, Lehrs. 40, Anm. 2 [(1967), p. 227].

dont je n'ai pas la clé" 152)[159], lehrt erst die Erkenntnis zweiter Gattung, das „Wahre vom Falschen unterscheiden"[160]. Auf dieser Stufe erfolgt die Bearbeitung der Vorstellungen durch die *ratio*, indem diese mit Hilfe der *notiones communes* ihre Ursachen aufdeckt. Aus dieser Optik simulieren die *Écrits sinistres* den ‚Erkenntnisweg' des Helden mit Hilfe der *ratio*. Indem er den Denkvorgang rational-logischen Schließens nachahmt, deckt er das Modell für die Entschlüsselung der Zeichen auf („Toute grille est grille de déchiffrement, il n'est que de savoir l'appliquer" 152). Aber diese ‚Erkenntnis' kann nur bruchstückhaft sein („[...] la clé qui ne nous livre qu'un sens particulier de l'essence").

Die Astrophorie III löst den zuvor vom Protagonisten nur auf der Ebene der ‚rationalen' Reflexion erfaßten pseudo-erkenntnistheoretischen Mechanismus der Transformation *clé > grille* als ‚phorische' Erfahrung des Helden ein. Sie simuliert den Gipfel der ‚Erkenntnis' des Helden, indem sie die von ihm aufgeworfenen Fragen zu beantworten und die Rätsel, die sich ihm auf seinem ‚Initiationsweg' stellten, zu lösen scheint. Im ‚Bewußtsein' des Helden wird die *scientia intuitiva* imitiert, die im Spinozistischen Sinne den nach der *essence*, d. h. nach der ‚Erkenntnis der letzten Ursache' Suchenden zur ‚kontemplativen' Schau des ‚Absoluten' führt[161]. Spinozas Entwurf nachgeahmt erscheint auch der daraus resultierende Zustand der „wahren Seelenruhe" (*vera animi acquiescentia*) oder der „Glückseligkeit" (*beatitudo*)[162] in den simulierten ‚Seelenzuständen' von Tiffauges. Gewisse Kodewörter des Systems wie *abnégation*, *euphorie*, *angélique* enthalten dahinweisende Spuren (die jedoch auch in andere – philosophische, religiöse bzw. religionshistorische – Bahnen leiten). Als Reminiszenz an Spinoza ist sicherlich einer der letzten Sätze des Romans, „sachant que tout était bien ainsi" (581), zu deuten, der spiegelbildlich zu dem Gesichtsausdruck der Moorleiche, „le visage apaisé et désincarné du Roi des Aulnes" (575), in Beziehung gesetzt

---

159 An die unterste Ebene erinnern besonders die *Écrits sinistres* der Paris-Phase. Tiffauges zeigt sich hier noch weitgehend unfähig zur Entzifferung der Zeichen. Die Erkenntnis durch die Sinne (*imaginatio*) erreicht einen ersten Höhepunkt im Mahl der Tauben, zieht sich jedoch als eine Ebene durch den ganzen Roman hindurch bis zum Schluß, wo sie mit der Aufspießszene als ‚Mahl' des Ogers eine nochmalige Aufgipfelung erfährt.
Die *opinio*, worunter nach Spinoza die durch die Wahrnehmung von *„Zeichen"* („z. B. daraus, dass wir uns beim Hören oder Lesen gewisser Worte der Dinge wieder erinnern, und gewisse Vorstellungen von ihnen bilden" [B. v. Spinoza, ibid., p. 227]) hervorgerufenen Vorstellungen zu verstehen sind, hat ein Echo in den Erinnerungen Tiffauges' an die für ihn zunächst enigmatischen Äußerungen Nestors, bzw. sie betrifft das gesamte Repertoire an intertextuellen Vorbildern, denen der Held durch Lektüre, visuelle Anschauung oder die ‚Diskurse' seiner Initiatoren im Laufe des Romans begegnet.

160 Ibid., Lehrs. 42, p. 229.

161 Cf. dazu Tourniers Bemerkungen zur *scientia intuitiva* als der dritten Erkenntnisart nach Spinoza: «Seule la connaissance du troisième genre livre l'absolu dans une intuition de son essence» (*VP* 235). – Cf. auch die dekonstruktive Anwendung der Lehren Spinozas auf das Leben des Menschen von heute: «Car à chaque homme, à chaque femme trois voies s'offrent dans la vie: [...] 3) la pure contemplation artistique ou religieuse» (*VP* 236).

162 Cf. B. v. Spinoza, *Ethik*, V, Lehrs. 42 und Anm. [(1967), p. 555 ff.].

werden kann (*humour blanc*!). Ein dekonstruktiver Umgang mit Spinoza zeigt sich u. a. daran, daß der Begriff „béatitude“ – ins Anti-Metaphysische invertiert – für die Befriedigung der rein körperlichen Bedürfnisse des Ogers („une grande béatitude fécale“ 263) verwendet und damit parodiert wird.

Das erst mit der Astrophorie III als Figur des *absolu* seine ‚letztgültige‘ meta-phorische Applikation erfahrende pseudo-erkenntnistheoretische Transformationsmodell der ‚phorischen‘ Zeichen enthält neben den Reminiszenzen an die drei Gattungen der Erkenntnis nach Spinoza auch Anklänge an die ‚kabbalistische Option‘. Die Assonanzen zwischen der Derridaschen Zeichenkette „*carrefour, quadrifurcum, grille, claie, clé*, etc.“ und dem Tournierschen Modell sind nicht zu übersehen (cf. supra, p. 115 f.). Beide Male figurieren *clé* und *grille* als permutierbare Termini; der viergliedrige Kreuzmechanismus erinnert an die Derridaschen Begriffe *carrefour* und *quadrifurcum*. Es überkreuzen und vermischen sich hier die Reminiszenzen an Spinoza mit denen an die mystische Methode der Kabbala und an ihre radikal säkularisierte, von jeglichen metaphysischen Implikationen freie Variante in der *écriture*-Konzeption von Derrida.

Der ‚Endterminus‘ *Stern* als *grille* für die ‚Offenbarung‘ des *absolu* verweist nicht nur auf die Gottesidee Spinozas, sondern auch auf den kabbalistischen Gott als das Unendliche, die schöpferische Kraft, die metaphorisch auch als „Weltensame“ bezeichnet wird (cf. die Verschiebung *Éphraïm* = hebr. ‚Doppelfrucht‘ > *absolu*). Das Zeichen *Stern* als solches evoziert Reminiszenzen an die Lichtsymbolik des *Sohar* (= ‚Lichtglanz‘), indem es mit seinen unendlichen Lichtreflexen die Unbegrenztheit des Sinns aufschließt („Tout est signe. Mais il faut une lumière ou un cri éclatants pour percer notre myopie ou notre surdité“ 15). Im Sinne der Kabbala erscheint der Stern Tiffauges’ als Energie-Zentrum, das mit unerschöpflicher Kraft für die Sinnerzeugung aufgeladen ist.

Es liegt jedoch näher, das Zeichen *Stern* auf der säkularisierten Folie der Derridaschen Konzeption zu sehen. Aus dieser Optik darf es als Metapher für die *différance* betrachtet werden. Die Evokation der Drehbewegung, „une étoile d’or à six branches qui tournait lentement dans le ciel noir“ (581), provoziert geradezu die bildliche Vorstellung des Sterns als Erzeuger des *jeu des différences*. Das Bild des sich drehenden Lichtkörpers weckt zudem die Erinnerung an das Kaleidoskop als Metapher für immer neue Sinngebungen des Textes. Angesichts dieser Überlegungen deuten wir den Stern als Metapher für das Tourniersche *écriture*-Konzept. Als ‚Endprodukt‘ des *tissu* (schäbiges Stoffabzeichen für den menschlichen ‚Abfall‘ alias ‚Endterminus‘ der *écriture*) wird er zum Kristallisationspunkt der *essence* des ‚Gewebes‘, d. h. zur Chiffre für die *mythécriture*. Die durch den Stern ‚erhellende‘ *essence* ist das ‚Wesen‘ der *mythécriture*. Das, was sich also mit der Figur des *absolu* als Formel für die ‚Offenbarung' letztlich enthüllt, ist das *écriture*-Konzept des Romans. Es basiert wie in den bei Nietzsche und Derrida konzipierten Gedanken auf der Vorstellung der Wahrheit als Spiel *unendlicher* Lesarten.

3.6.4.3.2. Die Dekonstruktion der Opposition der ‚phorischen' Figuren des *absolu* und des *néant*

Die Figur der Astrophorie III ruft ebenso wie die Endfigur der Paraphorie Reminiszenzen an Heideggers Ideen hervor, die freilich auch hier dekonstruiert erscheinen. Das Schema der Reduktion (Astrophorie I > II > III) zeigt, wie bei der sukzessiven ‚Diminuation' der ehemals viergliedrigen Figur in der Endfigur eine Lücke zwischen Träger-Zeichen (Tiffauges) und getragenem Zeichen (Stern) entstanden ist. Im Unterschied zu allen anderen ‚phorischen' Figuren des Systems hat hier eine Auflösung des Verhältnisses von Träger und Getragenem insofern stattgefunden, als keine direkte körperliche Verbindung der ‚phorischen' Partner mehr besteht, sondern nur eine mittelbare (mystische Lichterfahrung oder ‚objektive' sinnliche Wahrnehmung von Tiffauges?), die gleichsam die Grenzüberschreitung ins ‚Metaphysische' simuliert. Mit dem *blanc*, der an die Stelle des Kindes Éphraïm tritt, löst sich das System der Phorie gewissermaßen endgültig auf.

Die Lücke, die gleichermaßen die Endfigur der Paraphorie kennzeichnet, erscheint als Simulation der Heideggerschen „Fuge des Scheinens der Wahrheit" im Unterschied zur Figur des *néant* mit Spuren befrachtet, die an die Idee des „Aufgehens der Lichtung des Seienden"[163] erinnern. Damit gerät die Figur des *absolu* zum positiven Spiegelbild ihrer ‚Gegen'-Figur. Als *signe absolu alpha-oméga* täuscht der Stern das Absolute im Sinne einer metaphysischen Wahrheit freilich nur vor. Er ‚exaltiert' vielmehr das Spiel der unendlichen Lesarten auf der Basis des Nichts. Die *essence* als das ‚Wesen' der ‚Offenbarung' ist damit zur *Differenz* dekonstruiert. Der Stern ist als Zeichen nicht *symbole*, sondern *diabole* im Sinne der ‚Vorausdeutungen' in der Rede des Kommandeurs:

> «Lorsque le symbole dévore la chose symbolisée, lorsque le crucifère devient crucifié, lorsqu'une inversion maligne bouleverse la phorie, la fin des temps est proche. Parce qu'alors, le symbole n'étant plus lesté par rien devient maître du ciel. Il prolifère, envahit tout, se brise en mille significations qui ne signifient plus rien du tout. [...] Car ces symboles sont diaboles: ils ne symbolisent plus rien [...]» (473 f.).

Der Ausdruck *diabole* stellt mit der Fragmentation des Sinns, dem jede metaphysische Rückbindung fehlt, die Dekonstruktion des Symbolbegriffs dar. Es scheint nunmehr evident, daß die Gegensätzlichkeit der beiden Endfiguren der Para- und der Astrophorie nur konstruiert ist; die Opposition zwischen *absolu* und *néant* fällt in sich zusammen.

---

[163] M. Heidegger (1977), p. 51.

In beiden Figuren wirkt der *trait*, der, wie wir schon zeigten, als Reminiszenz an Heidegger verstanden werden kann, der aber auch – wie erwähnt – Erinnerungen an Derrida erweckt und darüber hinaus Anklänge an Lacans Theorie einer unbewußten Sprachstruktur enthält. Sowohl das *Schwert* als auch der *Stern* sind als Metaphern für den *trait* zu betrachten. Obzwar der sechszackige Stern als Verschränkung zweier Dreiecke die intertextuelle Symbolik der Vereinigung der Gegensätze evoziert, ist er hier zugleich mit der Bedeutung des Trennenden behaftet, während das Schwert mit seiner intertextuellen Symbolik der Trennung zugleich – freilich zynisch – als *trait* der ‚Einheit' von Alpha und Omega vorgetäuscht wird. Damit ist der Gegensatz der Zeichen *Schwert vs. Stern* dekonstruiert. Sie erinnern beide an die Idee der Kreuz-ung von ‚Riß' und ‚Zug'; doch ist der *trait* zur *trace* verschoben; er erscheint als Spur in der Lücke.

3.6.4.3.3. Der Stern als Medium für die Erzeugung künstlicher Lichtreflexe: Metapher für die *écriture*

In der Astrophorie III wird der Stern als *grille* Träger-Zeichen für die *absence*. Wir geraten an dieser Stelle in eine Gedankenbahn von Lacan, die uns in der Erhellung der Figur des *absolu* weiterführen könnte. Wir übertragen den ‚Endterminus' des Systems in eine semiotische Dimension im Sinne Lacans:

signifié:	*absence*	
	═══════	BARRE
	Stern	
signifiant:	*présence*	

Die *barre* verhindert als Widerstand gegen die Eindeutigkeit des Sinns die Einheit von *signifiant* und *signifié*. Letzterer ist nur zu fassen als *chaîne signifiante*, d. h. als Kette einer ständigen Verschiebung von Bedeutung[164]. Aus der Sicht Lacans schmiedet das „symbole" als *trait* „présence" an „absence" und täuscht Anwesenheit vor, wo recht eigentlich ein Mangel besteht. *Signifiant* dieser Leerstelle ist der Phallus; er wird zum *signifiant* der Begierde („désir"), die nur existiert auf Grund der Dialektik von Präsenz und Absenz. Im Lacanschen „ordre symbolique" spielt der Phallus, der dem „nom du père"[165] als der väterlichen Instanz im Ödipuskomplex entspricht, die Rolle des „signifiant des signifiants"[166] als Schlüssel für die Sprache schlechthin. Auf der Folie Lacans erscheint der Stern des *Roi des Aulnes* als Entsprechung des Phallus. In der Tat erweisen sich *Phallus* und *Stern* im Roman als permutierbare Zeichen, was deutlich wird in der Kette *Hermes et l'enfant Bacchus – Ange Phallophore – buisson capital – Candélabre – arbre vivant – perche de st. Christophe fleurie et chargée de fruits – Éphraïm – Porte-Étoile – étoile d'or*, die zugleich

---

[164] J. Lacan (1966), p. 497 ff. und 801.

[165] Ibid., p. 278.

[166] Ibid., p. 630.

die im Text zu beobachtende Verschiebung Phallophorie > Astrophorie zeigt. Wie sich nach Lacan die Motivation für die Sprache um den Phallus kristallisiert, so erscheint im *Roi des Aulnes* der Stern gleichsam als Auslöser für die *écriture*. Auf der Folie des poststrukturalistischen Denkens enthüllt sich darüber hinaus dieses Zeichen als Kristallisationspunkt der Merkmale des *texte infini* schlechthin.

Philosophisch gesehen, könnte der Stern als der Alpha und Omega verbindende *trait* auch die ‚Begierde' nach dem Metaphysischen simulieren. Zu dieser Vorstellung paßt das uralte Bild des Zentauren, der seinen Pfeil in den Himmel, d. h. in die Vertikale zielt, das als Reminiszenz in der ‚phorischen' Figur der Astrophorie anklingt als Chiffre für den schreibenden Tiffauges, der ironisch den im Sternzeichen des Schützen geborenen Autor reflektiert.

Aus der metonymischen Verschiebung der Begriffe *trait* und *barre* ergeben sich zwei Signifikantenketten, die die Beziehungen zwischen *signifiant* und *signifié* in der Tournierschen *écriture* umschreiben: *trait – trace – tracer – tirer – tissu – toile – étoile – tourner – tourbières – traître – tronc* etc.[167] und *barre – barré – barreaux – bagnard – berger – borne – blanc – blessure – briser – brame* etc.[168]. Die Figur der Astrophorie III ‚exaltiert' damit die Stigmatophorie als Figur des Einritzens bzw. der *écriture par excellence*. Führte die Stigmatophorie in einer ersten Inversion zur Einritzung der Spuren in den Körper, die tote Materie (Endfigur der Paraphorie), so wird sie in einer weiteren Inversion zur immateriellen Lichtspur in der Dunkelheit transformiert. Das Absolute ‚erhellt' als vorgetäuschter Lichtreflex. Es schließt sich der Kreis vom künstlichen Lichtreflex der Musenroß-Imitation der Mobilgas-Reklame am Romananfang zum Stern am Romanende als einem ebenfalls künstlichen komplexen Lichtkörper oder ‚Energiezentrum' zur Erzeugung von ‚Lichtglanz' als Metapher für die *écriture* als Verewigung des *désir*.

---

167 Die folgenden Angaben beziehen sich auf den *Roi des Aulnes*. Zu *trace* und *tracer* 23, 40, 54, u. a.; cf. in diesem Zusammenhang die Bemerkung über Nestor, „Nestor écrivait et dessinait sans cesse" 54, die die Identifikation von Nestor mit der *écriture* suggeriert, in die er sich schließlich auflöst. – Zu *tirer* 152, 338 u. a.; zu *tissu* 295, 551; zu *toile* 551; zu *tissu* und *toile* cf. auch *VP* 198 im Kontext der Definition des *humour blanc*; zu *étoile* 296 und 550 ff. u. a.; zu *tourbières* 290 u. a.; zu *traître* 580 u. a.; zu *tronc* 580.

168 Zu *barre* 55: Wortspiel *barre à mine – stylo* in bezug auf das von den Händen Tiffauges' Getragene; zu *barré* 292: bezogen auf die Augenbinde der Moorleiche; zu *barreaux* 495: „barreaux de fers" als Träger des „corps du martyr" (cf. supra, p. 201); zu *bagnard* 296; weckt auch die Reminiszenz an das Höhlengleichnis von Platon; zu *berger* 296, 550; auch zu deuten als Anspielung auf den Nomadismus des Sinns; zu *borne* 473: „Jusqu'ici vous avez découvert des signes sur les choses, comme les lettres et les chiffres qu'on lit sur une borne". Entsprechend heißt es beim Fund Éphraïms: „[...] un paquet de toiles de sac appuyé à une borne" 551; zu *blanc* cf. Haarfarbe des Albinos; die Schneedecke beim Landschaftsbild („la grande page blanche" 278), in der sich Tierspuren kreuzen; Bildausschnitt einer Landschaft: „mis en page dans un paysage noir et blanc" 281 f. Hinter der Farbmetapher verbirgt sich der *blanc* als Lücke bzw. Leere; zu *briser* cf. supra zum *symbole*: „Il [...] se brise en mille significations [...]" 473.

3.6.4.3.4. Metaphysische Lesarten als Sinnspuren des Sterns – Die Paradoxie von Vereinigung und Trennung

Der *Stern* ist ein leeres Zeichen, das nicht zuerst auf sich selbst verweist, sondern potentiell auf alle anderen Zeichen des Systems und im weiteren Sinne auf den unendlichen Intertext. Auf Grund seines differentiellen Status (*a* ist nicht *b*, ist nicht *c* etc.) löst es eine prinzipiell unendliche intertextuelle Permutation, das *jeu des différences*, aus, so daß der Sinn des Zeichens nur als unbegrenzt fortsetzbare Verschiebung faßbar ist. Dabei werden immer neue Spuren von Sinn erzeugt, deren Dissemination an Dichte zunimmt, je mehr Zeichen seines Kontextes in die Deutung integriert werden. Die Sechszackigkeit verweist zunächst auf die intertextuellen Bedeutungen dieser Sternform. Ausgehend vom Davidstern als Emblem des Judentums, suggeriert er reflexartig die Bedeutung vom Sieg des auserwählten Volkes, insofern als sich die Reminiszenz an den Exodus überkreuzt mit der Evokation des „Cheval d'Israël", wobei Éphraïm stellvertretend für das Volk der Juden in der Pose des Siegers, Tiffauges in der des Dieners erscheint. Die beiden ineinander verschränkten Dreiecke lassen die Erinnerung an die Vereinigung von Männlichem und Weiblichem – vermutlich die ursprüngliche Bedeutung dieses Zeichens[169] –, von Körper und Geist[170] und von Sichtbarem und Unsichtbarem[171] bis hin zu einem flüchtigen Reflex an die indische Vorstellung als „Zeichen für die Liebe der Gottheit zur Welt und der Welt zum Göttlichen"[172] mitschwingen. Damit suggeriert der sechszackige Stern schließlich die Reminiszenz an die *Coincidentia oppositorum* als Vereinigung der Gegensätze schlechthin. Diese Sinnspur des Sterns trifft sich mit dem Anklang der Figur der Astrophorie III an das Leitbild des „Adam archaïque" als Androgyn.

In der Erinnerung an die Totalität korrespondiert das Zeichen *Stern* mit dem Zeichen *Moor*, das auf die *materia prima* und damit auf den Zustand des Ungeschaffenen, der Undifferenziertheit verweist, so daß auch das Moor als der gesuchte *signe absolu alpha-oméga* betrachtet werden könnte, wobei durch die Permutierbarkeit der Zeichen *Stern* und *Moor* ein weiteres Mal die Opposition Oben *vs.* Unten mit allen ihren Konnotationen (z. B. Himmel und Erde, Unsterblichkeit und Vergänglichkeit, Leben und Tod etc.) dekonstruiert erscheint. Für diese Annahme spricht auch die Reminiszenz der Moorleiche an den „homme de pierre". Sie ist nicht nur Ausdruck des Vernichtetseins, sondern zugleich die Verkörperung eines die Zeiten überdauernden mineralischen Seins, quasi eine mineralische Form der Unsterblichkeit.

Wenn wir die ‚phorische' Figur der Astrophorie III als Ganzes in den Blick nehmen, suggeriert uns der *Stern* als Zeichen für die *Coincidentia oppositorum* auch Hypothesen über

---

[169] Cf. M. Lurker (^{4}1988), p. 350; W. Bauer/I. Dümotz (^{3}1987), p. 38.

[170] J. Chevalier/A. Gheerbrant (^{2}1982), p. 416.

[171] G. Scholem (1950).

[172] W. Bauer/I. Dümotz, ibid.

freilich simulierte ‚innere' Erfahrungen des Protagonisten und führt uns damit in eine Bahn, in der eine Reihe von Sinnspuren verstreut sind. So gesehen, könnte der *Stern* als Zeichen für eine mystische Lichterfahrung von Tiffauges erscheinen, womit sich eine Reminiszenz an die *Unio mystica* einstellt, der die Idee der Totalität als Durchdringung des Körpers mit dem Geist im Sinne einer Sublimierung bzw. Spiritualisierung zugrunde liegt. Hier leuchtet eine Sinnspur auf, die zu christlichen Vorstellungen führt. Aus dieser Sicht verbildlicht die Figur der Astrophorie III das Sein in Christus, das zugleich ein Sein im Heiligen Geist ist und damit die Auferstehung des Leibes bewirkt. Auf der Folie der sterntragenden Moorleiche stellt sich mit dem ins Moor gehenden Tiffauges der – freilich ironische – Reflex an die Verwandlung des irdischen Leibes (σῶμα ψυχικὸν) zum Auferstehungsleib (σῶμα πνευματικὸν) durch Christus – in dieser Lesart suggeriert durch die Permutation Éphraïm > Christus – als dem „lebendig machenden Geist" ein (1 *Kor* 15, 44 f.). Auf dieser ‚Fährte' gelangen wir zu einer ‚Kreuzung', wo sich verschiedene Reminiszenzen an Christliches überlagern, was zu einer Oszillation der ‚phorischen' Figur führt: *Astrophorie – Pneumatophorie – Christophorie*. Die Pneumatophorie verweist nicht nur auf die Auferstehung, sondern zugleich auf das Pfingstwunder und auch auf die Taufe als Begabung mit dem Heiligen Geist, die nach der paulinischen Deutung auch, wennzwar nur im Symbol, als Tod und Auferstehung in Christus verstanden wird. Die Reminiszenz an die Taufe suggeriert den Gedanken einer Verschränkung von Licht- und Geistsymbolik, da die Gläubigen sich durch sie erleuchtet fühlen. Die Spur der Taufe überkreuzt sich mit der der Christophorus-Legende. Das Untertauchen des Reprobus ins Wasser durch das Christuskind wird in mehreren Fassungen auch als Taufakt dargestellt, womit gleichzeitig die Namensänderung begründet wird[173].

Die vorgetäuschte Totalitätserfahrung des Protagonisten verschiebt sich von der Reminiszenz an die mystische Erleuchtung zu der an die Vereinigung mit dem Kosmos, suggeriert durch das Leitbild des Atlas Astrophoros, in dem beides angelegt ist („Il soutenait de ses épaules les étoiles et la lune, les constellations et la Voie lactée, les nébuleuses, les comètes, les soleils en fusion. Et sa tête plongeant dans les espaces sidéraux se confondait avec les astres" 135 f.). Auf der Folie dieses Leitbildes und dem antizipierten Spiegelbild der Moorleiche wird der im Moor versinkende Körper des sterntragenden Tiffauges zum Bindeglied für eine Verschmelzung von astralem und mineralischem Sein („homme de pierre").

In der Bahn einer simulierten Totalitätserfahrung von Tiffauges ergibt sich also eine komplexe Dissemination. Von den Reminiszenzen an die *naissance mystique* als Ergebnis der – archaischen wie esoterischen – Initiation über diverse christliche Vorstellungen bis zur Gotteserfahrung in der jüdischen Mystik und der dem wahrhaft Weisen vorbehaltenen kontemplativen Schau des Absoluten (Spinoza) oder der Idee der absoluten Sittlichkeit

---

173 Cf. die mittelhochdeutschen Fassungen A, B und C, kommentiert von H.-F. Rosenfeld (1937), p. 490. – Cf. dazu *Entretien Michel Tournier – Cornelia Klettke* (5. April 1986), infra, p. 308.

(Hegel)[174] schwingt eine Vielfalt von religiösen, religionshistorischen und philosophischen Echos mit, deren Reihe sich fortsetzen ließe.

Der durch den sechszackigen Stern ausgelöste Prozeß der Sinnzeugung wird noch durch die verschiedenen Spiegelungen bzw. Präfigurationen dieses Zeichens im Laufe des Romans genährt, deren Abstand zu diesem sich im Rückblick vom Ende zum Anfang zunehmend vergrößert. Der Davidstern wird auch in andere, teils unspezifischere Sternformen dekonstruiert, bis er sich in reine Lichteffekte auflöst. Beispielhaft seien genannt: „l'étoile polaire" (551), „cette étoile d'or" der Moorleiche (296), „une étoile de métal doré à six branches" der Moorleiche (292)[175], „une étoile plus radieuse et plus dorée que celle des rois mages ..." (Tiffauges als Nachahmer des Atlas Astrophoros 136), „une lueur d'espoir" (*ad colaphum* 46), „une lumière ou un cri éclatants" (15), „un reflet sur mes mains" (15). Das Zeichen *Stern* wird also schließlich zum flüchtigen Lichtreflex des Pegasus dekonstruiert, der seinerseits den Auslöser für die Erzeugung der differentiellen Fülle zu bilden scheint, so daß auch im Hinblick auf den Impuls der Sinnerzeugung Anfang und Ende des Romans austauschbar werden.

In Tiffauges' ‚Selbstprophetie' einer ‚Apotheose'

> «Quoi que je porte à l'avenir, de quelque fardeau précieux et sacré que mes épaules soient chargées et bénies, ma fin triomphale ce sera, si Dieu le veut, de marcher sur la terre avec posée sur ma nuque une étoile plus radieuse et plus dorée que celle des rois mages ...» (136)

klingt neben der Reminiszenz an die Himmelskugel des Christophorus die alttestamentarische Weissagung des Bileam (4 *Mos* 24,17) an, in der der Stern als Name bzw. als Bild für den erwarteten Messias steht, so daß von der Evokation des Sterns von Bethlehem auf die Reminiszenz an den jüdischen Messias abgelenkt wird. Auf der Folie dieser ‚Voraussage' Tiffauges' erlaubt das Verschwinden Éphraïms am Romanende sowohl eine christliche (Heiligenlegende) als auch eine jüdische Lesart. An diesem Punkt der *écriture* läßt sich das Textverfahren der Verzweigung explizieren. Ausgehend von einer gemeinsamen Spur, der Reminiszenz an die Weissagung des Messias, verlaufen die Sinnspuren von Christlichem und Jüdischem in zwei getrennten Bahnen, die sich an verschiedenen ‚Wendemarken' kreuzen und wieder auseinanderlaufen.

Im Spiel der Differenzen gerät auch die Romanendfigur in das Zwielicht der Ambivalenz. Zwar weist sie einerseits auf Vereinigung mit all den sie umkreisenden intertextuellen

---

174 Der Stern könnte auch das Ende der „Einleitung" zu Hegels *System der Sittlichkeit* verbildlichen, wo die höhere Sittlichkeit beschrieben wird als das „über ihm [dem einzelnen] schwebende Licht als ein ihn danach Treibendes, als Trieb, Streiben" [(1967), p. 8].

175 Im ‚Diskurs' des Professors Keil wird von einer eindeutigen Interpretation des Sterns der Moorleiche abgelenkt: „[...] impossible d'en déchiffrer la signification dans l'état actuel de nos connaissances" (296).

Reminiszenzen (*Coincidentia oppositorum*, Androgynie, *Unio mystica*, Verschmelzung mit dem Kosmos, *Regressus ad uterum*, Synthese im Sinne Hegels etc.); andererseits jedoch enthält sie unübersehbare Textsignale, die auf Trennung hindeuten. Diese paradoxe Verschränkung von Vereinigung und Trennung wird bereits durch die ‚phorische' Bildlichkeit der Figur suggeriert, wenn man sie auf der Folie ihrer antizipierenden Spiegelung betrachtet. Die Inszenierung des Moorleichen-Fundes im Zentrum des Romans trägt in ihrer desillusionierenden Reduktion auf das Stoffliche entscheidend zur Dekonstruktion der Schlußfigur bei. Auch im Arrangement der Moorleichen halten sich bereits die gegensätzlichen Verweise die Waage. Auffallend ist, daß die Moorleichen nicht in ‚phorischer' Einheit, sondern räumlich getrennt gefunden werden. Demgegenüber könnte die Moorleiche I als Trägerin der Binde mit dem sechszackigen Stern zeichenhaft für die Erfahrung einer mystischen Erleuchtung oder ähnlichem stehen, worauf auch weitere Merkmale, der Gesichtsausdruck und die Einprägung der Binde in die Haut, eine Variante der ‚Einritzung' bzw. der Stigmatophorie, hindeuten:

> «Le visage émacié et spiritualisé était barré par un mince bandeau qui lui couvrait les yeux, et qui était si serré qu'il paraissait s'être incrusté à la racine du nez et dans la nuque» (292).

Die Evokation der mystischen Erfahrung geht jedoch einher mit ihrer Dekonstruktion durch die Anspielung auf die *barre*, frei nach Lacan zu sehen als Widerstand gegen die Überschreitung der Grenze zum Metaphysischen. Hinzu kommt, daß die Binde als Trägerin des Sterns einen physischen Abstand zwischen dem Kopf der Moorleiche und dem Zeichen suggeriert. Das Bild der Moorleiche reflektiert wie in einem Zauberspiegel – in gleichsam verkleinertem Format – die Merkmalkomplexion der Astrophorie III. Wie die Moorleiche II, so kann auch die Sternbinde als Präfiguration für Éphraïm, hier in seiner Eigenschaft als Träger des Sterns, angesehen werden (cf. die textlichen Übereinstimmungen „mince bandeau" 292 – „l'enfant – si mince, si diaphane" 580; „bandeau" 292 – Reduktion des Kindes auf die Zweidimensionalität des Emblems „sans plus d'épaisseur qu'une effigie de médaille" 295; Sternbinde und Éphraïm umschließen den Nacken des Trägers 292, 576). Der durch die Sternbinde verbildlichte Abstand erinnert auch an den durch das Verschwinden Éphraïms entstehenden *blanc* zwischen Tiffauges und dem Stern. Der *blanc*, die *barre* und die Dissoziation des Moorleichen-Duos weisen auf den Zerfall der ‚phorischen' Einheit und verbildlichen meta-phorisch die Paradoxie der Trennung in der Vereinigung.

Auf Grund der Ambivalenz der ‚phorischen' Bildlichkeit der Astrophorie III als Vereinigung und Trennung läßt sich die ‚Aufpfropfung' der *Coincidentia oppositorum* zu einer Lesart der Trennung der Gegensätze, wie sie die Bachelardsche Vorstellung vom Zusammenwirken von „forces aériennes" und „forces terrestres" darstellt, verschieben. Diese klingt in der Figur reminiszenzartig an, insofern als sie auch als Darstellung der Simultaneität zweier entgegengesetzter Bewegungen aufgefaßt werden kann, der *ascensio* (symbolisiert durch das Verschwinden von Éphraïm bzw. des Körpers der Moorleiche II, den Stern und das Emporfliegen der kleinen schwarzen Taube) und der *descensio* (der Körper von Tiffauges wird zur Moorleiche; Präfiguration: Körper der Moorleiche I). Die Simultaneität von Aufstieg und Abstieg in einem einzigen Akt findet sich in der Alchimie als Kennzeichen der Verfahren von Destillation und Sublimation. Während die unreinen, erdhaften Substanzen beim Ausfällen in einen Sog nach unten geraten, werden zwangsläufig zugleich die reinen, ätherischen Substanzen von einer Gegenkraft angezogen, so daß sie aufsteigen[176]. Die Alchimisten verdeutlichten das Wirken dieser konträren Kräfte mit zwei zu einem Zeichen vereinigten Pfeilen, die die steigende und fallende Tendenz von Geist und Materie verbildlichen: ↓ ↑

> «Ces deux flèches unies pour diverger nous représentent un type de participation que seul le rêve peut vivre parfaitement: la participation active à deux qualités contraires. Cette double participation en un seul acte correspond à un véritable manichéisme du mouvement»[177].

Das in der Vorstellung der Alchimisten wirkende Naturgesetz der „double participation", an dem Bachelard das Zusammenwirken der konträren Kräfte des *Imaginaire* verdeutlicht, findet ein Echo in der Endfigur des *Roi des Aulnes*[178]. Die Technik der Sublimation wird von den Alchimisten gleichzeitig als ein dynamischer Akt der Befreiung aufgefaßt:

> «La substance pure est un être volant: il faut l'aider à déployer ses ailes. [...] l'image alchimique de la sublimation active et continue nous livre vraiment la différentielle de la libération, le duel serré de l'aérien et du terrestre. Dans cette image, à la fois, en même temps, la matière aérienne devient air libre, la matière terrestre devient terre fixe»[179].

Im *Roi des Aulnes* erscheint der erste Aspekt in der Freilassung der kleinen schwarzen Taube und der Rettung Éphraïms verbildlicht, der zweite („terre fixe") entspricht dem Bild des „homme de pierre" für Tiffauges (150 f.).

Als enigmatische Chiffre, die sich – wie wir zeigen konnten – sowohl auf den Stern und das Moor als auch auf das Schwert beziehen läßt, evoziert auf der Grundlage der Austauschbarkeit dieser Zeichen auch der *signe absolu alpha-oméga* die Ambivalenz von Vereinigung

---

[176] Cf. G. Bachelard (1943), p. 298 f.: «En effet, pour un alchimiste, une distillation est une purification qui élève la substance en l'allégeant de ses impuretés. Mais c'est ici que joue la simultanéité de la montée et de la descente [...]. Tout le long de l'ascension se produit une ‹descension›, suivant l'expression alchimique. Partout et dans un seul acte quelque chose monte *parce que* quelque chose descend. [...]
Dès lors, pour obtenir la *pureté* par la distillation ou par la sublimation, un alchimiste ne se confiera pas seulement à une puissance aérienne. Il trouvera nécessaire de provoquer une force terrestre pour que les impuretés terrestres soient retenues vers la terre. La descension ainsi activée favorisera l'ascension. [...] La substance pure, attirée par la pureté aérienne, montera plus facilement, en entraînant moins d'impuretés si une terre, si une masse d'impuretés attirent énergiquement les impuretés vers le bas.»

[177] G. Bachelard, ibid., p. 299.

[178] Entsprechendes gilt auch für die Endfigur von *Les météores*, die in der Darstellung des Naturereignisses der Sublimation gipfelt (*M* 625).

[179] G. Bachelard, ibid., p. 300 f.

und Trennung und wird damit als Formel für die ,Offenbarung' zur paradoxen Leerformel und zum Schlüssel für die Auflösung der Gegensätze in der *différance.*

3.6.4.3.5. Die Dekonstruktion des Modells der Christophorus-Legende

Die Reihe der die Figur der Astrophorie III konstituierenden Paradoxien läßt sich fortsetzen. Bei einer Lektüre des Romanendes auf der Folie der Christophorus-Legende und der Präfiguration der Endszene in der Taubenepisode (Befreiung bzw. Rettung der kleinen schwarzen Taube durch Tiffauges) entsteht der Eindruck, als ob beim Gang ins Moor der Oger dem Kind nicht nur Retter, sondern auch Vernichter, das Kind dagegen dem Oger Erlöser und Rächer bzw. Repräsentant einer ,rächenden Gerechtigkeit' zugleich seien. Bei näherer Betrachtung zeigt sich, daß die Applikation der Oppositionspaare Rettung *vs.* Vernichtung bzw. Erlösung *vs.* Verdammnis auf die Romanendszene nicht mehr greift. Rückblickend enthüllt sich die *mythécriture* als ein Wechselspiel der Erzeugung und der Dekonstruktion von Oppositionen, so daß sich die mythische Tiefenstruktur mit den Mythemen Phorie+ und Phorie- als ein Konstrukt erweist, das sich am Schluß aufgelöst hat.

Die ,Läuterung' des Helden gleicht einer künstlich-vordergründigen Inszenierung im Vergleich mit dem Legendenmodell. Die Umkehrung von Herrschaft in Knechtschaft ist hier der metaphysischen Implikationen entkleidet und zu einem bloßen Mechanismus herabgesunken, gleichsam als konstitutives Strukturmuster für die Inszenierung der Pose der ,Christophorie', wobei die ethische Qualität verblaßt erscheint.

Zum Inventar dieser künstlichen Präsentation gehören mit der Evokation der Erblindung und der Erstickung von Tiffauges die Reminiszenzen an christliche Denkklischees. Tiffauges' Verlust seiner Brillengläser, der unmittelbar auf den Anblick der Endfigur der Paraphorie folgt (578), bildet den Auftakt für das sich simulativ an dem Helden vollziehende ,Schicksal', in dem ,Bestrafung' und ,Erlösung' miteinander verschränkt sind. In der Erblindung schwingt die ambivalente Resonanz des Bibelwortes „Ich bin zum Gericht in diese Welt gekommen, auf daß, die da nicht sehen, sehend werden, und die da sehen, blind werden" (*Joh* 9,39) mit. Aus dieser Sicht simuliert die Erblindung einerseits eine ,Bestrafung' Tiffauges' für das irdische, d. h. sündhafte Schauen, das mit dem Anblick der drei Aufgespießten im gleichsam ,ideellen' Mahl des Ogers seine *exaltation* erreicht. Andererseits ist sie Vorbedingung für das wahre Sehendwerden der Auserwählten.

Parallel dazu wird die Ambivalenz von ,Pneumaverlust' und ,Pneumatisierung' erzeugt, mit denen die zwielichtige ,Erfahrung' der *angélique* als Echo nachhallt. Im Ersticken Tiffauges', suggeriert mit dem Satz „Il devait maintenant faire un effort surhumain pour vaincre la résistance gluante qui lui broyait le ventre, la poitrine [...]" (581), in dem der Druck der *materia prima* die Faust des Engels permutiert, klingt ganz von fern das Echo vom Sturz Luzifers nach, so wie er in der Johanneischen *Apokalypse* beschrieben wird:

> „Und ich sah einen Engel vom Himmel fahren, der hatte den Schlüssel zum Abgrund und eine große Kette in seiner Hand.
> Und er griff den Drachen, die alte Schlange, das ist der Teufel und Satan, und band ihn tausend Jahre,
> und warf ihn in den Abgrund und verschloß ihn und tat ein Siegel oben darauf, daß er nicht mehr verführen sollte die Völker, bis daß vollendet würden die tausend Jahre. Danach muß er los werden eine kleine Zeit" (*Offb* 20,1–3).

Paradoxerweise gepaart mit den Reminiszenzen an die tausendjährige Verdammnis und an das Siegel des Teufels – als eine weitere vage Sinnspur des Sterns – erscheint auch hier wie bei der Erblindung die Erinnerungsspur an die Erlösung, die – wie wir oben zeigen konnten – durch den Stern als Zeichen für eine Pneumatisierung suggeriert wird.

Für die Beurteilung der ‚Christophorie' in der Romanendszene ist es entscheidend, die Operationen der Dekonstruktion des Legendenmodells aufzudecken. Zunächst fühlt sich der Leser durch eine leichte Verschiebung im Verhalten der ‚phorischen' Partner irritiert. Durch verschiedene Textsignale wird dem Kind der ‚göttliche' Nimbus genommen. Statt dessen blitzt der Reflex des Koboldhaften auf („son rire de farfadet" 567). Die Aussprüche „Allons-nous-en, Béhémoth, je crois que tu deviens meschugge!" und „Béhémoth, si tu ne fais pas demi-tour, je t'arrache les oreilles!" (578) rücken Éphraïm in das desillusionierende Licht eines mutwilligen und respektlosen ‚Lausbuben'. Das Abgleiten vom Pathetischen ins fast Banale kristallisiert sich besonders in dem Wort „meschugge", mit dem er auch sprachlich aus der Rolle fällt. Auch Tiffauges' Haltung verschiebt das Legendenmodell insofern, als er bezeichnenderweise in dem Augenblick, als das Erlkönigmotiv ein letztes Mal anklingt, noch einmal den Versuch macht, sich zu widersetzen („Il voulut s'arrêter, faire demi-tour, mais une force irrésistible le poussait aux épaules" 580), womit sich ein flüchtiger Schatten des Erlkönigs unmerklich über das Spiegelbild des Christophorus legt.

Überhaupt zeigt die Endszene eine dekonstruktive Vermischung der Bilder von Christophorus und Erlkönig, insbesondere durch die Permutation Wasser – Moor und durch die Evokation der schwarzen Erle („Puis ses mains rencontrèrent les branches et les troncs d'un petit bois, et il reconnut l'aulne noir des marécages" 580), von der Tournier andernorts schreibt: „[...] l'aulne est l'arbre noir et maléfique des eaux mortes" (*VP* 119). Neben die Imitation der ‚Christophorie' tritt die Assoziation an das geheimnisvolle Verschwinden des Erlkönigs im Moor als seiner ‚Heimat', von wo er wieder zurückkehrt, um neues Unheil anzurichten. Aber auch das Verschwinden Éphraïms verweist nicht nur auf die Legende („ab oculis ejus evanuit"[180]), sondern auch auf den Erlkönig als Luftgeist („l'ogre aérien" *VP* 119), der in der Dekonstruktion der Goetheschen Ballade durch Tournier (469) das Kind entführt. Mit seiner Koboldhaftigkeit zeigt Éphraïm auch Spuren, die auf den Elfenkönig selber verweisen

---

180 Jacobus a Voragine (1988), p. 62.

im Sinne eines Spiels mit der Herderschen Verwechslung Erlkönig – Elfenkönig, die der Autor andernorts mehrmals erwähnt (cf. z. B. *VP* 119).

Trotz dieser Irritationen wird der Leser mit dem intertextuellen Vorbild der Christophorus-Legende auf eine scheinbar sichere Fährte gelockt. Diese Sicherheit wird vor allem suggeriert durch eine große Textnähe zu dem Vorbild, wie es von dem Schüler Abel im ersten Kapitel rezitiert wird (68 ff.). Im Endabschnitt des Romans folgt, gleichsam eine letzte Umkehr simulierend, eingeleitet durch die Konjunktion „mais", auf das letzte Aufblitzen des Erlkönigmotivs eine längere Passage, die einen Ausschnitt des vorne zitierten Legendentextes paraphrasiert, so daß der Wortlaut der Rezitation gleichsam durch die *écriture* der Schlußfigur hindurchscheint, was ein Einmünden in eine gemeinsame Bahn von Modell und Imitation vortäuscht:

> «[...] mais une force irrésistible le poussait aux épaules. Et à mesure que ses pieds s'enfonçaient davantage dans la landèche gorgée d'eau, il sentait l'enfant – si mince, si diaphane pourtant – peser sur lui comme une masse de plomb. Il avançait, et la vase montait toujours le long de ses jambes, et la charge qui l'écrasait s'aggravait à chaque pas. Il devait maintenant faire un effort surhumain pour vaincre la résistance gluante qui lui broyait le ventre, la poitrine, mais il persévérait, sachant que tout était bien ainsi» (580 f.).

> «Et voici que l'eau du fleuve se gonflait peu à peu, l'enfant pesait sur lui comme une masse de plomb; il avançait et l'eau gonflait toujours, l'enfant écrasait de plus en plus ses épaules d'un poids intolérable, de sorte que Christophe se trouvait dans de grandes angoisses et craignait de périr ...
> Il échappa à grand-peine» (71)[181].

Der Textvergleich zeigt, daß die Bahnen zum Ende hin wieder auseinanderdriften, je mehr das Moor die Szene beherrscht. Es ist, als ob in dem Maße, wie der Held Tiffauges im Moor versinkt, durch das Sich-Entfernen des Vorbilds auch dem Leser sukzessive gleichsam der Boden für eine Orientierung unter den Füßen weggezogen würde. Der Roman bricht abrupt ab, ohne die Nachahmung des Modells bis zu Ende zu führen. Es stehen sich nunmehr vor dem Auge des Lesers zwei Bilder gegenüber, das des Christophorus, der den Fluß durchquert und das andere Ufer erreicht, und das des Romanhelden, der von der zähflüssigen Masse des Moores erdrückt wird und nicht zu einem *au-delà* gelangt. Bezeichnenderweise erscheinen die Begriffe ‚traverser' und ‚franchir' (71) am Romanende nicht. Anstatt wie Christophorus – symbolisch gesehen – eine Grenze zu überschreiten, erfährt Tiffauges einen Widerstand („[...] la résistance gluante qui lui broyait le ventre, la poitrine [...]" 581), von dessen Überwindung im Text nicht mehr die Rede ist. Die Last, die bei dem Legendenhelden nur

181 „Et ecce aqua fluminis paulatim intumescebat et puer instar plumbi gravissime ponderabat, quantoque magis procedebat, tanto amplius unda crescebat et puer magis ac magis Christophori humeros pondere intolerabili deprimebat, adeo ut Christophorus in angustia multa positus esset et se periclitari formidaret.
Sed cum vix evasisset et fluvium transfretasset [...]" Jacobus a Voragine, ibid.

von oben kommt, wird bei dem Protagonisten des Romans zu einem allseitigen Druck und zu einem Sog von unten dekonstruiert, womit gleichzeitig die Richtungen permutierbar werden. Mit der Evokation des Widerstandes, der Tiffauges im Materiellen gefangenzuhalten scheint, wird gleichzeitig mit dem Gedanken an die *barre* der Zweifel an einem Ausweg in die Dimension des Metaphysischen suggeriert. Es eröffnet sich vielmehr auf der Folie des Moorleichenfundes die Perspektive eines *regressus* oder eines Kreislaufs, wobei Leben und Tod spiegelbildlich zueinander in Beziehung gesetzt zu sein scheinen: Das Bild zweier Paare schiebt sich übereinander, von denen das lebende die ‚phorische' Vereinigung, das tote die *Trennung* und damit die *Auflösung* der ‚phorischen' Beziehungen im Nichts vor Augen führt, was durch das für einen *blanc* stehende Zeichen des leeren Kleidungsstückes der Moorleiche II noch bekräftigt wird. Mit der Frage nach dem Tod des Helden wird der Leser auf den Text, d. h. auf den Moorleichenfund in der Romanmitte, zurückverwiesen. So gesehen, ist es ohne Belang, ob Tiffauges am Ende des Romans stirbt[182]. Entscheidend erscheint demgegenüber das ‚Schicksal' des Protagonisten in seiner Eigenschaft als Phoriker *par excellence*. Das Bild der Astrophorie III entzieht sich am Schluß einer genauen ‚phorischen' Definierbarkeit:

> «Quand il leva pour la dernière fois la tête vers Éphraïm, il ne vit qu'une étoile d'or à six branches qui tournait lentement dans le ciel noir» (581).

Mit dem Verschwinden des Kindes Éphraïm scheint Tiffauges die Trägerschaft entglitten zu sein, da zwischen ihm und dem sich drehenden Stern die Vorstellung eines räumlichen Abstandes suggeriert wird. Gegenüber dem christlichen Legendenmodell wird die auf Rettung und Erlösung beruhende ‚phorische' Partnerschaft vorzeitig unterbrochen, die Handlung wie bei einem Filmriß plötzlich gestoppt. Mit dem Zerbrechen der ‚phorischen' Einheit tritt der Held Tiffauges in einen differentiellen Abstand auch zu dem Modell des Atlas Astrophoros. Indem die Rolle des *astrophore* ausgespielt ist, erstarrt die Phorie zu einer sinnentleerten Pose, die aus unserer Sicht zeichenhaft für die *conditio humana*, das Zurückgeworfen-Sein des Menschen auf sich selbst, steht.

3.6.4.3.6. Die Schlußfigur als Inszenierung des *comique cosmique*

Mit dem Verlust des physischen Kontaktes und dem Ausfallen der Funktionen Greifen, Tragen, Halten, Festhalten, Fühlen kann die Astrophorie in diesem Stadium entweder nur noch als aufgelöst oder aber über die Funktion des Sehens als ins ‚Innere' der Figur verlagert betrachtet werden. Da – wie wir sahen – die psychologische Dimension des Protagonisten lediglich als künstlicher Schein inszeniert ist, können seine ‚inneren' Erfahrungen nur simuliert sein wie die metaphysischen Lesarten des Sterns. Die absurde Vorstellung, der pseudo-psychologisierten Figur Tiffauges werde durch das leere Zeichen *Stern* eine ‚innere'

---

[182] Cf. hierzu noch einmal Tourniers Äußerung in *Entretien Michel Tournier – Cornelia Klettke* (5. April 1986), infra, p. 295.

Erleuchtung vermittelt, eröffnet uns die Einsicht in die ironische Dimension des Romanendes als „métaphysique de l'ironie" (*VP* 200). Der *blanc* als Lücke, durch die das *absolu* ‚sichtbar' wird, provoziert ein zynisches Bild, das den unauflöslichen Widerspruch von metaphysischer Illusion und ‚Essenz' der Vereinsamung in sich vereinigt. Die Schlußfigur präsentiert sich als ein Paradox im Sinne des „comique cosmique" (*VP* 198 ff.), das den *rire blanc* freisetzt. Zwischen den sich auflösenden Maschen des ‚phorischen' Netzes scheint jener Abgrund auf, der den Stern hervorbringt, eine künstlich aus einem diskriminierenden Zeichen erzeugte Attrappe, die zur Simulation des Absoluten ‚exaltiert' wird und hinter dessen ‚Wunder' sich das Nichts verbirgt. Unübersehbar leuchtet hier eine Spur zu einem Ausspruch von Nietzsches Zarathustra auf, in dem, wie Tournier meint, „se trouvent étroitement mêlées la source cosmique et la veine comique" –

> „Ich sage euch: man muss noch Chaos in sich haben, um einen tanzenden Stern gebären zu können"[183] –

und den er weiter kommentiert mit den Worten:

> «Voilà une phrase d'un retentissement profond et dont les mots s'entrechoquent en un cliquetis hautement réjouissant» (*VP* 200).

Aus dieser ironischen Sicht erfährt der sich vor dem schwarzen Himmel drehende Stern eine Banalisierung, indem er in die Nähe eines ‚fantoche' gerückt wird als Erscheinung, die auf einem Trickeffekt beruht und die auf dem Hintergrund einer kosmischen Vorstellung grotesk wirkt[184]. Der Autor verschmilzt hier Inkompatibles zu einer scheinbaren Harmonie, womit ein ironischer Abstand geschaffen wird. Die Komik ist gepaart mit einem mehr oder weniger starken Schauder des Entsetzens, der den hierfür sensiblen Leser erfaßt. Die Konfrontation mit der Absurdität des Seins verursacht – in der Sicht Tourniers freilich nur bei den wenigen Auserwählten (*VP* 199) – einen über das Maß des für Menschen Erträglichen hinausgehenden Reiz, der dem das menschliche Fassungsvermögen übersteigenden physischen Juckreiz vergleichbar ist, der bei der Berührung des Rippenfells auftritt[185]. In Übertragung dieses Vergleichs auf den Romantext sehen wir in dem über dem Oger ‚tanzenden' Stern als Zeichen für das *absolu* den Kitzel für das zynische Gelächter, den *rire blanc*. Dieses klingt wie eine desillusionierende Replik auf die ‚Selbstprophetie' des Helden, die in zynisch-blasphemischer Weise *ad absurdum* geführt wird:

---

[183] F. Nietzsche, *Also sprach Zarathustra*, I, 5 (1980), p. 19; in Übersetzung von Tournier zitiert: «Il faut avoir un chaos en soi-même pour accoucher d'une étoile qui danse» (*VP* 200).

[184] Das ‚Wunder' des Sterns erinnert an das „miracle" am Ende von *Que ma joie demeure* (*CB* 98), wo dem Piano des schwer kurzsichtigen Musikclowns Bidoche nach dem Spielen der letzten Note des Bachschen Chorals im Zirkuszelt ein ‚fantoche' in Gestalt eines „bel archange aux ailes de lumière, l'archange Raphaël" (99) entweicht, ein Schlußakkord, in dem die grelle Komik zwischen dem ‚kosmischen' Pathos und der Misere der menschlichen Existenz zu vermitteln scheint.

[185] Tournier rekurriert mit diesem Bild auf eine Passage aus dem *Zauberberg* von Thomas Mann (*VP* 203).

«Mais plus j'y pense, plus il me semble qu'Atlas uranophore, Atlas astrophore est le héros mythologique vers lequel devrait tendre ma vie pour trouver en lui finalement son aboutissement et son apothéose. Quoi que je porte à l'avenir, de quelque fardeau précieux et sacré que mes épaules soient chargées et bénies, ma fin triomphale ce sera, si Dieu le veut, de marcher sur la terre avec posée sur ma nuque une étoile plus radieuse et plus dorée que celle des rois mages ...» (136).

Es bleibt am Ende dem Leser anheimgestellt, die Auflösung des *système de la phorie* durch den *humour blanc* zu erkennen oder nicht. Auch insofern ist der Schluß offen.

Die *métaphysique de l'ironie* läßt den Glauben an eine höhere Ordnung, wie sie mit dem *système de la phorie* als „un système du monde assez complet"[186] simuliert wird, als Illusion erscheinen und bewirkt eine zynische Reduktion auf das Sinnlich-Wahrnehmbare[187]. Der Hoffnungsschimmer, den der Mensch in seiner totalen Vereinsamung erblickt, entpuppt sich als ein selbstgeschaffenes Trugbild, in das er seine Wünsche projiziert, das jedoch paradoxerweise nicht viel mehr ist als der Widerschein der Abgründe der menschlichen Natur.

Das leere Trugbild, für das zeichenhaft der Stern steht, ist eine Metapher für die *mythécriture*. Diese erscheint als eine Textur, der nach Art des *bricolage*-Verfahrens metonymisch der textile Abfall in Gestalt der Häftlingskluft des Judenkindes („toile", „tissu") zugrunde liegt. Die *mythécriture* enthüllt sich metaphorisch als ein durch das sich verselbständigende Stoffabzeichen künstlich hervorgebrachter Lichtschein, der, zum *signe absolu alpha-oméga*, d. h. zur paradoxen Formel für Schöpfer und Schöpfung zugleich ‚exaltiert', als zynischer Erzeuger von mythischen Sinnreflexen fungiert. Kraft des *mouvement génératif*, den der Stern als *energeia* bzw. Mittler auslöst, schafft sich der Text als ein System des Kosmos, das als Botschaft die Phorie trägt. Die *écriture* als *différance* unterminiert beim Fortspinnen des Textes sukzessive die Tragfähigkeit dieses Systems, bis es sich am Romanende auflöst. Der „grand effort" des Autors, der darin besteht, „un monde [...] plus cohérent" entstehen zu lassen[188], gerät an eine Grenze, die *barre* zum *absolu*, so daß die Botschaft letztendlich leer bleiben muß und die *écriture* als *jeu des différences* zum Paradox im Sinne des „comique cosmique" wird.

---

[186] *VV* 310. – Cf. auch *Entretien Michel Tournier – Cornelia Klettke* (9. Okt. 1984), infra, p. 293.

[187] Wir verweisen hierzu auf die von Tournier entwickelte „théorie de la connaissance", die er selber als „la base cachée sur laquelle j'édifie mes petites histoires" (*VV* 311) bezeichnet. Diese besteht in der Anstrengung, die Absurdität des Seins durch das Schaffen eines scheinbar kohärenten Systems zu verleugnen [cf. *Entretien Michel Tournier – Cornelia Klettke* (9. Okt. 1984), infra, p. 293].

[188] Cf. ibid.

4. EINZELUNTERSUCHUNGEN ZU POSTMODERNEN TEXTVERFAHREN IM *ROI DES AULNES*

4.1. Die *mythécriture* als *mise en fiction* musikalischer Vorbilder: Das Spiel mit den Elementen der Fugenstruktur

4.1.1. Der *Roi des Aulnes* als Übersetzung einer Fuge. Auswertung der Analyse-Ergebnisse

«Bach: plus proche de barre que de bac [...]»
P. Bonnefis[1]

Bevor wir im folgenden die Referenzen des *Roi des Aulnes* auf die musikalische Kunstform der Fuge allgemein bzw. auf das spezifische Modell der Bachschen *Kunst der Fuge* zusammenfassend darstellen und erläutern, sei zur richtigen Einschätzung unserer Strukturkonzeption noch einmal betont, daß der Roman weder als ein getreues in die Literatur übersetztes Abbild der Strukturen einer *einzelnen* Fuge noch derer des Bachschen *Zyklus* betrachtet werden darf. Jeder Versuch, im Roman eine Umsetzung dieses oder jenes Modells eindeutig fixieren zu wollen, scheitert an der rhizomatischen Struktur des Textes, der zum freien *Spiel* zur Disposition steht. Im Hinblick auf die Intertextualität der Fugenstruktur handelt es sich wiederum nur um vielfältige Anklänge und Reminiszenzen, wobei jedoch verblüffende Entsprechungen gerade in grundlegenden Merkmalen zu erkennen sind.

Der Versuch einer Strukturierung des Textes auf der Folie des Fugenmodells zeigt, daß ein systematisch durchgeführter Vergleich möglich ist und sich bei diesem ein in sich stimmiges Bild ergibt. Es läßt sich, wie auch immer die Interpretation im einzelnen verfahren mag, eine Entsprechung zu allen Strukturmerkmalen der Fuge rekonstruieren. Wie in einem Kaleidoskop, so organisieren sich, aus einer gewissen Perspektive betrachtet, die Textsignale auch zu Lesarten analog einer Fuge. Man könnte demnach sagen: Der Text *spielt* mit der Möglichkeit, als die literarische Umsetzung einer Fuge gelesen werden zu können. Je nach dem Fokus stellt sich dieses Bild ein, ja, drängt es sich auf, um dann wieder dem Blick zu entschwinden.

Erschwerend für dieses Analyseexperiment ist der Umstand, daß der Text sich gleichzeitig sowohl als die (freilich!) freie Übersetzung einer einzelnen Fuge als auch des Bachschen Zyklus lesen läßt. Die Strukturen überlagern sich. Angesichts dieser gesteigerten Komplexität erklärt sich, was im Hinblick auf die Imitation der Strukturen einer einzelnen Fuge als übertriebenes Spiel mit den kontrapunktischen Mitteln erscheinen könnte, indes als Resultat zweier sich überlagernder Schichten, nämlich unter dem Aspekt der Referenz auf den

1 (1981), p. 27.

Fugenzyklus, der jedoch nicht eigentlich ‚nachgeahmt', sondern nur in Ansätzen skizziert erscheint.

Der Roman besitzt ein ‚Hauptthema', die *Phorie*. Es läßt sich sowohl mit dem Dux als „Kopfthema" in einer einzelnen einthematigen Fuge gleichsetzen als auch mit dem „Hauptthema" der *Kunst der Fuge*. Mit der *positiven Phorie* kontrastieren die *Antiphorie* bzw. *Paraphorie* als Ausdruck einer *inversion maligne* der Phorie. Diese Varianten entsprechen dem Comes als Inversion des Themas (Spiegelung an der Horizontalen).

Aber auch für die in der Fuge von Dux und Comes ausgebildeten Kontrapunkte läßt sich eine Entsprechung im Roman finden: So steht die *densité+* (oder *monde clos*) in freiem Gegensatz zur *Phorie+* (≙ Dux). Die *densité+* erscheint thematisch selbständig gegenüber der *Phorie+* und wäre demnach dem Kontrasubjekt in der Fuge vergleichbar. Umgekehrt bildet die *densité–* (= *milieu ouvert*) einen eigenständigen Gegenpol zur *Phorie–* (≙ Comes als Thema-Inversion) und wäre damit gleichzusetzen mit dem Kontrapunkt des Comes. Auf der Folie der Fugenstruktur scheint die enigmatische, freilich als Hypothese vorgetragene Äußerung von Tiffauges aus der Paris-Phase zu erhellen:

> «Je me demande si ces deux voies [‹*la voie phorique*› und ‹*la densité d'atmosphère*›] ne sont pas exclusives l'une de l'autre, comme deux chemins ne peuvent être empruntés simultanément, quand même ils aboutiraient au même but» (146)[2].

Die Kontrastrelation von Phorie und *densité* erklärt sich also aus ihrem gleichsam kontrapunktischen Verhältnis. Wir formalisieren sie wie folgt:

Phorie+	≠	*densité+*	(*monde clos*)
Phorie–	≠	*densité–*	(*milieu ouvert*)

KONTRASTMODELL

Vor dem Hintergrund dieses Modells wird die Korrespondenzrelation von Phorie und *densité* beschreibbar. Sie ergibt sich aus der diagonalen Entsprechung, die man auch als eine Art Chiasmus bezeichnen kann:

2 Cf. gegenüber dem Folgenden A. Bouloumiés Deutung dieser Textstelle, die die Suche nach *saturation* in Kombination mit der Phorie auf einen „complexe maternel de Tiffauges" zurückführt [(1988), p. 102]. Bouloumié übersieht, daß das Streben nach *saturation* als Charakteristikum des Ogers nicht rein positiv gesehen werden kann (cf. supra, p. 132 f., 146 f., 203 f. und weitere).

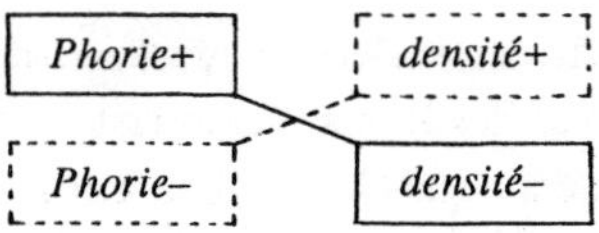

DIAGONALE ENTSPRECHUNG ODER CHIASMUS

Phorie+ ≙ *densité–* (*milieu ouvert*)

Phorie– ≙ *densité+* (*monde clos*)

KORRESPONDENZMODELL

Diese anhand von Textsignalen rekonstruierten Beziehungsschemata enthüllen sich, aufs Ganze gesehen, als nicht unbedingt tragfähig. Die anfänglich suggerierte Illusion einer finalen Vereinigung („même but") der konträren Terme Phorie und *densité* dekonstruiert sich in die Ambivalenz:

Astrophorie II: *Phorie+* ≙ *densité+*
Astrophorie III: *Phorie+* ≙ *densité–*

In der Astrophorie erscheint der Gegensatz der Terme mithin aufgelöst. Diese dekonstruktive Tendenz ist im Keim bereits zusammen mit der Erzeugung einer strukturalen Ordnung angelegt (146; cf. supra, p. 148), so daß diese, obwohl überzeugend präsentiert, von vornherein unterminiert wird. Die Hypothese über Weg und Ziel der Phorie und der *densité* (146) ist nur vor dem Hintergrund der Astrophorie II und III, d. h. einer Auflösung des Gegensatzes, zu enträtseln. Der Leser, der sich von dem Spiel des Autors mit der binären Formel Phorie *vs. densité* hat einfangen lassen, wird verunsichert von einer ‚reflexiven' Äußerung des Protagonisten –

> «[...] cette *densité d'atmosphère* qui m'est toujours apparue comme le pôle opposé et complémentaire de la phorie» (515) –,

welche das zuvor errichtete Scheingebäude eindeutiger Beziehungsschemata zum Einsturz bringt. Im Hinblick auf die Imitation der Fugenstruktur erkennen wir, daß die Kontrast- und Korrespondenzmodelle nur im Rahmen einer Illusionserzeugung als Scheingebilde zu bewerten sind.

Wie frei der Autor im Romantext mit den der Fuge nachempfundenen ‚Stimmen' beim ‚Zusammenspiel' verfährt, läßt bereits die Szene im Pausenhof von Saint-Christophe (29) erkennen. Wenn man von dem ‚präludierenden' Vorspann der ersten Romanszenen absieht, in denen das Thema in versteckten Andeutungen in allgemeinster und vieldeutiger präfigurativer Vorform auftaucht (Semiophorie in der ‚superphorischen' Pose des die *Écrits sinistres* schreibenden Tiffauges, auf dessen linker Schreibhand der Lichtreflex der Mobilgas-Reklame aufscheint; Stigmatophorie Pelsenaires, präfiguriert in der verletzten rechten Hand von Tiffauges), tritt in der Pausenhofszene das ‚Hauptthema' des Romans zum ersten Mal auf. Die *densité*+ korrespondiert mit der Antiphorie und bildet zugleich die Kontrastfolie für die Christophorie, die hier erstmalig – als Hintergrund – erscheint. Die Bildlichkeit dieser Szene illustriert mit der Simultaneität von Christophorie (‚Dux'), Antiphorie (‚Comes') und *densité*+ (‚Kontrasubjekt') gewissermaßen eine Hybridbildung, die parodistische Züge trägt.

‚Dux'

Christophorie (Statue)

‚Comes'

Antiphorie (Pelsenaire auf Kind Abel ‚reitend')

‚Kontrasubjekt'

densité in *monde clos* (Pausenhof mit Schülern)

DIE PAUSENHOFSZENE VON SAINT-CHRISTOPHE: ‚PHORISCHE' DOPPELFIGUR ALS HYBRIDBILDUNG

Der Roman zeigt ferner Affinitäten zum *Aufbau* einer Fuge. Wir haben in der Analyse gezeigt, daß sich aus der Optik der Fugenstruktur die Repetitionen der Geschichte als Imitationen von Durchführungen betrachten lassen. Das erste Kapitel erinnert insofern an die Exposition des musikalischen Modells, wo das Thema einmal durch alle Stimmen gespielt wird, als hier der Gesamthorizont der möglichen Imitations- und Variationsformen des Themas bzw. seiner Entwicklung (insbesondere durch die intertextuellen Leitbilder) abgesteckt wird. Andererseits spricht Verschiedenes dafür, die Vorgeschichte als ‚Erste Durchführung' anzusehen, eine Lesart, die auch im Hinblick auf eine Projektion des Romanganzen auf das Modell der Fugenstruktur als sinnvoll erscheint. Die Vorgeschichte enthält, wie wir gezeigt haben, Phorie+ und Phorie–, *monde clos* und *milieu ouvert* – letzteren freilich vorerst nur als intertextuelles Zitat: der Curwoodsche Bram in der Weite Kanadas – und damit gleichsam ‚Thema', ‚Thema-Inversion' und die beiden ‚Kontrapunkte'.

Innerhalb des ersten Kapitels tragen die Episoden der Paris-Phase eher den Charakter von ‚Zwischenspielen', weil sie vorwiegend ‚thematisches' und ‚kontrapunktisches' Material verarbeiten (cf. etwa *angélique*, *brame* etc. als ‚Thema'-*Anklänge*) und keine eigene ‚Durchführung' bzw. Repetition der Geschichte darstellen. Andererseits lassen sich diese Passagen im Hinblick auf die Erweiterung bzw. Ausgrenzung des thematischen Horizonts auch als Ergänzung zur ‚Ersten Durchführung' betrachten. Der Wechsel von Sequenzen der Vorgeschichte und der Paris-Phase erinnert an das für die Fuge charakteristische Alternieren von Durchführung und Zwischenspiel. Dieser Aspekt evoziert reflexartig die Lesart des ersten Kapitels als Übersetzung einer Einzelfuge im Zyklus.

Für die weiteren ‚Durchführungen' im Roman ergibt sich aus unserer Konzeption, daß das Thema jeweils nur auf einer Ebene erscheint, woraus sich wiederum eine Entsprechung zur Fuge nach dem oben abgebildeten Modell ableiten läßt, wo in den auf die Exposition folgenden Durchführungen das Thema jeweils nur in einer Stimme durchgespielt wird (cf. supra, p. 76). Auch das Alternieren von Durchführung und Zwischenspiel findet sich analog zur Fuge im Roman zumindest ansatzweise realisiert. Den Charakter eines einheitlichen ‚Zwischenspiels' zeigt jedoch nur das dritte Kapitel. In den anderen Kapiteln (I, IV, V und VI) erscheinen die ‚Zwischenspiele' mit den ‚Durchführungen' vermischt. Das folgende Bild zeigt die in ihrer strukturellen Kohärenz frappierende Übereinstimmung mit dem Modell, die sich jedoch bei näherem Zuschauen als spielerisch vorgetäuschter Schein entlarvt.

FUGE (Teile)		*ROMAN* (Kapitel)
D **Z** }	I:	‚Erste Durchführung' oder ‚Exposition' mit ‚Zwischenspielen'
D	II:	‚Zweite Durchführung'
Z	III:	‚Zweites Zwischenspiel'
D **Z** }	IV(-V):	‚Dritte Durchführung' im ‚Krebsgang' mit ‚Zwischenspielen'
D **Z** }	V+VI:	‚Vierte Durchführung' mit ‚Zwischenspiel' (Ende überlagert sich mit ‚Coda')
C	Ende VI:	‚Coda'

Das Ende der ‚Vierten Durchführung' (ab Beginn Phase Astrophorie) kann auch als ‚Coda' gesehen werden. Die letzten Romanszenen ergeben ein der Coda der Fuge ähnliches Bild, allerdings als recht freie Nachgestaltung des Vorbilds: Die ‚Reprise' eines in freilich variierter Form erscheinenden ‚Dux' (Astrophorie I) ist gepaart mit dem ‚Kontrapunkt' (*milieu ouvert*). Umgekehrt tritt sodann der variierte ‚Comes' (Paraphorie) mit dem ‚Kontrasubjekt' (*monde clos*) auf (Astrophorie II), wobei die gleichzeitige Präsenz des ‚Dux' im Sinne des musikalischen Modells als Hybridform verfälschend wirkt und, wie oben aufgezeigt, erneut die Strukturordnung sprengt.

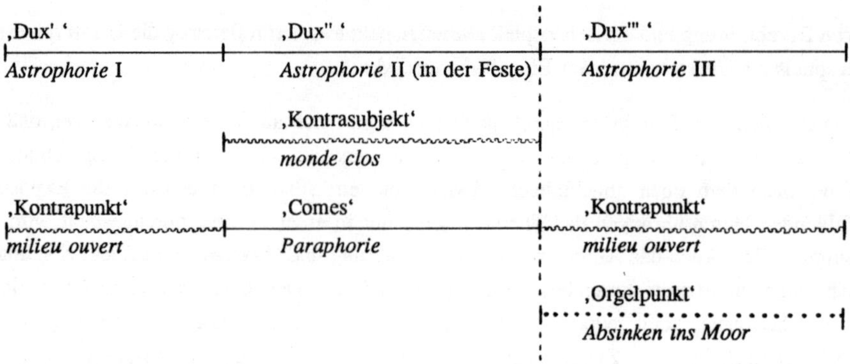

PHASE ASTROPHORIE (‚Coda')

Aus unserem Schema ist ersichtlich, daß das ‚Thema' durch variierende Wiederholung in den letzten Szenen im Prinzip ständig präsent ist, was eine leichte Verschiebung des Vorbilds bedeutet. Dennoch wirkt das Romanende, in dem sich die Reminiszenzen an das musikalische Modell verdichten, wie eine große Metapher der Coda einer Fuge. Mit der Astrophorie I, II und III kommt es zu einer nochmaligen reichen Entfaltung von Figuren, deren letzte zusammen mit dem ‚Orgelpunkt' (langsames Absinken ins Moor) den ‚Schlußakkord' bildet. ‚Thema' und ‚Kontrapunkt', d. h. Astrophorie und *milieu ouvert* steigern sich hier durch ihr Korrespondenzverhältnis in eine kosmische Dimension. Sie gestalten gleichsam im literarischen Text die „reiche Kontrapunktik" nach, die in der Fuge über dem Orgelpunkt im Baß erklingt. Im Verein mit der Astrophorie III erreicht der *milieu ouvert* seinen letztgültigen Ausdruck: Er wird zum Universum ‚exaltiert'.

Der *monde clos* als ‚Kontrasubjekt' zur Phorie+ geht nicht mit in den ‚Schlußakkord' ein. Statt dessen nimmt der ‚Kontrapunkt' seine komplementäre Beziehung zum ‚Thema' auf, was wie in der Fuge eine spannungslösende Wirkung vortäuscht. Unsere Analyse des Romanendes hat jedoch aufgezeigt, daß unter einem anderen Blickpunkt der Schluß spannungsgeladen bleibt, insofern als durch die Evokation des Erlkönigmotivs die ‚Thema-Inversion' als potentieller Störfaktor in den ‚Schlußakkord' mit eingeht. Mit der Unterminierung der kosmischen Dimension vermischen sich in der Imitation auf der Folie des barocken Modells am Ende des *Roi des Aulnes* in ähnlicher Weise Pathos und Ironie wie in der den gleichnamigen Bachschen Choral (*Jesus bleibet meine Freude*) imitierenden Novelle *Que ma joie demeure*.

Der Vergleich zwischen dem *Roi des Aulnes* und einer Fuge führt zu einer Annahme der Rekonstruierbarkeit von dem literarischen Text innewohnenden, den kontrapunktischen Mitteln der musikalischen Kunstform analogen Mechanismen, weshalb sich das Begriffsinstrumentarium aus diesem Bereich auf den Roman übertragen läßt. Tournier scheint alle nur denkbaren Möglichkeiten der ‚Themaverarbeitung' auszuschöpfen: Einfache Imitationsformen,

Thema-Inversion, Vergrößerung und Verkleinerung, Engführung, Thema-Vertauschung und schließlich auch den Krebs; letzterer erscheint – wie wir sahen – als ‚Rücklauf' der Geschichte (‚Dritte Durchführung') und in der Rekurrenz eines Spiegelzwillingspaares (Tauben/Kinder)[3].

Auch für die semantische Kodierung des Themas der Phorie bietet sich eine Klassifizierung nach den Gestaltungsprinzipien des musikalischen Vorbilds an. Im Roman gruppieren sich um das ‚Hauptthema', die Paidophorie („le simple geste de poser un enfant sur son épaule"), eine Anzahl von bei der ‚Fortspinnung' gezeugten Imitationsformen:

> Semiophorie, Stigmatophorie, Pneumatophorie, Photophorie[4], Colombophorie, Kerasphorie[5], Trophophorie, Koprophorie, Doryphorie, Nekrophorie, Sarkophorie, Hämatophorie, Astrophorie.

Auf die ‚Exposition' folgen ähnlich wie in der Fuge zwei ‚Durchführungen', die sich aus der ‚Imitation' des ‚Hauptthemas' auf einer jeweils anderen Ebene, der der Tauben und der der Hirsche, ergeben. In der letzten ‚Durchführung' wird das ‚Thema' auf die Ausgangsebene zurücktransponiert.

Mit den Variationsformen des Ausgangsthemas in den Einzelfugen des Zyklus der *Kunst der Fuge* vergleichbar erscheinen die intertextuellen Leitbilder der Phorie – Christophorus, Adam, Atlas, Erlkönig –, die im Gesamt des Textsystems gleichsam mit dem Mythos der Phorie verwandte Geschichten skizzieren, die freilich nur als Reminiszenzen mitklingen. Die modellbildenden komplexen und konstanten Leitbilder erfahren ihrerseits eine ‚Imitation' durch weitere intertextuelle ‚Varianten':

> ‚Imitationen' des Christophorus: Albuquerque, Rasputin;
> ‚Imitationen' des Märchenogers (als Pseudo- bzw. Antiträger): baron des Adrets, Weidmann, Barbe-Bleue.

In diese Rubrik gehören auch die Statuen des Louvre als weitere ‚Varianten' des ‚Themas' auf mythologischer Ebene. Ähnlich wie in der *Kunst der Fuge* der Grad der Komplexität der Strukturen mit der ständigen Variation des Themas von Fuge zu Fuge zunimmt, so bewirkt im Roman die Überschichtung des ‚Themas' durch seine Begleitformen eine Steigerung der Kombinationsmöglichkeiten, die zu einer *Verflechtung von ‚Thema' und ‚Variationsformen'*

---

3 Ein weiteres Beispiel für den ‚Krebs' bildet das von Tiffauges gehaltene Lotteriebillet, das eine Nummer trägt, die die exakte Spiegelung der des Hauptgewinns darstellt (105). – Eine hybride Kombination von ‚Krebs' und ‚Inversion' zeigt sich in den Möglichkeiten der Photographie (175 f.).

4 Unter *Photophorie* verstehen wir das Tragen der Kamera mit den Kinderphotos, worin wir eine parodistische Variante als Imitation des Lichttragens (mythisches Modell: Luzifer, gr. Phosphoros) erkennen.

5 Mit *Kerasphorie* bezeichnen wir das Geweihtragen als wertneutralen ‚phorischen' Akt im Unterschied zur invertierten Phallophorie.

führt. Die dabei auftretende Verschiebung ruft eine Sinnoszillation hervor, die sich ins Unendliche fortzusetzen scheint.

Im Rahmen unserer hypothetischen Sichtweise berühren wir hier den Grenzbereich, in dem die Nachahmung über die einzelne Fuge hinausgeht. Der Text spielt mit beiden Modellen und eröffnet die Möglichkeit beider Lesarten. Betrachten wir den Roman als freilich vage Entsprechung einer einzelnen Fuge, so beobachten wir vergleichbar dem musikalischen Vorbild, in dem die Entfaltung des Formenreichtums bis zu einem Kulminationspunkt führt, der erst mit der Coda erreicht ist, auch in dem literarischen Text ein kontinuierliches Wachstum der ‚Imitationsformen' der Phorie und ihrer ‚Variationen' bis zum Erscheinen der Astrophorie, in deren Phasen eine größtmögliche *saturation* erreicht wird, bevor mit der Figur der Astrophorie III gleichsam der ‚Schlußstein' gesetzt ist. Diese Sichtweise muß aber umgehend in Frage gestellt werden. Unsere Analyse des Romanendes auf der Grundlage eines poststrukturalistischen *écriture*-Konzepts hat uns zu der Erkenntnis geführt, daß gleichzeitig mit der Selbstdekonstruktion des Systems der Phorie auch die Nachahmung des musikalischen Modells verschoben wird. Der ‚Schlußstein' enthüllt sich als vorgeblendete Attrappe, die das ‚Gebäude' nicht eigentlich ‚schließt'. Paradoxerweise wird der ‚Schlußstein' rückwirkend zum ‚Schlüssel' bzw. Auslöser der Dekonstruktion und als solcher zum ‚Grundstein' – gleichsam zum Ausgangsimpuls – verschoben, womit er zugleich den Ausgangspunkt für ein *da capo al fine* bildet. Die für das Fugenende charakteristische formelhafte Bekräftigung gerät damit in der dekonstruktiven Nachahmung zu einem parodistischen Zerrbild.

Mehr als jedes andere Merkmal der Fuge drängt sich der Jagd-Flucht-Gedanke als Modell für den *Roi des Aulnes* auf. Das Strukturprinzip des polyphonen Wechsels von Dux und Comes, die sich gegenseitig vorantreiben, scheint mit dem Alternieren von Figuren der ‚positiven' und negativen Phorie im literarischen Text eine Entsprechung gefunden zu haben. Allerdings entlarvt sich auch diese als spielerisch und dekonstruktiv durch die Auflösung des Binarismus in die Ambivalenz.

Die Nachahmung des musikalischen Modells erreicht eine besondere Akzentuierung durch die Thematisierung von Jagd und Flucht, womit die Imitation der Fuge gleichsam eine Überkodierung erfährt, was eine parodistische Wirkung hervorbringt. Der Roman simuliert gleichzeitig auch die von Lévi-Strauss erkannten Entsprechungen von Mythos und Fuge (cf. supra, p. 65). Seine Behauptung, die Fuge wiederhole den Verlauf eines bestimmten Mythentyps, in dem sich zwei Gruppen feindlich gegenüberstehen, die sich gegenseitig jagen bzw. voreinander fliehen, scheint gleichsam mit der Handlung des *Roi des Aulnes* eine in den Bereich der Literatur übertragbare Applikation zu erfahren. Der Oger (er entspräche der „Gruppe A" im Mythos) jagt das Opfer („Gruppe B"), das vor ihm flieht. Die spannunglösende „Vereinigung" der verfeindeten „Gruppen", hinter der konträre Mächte wie „Himmel und Erde" (Oben und Unten) stehen, gleicht nach Lévi-Strauss „den Akkorden [...], die ein

Musikstück abschließen". Diese strukturalen Erkenntnisse aus dem Bereich der Kulturanthropologie werden vom Autor des *Roi des Aulnes* frei inszeniert in das unendliche Spiel mit den Intertexten einbezogen, wobei auch sie aus einer anti-metaphysischen Sichtweise dekonstruiert und im Sinne des *comique cosmique* unterminiert werden.

4.1.2. Die *Kunst der Fuge*: Modell *par excellence* für das *système de la phorie* als „grand effort"

Die Anregungen, die Tournier der Bachschen Schöpfung der *Kunst der Fuge* verdankt, sind grundlegender Natur. Auf der Folie des musikalischen Werkes entwickelt der Autor sein *écriture*-Konzept, das System der Phorie. Was ihn vornehmlich beeindruckt, ist die aus einem einfachen Thema entwickelte, bis ins letzte gesteigerte, erschöpfende Anwendung sämtlicher in der Kontrapunktlehre angelegten Möglichkeiten der polyphonen Stimmführung. Im Spannungsverhältnis von äußerster Formstrenge und einer bewegenden, bis ins Kosmische gesteigerten Thematik sieht er die Unvergleichlichkeit der Bachschen Schöpfung:

> «Bien entendu le danger d'une construction aussi complexe, c'est le formalisme engendrant la froideur et l'indifférence. Il faut craindre l'évolution de certains romanciers dont les œuvres comportent de plus en plus de forme et de moins en moins de matière. Mais là encore l'*Art de la fugue* constitue un encouragement et un incomparable modèle. Car cette œuvre possède une charge à la fois humaine et cosmique d'autant plus riche, d'autant plus émouvante qu'elle est soumise à une contrainte formelle plus impitoyable. On dirait que cette construction monumentale est portée à incandescence par la violence des règles du jeu contrapuntique, comme le courant électrique éclate en lumière aveuglante à condition de passer dans un filament diaphane, enfermé lui-même dans une ampoule vide. J'aurai réussi *Le Roi des aulnes* si cette architecture apparemment adossée à la terre, aux hommes et aux bêtes émouvait, effrayait et amusait, d'autant plus qu'elle est en vérité suspendue à ses seules et secrètes vertus, et soumise à un ordre qui ne découle que d'elle-même» (*VP* 130)[6].

---

6 In diesem Zitat zeigt sich deutlich der Bezug zu A. Gide: « ‹Ce que je voudrais faire, comprenez-moi, c'est quelque chose qui serait comme l'*Art de la fugue*. Et je ne vois pas pourquoi ce qui fut possible en musique, serait impossible en littérature ...›
A quoi Sophroniska ripostait que la musique est un art mathématique, et qu'au surplus, à n'en considérer exceptionnellement plus que le chiffre, à en bannir le pathos et l'humanité, Bach avait réussi le chef-d'œuvre abstrait de l'ennui, une sorte de temple astronomique, où ne pouvaient pénétrer que de rares initiés. Édouard protestait aussitôt, qu'il trouvait ce temple admirable, qu'il y voyait l'aboutissment et le sommet de toute la carrière de Bach.
‹Après quoi, ajouta Laura, on a été guéri de la fugue pour longtemps. L'émotion humaine, ne trouvant plus à s'y loger, a cherché d'autres domiciles.› » [*Les faux-monnayeurs* (1958), p. 1084]. – Tournier insinuiert sich gleichsam in die Diskussion und bezieht Stellung. Mit seiner *mise en fiction* der *Kunst der Fuge* setzt er den von Édouard geäußerten Gedanken in die Tat um und entkräftet damit zugleich den Einwand der anderen Gesprächsteilnehmer, daß das Bachsche Werk alles Menschliche ausschließe. Tournier nimmt also die intertextuelle Folie als Ausgangspunkt für ein Spiel, das so den Anschein einer ‚Beweisführung' erhält. – Eine Bemerkung zur *Kunst der Fuge* findet sich im übrigen auch bei P. Claudel in dem Essay „Sur la musique" (10. Dez. 1942) [(1965), p. 156].

Tournier bedient sich des Bachschen Modells zur Erzeugung seiner *métaphysique de l'ironie*. Dies erhellt aus einer Applikation des Vergleichs der *Kunst der Fuge* mit der Erzeugung von elektrischem Licht auf den *Roi des Aulnes*. Der mit der Formstrenge des musikalischen Werkes verglichene elektrische Draht bildet als Träger eine globale Metapher für das dem Roman zugrundeliegende System. Ebenso wie in der Komposition Bachs die äußerste Formstrenge Voraussetzung für eine kosmische Botschaft ist, so dient die technische Hilfskonstruktion (luftleere Glaskugel, in der der Glühfaden eingeschlossen ist) zur Erzeugung des Lichtes, und so bildet im literarischen Text die ‚phorische' Kodierung der Zeichen die Grundlage für die *exaltation* des Systems. Der den Mechanismus der *exaltation* umschreibende technische Vergleich hat etwas Artifizielles und provoziert in seiner Inkompatibilität mit der „charge [...] cosmique" (gleichgesetzt mit dem künstlichen Licht im luftleeren Glaskörper, der hier gleichsam zum ‚Imitat' des Kosmos wird) eine Spur von Ironie, die den *comique cosmique* aufscheinen läßt.

Inspiriert erscheint Tournier auch durch die das barocke Meisterwerk kennzeichnende Symbolhaftigkeit. In der Musiksprache Bachs sind die klanglichen Bildungen mit metaphysischen Sinnverweisen behaftete Zeichen. Den Fugenzyklus durchzieht in der musikalischen Verschlüsselung der „vereinfachten Urgestalt" des Themas das „Erlösungssymbol", das mit dem „Symbol für Sünde und Qual" (in der Tonfolge *b – a – c – h* verschlüsselt) kontrastiert. Der im Roman evozierte Erlösungsgedanke stellt also nicht nur eine Reminiszenz an den heiligen Christophorus dar, sondern auch an das musikalische Vorbild. Es überlagert sich hier die Erinnerung an die Gebärde des Heiligen – verbildlicht in der Statue im Pausenhof von Saint-Christophe – mit der an das musikalische Zeichen, die Klangfolge des „Erlösungssymbols".

Wiederum verfährt Tournier dekonstruktiv, indem er das literarische Abbild der „vereinfachten Urgestalt", „le simple geste de poser un enfant sur son épaule", im Unterschied zu dem „Erlösungssymbol" Bachs ambivalent erscheinen läßt. Die ‚phorische' Gebärde evoziert freilich zunächst das Leitbild des heiligen Christophorus, also die Paidophorie+, über dessen Abbild als Statue schiebt sich aber der ‚Schatten' des Erlkönigs, so daß die ‚positive' und die negative Paidophorie sich auf ein und dieselbe ‚vereinfachte Urgestalt' zurückführen lassen.

In unmittelbarer Nachbarschaft der Reminiszenz an das „Erlösungssymbol" findet sich ein entferntes Echo an das „Symbol für Sünde und Qual" als Klangfolge *b – a – c – h* (den Buchstaben des Namens Bach) – freilich spielerisch und ironisch unterminiert – in dem Tätowierungszeichen Pelsenaires „*AT pour la vie*" (27) mit dem Bezug auf die Initialen von Tiffauges bzw. der Anspielung auf den Teufel („Athée pour la vie") und der beziehungsreichen Bildhaftigkeit des pfeildurchbohrten blutenden Herzens (Reminiszenz an das Herz Jesu). Unter diesem Aspekt imitiert das Paar Stigmatophorie – Paidophorie+ (Christophorus-Statue) am Romananfang den Gegensatz der im musikalischen Vorbild enthaltenen Symbole.

Bei einem Vergleich des Romanendes mit dem Ende der *Kunst der Fuge* zeigt sich eine vom Autor gewollt oder ungewollt hervorgebrachte Parallele. Das Fugenwerk bricht infolge eines Schwächeanfalls des Komponisten abrupt nach der Tonfolge *b – a – c – h* ab. Die letzte Note *h* stört mit der Auflösung des Vorzeichens die chromatische Ausgewogenheit und erhält damit gleichsam wider Willen die Spannung. Es ist aufschlußreich, daß Tournier für seinen „grand effort" (cf. supra, p. 253) gerade das große Alterswerk von Johann Sebastian Bach zum Vorbild nimmt, der in seinem unerreichten und unnachahmlichen Versuch, seine Idee von einer höheren Ordnung des Kosmos und seine christliche Überzeugung von der Erlösung des Menschen in einem Kunstwerk widerzuspiegeln, gescheitert ist[7].

Auch als Spiegel musikalischer Vorbilder erweist sich das mythische Zeichensystem des *Roi des Aulnes* letztlich als *zentrifugal*, indem es den Leser auf den unendlichen Intertext zurückverweist. Tournier, der sich einerseits an verschiedenen Stellen immer wieder explizit und in *Le vent Paraclet* ausführlich zur Bachschen *Kunst der Fuge* als seinem großen Vorbild für den *Roi des Aulnes* bekennt, verwischt selber die Spuren, indem er bei anderer Gelegenheit auf Beethovens *5. Symphonie* rekurriert und damit das barocke Vorbild durch ein klassisches permutiert:

> «Qu'est-ce que la phorie? C'est l'exaltation du grec φορέω = porter. Le simple geste de poser un enfant sur son bras ou sur son épaule a été pour moi quand j'écrivais ce livre l'équivalent des quatre célèbres notes qui ouvrent la Ve symphonie de Beethoven et qui la contiennent tout entière en puissance»[8].

Wir sehen hierin wiederum eine Irreführung des Lesers als bewußte Strategie des Autors im Sinne einer dekonstruktiven Rezeptionssteuerung, mit der er verhindert, daß sich Lesarten als Klischees etablieren.

---

7 Eine ähnliche Sicht kommt in den anregenden, leider aber nur skizzenhaft-andeutenden Bemerkungen über das Verhältnis von dem Namen des Autors und seiner *écriture* von P. Bonnefis [„L'excentrique du texte (notes hâtives sur les noms de Michel Tournier et de Jean Ricardou)" (1981), p. 26 ff.] zum Ausdruck, der, ausgehend von der Namenssignatur „Bach" am Ende der *Kunst der Fuge*, schlußfolgert, daß «si la pulsion de signer obéit à un désir de plénitude, ce désir, il ne sera jamais donné à qui l'éprouve de jouir de son accomplissement. Que l'auteur rejoigne son nom (et à quel prix! on doit le redire!), c'est pour mourir. – Oui, il y a quelque chose de fêlé dans cette plénitude. – Une plénitude barrée. – (Bach: plus proche de barre que de bac [...]». Und weiter: «Chez Tournier, j'entends Bach dans barre [...]» (p. 27). Sollte er mit letzterem den ‚grand effort' des Autors meinen? Das Wesentliche erfaßt Bonnefis auch, wenn er mutmaßt, daß das Hören der *Kunst der Fuge* Tournier das Verständnis der *écriture* als „un art d'approche, non d'atteinte" gelehrt habe (p. 28), was man allerdings umkehren müßte zu der Behauptung, daß der Schriftsteller sein poststrukturales *écriture*-Verständnis auf das musikalische Werk überträgt.

8 Michel Tournier im „Geleitwort" zu M. S. Fischer (1977), p. 9.

4.2. Zur Intertextualität im *Roi des Aulnes*

4.2.1. Paradigmatische Zusammenstellung des *bricolage*-Materials

Die Analyse des *Roi des Aulnes* hat ergeben, daß die radikal intertextuelle *écriture* Tourniers auf mündlich und schriftlich tradierte Diskurse, auf verbale und nicht-verbale Prätexte referiert. Unter dem Aspekt einer auf der *différance* basierenden, offenen Intertextualität des Textes wäre es abwegig, eine Aufstellung anzustreben, die Vollständigkeit beansprucht. Hier geht es uns nur darum, in einer Zusammenschau paradigmatisch das enzyklopädische Feld intertextueller Bezüge im *Roi des Aulnes* abzustecken, wobei wir vorwiegend die intendierte bzw. markierte Intertextualität berücksichtigen[9].

Hervorzuheben ist als ein besonderes Charakteristikum des *Roi des Aulnes* die historisch-zeitgeschichtliche Dimension der Intertextualität. Der Autor sieht in seinem Roman auch einen Wert als Zeitdokument, weil darin von ihm selber ausfindig gemachte Quellen als Prätexte verarbeitet sind, die zuvor unbekannt bzw. unveröffentlicht waren:

> «[...] je préférerais reprendre l'exemple du *Roi des Aulnes*, où vous avez, au niveau le plus modeste, l'histoire d'un prisonnier français sous le IIIe Reich, avec des éléments historiques qui sont importants, qui contribuent à la valeur du roman parce que vous ne les trouverez nulle part ailleurs. Il y a des pages sur le IIIe Reich, notamment, dans ce livre, que vous ne trouverez nulle part ailleurs. Donc, c'est un livre qui a en plus une dimension historique. C'est rare. Vous ne trouverez pas cela dans les autres romans. Enfin, je veux dire: une valeur historique irremplaçable. Par exemple, quand Hitler s'installe à Rastenburg, je décris tout par un détail comment cela s'est passé. Vous ne trouverez cela nulle part. Quand le petit Éphraïm raconte le camp de concentration, c'est-à-dire Auschwitz, vu par un enfant de dix ans, vous ne trouverez cela nulle part. Cela n'a pas été publié, mais je l'ai emprunté à un témoin. Je n'ai pas inventé. Et d'autres choses encore, notamment sur l'organisation des napolas. Mais c'est quand même le niveau le plus modeste, le plus factuel»[10].

Durch die besondere Textstrategie der Einbindung von Prätexten dokumentarischen Charakters wird verstärkt Authentizität suggeriert, so daß die referentiell-mimetische Ebene in diesem Roman eine besonders starke Akzentuierung erfährt. Da jedoch, wie wir an Beispielen aufgezeigt haben, die *ré-écriture* auch die historisch-dokumentarischen Prätexte dekonstruiert, dergestalt, daß Authentisches und Fiktives vermischt werden, handelt es sich auch hier wie überall also nur um Reminiszenzen (z. B. an den Göring nach Frevert, an die Napola nach Ueberhorst, an den ‚braunen Kult' nach Gamm), so daß sich die Authentizität als Täuschung

---

9 Dabei beziehen wir die gelegentlichen Hinweise Tourniers in seinen theoretischen Schriften und in den Interviews mit ein. – Was die unbewußte bzw. nicht markierte Intertextualität anbetrifft, so sind die Reminiszenzen des Textes auch im Hinblick auf die Literatur ungezählt. Als *texte infini* führt der Roman den Leser auf der Suche nach den Spuren literarischer Vorbilder in ein Labyrinth, dessen ‚Gänge' durch alle Epochen der Weltliteratur führen. Daraus erklärt sich die Disparatheit der Autoren und Werke, mit denen der *Roi des Aulnes* bisher mehr oder weniger zufällig, oft auch willkürlich in Zusammenhang gebracht wurde.

10 *Entretien Michel Tournier – Cornelia Klettke* (9. Okt. 1984), infra, p. 287.

enthüllt, was einmal mehr den ‚semiotischen' Illusionismus des mythischen Zeichensystems bestätigt.

Bezüge auf Mythologie und Märchen[11]

antik: Nestor (46, 122 f., 129 ff., 160 ff., 242), Janus (47, 129 f.), Silen, Orion mit Jüngling, Zyklop (130 f.), Atlas (45 f., 152 f., 219, 244 f., 251, 252 f., 261, 275), Minotauros (*VP* 107), Zentaur (181 ff., 242), Herakles als Löwenbezwinger/mit dem Eber (175), Herakles mit Sohn Telephos, Hermes mit Bacchus-Knaben, Satyr mit Dionysos-Knaben, Hektor mit Troïlos, Apollon (126, 154, 156 f., 241, 275), Terpsichore mit Nymphe und Faun (275 f.; zum Faun insbes. 146, 156), Pegasus (129, 181 ff., 219, 242, 245, 257, 275), Alkyone (134, 268)

französisch bzw. germanisch (deutsch/nordisch): nach Charles Perrault: *Le petit Poucet* (Motto zu Kap. IV; 130 f., 140, 150, 163, 175, 190, 197, 274), *La Barbe-Bleue* (34, 180 ff., 219, 223, 261, 274), *Le Petit Chaperon rouge* (276), *La Belle au bois dormant*, *Schneewittchen* (*RA* 307), *Peau d'âne* (*RA* 153), Andersen: *Schneekönigin* (50, 142, 233)

Oger (130 ff., 137 ff.), Gargantua (130), Farfadet (156, 221, 249)

Erlkönig (cf. Bezüge literarische Texte), Elfen, Zwerge, Zwergenkönig Alberich (Hermann Göring), Trolle (*RA* 307); Waldflora: Fliegenpilze, Nieswurz, Totentrompeten, Tollkirsche, Satanspilze (*RA* 306 f.); Kräuterweiblein (Frau Netta *RA* 383 ff.); Unhold, Elch (49, 157, 165 ff., 179 ff.); Auerochs (176, 190)

Bezüge auf Legenden und legendäre Gestalten im Zwielicht zwischen Verbrecher und Märtyrer

Hl. Christophorus (nach Jacobus a Voragine) (45, 50, 92 f., 109, 125 f., 131 ff., 136 ff., 149, 152 f., 157, 169, 173, 185, 210, 215 ff., 219, 223 f., 232 f., 241, 244 f., 248 ff., 257 f., 261, 264, 272 f., 275, 282), Hl. Hubertus (184 f., 226), Hl. Julian (nach Jacobus a Voragine bzw. Flaubert) (171 f., 174 f., 184 f.), Gilles de Rais (180 f.), Baron des Adrets (135, 155 f., 162, 200, 261, 272), Anekdote von Alphonse d'Albuquerque (nach Montaigne) (136 f., 232, 261, 272, 282); Cagliostro und Rasputin (hier als legendäre Gestalten, Scharlatane und in der Rolle des Wunderheilers) (Widmung *RA* 9, namentliche Erwähnung *RA* 24; 154, 156, 185, 261, 273, 275)

Bezüge auf die *Bibel* und die jüdische und christliche Bibelauslegung

Bibel: allgemein (50 ff., 68 f., 109, 111, 272 f., 280), Genesis (144 f., 149 ff.), Geschichte von Kain und Abel (*RA* 56 ff., 433, 560; supra 127), Rahel (47, 119, 140 f.), Exodus (Motto zu Kap. VI; 162, 228, 243), die drei Männer im Feuerofen (203), Behemoth (48, 156, 223),

[11] Abweichend von unserer sonstigen Praxis geben in diesem Register (p. 267 – 272) die Zahlen in Klammern die Seiten an, auf denen die Bezüge in der Arbeit behandelt werden. Stellen aus Texten Tourniers werden nur zitiert, wenn die Bezüge in der Arbeit nicht besprochen sind.

David (155 f.), Kindermord des Herodes (149, 194, 228), Enthauptung Johannes des Täufers (211 f.), Saulus/Paulus (185, 215 ff.), Christi Heilsgeschichte (50, 127 f., 168 f., 225 ff., 244), Johanneische Apokalypse (*RA* 207; 142, 144 f., 161 f., 186, 198 f., 210, 213, 223, 225 ff., 228 ff., 233 f., 239 ff., 247 ff., 280); Mythos vom androgynen Adam (45, 149 ff., 192 f., 243, 245 f., 261, 275, 282 f.), Mythos vom Sturz Luzifers (144), von der Höllenfahrt Christi (169); jüdischer Messias (224, 245), jüdische Apokalyptik (223 f.), jüdische Mystik (112 ff., 201, 239)

Bezüge auf literarische Mythen

Don Juan (145), Mythos vom unschuldigen Kind (Rousseau, Hugo)[12]

Bezüge bzw. Anspielungen auf literarische Texte bzw. Erwähnung von Autoren
(in alphabetischer Reihenfolge)

Alain-Fournier: *Le Grand Meaulnes* (134), Baudelaire: *Correspondances* (98, 141), Brentano (216 f.), W. Busch (*RA* 153), Carroll (*RA* 153), Claudel: *Du sens figuré de l'Écriture* (Motto zu Kap. III; 98, 263), Collodi: *Pinocchio* (*RA* 153), Corneille (*RA* 107), Curwood: *Le Piège d'or* (131, 143, 166 f., 258, 272, 275; *RA* 267), Daudet: *Lettres de mon moulin* (*RA* 20; 141), Flaubert: Motto zu Kap. I und Anspielung auf *Madame Bovary* (*RA* 50 f.)[13], Anspielungen auf *Salammbô* (201 ff., 214 f.), *La légende de saint Julien l'Hospitalier* (171 f., 174 f.), *Bouvard et Pécuchet* (172), Gide: *Les faux-monnayeurs* (263), Goethe: *Erlkönig* (109, 160, 169, 181, 192, 195 ff., 212, 214, 219, 233, 249 f., 261, 264, 272 f., 275, 282), Hérédia: *Les Trophées* (*VP* 54), Hugo: *Quatrevingt-treize* (Lantenac rettet die drei kleinen Kinder)[14], *Les Misérables* (Jean Valjean), *L'Aigle du Casque* (Tiphaine und Angus)[15], E. Jünger (123), Reminiszenz der Napola-Zöglinge an die Kombattanten in *Stahlgewittern* [cf. S. Friedländer (1984), p. 26], Lautréamont (*RA* 107), Th. Mann (46, 252), Novalis (46, 123; *VV* 69 ff.), Perrault (*RA* 153): *Le petit Poucet* und weitere Märchen (cf. Bezüge Märchen), Rabelais: *Gargantua, Pantagruel* (130), Racine (*RA* 107), Rimbaud: *Une saison en enfer, Délires II* (*RA* 22, *RA* 107), Rousseau (189), Stendhal: *Le rouge et le noir* (212, 218), Valéry (56, 107, 117 f.), Verne: *Vingt mille lieues sous les mers* (133, 148, 299), Zola: *Le Ventre de Paris* (152)

---

12 *VV* 174 ff.; cf. A. Bouloumié (1985), Kap. „L'enfant", p. 508 ff., insbes. 520 f.; cf. auch id. (1988), p. 220.

13 Beschreibung des Fahrrades der Marke *Alcyon* als „Pastiche" der „pièce montée" zum Hochzeitsbankett von Madame Bovary [G. Flaubert (1951), p. 317]. Michel Tournier im Interview mit J.-L. de Rambures [(23. Nov. 1970), in: (1978), p. 163].

14 Eine flüchtige, freilich dekonstruktive Reminiszenz daran verbirgt sich in Tiffauges' Rettung der kleinen schwarzen Taube/Éphraïms parallel zur Vernichtung des Tauben-/Kinder-Trios.

15 Cf. *VV* 183 ff., wo Tournier Stellen aus *L'Aigle du Casque* zitiert. – Auf die Ähnlichkeit Tiffauges – Tiphaine weist auch A. Bouloumié hin [(1985), p. 88].

Bezüge auf Philosophie, Anthropologie und Psychologie

Philosophie[16]: Bachelard (82 f., 89 ff., 93, 108, 119, 157, 168, 246 f., 278 f.), Bergson (117), Descartes (147 f.), Diogenes von Sinope (119), Hegel (108 f., 125 f., 132 ff., 136 f., 139, 142, 145, 147 ff., 159 f., 161 f., 192, 221, 224, 228, 233 f., 244 f., 248, 279, 281), Heidegger (100, 115, 118, 138, 229 ff., 240 f.), Kant (109, 159 f.), Kynismus (40, 119, 141, 175, 190 f., 201 ff., 206, 210 ff., 230 f., 252 f., 281), Leibniz (109), Nietzsche (118, 157, 199, 234, 240, 252, 281), Platon (35 ff., 109), Poststrukturalismus (27, 30 f., 32 ff., 52, 94, 99 ff., 107 ff., 109 ff., 115 ff., 117 ff., 129, 135, 199 ff., 231, 239 f., 243, 262 f., 277 ff., 282), Rougemont (38, 88 f.), Sartre (40, 118, 138), Spinoza (109, 201, 237 ff., 244), Strukturalismus (31, 53 ff., 55 ff., 58 ff., 63 ff., 66 ff., 70 f., 81 f., 83, 86 f., 99 ff., 105 f., 110, 114 ff.)

Anthropologie, Ethnologie und Psychologie: Erkenntnisse der modernen Kulturanthropologie (Lévi-Strauss) (53 ff., 55 ff., 58 ff., 63 ff., 66 ff., 70 f., 81 f., 83, 93, 99 f., 105 f., 110, 114 ff., 140, 147 f., 164 ff., 193, 225, 262 f., 274, 278, 281), der Psychoanalyse (89, 176 f.; 118, 241 f., 246, 280 Lacan) und der Tiefenpsychologie (38, 40, 54, 82 f., 87 ff.); Bezüge auf universale Archetypen (83 ff., 87 ff., 167 f., 193, 272, 277) und mythische Vorstellungen (44 ff., 50 f., 67 f., 80, 93, 275 f., 280) (cf. Jung 54, 82 f., 89, 142; Bachelard cf. Bezüge Philosophie; Eliade 41 ff., 44 ff., 80, 84, 216; Durand 82 ff., 87 f., 91 ff., 193, 230): Kosmogonie, Eschatologie; die vier Elemente (165 ff., 207); *terra mater* (166 ff.), *regressus ad uterum* (167 ff., 179 f., 246) und mystische Wiedergeburt (46 ff., 167, 210, 244), Androgyn (149 ff.) und Oger (cf. Bezüge Mythologie), *Coincidentia oppositorum* (151, 180, 182, 193, 218, 243, 246), mystische Illumination (47, 156, 240, 244, 246, 251 f.)

Bezüge auf Geschichte, politische Ideologie und Zeitgeschehen

Geschichte, Ur- und Frühgeschichte: Moorleichenfunde (47 f., 168); Tacitus: *Germania* (*RA* 292); Deutscher Orden und Livländischer Schwertbrüder-Orden (188 f., 204, 226 f.), Schlachten bei Tannenberg 1410 und 1914 (*RA* 489)

Politische Ideologie und Zeitgeschehen[17]

a) *Politische Ideologie bzw. politischer Mythos*:

– *NS-Ideologie und -Mythen*: Hitler: *Mein Kampf*, Rosenberg: *Der Mythus des 20. Jahrhunderts*, *Der Völkische Beobachter* (*RA* 105, *VP* 108), Zitat aus einer Rede Hitlers (*RA* 379, *Notes* 3); Blut und Boden (*RA* 413 f., 432), Heimat und Heimatgeschichte

[16] Die Auswahl der Philosophen erfolgt im Hinblick auf den Grad der Relevanz für den Roman.

[17] Cf. dazu die in den *Notes* des *RA* vom Autor angegebenen Quellen und das Kapitel zum Roman in *VP*.

(Germanentum), Jagd und Zucht von altem und edlem autochthonem Tierbestand[18], Mythos vom „Führer" (Führers Geburtstag, cf. *RA* 368, *VP* 106 f.; 195), Mythos von der deutschen Jugend (Idole: Herbert Norkus – Hitlerjunge Quex nach dem gleichnamigen Film; Albert Leo Schlageter; cf. 193 f., 212), Mythos vom jungen Helden (Tod fürs Vaterland, cf. 189, 194, 202 f., 211), von der Heldenmutter (*RA* 383 ff.), vom „Tausendjährigen Reich", von der Herrenrasse (190), vom „Volk ohne Raum", „Drang nach Osten" (204, 275), arische Abstammung (cf. „Heuaktion" *RA* 439, *Notes* 12; Gesellschaft „Ahnenerbe" *RA* 386 f., *Notes* 5; 190), Jude als Rassenfeind (Veit Harlan als Jud Süß im gleichnamigen Film, cf. *VP* 98 ff.), Lieder aus dem Nazi-Repertoire (insbes. aus H. J. Gamm: *Der braune Kult*, cf. *Notes* 14; 197, 199, 201, 203, insbes. 204), Mythos der Blutfahne (offensichtlich nach Gamm) (197 f.), „Blutmythus" (214 ff.)

– *Mythische Bilder der Franzosen*: über die Deutschen: Verführung durch die Nazis (196 f.); Klischeevorstellung: Moorlandschaft (‚contrées brumeuses') steht für die „quintessence de l'âme allemande" (*RA* 295), die ihren Ausdruck in Goethes Ballade findet; Mythos vom Land der Träume: Kanada (275)

b) *Politisches Zeitgeschehen und Alltagsereignisse bzw. Alltagsmythen*

– *Politisches Zeitgeschehen*: Prozeß Eugen Weidmann und öffentliche Hinrichtung in Versailles (mit Reminiszenz an französische Revolution, cf. 155 f., 261) [Quelle: Dossier Weidmann], Papstwahl von Eugenio Pacelli (Pius XII), Kriegsausbruch 1939, ‚Drôle de Guerre' und ‚Débâcle' mit ‚Exodus' der Franzosen (cf. Motto zu Kap. II), Kriegsverlauf, Situation der französischen Kriegsgefangenen in Deutschland (Film: *Le passage du Rhin* von André Cayatte, cf. *VP* 104 f.), Rominten: Hermann Göring als Reichsforstmeister (Quelle: *Memoiren* von Walter Frevert, cf. 171 ff.), Stalingrad, ‚Wolfsschanze', Attentat 20. Juli, Konzentrationslager Auschwitz (Quelle im Roman nicht angegeben. Nach Auskunft in unserem zweiten Gespräch mit Tournier vom 5. April 1986 handelt es sich um einen Augenzeugenbericht: „Auschwitz vu par un enfant" in einem Radiointerview mit einem Überlebenden), Zusammenbruch und ‚Exodus' der Deutschen aus Ostpreußen (Diekert-Grossmann: *Der Kampf um Ostpreußen*, *Notes* 18)

– *Alltagsereignisse*: Schulleben in einem Collège, Vorkriegszeit in Paris, Kriegsgefangenenlager in Ostpreußen (Quelle: Tagebuch des Schreiners André Brébant aus Chevreuse, ehemaliger französischer Kriegsgefangener, cf. *VP* 112 f.), Leben in der Napola (Quellen: H. Ueberhorst (1969), cf. *Notes* 4, 17 und Gespräche von Michel Tournier mit August Heißmeyer und Baldur von Schirach, cf. *VP* 107 f.); weitere Bezüge: *Nürnberger Prozeßakten* u. a. (cf. *Notes* zu *RA* und *VP*)

[18] Nach W. Frevert (1957). – Bei der im Zusammenhang mit der Symbolik des Hirsches zitierten Dissertation des angeblichen Autors Otto Essig (334) handelt es sich um eine Fiktion [cf. *GV* = Gesamtverzeichnis des deutschsprachigen Schrifttums 1911–1965] und um einen Nonsens-Titel – ein Beispiel für die bewußte Irritation des Lesers.

– *Alltagsmythen*: Kinder- und Erwachsenenmythen: Kanada (Traumland); Pferdchen-Karussell, Reiter (Ritter), Rollschuhe, Fahrrad (Leichtigkeit und Geschwindigkeit), der ‚böse Mann‘, Tätowierung, Photographie, Auto, Pferd, Beefsteak (cf. Barthes), Leuchtreklame, der Jäger, der Soldat, die ‚brave‘ deutsche Hausfrau und Soldatenmutter (Frau Netta – Name motiviert: Spiel mit ‚nett‘), die Uniform

Bezüge auf Musik, Architektur, Gemälde und Plastik

Musik: Fuge, Bach: *Kunst der Fuge* (64 f., 71 ff., 73 ff., 81, 121, 125 f., 255 – 265, 278), Choral: *Jesus bleibet meine Freude* (*Que ma joie demeure*) (252, 260), Beethoven: *5. Symphonie* (265), Mozart: *Don Juan* (*RA* 149 f.; supra 145), Ravel (126 f.), Rossini: *La gazza ladra* (*RA* 105), Stockhausen: *Gesang der Jünglinge* (147, 203 f.)
Architektur und Plastik: Collège Saint-Christophe in Beauvais (fiktiv, aber mit Reminiszenz an eine ehemalige mittelalterliche Zisterzienser-Abtei *RA* 42) mit Christophorus-Statue (fiktiv?) (125 ff., 257 f.), verschiedene Gebäude in Paris: insbes. Louvre mit diversen Statuen (156), Terpsichorerelief (vor Palais Tokyo) (276); „Jagdhaus“ von Wilhelm II. mit Hubertus-Kapelle und Hirsch-Skulptur von Richard Friese sowie „Jägerhof“ von Hermann Göring in Rominten (alles nach Abbildungen bei Frevert) (*RA* 308; 184); Reminiszenz an die Marienburg (204): Feste Kaltenborn mit Atlas-Figur (fiktiv) (148)
Gemälde: Bucheinband des *Roi des Aulnes*: *Hl. Christophorus*[19], 1475 – 1480, Detail aus Polyptychon, dem Hl. Vincenz Ferrer geweiht, in der Kirche SS. Giovanni e Paolo, Venedig

Reminiszenzen an ikonographische Kodes

insbes. Baum, Säule, Ähre, Taube, Lamm, Hirsch, Geweih, Pferd, Schwert, Blut, Kreuz, Hakenkreuz, Stern

Bezüge auf gesellschaftliche Organisationssysteme und Verhaltenskodes

Schulordnungen Collège und Napola, Nachrichtenwesen der französischen Armee, Vorschriften im Kriegsgefangenenlager, Zwangsvorschriften im KZ, Hierarchie und Organisation der Hitlerjugend, SS-Hierarchie;
französisches Strafrecht (Zitat aus dem *Code pénal* im Haupttext *RA* 202 f.);
Feste und Rituale: Sonnenwendfeiern (Drittes Reich, cf. 194), ‚Schwertleite‘ (Napola), weitere Napola-‚Rituale‘ und -Feiern (194 Anm. 91), Reichsparteitag in Nürnberg (nach Gamm und Ueberhorst, cf. 195, 197 f., 204); Gottesdienste und Feiern im Collège Saint-Christophe, Messe zum „Tag der Unschuldigen Kindlein“, Messe zum Gründonnerstag in Notre-Dame de Paris, Taufe in der Église Saint-Pierre de Neuilly, Abendmahl/Eucharistie (43 f., 140 f., 162, 169, 209 f.), Passah (225) und Purim (nach einem Dokument aus dem Centre de documentation juive contemporaine de Paris, cf. *Notes* 16)

---

[19] Auf dem Klappendeckel zum *Roi des Aulnes* (Ausgabe: Gallimard 1975) zu Unrecht Giovanni Bellini zugeschrieben. Nach Ursula Barbara Schmitt (1961) ist der Autor des Altars wohl Lauro Padovano.

Bezüge auf Techniken zum Entziffern nicht-verbaler Zeichen, auf Fachkundliches und Pseudo-Wissenschaftliches

Photographie, Nachrichtentechnik (Morsekode), Taubenkunde und Brieftaubenzucht, Jagdkunde (Geweihkunde, Koprologie und Tierzucht), Reitkunde, Rassenkunde (u. a. auch *Homo Judaeus Bolchevicus*, cf. 190[20]), Zwillingsforschung, Heraldik; zu einigen dieser Gebiete als Authentizitätssignal Erwähnung eines Fachbuches im Haupttext (z. B. zur Rassenkunde: Rudolf Martin: *Lehrbuch der Anthropologie*, 1914 (3 Bde.), Neubearb. 1956, cf. *RA* 389); Reminiszenzen an die Astrologie (Abel Tiffauges als ‚Sagittaire') und an Geheimlehren (Rosenkreuzer 50)

Bezüge auf Autobiographisches

Collège-Erinnerungen, auch an Mitschüler; Name des Schulkameraden Pelseneer ist authentisch[21]; Michel Tournier beobachtet als Kind bei Deutschland-Besuchen Hitlerjugend und Nazi-Aufmärsche; Koinzidenz des Geburtstages von Lothar mit dem des Autors (226 Anm. 141).

4.2.2. Aspekte und Techniken

Tournier verfährt mit seiner *écriture* nach Art des *bricolage*, indem er seine Prätexte aus diversen gesellschaftlichen Zeichensystemen entlehnt und unter einem Einheitskonzept – der Phorie – neu zusammensetzt. Die Intertextualität im *Roi des Aulnes* stellt insgesamt also eine – freilich differentielle – Referenz auf den *bricolage* im Mythos dar. Die Figur der Phorie als „mythologie réduite à un geste"[22] vereinigt um sich die enzyklopädische Vielfalt intertextueller Reminiszenzen an den Archetyp des Tragens als Fokus der Intertextualität, in dem diese konvergieren. So entsteht ein Mythos der Phorie, der in Wahrheit ein Metamythos ist. Den intertextuellen Kern hierfür bilden im wesentlichen die Bezüge auf kanonisierte ‚mythische' Texte (an erster Stelle Christophorus-Legende, *Erlkönig*-Ballade, *Bibel*), die von hoher „kommunikativer Relevanz", d. h. „dem Rezipienten geläufig" (Pfister) sind.

Eine herausgehobene Stellung nimmt die Christophorus-Legende ein. Daß sie einen intertextuellen Schwerpunkt bildet, zeigt sich auch an der Länge und der Art der Präsentation eines wörtlichen Zitates aus der *Legenda aurea* des Jacobus a Voragine (68 – 72). Es handelt sich hierbei um das längste Zitat aus einem ‚mythischen' Prätext, dazu mit Quellenangabe im Haupttext, das noch besonders dadurch akzentuiert erscheint, daß es vom Protagonisten selber in einem ‚rituellen' Akt psalmodierend vorgetragen wird. Eine selektive Absicht des Autors

---

[20] Zur Quelle äußert sich Tournier im Interview „Tournier face aux lycéens" (Jan. 1986), p. 24.

[21] Zu dieser Information cf. *Entretien Michel Tournier – Cornelia Klettke* (5. April 1986), infra, p. 303.

[22] *Entretien Michel Tournier – Cornelia Klettke* (9. Okt. 1984), infra, p. 288.

ist hier unverkennbar. Sie zeigt sich auch in der Tatsache der Markierung einer Reihe von Prätexten, die weitere Vorbilder des Protagonisten betreffen: Zitat aus der Legende des baron des Adrets (80 – 82), ohne Quellenangabe; Zitat aus dem Roman *Le Piège d'or* von James Oliver Curwood (63 f.), mit Quellenangabe im Haupttext; Zitat aus der von Montaigne in seinen *Essais* erzählten Anekdote über Alphonse d'Albuquerque (88), mit Quellenangabe im Haupttext, letzteres besonders herausgehoben, da dieses Zitat und ein längerer Kommentar dazu Inhalt der Predigt des Pater Superior sind. Ein besonderer Stellenwert kommt – intertextuell gesehen – den teils nur durch Kursivdruck, teils auch durch Quellenangabe im Haupttext markierten Bibelzitaten zu. In der Behandlung der Bibelzitate erkennen wir eine Staffelung von wörtlichen Wiedergaben (insbesondere aus der Genesis, der Geschichte von Kain und Abel, den Exodus und Behemoth betreffend; die im Romantext *RA* 159 f. durch Schrägdruck hervorgehobene Passage ist eine Montage aus *Hiob*, cf. 17, 7.13.14) bis zu vagen Reminiszenzen, besonders an die Johanneische Apokalypse. Auch hier evozieren die Zitate und Anspielungen intertextuelle Vorbilder der Figur. Die *Erlkönig*-Ballade als der zusammen mit der Christophorus-Legende wichtigste und in der Bedeutung für die ‚Geschichte' mit dieser konkurrierende Intertext wird auf eine einzigartige Weise akzentuiert. Sie wird in der Romanmitte (294 f.) eingeführt (bezeichnenderweise wiederum in einer Ansprache, diesmal des Ur- und Frühgeschichtsprofessors) im Zusammenhang mit dem Moorleichenfund, der bei dem Professor die Reminiszenz an den *Erlkönig* auslöst und ihn veranlaßt, im Rahmen seiner Ansprache die Ballade zu rezitieren (wobei nur die ersten beiden Verse im Haupttext erscheinen mit Verweis auf den Anhang) und zu kommentieren und schließlich den archäologischen Fund danach zu benennen. Hinzu tritt die Thematisierung und Kommentierung der Ballade in den *Écrits sinistres* (469 f.) sowie ihre dominierende Rolle im Paratext: als Titel, als Motto (für das fünfte Kapitel) und als eigenwillige Übersetzung des Goetheschen Gedichts durch den Autor im Anhang[23].

Im Bereich der markierten ‚mythischen' Intertextualität ragen allein schon auf Grund quantitativer Kriterien die dem Ritual der Nazis zugeordneten (von Tournier [?] ins Französische übersetzten) Liedtexte hervor, deren jeweilige exakte Quellenangabe im Anmerkungsapparat zum *Roi des Aulnes* aufgeführt ist.

Als ein eigenes Feld markierter Intertextualität spielen die Paratexte eine nicht zu unterschätzende Rolle. Sowohl der Titel, die Widmung an Rasputin, als auch einige der den Kapiteln vorangestellten Motti und nicht zuletzt die schon erwähnte *Erlkönig*-Übersetzung in den *Notes* liefern intertextuelle paradigmatische Elemente zur ‚Geschichte' der Phorie; die

---

23 Tournier kommentiert seine Übersetzung der *Erlkönig*-Ballade in *VP* 118 ff., wo er selber metatextuell die Quellen für den *Roi des Aulnes*, insbesondere die ‚mythischen', aus seiner Perspektive beschreibt und deutet. Diese Darstellung, die einerseits weder systematisch noch erschöpfend ist, gibt andererseits in hervorragender Weise Aufschluß über die selektiven Absichten des Autors im Bereich der Intertextualität dieses Romans.

restlichen Motti beziehen sich auf die Dimension der Zeichenentschlüsselung. Besonders hervorzuheben ist unter den Motti, die auf ‚mythische' Prätexte referieren, neben dem Zitat aus Perraults *Le petit Poucet* zu Kap. IV ein Vers aus der *Erlkönig*-Ballade, nämlich die zweite Ansprache des Erlkönigs an das Kind als Kernsatz der Verführung, der das fünfte Kapitel präludiert, für dessen Geschehen er das *Leitmotiv* darstellt. Für die letzte Etappe der Handlung, die der letzten Phase der Balladenhandlung (in der Dekonstruktion Tourniers: Besitzergreifung, Raub und Vernichtung) entspricht, wird als Motto dem Spiel der intertextuellen Permutation gemäß bezeichnenderweise ein anderer, für das Motiv der Vernichtung noch signifikanterer Prätext gewählt: ein Zitat aus dem Exodus, das den Holocaust der erstgeborenen Ägypter beschreibt.

Neben den bisher aufgezeigten Fällen markierter ‚mythischer' Intertextualität im *Roi des Aulnes* in Gestalt von Zitaten *in extenso* im Haupt- und Nebentext steht noch eine andere Technik der markierten Zitation von Geschichten. Zu nennen wären insbesondere die Namen Abel Tiffauges und Barbe-Bleue, aber auch das Zitat aus dem Märchen *Le petit Poucet* als Motto zum vierten Kapitel. Hier wird mit sparsamen selektiven Details *pars pro toto* explizit auf eine gesamte Geschichte referiert. Sie haben die Funktion von *Intertextualitätssignalen*, die für den Leser die Perspektive zu einer bestimmten intertextuellen Lesart des Textes eröffnen.

An den bisher genannten und an zahlreichen anderen Beispielen in Tourniers Texten zeigt sich eine zentrale Gesetzmäßigkeit des intertextuellen Spiels: Bei der Permutation wird immer nur der bekannteste und am meisten relevante Teil einer Geschichte evoziert. Die ‚mythischen' Varianten werden jeweils dann abgerufen, wenn das spezifische signifikante Bild, das im kollektiven Gedächtnis von ihnen gespeichert ist, in das Gesamtbild des Textes ‚eingepaßt' werden soll. Es entsteht so ein vielfarbiges *intertextuelles Mosaik*, das – und dies ist die Besonderheit des Mythenromans von Tournier – ein *Mosaik von Geschichten* ist[24].

Ein weiterer, ganz anders gearteter, aber ebenso zentraler Aspekt der Intertextualität des Tournierschen Mythenromans ist die *strukturelle*[25] Intertextualität. Als strukturelle Folie des Textes erscheinen das strukturale Modell des Mythos nach Lévi-Strauss sowie die Fuge als eines seiner musikalischen Äquivalente. Darüber hinaus sind es in multiplizierter Form ein ganzer Fugenzyklus (*Die Kunst der Fuge*) bzw. die transformationelle Struktur eines ganzen Mythenkreises (cf. *Mythologiques*), die *ansatzweise* imitiert werden. Es handelt sich hier um

---

24 Es ist anzumerken, daß auch Tournier für diese Technik die Mosaik-Metapher verwendet [cf. *Entretien Michel Tournier – Cornelia Klettke* (9. Okt. 1984), infra, p. 292: in Anwendung auf *GMB*]. – Cf. J. Kristeva, die den Begriff in ihrer ersten einschlägigen Definition der Intertextualität gebraucht: „[...] tout texte se construit comme mosaïque de citations" (1969*b*, p. 146 – revidierte Fassung des bereits 1966 verfaßten Aufsatzes „Bakhtine, le mot, le dialogue et le roman"].

25 Zur „Strukturalität" als einem qualitativen Kriterium für die Intensität intertextueller Verweise cf. M. Pfister (1985), p. 28.

eine Überschichtung von intertextuellen Strukturmodellen im Sinne postmoderner Pluralisierung, wobei bereits in der Wahl der Vorbilder die strukturelle Ambivalenz oder Hybridität des Romans als Struktur und Metastruktur zugleich vorgegeben ist.

Was die Fuge betrifft, so kommentiert der Autor im Rahmen interner Intertextualität in *Le vent Paraclet* ihre Bedeutung als Prätext für den *Roi des Aulnes*. Bei diesem Beispiel von Metatextualität handelt es sich nicht nur um eine Thematisierung, sondern darüber hinaus um eine Bloßlegung der Textverfahren. Hinzu kommen die Anspielungen auf die Operationstypen der Fuge in den *Écrits sinistres*, gewissermaßen als ‚Dekodierungshilfen' des Protagonisten – hier zugleich in der Rolle des impliziten Autors – für den Rezipienten.

Als *Reflexionsmedium* für den Helden erscheinen die *Écrits sinistres* überhaupt insgesamt von hoher intertextueller Relevanz, weil hier zahlreiche, für den Roman konstitutive Prätexte eingeführt sowie kommentiert und interpretiert werden. Es handelt sich zu einem wesentlichen Teil um Kommentare von Tiffauges zu seinen intertextuellen Vorbildern bzw. Doubles: Christophorus, Erlkönig, androgyner Adam, Atlas, Weidmann, Bram (Curwood), Rasputin, Louvre-Statuen etc. Diese ‚Reflexionen' stellen eigenwillige Interpretationen von Geschichten aus der Perspektive des ambivalenten Ogers unter dem Blickpunkt der Phorie dar, wobei der Prätext mehr oder weniger dekonstruiert wird.

Eine ‚semantische Differenz'[26] zwischen Prätext und Text ist konstitutiv für die Intertextualität im *Roi des Aulnes* insgesamt, so daß der eventuelle Vorwurf eines Plagiats sich von vornherein erübrigt. Prätext und Text stehen durchweg in einem Spannungsverhältnis der Dialogizität zueinander. Die Distanz zwischen diesen zeigt sich u. a. in der ironischen Relativierung z. B. der gesamten Prätexte zur Nazi-Ideologie, aber auch in dem dekonstruktiven Umsturz und in der Transformation von Denkgewohnheiten und tradierten Interpretationsmodellen von Texten allgemein.

Als eine Besonderheit der radikal intertextuellen *écriture* bei Tournier verdienen schließlich die *Mischformen* als Überlagerungen von differenten intertextuellen Reminiszenzen Erwähnung. Sie ergeben sich aus dem Gleiten in den Sinnbahnen als einem Prozeß der Bildverschiebung im Autor/Rezipienten. So schieben sich verschiedene Bilder übereinander: In der Astrophorie III überlagern sich mit der Evokation von Christophorus, Erlkönig, Atlas und androgynem Adam christlicher und heidnischer (altdeutsch/nordisch) sowie antiker und jüdischer Mythos. Die Mobilgas-Leuchtreklame des geflügelten Pferdes (15) evoziert Pegasus als ihr Vorbild in der antiken Mythologie. Ein vergleichbares Beispiel der Überschichtung von modernem Alltagsmythos und antiker Mythologie ist die Konfrontation der „forts" aus den Hallen mit dem antiken Atlas (135 f.). Eine Variante, die Überlagerung von zwei aus der

---

[26] Zur ‚semantischen Differenz' bzw. ‚Dialogizität' als einem zentralen qualitativen Kriterium für intensive Intertextualität cf. id. (1985), p. 29.

Historie hervorgegangenen, aber auch ideologisch befrachteten Evasionsmythen stellt die Verquickung von Kanada, dem von Curwoods Roman inspirierten Mythos der jungen Franzosen vom Land der Träume, mit einem alten, von den Nazis neubelebten Mythos der Deutschen, dem „Drang nach Osten" („Nach Ostland wollen wir reiten ...") bzw. dem „Volk ohne Raum", dar[27]. Eine besonders komplexe Form der Überlagerung von modernem Alltagsmythos und antiker Mythologie zeigt sich in dem Doppelbild des kindlichen Rollschuhläuferpaares „faune" und „faunelet" vor einem Monumentalrelief, das ein arkadisches Motiv, die Muse Terpsichore mit einer Nymphe, darstellt (171). In dieser simultanen intertextuellen Überlagerung von lebenden Figuren mit steinernen Abbildern werden die Intertextualitätssignale des Ich-Erzählers aus seiner ‚phorischen' Perspektive mit den Figuren im Szenario auf einer höheren Ebene gekoppelt: Terpsichore wird zur Schutzpatronin der Rollschuhläufer. Berücksichtigt man in dieser Szene noch das Auftauchen eines Radfahrers, dessen Vorderrad auf Rollschuhe geschnallt ist (Superphorie) und den photographierenden Protagonisten, so ergibt sich eine Überlagerung verschiedener moderner Alltagsmythen (Rollschuhlaufen, Radfahren, Photographieren) mit Reminiszenzen an die antike Mythologie (arkadische Idylle, aber auch Assoziationen an das Merkurische). Ein weiteres Beispiel für die Form komplexer Überlagerung zeigt die Szene der kleinen Mädchen (‚Rotkäppchen' bzw. ‚Jungmädel') im Rathaus von Goldap am 19. April (366 – 369). Verquickt werden hier der Initiationsritus in den Nazi-Kult als politischer Mythos mit dem Alltagsmythos, der Furcht vorm ‚bösen Mann' (Tiffauges als Spanner) und dem Rotkäppchen-Motiv, wobei sich das Bild des ogerhaften Protagonisten mit der Reminiszenz an den zu feiernden Hitler überlagert, der hier in ‚mythischer' Dekonstruktion als ‚böser Wolf' erscheint. In das Paradigma intertextueller Überschichtungen von Bildern und Vorstellungen fallen schließlich auch Mischformen von Reminiszenzen an Kulthandlungen aus verschiedenen Kulturen und die mehrdeutigen Symbole. Charakteristisch ist schließlich die Überlagerung von Reminiszenzen an Mythisches und Religiöses (insbesondere am Romanschluß).

---

27 Cf. hierzu die Äußerungen Tourniers in seinem *Journal de voyage au Canada* (1984 [^{1}1977]), p. 7 – 10. – Dort gleitet Tournier bei der Umschreibung dieses Mythos über die Begriffsskala „province de rêve", „terre bénie", „pays magique", „paradis terrestre" (9).

5. SCHLUSS

5.1. Der *Roi des Aulnes* auf der Folie epistemologischer Modelle des Poststrukturalismus und der Postmoderne

Unsere Untersuchungen haben gezeigt, daß der *Roi des Aulnes* auf Grund einer Reihe von signifikanten Merkmalen als postmoderner Mythenroman aufzufassen ist. Die ihm zugrundeliegende Geschichte ist eine Geschichte aus Zitaten. Sie referiert auf ein enzyklopädisches Feld von vorrangig ‚mythischen' Zeichensystemen, die, verbunden durch die Referenz auf das System der Archetypen, in den universalen mythischen Horizont von Kosmogonie und Eschatologie gestellt werden. Zwar besitzt der *Roi des Aulnes* eine kohärente nachvollziehbare Handlung; der Text ist aber nur im ‚mythischen' Sinne ‚realistisch'. Der Umgang mit mimetischen Textverfahren muß als ein rein semiotisches Spiel verstanden werden, das auf Grund seiner Offenheit viele Lesarten provoziert, wobei sich der Illusionismus als ein Pseudo-Illusionismus entlarvt.

Die Überschreitung der Grenze des Wirklichen in der Verbindung von Illusionistischem und Phantastischem wird verkörpert in der Figur des Protagonisten, der als ein intertextuelles semiotisches Konstrukt als alltäglicher Jedermann, Perverser und zugleich Märchenmonster mehrfachkodiert ist und auf Grund der Differentialität der *écriture* eine komplexe Hybridform darstellt, auf die eine Vielzahl von heterogenen Modellen und Lesarten aufgepfropft werden kann. Die Figur erscheint monströs in ihrer manieristisch wirkenden grotesk-ironischen Überzeichnung. Sie evoziert aber auch und vor allem in ihrer ‚archaisch' anmutenden Monumentalität das Bild eines koloßartigen Roboters, dessen hypothetische Konzeption abzielt auf die Repräsentation eines einzigen universalen, von der Idee der Phorie geleiteten, semantisch polyvalenten bzw. unendlich interpretierbaren menschlichen Archetyps. Der Mythos der Phorie erscheint als ein fiktiver, im Bewußtsein der Figur geschaffener und sich aus ihm heraus entwickelnder reiner Zeichenprozeß, dessen kommunikatives Medium die *Écrits sinistres* als pseudo-mimetisches Tagebuch darstellen.

Die Phorie läßt sich auf der Folie des Derridaschen *écriture*-Konzepts auffassen als ein Prinzip, das als *différance* im Text wirkt – man könnte geradezu sagen, das den Text ‚wirkt' –, d. h. als generatives Potential zur Erzeugung einer irreduziblen differentiellen Vielfalt. Sie provoziert das *jeu des différences* in Gestalt der enzyklopädischen Dimension der Phorie durch die intertextuellen Varianten. Die ständige intertextuelle Permutation löst sowohl im Autor als auch im Rezipienten freie unendliche Reminiszenzen im Rahmen eines infiniten Intertextes aus. Das differentielle Spiel der Phorie führt zu einer beständigen Oszillation bzw. zu einem Nomadisieren des Sinns. Die rhizomatische Bedeutungsstruktur des Textes ermöglicht immer neue Verknüpfungen, so daß die Sinnkonstitution für den Interpreten als ein Prozeß unendlicher Semiose erscheint. Der Text wird zu einem großen dynamischen

Puzzle, dessen Endbild sich jeder eindeutigen Fixierung entzieht. Die Faszination dieses Spiels liegt zum einen im offenen, potentiell unendlichen Prozeß der Verschiebung der Elemente, zum anderen in der Verführung zur Rekonstruktion scheinbar vorgegebener Strukturen, die aber nur reflexartig aufscheinen und sich ständig selbst dekonstruieren. Auch der Kode der Phorie, der als Imitation des Lévi-Strauss'schen Systems den Leser zu Hypothesen verleitet, mündet in der Selbstauflösung.

Aus der Evokation von intertextuellen Strukturmustern ergibt sich eine kunstvolle Verschränkung. Mehrfachstrukturiert ist der Mythos der Phorie nicht nur mit seiner Überschichtug von Reflexen einer Repetitions-, Initiations-, Präfigurations- und Vermittlungsstruktur sowie einer polyperspektivischen Zeitstruktur. Hinzu kommen noch die doppelte Imitation der Fugenstruktur und der Struktur der *Kunst der Fuge*, die dem System der Phorie aufgepfropft sind, wobei der Rekurs auf die Fülle und die Formenvielfalt des Barock einmal mehr auf das Kunstempfinden der Postmoderne weist. Die verschiedenen Strukturen, die spielerisch miteinander rivalisieren, überlagern, überschneiden und überkreuzen sich zu einem kaum entwirrbaren Geflecht. Wie in einem ständig sich drehenden Kaleidoskop fügen sich die Elemente momentan zu einer scheinbar in sich kohärenten Struktur, um sich sogleich wieder zu entzweien und in einem neuen Arrangement zu vereinigen.

Die Dezentrierung der mythischen Struktur des *Roi des Aulnes* läßt sich noch unter einem anderen Blickwinkel betrachten. In ihrem Zentrum findet ein unendliches Spiel der Substitution von Signifikanten statt, so daß es keine objektive endgültige Interpretation der Phorie gibt. Diese permanente Permutation bzw. Verschiebung wird nicht nur hervorgerufen durch die freien Reminiszenzen des unendlichen Intertextes, sie wird noch verstärkt durch das Verfahren der Repetition, die sich im einzelnen als metonymische Verschiebung auswirkt. Dadurch daß die repetitiven Varianten infolge dieser Verschiebung nicht vollkommen, sondern nur teilweise äquivalent sind, wird die Identität der Botschaft der Phorie gleichsam konterkariert. Die Dissemination in ihrer enzyklopädischen Dimension manifestiert sich in dem offenen Romanschluß in der Fülle der erzeugten Lesarten. Der Roman umfaßt nicht nur eine Pluralität philosophischer Lesarten (erkenntnistheoretische, moralische, metaphysische, ontologische, sprachphilosophische) im Sinne der von Tournier angestrebten ‚Pluridimensionalität' des ‚Schichtengebäudes', sondern auch weitere, religiöse bzw. mythische, anthropologische, psychologische, historische, literarische, musikalische etc. Diese sind freilich künstlich simuliert und fallen alle der Dekonstruktion anheim.

Tournier übersetzt das von Bachelard in *La philosophie du non* (1940) propagierte Konzept einer „offenen" „gestreuten Philosophie" bzw. eines „philosophischen Pluralismus", das die philosophische Postmoderne-Konzeption von Lyotard maßgeblich beeinflußt hat[1], in seine *mythécriture*. Ein Metadiskurs im Hinblick auf die Deutung des Romanendes ist nicht zu erkennen. Dies zeigt sich besonders deutlich an der Verschiebung des Hegelschen Diskurses, der in der *écriture* des *Roi des Aulnes* nurmehr den Stellenwert einer Reminiszenz besitzt und durch die Anspielungen auf andere Diskurse, d. h. durch das differentielle Spiel der *mythécriture* dekonstruiert wird. Das Nebeneinander von heterogenen metaphysischen Lesarten zeigt im übrigen, daß es sich hierbei nicht mehr um geglaubte Wahrheiten handelt, sondern um ein differentielles semiotisches Spiel aus einem post-metaphysischen Bewußtsein heraus. Tournier spielt zwar mit dem Absoluten, sein Werk steht jedoch eindeutig auf dem Boden einer postmodernen nicht-metaphysischen bzw. metaphysikkritischen Sichtweise.

Da die Sinnvielfalt des Textes nicht von einer höheren Einheit resorbiert wird, enthält der Roman keine andere Botschaft als die der Unaufhebbarkeit der Differenz. Die Phorie, die ein einheitsstiftendes Prinzip vortäuscht, enthüllt sich als differentiell, d. h. sie setzt die Differenz frei. Zwar produziert sie Dualismen und Synthesen, aber im Rahmen eines beständigen Prozesses der Dekonstruktion, der dualistische Modelle nur evoziert, um sie durch die Evokation anderer Dualismen sogleich wieder zu zerstören, so daß die Modelle sich gegenseitig zum Einsturz bringen. Die *écriture* der Phorie bewirkt also die ständige Dekonstruktion von dualistischen Modellen, indem sie ihren gegenseitigen Umsturz und ihre Verschiebung provoziert.

Dieses Verfahren kommt dem gleich, was Deleuze und Guattari (1976) in ihrer Theorie des Rhizoms beschreiben:

> «Il s'agit du modèle, qui ne cesse pas de s'ériger et de s'enfoncer, et du processus qui ne cesse pas de s'allonger, de se rompre et reprendre. [...] Nous n'invoquons un dualisme que pour en récuser un autre. Nous ne nous servons d'un dualisme de modèles que pour atteindre à un processus qui récuserait tout modèle. C'est au lecteur d'avoir des correcteurs cérébraux qui défont les dualismes que nous n'avons pas voulu faire, par lesquels nous passons. C'est au lecteur d'arriver à la formule magique que nous cherchons tous: PLURALISME = MONISME, en passant par tous les dualismes qui sont l'ennemi, mais l'ennemi tout à fait nécessaire, le meuble que nous ne cessons pas de déplacer»[2].

Als Leser haben wir das hier erhobene Postulat angenommen, nach dem uns die Aufgabe zufällt, die Dualismen zu dekonstruieren. Wir haben einen möglichen Weg ihrer ständigen Verschiebung durchlaufen und sind zu der Erkenntnis gelangt, daß die Formel „PLURALISME = MONISME“ anwendbar ist auf Tourniers Roman: *Die Phorie erscheint uns als diese „magische Formel“ für die Bezeichnung der unaufhebbaren Differenz*[3].

---

1 Nach W. Welsch (1987), p. 195 f. – Vermutlich ist auch Derrida von Bachelard in seiner Strategie der Dekonstruktion inspiriert worden, die ja gerade auch auf dem Widerspruch aufbaut, aus dem heraus sie sich dem Unbekannten zuwendet.

2 G. Deleuze/F. Guattari (1976), p. 59 f. – Cf. auch Tournier in *VV* 218.

3 Wir erkennen ein ähnliches Verfahren in *Les météores*; das wirkende Prinzip ist dort die *gémellité*.

Aus dem differentiellen Abstand der Phorie heraus dekonstruiert die *écriture* des *Roi des Aulnes* ‚sprachmythische'[4] Klischees durch Verschiebung der Prätexte und schafft mit der Phorie zugleich einen neuen Sprachmythos. Dieser liefert seinerseits bereits die Möglichkeiten zu seiner eigenen Dekonstruktion mit.

In ihrer Wendung gegen Formen ‚logozentrischer' Beherrschung zeigt sich die Dekonstruktion im *Roi des Aulnes* unter mehreren Aspekten. Sie betrifft in erster Linie den metaphysischen Diskurs als Einheitskonzept und die *Bibel* als Dogma, die hier wie Mythologie und Märchen als ‚mythischer' Text behandelt wird. Die Dekonstruktion bewirkt die Gleichstellung von Religiösem und Mythischem und damit die Rehabilitierung des mythischen Denkens. Sie ist aber auch unter soziologischen, psychologischen und anthropologischen Gesichtspunkten zu betrachten. Ein sozialkritischer Aspekt wird deutlich in der Wahl einer zwielichtigen, von der Gesellschaft geächteten Figur als Erzählinstanz in den *Écrits sinistres*. In ihrer Monstrosität stellt die Figur sowohl soziologisch als auch psychologisch und anthropologisch eine Dekonstruktion der ‚Normalität' dar, die sich auch auf die Sexualität richtet: Die Figur ist nicht erwachsen und nicht ‚männlich' (mikrogenitomorph). Die Dekonstruktion des Logozentrismus erscheint hier gepaart mit der des Phallozentrismus; eine Komplizität, die Derrida als ‚Phallogozentrismus' bezeichnet[5]. Wir berühren mit dieser Variante der Dekonstruktion einen weiteren, auf Lacan zurückgehenden Gemeinplatz poststrukturalistischen Denkens.

Betrachten wir schließlich den *Roi des Aulnes* unter dem Aspekt der Dekonstruktion von Ursprung und Apokalypse. Zwar stellt der Roman im Initiationsweg von Tiffauges die Suche nach dem Ursprung dar; diese bleibt jedoch im Netz der Sprache gefangen. Der ‚sprachmythische' Diskurs führt auf Grund seiner Differentialität den Leser in ein Labyrinth von Spiegelungen, die ihn bis an den mythischen Ursprung zurückverweisen, ohne daß es jedoch gelingt, der mythenbildenden Kraft der Sprache zu entkommen. Die im Text heraufbeschworene Apokalypse/Offenbarung löst ihr Versprechen nicht ein. Sie entpuppt sich als rein intertextueller Diskurs. Der Sinn des Spiels ist nur dem Schein nach die Suche nach einer Erkenntnis: Der vom Protagonisten imitierte Gestus des Suchens erweist sich als leere Form. Die Suche ist vielmehr ein Spiel aus der ironischen Distanz, das keiner Erkenntnis gewärtig ist. Zwar wohnt dem Menschen die Nostalgie nach den Ursprüngen und nach dem Ende des Spiels unauslöschlich inne. Was sich ihm jedoch offenbart, ist nur er selber in Gestalt der Kultur, der Texte, die nichts anders sind als eine Selbstdarstellung des Menschen in seiner Nostalgie nach den Ursprüngen. So wird er in einem unendlichen differentiellen Spiel von Text zu Text verwiesen. Die Apokalypse enthüllt sich also als Wunschprojektion des Menschen.

---

[4] Terminus nach K. A. Blüher (1985), p. 259.

[5] J. Derrida, „Avoir l'oreille de la philosophie" (Interview), in: L. Finas u. a. (1973), p. 311.

Der Tourniersche Roman steht nicht mehr, wie es Derrida noch für das Œuvre von Lévi-Strauss erkennt, im Horizont der Traurigkeit über den verlorenen Ursprung, sondern er scheint aus einem post-metaphysischen Bewußtsein heraus geschaffen, nämlich dem der fröhlichen Bejahung des Spiels, wie sie Nietzsche vorgezeichnet hat[6], und gründet voll und ganz im Denken des Poststrukturalismus[7].

Der Romankosmos, ein schillerndes Kaleidoskop, setzt den Leser in Verwunderung und Staunen. Der Autor erscheint quasi in der Rolle des Magiers, der mit seinen auf den unendlichen intertextuellen Reflexen und der die pseudo-illusionistische Darstellungsweise verfremdenden Ironie beruhenden Tricks den Leser verzaubert, entsetzt, schockiert. Der kynische Grundtenor unterminiert als erosives Moment der Zer-Trennung, des Auf-risses die zelebrative Stimmung ekstatischer Vereinigung[8]. Es ist das auf das Körperliche fixierte pseudo-psychologisierte Märchenmonster, mit dem der Autor die parodistisch-blasphemische Pantomime sakraler Posen inszeniert. Sein Handeln produziert groteske Komik und zieht eben dadurch den metaphysischen Anspruch ins Lächerliche. Die ‚kynische' Dimension manifestiert sich nicht zuletzt in dem gleichsam programmatischen Schweigen auf Grund des Fehlens einer die unerträglichen Ereignisse moralisch wertenden Instanz. Auch in der Reduktion auf körperbestimmtes Handeln, auf ironisches Lachen und auf Schweigen dürfen wir ein wesentliches Merkmal postmoderner Geisteshaltung erkennen[9], die den Tournierschen Roman prägt.

---

6 Cf. die Wiederaufnahme der Nietzscheschen Bejahung durch Derrida in (1967), p. 426 f. – Ebd. die Ausführungen über Lévi-Strauss.

7 Davis kommt in seiner Dissertation *Michel Tournier. Philosophy and Fiction* (1988) zu dem Schluß, „Tournier's dilemma" sei „his inability to make a definitive choice between Hegel and Nietzsche, between the warm comfort of synthesis and the cold wind of scarcity. This indecision is, I would suggest, what makes Tournier's work so relevant to the predicament of the contemporary reader. Between *sens* and *écriture*, truth and dissemination, structure and freedom, it is perhaps not possible to choose" (p. 206). Seiner Ansicht nach sei Tournier „neither a committed Hegelian nor a joyful Nietzschean. His writing oscillates between assertive dogmatism and anxious self-interrogation" (p. 201). Die vorstehenden Ausführungen mögen erwiesen haben, daß eine solche Sichtweise ungerechtfertigt ist. Davis übersieht das Ausmaß der Gemeinsamkeiten Tourniers mit dem Poststrukturalismus. Er verkennt, daß alle Referenzen des Autors auf philosophische Theorien und so auch die auf die Metaphysik Hegels nie mehr als *Reminiszenzen* im Rahmen einer *écriture* darstellen, die u. E. als differentielles bzw. ‚nomadisches' semiotisches Spiel verstanden werden muß, in dem Spuren phantomartig aufleuchten und wieder verschwinden und in dem sich die evozierten philosophischen Kategorien nach dem Prinzip der Differenz ständig gegenseitig dekonstruieren.

8 Der *Roi des Aulnes* löst damit die theoretische Proklamation des Autors ein, derzufolge das literarische Werk gleichsam auf den beiden Postamenten des „humour" und der „célébration" ruhe: „Il reste deux traits – l'un négatif, l'autre positif – qui me paraissent essentiels à l'œuvre littéraire: l'humour et la célébration" (*VP* 196).

9 Cf. P. Sloterdijk (1983), p. 532.

5.2. Spezifika des Tournierschen Konzepts einer *mythécriture*

Unsere Untersuchungen am *Roi des Aulnes* führen uns zu der Erkenntnis, daß der Tourniersche Roman in sich zwei Aspekte vereinigt: Er ist *mise en fiction* der Texttheorie und beinhaltet damit zugleich deren Reflexion[10], so daß – vergleichbar dem Konzept der *tel queliens* – die Trennung zwischen Theorie und Praxis aufgehoben erscheint. Die Voraussetzung hierfür bildet ein Textverständnis, das nicht mehr zwischen Philosophie und Fiktion unterscheidet. Diese Überlegung muß auch der Ausgangspunkt für die Neueinschätzung der theoretischen Schriften von Tournier sein, die nicht, wie bisher geschehen, im Sinne eines traditionellen Theorie-Verständnisses als systematische Abhandlungen zur Klarstellung eindeutiger Positionen verstanden werden können, sondern im Sinne eines Denkens der Differenz als deren ständige Verschiebung bzw. Dekonstruktion.

Damit stellen auch die theoretischen Schriften ihrerseits Manifestationen des Tournierschen *écriture*-Konzepts dar: Ihre eigentliche Programmatik besteht in einer doppelten Strategie der *Irreführung* bzw. *Verführung* des Lesers, der im Sinne der Spielregeln der *écriture* zur ‚Beute' wird. Dieses Verhältnis ist aber umkehrbar, so daß der Autor seinerseits zur ‚Beute' des Lesers werden kann („proie de la proie" cf. *M*). Dieses durch die Ambivalenz von Anziehung und Abstoßung charakterisierte Wechselspiel von *Jagd* und *Flucht*, in dem die Rollen ständig vertauscht werden, ist kennzeichnend für das Verhältnis von Autor und Leser schlechthin.

Bilder wie Jagd und Flucht, „proie de la proie", aber auch das immer wiederkehrende Motiv des Streites zwischen Nomaden und Seßhaften, die sich auf die Textverfahren bzw. Textkommunikation applizieren lassen, zeigen, daß Tournier diese narrativ umsetzt. Auf diesem Hintergrund erscheint die Phorie in den exaltierten Figuren der Hyperphorie (‚Einschachtelung') und der Superphorie (‚Überschichtung') als eine zentrale Metapher für das Tourniersche *écriture*-Konzept. Indem der Autor dem Androgyn das Bild der „poupées gigognes" (35) aufpfropft, schafft er ein ‚phorisches' Bild der *écriture par excellence*. Der Androgyn als ‚Schachtelpuppe' stellt eine Tourniersche Variante zu der Metapher der *mise en abyme* dar, zu der sich in Gestalt der Figur der Superphorie als Überschichtung intertextueller Bilder (Christophorus – Albuquerque – Erlkönig etc.) eine weitere gesellt. In Verbindung mit dem Bild der Einschachtelung evoziert der androgyne Adam nicht nur die Vorstellung einer autogenetischen Fortzeugung ins Unendliche und einer seriellen Vervielfältigung, sondern als parodistische Kombination von Heterogenem bzw. Disparatem und überdies mit der Konnotation der Leerform nicht zuletzt auch die Idee des *comique cosmique*. Damit erscheint das Bild des Androgyn schließlich als eine Metapher für das Zusammenwirken von

---

10 Unsere Position ist damit der von L. R. Schehr ganz nahe, der unter Berufung auf M. Serres ähnliches über *La Goutte d'Or* geäußert hat [(1987/1988), p. 224].

Repetition, Exaltation und Parodie als dem spezifischen Verfahren der Tournierschen *mythécriture*.

Der Metapher des Androgyn entsprechen in den verschiedenen Texten Tourniers weitere Bilder, die die Prinzipien von Serialität, Repetition, Fragmentation und Fortzeugung ins Unendliche variieren. So läßt die Metapher der *gémellité* in *Les météores* besonders deutlich den Aspekt der *répétition différente* (Deleuze) hervortreten, wobei gleichzeitig die Zwillingsstruktur die Ambivalenz der *écriture double* abbildet. Die von Tournier auch gebrauchte Klon-Metapher[11] akzentuiert die mit dieser Vermehrungsart verbundenen Aspekte der Fragmentation und des Azentrismus[12].

Im *Roi des Aulnes* spiegeln die *Écrits sinistres* als *mise en abyme* des *écriture*-Prozesses, der zugleich einen Erkenntnisprozeß simuliert, die Entfaltung des *système de la phorie* wider. Bezeichnenderweise deckt sich der Abbruch der *Écrits sinistres* mit der endgültigen Auflösung des *système* an der *barre*, wobei diese Selbstdekonstruktion gleichbedeutend ist mit der des Mythos und schließlich der der *écriture*. Der Mythos der Phorie als Hohlform für den *texte infini*, der in ihn eingeht und der ihn zugleich resorbiert, entpuppt sich als Mythos der *écriture* schlechthin, die in einer ständigen Bewegung der Konstitution und Dekonstruktion begriffen ist und sich so selber als Mythos entlarvt. Die Metaphern, die diesen Mythos konstituieren, enthüllen sich auf dieser Ebene der Autoreflexivität als narrative Umsetzung der Textverfahren.

Die verbreitete These, daß Tournier in seinen Romanen auf „formale Innovationen" verzichte[13], gründet sich auf die vielzitierte Äußerung aus *Le vent Paraclet*:

> «Mon propos n'est pas d'innover dans la forme, mais de faire passer au contraire dans une forme aussi traditionnelle, préservée et rassurante que possible une matière ne possédant aucune de ces qualités. On parlera peut-être à ce propos de parodie» (195).

---

[11] Cf. dazu z. B. das Interview von Jürg Altwegg mit Michel Tournier, „Warum wollen Sie kein Zwilling sein, Herr Tournier?", in: *Frankfurter Allgemeine Magazin*, 1. Woche (3. Jan. 1986), Heft 305, p. 14 f.

[12] Die Rhizom-Theoretiker übertragen ihrerseits das Klonen als azentrische Form des Vermehrens metaphorisch auf das Rhizom: «L'Orient [...] une culture de tubercules qui procède par fragmentation des mêmes individus [...]. Occident, agriculture d'une lignée choisie avec beaucoup d'individus variables; Orient, horticulture d'un petit nombre d'individus renvoyant à une grande gamme de ‹clones›. N'y a-t-il pas en Orient [...] comme un modèle rhizomatique qui s'oppose à tous égards au modèle occidental de l'arbre? [...] Et ce n'est pas du tout la même sexualité: les plantes à graines, même réunissant les deux sexes, soumettent la sexualité au modèle de la reproduction; le rhizome au contraire est une libération de la sexualité non seulement par rapport à la reproduction, mais par rapport à la génitalité. Chez nous, l'arbre s'est planté dans les corps, il a durci et stratifié même les sexes» [G. Deleuze/F. Guattari (1976), p. 53 – 55].

[13] Am pointiertesten vertreten von P. Bürger (1988), p. 299, 300.

Die These erweist sich, wie sich unschwer aufzeigen läßt, als Mißverständnis, da sie auf einer mangelnden Kenntnis des Tournierschen *écriture*-Konzepts beruht. Der Begriff *forme* wird von Tournier gegenüber seiner ursprünglichen Bedeutung verschoben und neu mit Inhalt gefüllt.

Die spezifisch Tourniersche Strategie besteht darin, traditionelle ‚Formen‘ als *Imitate* zu übernehmen. Dies betrifft insbesondere den Binarismus, der sich als Pseudo-Binarismus entlarvt, sowie Figuren-, Handlungs-, Zeit- und Raumstruktur, die aus intertextuellen ‚Versatzstücken‘ zusammengesetzt sind, wodurch sie zunächst den Anschein des Wirklichkeitsmimetischen erwecken, um sich letztlich als pseudo-illusionistisch zu erweisen. Die *écriture* bedient sich der Formimitate als ‚Wegwerfmaterial‘ im Sinne des *bricolage*, wobei die traditionellen ‚Formen‘ und die Ordnungssysteme eine Verformung bzw. Aushöhlung erfahren. Im Rahmen dieser Dekonstruktion, die ganz der Auffassung vom Mythos als „rappel au désordre“ (*VV* 35) entspricht, fällt dem Helden als Perversem die Rolle des ‚Katalysators‘ für die parodistische Exaltation und damit für die Zerstörung von Denk- und Verhaltensklischees zu. Die Formen werden zu leeren Hülsen, in die etwas Neues, Vieldeutiges und Unendliches einfließen kann im Sinne des Mythos, der das *inconnu* produziert, womit sich der Kreis schließt mit der Verbindung zur eingangs zitierten These Tourniers von der Notwendigkeit der Neubelebung des Mythos, um diesen vor der Erstarrung in der Allegorie zu bewahren.

6. ENTRETIENS AVEC MICHEL TOURNIER[1]

6.1. Un entretien avec Michel Tournier

dans son bureau chez Gallimard, Paris, 9 octobre 1984

CK: Vous savez que je prépare une thèse portant sur votre œuvre romanesque. Pour commencer, il y a deux choses que je tiens à vous dire: d'abord que je suis lectrice passionnée de Michel Tournier – j'ai lu toutes vos œuvres romanesques et critiques, j'ai étudié aussi une partie des articles critiques et des mémoires publiés sur votre œuvre – ensuite, que je me trouve encore tout au début de mes recherches, qui ont suscité en moi une série de questions que j'aimerais vous poser maintenant.
On a vu dans *Vendredi ou les limbes du Pacifique* une représentation allégorique de la théorie de l'imagination de Gaston Bachelard. Par conséquent, la formule du roman

Robinson terrien + Vendredi = Robinson solaire

s'expliquerait de la façon suivante:
Il y a trois stades:

- le Robinson naufragé qui est un homme dépourvu d'imagination,
- sa transformation en un Robinson terrien; c'est déjà un aspect de l'imagination, c'est-à-dire l'imagination matérielle;
- le Robinson solaire comme ultime transformation de Robinson en un nouveau Robinson, qui est une œuvre poétique. Et cette transformation se produit par l'imagination dynamique, symbolisée par Vendredi. J'aimerais vous demander ce que vous pensez de cette interprétation.

MT: Eh bien, j'ai été l'élève de Bachelard. J'en parle dans *Le vent Paraclet*, et c'est certainement très vrai. Je suis tout à fait d'accord avec ces analyses. Et ce qui est encore plus proche de Bachelard, c'est *Pierrot ou les secrets de la nuit.* Vous avez lu cela? C'est un tout petit livre. C'est très bachelardien. Je me souviens que Bachelard, un jour, a apporté à son cours deux jouets d'enfant en bois. L'un était verni, bleu, et l'autre était ciré, incolore. Et il a dit: «Voilà, le bon jouet, c'est le jouet ciré parce que l'enfant peut voir la substance du bois – les lignes du bois, les nœuds du bois – et entendre le langage du bois. Alors que l'autre – le bois est bâillonné par la couleur.» C'est tout à fait l'inspiration de *Pierrot ou les secrets de la nuit*, n'est-ce pas? C'est-à-dire: une recherche de l'intuition de la matière, de la substance. Mais c'est très vrai.

[1] Die vorliegenden Texte, die eine verkürzte Fassung der Gespräche darstellen, wurden von mir weitestgehend im Code oral belassen, einerseits, um die Natürlichkeit und Lebendigkeit der Tournierschen Diktion zu vermitteln, andererseits, um die Authentizität zu erhalten.

Il y a aussi l'utilisation que j'aime beaucoup de la caractérologie. Pour moi, c'est important parce que je suis très peu psychologue. Il n'y a pas de psychologie dans mes romans. Mes personnages sont donc, au fond, des personnalités qui sont d'un seul bloc et qui relèvent plus de la caractérologie et de l'astrologie. Alors, il y a la caractérologie, il y a le zodiaque. Il est évident que je suis Sagittaire. Ça compte beaucoup pour moi. Le Sagittaire est un cheval, d'un côté, une *croupe de cheval*, et un tireur à l'arc, de l'autre. Très important pour moi, oui. On peut dire que Robinson et Vendredi c'est un peu ça: il y a le tireur à l'arc, il y a la croupe du cheval. La croupe du cheval est un élément pesant et anal, n'est-ce pas? – Mais c'est très bien comme analyse!

CK: Que pensez-vous d'une lecture psychanalytique du *Roi des Aulnes*? Est-ce qu'on peut voir dans ce roman un essai d'intégrer l'inconscient dans le moi? Est-ce qu'on peut prétendre que la succession des archétypes, qu'a révélée la psychologie comme dynamique organisatrice de la mythologie, soit aussi la dynamique organisatrice de la construction romanesque du *Roi des Aulnes*?

MT: Je ne sais pas. En plus, je me méfie énormément de tout ce qui a affaire de près ou de loin avec la psychanalyse.

CK: Pourriez-vous me dire dans quelle mesure vous avez reçu les idées de la psychanalyse?

MT: Je n'ai jamais fait de psychanalyse. Et j'avoue que cela ne m'intéresse pas beaucoup parce que la psychanalyse – c'est le reproche que je lui fais – est d'abord et avant tout une thérapeutique. Elle est faite pour soigner des malades. Donc on vise l'efficacité, même empirique, sans savoir ce qui se passe, ce qui est la définition du médecin. Le médecin veut guérir. Il ne veut pas comprendre. Et alors, il y a un détournement de la psychanalyse dont on a voulu faire ensuite un outil de connaissance. Et on s'est mis à appliquer la psychanalyse à des écrivains – quelquefois des écrivains disparus – et c'est comme si on rouvrait le cercueil pour leur faire prendre de l'aspirine ou de la cocaïne. Vous comprenez, ça n'a aucun sens à mon avis. Je trouve que la psychanalyse ne vaut pas. Elle est abominablement réductrice quand elle cherche à devenir un moyen d'explication des œuvres. Je l'ai dit dans *Le vent Paraclet*. Et je fais une comparaison entre la psychanalyse et le marxisme, qui ont tous les deux le même défaut.

CK: Vous avez appelé votre roman un «roman pluridimensionnel». Il y a donc toujours plusieurs dimensions, plusieurs niveaux de sens dans vos textes. A l'état actuel de mes recherches, il me semble qu'il y a trois niveaux principaux: c'est d'abord la dimension philosophique (métaphysique et ontologique), ensuite la dimension religieuse et, troisièmement, la dimension psychanalytique. Il y a toujours ces trois dimensions qui coexistent dans vos textes. On ne peut pas réduire l'analyse de votre œuvre à l'un de ces aspects sans perte de signification. Cependant j'oserais prétendre que les dimensions philosophique et religieuse sont plus importantes que la dimension psychanalytique. A mon sens, on ne peut voir par exemple *Vendredi ou les limbes du Pacifique*, ni exclusivement comme une transposition de la théorie de Bachelard, ni exclusivement comme une transposition de la théorie de la connaissance décrite par Spinoza, dans son *Éthique*, ni comme une transposition romanesque d'une conception psychanalytique. Qu'en pensez-vous?

MT: Je pense qu'une œuvre est en tant qu'elle est, qu'on peut mettre des lunettes diverses pour la déchiffrer, et que c'est toujours bon. Je pense qu'une œuvre est faite pour être interprétée. C'est le rôle de la fiction. Il y a des œuvres – les œuvres de non-fiction – qui se refusent à l'interprétation. Elles sont leur propre interprétation. Et les œuvres de fiction, au contraire, – le roman, la nouvelle, le conte, la poésie – sont un appel à l'inspiration du lecteur. Donc, à priori, toutes les interprétations sont bonnes. Alors, moi, j'ai aussi mon interprétation parce que je suis aussi le lecteur de mes livres. Mais après tout, peut-être, elles sont moins valables que d'autres.
Vous dites: niveau philosophique, niveau religieux, niveau psychanalytique. Oui, c'est possible. Vous parlez de *Vendredi*. Oui, je préférerais reprendre l'exemple du *Roi des Aulnes*, où vous avez, au niveau le plus modeste, l'histoire d'un prisonnier français sous le IIIe Reich, avec des éléments historiques qui sont importants, qui contribuent à la valeur du roman parce que vous ne les trouverez nulle part ailleurs. Il y a des pages sur le IIIe Reich, notamment, dans ce livre, que vous ne trouverez nulle part ailleurs. Donc, c'est un livre qui a en plus une dimension historique. C'est rare. Vous ne trouverez pas cela dans les autres romans. Enfin, je veux dire: une valeur historique irremplaçable. Par exemple, quand Hitler s'installe à Rastenburg, je décris tout par un détail comment cela s'est passé. Vous ne trouverez cela nulle part. Quand le petit Éphraïm raconte le camp de concentration, c'est-à-dire Auschwitz, vu par un enfant de dix ans, vous ne trouverez cela nulle part. Cela n'a pas été publié, mais je l'ai emprunté à un témoin. Je n'ai pas inventé. Et d'autres choses encore, notamment sur l'organisation des napolas. Mais c'est quand même le niveau le plus modeste, le plus factuel. Au niveau supérieur, vous avez une interprétation de la ballade de Goethe et une dénonciation de la séduction comme:

„Gar schöne Spiele spiel ich mit dir".

C'est ce que j'ai entendu, moi, quand j'avais dix ou douze, treize ans, que j'allais en Allemagne et que je me mêlais à mes camarades qui, eux, allaient à la Jeunesse hitlérienne. Il y avait une séduction des enfants par la guerre. C'est une chose éternelle. Cela dépasse largement le IIIe Reich puisque, alors que je vous parle, il y a dans les différents pays en guerre des enfants qui sont entraînés dans la guerre. Voyez le dernier numéro de *Stern*[2] qui parle de cela – ... Tous les enfants entraînés dans la guerre et qui vont volontiers parce que c'est bien, c'est amusant, la guerre, c'est séduisant!

Et puis alors le roman aurait dû s'appeler «La Phorie». Alors c'est encore un troisième niveau, très supérieur aux deux autres, où on est en pleine mythologie, et, c'est une mythologie réduite à un geste, le geste de poser un enfant sur son épaule. Je ne l'ai pas appelé «La Phorie» parce qu'on m'a juré que ce serait très mauvais, commercialement, etc. Mais c'était le titre du roman. Et c'est le sujet du livre, le véritable sujet – c'est la phorie. Et à part derrière, il y a, encore au-dessus de la phorie – la phorie c'est saint Christophe posant l'Enfant Jésus sur son épaule et le Erlkönig emportant l'enfant – et au-dessus il y a, ce qui a été très bien vu par Philippe de Monès dans la «Postface» qu'il a écrite pour ce livre, la nostalgie de la vocation maternelle de l'homme. Et derrière, il y a l'Adam originel qui était homme-femme, et qui se fécondait lui-même, et qui portait lui-même son enfant au sens de l'avoir dans le ventre, pas dans la besace. Vous voyez les étapes. Bon. C'est comme ça que je vois, moi. C'est-à-dire que ce sont des étapes qui sont beaucoup plus particulières, je veux dire, qui sont beaucoup plus typiques que celles que vous me citez.

Mais dans *Vendredi* je comprends qu'en effet, si vous voulez, la place de la psychanalyse soit beaucoup plus forte avec le système de régression. Mais, finalement, si on doit avoir une analyse de *Vendredi*, moi, je préfère les trois types de connaissance de Spinoza. Je crois que c'est ce qu'il y a de plus évident. Surtout à cause du stade 2: l'île administrée qui correspond tout à fait à la connaissance du deuxième genre de Spinoza.

CK: Il me semble que, pour vraiment saisir votre œuvre, il faut choisir la méthode sémiotique et structurale. Et cela pour plusieurs raisons. L'une des raisons c'est que vous avez dit vous-même que vous étiez élève de Claude Lévi-Strauss. Ce serait très gentil de me dire quels ouvrages vous avez lus de cet auteur?

MT: J'ai suivi ses cours. Et puis alors j'ai lu les premiers livres: *Tristes Tropiques*. Et puis j'ai lu aussi, parce que cela faisait partie de ses cours – il était en train de l'écrire, et je l'ai vu sur le tableau noir avant de le voir dans les livres – *Les structures élémentaires de la parenté*. Voilà, et puis, je crois que je peux aller plus loin parce que je n'ai plus besoin de lui. Je veux dire que j'ai continué l'ethnographie en étudiant les Araucans, etc., ou le tir à l'arc, ou la façon dont les tortues sont traitées dans les Iles Galapagos. Mais enfin, cela, ce n'est plus du Lévi-Strauss.

CK: Que pensez-vous de la sémiologie et du structuralisme? Avez-vous lu les écrits de Roland Barthes ou de Michel Foucault, qui était votre camarade d'études, n'est-ce pas?

---

2 Bei meinem Besuch in seinem „Presbytère" (5. April 1986) zeigte mir Michel Tournier einige Nummern des *Stern*, den er seit langem abonniert. Hier bezieht er sich auf die große Bildreportage „Die verlorenen Kinder" in Heft Nr. 40 vom 27. September 1984. Es handelt sich um einen Bericht über die Kinder, die heute in vielen Ländern der Welt als Soldaten in den Krieg geschickt werden.

MT: Oui.

CK: Connaissez-vous, par exemple, Umberto Eco, le grand sémiologue italien?

MT: Non. Non, cela ne m'intéresse pas beaucoup. J'étais un jour autour d'une table avec des gens qui s'occupent de cela, et, notamment, il y avait aussi des membres de l'école du Nouveau Roman. Et je les écoutais qui discutaient tout cela. Et, finalement, on m'a demandé ce que je pensais puisque je ne disais rien. J'ai dit que j'écoutais avec admiration, mais que cela ne me concernait pas. Je ne me sentais pas concerné parce que ... Imaginez un alpiniste qui veut monter sur l'Himalaya. Il a ses problèmes. Avant de partir il va à l'opéra. Et il voit sur le plateau de l'opéra des danseurs et des danseuses. Le problème que résolvent ces danseurs et ces danseuses n'est pas sans affinité avec le sien. Car il s'agit d'un déplacement dans l'espace. Mais ce n'est pas le même. Et lui, il sait très bien que ce n'est pas en faisant des entrechats et des pointes qu'il montera sur l'Himalaya. Il a des problèmes de camp de base, de ravitaillement, d'oxygénation, etc. Moi, je pose des problèmes littéraires gigantesques qui m'écrasent. Par exemple: faire passer toute la guerre de 39 – 45 et le nazisme dans un roman; faire passer tout le christianisme dans un roman; faire passer toute la sexualité dans un roman (*Les météores*); faire passer, actuellement, le problème des travailleurs immigrés dans un roman. Ce sont des problèmes énormes. Et j'ai assez de ces problèmes, je les résous, je me sers du langage comme d'un outil. Ensuite, tout ce qu'on peut dire sur moi, je trouve ça très bien. Mais, ce n'est pas moi qui peux le dire. Et si vous voulez, mon maître en l'occurrence, c'est Émile Zola. Émile Zola disait: Je vais écrire le roman des mines de charbon. Et il faisait *Germinal.* Pour faire *Germinal* il mettait un casque et descendait dans les mines, et remontait, et allait voir comment vivaient les ouvriers dans le coron, etc. C'est un problème énorme qu'il avait. Et le langage chez lui est complètement broyé, il est réduit à l'état d'instrument. C'est exactement comme ça que je procède, moi. Je suis un élève de Zola. Ou alors Zola disait: Je vais écrire le roman des chemins de fer. Et il montait sur les locomotives, il buvait avec les cheminots, etc. Ou alors le roman des Halles de Paris où il voulait décrire le ventre de Paris. Alors il y avait les Halles, le grand marché de Paris, et il passait des nuits entières là, pour voir. Donc, si vous voulez, moi, c'est comme ça que je vois les choses. Je suis un écrivain matériel, pas formel. C'est en ce sens, si vous voulez, que je suis bachelardien parce que, moi, j'aime bien voir les lignes du bois. Cela m'intéresse plus que la forme. D'ailleurs je le dis dans *Vendredi*: Je fais dire, à un moment donné, à Robinson – et cela c'est une des rares choses où je m'exprime moi-même –: «*J'ai toujours préféré la matière à la forme.*» Je crois que c'est dans le Log-book. J'ai toujours préféré la matière à la forme.

CK: Cependant, il y a une raison très importante, me semble-t-il, pour laquelle la méthode sémiotique doit être à la base de la recherche sur votre œuvre. C'est que dans vos romans mêmes on retrouve les principes de la sémiologie. Ce sont des romans de signes. Leur message se trouve codifié dans un système autonome de signes mythiques. C'est un système sémiologique secondaire (dans le sens de Roland Barthes[3]). Tous les objets de la réalité deviennent des signes qui s'ordonnent selon un système ou un code dont la clé est fournie par le mythe. Le mythe fonctionne comme la «grille de déchiffrement» – un terme du *Roi des Aulnes* – d'après laquelle les signes peuvent être ordonnés et déchiffrés. J'aimerais bien connaître votre opinion sur cette théorie.

MT: Je n'en ai pas. [Rire.] Ça arrive. Je suis confus, Mademoiselle, je suis très confus. Mais, vraiment, Roland Barthes, je ne l'ai jamais lu, je n'ai jamais pu le lire, moi. Cela ne m'intéresse pas. Mais c'est très bien, c'est ma clé à mes travaux. Mais, ne me demandez pas de m'en servir parce que je suis désarmé. Moi, cela ne m'intéresse pas, ce n'est pas mon domaine. Roland Barthes – il n'y a qu'une chose que j'ai aimé de Roland Barthes: c'est son premier livre, *Mythologies*. C'était très amusant: la photo de mode, le catch, etc. – D'ailleurs, j'ai abandonné la philosophie dans les années cinquante.

CK: Quels étaient vos maîtres de philosophie les plus importants? Quels sont les philosophes qui vous ont le plus influencé?

MT: Avant tout les grands classiques! J'ai fait un diplôme d'études supérieures sur Platon. Je dois énormément à Spinoza et à Leibniz, à Kant, à Hegel, moins à Hegel, et parmi les modernes, évidemment, à Bergson, à Heidegger et à Sartre. Je crois que je suis beaucoup plus bergsonien que je n'en ai l'air. Ce qui m'intéresse chez Bergson, c'est l'utilisation de la raison exclusivement pour construire une philosophie irrationnelle. J'estime ça un très grand paradoxe. Bergson est un intellectuel à cent pour cent, c'est un rationaliste à cent pour cent. Et tout cela, n'est-ce-pas, dans le but de construire une philosophie qui est une philosophie de l'intuition émotive, religieuse, etc. C'est assez extraordinaire.

Alors, j'ai un anti-philosophe, un écrivain auquel je dois énormément sur le plan de l'écriture, sur le plan de la réflexion, mais que je considère comme vraiment le contraire d'un philosophe et comme un imposteur en grande partie sous l'angle de la philosophie: c'est Paul Valéry.

CK: Comment procédez-vous quand vous écrivez un livre?

MT: Pour moi, je prends un sujet – bon, mettons la guerre de 39 – 45. Cela devient d'abord le premier stade: l'histoire d'un soldat français, etc. Ensuite je passe à saint Christophe et au Roi des Aulnes, et ensuite à la phorie, et ensuite à l'Adam primitif. Voilà, listées, les étapes. Ce n'est pas valable pour tous les livres. Mais je crois qu'il n'y en a aucun où vous trouverez cela d'une façon aussi claire: les différentes étapes. Je ne peux pas trouver une formule générale qui enveloppe les autres livres. Il est évident que la

---

3 Cf. R. Barthes, *Mythologies* (1957).

gémellité dans *Les météores* est considérée comme une sorte de système philosophique pouvant résoudre tous les problèmes. C'est en sorte que Paul est un système philosophique en marche. Mes héros sont extraordinairement systématiques. Ils ont en général une seule idée, une obsession qui les mène.

CK: Que pensez-vous de la notion de «réalisme magique», que l'on emploie par exemple pour les textes de Jorge Luis Borges?

MT: Moi, je préférerais «naturalisme mystique», qui fait que je suis en quelque sorte le fils de Huysmans. C'est-à-dire cette idée que c'est en s'enfonçant dans l'analyse de la réalité qu'on trouvera le fantastique et le surnaturel, non pas en lui tournant le dos. C'est le contraire du spiritualisme. Le spiritualisme consiste à avoir des ailes dans le dos et à s'en aller dans le ciel bleu. Le «naturalisme mystique», c'est le contraire. C'est à force de *creuser le réel* qu'on finit par trouver le surréel. Un peu, si vous voulez, comme si vous photographiez une pièce ou un paysage, et puis que vous preniez un fragment de cette photo et que vous l'agrandissiez d'une façon gigantesque. Et vous avez une structure. Vous avez la structure des choses.

CK: Dans votre livre *Le vol du vampire* vous avez exposé votre conception de ces trois genres: conte, nouvelle et fable. Vous avez fait une distinction entre le conte et la nouvelle. D'après cette classification toutes vos histoires courtes sont des contes. Mais la notion de «conte» est une notion très générale. N'y a-t-il pas encore des différences à l'intérieur du genre «conte»? Comment, par exemple, appelleriez-vous la petite histoire *Pierrot ou les secrets de la nuit* ou *La fugue du Petit Poucet*, *Barbedor*, etc.? Ces histoires, ne sont-elles pas des contes de fée? Comment est-ce que vous décririez la différence entre le conte et le conte de fée?

MT: Alors, je crois qu'il y a un conte, dès l'instant qu'il y a un contenu, un contenu qui n'est pas évident, un contenu implicite, mais pas manifeste. Le conte excite à la discussion et à l'analyse. A ce moment-là, je vous dirais que tout ce que je fais, y compris mon roman *Les météores*, est un conte. Mais il est entendu que le conte doit être court. Alors, c'est difficile de dire cela des *Météores*.

Il y a différents contes, évidemment. Il y a le conte oriental, il y a le conte juif, et, même les Évangiles pourraient rentrer dans la catégorie du conte parce que, par exemple, dans les Évangiles, les paraboles sont des contes. Il est très difficile de trouver le sens d'une parabole. La parabole a l'air d'avoir un sens évident, et, en fait, si vous cherchez, vous serez lancé dans une discussion infinie. Vous avez les contes de fée du XVIIe siècle (les contes de chevalerie probablement: voyez, par exemple, les chevaliers de la Table Ronde, *Tristan et Iseut* – à mon avis, cela rentre dans le conte –), ... les contes de fée au XVIIe siècle, peut-être certains contes philosophiques au XVIIIe – là je suis moins sûr – mais, à coup sûr, les contes fantastiques du XIXe, les contes populaires du XIXe, qui ont été rassemblés par certains écrivains comme Herder ou

Brentano, qui ont rassemblé des contes populaires et, encore aujourd'hui, il y a des gens qui le font (en France vous avez Pierre Jakez Hélias, qui a fait cela pour la Bretagne, et Henri Pourat, qui l'a fait pour l'Auvergne), peut-être alors, en dernier lieu, la science-fiction. Peut-être que la science-fiction relève du conte. Tout cela ayant pour dénominateur commun un contenu latent, non manifeste.

CK: Dans une interview vous avez signalé le statut particulier de *Gaspard, Melchior & Balthazar* parmi vos romans. Vous avez appelé cette œuvre «une légende plutôt qu'un roman». Comment décririez-vous *Gaspard, Melchior & Balthazar* du point de vue de la théorie des genres littéraires?

MT: Bien, c'est plutôt une mosaïque parce que vous avez une série de petites histoires: l'histoire des quatre rois, l'histoire d'Hérode (cela fait cinq), la légende de Barbedor (cela fait six), le récit de l'âne (cela fait sept) – et tout cela forme une mosaïque. Ce sont des choses qui sont séparables. D'ailleurs, on a séparé *Barbedor*, on l'a fait paraître en album. C'est une mosaïque qui a une partie historique. J'avais un problème quand j'ai écrit ce roman: c'est Hérode qui est un personnage historique fort bien connu, alors que les Rois Mages, on ne les connaît absolument pas. Alors, j'avais inséré une histoire d'Hérode – cela m'a fait quarante pages – qui n'était pas de la même nature que le reste, car c'était vraiment historique. J'avais donc, si vous voulez, un problème d'homogénéité – une homogénéité qui n'est pas très forte dans le roman. Il faut reconnaître que c'est un essai, cette façon de procéder par petites histoires. Je dirais que c'est de l'hagiographie. Voilà. C'est un récit hagiographique. *Gilles et Jeanne* aussi. Et je veux faire aussi un *Saint Louis* et un *Saint Sébastien.*

CK: Vous avez dit, dans une interview de l'année 1977, que vous allez traduire tous vos romans pour les enfants, comme *Vendredi*. Est-ce que c'est aussi votre intention pour *Le Roi des Aulnes* et *Les météores*?

MT: Alors, je rectifie: je n'ai jamais écrit pour les enfants. Et je n'ai jamais réécrit pour les enfants. Simplement, j'écris de mon mieux. Et quand j'approche de mon idéal, c'est si bon que les enfants peuvent le lire aussi. C'est mon critère. Perrault, La Fontaine, Kipling, Grimm, Andersen n'écrivaient pas pour les enfants. Ils écrivaient de leur mieux. Ils écrivaient si bien que les enfants pouvaient les lire. Alors, quand j'écris des choses que les enfants ne peuvent pas lire, c'est que j'ai mal écrit. Je recommence. Alors j'ai recommencé *Vendredi*, et j'ai recommencé *Gaspard, Melchior & Balthazar*. Je pourrais recommencer *Les météores* et *Le Roi des Aulnes*. Ce serait un énorme travail, et je ne suis pas sûr que ce serait bien reçu parce que ce sont des livres très noirs. Et si je les réécris, on va tout de suite dire que j'en ai fait une version pour les jeunes, ce qui est un contresens, mais auquel je ne peux rien faire; et, à ce moment-là, cela devient des livres pour les jeunes d'une extraordinaire noirceur. Je ne suis pas d'accord. Voyez, dans *La famille Adam*, qu'on appelle en France *Le Coq de bruyère*, il y a *La fin de Robinson Crusoé*. Je l'ai lue un jour aux enfants. Ils étaient exaspérés par cette histoire. C'est une histoire beaucoup trop sombre, une histoire désespérée. Et je pense qu'il ne faut pas donner cela aux enfants. On peut tout donner aux enfants, sauf des choses désespérées.

CK: Permettez-moi que je vous pose une dernière question: Dans *Le vol du vampire*[4] vous parlez d'un article dans une revue mensuelle, et qui était votre première publication, rédigée à l'âge de vingt ans. Vous dites que cet article contenait «un système du monde assez complet». Et trente ans plus tard, vous admettez encore cette première publication. Vous l'appelez «la base cachée sur laquelle j'édifie mes petites histoires». Vous écrivez que vous avez égaré ce texte. Mais vous mentionnez en même temps qu'il en existe un résumé dans la *Gazette des Lettres*. J'aimerais bien connaître cet article si c'était possible.

MT: Alors, je n'ai pas retrouvé ce texte. Et la *Gazette des Lettres* nous n'apprendra rien parce qu'il y a quelques lignes très élogieuses: C'est tout ce que je demandais. Ce qui m'intéressait, c'étaient ces lignes très élogieuses; ce n'est pas une analyse très longue. Mais l'essentiel de cet article se trouve dans *Vendredi*. Et c'est une théorie de la connaissance qui est développée par Robinson dans son Log-book quand il dit que le sujet connaissant est le déchet d'un monde qui a fait un effort pour devenir plus cohérent. Par exemple, il dit: J'entre dans une pièce obscure, et je vois quelqu'un assis dans un fauteuil. Et je m'aperçois ensuite, en fait, que c'était un manteau que j'avais jeté dans le fauteuil. Alors, si je décris les choses naïvement, je dis: J'entre dans la pièce, il y a quelqu'un dans le fauteuil, et cette personne se transforme en manteau – ce qui est absurde. Alors, ce monde absurde va faire un effort pour devenir cohérent, et, cet effort va consister à nier qu'il n'y ait jamais eu personne dans le fauteuil.

---

4 *VV* 310 f.

6.2. Une visite au Presbytère

de Michel Tournier à Choisel, 5 avril 1986

CK: D'abord je tiendrais à vous poser quelques questions portant sur *Le Roi des Aulnes*. Une première concerne la fin du roman: Le «puéril golgotha» marque le point culminant de «l'inversion maligne», l'apocalypse. Pourrait-on interpréter la dernière scène du roman – «l'inversion bénigne» – comme référence symbolique à la résurrection des morts?

MT: Je ne sais pas, parce que moi, je ne donne pas d'interprétations de mes livres. Tout ce qui me paraît évident, c'est que la dernière scène renvoie évidemment au jeu du début, où Nestor prend sur ses épaules le petit Tiffauges; que d'autre part, il y a évidemment une «inversion bénigne», en ce sens qu'à ce moment-là, ce n'est plus l'image du Roi des Aulnes qui domine – c'est-à-dire l'emporteur d'enfants qui étrangle et qui tue les enfants -, c'est l'image de saint Christophe. Voilà tout ce que je peux vous dire. Moi, j'ai de vagues idées, mais la véritable interprétation, c'est à vous de la donner. Moi, je n'interprète pas mes propres livres. Je donne une histoire, et on en fait ce qu'on veut. J'insiste beaucoup là-dessus, notamment, enfin, sur la façon dont j'ai commencé ma carrière avec *Vendredi*. *Vendredi* est une interprétation de Daniel Defoe. De toutes les versions qui ont été faites, les nouvelles versions qui ont été faites de *Robinson Crusoé*, la mienne est la plus fidèle. Si vous comparez *Vendredi* avec *Le Robinson suisse*, *Emma ou le Robinson des demoiselles*, *L'île mystérieuse* de Jules Verne, *Die Insel der großen Mutter* de Hauptmann, *Suzanne et le Pacifique* de Giraudoux – ce sont toutes des versions qui sont beaucoup plus éloignées de Daniel Defoe que la mienne. La mienne est la plus fidèle. Mais, jamais Daniel Defoe n'aurait pu imaginer ce que moi, j'y ai vu, dans son roman: par exemple, une exaltation de l'amour d'un homme avec la terre; une exaltation du dialogue entre un blanc et un noir. Voilà ce qui était inimaginable pour Daniel Defoe. Et, cependant, je n'ai pas changé grand-chose à son histoire. Alors voyez, moi, je suis lecteur de Daniel Defoe, vous, vous êtes lectrice de Michel Tournier, et je pense qu'il vous faut faire la même chose; c'est-à-dire être aussi fidèle que possible à la lettre et aussi infidèle que possible à l'esprit.

CK: Alors, je vous demande comme lecteur de vous-même: quelle est la signification de l'étoile à six branches, à votre avis? Et que signifie la métamorphose d'Éphraïm en étoile et sa réunion avec Abel Tiffauges?

MT: Alors, je peux vous dire d'abord que l'étoile va de soi, puisque les Juifs des camps de concentration avaient une étoile.

CK: Voilà, c'est l'explication réaliste.

MT: Et une étoile à six branches. D'autre part, au début du roman, Tiffauges parle de porter le monde sur ses épaules, ou le ciel sur ses épaules. Il y a une allusion à Atlas. Bon, c'est tout ce que je peux vous dire. Je ne veux pas interpréter plus, je vous renvoie au texte même.

CK: L'étoile n'est-elle pas aussi signe de la résurrection des morts?

MT: Si vous voulez.

CK: ... Car certes, l'étoile est un signe engageant dans un couloir de résonances et de réminiscences intertextuelles (le ciel porté par Atlas, par saint Christophe, etc.), mais au-delà de ces images issues de mythes, elle renvoie à des images bibliques, par exemple, à l'étoile comme sceau de Dieu sur le front des élus dans l'*Apocalypse*; ...

MT: Oui.

CK: ... on pense à l'étoile comme symbole de ceux qui sont élus à la résurrection (St. Paul, *1ère Lettre aux Corinthiens*, où les élus sont comparés aux étoiles); on pense à *Daniel* (12) où les ressuscités sont comparés aux étoiles. Et puis l'étoile *à six branches* symbolise l'étreinte de l'esprit et de la matière. Vous n'y avez pas pensé?

MT: Non. Mais je veux bien que vous le pensiez. Vous savez comment est faite l'étoile à six branches? Ce sont deux triangles enlacés l'un à l'autre.

CK: Donc, c'est une sorte de réunion ...

MT: Oui, de deux triangles.

CK: On ne pourrait pas dire du corps et de l'esprit? Car Éphraïm imite l'Enfant Jésus, et Jésus-Christ, c'est le pneuma. Pour saint Paul les formules ἐστε ἐν Χριστῷ (1 *C* 1, 30) et ἐστὲ ... ἐν πνεύματι (*R* 8,9) sont identiques. Donc, je vois aussi cette signification. Vous n'y avez pas pensé?

MT: Non. Peut-être que j'y ai pensé, mais j'ai oublié. Mais ce n'est pas important. L'important c'est que vous, vous le pensiez.

CK: Ce qui m'occupe c'est la question de savoir si, à la fin du roman, il y a un triomphe *définitif* de la vie sur la mort, du bien sur le mal, comme dans l'*Apocalypse* de la *Bible*?

MT: Je ne sais pas. Je ne peux même pas vous dire s'ils vont s'en sortir vivants ou s'ils vont mourir tous les deux.

CK: Certes, la conversion d'Abel Tiffauges évoque l'idée de la rédemption du mal. Mais par cet acte le mal n'est pas écarté du monde, vu que l'ogre est immortel (c'est ce qui résonne du début du roman). Et la victoire sur le mal doit toujours être remportée de nouveau par un acte individuel de l'homme – c'est ce qui symbolise la phorie.

MT: Puis il y a aussi l'homme des tourbières qu'on a extrait de la tourbe avec un jeune enfant à côté de lui.

CK: La fin de Tiffauges, après tout, n'est-elle pas ambiguë? C'est-à-dire: le Roi des Aulnes en Abel Tiffauges, est-il vraiment écrasé complètement à la fin si l'on pense par exemple à son pressentiment qui lui fait croire que sa fin «sera la victoire définitive de l'homme de pierre qui est en lui sur ce qui lui reste de chair et de sang»?

MT: Je ne sais pas. C'est à vous de choisir, c'est à vous de le dire. Vous comprenez, moi, je donne des jeux, et c'est à vous de jouer. Je vous donne des pièces, et puis, vous faites quelque chose avec.

CK: Donc, la fin est ouverte.

MT: Totalement. Tout est ouvert. Il n'y a qu'une chose que je ne supporte pas – parce que c'est le contraire de l'ouverture – c'est quand on m'attribue, à moi, des paroles, des idées que je fais prononcer, exprimer à un certain personnage. J'ai cela en horreur parce que c'est m'impliquer là où je ne dois pas l'être.

CK: Oui. Mais quant à moi, je sais cela, et je crois que c'est aberrant.

MT: C'est aberrant. Vous avez raison, c'est complètement aberrant. Je ne suis personne. Quand j'ai un personnage qui dit quelque chose, c'est lui qui le dit, ce n'est pas moi. C'est tout le système du roman.

CK: Mais, pour moi, il est clair que votre œuvre est quelque chose de fabriqué, et qui est tout à fait autonome.

MT: Oui, oui, oui. Moi, je suis l'ouvrier. Une fois que c'est terminé, je m'en vais.

CK: Donc, on ne doit pas chercher trop dans vos romans, on doit jouer?

MT: Exactement. Ne cherchez pas trop.

CK: Oui. Autrement il y a le danger de se perdre. – Revenant au *Roi des Aulnes*, je dois vous avouer que le titre m'a confondue d'abord. Je pense que la notion «Roi des Aulnes» a une signification ambiguë dans le roman. Peut-on identifier Tiffauges au Roi des Aulnes? Oui et non. Au fond, il y a deux types de «Roi des Aulnes» dans le roman:

- d'abord le Roi des Aulnes d'après le «modèle» du personnage fantastique de la ballade de Goethe, qui est imité par les nazis et qui est d'une qualité irrévocablement négative d'un bout à l'autre du roman;
- et puis, l'autre est l'homme des tourbières, et alors celui-ci, c'est le «modèle» d'Abel Tiffauges. Ce Roi des Aulnes est ogre comme l'est le premier, seulement il est convertible.

Peut-être le Roi des Aulnes et saint Christophe sont-ils les deux aspects contraires de la même chose comme les deux visages de Janus.

MT: Eh bien, c'est très bien. Je trouve cela très bien. Je suis tout à fait d'accord. Je n'ai rien à ajouter. Je trouve cela parfait. Il n'y a pas de doute que le Roi des Aulnes de Goethe est un personnage négatif:

„In seinen Armen das Kind war tot."

Et le personnage de Tiffauges est à la fois négatif et positif. Alors oui, tout cela est ambigu. N'oubliez quand même pas que, quant au personnage des tourbières qu'on extrait, c'est un nazi qui l'appelle le «Roi des Aulnes», qui décide qu'on l'appellera le «Roi des Aulnes». Donc, si vous voulez, je ne pense pas que ce soit une assimilation qui soit sans réplique, qui n'y ait pas d'objection à faire.

CK: La mort des garçons de la napola me semble être ambiguë – tout me semble ambigu ... – Elle n'est pas seulement le tribut à l'ogre, l'offrande à l'ogre, mais, en même temps, sacrifice propitiatoire pour le meurtre des nazis. De même, la préparation des jeunes de la napola à leur sacrifice (par la tonte, l'onction, l'ablution, etc.), effectuée par Tiffauges, me semble être également ambiguë. Ici encore, le protagoniste agit à la fois en ogre Tiffauges et en Abel qui fait un acte agréable à Dieu.

MT: Très bien. Et il ne faut pas oublier non plus le sacrifice des trois pigeons. Je trouve cela très bien. Tout à fait d'accord. J'aime beaucoup le côté préparatoire au sacrifice, la préparation rituelle. C'est vrai que l'animal sacrifié doit être préparé, purifié, etc.

CK: L'histoire du *Roi des Aulnes* se laisse-t-elle concevoir comme cycle ou comme spirale?

MT: Ecoutez, je souhaite que ce soit plutôt une spirale parce que je pense que le cycle est un retour sur soi-même, tandis que la spirale ... on revient sur ses pas, mais à un étage au-dessus.

CK: C'est comme dans la *Bible* qui a aussi la structure de spirale. – Mais, dans *Le Roi des Aulnes*, il y a aussi ce côté cyclique ...

MT: Alors là, forcément.

CK: Par rapport au temps parce qu'il y a des événements qui se répètent.

MT: Moi, je suis très cyclique, c'est-à-dire que je vis à la campagne pour avoir les saisons. Et j'aime beaucoup qu'il se reproduise la même chose une année sur l'autre. Ça me satisfait, l'idée d'un éternel retour des saisons. Mais en même temps, je vieillis.

CK: Oui. On change.

MT: Voilà. – Attendez, j'ai encore un mot à ajouter. Je parle du temps, de la notion du temps chez les nazis. Et je dis que c'est une notion de temps qui est parfaitement cyclique. C'est toujours le retour éternel avec toujours une valorisation du passé. Il faut revenir vers le passé. Alors là, je pense qu'il faut dire que c'est une caractéristique de la pensée de droite. Une des grandes différences entre la droite et la gauche, c'est que pour la droite le bien, le paradis est derrière – le paradis perdu, les origines, le culte des morts – alors que pour la gauche, le paradis est devant. D'où le progrès, la cité future, la société sans classes, etc. Et bien moi, je vis les deux. C'est-à-dire que la spirale, c'est les deux: la gauche, c'est une ligne toute droite et qui va en montant, et la droite, c'est un cercle qui est plat, qui tourne sur lui-même. Et moi, je voudrais un cercle qui monte, c'est-à-dire une spirale.

CK: Si je me rappelle bien, Lévi-Strauss, lui aussi, voit dans les mythes une structure de spirale, ...

MT: Oui.

CK: Même si, d'un autre côté, les mythes sont caractérisés par l'éternel retour ...

MT: Il y a la cérémonie. – Il y a une histoire absolument splendide que je veux vous raconter et qui vient, je crois, de l'Irak. C'est un conte. C'est peut-être le plus beau conte qui ait jamais été raconté[5]. C'est un calife d'Ispahan qui a perdu son chef cuisinier. Et il demande à son intendant de lui trouver un nouveau chef cuisinier. Il faut que ce soit le meilleur du royaume. Alors, l'intendant fait venir tous les candidats et leur fait faire des essais. Puis, au bout d'un certain temps, il va voir le calife et il dit: «Voilà; je suis ennuyé parce que j'ai trouvé deux cuisiniers qui me paraissent également bons, et je n'arrive pas à les départager.» Alors, le calife, lui, dit: «C'est très simple. On va leur faire faire un banquet à chacun à une semaine d'intervalle, et je jugerai lequel est le meilleur.» Alors on convoque toute la cour, et on goûte le banquet du premier cuisinier. Et c'est tellement bon, tellement délicieux que les gens de la cour disent au calife: «Ce n'est pas la peine d'essayer l'autre. Il ne peut pas être meilleur! Ce mets est absolument insurpassable! Alors, nommez-le tout de suite chef des cuisines du royaume.» Et le calife dit: «Non, je veux que l'autre tente sa chance aussi. Alors qu'on se retrouve dans une semaine pour le second banquet.» – Et le second banquet a lieu. Et les gens sont extrêmement sceptiques parce qu'ils ont été tellement éblouis par le premier banquet qu'ils ont un préjugé contre le second. Et alors, grande surprise: le premier plat qu'on leur sert est le même que le premier plat du précédent banquet. Et alors, indignation: le second aussi. Et le troisième aussi. Tout est absolument identique. Alors, ils sont foux de rage: «Il se moque de nous» – et ils regardent le calife en disant: «Il va exploser de colère, il va faire jeter en prison cet escroc, cet homme qui se moque de nous, qui se moque de lui, et cela va être affreux.» Mais tout le banquet se déroule jusqu'à la fin, et c'est vraiment le même. Et quand tout est terminé, le calife dit qu'on fasse venir les deux cuisiniers. Et il se lève, et il dit: «Eh bien, mes amis», dit-il à la cour, «je pense que vous serez d'accord avec moi pour reconnaître que le second cuisinier est immensément supérieur au premier parce que le premier ne nous a fait qu'un excellent banquet, tandis que le second, c'était une

5 Die hier erzählte Geschichte stellt eine erste Fassung von „Les deux banquets ou La commémoration“ in *Le médianoche amoureux* (1989) dar. Der Inhalt der beiden Versionen ist identisch, bis auf den Ausgang. Wir gewinnen so einen Einblick in die Entstehungsgeschichte dieses *conte*.

commémoration, c'était *déjà* une cérémonie, et donc un repas sacré. Donc, je choisis le second comme chef cuisinier.» Et alors, il dit aussi: «Le premier, c'était un repas princier, tandis que le second, c'est un banquet royal.» C'est-à-dire qu'il avait en plus la répétition. Et c'est une histoire qui est fabuleuse parce qu'elle renvoie au christianisme. Le Christ réunit ses disciples le jeudi saint. Ils font un repas qui est normal, qui est ordinaire, sauf qu'il y a une petite phrase: «Faites ceci en mémoire de moi.» Et le second alors, cela devient l'eucharistie. C'est beau, non? –

CK: Vous faites dire à Tiffauges que la «densité d'atmosphère» est «le pôle opposé et complémentaire de la phorie»[6]. Qu'entendez-vous par cela?

MT: Ce sont des images très simples. Dans *Vingt mille lieues sous les mers* de Jules Verne vous avez deux possibilités: ou bien vous restez dans le sous-marin, le «Nautilus», et vous avez l'atmosphère qui est une atmosphère quasiment normale, mais qui est quand même enfermée; ou alors vous sortez, mais, à ce moment-là, il faut mettre un scaphandre sur votre tête, dans lequel on fait venir de l'air. Alors, si vous voulez, c'est les deux. D'une part, il n'y a pas besoin de phorie quand on est à l'intérieur du collège Saint-Christophe ou de la napola. C'est le «Nautilus». Mais si vous sortez, à ce moment-là, la phorie devient nécessaire. C'est une *atmosphère portative*, la phorie.

CK: Vous y faites allusion quelque part. Vous parlez du «masque à oxygène» – seulement par rapport aux aviateurs[7].

MT: Voilà, je ne savais plus, j'avais oublié.

CK: Dans les *Écrits sinistres*, Tiffauges décrit la «phorie» et la «densité». Je cite: «Je me demande si ces deux voies ne sont pas exclusives l'une de l'autre, comme deux chemins ne peuvent être empruntés simultanément, quand même ils aboutiraient au même but»[8]. Qu'entendez-vous par «même but»?

MT: Le «même but», c'est la fin du roman, c'est-à-dire: le salut par le fait de porter une étoile.

CK: Moi, j'ai pensé que cela pourrait dire qu'elles aboutissent toutes les deux à la mort: la «densité» à la mort des jeunes de la napola, et la «phorie» – c'est-à-dire «l'astrophorie» – à la mort d'Éphraïm.

MT: Si vous voulez. Mais je n'aime pas beaucoup cette façon d'aboutir à la mort. Mais c'est votre essai.

CK: Le «Canada», est-ce un signe contenant une dimension symbolique?

---

6 *RA* 515.

7 *RA* 146.

8 *RA* 146.

MT: Vous savez, il n'y a pas une signification symbolique, il y a un *écho*. Quand il était enfermé dans sa pension, le jeune Tiffauges rêvait du Canada: les aventures de trappeur, les romans de Jack London, de James Oliver Curwood, etc. Quand il est arrivé en Prusse-Orientale, et qu'il faisait ses escapades dans cette cabane de chasseur, il l'appelait son «Canada» parce que c'était son évasion. Et il a appris qu'à Auschwitz, on appelait «Canada» les baraques dans lesquelles on accumulait tout ce qui avait été volé sur les morts et avant l'exécution. Et c'est authentique. Je ne l'ai pas inventée, l'histoire du «Canada» d'Auschwitz. C'étaient les baraques où on mettait les vêtements, les lunettes, les dents en or, l'argent ... enfin tout ce qu'on avait trouvé sur eux.

CK: Pourriez-vous m'indiquer votre source pour cela?

MT: Ecoutez, je dois même l'indiquer. Vous savez, j'indique mes sources pour Auschwitz.

CK: Non, ce n'est indiqué nulle part.

MT: Vous croyez? Si vous lisez un livre sur Auschwitz, vous êtes à peu près sûr de le trouver; c'est une chose qui est tout à fait connue. Vous savez, quand il s'agit d'Auschwitz et des camps de concentration, je n'ai rien inventé. On ne peut pas inventer des choses comme cela. Tout ce que dit le jeune Éphraïm sur Auschwitz vu par un enfant, je l'ai pris dans un document que j'indique et qui n'est pas publié. Cela a été dit à la radio par un rescapé d'Auschwitz qui y était entré enfant, et qui raconte donc Auschwitz vu par un enfant.

CK: Pour arriver à la cabane en rondins, qui est le centre du «Canada» – le lieu où Tiffauges trouve la promesse d'un bonheur futur, pour ainsi dire «mystique», représenté par le signe de l'élan aveugle, il doit passer par un couloir souterrain. C'est comme une descente dans les entrailles de la terre, qui évoque aussi la prétendue descente aux enfers de Jésus-Christ.

MT: Il y a souvent chez moi des descentes au centre de la terre ... dans *Vendredi* par exemple ...

CK: ... dans *Les météores* aussi ...

MT: dans *Les météores*, dans ...

CK: *Gaspard, Melchior & Balthazar* ...

MT: Sodome, et même dans *La Goutte d'or*. Là, il y a le puits dans lequel Ibrahim est enseveli. Donc, si vous voulez, le thème de la descente dans la terre est absolument fréquent chez moi. Vous avez une idée sur la descente de Jésus aux enfers? C'est curieux parce qu'hier, j'ai écrit à un théologien pour lui demander des documents là-dessus ...

CK: De toute façon, c'est un mythe. Elle ne se trouve pas dans la *Bible*, mais dans l'*Évangile de Nicodème*. Cela vous dit quelque chose?

MT: C'est un Évangile apocryphe?

CK: Voilà.

MT: Ah. Je note ici.

CK: Je peux vous l'écrire, si vous voulez.

MT: Nicodème, c'est un personnage de l'*Évangile selon St. Jean* avec lequel Jésus-Christ a une très longue discussion philosophique.

CK: Oui, mais on ne sait même pas si ce personnage n'est pas inventé. Le texte dont je parle s'appelait à l'origine les *Actes de Pilate*, et c'est sous ce nom que vous le trouverez parmi les Évangiles apocryphes. Et après, au Moyen Age, on a cette idée d'une descente aux enfers, qui, en vérité, est une *descente aux limbes* ...

MT: ... aux limbes. Mais les Enfers, ce n'est pas l'Enfer.

CK: Bien sûr. – Même si Alexandre va à Miramas, au trou où se trouve Daniel, qui fait allusion au Daniel de la *Bible*, c'est, à mon sens, l'écho d'une descente aux enfers, peut-être même de la descente de Jésus aux enfers?

MT: C'est ça.

CK: Et, en plus, vous parlez des limbes, par rapport à Miramas.

MT: Oui.

CK: Pourriez-vous me dire quelque chose au sujet du «brame»?

MT: C'est un cri qui retentit d'un bout à l'autre du roman puisque cela commence dès les cours de récréation qu'il enregistre. Un jour, il a entendu ce cri, dans une cour de récréation, qu'il a enregistrée. Il y a aussi le «brame» quand il est fou du désespoir, quand il en a assez d'exister. Il y a le cri silencieux quand il est désespéré, dans la cour du collège. Il s'assoit, les pieds dans le caniveau. Il a l'impression que de toutes les choses monte une espèce de colère contre l'existence.

CK: Alors, c'est une révolte.

MT: C'est ça.

CK: Le rite «brame» de Tiffauges me fait penser aux pratiques des taoistes, qui ont développé une certaine gymnastique pour allonger le parcours du souffle à travers le corps. Vous y faites allusion dans *Les météores* en parlant des jardins japonais.

MT: Oui.

CK: Mais c'est votre invention, ce «brame»?

MT: Oui.

CK: Vous avez pensé à ces pratiques?

MT: Oui. – Et puis, vous avez eu un petit livre de moi qui s'appelle *Le vagabond immobile*? J'y dis, à un moment donné, que j'entends un enfant – c'est dans la maison en face – qui crie jour et nuit. Et je dis: «C'est la protestation du néant auquel on vient d'infliger l'existence.» C'est la première chose du livre.

CK: Dans notre dernier entretien, vous m'avez dit que vos personnages relevaient, entre autres, du zodiaque. Les signes du zodiaque, ont-ils de l'importance aussi pour Tiffauges?

MT: Je n'avais pas réfléchi au zodiaque pour Tiffauges. C'est possible. – Je le fais naître le même jour que Weidmann ...

CK: Qui est un personnage historique ...

MT: Absolument! C'est le dernier homme qui a été guillotiné en public en France. Il a été guillotiné tout près d'ici, à Versailles, dans les conditions que je raconte, et cela a fait un tel scandale qu'on a décidé qu'à partir de ce moment-là on ferait les exécutions dans la cour de la prison.

CK: Cela vous a impressionné à cette époque-là?

MT: Oui. Je m'en souviens. J'étais enfant, mais on en parlait beaucoup dans les journaux. Mais je n'étais pas à l'exécution. – Cela vous intéresse, le zodiaque? Je vous montrerai un livre que je ne vous donnerai pas parce que j'y tiens beaucoup[9].

CK: Vous êtes Sagittaire, Monsieur.

MT: Je suis Sagittaire, et j'aime beaucoup le Sagittaire. Je me reconnais tout à fait dans le Sagittaire, qui est croupe de cheval et tireur à l'arc.

CK: C'est curieux. Abel Tiffauges, lui aussi, montre les caractéristiques du Sagittaire, bien que vous le fassiez naître le même jour que Weidmann, qui était Verseau.

MT: Bien, le cheval, c'est l'animal phorique.

CK: Oui. Et Tiffauges peut être identifié à tout être hippomorphe, il est le centaure!

MT: Oui, c'est ça, il est le centaure, oui, oui. Mais je ne l'ai pas fait tireur à l'arc; tandis que maintenant, je fais une vie de saint Sébastien.

CK: C'est un conte ou un roman?

MT: Un récit historique dans le genre de *Gilles et Jeanne*.

CK: Vous ne faites pas un saint Michel?

MT: Non. Non, je n'ai aucune idée sur saint Michel ... Non, mais saint Michel, c'est un archange ... Vous savez ce que ça veut dire, «Michel»? Satan disait: «Je suis comme Dieu.» Et Michel s'est écrié: «*Qui* est comme Dieu?» Et il a précipité Satan en Enfer.

---

9 Jacques A. Bertrand, *Tristesse de la Balance et autres signes*, Éd. Barrault.

Et «Michel» veut dire ‹Qui est comme Dieu›.

CK: J'ai l'impression que chez vous les noms ont presque toujours des significations.

MT: Oui, je les cherche. Je cherche longtemps à trouver un nom.

CK: La plupart du temps, les noms renvoient à des personnages connus (comme Abel, Daniel, Alexandre, etc.). Mais il y a des cas particuliers; c'est dans *Le Roi des Aulnes*, par exemple, le nom de Pelsenaire. Où est-ce que vous l'avez pris?

MT: Attendez ... je vous montrerai quelque chose. [Il va chercher un annuaire des téléphones.] Alors, il y a Saint-Germain-en-Laye, où j'ai passé mon enfance. Et alors – «Pelsen*eer»*! «Pelseneer», il y a toujours. C'était «eer». C'est un garçon avec qui j'étais en toute petite classe; nous étions vraiment tout petits. Cela devait être à huit ans. Et nous nous battions sans arrêt. J'avais avec lui des rapports d'amour-haine et, dès que la cloche de la récréation sonnait, on commençait à se taper dessus. Et un jour, il est tombé en arrière. – Il y a deux ans, j'ai fait une conférence à Saint-Germain-en-Laye. C'est la première fois que je retournai à Saint-Germain-en-Laye. – J'ai quitté Saint-Germain-en-Laye en '41. Je le raconte dans *Le vent Paraclet.* – Et après la conférence, je vois arriver une dame qui me dit: «D'après votre âge vous avez peut-être connu mon frère qui s'appelait Claude Pelseneer». – «Oui, je l'ai connu. Mais je l'ai perdu tout de suite, il y a très longtemps. Qu'est-ce qu'il est devenu?» Et elle me dit là qu'il a été tué à la Libération en '44. C'est curieux, hein?

CK: Pourquoi avez-vous choisi le nom d'Éphraïm? Ce nom aussi me semble être cherché parce que Éphraïm, cela signifie ‹prospérité›, ‹fertilité›.

MT: J'ai cherché un nom juif qui ne soit pas trop commun. Je ne voulais pas l'appeler Jacob ni Abraham – des choses trop lourdes. Dans l'esprit des gens, des lecteurs ordinaires, Éphraïm, c'est joli, c'est très juif, mais cela ne signifie pas grand-chose. Les protestants, qui donnent souvent des prénoms juifs aux enfants, ne les appellent pas Éphraïm, ils les appellent Abraham, Sarah, mais pas Éphraïm. C'est quand même un peu spécial.

CK: Oui, mais je vois cette signification de prospérité qui s'accorde avec la perche fleurie de saint Christophe, les branches de l'arbre, le bois du cerf, les cheveux de l'enfant, les plumes du pigeon, etc.

MT: Moi, je veux bien. Je suis tout à fait d'accord. Je n'ai rien contre.

CK: Vous utilisez les mots *alpha* et *oméga* dans un sens qui ne s'accorde pas à celui qui leur est donné dans la *Bible.* Ici le *a* et le *o* sont des catégories de temps. Dans *Le Roi des Aulnes*, cependant, ce sont des catégories ontologiques. L'alpha symbolise l'esprit, l'oméga la matière, le corps. Qu'en pensez-vous?

MT: Quand Jésus dit: «Je suis l'Alpha et l'Oméga», il veut dire: ‹Je suis Adam› – c'était là le premier homme – ‹et je suis le dernier homme› –, puisqu'il y aura le Jugement

Dernier. Donc, ce n'est pas tellement historique, si vous voulez, tout de même. Et, d'un autre côté, il est évident que, si vous comparez Adam et le Christ, c'est quand même un peu la matière et l'esprit, non?

CK: Dans *Le Roi des Aulnes* vous représentez le national-socialisme comme séduction de la jeunesse. Connaissiez-vous avant d'écrire ce roman le livre de Hans-Jochen Gamm *Führung und Verführung* publié en 1964, qui est une collection de documents portant sur la pédagogie du national-socialisme? Car, dans ce livre, Gamm qualifie justement le national-socialisme de séduction de la jeunesse.

MT: Non, mais c'est évident. Et puis, je ne sais pas si ce n'est pas lui qui a fait *Der braune Kult*.

CK: Oui, aussi. Vous mentionnez ce titre dans *Le Roi des Aulnes*. C'est pour cela que j'ai pensé que, peut-être, vous connaissiez aussi l'autre.

MT: Non, je ne connais pas. Mais c'est évident parce que moi, j'avais dix ans quand j'étais en Allemagne, pendant la période nazie, et j'ai très bien senti que toute la propagande nazie était dirigée sur les enfants comme «Gar schöne Spiele spiel ich mit dir». C'était toute la propagande nazie, et c'est le Roi des Aulnes, les promesses, etc. – et, c'est, en même temps, une tradition historique des chefs militaires qui, eux, attirent les jeunes garçons dans l'armée en leur promettant la gloire, l'aventure, etc. Au lieu de rester chez soi, dans la misère, à gratter la terre, on leur promet un bel uniforme, et Napoléon leur dit: «Chacun a un bâton de maréchal dans ses gibernes.» C'est la séduction pour la guerre.

CK: Dans *Le vent Paraclet* vous écrivez que le passage de la métaphysique au roman vous était fourni par le mythe, et vous nommez le mythe une «histoire fondamentale». C'est une définition très générale, selon laquelle toute histoire archétypale pourrait être appelée «mythe». Et, en fait, dans vos romans, on rencontre non seulement des mythes à proprement parler, c'est-à-dire comme partie d'une mythologie, mais aussi des légendes, des contes de fée, des histoires de la *Bible*, etc. – Examinons de plus près le cas de la *Bible*: selon votre définition, la *Bible* se composerait de différents mythes. Cette conception serait contrariée par les théologiens qui voient dans la *Bible* une œuvre historique, et qui réduisent au minimum la part du mythe. D'où ma question: Les histoires de la *Bible*, comptent-elles, à votre sens, parmi les mythes ou non?

MT: Moi, je pense que le fait qu'un événement est historique n'empêche rien à sa signification mythologique. Par exemple, prenez un écrivain très célèbre comme Goethe. Goethe est un personnage indiscutablement historique et, en même temps, il représente une espèce de *figure* de l'écrivain, la conscience de l'Occident, etc. – c'est un mythe. C'est une statue. Je ne vois pas pourquoi l'un empêcherait l'autre. Ce n'est pas parce que je dis que Goethe est un mythe que je veux dire que Goethe n'a pas existé. Et c'est la même chose pour Louis XIV, qui représente le pouvoir absolu, la royauté, et avec les imitations que cela suppose. Je ne sais plus qui me disait que, dans chaque université allemande, il y avait un professeur qui se prenait pour Goethe, enfin, qui l'imitait physiquement, etc. Et la même chose pour Louis XIV: Louis II de Bavière faisait des châteaux qui étaient inspirés de Versailles. Alors voyez, le fait qu'il y ait une signification mythologique et un sens exemplaire n'enlève rien à la réalité historique. Mais il est évident qu'il n'y avait *que* la réalité historique: alors on est au niveau de l'histoire! Je ne sais même pas s'il *peut* y avoir un événement historique qui ne soit qu'événement historique, qui n'ait pas *forcément* une dimension mythologique, *du fait* que c'est un événement historique et qu'il a été retenu parce que, si ce n'est rien d'autre qu'un fait, je pense qu'il est balayé.

CK: Avez-vous lu Eliade?

MT: Mircea Eliade? Oui, je l'ai lu.

CK: Beaucoup?

MT: Non. Je n'en suis pas très impressionné. Je le trouve confus, un petit peu. Vous savez, moi, comme maîtres j'ai surtout Gaston Bachelard et Claude Lévi-Strauss. Voilà. Mircea Eliade, je l'ai connu beaucoup plus tard.

CK: Après *Le Roi des Aulnes*?

MT: Non, avant.

CK: Même avant *Vendredi*?

MT: Même avant *Vendredi*.

CK: C'était peut-être le temps de vos études?

MT: C'est ça.

CK: Quelle est la relation du surréel et du réel dans vos romans? Est-ce qu'on peut parler d'un «niveau réaliste» qui se détache distinctement d'un «niveau mythique»?

MT: J'espère que non. Moi, j'espère qu'il y a une fusion autant que possible et qu'il y a une espèce de *matérialité* du mythe. Le mythe est une chose qui se touche, qui se sent, qui se vit, vous comprenez? Je ne suis pas du tout un spiritualiste. Je suis aux antipodes du spiritualisme. Le spiritualisme consiste à croire qu'il y a d'autant plus d'esprit dans une chose qu'elle existe moins. C'est le contraire que je veux.

CK: Est-ce qu'on pourrait appliquer à votre œuvre l'idée que le mythe est seulement la forme pour le logos, c'est-à-dire, les différentes couches de significations (philosophique, religieux, psychologique, anthropologique, etc.)?

MT: Je n'y ai pas réfléchi.

CK: Pour vous le mythe n'est pas seulement une forme, non?

MT: Non. Mais ce n'est pas toujours comme cela. Je veux dire que c'est plus ou moins le cas. Dans tout ce que j'ai écrit, ce qui est probablement le plus proche de cela, c'est *Amandine ou les deux jardins* où vous avez l'acte de franchir le mur. Alors, cet acte de franchir le mur a *vingt* significations: cela peut être la curiosité d'Adam et Ève qui mangent la pomme pour voir. Cela peut être l'acte métaphysique, «*méta*-physique»: ‹au-delà du mur›, ‹au-delà du physique›. On va avoir le métaphysicien, celui qui va voir derrière le mur, qu'il y a. Et quand il a vu, il revient parmi les hommes. Mais, tout est changé pour lui. C'est le Mythe de la Caverne. Cela peut être aussi, tout simplement, la puberté, la découverte de la sexualité. Cela peut être la libération des femmes. La femme qui s'en va, qui ne veut plus rester dans la maison – la femme franchit le seuil de la maison. Cela *fourmille* de significations.

CK: C'est toujours le franchissement d'un seuil ...

MT: Voilà. – Il y a aussi le thème de la *transgression*. Alors «transgresser», c'est vraiment ‹marcher à travers›. Sauter le mur, c'est vraiment *transgresser*.

CK: Quand vous avez nommé «oms» les ordures ménagères – on prononce cela [oms] ou [om]? ...

MT: Je ne sais pas. C'est comme vous voulez. Ce sont des initiales.

CK: Alors, quand vous avez nommé «oms» les gadoues, l'avez-vous fait exprès pour faire aussi allusion à la syllabe «OM» de la mystique hindoue?

MT: Non.

CK: Vous n'y avez pas pensé?

MT: Je n'y ai pas pensé.

CK: Le «OM» mystique, cela correspond au logos, au pneuma, et alors les «oms», c'est comme le contraire ou l'inversion négative de la syllabe mystique.

MT: Je ne savais pas. C'est vous qui l'avez découvert!

CK: La syllabe «OM» est une formule qui, à partir du monde des apparences, – c'est-à-dire «maya» – de l'oméga, du matériel, mène au monde de l'Être. Et, à mon sens, c'est aussi le chemin que parcourt Alexandre et que décrit le roman dans l'ensemble. Qu'en pensez-vous?

MT: Je veux bien. Là aussi, je n'y ai pas pensé, mais je ne suis pas contre.

CK: Mais comment faites-vous que cela soit si convaincant?

MT: Mais c'est vous qui le faites. Je vous signale que vous êtes la première lectrice à trouver cela.

CK: Je trouve cela évident.

MT: Peut-être que c'était implicite, oui. Heureusement, vous êtes là pour expliciter.

CK: Alexandre, est-ce que vous voulez qu'on ait l'impression qu'il obtient la rédemption à la fin de sa vie?

MT: Il a une belle mort. Il a la mort qu'il voulait. Qu'est-ce que c'est qu'une belle mort? Vous avez lu *des clés et des serrures*? C'est un livre important. Il y a un texte qui s'appelle «La belle mort». Il n'y a pas de doute qu'Alexandre a eu une belle mort, une mort conforme à sa vie.

CK: J'ai eu cette idée parce qu'Alexandre dit: «Salut les divinités par la rose et le sel!»

MT: C'est une citation de *La Jeune Parque* de Valéry. Il y a beaucoup de citations comme cela dans mes livres, beaucoup ... des citations qui passent inaperçues.

CK: Oui, j'ai remarqué. Dans *Les météores*, il y a des réminiscences de Platon et d'Aristote –

MT: Oui.

CK: Et le nom d'Alexandre –

MT: Oui, aussi.

CK: Alexandre, lui aussi, n'aspire-t-il pas à l'immortalité comme son grand modèle?

MT: C'est ça. – Je trouve qu'Alexandre a une belle mort. Il l'a choisie d'ailleurs: c'est une espèce de suicide. – Alors, je dois vous dire que l'épisode d'Alexandre dans les docks de Casablanca est copié sur un souvenir d'André Gide, qu'il raconte je ne sais plus où. Et il dit qu'un jour il poursuivait un jeune garçon arabe dans les docks d'Alger, la nuit, et, brusquement, il a vu surgir un policier en civil qui lui a dit: «Ce que vous faites est extrêmement dangereux. Je vais vous conduire dans les quartiers de la ville.» Et il était furieux, Gide. Il était à la fois rassuré et furieux.

CK: Le personnage de Franz, est-il inventé?

MT: Non.

CK: Je m'en doutais.

MT: Non, c'est un personnage qui a été analysé dans un hôpital psychiatrique américain. Il était débile mental, et il avait tout le calendrier dans sa tête. Et le dialogue, l'interrogatoire, je l'ai recopié. Je l'ai trouvé dans un journal.

CK: Ça a été publié il y a longtemps?

MT: Il y a une quinzaine d'années peut-être.

CK: Tiffauges raconte la légende de saint Christophe selon Jacques de Voragine. Connaissez-vous encore *d'autres* versions de cette légende?

MT: Non. Elle est tellement belle celle-là que je n'ai plus voulu en chercher d'autres.

CK: C'est intéressant parce que moi, j'ai trouvé dans *deux* versions – deux poèmes allemands – un saint Christophe qui arrive à cheval, qui chevauche. Et il y a d'autres ressemblances avec *Le Roi des Aulnes*: chez Voragine, il n'y a pas de baptême. Mais, dans les deux versions allemandes, il y a le baptême au milieu du fleuve. Et puis, c'est la fin.

MT: C'est-à-dire que c'est le Christ qui est sur son épaule qui le baptise?

CK: Voilà. Le Christ le submerge –

MT: Ah – pour le baptiser?!

CK: C'est la fin des deux poèmes allemands. C'est curieux, n'est-ce pas?

MT: Oui.

CK: Et puis, il y a encore une autre curiosité concernant la *mort* de saint Christophe. Il y a une version – c'est la version la plus ancienne, je crois – où il meurt noyé.

MT: Mais cela se rapproche de la fin du *Roi des Aulnes* de Tournier! C'est très bien.

7. BIBLIOGRAPHIE

1. Michel Tournier: Texte

1.1. Romane, Novellen, Erzählungen, Essays

(in chronologischer Reihenfolge)

Vendredi ou les limbes du Pacifique. Paris: Gallimard, 1967; hier zitiert nach der durchgesehenen und erweiterten Aufl. von 1977 (Folio 959).

Le Roi des Aulnes. Paris: Gallimard, 1970; hier zitiert nach der Aufl. von 1981 (Folio 656).

Vendredi ou la vie sauvage. D'après „Vendredi ou les limbes du Pacifique". Paris: Flammarion, 1971. Illustrationen Paul Durand; benutzte Ausgabe Paris: Gallimard, 1977. Illustrationen Georges Lemoine (Folio Junior 30).

„Le Détournement du petit Poucet", in: *Elle* (Dez. 1972). Illustrationen Topor [Erstveröffentlichung der Novelle *La fugue du petit Poucet*]; als Album: *la fugue du petit poucet.* Images d'Alain Gauthier. Paris: éditions G. P., 1979.

Le Fétichiste. Un acte pour un homme seul. Liège: Pierre Aelberts, 1973 [Erstveröffentlichung]. Paris: La Quinzaine Littéraire, 1974.

„Jeux de Nain", in: *Play Boy* (Nov. 1974). Illustrationen Lermite [Erstveröffentlichung der Novelle *Le nain rouge*]; auch *Le nain rouge* (Eaux fortes. A. M. Soulcié). Fata Morgana, 1975.

„Le Réveillon du petit Jésus", in: *Elle* (Dez. 1974). Illustrationen Deslois [Erstveröffentlichung der Novelle *La mère Noël*].

„Amandine ou les deux jardins", in: *Elle* (Juni 1975). Illustrationen Joëlle Boucher [Erstveröffentlichung]; als Album: *Amandine ou les deux jardins.* Images de Joëlle Boucher. Paris: éditions G. P., 1977.

Les météores. Paris: Gallimard, 1975; hier zitiert nach der Aufl. von 1981 (Folio 905).

„La Fin de Robinson", in: *Play Boy* (Mai 1976). Illustrationen Lajarrigue [Erstveröffentlichung].

L'aire du muguet. Gesendet auf FR 3 am 2. Febr. 1977; auch Paris: Gallimard, 1982. Illustrationen Georges Lemoine (Folio Junior 240).

„Que ma joie demeure", in: *Le Nouvel Observateur* (Dez. 1977) [Erstveröffentlichung]; als Album: *Que ma joie demeure.* Conte de Noël. Paris: Gallimard, 1982. Illustrationen Jean Claverie (Enfantimages).

Le vent Paraclet. Paris: Gallimard, 1977; hier zitiert nach der Aufl. von 1983 (Folio 1138).

„Tupik", in: *Play Boy* (1978). Illustrationen Rabanit [Erstveröffentlichung].

Le Coq de bruyère. Paris: Gallimard, 1978; hier zitiert nach der Aufl. von 1982 (Folio 1229).

Pierrot ou les secrets de la nuit. Album. Paris: Gallimard, 1979. Illustrationen Danièle Bour; hier zitiert nach der Aufl. von 1982 (Enfantimages).

Barbedor. Album. Paris: Gallimard, 1980. Illustrationen Georges Lemoine (Enfantimages).

Gaspard, Melchior & Balthazar. Paris: Gallimard, 1980; hier zitiert nach der Aufl. von 1982 (Folio 1415).

Gilles & Jeanne. Récit. Paris: Gallimard, 1983.

Les Rois Mages racontés par Michel Tournier d'après „Gaspard, Melchior et Balthazar". Paris: Gallimard, 1983; auch: Gallimard, 1985. Illustrationen Michel Charrier (Folio Junior 280).

Le vol du vampire. Notes de lecture. Paris: Mercure de France, 1981; hier zitiert nach der Aufl. von 1983 (Gallimard, Idées 485). Die Sammlung enthält zahlreiche der als „Vorwort" zu Textausgaben verfaßten Aufsätze Tourniers.

„Histoire de pains". Un conte inédit de Michel Tournier, in: *L'Express* 21 (Dez. 1984).

Sept contes (Pierrot ou les secrets de la nuit, Amandine ou les deux jardins, La Fugue du Petit Poucet, La Fin de Robinson Crusoë, Barbedor, La Mère Noël, Que ma joie demeure). Paris: Gallimard, 1984. Illustrationen Pierre Hézard (Folio Junior 264).

La Goutte d'Or. Roman. Paris: Gallimard, 1985.

petites proses. Paris: Gallimard, 1986 (Folio 1768).

„Un bébé sur la paille". Conte de Noël, in: *Paris Match* (1. Jan. 1988).

Angus. Album. Paris: Éd. Signe de Piste, 1988. Illustrationen Pierre Joubert.

Le Tabor et le Sinaï. Essais sur l'art contemporain. Paris: Belfont, 1988.

Les contes du médianoche. Paris: Gallimard, 1989. Illustrationen Bruno Mallart (Folio Junior 553).

Le médianoche amoureux. Contes et nouvelles. Paris: Gallimard, 1989.

1.2. Texte zu Photographien und Zeichnungen

(in chronologischer Reihenfolge)

Mythologies. Gravures originales von Pierre Yves Trémois. Paris: Michèle Broutta, 1970 (Coll. œuvres graphiques contemporaines).

Miroirs. Autoportraits. Photos von Édouard Boubat. Beschreibungen dazu nach einer Idee von Tournier von den jeweils porträtierten Künstlern selber. Mit einer Präsentation und einem Portrait-Beitrag von Michel Tournier. Paris: Denoël, 1973.

„Mers, plages, sources et torrents, arbres". Rede zur Aufnahme in die Académie d'Arles von Michel Tournier, 1974; auch Préface zum Album *Lucien Clergue*. Paris: Les Amis du Musée d'Art Moderne de la Ville de Paris, 1984.

Canada. Journal de voyage. Photos von Édouard Boubat. Ottawa: Les Éditions la Presse, LTÉE, 1977; ferner: *Journal de voyage au Canada*. Photos Édouard Boubat. Paris: R. Lafont, 1984.

des clefs et des serrures. images et proses. Texte zu sechzig Meisterwerken der Photographie von Michel Tournier. Paris: Chêne/Hachette, 1979; hier zitiert nach der Aufl. von 1983.

Rêves. Arthur Tress (Photos) und Michel Tournier (Text). Paris: Éditions Complexe, 1979.

Morts et résurrections de Dieter Appelt. Photos von Dieter Appelt. Présentation von Michel Tournier. Paris: Éditions Herscher, 1981.

Vues de dos. Photos von Édouard Boubat. Paris: Gallimard, 1981.

Boubat von Jean-Luc Mercié: Préface von Michel Tournier. Paris: Belfont, 1982 (Coll. Les grands photographes).

François Mitterrand. Pouvoir de l'image et images du pouvoir. Photos von Konrad R. Müller. Text von Michel Tournier. Paris: Flammarion, 1983.

Le Vagabond immobile. Michel Tournier (Texte). Jean-Max Toubeau (Zeichnungen). Paris: Gallimard, 1984.

L'Imagerie de Michel Tournier. MAM. Musée d'Art Moderne de la Ville de Paris. Paris: Paris-Musées, 2.12.1987 - 14.2.1988.

1.3. Vorworte zu Textausgaben[1]

Bei François Beauval:

- „Günter Grass et le Tambour". Vorwort zu *Le Tambour* von G. Grass, 1977; auch in: *VV* 331 – 339.
- „Utopie et Exotisme". Vorwort zu *La Mère* von P. S. Buck, 1977; auch in: *VV* 258 – 266.
- Vorwort zu *Madame Bovary* von G. Flaubert; auch in: *VV* 154 – 165.
- Vorwort zu *Le Père Goriot* von H. de Balzac; auch in: *VV* 144 – 153.
- Vorwort zu *Le Rouge et le Noir* von Stendhal; auch in: *VV* 136 – 143.
- Vorwort zu *Le Jeu des perles de verre* von H. Hesse; auch in: *VV* 274 – 290.
- „Henri le mal-aimé". Vorwort zu *Les Enfants de la mort* von H. Böll.
- „Thomas Mann ou l'initiation morbide". Vorwort zu *La Montagne magique* von Th. Mann; cf. auch *VV* 291 – 302.
- Vorwort zu *La Citadelle* von A. J. Cronin; auch in: *VV* 267 – 273.
- Vorwort zu *La Vie devant soi* von E. Ajar; auch in *VV* 340 – 355.
- Vorwort zu *Docteur Faustus* von Th. Mann; cf. *VV* 291 – 302.

Bei Denoël:

- Vorwort zu *Méphisto* von K. Mann, 1979; auch in: *VV* 303 – 309.

Bei Fayard:

- Vorwort zu *Anton Reiser* von K.-Ph. Moritz, 1987.

---

1 Sofern vermerkt, zugänglich in der Sammlung *Le vol du vampire* (1981).

Bei Flammarion:

– Vorwort zu *Derniers carnets: journal 28 février - 10 avril 1945* von J. Goebbels, 1977.

Bei Gallimard (Folio):

– Vorwort zu *Le Bachelier* von J. Vallès, 1973; auch in: *VV* 196 – 204.
– Vorwort zu *Trois Contes* von G. Flaubert, 1973; auch in: *VV* 166 – 173.
– Vorwort zu *Les Affinités électives* von J. W. v. Goethe, 1980; auch in: *VV* 74 – 87.

Bei Julliard:

– „L'itinéraire de Naïm Kattan". Vorwort zu *Adieu Babylone* von N. Kattan; auch in *VV* 369 – 372.

Bei Livre de Poche:

– Vorwort zu *Tristan et Iseut*. Gleichzeitig erschienen in der N. R. F., August 1979; auch in: *VV* 28 – 37.

Bei Ramsay:

– „Un romancier crypto-métaphysicien". Vorwort zur Ausgabe der *Œuvres complètes* von J. P. Sartre.

1.4. Übersetzungen von deutschen Texten

– *Les Archives secrètes de la Wilhelmstrasse*. Paris: Plon, 1950 – 1952. Bd. 1: De Neurath à Ribbentrop; Bd. 2: L'Allemagne et la Tchékoslovaquie; Bd. 3: L'Allemagne et la guerre civile; Bd. 4: Les suites de Munich.
– *L'enfant muet* von Herbert Frank. Paris: Plon, 1955.

1.5. Artikel und Essays in Zeitungen und Zeitschriften

„Variations sur la solitude", in: *Les Nouvelles Littéraires* 2099 (23. Nov. 1967), p. 1.

„Des éclairs dans la nuit du cœur", in: *Les Nouvelles Littéraires* (26. Nov. 1970).

„Treize clés pour un ogre. Petit lexique d'un Prix Goncourt", in: *Le Figaro Littéraire* 1280 (30. Nov. 1970), p. 20 – 22.

„Le Noël des petits pervers", in: *Le Nouvel Observateur* (21. Dez. 1970), p. 37 f.

„Gaspard Hauser, miroir involontaire d'une époque", in: *Le Monde* (26. März 1971).

„Les petites boîtes de nuit", in: *Le Nouvel Observateur* (26. Juli 1971). Tournier über Photographie.

„Il y a vingt-cinq ans, le tribunal international der Nuremberg condamnait à mort les principaux chefs nazis", in: *Le Monde* (1. Okt. 1971).

„Rudolf Hess, personnage historique et héros de roman", in: *Le Monde* (3. Dez. 1971).

„Quand Michel Tournier récrit ses livres pour les enfants“, in: *Le Monde* (24. Dez. 1971). Zum Erscheinen von *VVS*.

„La dimension mythologique“, in: *La Nouvelle Revue Française* 238 (1972), p. 124 – 129.

„Lucien Clergue“, in: *Sud* Nr. 7 (1972).

„Rayée de la carte par les Alliés il y a vingt-cinq ans, la Prusse était-elle vraiment le berceau du militarisme?“, in: *Le Figaro Littéraire* (26. Febr. 1972).

„Un cœur tatoué. Témoignage“, in: *La Nef* 29, 49 (Okt. – Dez. 1972), p. 199 – 201.

„Le Point final à une répression“, in: *Le Figaro Littéraire* (10. Aug. 1974).

„Vendredi ou l'école buissonnière“, in: *Le Figaro* (26. Nov. 1974).

„Point de vue d'un éducateur“, in: *Le Monde* (20. Dez. 1974).

„*Le Tambour* relu par *Le Roi des Aulnes*“, in: *Le Monde* (17. Jan. 1975).

„Thomas et Klaus Mann présentés par Michel Tournier - Père et Fils“, in: *Le Monde* (17. Jan. 1975).

„Jeux de lumière sur Novalis. L'ange ingénieur“, in: *Le Monde* (21. März 1975), p. 17, 21.

„L'artiste est le frère du malade, du fou, du criminel“, in: *Le Monde* (6. Juni 1975). Zum hundertsten Geburtstag von Thomas Mann.

„Érudition et dérision“, in: *Le Monde* (6. Juni 1975). Zu Thomas Mann.

„L'homme de l'absolu“, in: *Le Monde* (24. Okt. 1975). Über Léon Bloy.

„Pour un retour à Byzance“, in: *Le Monde* (16. Nov. 1975).

„Les voies secrètes de l'érotisme“ (Carroll), in: *Photo* (1976).

„Lewis Carroll au pays des petites filles“, in: *Le Point* (5. Jan. 1976).

„Aimer comme on se tue“, in: *Les Nouvelles Littéraires* (22. Jan. 1976). Über Kleist.

„Les couleurs de la vie“, in: *Le Figaro* (27. Aug. 1976). Über Photographie.

„Les Trois Gavroche“, in: *Le Monde* (26. Okt. 1976).

„L'île et le jardin“, in: *Le Monde* (31. Okt. 1976).

„Dans l'ancienne Prusse-Orientale, la réalité dément le rêve du romancier“, in: ***Réalités*** 398 (Okt. 1976), p. 66 – 75.

„Le micro et la plume ou d'une manière comme une autre de devenir écrivain quand on était philosophe“, in: *La Nef* 33, 61 – 62 (Okt. – Dez. 1976), p. 75 – 82.

„Qui était Kleist? Un fait divers scandaleux“, in: *Le Monde* (26. Nov. 1976).

„Les voyages initiatiques. En marge du romantisme allemand“, in: *Le Monde* (19. Jan. 1977); auch in: *Nouvelle Critique* (Juni 1977).

„Humour et célébration“, in: *Sud* Nr. 20 (1977).

„Lettre-préface“, in: Manfred S. Fischer, *Probleme internationaler Literaturrezeption: Michel Tourniers „Le Roi des aulnes“ im deutsch-französischen Kontext*. Bonn: Bouvier/Grundmann, 1977, p. 7 – 9.

„Passions: le troisième A“, in: *Le Monde* (5. Juni 1977).

„La photographie est-elle un art?“, in: *Le Figaro* (23. Juni 1977).

„Le centenaire de Hermann Hesse“, in: *Le Monde* (5. Juli 1977).

„Un hymne à la vie: faut-il, peut-on ‚changer la mort‘?“, in: *Le Monde* (15. Okt. 1977).

„Michel Tournier et le conte pour enfants. Le sang des fillettes. Interview imaginaire de Michel Tournier“, in: *Le Monde* (9. Dez. 1977).

„Michel Tournier fasciné par l'Allemagne de l'Est“, in: *Le Monde* (10. Febr. 1978).

„Le sacre de l'enfant“, in: *Le Monde* (7. April 1978). Reflexionen über *Émile* von Rousseau.

„Initiation - information“, in: *Le Monde* (8. Okt. 1978).

„Les contes de Perrault. Une épaisseur glauque“, in: *Le Monde* (9. März 1979).

„Une révolution contre l'État“, in: *Le Monde* (6. Juni 1979).

„La belle mort“, in: *L'Express* 1468 (1. Sept. 1979), p. 25 f.; Erstveröffentlichung in: *des clefs et des serrures* (1979); in der von uns benutzten Aufl. p. 171 – 175.

„L'art de la nouvelle“, in: *Sud* Nr. 30 (27. Sept. 1979).

„Michel Tournier: comment écrire pour les enfants“, in: *Le Monde* (21. Dez. 1979). Zum Erscheinen von *Pierrot ou les secrets de la nuit.*

„Le Vampire de papier“, in: *Incidences* 2 – 3 (Mai – Dez. 1979), p. 5 – 8.

„Deux histoires de femme“, in: *Sud* Nr. 30, „La Nouvelle“ (1979 - 1980).

„L'étrange cas du Dr. Tournier“, in: *Sud* „Hors Série“. Sondernummer Michel Tournier (1980), p. 11 – 16.

„La logosphère et les taciturnes“, in: *Sud* „Hors Série“. Sondernummer Michel Tournier (1980), p. 167 – 177.

„Michel Tournier: Je me suis toujours voulu écrivain croyant“, in: *La Croix* (10. Nov. 1980), p. 8.

„Qui a peur de la biologie?“, in: *Le Monde* (8./9. Nov. 1981). Über François Jacob, *Le jeu des possibles.*

„Faut-il écrire pour les enfants?“, in: *Le Courrier de l'UNESCO* (Juni 1982), p. 33 – 34.

„Tenez-vous un journal intime? Michel Tournier: On n'est pas forcément doué pour l'introspection“, in: *Le Monde* (Aug. 1982).

„Sébastien, archer de Dieu“, in: *Le Nouvel Observateur* (13. Jan. 1984).

„Gustave et Marguerite“, in: *Sud* Nr. 55 (1984), p. 68 – 77. Über Flauberts *Salammbô* und Marguerite Yourcenars *Mémoires d'Hadrien.*

„A la place de Dieu“, in: *Le Monde* (2. Juli 1984).

Michel Tournier über Katzen, in: Marcel Bisiaux und Catherine Jajolet, *Chat plume*. Paris: Pierre Horay, 1985, p. 290 – 295.

„Les Mots sous les mots“, in: *Le Débat* Nr. 33 (1985).

„Sacha Guitry ou l'image bloqué“, in: *Magazine Littéraire* 223 (Okt. 1985), p. 67 – 69.

„L'angélus de Choisel", in: *Revue Prier* (April 1986).

„Wenn die Hitze erst drinsitzt". Aus dem Arles-Tagebuch, in: *Merian Provence* Heft 7/26. Jg. (1986), p. 35 – 38, Übs. von H. Waller.

„Écrire à l'âge nucléaire", in: *Sud* Nr. 61 (1986), p. 170 – 172.

„Égypte: Du rêve à Mokhatam", in: *Sud* Nr. 61 (1986), p. 190 – 194.

„L'Europe, une révolution nécessaire", in: *Sud* Nr. 61 (1986), p. 173 – 177.

„Journal extime" (1. Nov. 1983 – 20. Okt. 1984), in: *Sud* Nr. 61 (1986), p. 178 – 189.

„Préface à l'édition en Braille", in: *Sud* Nr. 61 (1986), p. 11 – 13.

„Quand Raymond Queneau ‚lisait' Tournier", in: *Sud* Nr. 61 (1986), p. 7 f.

„Unheimlich und hinreißend. Über das komische und über das tragische Deutschland", in: *Frankfurter Allgemeine Zeitung*. Feuilleton (29. März 1989).

1.6. Interviews, Gespräche

Mit J. P. Gorin, „Quand Vendredi éduque Robinson", in: *Le Monde* (18. Nov. 1967).

Mit Jean Prasteau, „Comme Robinson Michel Tournier a trouvé son île déserte – mais dans la vallée de Chevreuse", in: *Le Figaro Littéraire* 1127 (20. Nov. 1967), p. 24 f.

Mit Jean-Louis de Rambures, „Je suis comme la pie voleuse", in: *Le Monde* (23. Nov. 1970); auch in: J.-L. de Rambures, *Comment travaillent les écrivains?* Paris: Flammarion, 1978. Zu *VLP* und *RA*.

Mit Jean-Louis de Rambures, „De Robinson à l'ogre. Un créateur de mythes", in: *Le Monde* (24. Nov. 1970). Zu *RA*.

Mit Quentin Ritzen, „Plaidoyer pour un ogre", in: *Les Nouvelles Littéraires* (26. Nov. 1970). Zu *RA*.

Mit Guy Dumur, „Portrait d'un ogre", in: *Le Nouvel Observateur* (30. Nov. 1970). Zu *RA*.

„Comment j'ai construit *Le Roi des Aulnes*", in: *Les Cahiers de l'Oronte* 9 (1971).

Mit Jean-François Josselin, „Les enfants dans la bibliothèque", in: *Le Nouvel Observateur* (6. Dez. 1971).

Mit Pierre Debray-Ritzen, „Élu à l'Académie Goncourt: Michel Tournier le Flaubert de notre temps", in: *Les Nouvelles Littéraires* 2316 (14. Febr. 1972), p. 3.

Mit Jacqueline Piatier, „Je suis un métèque de la littérature", in: *Le Monde* (28. März 1975).

„*Les Météores*, chef-d'œuvre ou provocation? Michel Tournier répond aux critiques", in: *Le Figaro Littéraire* 1509 (19. April 1975), p. 15.

Mit Jean-Louis Ézine, „Michel Tournier", in: *Les Nouvelles Littéraires* 2488 (2. Juni 1975), p. 3.

Mit Annick Geille, „L'interview de *Play Boy*: Michel Tournier", in: *Play Boy* 22 (Sept. 1975).

Mit René Zazzo in der Sendung „Rencontre", France Culture (16. Okt. 1975); gedruckt in: René Zazzo, *Le paradoxe des jumeaux*. Paris: Stock/Laurence Pernoud, 1984, p. 42 – 70.

Mit Xavier Delcourt, „Dans le mythe se conjuguent roman et philosophie. En déjeunant avec Michel Tournier“, in: *La Quinzaine Littéraire* 251 (1. März 1977), p. 25 f.

Mit Jacques Lovichi und Jean-Max Tixier, „Michel Tournier ou le rire de Dieu“, in: *Clair – Obscur* (Juni 1977).

Mit Alain Poirson, „Une logique contre vents et marées“, in: *La Nouvelle Critique* NS 105 (Juni – Juli 1977), p. 47 – 50.

Mit Michel Braudeau, „L'ogre Tournier“, in: *L'Express* 1403 (29. Mai – 4. Juni 1978).

Mit P. Pompon Bailhache, „Pourquoi je préfère mon village à Paris. L'art de vivre de Michel Tournier“, in: *Marie Claire* 310 (Juni 1978).

Mit Jean-Jacques Brochier, „Dix-huit questions à Michel Tournier“, in: *Magazine Littéraire* 138 (Juni 1978), p. 11 – 13.

Mit N. Escoffier Lambiotte, „L'Écrivain et la société“, in: *Le Monde* (8./9. Okt. 1978).

Mit Penny Hueston, „An Interview with Michel Tournier“, in: *Meanjin* 38 (1979), p. 400 - 405.

Mit Daniel Bougnoux und André Clavel, „Entretien avec Michel Tournier“, in: *Silex* 14 (1. Nov. 1979), p. 12 – 16. Über das Thema Inseln und Oasen.

In France Culture, Nuits magnétiques, „Restes et déchets de l'ordure à la relique“ (3. Dez. 1979).

Mit Ruth Binde, „Interview mit dem französischen Schriftsteller Michel Tournier. Simmel-Romane mit der Schreibmaschine von Hegel. Sein zwiespältiges Verhältnis zu Sartre. Warum Deutschland sein zweites Vaterland ist“, in: *Börsenblatt des deutschen Buchhandels* 36 (1980), p. 396 – 400.

Mit Jacques Chancel (Febr. 1980).

Mit Alison Browning, „Une conversation avec Michel Tournier“, in: *Cadmos* III, 11 (Herbst 1980), p. 5 – 15.

Mit Gilles Pudlowski, „Saint Tournier, priez pour nous!“, in: *Les Nouvelles Littéraires* 2761 (6. Nov. 1980), p. 36.

Mit Gilles Lapouge, „Michel Tournier s'explique“, in: *Lire* 64 (Dez. 1980). Über *GMB*.

Mit Jean-Louis Ézine, „Michel Tournier“, in: *Les écrivains sur la sellette*. Paris: Seuil, 1981, p. 223 – 228.

Mit Jean-Jacques Brochier, „Qu'est-ce que la littérature? Un entretien avec Michel Tournier“, in: *Magazine Littéraire* 179 (Dez. 1981), p. 80 – 86.

In der FNAC forum (19. Jan. 1983), zum Theaterstück nach dem *Roi des Aulnes* (gespielt im Théâtre de la Tempête-Cartoucherie vom 7.1. – 12.2.1983). Bühnenbearbeitung von Irène Lambelet.

Mit Gilles Lapouge, France Culture (7. Juni 1983). Über *GJ*.

Mit Anna Mohal, „Mythologie ist aktuell. Politische Initiativen und Literaturproduktion in Frankreich“, in: *Süddeutsche Zeitung* (11. April 1984).

Mit Guitta Pessis Pasternak, „Tournier le sensuel“, in: *Le Monde* (13. Aug. 1984).

Mit Cornelia Klettke, „Un entretien avec Michel Tournier“ (9. Okt. 1984), supra, p. 285 – 293.

Mit Olivier Frébourg, „Plus encore qu'un jumeau, j'aimerais avoir un clone", in: *Contre-ciel*, Rouen (Dez. 1984).

Mit Alain Sanzio, Katy Barasc und Jean-Pierre Joecker, „Rencontre avec Michel Tournier", in: *Masques: Revue des Homosexualités* 23 (1984), p. 8 - 26.

Mit Maura A. Daly, „An interview with Michel Tournier", in: *Partisan Review* 4 (1985).

Im Norddeutschen Rundfunk NDR II (21. Juli 1985). Tournier spricht über *Pierrot ou les secrets de la nuit* und *Que ma joie demeure*.

Mit Sandra Joxe, „Je suis un monstre qui a réussi", in: *L'Autre Journal* Nr. 9 (9. Nov. 1985), p. 50 – 54.

Mit Serge Koster, „Michel Tournier en questions", in: Serge Koster, *Michel Tournier*. Paris: Henri Veyrier, 1986, p. 149 – 158.

Mit Jürg Altwegg, „Warum wollen Sie kein Zwilling sein, Herr Tournier?", in: *Frankfurter Allgemeine Magazin*, 1. Woche (3. Jan. 1986), Heft 305, p. 14 – 15.

Mit Arlette Bouloumié und den Schülern des Lycée Montaigne, „Tournier face aux lycéens", in: *Magazine Littéraire* 226 (Jan. 1986).

Mit Jean-Marie Magnan, „Vers la concision et la limpidité", in: *La Quinzaine Littéraire* (1. Febr. 1986), p. 16.

Mit Jacques Chancel in der Sendung „Quotidien pluriel" (Febr. 1986). Réalisation par Jean-François Remonté.

In der Sendung „Interlire", France Inter (23. März 1986).

Mit Bertrand Galimard, Flavigny, „Les voyages de Michel Tournier", in: *Petites Affiches* (24. März 1986). Über *GO*.

Mit Cornelia Klettke, „Une visite au Presbytère" (5. April 1986), supra, p. 294 – 308.

Im Norddeutschen Rundfunk NDR III, „Autoren lesen im Funkhaus Hannover". Michel Tournier als Gast der 109. öffentlichen Veranstaltung im Kleinen Sendesaal des Funkhauses Hannover. Tournier liest seine bisher unveröffentlichte Märchenerzählung *Angus* in der Übs. von Helmut Waller. Moderation: Armin Halstenberg. Sendung der Einführung, der Lesung und von Ausschnitten aus dem anschließenden Gespräch zwischen Autor und Publikum (Jan. 1987).

Mit André Dumas in der Église Réformée de Port-Royal, „L'Obsession de Dieu", in: *Foi et Vie* 4 (Juli 1987).

In France Culture, „La Tasse de Thé" (6. Dez. 1987), anläßlich der Photoausstellung „L'Imagerie de Michel Tournier" im Musée d'Art Moderne de la Ville de Paris vom 3.12.1987 bis zum 2.2.1988.

Mit Arlette Bouloumié, „Questions à Michel Tournier", in: A. Bouloumié (1988), p. 251 – 258.

Mit Fritz J. Raddatz, „Der Politiker will Ordnung, der Künstler Ordnung sprengen", in: *Die Zeit*. Feuilleton (6. Mai 1988), p. 57 f.

Mit Rolf Becker und Dieter Wild, „Die Teilung ist widernatürlich". Der französische Romancier Michel Tournier über Deutschland, in: *Der Spiegel* Nr. 4/44. Jg. (22. Jan. 1990), p. 136 – 143.

1.7. Vorträge (Auswahl)

„Une certaine idée de l'enfant". Vortrag in der Deutsch-Französischen Gesellschaft Schleswig-Holstein, Sitz Kiel, anläßlich der Kieler Woche (23. Juni 1983). Tonbandabschrift als unveröffentlichtes Manuskript im Besitz der DFG Kiel (Karl Gebhardt).

„Un écrivain et ses lecteurs". Vortrag im Romanischen Seminar der Christian-Albrechts-Universität zu Kiel anläßlich der Kieler Woche (24. Juni 1983). Tonbandabschrift als unveröffentlichtes Manuskript, erhältlich bei der Deutsch-Französischen Gesellschaft Kiel. Herrn Dr. Karl Gebhardt, der mir freundlicherweise Kopien der beiden Manuskripte anfertigte, sei herzlich gedankt.

„L'avenir du roman". Rede in der Universität München (29. Nov. 1984).

2. Sekundärtexte zu Michel Tournier

2.1. Monographien

Bevan, David G., *Michel Tournier.* Amsterdam: Rodopi, 1986 (Collection monographique Rodopi en littérature française contemporaine).

Bouloumié, Arlette, *Michel Tournier: une quête de l'androgyne.* Thèse nouveau régime. Université de Paris IV, UER de Littérature française et comparée, 1985.

Bouloumié, Arlette, *Michel Tournier. Le roman mythologique.* Suivi de questions à Michel Tournier. Paris: Corti, 1988.

Daly, Maura Aiken, *Initiation and the Mythic Method in the Novels of Michel Tournier.* Masch. schriftl. Diss. zur Erlangung des Ph. D. Johns Hopkins University, Baltimore, Maryland, 1980. Bisher in der europäischen Forschungsliteratur zu Tournier nicht rezipiert, weil nicht zur Auslandsausleihe zugelassen. Die Kopie dieser Arbeit verdanke ich Herrn Prof. Dr. med. Walter Runge, Medical Department der University of Minnesota, Minneapolis.

Davis, Colin, *Michel Tournier. Philosophy and Fiction.* Oxford: Clarendon Press, 1988*a* (Oxford modern languages and literature monographs).

Fischer, Manfred S., *Probleme internationaler Literaturrezeption. Michel Tourniers „Le Roi des Aulnes" im deutsch-französischen Kontext* mit Geleitwort von Michel Tournier. Bonn: Bouvier, 1977 (Aachener Beiträge zur Komparatistik Bd. 2).

Fried, Anne, *The theology of Michel Tournier and the role of myth and faith in literature.* Masch. schriftl., unveröffentlichte Originalfassung des 1984 beim Otava-Verlag Helsinki in finnischer Übersetzung (*Myytti ja usko Michel Tournierin tuotannossa*) erschienenen Buches. Der Autorin sei an dieser Stelle noch einmal für die Übersendung ihres Manuskripts gedankt.

Jay, Salim, *Michel Tournier, Idriss et les autres.* Paris: Éditions de la Différence, 1986. Über *GO.*

Jeffress, Lynn Carol Bird, *The Novels of Michel Tournier.* Masch. schriftl. Diss. zur Erlangung des Ph. D. University of Oregon, 1981.

Koster, Serge, *Michel Tournier.* Paris: Henri Veyrier, 1986.

Le Pèchon, Brigitte, *L'univers imaginaire de Tournier.* Mémoire de maîtrise (masch. schriftl.). Université d'Angers, 1978.

Merllié, Françoise, *Michel Tournier.* Paris: Belfond, 1988.

Poirier, Jacques, *Le thème du double et les structures binaires dans l'œuvre de Michel Tournier.* Thèse de troisième cycle (masch. schriftl.). Université de Dijon, 1983.

Rizk, Hoda, *Articulations et fonctions des mythes de l'ogre et de l'androgyne dans „Le Roi des Aulnes" et „Les Météores" de Michel Tournier.* Thèse de troisième cycle (masch. schriftl.). Université de Paris VII Jussieu, UER de Littérature française et comparée, 1981.

Salkin Sbiroli, Lynn, *Michel Tournier: la séduction du jeu.* Genf-Paris: Éditions Slatkine, 1987 (Centre d'Études Franco-Italien. Universités de Turin et de Savoie. Textes et études - Domaine français). Eine Arbeit über *VLP.*

Smith, Allan G., *L'archétypologie du „Roi des Aulnes" par Michel Tournier.* Magisterarbeit (masch. schriftl.). University of Auckland, Australien, 1977.

Stirn, François, *Tournier: „Vendredi ou les limbes du Pacifique".* Profil d'une œuvre. Paris: Hatier, 1983.

Yaiche, Francis, *„Vendredi ou la vie sauvage" de Michel Tournier.* Paris: Éditions Pédagogie Moderne - Bordas, 1981 (Lectoguide 1).

2.2. Sammelbände

Magazine Littéraire 138. Sammelnummer „Michel Tournier" (Juni 1978). Mit Beiträgen von C. Baroche, C. Brahimi, J. Plumyène, L. Richard, J.-D. Wolfromm.

Magazine Littéraire 226. Sammelnummer „Michel Tournier" (Jan. 1986). Mit Beiträgen von A. Bouloumié, S. Koster, F. Merllié, J. Montalbetti, J.-D. Wolfromm.

Sud „Hors Série". Sondernummer „Michel Tournier" (Frühling 1980). Mit Beiträgen von C. Baroche, A. Clavel, C. Descamps, P. Grainville, A. Gramond, S. Jay, S. Koster, A. Lanoux, J. Lovichi, J.-M. Magnan, C. Marty, J.-M. Maulpoix, Y. Navarre, H. Nyssen, R. Sabatier, J.-B. Vray.

Sud Nr. 61. Sondernummer „Michel Tournier", vorbereitet von Christiane Baroche (Jan. 1986). Mit Beiträgen von J. Arrouye, C. Baroche, K. Fergusson, S. Koster, J.-M. Magnan, C. Marty, F. Merllié, R. Shattuck, J.-B. Vray, M. Worton.

2.3. Artikel, Aufsätze[2]

Aje, S. O., „Écriture et institution sociale chez Zola, Tournier et Sembene", in: *Komparatistische Hefte* 8 (1983): Schwerpunkt Afrika, p. 25 – 37.

---

2 Die Aufstellung berücksichtigt in der Hauptsache die Beiträge speziell zum *Roi des Aulnes.*

Altwegg, Jürg, „Der einsame Erlkönig. Eine leicht perverse Liebe zu Deutschland“, in: *Die Zeit* Nr. 43 (21. Okt. 1983).

Altwegg, Jürg, „Über den Faschismus und seine französischen Varianten. Blick in französische Zeitschriften“, in: *Frankfurter Allgemeine Zeitung* (Mai 1985).

Altwegg, Jürg, „Der Dichter und die DDR. Blick in französische Zeitschriften: Michel Tourniers deutsche Vision“, in: *Frankfurter Allgemeine Zeitung* (2. Jan. 1990), Nr. 1, p. 25.

Améry, Jean, „Ästhetizismus der Barbarei. Über Michel Tourniers Roman *Der Erlkönig*“, in: *Merkur* 27. Jg. (1973), Heft 297 - 307, p. 73 – 79.

Baroche, Christiane, „Michel Tournier ou l'espace conquis“, in: *Critique* 342 (1975), p. 178 – 184.

Baroche, Christiane, „Vieux mythes en habit neuf“, in: *La Quinzaine Littéraire* 279 (16. Mai 1978), p. 7. Über *CB*.

Baroche, Christiane, „*Les Météores* ou l'enfer et le paradis“, in: *Magazine Littéraire* 138 (Juni 1978), p. 18 – 21.

Baroche, Christiane, „La matière première“ (Extraits de „L'enfer des Signes“, inédit), in: *Sud* „Hors Série“. Sammelnummer „Michel Tournier“ (1980), p. 74 – 102.

Bevernis, Christa, „Michel Tournier, l'œuvre et son message“, in: *Philologica Pragensia*. Prag 26 (1983), p. 197 – 203.

Bevernis, Christa, „Zum Bild des Menschen im französischen Gegenwartsroman: Michel Tournier - J. M. G. Le Clézio - Georges Perec. Schreibweisen und Sehweisen“, in: *Weimarer Beiträge* 31 (1985), p. 1589 – 1613.

Bevernis, Christa, „Rückkehr zur Sinnproduktion und Lesbarkeit: Michel Tournier – J. M. G. Le Clézio“, in: *Beiträge zur Romanischen Philologie* 25 (1986), Heft 2, p. 179 – 184.

Bigongiari, Piero, „*Le Roi des Aulnes* di Michel Tournier“, in: P. Bigongiari, *La poesia come funzione simbolica del linguaggio*. Mailand: Rizzoli, 1972, p. 193 – 199.

Blüher, Karl Alfred, „Vom nicht-mimetischen ‚Text' zur Mythenerzählung der Moderne: ‚écriture' als Zeichenprozeß“, in: K. A. Blüher, *Die französische Novelle*. Tübingen: Francke, 1985 (UTB 49), p. 258 – 273.

Bolzan, Loredana, „*Les Météores* o la retorica binaria“, in: *Saggi e ricerche di letteratura francese* 23 (1984), p. 9 – 37.

Bonnefis, Philippe, „L'excentrique du texte (notes hâtives sur les noms de Tournier et de J. Ricardou)“, in: *Les Sujets de l'écriture*. Textes réunis par Jean Decottignies. Presses Universitaires de Lille, 1981.

Bonnefoy, Claude, „Le roman classique perverti“ (*Les météores*), in: *Les Nouvelles Littéraires* 2482 (21. April 1975), p. 4.

Bosquet, Alain, „Tournier et les mythes renouvelés“, in: *La Nouvelle Revue Française* 270 (1975), p. 82 – 86.

Bougnoux, Daniel, „Des métaphores à la phorie“, in: *Critique* 301 (1970), p. 527 – 543.

Bouloumié, Arlette, „Mythologies“, in: *Magazine Littéraire* 226 (Jan. 1986), p. 26 – 28.

Bouloumié, Arlette, „Le mythe de l'ogre dans la littérature", in: *École des Lettres. Revue pédagogique du second cycle* (1. Mai 1986), p. 27 – 40.

Bouloumié, Arlette, „Analyse d'un roman contemporain: *Le Roi des Aulnes* de Michel Tournier", in: *École des Lettres. Revue pédagogique du second cycle* 78 (1. und 15. Sept. 1986), p. 9 – 23, und (1. Okt. 1986), p. 3 – 11.

Bouloumié, Arlette, „La figure du Christ dans l'œuvre de Michel Tournier", in: *Revue des sciences philosophiques et théologiques* (Juli 1987), p. 433 – 441.

Brogniet, Eric, „Michel Tournier: De l'initiation au salut", in: *Marginales* 37, 204 (Nov. – Dez. 1982), p. 10 – 18; auch in: *Revue générale*. Bruxelles 119, 12 (Dez. 1983), p. 51 – 59.

Brombert, Victor, „Grim Jokes and Poetic Gore", in: *The New York Times Book Review* (9. Sept. 1984), p. 7, 9. Über *Le Fétichiste*.

Bürger, Peter, „Das Verschwinden der Bedeutung. Versuch einer postmodernen Lektüre von Michel Tournier, Botho Strauß und Peter Handke", in: *‚Postmoderne' oder Der Kampf um die Zukunft*, hg. von Peter Kemper. Frankfurt a. M.: Fischer TB, 1988, p. 294 – 312.

Cazelles, Brigitte, und Phyllis Johnson, „L'Orientation d'Abel Tiffauges in *Le Roi des Aulnes* de Michel Tournier", in: *Rocky Mountain Review of Language and Literature* 29 (1975), p. 166 – 171.

Cesbron, Georges, „Notes sur l'imagination terrienne du corps dans *Vendredi ou les limbes du Pacifique* de Michel Tournier", in: *Revue de l'Université de Bruxelles* 3 – 4 (1979), p. 357 – 365; auch unter dem Titel „L'imagination terrienne du corps dans *Vendredi ou les limbes du Pacifique*", in: *Francia* 34 (April – Juni 1980), p. 9 – 16.

Chabot, Jacques, „Un frère jumeau du monde: Michel Tournier", in: *Études* 345 (1977), p. 49 – 71.

Clavel, André, „Un nouveau cynique: Tournier, le jardinier", in: *Critique* 361 – 362 (Juni – Juli 1977), p. 609 – 615. Zum Erscheinen von *VP*.

Cloonan, William, „The Artist Conscious and Unconscious in *Le Roi des Aulnes*", in: *Kentucky Romance Quarterly* 29 (1982), p. 191 – 200.

Cloonan, William, „The spiritual order of Michel Tournier", in: *Renascence* 36, 1 – 2 (Herbst – Winter 1983/84), p. 77 – 87.

Cluny, Claude Michel, „Michel Tournier: De *Vendredi* au *Roi des Aulnes*", in: *Magazine Littéraire* 45 (Okt. 1970), p. 37 f. Zum Erscheinen von *RA*.

Contival, Isabelle, „Versions et inversions de l'ogre dans *Le Roi des Aulnes* de Michel Tournier", in: *Recherches sur l'imaginaire*, Cahier 13, Angers (1985), p. 333 – 349.

David, Catherine, „Tournier et ses démons. Trop de condiments amers ont fait tourner la soupe de ces confessions d'un écrivain du siècle", in: *Le Nouvel Observateur* 648 (11. April 1977), p. 74 f. Zum Erscheinen von *VP*.

Davis, Colin, „Art and the Refusal of Mourning: The Aesthetics of Michel Tournier", in: *Paragraph* 10 (1987), p. 29 – 44.

Davis, Colin, „Identity and the Search for Understanding in Michel Tournier's *Les Météores*", in: *French Forum* 12 (1987), p. 347 – 356.

Davis, Colin, „Michel Tournier between Synthesis and Scarcity", in: *French Studies* (1988*b*).

Deleuze, Gilles, „Michel Tournier et le monde sans autrui“. Postface zu *Vendredi ou les limbes du Pacifique*. Paris: Minuit, 1969; auch in: G. Deleuze, *Logique du Sens*. Paris: Minuit, 1969, p. 402 – 423. Erstveröffentlichung in: *Critique* 241 (1967), p. 503 – 525.

Eder, Richard, Los Angeles Times, „Tournier: Magic at Disposal. Troubling Tales in *The Fetishist*“, in: *The Hartford Courant*, Hartford (Conn.) (19. Sept. 1984). Zum Erscheinen der englischen Übersetzung von *Le fétichiste*.

Ézine, Jean-Louis, „Qui sème le vent récolte le Saint-Esprit“, in: *Les Nouvelles Littéraires* 2572 (17. Febr. 1977), p. 5. Zum Erscheinen von *VP*.

Ézine, Jean-Louis, „Le temps des nomades“, in: *Les Nouvelles Littéraires* 2761 (6. Nov. 1980), p. 37.

Fergusson, Kirsty, „Le rire et l'absolu dans l'œuvre de Michel Tournier“, in: *Sud* Nr. 61 (1986), p. 76 – 89.

Fried, Anne, „Goethes vielfältiges Erbe“, in: *Der Ginkgobaum. Germanistisches Jahrbuch für Nordeuropa* 1 (1982), p. 77 – 82.

Friedländer, Saul, *Reflets du nazisme*. Paris: Seuil, 1982; dt. *Kitsch und Tod*. Der Widerschein des Nazismus. München: Carl Hanser, 1984. Die deutsche Übersetzung berücksichtigt die vom Autor für die englischsprachige Ausgabe (New York: Harper & Row, 1983) vorgenommenen Änderungen und Zusätze.

Galey, Matthieu, „Un oratorio pervers“ (*Le Roi des Aulnes*, Théâtre de la Tempête-Cartoucherie), in: *Les Nouvelles Littéraires* 2870 (20. Jan. 1983), p. 34.

Garcin, Jérôme, „L'art de faire du neuf avec du vieux“, in: *Les Nouvelles Littéraires* 2761 (6. Nov. 1980). p. 37.

Genette, Gérard, in: id., *Palimpsestes*. Paris: Seuil, 1982, p. 237 – 238 und 418 – 425 zu *VLP*.

Gramond, Agnès, „Les romans de Michel Tournier ou les ruses de Narcisse“, in: *Sud* „Hors Série“. Sondernummer „Michel Tournier“ (1980), p. 103 – 117.

Gripari, Pierre, „Michel Tournier et le mythe de la phorie“, in: P. Gripari, *Critique et Autocritique*. Lausanne: Éditions L'Age d'Homme, 1981, p. 144 – 150.

Heidick, Angelika, „Wüstensohn im Bilderbabel des Westens. Eine Begegnung mit dem französischen Schriftsteller Michel Tournier, dessen Roman *Der Goldtropfen* jetzt auch in Deutschland auf den Buchmarkt kommt“, in: *Rheinischer Merkur*. Christ und Welt. Nr. 25 (17. Juni 1988), p. 15.

Hue, Jean-Louis, „Gilles et Michel. Le Roi des Aulnes a un frère jumeau, Gilles de Rais, héros du dernier livre de Michel Tournier. Encore beaucoup d'enfants mangés. Mais le lecteur reste sur sa faim“, in: *Magazine Littéraire* 197 (Juli – Aug. 1983), p. 48 f.

Hülk, Walburga, „Mythos und Perversion in den Texten Michel Tourniers“, in: *Romanistische Zeitschrift für Literaturgeschichte*, hg. von E. Köhler und K. Krauss. 12 Jg. (1988), Heft 1/2, p. 133 – 147.

Idoux, Marie-Joseph, „*Vendredi ou les limbes du Pacifique* de Michel Tournier. Symbolisme de la lumière“, in: *Recherches sur l'imaginaire* 8 (1982), p. 159 - 168.

Jung, Willi, „Anmerkungen zu Michel Tourniers Mythennovelle“, in: *Die Neueren Sprachen* 86, 2 (1987), p. 117 – 134.

Kanters, Robert, „Le Temps des ogres“, in: *Le Figaro Littéraire* 1279 (23. Nov. 1970), p. 17 – 18.

Kerchove, Arnold de, „Michel Tournier“, in: *Revue générale*. Bruxelles 106, 9 (1970), p. 129 – 131.

Koster, Serge, „Trois tours d'écrou“, in: *Magazine Littéraire* Nr. 226 (Jan. 1986), p. 14 f.

Kronsbein, Joachim, „Der französische Schriftsteller Michel Tournier stellte seinen neuen Roman vor: ‚Ich brauche den großen Stoff‘“, in: *Hamburger Abendblatt*. Feuilleton (1988).

Léaud-Lacroix, Christiane, Zu Michel Tournier: *Le vol du vampire*, in: *Liberté* 24, 140 (März – April 1982), p. 98 f.

Lobet, Marcel, „Le montreur de mythes“, in: *Revue générale*. Bruxelles 116, 11 (Nov. 1980), p. 102 f.

Lobet, Marcel, Zu Michel Tournier: *Le vol du vampire*, in: *Revue générale*. Bruxelles 118, 1 (Jan. 1982), p. 96 f.

Luccioni, Gennie, „Michel Tournier: *Le roi des Aulnes*“, in: *Esprit* 38, 12 (Dez. 1970), p. 987 – 990. Zum Erscheinen von *RA*.

Magnan, Jean-Marie, „L'amour-ogre“, in: *La Quinzaine Littéraire* 103 (1. Okt. 1970), p. 5 f.

Mansuy, Michel, „Trois chercheurs de paradis: Bosco, Tournier, Carroll“, in: *Travaux de linguistique et de littérature* 16 (1978), p. 211 – 232.

Maury, Pierre, „Michel Tournier ou la perversion du mythe“, in: *Revue générale*. Bruxelles 113, 1 (Jan. 1977), p. 15 – 33.

Mignone, Patricia, „Michel Tournier, une symbolique initiatique“, in: *Cahiers internationaux de symbolisme*. Havré-les-Mons 45 – 47 (1983), p. 185 – 195.

Monès, Philippe de, „Abel Tiffauges et la vocation maternelle de l'homme“. Postface zu *Le Roi des Aulnes*, Paris: Gallimard, 1975.

Morita-Clément, Marie-Agnès, *L'image de l'Allemagne dans le roman français de 1945 à nos jours*. Thèse. Presses universitaires de Nagoya (Japan), 1985. Mit Bemerkungen zu *RA*.

Nettelbeck, Colin, „The Return of the Ogre: Michel Tournier's *Gilles et Jeanne*“, in: *Scripsi*. University of Melbourne. Nr. 4, Bd. 2 (1982/83), p. 43 – 50.

Nourissier, François, „*Le Roi des Aulnes*. Roman de Michel Tournier“, in: *Les Nouvelles Littéraires* 2245 (1. Okt. 1970), p. 4.

Nyssen, Hubert, „Le Roi des Aulnes“, in: *Synthèses* (Bruxelles) Nr. 295 – 296 (Jan. – Febr. 1971), p. 53 – 56.

Ormesson, Jean d', „L'automythologie de Michel Tournier“, in: *Le Figaro Littéraire* 1607 (6. März 1977), p. 15. Über *VP*.

Owen, Thomas, „Le fantastique et le mythe: deux réalités“, in: *Bulletin de l'Académie Royale de Langue et de Littérature françaises*. Bruxelles 56 (1978), p. 293 – 306.

Petit, Susan, „Fugal structure, Nestorianism and Saint Christopher in Michel Tournier's *Le Roi des Aulnes*“, in: *Novel* (Frühling 1986), p. 232 – 245.

Piatier, Jacqueline, „*Le Roi des Aulnes* de Michel Tournier“, in: *Le Monde* (12. Sept. 1970).

Piatier, Jacqueline, „Michel Tournier entre le ciel et l'enfer“, in: *Le Monde* (28. März 1975).

Piatier, Jacqueline, „Un maître du roman mythique: Michel Tournier et ses *Météores*“, in: *Le Monde* (28. März 1975).

Piatier, Jacqueline, „Michel Tournier romancier chrétien?“, in: *Le Monde* (21. Nov. 1980).

Piatier, Jacqueline, „Michel Tournier et le voyage d'Idriss“, in: *Le Monde* (10. Jan. 1986), p. 11.

Pihan, Yves, „Michel Tournier, la vocation du livre“, in: *L'École des Lettres* 75, 7 (1. Jan. 1984), p. 13 – 17.

Plumyène, Jean, „Un objet captivant“ (*Le vent Paraclet*), in: *Magazine Littéraire* 138 (Juni 1978), p. 22 f.

Poulet, Robert, „Michel Tournier, romancier hors série“, in: *Écrits de Paris* 350 (Sept. 1975), p. 93 – 101.

Poulet, Robert, „Les caprices de l'intelligence. Michel Tournier: *Le vol du vampire*“, in: *Le Spectacle du Monde/Réalités* (Febr. 1982), p. 90.

Prasteau, Jean, „Michel Tournier et l'ogre de Rominten“, in: *Le Figaro Littéraire* 1271 (28. Sept. 1970), p. 22 f.

Purdy, Anthony, „*Les Météores* de Michel Tournier: Une perspective hétérologique“, in: *Littérature* 10, 40 (Dez. 1980), p. 32 – 43.

Purdy, Anthony, „Michel Tournier lecteur de Stendhal“, in: *Stendhal Club Lausanne* 26 (1983/84), p. 86 – 88.

Richard, Lionel, „La tentation faustienne“ (*Le Roi des Aulnes*), in: *Magazine Littéraire* 138 (Juni 1978), p. 16 f.

Röhrbein, Christiane, „Michel Tournier“, in: *Kritisches Lexikon zur fremdsprachlichen Gegenwartsliteratur*, hg. von Heinz Ludwig Arnold. München: Edition Text + Kritik, Loseblattausgabe, 1983 ff.

Rohou, Guy, „*Le Roi des Aulnes* de Michel Tournier“, in: *La Nouvelle Revue Française* (13. Nov. 1970).

Sale, Roger, „Enemies, foreigners, and friends“, in: *The Hudson Review* 25 (1972/73), p. 703 – 707. Darin eine kurze Vorstellung von Michel Tournier *The Ogre* (engl. Übs. von *RA*), p. 704 f.

Sankey, Margaret, „Meaning through Intertextuality: Isomorphism of Defoe's *Robinson Crusoe* and Tournier's *Vendredi ou les limbes du Pacifique*“, in: *Australian Journal of French Studies* 18 (1981), p. 77 – 88.

Sauber, Marianne, „L'Ogre et les symboles“, in: *Europe* 501 (1971), p. 158 – 162.

Savigneau, Josyane, „Les fureurs de Michel Tournier“, in: *Le Monde* (Nov. 1989).

Schehr, Lawrence R., „Tournier's theoretical pretext works like a charm“, in: *Studies in Twentieth Century Literature*. Manhattan: Kansas State University, Bd. 12 (1987/88), p. 221 – 238.

Sieburth, Richard, „Enslaved by Plastic, Freed by Calligraphy“, in: *The New York Times Book Review* (1. Nov. 1987).

Stempel, Ute, „Michel Tournier. Frankreichs großer Romancier", in: *Brigitte. Dossier.* Die neuen Bücher. Nr. 4 (18. Okt. 1989), p. 24 f.

Taat, Mieke, „Et si le roi était nu? Michel Tournier, romancier – mythologue –", in: *Rapports.* Amsterdam 52 (1982), p. 49 – 58.

Tixier, Jean-Max, „Images à Tournier", in: *Sud* „Hors Série". Sondernummer „Michel Tournier" (1980), p. 29 – 32.

Vierne, Simone, *Rite, roman, initiation.* Grenoble: Presses Universitaires de Grenoble, 1973: Abschnitt zu *VLP*, p. 119 – 123.

White, J. J., „Signs of Disturbance: The Semiological Import of Some Recent Fiction by Michel Tournier and Peter Handke", in: *Journal of European Studies* 4 (1974), p. 223 – 254.

Wien, Werner, „Michel Tournier: *Der Erlkönig*", in: *Neue deutsche Hefte* Jg. 19 (1972), Heft 4, 136, p. 160 – 163.

Wolfromm, Jean-Didier, „L'apocalypse selon Tournier", in: *Magazine Littéraire* 100 (Mai 1975), p. 35 – 37. Zu *M.*

Wolfromm, Jean-Didier, „Tournier, le détourneur", in: *Magazine Littéraire* 138 (Juni 1978), p. 24 f. Über *CB.*

Wolfromm, Jean-Didier, „Les écrivains et la photographie", in: *L'Express* Nr. 1468 (1. Sept. 1979), p. 20 – 24.

Woodhull, Winifred, „Fascist Bonding and euphoria in Tournier's *The Ogre*", in: *New German Critique* 42 (Herbst 1987), p. 79 – 112.

Worton, Michael J., „Myth Reference in *Le Roi des Aulnes*", in: *Stanford French Review* 6 (Herbst - Winter 1982), p. 299 – 310.

Worton, Michael J., „Écrire et ré-écrire: Le projet de Tournier", in: *Sud* 61 (1986), p. 52 – 69.

York, R. A., „Thematic Construction in *Le Roi des aulnes*", in: *Orbis Litterarum* 36 (1981), p. 76 – 91.

3. Allgemeine Literatur

Alain-Fournier, Henri, *Le grand Meaulnes.* Paris: Éditions Émile-Paul Frères, 1913; benutzt wurde die Aufl. von 1928.

Albouy, Pierre, *Mythes et mythologies dans la littérature française.* Paris: Armand Colin, 1969.

Albouy, Pierre, „Quelques gloses sur la notion de mythe littéraire", in: *Revue d'histoire littéraire de la France* 70 (1970), p. 1059 – 1063.

Altmann, Günter, *Musikalische Formenlehre.* Mit Beispielen und Analysen. München: K. G. Saur, 1981 (UTB 1109).

Aristoteles, *Politik und Staat der Athener*, hg. von Olof Gigon. Zürich: Artemis, 1955.

Aristoteles, *Rhetorik.* Dt. von Franz G. Sieveke. München: Fink, 1980 (UTB 159).

Arnim, Ludwig Achim von, und Clemens Brentano, *Des Knaben Wunderhorn* (1806 – 1808), in 2 Teilen hg. und mit Einleitungen und Anmerkungen versehen von Karl Bode. Berlin – Leipzig – Wien – Stuttgart: Deutsches Verlagshaus Bong & Co., o. J.

Aster, Ernst von, *Geschichte der Philosophie*. Stuttgart: Kröner, 1932; hier zitiert nach der 17. Aufl., durchgesehen und ergänzt von Ekkehard Martens, 1980 (KTB 108).

Auerbach, Erich, *Typologische Motive in der mittelalterlichen Literatur*. Schriften und Vorträge des Petrarca-Instituts Köln. Krefeld: Scherpe, 1953.

Bachelard, Gaston, *La philosophie du non*. Essai d'une philospohie du nouvel esprit scientifique. Paris: P. U. F., 1940.

Bachelard, Gaston, *L'eau et les rêves*. Essai sur l'imagination de la matière. Paris: Corti, 1942.

Bachelard, Gaston, *L'air et les songes*. Essai sur l'imagination du mouvement. Paris: Corti, 1943.

Bachelard, Gaston, *La Fonction de l'esprit scientifique*. Paris: Vrin, 1947.

Bachelard, Gaston, *La Terre et les rêveries de la volonté*. Essai sur l'imagination des forces. Paris: Corti, 1947.

Bachelard, Gaston, *La Terre et les rêveries du repos*. Essai sur les images de l'intimité. Paris: Corti, 1948.

Bachelard, Gaston, *La psychanalyse du feu*. Paris: Gallimard, 1949.

Bachelard, Gaston, *La poétique de l'espace*. Paris: P. U. F., 1957.

Bachelard, Gaston, *La poétique de la rêverie*. Paris: P. U. F., 1960.

Bachelin, Henri, *J.-K. Huysmans*. Du naturalisme littéraire au naturalisme mystique. Paris: Perrin et Cie, 1926.

Barthes, Roland, *Le degré zéro de l'écriture*. Paris: 1953.

Barthes, Roland, *Mythologies*. Paris: Seuil, 1957.

Barthes, Roland, „Éléments de sémiologie", in: *Communications* 4 (1964), p. 91 – 135.

Barthes, Roland, *Essais critiques*. Paris: Seuil, 1964.

Barthes, Roland, „Introduction à l'analyse structurale des récits", in: *Communications* 8 (1966), p. 1 – 27; auch in: R. Barthes u. a., *Poétique du récit*. Paris: Seuil, 1977, p. 7 – 57; ferner in: *L'analyse structurale du récit*. Paris: Seuil, 1981, p. 7 – 33.

Barthes, Roland, *Système de la mode*. Paris: Seuil, 1967.

Barthes, Roland, „La mort de l'auteur", in: *Mantéia* V (1968), p. 12 – 17.

Barthes, Roland, *S/Z*. Paris: Seuil, 1970.

Barthes, Roland, *Le plaisir du texte*. Paris: Seuil, 1973 (Collection „Tel Quel").

Barthes, Roland, *Roland Barthes par Roland Barthes*. Paris, 1975.

Barthes, Roland, *Fragments d'un discours amoureux*. Paris: Seuil, 1977.

Barthes, Roland, *Image – Music – Text*. Essays ausgewählt und übersetzt von Stephen Heath. New York: The Noonday Press, 1977.

Baudelaire, Charles, *Les Fleurs du mal*, hg. von Antoine Adam. Paris: Garnier, 1961.

Bauer, Wolfgang, Irmtraud Dümotz und Sergius Golowin, *Lexikon der Symbole.* Mythen, Symbole und Zeichen in Kultur, Religion, Kunst und Alltag. München: Heyne, ^{3}1987.

Becker, Jürgen, *Das Evangelium nach Johannes 1. Kap. 1–10 und 2. Kap. 11–21.* Ökumenischer Taschenbuchkommentar zum Neuen Testament. Bde. 4/1 und 4/2, hg. von Erich Gräßer und Karl Kertelge. Würzburg: Echter, 1979 (Kap. 1–10); 1981 (Kap. 11–21).

Beigbeder, Olivier, *Lexique des symboles.* Saint-Léger-Vauban, Yonne: Zodiaque, 1969 (Introductions à la nuit des temps 5).

Benninghoven, Friedrich, *Der Orden der Schwertbrüder.* Fratres Milicie Christi de Livonia. Köln: Böhlau, 1965.

Bloch, Oscar, und Walther von Wartburg, *Dictionnaire étymologique de la langue française.* Paris: P. U. F., 1932; benutzt wurde die 7. Aufl. von 1986.

Blüher, Karl Alfred, *Paul Valéry. Perspectives de la réception.* Études recueillies et présentées par K. A. Blüher. Paris, 1984 (Sondernummer der Zeitschrift *Œuvres et Critiques* Bd. IX, 1).

Blüher, Karl Alfred, *Die französische Novelle.* Tübingen: Francke, 1985 (UTB 49).

Blüher, Karl Alfred, „Vom Statthalter der *poésie pure* zum Wegbereiter der Postmoderne: Wege und Wandlungen der deutschsprachigen Valéry-Rezeption", in: *Forschungen zu Paul Valéry. Recherches Valéryennes,* Bd. 1 (1988), hg. von Karl Alfred Blüher und Jürgen Schmidt-Radefeldt (Forschungs- und Dokumentationszentrum Paul Valéry der Universität Kiel), p. 15 – 37.

Bonaparte, Marie, *Psychanalyse et Biologie.* Paris: P. U. F., 1952.

Booth, Wayne C., *The Rhetoric of Fiction.* Chicago, ^{10}1973; dt. *Die Rhetorik der Erzählkunst.* 2 Bde. Heidelberg, 1974 (UTB 384/385).

Braunfels, Wolfgang (Hg.), *Lexikon der christlichen Ikonographie.* Freiburg: Herder, 1973.

Bremond, Claude, „La logique des possibles narratifs", in: *Communications* 8 (1966), p. 60 – 76; auch in: *L'analyse structurale du récit.* Paris: Seuil, 1981, p. 66 – 82.

Bremond, Claude, *Logique du récit.* Paris: Seuil, 1973.

Brion, Marcel, *L'Allemagne romantique. Le voyage initiatique.* Bd. 1. Paris: Albin Michel, 1977.

Broich, Ulrich, und Manfred Pfister (Hg.), *Intertextualität.* Formen, Funktionen, anglistische Fallstudien. Tübingen: Niemeyer, 1985.

Brunel, Pierre, *L'Évocation des Morts et la Descente aux Enfers.* Homère – Virgile – Dante – Claudel. Paris: CDU und SEDES, 1974.

Brunel, Pierre, *Le mythe de la métamorphose.* Paris: Armand Colin, 1974.

Bürger, Christa, und Peter Bürger (Hg.), *Postmoderne: Alltag, Allegorie und Avantgarde.* Frankfurt a. M.: Suhrkamp, 1987 (Suhrkamp-Taschenbuch Wissenschaft 648).

Bultmann, Rudolf, *Neues Testament und Mythologie.* Das Problem der Entmythologisierung der neutestamentlichen Verkündigung. München ^{3}1941; Nachdruck hg. von Eberhard Jüngel. München, 1988.

Bultmann, Rudolf, „Ursprung und Sinn der Typologie als hermeneutischer Methode", in: *Theologische Literaturzeitung* 75. Jg. (1950), p. 206 – 212.

Bultmann, Rudolf, *Jesus Christus und die Mythologie.* Ein Stundenbuch. Das Neue Testament im Licht der Bibelkritik. Hamburg: Furche, 1964; amerik. Or.: *Jesus Christ and Mythology*, 1958.

Caillois, Roger, *Le mythe et l'homme.* Paris: Gallimard, 1938; Nachdruck 1972.

Cassirer, Ernst, *Philosophie der symbolischen Formen.* Leipzig: Bruno Cassirer, 1923 – 1931. Bd. 2: *Das mythische Denken*, 1925; benutzt wurde die 2. Aufl. Darmstadt: Wissenschaftliche Buchgesellschaft, 1953 – 1954, Bd. 2: 1953.

Chevalier, Jean, und Alain Gheerbrant, *Dictionnaire des symboles.* Mythes, rêves, coutumes, gestes, formes, figures, couleurs, nombres. Paris: Seghers/Jupiter, 1969; hier zitiert nach der zweiten, durchgesehenen und erweiterten Aufl. Paris: Laffont/Jupiter, 1982.

Claudel, Paul, *Œuvres en prose.* Paris: Gallimard, 1965 (Pléïade).

Culler, Jonathan, *On Deconstruction. Theory and Criticism after Structuralism.* Ithaca, New York, 1982; dt. *Dekonstruktion. Derrida und die poststrukturalistische Literaturtheorie.* Reinbek bei Hamburg: Rowohlt, 1988.

Cumont, Franz, *Les Mystères de Mithra.* Brüssel: Lamertin, 1913.

Deleuze, Gilles, *Différence et répétition.* Paris: P. U. F., 1968.

Deleuze, Gilles, *Logique du sens.* Paris: Minuit, 1969.

Deleuze, Gilles, „Pensée nomade", in: P. Boudot (Hg.), *Nietzsche aujourd'hui?* Paris: Union Générale d'Éditions, 1973, p. 159 – 190 (10/18).

Deleuze, Gilles, und Félix Guattari, *Rhizome.* Introduction. Paris: Minuit, 1976.

Derrida, Jacques, *L'écriture et la différence.* Paris: Seuil, 1967 (Collection „Tel Quel").

Derrida, Jacques, *De la grammatologie.* Paris: Minuit, 1967.

Derrida, Jacques, *La dissémination.* Paris: Seuil, 1972*a* (Collection „Tel Quel").

Derrida, Jacques, *Marges de la philosophie.* Paris: Minuit, 1972*b*.

Derrida, Jacques, *Positions.* Paris: Minuit, 1972*c*.

Derrida, Jacques, „Avoir l'oreille de la philosophie", in: Lucette Finas u. a., *Écarts: Quatre essais à propos de Jacques Derrida.* Paris: Fayard, 1973.

Derrida, Jacques, *Limited Inc.* Supplement zu *Glyph* 2. Baltimore: Johns Hopkins University Press, 1977; engl. in: *Glyph* 2 (1977), p. 162 – 254.

Derrida, Jacques, *La vérité en peinture.* Paris: Flammarion, 1978.

Derrida, Jacques, „D'un ton apocalyptique adopté naguère en philosophie", in: *Les Fins de l'homme: A partir du travail de Jacques Derrida*, hg. von Philippe Lacoue-Labarthe und Jean-Luc Nancy. Paris: Galilée, 1981, p. 445 – 479.

Derrida, Jacques, „The Conflict of Faculties", in: *Languages of Knowledge and of Inquiry*, hg. von Michael Riffaterre. New York: Columbia University Press, 1982.

Détienne, Marcel, „Une mythologie sans illusion", in: *Le temps de la réflexion* I. Paris: Gallimard, 1980, p. 27 – 60.

Dieck, Alfred, *Die europäischen Moorleichenfunde* (Hominidenfunde). Neumünster: Wachholtz, 1965. Göttinger Schriften zur Vor- und Frühgeschichte Bd. 5.

Diel, Paul, *Le symbolisme de la mythologie grecque*. Préface von Gaston Bachelard. Paris, [2]1966.

Dontenville, Henri, *Mythologie française*. Paris: Payot, 1948; Nachdruck 1986.

Droulers, Eugène, *Dictionnaire des attributs, allégories, emblèmes et symboles*. Turnhout (Belgien): Brepols S. A., 1949.

Durand, Gilbert, *Les structures anthropologiques de l'imaginaire*. Introduction à l'archétypologie générale. Paris. Bordas, 1960; hier zitiert nach 1969.

Durand, Gilbert, *L'imagination symbolique*. Paris: P. U. F., 1964; hier zitiert nach [3]1976.

Durand, Gilbert, *Figures mythiques et visages de l'œuvre*. De la mythocritique à la mythanalyse. Paris: Berg International, 1979.

Eco, Umberto, *Opera aperta*. Mailand: Bompiani, 1962; dt. *Das offene Kunstwerk*. Frankfurt a. M.: Suhrkamp, 1977 (stw 222).

Eco, Umberto, *La struttura assente*. Mailand: Bompiani, 1968; dt. *Einführung in die Semiotik*. München: Fink, 1972 (UTB 105).

Eco, Umberto, *Segno*. Mailand, 1973; dt. *Zeichen. Einführung in einen Begriff und seine Geschichte*. Frankfurt a. M.: Suhrkamp, 1977 (edition suhrkamp 895).

Eco, Umberto, *Il nome della rosa*. Mailand: Fabbri-Bompiani, Sonzogno, Etas S. p. A., 1980.

Eco, Umberto, *Postille a „Il nome della rosa"*. Mailand: Bompiani, 1984.

Eco, Umberto, *Semiotica e filosofia del linguaggio*. Turin: Einaudi, 1984; dt. *Semiotik und Philosophie der Sprache*. München: Fink, 1985 (Supplemente Bd. 4).

Eco, Umberto, *Il pendolo di Foucault*. Mailand: Bompiani, 1988.

Ehrlich, Ernst Ludwig, *Die Kultsymbolik im Alten Testament und im nachbiblischen Judentum. Symbolik der Religionen*, hg. von Ferdinand Herrmann, Bd. 3. Stuttgart: Hiersemann, 1959.

Eigeldinger, Marc, *Lumières du mythe*. Paris: P. U. F., 1983.

Eliade, Mircea, *Le mythe de l'éternel retour: Archétypes et répétition*. Paris: Gallimard, 1949; dt. *Kosmos und Geschichte*. Der Mythos der ewigen Wiederkehr. Frankfurt a. M.: Insel, 1984.

Eliade, Mircea, *Traité d'Histoire des religions*. Paris: Payot, 1949.

Eliade, Mircea, *Le chamanisme et les techniques archaïques de l'extase*. Paris: Payot, 1951.

Eliade, Mircea, *Images et Symboles*. Essais sur le symbolisme magico-religieux. Paris: Gallimard, 1952.

Eliade, Mircea, *Forgeron et alchimistes*. Paris: Gallimard-Flammarion, 1956.

Eliade, Mircea, *Mythes, rêves et mystères*. Paris: Gallimard, 1957.

Eliade, Mircea, *Initiation, rites, sociétés secrètes. Naissances mystiques*. Essai sur quelques types d'initiation. Paris: Gallimard, 1959.

Eliade, Mircea, *Méphistophélès et l'androgyne*. Paris: Gallimard, 1962.

Eliade, Mircea, *Aspects du mythe*. Paris: Gallimard, 1963.

Eliade, Mircea, *The Quest*. Chicago: The University of Chicago, 1969; frz. *La nostalgie des origines*. Méthodologie et histoire des religions. Paris: Gallimard, 1971.

Fiedler, Leslie, „Cross the Border – Close the Gap", in: *Playboy*, Dez. 1969; dt. „Überquert die Grenze, schließt den Graben!", in: *März-Mammut. März-Texte*, hg. von J. Schröder. Herbstein, [2]1984, p. 673 – 697.

Flaubert, Gustave, *Madame Bovary* (1856), in: *Œuvres* Bd. 1. Paris: NRF, 1951 (Pléïade).

Flaubert, Gustave, *Salammbô* (1862), in: *Œuvres* Bd. 1. Paris: NRF, 1951 (Pléïade).

Flaubert, Gustave, *Trois Contes* (1877), in: *Œuvres* Bd. 2. Paris: Gallimard, 1952 (Pléïade).

Flaubert, Gustave, *Bouvard et Pécuchet* (1880), in: *Œuvres* Bd. 2. Paris: Gallimard, 1952 (Pléïade).

Foucault, Michel, *Les mots et les choses*. Une archéologie des sciences humaines. Paris: Gallimard, 1966.

Foucault, Michel, *L'ordre du discours*. Leçon inaugurale au Collège de France prononcée le 2 décembre 1970. Paris: Gallimard, 1971.

Frank, Manfred, *Was ist Neostrukturalismus?* Frankfurt a. M.: Suhrkamp, 1983; hier zitiert nach 1984 (Neue Folge Bd. 203).

Freud, Sigmund, *Die Traumdeutung*. Leipzig/Wien: Deuticke, 1899; in: *Studienausgabe*, hg. von Alexander Mitscherlich, Angela Richards und James Strachey, Bd. 2. Frankfurt a. M.: S. Fischer, 1972.

Frevert, Walter, *Das jagdliche Brauchtum*. Jägersprache, Bruchzeichen, Jagdsignale und sonstige praktische Jagdgebräuche. Hamburg und Berlin: Paul Parey, 1936; hier zitiert nach [6]1952.

Frevert, Walter, *Rominten*. München: BLV, 1957; hier zitiert nach [8]1989.

Frye, Northrop, *Anatomy of Criticism*. Four Essays. Princeton, New Jersey: Princeton University Press, 1971; benutzt wurde die 3. Aufl., 1973.

Frye, Northrop, „Littérature et mythe. Mise au point", in: *Poétique* 8 (1971), p. 489 – 503.

Frye, Northrop, *The Great Code. The Bible and Literature*. Harcourt Brace Jovanovich, 1981; frz. *Le Grand Code. La Bible et la littérature*. Préface von Tzvetan Todorov, Paris: Seuil, 1984 (Collection Poétique).

Gamm, Hans-Jochen, *Der braune Kult*. Das Dritte Reich und seine Ersatzreligion. Ein Beitrag zur politischen Bildung. Hamburg: Rütten & Loening, 1962.

Gamm, Hans-Jochen, *Führung und Verführung. Pädagogik des Nationalsozialismus*. München: List, 1964. Hierin auch Dokumente zu den Nationalpolitischen Erziehungsanstalten.

Genette, Gérard, *Figures I*. Paris: Seuil, 1966.

Genette, Gérard, „Frontières du récit", in: *Communications* 8 (1966), p. 152 – 163; auch in: *L'analyse structurale du récit*, Paris: Seuil, 1981, p. 158 – 169.

Genette, Gérard, *Figures II*. Paris: Seuil, 1969.

Genette, Gérard, *Figures III*. Paris: Seuil, 1972.

Genette, Gérard, *Palimpsestes*. La littérature au second degré. Paris: Seuil, 1982.

Gide, André, *Les faux-monnayeurs*. Paris: Gallimard, 1925; hier zitiert nach *Romans, récits et soties, œuvres lyriques*. Paris: Gallimard, 1969 ([1]1958) (Pléïade).

Glob, Peter Vilhelm, *Die Schläfer im Moor*. München: Winkler, 1966 (Übs.); dän. Originaltitel *Mosefolket*.

Golther, Wolfgang, *Handbuch der Germanischen Mythologie*. Leipzig: S. Hirzel, 1895.

Goppelt, Leonhard, *Typos. Die typologische Deutung des Alten Testaments im Neuen*. Gütersloh: Bertelsmann, 1939; Neudruck 1969.

Grassi, Ernesto, *Kunst und Mythos*. Hamburg: Rowohlt, 1957.

Grassin, Jean-Marie (Hg.), *Mythes, images, représentations*. Actes du XIVe congrès (Limoges, 1977) de la Société Française de Littérature Générale et Comparée, Didier Nr. 79 (Publication de Trames. Travaux et Mémoires de la Faculté des Lettres et Sciences Humaines de Limoges. Collection Littérature Comparée).

Greimas, Algirdas Julien, „Élements pour une théorie de l'interprétation du récit mythique", in: *Communications* 8 (1966), p. 28 – 59; auch in: *L'analyse structurale du récit*. Paris: Seuil, 1981, p. 34 – 65.

Greimas, Algirdas Julien, *Sémantique structurale*. Recherche de méthode. Paris: Larousse, 1966.

Greimas, Algirdas Julien, „La structure des actants du récit. Essai d'approche générative", in: *Word* 23 (1967), p. 221 – 238.

Habermas, Jürgen, *Der philosophische Diskurs der Moderne*. Zwölf Vorlesungen. Frankfurt a. M.: Suhrkamp, 1988 (stw 749).

Hassan, Ihab, *Paracriticisms. Seven Speculations of the Times*. University of Illinois Press, 1975.

Hassan, Ihab, „The question of postmodernism", in: *Bucknell Review* 25 (1980), p. 117 – 126.

Hegel, Georg Wilhelm Friedrich, *System der Sittlichkeit*, hg. von Georg Lasson. Hamburg: Felix Meiner Verlag, 1967 (Philosophische Bibliothek Bd. 144a). Unveränderter Abdruck aus: G. W. F. Hegel, *Schriften zur Politik und Rechtsphilosophie*, ^{2}1923 (^{1}1913).

Heidegger, Martin, *Holzwege*, in: *Gesamtausgabe*. I. Abteilung: Veröffentlichte Schriften 1914 – 1970. Bd. 5. Frankfurt a. M.: Vittorio Klostermann, 1977.

Heinz-Mohr, Gerd, *Lexikon der Symbole*. Bilder und Zeichen der christlichen Kunst. Düsseldorf, Köln: Diederichs, 1971; hier zitiert nach der 5. Aufl. 1979.

Hempfer, Klaus W., *Poststrukturale Texttheorie und narrative Praxis*. Tel Quel und die Konstitution eines Nouveau Nouveau Roman. München: Fink, 1976 (Romanica Monacensia Bd. 11).

Hübner, Kurt, *Die Wahrheit des Mythos*. München: Beck, 1985.

Hugo, Victor, *Quatrevingt-treize* (1874). Paris: Garnier-Flammarion, 1965.

Hunger, Herbert, *Lexikon der griechischen und römischen Mythologie*. Reinbek: Rowohlt, 1974; benutzt wurde die 3. Aufl. 1976 (rororo 6178).

Huysmans, Joris-Karl, *À Rebours* (1884). Paris: Charpentier, 1884; hier zitiert nach der Aufl. von 1901.

Huysmans, Joris-Karl, *Là-Bas* (1891). Paris: Tresse et Stock, 1891; hier zitiert nach der 26. Aufl. von 1908.

Huysmans, Joris-Karl, *En Route* (1895). Paris: Tresse et Stock, 1895; hier zitiert nach Paris: Plon, 1926.

Iser, Wolfgang, *Der implizite Leser*. Kommunikationsformen des Romans von Bunyan bis Beckett. München: Fink, 1972 (^{2}1979).

Jacobus a Voragine, *Legenda sanctorum et martyrum*. Legenden von Heiligen und Märtyrern. Auswahl, Übersetzung und Anmerkungen von Alexander Fest. München: dtv, 1988.

Jakobson, Roman, „Linguistics and Poetics, Style in Language", Sebeok (Hg.), Cambridge: MIT Press, 1960, p. 350 – 377; frz. „Linguistique et poétique", in: Roman Jakobson, *Essais de linguistique générale*. Paris: Minuit, 1963 (Übs. v. N. Ruwet).

Jakobson, Roman, und Claude Lévi-Strauss, „‚Les Chats' de Charles Baudelaire", in: *L'Homme*. Revue française d'anthropologie II/1 (1962), p. 5 – 21.

Jardin-Birnie, Renée, *Le Cahier rouge d'Eugène Weidmann*. Paris: Gallimard, 1968 (Collection L'Air du temps 226).

Jencks, Charles, „The Rise of Post-Modern Architecture", in: *Architecture – Inner Town Government*, Eindhoven (1975); und in: *Architecture Association Quarterly* Nr. 4 (1975).

Jencks, Charles, *Die Sprache der postmodernen Architektur*. Die Entstehung einer alternativen Tradition. Stuttgart, ^{2}1980.

Jencks, Charles, „Post-Modern und Spät-Modern. Einige grundlegende Definitionen", in: *Moderne oder Postmoderne? Zur Signatur des gegenwärtigen Zeitalters*, hg. von Peter Koslowski, Robert Spaemann, Reinhard Löw. Weinheim, 1986, p. 205 – 235.

Jung, Carl Gustav, *Psychologische Typen*. 1921 (^{9}1960).

Jung, Carl Gustav, „Über die Archetypen des kollektiven Unbewußten", in: *Von den Wurzeln des Bewußtseins. Studien über den Archetypus*. Zürich: Rascher, 1934 (^{2}1954).

Jung, Carl Gustav, *Die Psychologie der Übertragung*. Zürich: Rascher, 1946.

Jung, Carl Gustav, *Mysterium Coniunctionis*. Untersuchung über die Trennung und Zusammensetzung der seelischen Gegensätze in der Alchimie. Unter Mitarbeit von Marie-Louise v. Franz, 3 Bde., 1955 - 1957; zitiert nach: Olten und Freiburg: Walter, 1971.

Keller, Hiltgart L., *Reclams Lexikon der Heiligen und der biblischen Gestalten*. Legende und Darstellung in der bildenden Kunst. Stuttgart: Reclam, 1968; benutzt wurde die 3. Aufl. 1975.

Kemper, Peter (Hg.), *‚Postmoderne' oder Der Kampf um die Zukunft*. Die Kontroverse in Wissenschaft, Kunst und Gesellschaft. Frankfurt a. M.: Fischer TB, 1988.

Körting, Gustav, *Lateinisch-romanisches Wörterbuch*. Etymologisches Wörterbuch der romanistischen Hauptsprachen. Paderborn: Schöningh, 1891; benutzt wurde die 3. Aufl. von 1907.

Kojève, Alexandre, *Introduction à la lecture de Hegel*. Leçons sur la phénoménologie de l'esprit. Paris: Gallimard, ^{2}1947.

Kristeva, Julia, „Problèmes de la structuration du texte", in: *Théorie d'ensemble*. Paris: Seuil, 1968 (Collection „Tel Quel").

Kristeva, Julia, „Narration et transformation", in: *Semeiotica* 1 (1969*a*), p. 422 – 448.

Kristeva, Julia, Σημειωτική. Recherches pour une sémanalyse. Essais. Paris: Seuil, 1969*b* (Collection „Tel Quel").

Kristeva, Julia, *Le texte du roman*. Approche sémiologique d'une structure discursive transformationelle. Paris, 1970.

Külpe, Oswald, „Beiträge zu einer Psychologie des Denkens", in: *Archiv für die ges. Psychologie*. Bd. 4 (1905).

Lacan, Jacques, *Écrits*. Paris: Seuil, 1966.

Laermann, Klaus, „Von der Apo zur Apokalypse. Resignation und Fröhliche Wissenschaft am Beispiel von Peter Sloterdijk", in: *,Postmoderne' oder Der Kampf um die Zukunft*, hg. von P. Kemper. Frankfurt a. M.: Fischer TB, 1988, p. 207 – 230.

Lang, Hermann, *Die Sprache und das Unbewußte. Jacques Lacans Grundlegung der Psychoanalyse*. Frankfurt a. M.: Suhrkamp, 1986 (stw 626).

Laplanche, Jean, und J.-B. Pontalis, *Vocabulaire de la Psychanalyse* sous la direction de Daniel Lagache. Paris: P. U. F., 1967; benutzt wurde die 9. Aufl. 1988.

Le Scouëzec, Gwenc'hlan, *Guide de la Bretagne mystérieuse*. Paris: Éditions Princesse, 1976 (Les Guides Noirs).

Lévi-Strauss, Claude, *Les Structures élémentaires de la parenté*. Paris: P. U. F., 1949.

Lévi-Strauss, Claude, *Tristes tropiques*. Paris: Plon, 1955.

Lévi-Strauss, Claude, *Anthropologie structurale*. Paris: Plon, 1958.

Lévi-Strauss, Claude, „La Structure et la Forme. Réflexions sur un ouvrage de Vladimir Propp", in: *Cahier de l'Institut de Science économique appliquée*, Reihe M, Nr. 7 (März 1960); dt. in: V. Propp, *Morphologie des Märchens*. Frankfurt a. M.: Suhrkamp, 1975 (stw 131).

Lévi-Strauss, Claude, *La pensée sauvage*. Paris: Plon, 1962.

Lévi-Strauss, Claude, *Mythologiques I. Le cru et le cuit*. Paris: Plon, 1964.

Lévi-Strauss, Claude, *Mythologiques IV. L'homme nu*. Paris: Plon, 1971.

Lévi-Strauss, Claude, *Mythos und Bedeutung*. Fünf Radiovorträge. Gespräche mit Claude Lévi-Strauss, hg. von Adelbert Reif. Frankfurt a. M.: Suhrkamp, 1980.

Lewandowski, Theodor, *Linguistisches Wörterbuch*, 3 Bde. Heidelberg: Quelle & Meyer, 1973; benutzt wurde die zweite, durchgesehene und erweiterte Aufl. 1976.

Link, Jürgen, *Literaturwissenschaftliche Grundbegriffe*. Eine programmierte Einführung auf strukturalistischer Basis. München: Fink, 1974; benutzt wurde die zweite, überarbeitete und ergänzte Aufl. 1979 (UTB 305).

Lotman, Jurij M., *Die Struktur literarischer Texte*. München: Fink, 1972 (UTB 103).

Lurker, Manfred, *Der Baum in Glauben und Kunst* unter besonderer Berücksichtigung der Werke des Hieronymus Bosch. Baden-Baden: Valentin Koerner, 1960; benutzt wurde die zweite, erweiterte Aufl. mit Bibliographie zum Baum-Thema, 1976 (Studien zur Deutschen Kunstgeschichte Bd. 328).

Lurker, Manfred, *Wörterbuch biblischer Bilder und Symbole*. München: Kösel, 1973; hier zitiert nach der dritten, erweiterten Aufl. 1987.

Lurker, Manfred (Hg.), *Wörterbuch der Symbolik*. Stuttgart: Kröner, 1979; hier zitiert nach der vierten, durchgesehenen und erweiterten Aufl. 1988 (KTB 464).

Lurker, Manfred, *Lexikon der Götter und Dämonen.* Namen, Funktionen. Symbole/Attribute. Stuttgart: Kröner, 1984.

Lyotard, Jean-François, *La condition postmoderne.* Rapport sur le savoir. Paris: Minuit, 1979.

Lyotard, Jean-François, „Réponse à la question: Qu'est-ce que le post-moderne?", in: *Critique* Nr. 419 (1982), p. 357 – 367.

Lyotard, Jean-François, *Le Différend.* Paris: Minuit, 1983.

Man, Paul de, *Allegories of Reading: Figural Language in Rousseau, Nietzsche, Rilke and Proust.* New Haven: Yale University Press, 1979.

Man, Paul de, *Blindness and Insight: Essais in the Rhetoric of Contemporary Criticism.* New York: Oxford University Press, 1971. Über Derrida, Blanchot u. a.

Mann, Thomas, *Der Zauberberg* (1924), in: *Gesammelte Werke*, Bd. 3. Frankfurt a. M.: S. Fischer Verlag, 1960; benutzt wurde die zweite, durchgesehene Aufl. 1974.

Mann, Thomas, *Doktor Faustus.* Das Leben des deutschen Tonsetzers Adrian Leverkühn erzählt von einem Freunde (1947), in: *Gesammelte Werke*, Bd. 6. Frankfurt a. M.: S. Fischer Verlag, 1960; benutzt wurde die zweite, durchgesehene Aufl. 1974.

Marpurg, Friedrich Wilhelm, *Abhandlung von der Fuge* nach den Grundsätzen und Exempeln der besten deutschen und ausländischen Meister entworfen, 2 Bde. Hildesheim/New York: Georg Olms Verlag, 1970; reprographischer Nachdruck der Ausgabe Berlin, 1753.

Martin, Rudolf, *Lehrbuch der Anthropologie* in systematischer Darstellung. 3 Bde., 1914; benutzt wurde die dritte, völlig umgearbeitete und erweiterte Aufl. von 1956 ff..

Meletinskij, Eleasar, „Zur strukturell-typologischen Erforschung des Volksmärchens", in: V. Propp, *Morphologie des Märchens*, hg. von Karl Eimermacher. Frankfurt a. M.: Suhrkamp, 1975, p. 241 – 276 (stw 131).

Michels, Ulrich, *dtv-Atlas zur Musik.* Tafeln und Texte. Bd. 1: Systematischer Teil. Historischer Teil: Von den Anfängen bis zur Renaissance. München: dtv, 1977. Bd. 2: Historischer Teil. Vom Barock bis zur Gegenwart. München: dtv, 1985; hier zitiert nach der 4. Aufl. 1987.

Müller, Dieter, *Geisterfahrung und Totenauferweckung.* Untersuchungen zur Totenauferweckung bei Paulus und in den ihm vorgegebenen Überlieferungen. Masch. schriftl. Diss. Kiel, 1981.

Naumann, Hans, „Tiergestaltige Götter in Germanien", in: *Rheinisches Museum für Philologie*, hg. von Ernst Bickel. Neue Folge 89 (1940), p. 6 – 11. Zum Elch.

Nestle, Eberhard, und Erwin Nestle, *Novum Testamentum Graece.* Stuttgart, 1932.

Nietzsche, Friedrich, *Sämtliche Werke.* Kritische Studienausgabe, hg. von Giorgio Colli und Mazzino Montinari. München: dtv, Berlin/New York: de Gruyter, 1980.

Novalis, *Werke, Tagebücher und Briefe Friedrich [Frhr] von Hardenbergs*, hg. v. Hans-Joachim Mähl und Richard Samuel. 3. Bde. München, Wien: Hanser, 1978 – 1987. Bd. 1: *Das dichterische Werk, Tagebücher und Briefe*, hg. v. Richard Samuel, 1978.

Ohly, F., „Halbbiblische und außerbiblische Typologie", in: *Schriften zur mittelalterlichen Bedeutungsforschung.* Darmstadt: Wissenschaftliche Buchgesellschaft, 1977.

Oliva, Achille Bonito, *Im Labyrinth der Kunst.* Berlin, 1982.

Otto, Rudolf, *Das Heilige*. Über das Irrationale in der Idee des Göttlichen und sein Verhältnis zum Rationalen. Breslau, 1917; hier zitiert nach München: Beck, 1979.

Pauly, Der Kleine, Lexikon der Antike, hg. von Konrat Ziegler und Walther Sontheimer. München: dtv, 1979; unveränderter Nachdruck der 1964 – 1975 im Alfred Drückenmüller Verlag (Artemis) erschienenen Ausgabe.

Perrault, Charles, *Histoires ou contes du temps passé*. Mit einer Studie von W. Theodor Elwert. Reutlingen: Continental-Verlag, 1948.

Pfister, Manfred, *Das Drama*. Theorie und Analyse. München: Fink, 1977 (UTB 580).

Platon, *Werke* in acht Bänden, griechisch und deutsch, hg. von Günther Eigler. Darmstadt: Wissenschaftliche Buchgesellschaft, 1977 (dt. Übs. von Friedrich Schleiermacher).

Pouillon, Jean, „La fonction mythique", in: *Le temps de la réflexion* I. Paris: Gallimard, 1980, p. 83 – 98.

Propp, Vladimir, *Morphologie des Märchens*, hg. von Karl Eimermacher. Frankfurt a. M.: Suhrkamp, 1975 (stw 131).

Quéré, France, *Évangiles apocryphes*. Paris: Seuil, 1983.

Rabelais, François, *Œuvres complètes*. Paris: Gallimard, 1955 (Pléïade).

Reliquet, Philippe, *Le Moyen Age: Gilles de Rais, maréchal, monstre et martyr*. Paris: Belfond, 1982; dt. *Ritter, Tod und Teufel*: Gilles de Rais oder die Magie des Bösen. München: Artemis, 1984.

Riemann, Hugo, *Handbuch der Fugen-Komposition*. 3. Teil: *Analyse von J. S. Bachs „Kunst der Fuge"*. Berlin: Max Hesses Verlag, 1894; hier zitiert nach der 3. Aufl. 1921.

Rimbaud, Arthur, *Œuvres complètes*. Paris: Gallimard, 1972 (Pléïade).

Rosenberg, Alfred, *Der Mythus des 20. Jahrhunderts*. Eine Wertung der seelisch-geistigen Gestaltenkämpfe unserer Zeit. München: Hoheneichen; benutzt wurde die 3. Aufl. von 1932.

Rosenfeld, Hans-Friedrich, „Der hl. Christophorus. Seine Verehrung und seine Legende. Eine Untersuchung zur Kultgeographie und Legendenbildung des Mittelalters", in: *Acta Academiae Aboensis Humaniora* 10 (1937), Helsingfors.

Rosenfeld, Hellmut, „Germanischer Zwillingsgottkult und indogermanischer Himmelsgottglaube. Elch, Hirsch und Pferd in der uranischen Mythologie", in: *Märchen, Mythos, Dichtung*. Festschrift zum 90. Geburtstag Friedrich von der Leyens am 19. Aug. 1963, hg. von Hugo Kuhn und Kurt Schier. München, 1963, p. 269 – 286.

Rougemont, Denis de, *L'amour et l'Occident*. Paris: Plon, 1939; revidierter Text 1956; hier zitiert nach der 26. Aufl. von 1963.

Saussure, Ferdinand de, *Cours de linguistique générale*. Paris: Payot, 1917; hier zitiert nach der Aufl. von 1964.

Schmidt, Siegfried Josef, *Texttheorie*. Probleme einer Linguistik der sprachlichen Kommunikation. München: Fink, 1973; benutzt wurde die zweite, verbesserte und ergänzte Aufl. von 1976 (UTB 202).

Schmidt-Radefeldt, Jürgen, „Sémiologie et langage(s)“, in: *Paul Valéry. Perspectives de la réception.* Études recueillies et présentées par K. A. Blüher. Sondernummer der Zeitschrift *Œuvres & Critiques* IX, 1 (1984), p. 127 – 153.

Schmitt, Ursula Barbara, in: *Münchener Jahrbuch der Bildenden Kunst*, Folge 3, Bd. 12 (1961).

Scholem, Gershom, „La curieuse histoire de l'Étoile à six branches“, in: *Revue de le Pensée Juive* (1950).

Scholem, Gershom, *Zur Kabbala und ihrer Symbolik.* Zürich: Rhein, 1960; hier zitiert nach Frankfurt a. M.: Suhrkamp, 1973 (stw 13).

Schwabe, Julius, *Archetyp und Tierkreis.* Grundlinien einer kosmischen Symbolik und Mythologie. Basel, 1951.

Sellier, Philippe, „Qu'est-ce qu'un mythe littéraire“, in: *Littérature* 55 (Okt. 1984), p. 112 – 126.

Serres, Michel, *Hermès III. La Traduction.* Paris: Minuit, 1974.

Sloterdijk, Peter, *Kritik der zynischen Vernunft.* 2 Bde. Frankfurt a. M.: Suhrkamp, 1983.

Smith, Pierre, „Positions du mythe“, in: *Le temps de la réflexion* I. Paris: Gallimard, 1980, p. 61 – 81.

Spinoza, Baruch de, *Ethica*, in: *Opera. Werke.* Lateinisch und Deutsch. 4 Bde., Bd. 2. Darmstadt: Wissenschaftliche Buchgesellschaft, 1967.

Stanzel, Franz K., *Typische Formen des Romans.* Göttingen: Vandenhoeck & Ruprecht, 1964.

Stanzel, Franz K., *Theorie des Erzählens.* Göttingen: Vandenhoeck & Ruprecht, 1979 (UTB 904).

Steinwachs, Gisela, *Mythologie des Surrealismus oder Die Rückverwandlung von Kultur in Natur.* Neuwied und Berlin: Luchterhand, 1971.

Stendhal, *Romans et nouvelles.* Bd. 1. Paris: Gallimard, 1952 (Pléïade).

Stierle, Karlheinz, *Text als Handlung.* Perspektiven einer systematischen Literaturwissenschaft. München: Fink, 1975 (UTB 423).

Sturrock, John (Hg.), *Structuralism and Since.* From Lévi-Strauss to Derrida. Oxford: Oxford University Press, 1979. Aufsätze über Lévi-Strauss, Barthes, M. Foucault, Lacan, Derrida.

Thomas, Karin, *DuMont's kleines Sachwörterbuch zur Kunst des 20. Jahrhunderts.* Köln, 1973.

Thompson, Stith, *Motif Index of Folk Literature.* Bloomington University Office, 1932.

Titzmann, Manfred, *Strukturale Textanalyse.* Theorie und Praxis der Interpretation. München: Fink, 1977 (UTB 582).

Todorov, Tzvetan, „Les catégories du récit littéraire“, in: *Communications* 8 (1966), p. 125 – 151; auch in: *L'analyse structurale du récit.* Paris: Seuil, 1981, p. 131 – 157.

Todorov, Tzvetan, *Théories du symbole.* Paris: Seuil, 1977.

Ubersfeld, Anne, *Lire le théâtre.* Paris: Éditions sociales, 1978.

Ueberhorst, Horst (Hg.), *Elite für die Diktatur.* Die nationalpolitischen Erziehungsanstalten 1933 – 1945. Ein Dokumentarbericht. Düsseldorf: Droste, 1969; hier zitiert nach der 2. Aufl. 1980.

Valéry, Paul, *Œuvres.* Bd. 1 und 2. Paris: Gallimard, 1957 (Bd. 1) und 1960 (Bd. 2) (Pléïade).

Vernant, Jean-Pierre, „Le mythe au réfléchi“, in: *Le temps de la réflexion I* . Paris: Gallimard, 1980, p. 21 – 25.

Vierne, Simone, *Rite, roman, initiation.* Grenoble: Presses universitaires de Grenoble, 1973.

Volpi, Franco, und Julian Nida-Rümelin (Hg.), *Lexikon der philosophischen Werke.* Stuttgart: Kröner, 1988 (KTB 486).

Wasserzieher, Ernst, *Hans und Grete.* Zweitausend Vornamen. Bonn: F. Dümmlers Verlag, 14 1955.

Weber, Samuel, „Closure and Exclusion“, in: *Diacritics* (Juni 1980), p. 35 – 46.

Welsch, Wolfgang, *Unsere postmoderne Moderne.* Weinheim: VCH, Acta Humaniora, 1987.

Welsch, Wolfgang, „ ‚Postmoderne‘. Genealogie und Bedeutung eines umstrittenen Begriffs“, in: *‚Postmoderne‘ oder Der Kampf um die Zukunft*, hg. von Peter Kemper. Frankfurt a. M.: Fischer TB, 1988, p. 9 – 36.